The Uniform Customs and Practice
for Documentary Credits   2007 Revision

品读
UCP600

跟单信用证统一惯例

林建煌 著

厦门大学出版社
国家一级出版社
全国百佳图书出版单位
XIAMEN UNIVERSITY PRESS

引言

UCP，即《跟单信用证统一惯例》，素有银行跟单信用证结算实务的"圣经"之称。

随着银行信用证结算实务的发展和 UCP 版本的不断修订，业内人士从不同的专业、不同的经验和不同的理解出发，对 UCP 作了一系列的注释、解读、例证和讲解。纵观这种种解读、例证，或于实务着眼，或于法律入手；或以翔实例证见长，或以严谨逻辑取胜；或来源于银行，或锁定于贸易，或专注于运输和保险，不一而足。经过潜心观察，我发现一个现象：许多同仁对信用证结算的操作，早已娴熟于手，但鲜有从理论上系统回答什么是信用证，并紧密结合信用证结算实务对 UCP 加以解读、例证的。

2001 年阎之大先生出版的《UCP500 解读与例证》一书，在编写体例和行文风格上，是近年来国内 UCP 解读的一个优秀典范。2007 年，为配合 UCP600 的出台，阎之大先生的《UCP600 解读与例证》新著也已面世。在系统研读《UCP500 解读与例证》和《UCP600 解读与例证》的基础上，本书充分吸收了其独到的观点和全面的资料，也充分借鉴了其条分缕析的体系和翔实例证的风格，并立足于发展中的国际标准银行实务，试图揭示什么是信用证，进而在"信用证是一项银行产品"的意义上，揭示作为最新的信用证结算产品运作规则的 UCP600，是如何演绎信用证的本质的。

诚然，多少年来，信用证游戏令无数同仁着迷。这着迷之处，便是信用证魅力所在。信用证到底是什么？远在天边，近在眼前，这个问题的答案便隐藏在跟单信用证结算实务中，以及作为对跟单信用证结算实务最全面最系统反映的游戏规则 UCP 之中。UCP600 给信用证下的定义则提炼了答案的精髓，包括以下关键词：

——"安排"。细琢磨，如果说跟单信用证所依据的基础合同是一个"货物交易"安排的话，那么，跟单信用证就是基础合同延伸而来的，通过开证申请书传递而形成的开证行与受益人之间的一个"单据交易"安排。

——"承诺"。这一安排在时间和空间维度的展开，融合了合同原理和票据原理于一身，首先有了开证行的单方面的确定承诺。如果说汇票是一份单方面的"无条件"付款承诺的话，那么跟单信用证就是一份单方面的"有条件"付款承诺。

——"承付"与"交单"。然而,承诺是抽象的,其灵魂在于兑现。在跟单信用证安排下,开证行承诺的兑现,归根结底就是承付受益人的相符交单,这就是开证行在跟单信用证安排下承诺的内容。换言之,相符交单,即为信用证安排下开证行承付之对象,也是跟单信用证下"有条件"付款之前提条件。正是跟单信用证安排下的一手"交单",一手"承付",完整地展现了信用证之"单据交易"的两个核心内容。

固然,信用证开立直接形成了开证行的承付承诺。而信用证的修改及撤销、通知、邀请加保及保兑、单方面指定及同意、偿付承诺、允许转让及转让等行为,又何尝不是对该承诺内容的修正、延伸、充实呢?

固然,信用证下交单、承付,兑现了开证行的承诺。而允许受益人向指定银行交单、指定银行代为承付或议付、开证行和保兑行对按指定行事的指定银行的见单偿付和未见单偿付、信用证安排之外的款项让渡,又何尝不是对信用证下交单、承付内容的丰富、扩展、完善呢?

究其实,包括 UCP600 在内的所有 UCP,在演绎跟单信用证本质的同时,还在字里行间隐隐传达了一个理念——"信用证是一项银行产品",即信用证尽管是开证行应申请人的要求而开立,信用证是开证行与受益人之间的一个"单据交易"安排,但信用证的成功推广与运用更多的是依赖于包括开证行在内的银行向申请人和受益人提供的各项信用证专业服务,以及银行家们在服务细节上的精心设计。更准确地说,UCP 就是银行信用证结算产品的运作规则,它主要是为了约束银行的服务行为,规范银行在信用证运作中的种种责任和权利关系。

本书将在"信用证是一项银行结算产品"的意义上,围绕跟单信用证的这一定义所揭示的本质,按照 UCP600 条款的顺序一一解读如下:

Article 1:指出 UCP 是银行跟单信用证结算产品的运作规则,而 UCP600 则是 UCP 的最新版本。

Article 2:定义了 14 个基本概念。其中,"信用证"是中心概念,而开证行与受益人、交单及相符交单、承付与议付等,则是基本概念。

Article 3:解释了信用证运作中的几个常用词和常用语。

Article 4~5:阐发了信用证运作的两大基石:信用证安排与基础合同之间横向关系上的独立性,以及信用证安排与单据、单据与单据之间纵向关系上的抽象性。

Article 6:规定了信用证在银行兑用的规则。

Article 7:规定了开证行对受益人的责任和对指定银行的责任。

Article 8:规定了保兑的规则及保兑行对受益人的责任和对其他指定银行的责任。

Article 9:规定了通知的规则和通知行的责任。

Article 10:规定了信用证修改和撤销的规则。

Article 11：规定了信用证及修改的电讯传递和预先通知的规则。

Article 12：规定了指定银行的权利和责任。

Article 13：规定了银行间未见单偿付的规则。

Article 14：规定了银行审核单据的标准。

Article 15：规定了相符交单下银行的责任。

Article 16：规定了不符单据下银行的权利和责任。

Article 17：规定了单据正、副本的审核标准。

Article 18～28：规定了商业发票、运输单据和保险单据的审核标准。

Article 29：规定了交单截止日及最迟发运日的顺延的审核标准。

Article 30：规定了支款金额、发运数量与单价伸缩度的审核标准。

Article 31～32：规定了部分、分期发运和支款的审核标准。

Article 33～37：规定了银行在交单时间、单据有效性、信息传递、条款翻译和解释、不可抗力、被指示方行为等方面的免责。

Article 38：规定了信用证转让的规则。

Article 39：规定了款项让渡的规则。

解读 UCP600，用意无非两个：一是帮助理解——易懂，通俗明了；二是方便应用——好用，便于银行内部交流和银行间交涉。这个过程，如同烹小鲜，既要做得好看诱人，又要做得好吃耐回味。烹一道好看又好吃的小鲜，把 UCP600 解读得易懂又好用，正是本书所孜孜以求的。

在本书的创作和出版过程中，亦师亦友的中国银行纽约分行助理总经理王晓先生，兴业银行总行陈永珍女士，国内知名信用证专家、ICC China 特聘信用证专家、ICC DOCDEX 专家、招商银行总行阎之大先生给予了长期的鼓励、支持和无私帮助，前 ICC China 特聘信用证专家、兴业银行总行洪莹女士给予了认真细致的全文初审和大量的直接或间接支持，兴业银行总行董事长高建平先生、行长李仁杰先生、监事长毕仲华女士、副行长康玉坤先生、副行长陈德康先生、总行支付结算部总经理刘培元先生、总行企业金融部总经理朱力勇先生、上海张江作业中心主任伍洪先生、福州马江作业中心主任李丹华女士、高级督导刘向红女士、总行薛群英女士、黄芳女士、束冰先生、王会军先生、杨明侠先生、屈国柱先生、李洁女士，兴业银行深圳分行谢晓菁女士，ICC China 特聘保理专家、国际保理商联合会执行委员、中国银行总行公司金融总部（国际结算）助理总经理姜煦先生，中国银行福建省分行赵云女士、黄黎阳先生，国际结算专家、中国银行江苏省分行李一平女士，国际结算专家、前 ICC China 银行委员会委员、浙商银行国际业务部总经理、现北京汇通方略企业管理咨询有限公司总经理于强先生，国际贸易专家、江西财经大学副教授王善论先生，瑞士信贷银行上海分行姜涌先生,保函专家、中国建设银行江苏省分行许维超先生,ICC China 特聘保函专家、ICC DOCDEX 专家、民生银行总行朱宏生先生、民生银行总行张志勇先生,北京中商国讯管理咨询有限公司总经理赵研先生,三菱东京日联银行上海分行王可畏先生,厦门大学出版社编辑吴兴友先生,给予了鼓励或支持或无私帮助或许多便利,法国达飞轮船厦门分公司(CMA CGM SHIPPING CO., LTD. XIAMEN BRANCH)的 Nico Chen 女士对运输单据和保险单据部分给予了专业审核,兴业银行总分行的各级领导、同事给予了许多便利,曾经工作过的中国银行福建省分行系统的许多旧同事也给予了许多的鼓励和帮助,ICC China 给予了许多支持,在此一并致谢!在本书的创作和出版过程中,还得到了我的家人的大力支持,借此机会也一并致谢!

国内知名信用证专家、ICC China 银行与技术委员会名誉主任、中国 SWIFT 用户协会主席、中国银行总行前国际业务部总经理、河北省分行行长、现中国银行运营服务委员会副主席、运营服务板块首席运营官杨士华先生在百忙中给予了指导,并审定书稿,特在此致谢!

谨以此书献给我一直热爱着、并正在供职的兴业银行,和我一直热爱着、并曾经工作过的中国银行。

林建煌

2008 年 5 月于福州,兴业银行总行

目　录

序言
引言

Article 1　UCP 的适用范围 ……………………………………………………（1）

01－001　Article 1　UCP600 是一套银行信用证结算产品的运作规则 …………（2）
01－0011　UCP 的历史与 UCP600 的诞生 …………………………………………（4）
01－0012　跟单信用证 vs. 光票信用证 vs. 备用信用证 ………………………………（6）
01－0013　电子交单与 eUCP1.1 ……………………………………………………（7）
01－0014　UCP 效力 vs. 法律 ………………………………………………………（9）
01－00141　信用证的"独立抽象性"、"欺诈例外"及"欺诈例外的'例外'"原则 ……（10）
01－00142　止付令的三个问题 ………………………………………………………（13）
01－0015　UCP 效力 vs. SWIFT 规则 ………………………………………………（15）

Article 2　定义 …………………………………………………………………（17）

02－002　定义开创了先例 …………………………………………………………（19）
02－003　信用证来自基础合同 ……………………………………………………（19）
02－0031　信用证的本质是一个特殊的单据交易安排 ………………………………（21）
02－0032　拒付率与信用证的前景 ……………………………………………………（23）
02－0033　信用证成功的关键与国内信用证的发展 …………………………………（25）
02－004　信用证反映了基础合同 …………………………………………………（26）
02－005　Article 2　信用证 …………………………………………………………（30）
02－0051　信用证安排下两个层面的当事人行为 ……………………………………（32）
02－0052　信用证安排下开证行承诺的确定性 ………………………………………（33）
02－0053　保兑 …………………………………………………………………………（34）
02－00531　信用证为什么需要保兑 …………………………………………………（35）
02－006　Article 2　开证行和受益人 ……………………………………………（36）
02－0061　申请人与申请人银行 ………………………………………………………（38）
02－0062　通知行 ………………………………………………………………………（41）
02－0063　保兑行 ………………………………………………………………………（42）
02－00631　保兑行是一家特殊的指定银行 …………………………………………（43）

1

02-0064	指定银行	(44)
02-0065	交单人	(45)
02-007	**Article 2　交单**	**(46)**
02-0071	相符交单	(48)
02-0072	信用证的模糊规定	(51)
02-0073	从相符交单到审单工作方法	(53)
02-0074	交单面函和交单指示	(54)
Case 1	同一证下同时两套交单，开证行可以自主选择审单顺序吗？	(56)
02-0075	同一信用证下的交单支款互相独立	(58)
02-008	**Article 2　承付**	**(60)**
02-0081	议付	(62)
02-00811	议付下指定银行与受益人的"商议"内容	(66)
02-0082	追索权	(67)
02-009	**Article 2　银行工作日**	**(68)**

Article 3　解释 ·············· (70)

03-010	**Article 3(1)　单复数可以混用吗**	**(72)**
03-011	**Article 3(2)　信用证默认不可撤销**	**(73)**
03-0111	信用证的"软条款"vs.不可撤销性	(74)
03-012	**Article 3(3)　单据的签署**	**(75)**
03-0121	单据上的签署连续性	(77)
03-0122	单据上的签字	(78)
03-01221	与单据上的签字有关的四个问题	(79)
03-0123	单据上的签署人	(80)
03-0124	单据上的代理签署人	(84)
03-0125	单据的性质与签署	(86)
03-0126	单据上更正的签署证实	(87)
Case 2	经签署的发票上的更正，是否需要证实	(90)
03-01261	怎样算修正或变更	(91)
03-013	**Article 3(4)　单据的"签证"等**	**(92)**
03-014	**Article 3(5)　一家银行的分支机构**	**(94)**
03-015	**Article 3(6)　单据出具人的模糊用语**	**(96)**
03-0151	单据出具人 vs.签署人	(97)
03-0152	单据出具人的识别	(98)
03-016	**Article 3(7)　"迅速地"等词语是单据化条件吗**	**(99)**
03-017	**Article 3　确定发运日期和付款到期日的用语**	**(101)**
03-018	**Article 3　确定其他日期的用语**	**(102)**

Article 4　信用证安排与合同 .... (105)

04－019　Article 4(a)　信用证的独立性 .... (106)
04－0191　将错就错的风险与基础合同并不独立于信用证 .... (109)
04－020　Article 4(b)　信用证中援引基础合同 .... (111)

Article 5　信用证安排与单据 .... (114)

05－021　Article 5　信用证的抽象性 .... (115)

Article 6　信用证的可兑用性——有效性 .... (117)

06－022　Article 6(a)　可兑用银行——有效银行 .... (119)
06－0221　直接信用证 vs. 间接信用证 .... (120)
06－023　Article 6(b)　可兑用付款方式 .... (121)
06－0231　即期信用证 vs. 远期信用证 .... (122)
06－024　Article 6(c)　汇票的性质——兑用付款工具 .... (124)
06－0241　汇票出票人、出票日期、签署及更正 .... (126)
06－0242　汇票付款人及付款追索权 .... (128)
06－02421　付款人为申请人的汇票 .... (129)
06－02422　汇票的付款期限和付款到期日 .... (131)
06－02423　汇票的承兑和信用证下付款 .... (134)
06－02424　汇票的付款金额 .... (135)
06－0243　汇票收款人或持票人背书、签收 .... (136)
06－0244　汇票是信用证的"要求单据"吗 .... (138)
Case 3　韩国中小企业银行 vs. 青岛华天车辆汇票纠纷案 .... (141)
06－025　Article 6(d)　交单的有效期限和有效地点 .... (144)
06－026　Article 6(e)　实际交单日期与指定银行的寄单面函 .... (146)

Article 7　开证行的责任 .... (148)

07－027　Article 7(a)　对受益人的承付责任 .... (150)
07－028　Article 7(b)　对受益人的承付责任期间 .... (152)
07－029　Article 7(c)　对指定银行的偿付责任 .... (153)

Article 8　保兑及保兑行的责任 .... (155)

08－030　Article 8(a/b)　对受益人的承付或议付责任及起点 .... (157)
08－031　Article 8(c)　保兑行的偿付责任和索偿权利 .... (158)
08－032　Article 8(d)　不保兑时通知行的责任 .... (159)

Article 9　通知及通知行的责任 (161)

- **09-033**　Article 9(a)　通知责任不同于议付或承付责任 (163)
- **09-034**　Article 9(b)　通知行的通知责任 (164)
- **09-035**　Article 9(c)　第二通知行 (165)
- **09-036**　Article 9(d)　信用证的通知与修改的通知 (166)
- **09-037**　Article 9(e/f)　不通知和无法确认表面真实性 (167)

Article 10　修改 (169)

- **10-038**　Article 10(a)　修改 vs. 不可撤销性 (171)
- 10-0381　修改与撤销的原因 (172)
- **10-039**　Article 10(b)　修改与开证行的责任和保兑行的权利 (173)
- **10-040**　Article 10(c/d/e/f)　修改与受益人的权利 (174)

Article 11　信用证及修改的电讯传递和预先通知 (178)

- **11-041**　Article 11　信用证或修改的生效 (179)

Article 12　指定银行的责任和权利 (181)

- **12-042**　Article 12(a)　指定银行的责任和权利 vs. 开证行单方面指定 (182)
- **12-043**　Article 12(b)　指定银行的权利,包括在可承兑付款和可延期付款信用证下的融资 (183)
- **12-044**　Article 12(c)　指定银行的责任与收到或审核及转递单据无关 (185)

Article 13　银行间的未见单偿付安排 (186)

- **13-045**　Article 13(a)　未见单偿付及 URR 规则 (188)
- **13-046**　Article 13(b)　未见单偿付的 UCP 规则 (189)
- 13-0461　偿付授权 (191)
- 13-0462　偿付指示中的单证相符证明 (192)
- 13-0463　延迟偿付的利息和费用由开证行承担 (193)
- 13-0464　偿付行费用的承担 (193)
- **13-047**　Article 13(c)　未见单偿付下没有见索即偿 (194)

Article 14　单据审核 (196)

- **14-048**　Article 14(a)　基于单据本身的"表面审核" (199)

编号	条款	标题	页码
14-049	Article 14(b)	最新的"5天"审单期限	(201)
14-050	Article 14(c)	默认的"21天"交单期限	(203)
14-0501		交单期限的确定依据及最迟交单日的性质	(205)
14-0502		交单期限的通常计算起点——发运日	(207)
14-0503		交单期限在信用证中的常见规定	(208)
14-051	Article 14(d)	单据上数据之间"不得矛盾"	(209)
Case 4		检验证上显示的货物数量,是否必须与发票等同一致?	(212)
14-0511		"不得矛盾"vs."充分联系"	(213)
14-0512		"不得矛盾",有时可以更宽,有时也可以更严	(214)
14-0513		"不得矛盾"vs."等同一致"	(215)
14-0514		缩写	(216)
14-0515		拼写与打字错误	(219)
Case 5		发票金额大写显示"EURO dollars",是不符点吗?	(220)
14-0516		单据上的详细数学计算	(222)
14-0517		唛头	(223)
14-0518		当事人的特定名称与非特定名称	(227)
14-0519		检验证上的货物缺陷信息未满足"不得矛盾"	(228)
14-052	Article 14(e)	发票以外单据上的货物描述	(230)
Case 6		检验证上的货物描述内容多了,可以吗?	(233)
14-053	Article 14(f)	单据的内容"满足功能"	(235)
14-0531		单据名称	(236)
14-0532		单独单据或联合单据	(237)
14-0533		证明和声明	(239)
14-0534		商品检验证明的功能及内容	(240)
14-05341		原产地证明的功能与内容	(242)
14-05342		原产地证明的出具人	(244)
14-05343		原产地证明上的收货人	(245)
14-0535		植物检疫证明、熏蒸证明/热处理证明	(247)
14-054	Article 14(g)	"未要求单据"	(248)
14-0541		多页单据和附件或附文	(250)
14-055	Article 14(h)	"非单据化条件"	(251)
14-0551		如何判断"非单据化条件"	(252)
14-056	Article 14(i)	单据日期 vs. 开证日期和交单日期	(254)
14-0561		单据日期与单据	(256)
14-0562		单据日期 vs. 装运日期和交单日期	(258)
14-0563		单据上的几种常见日期、不同日期表达格式	(260)
14-057	Article 14(j)	受益人、申请人的地址	(261)
14-058	Article 14(k)	托运人或发货人 vs. 受益人	(264)
14-0581		原产地证明发货人/出口方 vs. 托运人/受益人	(265)
14-059	Article 14(l)	运输单据出具人	(266)

| Case 7 | 如何判断提单出具人？ | (268) |

Article 15　相符交单时 (271)

15-060　Article 15(a/b/c)　确定相符交单时银行应如何行事 (272)

Article 16　交单不符时 (274)

16-061　Article 16(a)　确定交单不符时的银行拒付 (276)
16-0611　银行的抗辩与 UCP 意义上的"拒付" (277)
16-062　Article 16(b)　拒付前联系放弃不符点 (279)
16-063　Article 16(c)　拒付通知 (281)
16-0631　拒付通知的内容 (283)
16-0632　不符点与替换单据 (286)
16-0633　不符点与二次寄单 (287)
16-064　Article 16(d)　拒付通知的发出方式和时限 (288)
16-065　Article 16(e)　拒付通知发出后的退单 (290)
16-066　Article 16(f)　无权宣称交单不符 (291)
16-067　Article 16(g)　拒付通知发出后开证行的权利 (293)

Article 17　正本单据和副本 (295)

17-068　Article 17(a)　单据正本 (296)
17-069　Article 17(b)　单据正本的判断（一） (297)
17-070　Article 17(c)　单据正本的判断（二） (298)
17-071　Article 17(d)　单据副本 (300)
17-0711　单据副本的判断 (302)
17-072　Article 17(e)　单据份数和单据正本份数 (304)

Article 18　商业发票 (307)

18-073　发票的功能与名称 (308)
18-0731　正式发票和非正式发票 (309)
| Case 8 | 一张 invoice 上显示 tax invoice No.，它是商业发票吗？ | (310) |
18-0732　商业发票是信用证下的中心单据 (312)
18-074　Article 18(a)　发票的出具人、抬头、货币及签署 (313)
| Case 9 | 发票上的抬头应该如何显示？ | (315) |
| Case 10 | 受益人的部门，是其名称的一部分，还是地址一部分？ | (316) |
18-075　Article 18(b)　发票金额超过信用证金额 (318)
18-0751　发票金额 vs.货物价值 (319)

18—0752	贸易术语 vs. 货物价值	(321)
18—07521	价格术语的三个问题	(323)
18—07522	价格术语及 Incoterms 规则	(324)
18—076	**Article 18(c) 发票上的货物描述 vs. 信用证规定**	**(326)**
Case 11	**发票上显示免费货物不可接受吗?**	**(329)**
18—0761	发票上的货物描述 vs. 信用证规定的经典案例	(329)
18—0762	发票上的货物描述 vs. 实际发运	(331)
18—0763	什么是货物描述	(332)
18—0764	发票上的货物数量	(333)

Article 19　多种方式运输单据 (336)

19—077	**运输单据的分类及功能**	**(338)**
19—0771	现代"一体化运输"的趋势	(341)
19—0772	货运代理人与货运代理制	(342)
19—0773	集装箱与集装箱运输	(344)
Case 11	**运输单据显示部分集装箱货物 vs. CY/CY**	**(346)**
19—078	**Article 19(a) 多种方式运输单据的功能与名称**	**(347)**
19—0781	多种方式运输单据的海运特征	(350)
19—0782	多种方式运输单据的物权性 vs. 可转让性	(352)
19—079	**Article 19(a)(i) 签署取消多式运输经营人**	**(354)**
19—080	**Article 19(a)(ii) 货物已接管日期**	**(356)**
19—0801	shipped on board,是已装船吗?	(358)
19—081	**Article 19(a)(iii) 收货地和目的地**	**(359)**
19—0811	收货地和目的地的几种变形	(362)
19—0812	贸易术语与运输单据上的运输全程	(363)
19—082	**Article 19(b/c) 转运必然发生**	**(365)**

Article 20　港至港提单 (368)

20—083	**Article 20(a) 提单的功能与名称**	**(370)**
20—0831	提单的抬头和可转让性	(374)
20—0832	提单的背书	(377)
20—084	**Article 20(a)(i) 承运人及签署**	**(379)**
Case 12	**怎样算海运提单的代理签署?**	**(383)**
Case 13	**提单上两个签署人?**	**(385)**
Case 14	**承运人代理自己签署可以吗?**	**(386)**
20—0841	货代提单——FBL	(387)
20—0842	承运人及责任	(390)
20—085	**Article 20(a)(ii) 货物已装船日期**	**(393)**

20－0851	货物已装船日期的几个问题	(397)
Case 15	**提单上的 shipped on board 栏位,是装船批注吗?**	(398)
20－086	Article 20(a)(iii)　从装货港到卸货港	(399)
Case 16	**提单上的港口是海港吗?**	(403)
20－087	Article 20(a)(iv)　正本及份数	(404)
20－0871	1/3 提单	(406)
20－0872	电放提单	(408)
20－0873	提单副本	(410)
20－088	**Article 20(a)(v)承运条款和条件**	(411)
20－089	**Article 20(a)(vi)　未表明受租船合同约束**	(413)
20－090	**Article 20(b/c/d)　转运**	(415)

Article 21　港至港海运单 (418)

| **21－091** | **海运单的功能** | (420) |
| 21－0911 | 海运单是如何产生的? | (421) |

Article 22　港至港租船合同提单 (423)

22－092	**Article 22(a/b)　租船合同提单的特点**	(425)
22－0921	租船运输 vs.班轮运输	(428)
22－0922	租船合同提单的几个问题	(430)

Article 23　空运单据 (431)

23－093	**Article 20(a)　空运单的功能**	(433)
23－0931	空运单的抬头和不可转让性	(434)
23－0932	空运单的几个问题	(435)
23－094	**Article 20(a)(ii/iii)　货物已接受待运日期**	(436)
23－095	**Article 20(a)(v)　正本**	(438)

Article 24　公路、铁路或内陆水运单据 (440)

| **24－096** | **公路等运单的特点** | (442) |

Article 25　快递收据、邮政收据或投邮证明 (445)

| **25－097** | **邮递的特点** | (446) |

Article 26　运输单据上的三种标注 ·· (448)

- **26－098**　Article 26(a)　默认不接受"货装舱面"标注 ························ (449)
- **26－099**　Article 26(b)　默认接受"内容不知"标注 ·························· (450)
- **26－100**　Article 26(c)　默认接受运费以外费用标注 ························ (451)
- 26－1001　运输单据上的运费 ··· (453)

Article 27　清洁运输单据 ·· (455)

- **27－101**　运输单据的清洁与不清洁 ·· (456)

Article 28　保险单据 ··· (459)

- **28－102**　保险单据的功能 ·· (461)
- 28－1021　保险单据的被保险人、可转让性和背书 ······························ (463)
- **28－103**　Article 28(a)　保险单据的出具与签署 ······························ (465)
- **28－104**　Article 28(b)　正本 ·· (467)
- **28－105**　Article 28(c/d)　保险单据的种类 ···································· (468)
- **28－106**　Article 28(e)　生效日期 vs. 发运日期 ································ (471)
- **28－107**　Article 28(f)(i/ii)　保险币别和金额 ································ (472)
- **28－108**　Article 28(f)(iii)　保险区间 vs. 运输全程 ·························· (475)
- **28－109**　Article 28(g/h/i)　险别 ·· (476)
- 28－1091　风险、损失及费用 ··· (479)
- 28－1092　中国保险条款 CIC ·· (481)
- 28－1093　协会货物条款 ICC ·· (483)
- **28－110**　Article 28(j)　免赔率或免赔额 ······································ (484)

Article 29　有效期限和交单期限的顺延 ··· (486)

- **29－111**　Article 28(a/c)　顺延的适用 ·· (487)
- **29－112**　Article 28(b)　顺延时的面函声明和倒签 ···························· (488)

Article 30　信用证金额、数量与单价的浮动 ·· (490)

- **30－113**　Article 30(a)　信用证规定的伸缩度 ·································· (491)
- **30－114**　Article 30(b)　UCP 默认发运数量有 5% 增减幅度 ···················· (492)
- **30－115**　Article 30(c)　UCP 默认支款金额有 5% 的减幅 ······················ (495)
- **Case 17**　货物价值是支款金额的一种,还是发运数量的一种,还是其他? ············ (497)

Article 31		部分支款或部分发运 …………………………………………………	(500)
31—116	Article 31(a)	UCP 默认允许部分发运和部分支款 …………………………	(501)
31—1161		如何判断"部分发运"和"部分支款" …………………………………	(503)
31—117	Article 31(b)	多套运输单据 vs. 部分发运 1 ……………………………	(504)
31—118	Article 31(c)	多套运输单据 vs. 部分发运 2 ……………………………	(506)
Article 32		分期支款或分期发运 ………………………………………………	(508)
32—119	Article 32	分期发运/支款与信用证的可兑用性 ………………………	(509)
Article 33		营业时间与交单 ……………………………………………………	(512)
33—120	Article 33	交单时间 ………………………………………………………	(513)
Article 34		单据有效性的免责 …………………………………………………	(515)
34—121	Article 34	谁应该对单据有效性免责 ……………………………………	(516)
Article 35		信息传递和条款翻译、解释免责 ……………………………………	(518)
35—122	Article 35(1)	银行对信息传递免责 ………………………………………	(519)
35—123	Article 35(2)	单据邮寄途中遗失,开证行和保兑行的责任 ………………	(520)
35—124	Article 35(3)	银行对专业条款的翻译及解释免责 ………………………	(523)
35—1241		单据的语言 ……………………………………………………………	(524)
Article 36		不可抗力免责 ………………………………………………………	(528)
36—125	Article 36(1)	银行对不可抗力免责 ………………………………………	(529)
36—126	Article 36(2)	不可抗力下,银行将承担什么样的过渡性的责任 …………	(530)
Article 37		被指示银行免责 ……………………………………………………	(533)
37—127	Article 37(a)	执行申请人指示银行免责 …………………………………	(534)
37—128	Article 37(b)	申请人指示未执行银行免责 ………………………………	(535)
37—129	Article 37(c)	信用证下的银行费用 ………………………………………	(536)
37—1291		银行费用在银行间的归属 ……………………………………………	(537)
37—1292		银行费用规定由受益人承担 …………………………………………	(538)
37—1293		银行费用规定由申请人承担 …………………………………………	(539)
37—1294		信用证下的通知费收取不应成为通知条件 …………………………	(540)

| 37－130 | Article 37(d) | 外国法律和惯例下银行免责 | (541) |

Article 38　信用证转让 (542)

38－131		信用证转让的由来	(545)
38－1311		背对背信用证	(546)
38－132	Article 38(a)	谁是转让行	(547)
38－133	Article 38(b)	可转让母证与已转让子证	(549)
38－134	Article 38(c)	转让费用默认由第一受益人承担	(551)
38－135	Article 38(d)	部分转让和垂直转让	(552)
38－1351		对多个第二受益人支款应该如何监管	(554)
38－136	Article 38(e)	信用证转让下修改的通知	(555)
38－137	Article 38(f)	信用证转让下修改的接受	(557)
38－138	Article 38(g)	信用证转让时条款的转载和变动	(559)
38－1381		信用证转让时哪些条款可以变动	(561)
38－1382		信用证转让下商业发票的抬头、出具人	(563)
38－1383		信用证转让时必须转载保兑行及转让行的责任	(565)
38－139	Article 38(h)	第一受益人换单的权利	(566)
38－140	Article 38(i)	第一受益人换单时,转让行的权利	(568)
38－141	Article 38(j)	信用证有效地点和有效期限的转移	(571)
38－142	Article 38(k)	已转让信用证下单据必须交转让行	(573)

Article 39　款项让渡 (575)

| 39－143 | | 款项让渡的特点 | (576) |

Article 1

UCP 的适用范围

The Uniform Customs and Practice for Documentary Credits, 2007 Revision, ICC Publication No. 600 ("UCP") are rules that apply to any documentary credit ("credit") (including, to the extent to which they may be applicable, any standby letter of credit) when the text of the credit expressly indicates that it is subject to these rules. They are binding on all parties thereto unless expressly modified or excluded by the credit. 《跟单信用证统一惯例》(简称 UCP),2007 年修订本,国际商会第 600 号出版物,乃一套规则,适用于所有在其文本中明确表明受本惯例约束的跟单信用证(下称信用证)(在其可适用的范围内,包括备用信用证)。除非信用证明确修改或排除,本惯例各条文对信用证所有当事人均具有约束力。

【本条导读】

本条开宗明义地给了 UCP600 一个明确的定位,即:UCP600 乃是跟单信用证的一套运作规则。

如果说一个信用证安排是一道多项选择题的话,那么它的许多套运作规则就是这道题的一系列选项,这些选项包括:罗列的一个个信用证条款、UCP 规则、法律及法庭判决、SWIFT 开证情况下的 SWIFT 规则、未见单偿付下的 URR525 等等,而 UCP600 仅仅是其中 UCP 规则的一个选项。那么,这些选项之间又有什么样的关系呢?

本条的解读,在剖析 UCP600 与信用证安排关系的同时,也将剖析包括 UCP600 在内的许多信用证运作规则之间的关系。

本条的解读还将表明 UCP600 究其实质是银行信用证结算产品的运作规则。

01-001

Article 1　UCP600是一套银行信用证结算产品的运作规则

业界首先关心的是，UCP600的性质是什么？

本条给出了如下定位：

Article 1：

The Uniform Customs and Practice for Documentary Credits, 2007 Revision, ICC Publication No. 600("UCP")are rules that apply to any documentary credit("credit")(including, to the extent to which they may be applicable, any standby letter of credit)when the text of the credit expressly indicates that it is subject to these rules. They are binding on all parties thereto unless expressly modified or excluded by the credit.《跟单信用证统一惯例》（简称UCP），2007年修订本，国际商会第600号出版物，乃一套规则，适用于所有在其文本中明确表明受本惯例约束的跟单信用证（下称信用证）（在其可适用的范围内，包括备用信用证）。除非信用证明确修改或排除，本惯例各条文对信用证所有当事人均具有约束力。

本条表明：

第一，UCP600是一套银行信用证结算产品的运作规则。

UCP是跟单信用证运作的一套规则。这一方面说明了跟单信用证的运作有许多套规则，而UCP600仅仅是其中的一套。另一方面，也说明了在一个特定的跟单信用证安排中，需要明确选择自己的规则。当一个特定的跟单信用证安排选择了适用于UCP600这一套规则时，也就意味着该跟单信用证一旦运作起来，当事人纵有孙猴子的万般神通，也逃不出UCP600这一如来五指峰，即UCP600将对"所有当事人均具有约束力"。但是，有一个例外，当事人事先在设计跟单信用证条款时，可以"明确修改或排除"UCP600有关条文的适用，此时UCP600有关条文对当事人将不具有约束力。

值得一提的是，尽管信用证的运作涉及方方面面，但是UCP600并不面面俱到，它侧重于从银行提供信用证产品的角度出发，规范各个银行在信用证结算过程中的种种权利义务关系，从而在此基础上向受益人和申请人提供可信赖的各项专业服务。当然，UCP600在演绎信用证的本质时也会提到受益人的交单和相符交单，以及申请人的原始指示，那似乎是为了更加准确地描述银行的相对权利义务关系。

所以，准确地说，UCP600是一套银行信用证结算产品的运作规则。这一观点，与本惯例第2条"信用证"定义的解读中提到的一个理念——"信用证是一项银行产品"相吻合。

第二，要想使信用证适用于UCP600，信用证必须在文本中明确表明受本惯例约束。

一个特定的信用证是否受惯例约束，在UCP过去的版本中，允许采取明示和默认两种做

Article 1 UCP 的适用范围

法。默认的做法,以 SWIFT 开证最为常见,因为在原 SWIFT 规则关于 MT700/701(开立跟单信用证)、MT710/711(通知由第三家银行开立的跟单信用证)、MT720/721(跟单信用证的转让)的报文使用规则中明确规定:"除非另有规定,所开立的跟单信用证将遵循现时有效的巴黎国际商会制定的《跟单信用证统一惯例》。"

与过去的版本不一样,UCP600 要求不管是信开信用证,还是电开信用证,包括 SWIFT 开证均需要"信用证在文本中明确表明受本惯例约束"。如何表明呢?以 SWIFT 开证为例,为配合 UCP600 的实施,2006 年 11 月升级的 SWIFT 的 MT700、MT710、MT720 版本中增加了 40E applicable rules(使用规则)栏位:

——UCP LATEST VERSION:这适用于跟单信用证。

——EUCP LATEST VERSION:这适用于跟单信用证下的电子交单。

——UCPURR LATEST VERSION:这适用于跟单信用证以及跟单信用证下的未见单偿付。

——EUCPURR LATEST VERSION:这适用于跟单信用证下的电子交单,以及跟单信用证下的未见单偿付。

——ISP LATEST VERSION:这适用于备用信用证。

——OTHR:当然,可以选择适用 UCP500。其实,在 UCP600 实施的很长一段时间内,由于各个国家和地区 UCP600 的普及进度不同,许多信用证还会选择适用 UCP500,毕竟相对比较了解。

第三,UCP600 条文约束所有当事人。

信用证有两个基本当事人,即开证行和受益人。二者缺一,不成其为信用证,信用证安排也将无法运作。除了基本当事人,信用证安排中还有其他当事人:通知银行、保兑银行、转让银行、指定银行、偿付银行等等。这些其他当事人,都是开证行在信用证下特定行为的代理。当然,其他当事人可以对开证行的委托不予理会,但是一旦接受委托,便成为开证行的代理,便须按照信用证规定的委托内容行事。而当一个特定信用证选择适用于 UCP600 时,UCP600 各条文便对信用证的所有当事人具有约束力。

当事人,还有另外一个通俗的说法,即信用证安排"局内人"。因为信用证是一个游戏,信用证安排本身就是一个"局"。

需要特别注意的是,申请人不是信用证安排的当事人,它是信用证安排的"局外人"。所以,信用证安排,以及信用证适用的 UCP,对于申请人并没有当然的约束力。

对申请人真正具有约束力的是,申请人向开证行递交并经开证行确认的开证申请书,以及申请人和受益人签订的货物贸易合同——即基础合同等。

第四,信用证中明确修改或排除的 UCP600 条文不具有约束力。

从 UCP500 的"除非信用证中另有明确规定"到 UCP600 的"除非信用证明确修改或排除",表述更为明晰,可操作性更强,这是 UCP600 的一大进步。结合 UCP600"各条文对信用证所有当事人均具有约束力"这一个表述,起码说明几点:

——信用证适用 UCP,这是前提;

——在这个前提下,UCP 条文默认对所有当事人具有约束力;

——当有关的 UCP 条文被修改时,修改之后的 UCP 条文才具有约束力;

——当有关的UCP条文被排除时,被排除的UCP条文就没有约束力了;

——只有在信用证明确修改或排除的情况下,才能修改或排除UCP条文的约束力。

这个表述说明的是信用证修改或排除UCP条文的情况。实务中还存在一种相反的情况,即:个别UCP条文会修改或排除信用证条款的效力。如果综合来看,这就涉及一个问题:信用证条款和UCP条款到底谁压倒谁?

ICC在R207中有一个结论:"One cannot state whether the UCP500 or the credit would overrule the other."UCP条文和信用证其他条款之间,说不清谁压倒谁。虽然这个结论出现在UCP500时期,我想这一点对UCP600也并没有过时。

如果把UCP本身看作信用证中的一个特殊条款的话,UCP将与信用证的其他条款一起,构成一个完整的信用证安排。通俗地说,如果信用证安排是一道选择题的话,那它就是一道多项选择题,而UCP条文和信用证其他条款只不过是这一道选择题的自由选项而已。在同一个信用证安排下,整体而言,UCP与其他条款处于同一个层次,并不存在必然的谁的效力压倒谁的问题;而对于一个具体的条款,或者是UCP条文优先,或者是其他条款优先,在实务中均有可能。

比如:信用证规定:"Transport from: Shanghai airport, to: New York airport, transhipment: not allowed."提交的空运单显示:"Airport of departure: Shanghai, transhipment at: Osaka, airport of discharge: New York."该空运单是可以接受的,因为本惯例第23条第c(ii)款这样规定:"An air transport document indicating that transhipment will or may take place is acceptable, even if the credit prohibits transhipment. 即使信用证禁止转运,注明将要或可能发生转运的空运单据仍可接受。"这是UCP条文效力优于信用证条款的情况。

再比如,上述信用证如果还规定:"UCP600 Article 23(c)(ii) will not be applicable."此时,根据《UCP600下关于审核跟单信用证下单据的国际标准银行实务(ISBP)》,国际商会第681号出版物(以下简称"ISBP 681")第3段,该空运单是不可接受的,因为空运单必须满足信用证不可转运的规定,本惯例第23条c(ii)款的规定因为被排除已经失效。这是信用证条款优于UCP条文的情况。

需要提请注意的是,上述所提到的信用证对UCP条文的修改或排除必须"明确",不明确时不适用,模糊不清时也并不适用。此时,可参阅本书第2条关于相符交单的解读中的"信用证的模糊规定"一节。

01—0011

UCP的历史与UCP600的诞生

与票据、合同没什么两样,信用证也是几个当事人一起玩的游戏。无规矩,不成方圆,大家一起玩总得有一套自己的规则。

这些规则,在信用证诞生的早期往往是约定俗成的,条款极不稳定,解释也五花八门,难以统一,它的作用仅仅局限于约定的当事人之间,十分不利于信用证技术的推广和应用。这些规则,后来逐渐发展成了明文规定。这些规则的形式,也经历了从双方协议,到行业惯例,再到国际惯例,现在个别国家还将其列入了国内立法。

信用证最早的明文规则,出现于第一次世界大战后的美国。第一次世界大战末期,美国已经扮演了全球物资供应商的角色,国际贸易额迅速上升,美国银行业国际贸易结算得益于国际贸易的繁荣而兴旺。那时,信用证是国际贸易结算的主要方式。然而,由于信用证结算缺乏统一的规则,美国银行业在战后的经济萧条中遭受了严重损失。鉴于这种情况,美国银行业于1920年制订出了美国的信用证规则——Regulations Affecting Export Commercial Credits. 之后,欧洲国家纷纷效仿,相继制订出本国的信用证规则。但是,由于各国各行其是,互不统一,在国际贸易结算中信用证运作仍然无所适从。

为此,国际商会依照美国方面的建议着手研究,最终形成了UCP的第一个版本,于1933年以国际商会第82号出版物《商业跟单信用证统一惯例》方式公布。随着国际贸易、运输、保险及通信技术的不断发展,该统一惯例先后经过六次修订并定名为《跟单信用证统一惯例》沿用至今,依次形成1951年的第151号出版物,1962年第222号出版物,1974年第290号出版物,1983年第400号出版物,1993年第500号出版物。这其间,有些国家还把UCP融入国内立法。到目前为止,列入国内立法最为完备的,首属《美国统一商法典》的code 5.

已于2007年7月1日开始实施的UCP600,即《跟单信用证统一惯例》,国际商会第600号出版物,2007年修订的最新版本,则是反映跟单信用证实务的最新成果,也是跟单信用证运作的最新规则。

大家所关心的是,为什么要修订UCP500呢?

UCP500在当时的贸易环境下,十几年时间里对跟单信用证运作的推广和运用,无疑起到了极其重要的作用。然而,贸易环境改变太快了,通信、运输、保险技术的进步太快了,ICC在关于UCP500的4个意见书的前言中说:"国际商会银行技术委员会遗憾而且关切地注意到,在UCP500实施以后,一些银行错误地解释和应用UCP500的一些条文。由于未能正确地运用这些条文,其结果严重妨碍了按照UCP500开立的跟单信用证的使用。"为了维持跟单信用证的活力,ICC针对UCP500的适用条款,先后发布了200多条咨询意见,60多个DOCDEX裁决意见,4个意见书(修改/议付/非单据化条件/运输单据),2个政策声明(正本/欧元)和1个ISBP(《UCP500下关于审核跟单信用证项下单据的国际标准银行实务》,即国际商会第645号出版物,简称"ISBP 645")。

然而,UCP500还是显得不适应,拒付率的飙升就是一个最有力的说明:

——在UCP500时期,信用证5%的拒付率,就引起了重视。UCP500的前言说:"一些调查表明,大约5%跟单信用证下的单据因与信用证不符或表面不符而被拒收,这降低了跟单信用证的效力,对参与有关产品交易的各方产生财务影响,增加了成本,减少了进口商、出口商和银行的利润。有关跟单信用证的诉讼案激增也引起了人们极大的关注。"

——在UCP600出台前,信用证的拒付率已经上升为70%左右。UCP600的前言说:"When work on the revision started, a number of global surveys indicated that, because of discrepancies, approximately 70% of documents presented under letters of credit were being rejected on first presentation. This obviously had, and continues to have, a negative effect on the letter of credit being seen as a means of payment and, if unchecked, could have serious implications for maintaining or increasing its market share as a recognized means of settlement in international trade."显然,高比例、高频率发生的信用证拒付现象日益危及信用证在国际贸易结算中的地位。信用证似乎日益成为拒付的工具。

为此,2002年ICC正式启动了UCP500的修订工作,并于2006年底正式完成并通过了最新版本的《跟单信用证统一惯例》，即 UCP600。UCP600 的出台，到底能在多大程度上挽救信用证于拒付危机呢？正如 *DC Insight* Vol. 12 No. 4 October-December 2006 中反映的一位贸易商的看法："The most obvious change from UCP 500 is that we now have ten fewer articles. Smaller is better, provided clarity is not sacrificed."无论如何，简洁就是好的，UCP600 只有 39 条，它比 UCP500 的 49 条整整少了 10 条。

01—0012

跟单信用证 vs. 光票信用证 vs. 备用信用证

跟单信用证，是与光票信用证相对而言。

跟单信用证和光票信用证，是根据信用证安排中是否要求附随商业单据而定。附随商业单据的信用证，便是跟单信用证，也常称商业信用证。未附随商业单据，而只有金融票据的信用证，便是光票信用证。

在信用证实务中，与信用证安排有关的文据，包括金融票据和商业单据两种。金融票据，如汇票，用于执行信用证安排下的支付功能；商业单据，如发票、运输单据、保险单据、检验证明、原产地证明、装箱单等，则用于证明信用证安排下货物是否如约交付，服务是否如约提供等等。

光票信用证的使用早于跟单信用证，曾经在历史上发挥过很大的作用。光票信用证，原来主要用于旅游、使领馆经费和个人消费。由于光票信用证安排下，往往是纯粹的支付，所以并没有附随商业单据，而只带有汇票，只有纯粹的支付。但是，该信用证只能由信用证指定银行兑付，不如旅行支票和信用卡方便，支付手续也不如旅行支票、信用卡简单、严密。随着时间的推移，光票信用证在旅游、个人消费等方面的作用也就逐渐让位于旅行支票和信用卡。所以，光票信用证基本上已经成为古董了，现在难得一见。

跟单信用证，主要用于国际贸易货款结算，所以往往要求附随商业单据，用来证明交货情况等。在国际贸易货款结算中，跟单信用证的使用在上个世纪 60—70 年代达到历史最高水平，占了 80％以上。可以说，UCP 从它诞生的那一天起，即是为跟单信用证在国际贸易货款结算领域大展拳脚而量身订制的一套规则。

跟单信用证，包括备用信用证。

但是，并不是所有的跟单信用证，都是用于国际贸易货款结算。在国际贸易货款结算中，跟单信用证安排中所要求的商业单据是用来证明交货——即履约情况的，只要商业单据证明的履约情况符合跟单信用证安排的约定，开证行就承诺凭单付款。但有时跟单信用证安排中所要求的商业单据却是用来证明违约的情况。此时，跟单信用证已经类似于保函，这就是备用信用证，它起的是担保作用，即当所附随的商业单据证明了基础合同下一方违约，则开证行担保对另一方付款，以实现其债权。

Article 1　UCP 的适用范围

所谓担保,即承担债务、保障债权。最新的《中华人民共和国担保法》[①]说,担保包括保证、抵押、质押、留置和定金五种方式。而备用信用证担保实为一种保证方式。所谓保证,《中华人民共和国担保法》第 6 条规定:"本法所称保证,是指保证人和债权人约定,当债务人不履行债务时,保证人按照约定履行债务或者承担责任的行为。"准确地说,日常实务中的保函(Letter of Guarantee),应该译为保证函。而备用信用证,则是保函的一种,它其实是一种银行保证。

为方便考虑,除非特别说明,本书所谓的"信用证"、"信用证安排"、"跟单信用证"、"跟单信用证安排",均指狭义的跟单信用证,不包括备用信用证。

简言之,跟单信用证是国际贸易中的付款工具,而备用信用证则是不付款情况下的担保工具。前者一旦开出,以付款为常态。后者一旦开出,则以不付款为常态。

实际应用中,备用信用证传统上起源于美国国内商业银行担保业务。19 世纪中叶的美国法律规定商业银行开立保函非法,银行就开立备用信用证,与担保公司(bonding company)争夺保函业务。如今,尽管美国对商业银行开立保函的限制早已取消,但是备用信用证因为其独立性、单据化和见索即付的特点,一直为银行和进出口商所青睐,从而仍然盛行于世。尽管 UCP 中可能会有一些条款适用于备用信用证,但是在实务中直接适用 UCP 的备用信用证已经较为少见,其实早在 1998 年备用信用证就已经有了专门属于自己的一套规则——ISP98.

所以,本条作出了规定:UCP600 适用于跟单信用证,"(在其可适用的范围内,包括备用信用证)",即当备用信用证选择 UCP600 时,UCP600 的相关条款可适用时就适用,不可适用时就不适用。

01—0013

电子交单与 eUCP1.1

信用证业务的电子化由来已久。

银行信用证业务电子化包括三个环节:即银行之间、银行内部及银企之间的信息传递。

以银行同业之间的信息传递为例,由最初的纸质信件发展到电报和电传,再到现在的 SWIFT 系统,国际银行间信用证业务信息的沟通效率得以明显改善。然而,SWIFT 系统并不传递单据信息,包括信用证下的单据信息。新近研发成功并刚刚投产的 SWIFT TSU 系统,则满足了传递单据信息的要求,以便买卖双方能全面掌握交易情况,银行据以实时跟踪买卖双方交易进程,从而促进贸易融资。

再以银行内部的信息处理和信息传递为例。最早的银行内部信息处理都是手工完成,之后是脱机处理打印出来再通过纸质传递以手工方式整合为一笔完整的信用证业务,再之后就是联机处理,信用证信息出现了局部集中。以上的信用证业务电子化过程,并没有实质改变信用证业务的流程。至于信用证电子信息的集中,乃至全行集中,反过来影响信用证业务的流程,并进而全面整合信用证业务的流程,则应归功于近年来国内外逐渐兴起的大集中式国际结算系统。正是这一系统的出现,使得单证中心这一高效的业务处理模式成为一种当前信用证

[①] 1995 年 6 月 30 日,第八届全国人民代表大会常务委员会第十四次会议通过;1995 年 6 月 30 日,中华人民共和国主席令第五十号公布;1995 年 10 月 1 日起施行。

业务发展最重要的一种潮流。

在银行间和银行内部信用证电子化日渐成熟的背景下,银企之间仍囿于传统、人工、低效的信息传递方式难免不适应。因此,近年来国内外金融及相关行业开始关注这个问题。网上开证、网上通知及网上查询等相关网上业务系统的推出就是针对该问题的一系列解决方案。

然而,信用证业务彻底电子化尚需时日。这其中最大的困难,在于交单的电子化。

平时所提到的信用证下交单,一般指的就是纸质单据的提交。但是,纸质单据有其天生的缺陷,不容易保存、不容易传递、信息不容易直接识别。现在,在信用证下交单电子化的努力,主要集中于两个方向:纸质单据的影像化和电子交单。

纸质单据影像化是为了方便保存、传递。这是不完全的电子化,因为影像单据来自纸质单据,并以纸质单据的信息为最终依据。纸质单据在企业与银行之间、银行内部处理,可以影像单据适当替代,但是企业与运输公司、保险公司、检验部门、国外客商之间的信息传递仍须以纸质单据作为媒介,而在企业与银行之间、银行内部仍须识别影像单据的信息,作为处理的依据,这更多地依靠人工,即便在自动识别技术的帮助下也还没有可靠到可以改变人工处理的主导地位。其实,目前流行的银行单证中心模式下,纸质单据信息在银行内部的传递,便是通过影像完成。

电子交单才是彻底的电子化。根据电子单据信息打印出来的纸质单据只是流转过程中的参考,其内容以电子单据的信息为最终依据。

在电子交单下,"买卖双方的业务谈判、订单、买卖合同的签署等,一般先通过网络 EDI 系统,结算时由进口商通过网络将电子开证申请书递交开证行,开证行据客户核定的授信额度,按申请书内容,向出口商(即受益人)开出信用证,并通过银行内部作业系统与外部网络系统的接口,将信用证发送给出口商所在地分行或代理行(即通知行)。通知行核对印鉴无误后,将电子信用证转发到出口商的电子邮箱。出口商用 EDI 系统自动审核信用证后,再由 EDI 系统自动生成全套单据并通过通信网络传送至运输、保险、海关及商检机构等有关部门,并要求这些机构根据信用证的内容和实际货物的情况出具诸如发票、提单、保险单等电子单据。出口商按照信用证的规定装运货物以后,备齐各类电子单据,开出电子汇票,通过通信网络提示议付行付款。议付行 EDI 系统按照信用证条款审核单据无误后将货款垫付给出口商,将电子汇票、货运单据通过电子邮件转发给开证行或其指定的付款行索偿。开证行核对单据无误后,付款给议付行。开证行通知进口商付款赎单,进口商付款后,开证行将各类电子单据转发给进口商,进口商再将电子单据通过网络转发承运人换取货物"。[①]

电子交单的实践,以 BOLERO 为典型,并整合了电子开证、电子通知、电子制单、电子交单、电子审单、电子付款等一系列信用证流程。

"1999 年,一种包括付款与运输流程在内的完全电子化信用证运作已在 BOLERO.NET 网站上操作成功。BOLERO 是由总部设在伦敦的运输业共同保险机构 T.T.CLUB 和 SWIFT 合资成立的以互联网为基础,支持国际贸易流程参与各方包括进出口商、银行、保险公

---

① 引自陈原、李忱:"电子信用证在国际贸易结算中的应用",《商业时代·学术评论》,2006.10

司、运输行、承运人、港务机构、海关、检验机构等传输、交换电子单据与数据的网络平台。其国际结算环节中的各家银行业务人员经授权进入 BOLERO 中心注册系统,进行开证、通知信用证、审单,并与银行自身电子结算系统连接完成付款清算等系列信用证操作。BOLERO 系统通过采用共容性高的电子文件标准格式、提出贸易文件的定义、遵循 EUCP 规范等方式,达到实践信用证电子化的目的。目前,欧洲、日本、美国的一些国际知名银行如花旗银行、汇丰银行、国民西敏寺银行、东京三菱银行、第一劝业银行、三和银行、新加坡华侨银行等均已加入 BOLERO 系统。"

"除了 BOLERO 系统,目前主流的电子信用证处理系统还有美国纽约市电子商务公司的 Tradecard 系统、加拿大电子商务公司的 CCEWeb 系统、民间规则性质的 CMI 系统。不同的系统各有特色,代表了不同的运作模式,对信用证的发展带来不同的影响。比如,Tradecard 系统中的信用证几乎被该系统设计的其他贸易文件完全取代,而 CCEWeb 系统还能处理传统的纸制单据。"

正是为了顺应实务的这一重大变化,ICC 在 UCP500 时期出台了 eUCP1.0,适用于电子交单。相应地,UCP500 的修订,电子交单下的 UCP 规则也同步升级,这就是 UCP600 时期的 eUCP1.1。

01—0014

UCP 效力 vs. 法律

如同 UCP600 是信用证安排的一个选项,相关的适用法律也是信用证的一个选项。

但是,法律这一选项与 UCP600 不同。UCP600 仅仅是个国际通行的行业惯例而已,它是个可选项,是个自由选项,信用证可接受,也可不接受,还可以在整体适用的前提下,针对部分条文以修改的方式接受,或以排除的方式不接受。

法律是个必选项,即:不选也得选,选也得选;信用证非接受不可。这是法律的强制性使然。至于一个信用证安排是否接受法律的约束,在信用证文本中无须明确表明。即:信用证安排不用提及,即与生俱来默认适用相关的法律,接受法律的约束。

信用证安排接受法律约束的直接表现,即:当信用证与法律相抵触时,法律的效力优于信用证,或者是有关信用证条款的含义将按照法律规定来解释,或者是导致有关的信用证条款失效。而间接表现,即:当信用证所适用的 UCP 与法律相抵触时,法律的效力优于 UCP。ICC 在 R305(本书所引"RXX"指 ICC Banking Commission on Queries relating to UCP)中给出了一个极为典型的意见:"Local law will prevail over the obligations and responsibilities detailed in UCP."也即当地法律的效力凌驾于 UCP 之上。

归根结底,信用证与法律不得抵触。比如:信用证规定了具体唛头,提交的发票及提单上显示唛头为"N/M",开证行提不符点"发票及提单未注明唛头"。韩国法院判开证行败诉。尽管韩国法院的判决显失公允,严重践踏了 UCP 所反映的国际标准银行实务所赋予的公平与正义,然而这一切终归无奈,因为法律效力优于信用证,法律效力优于 UCP。

信用证实务中,法院止付令是又一典型的法律效力优于 UCP 效力的情况,但是法律效力优于UCP600仅仅是个原则,并不绝对。当信用证交易中存在善意第三人时,是个例外,这是各国法律基本都认可的一个暗门。比如:当卖方在基础合同下涉嫌欺诈,信用证下指定银行因为其合格议付,而有权得到开证行的偿付,法院不应接受申请人的申请向开证行颁布止付令。

值得注意的是,在处理信用证纠纷时,往往适用的法律也各有不同。在专门法的国家,比如美国,则直接适用专门法。没有专门法的国家,则往往把信用证视为一个特殊的合同,间接适用合同法。在我国,法庭的信用证纠纷处理中,由于没有的专门法,也把信用证安排看成是一个特殊的合同,在适用合同法的同时,还适用最新的《最高人民法院关于审理信用证纠纷案件若干问题的规定》(法释〔2005〕13号)。而对于要求汇票的信用证,往往当事人也乐于把信用证下的债权债务关系转换成票据法下的票据关系,从而适用各国的成文的票据法。

尽管法律是信用证安排的一个当然选项,法律效力优于UCP,但是实务中,出现信用证纠纷,申请人动辄申请止付令,买卖双方动辄提起法律诉讼的情况,却极为少见。

大部分的情况,还是根据国际通行的UCP,通过银行进行交涉,以求得达成共识,解决纠纷。这其中的原因,包括以下两个方面:

——信用证安排的背景交易,往往跨越国度,各国法律环境千差万别;法律诉讼周期长、效率低、环节多、费用高。

——相比之下,根据UCP通过银行间交涉,则有共同的惯例语言、畅通的银行渠道。

所以,大部分问题,在银行间的交涉中便能消弭于无形。提交法院裁定,则会少之又少。其实,在实务中,法院的大部分裁定,也是优先适用国际惯例——UCP,适用不了时,才另行寻找法律依据。

最新的《最高人民法院关于审理信用证纠纷案件若干问题的规定》(法释〔2005〕13号)第2条说:"人民法院审理信用证纠纷案件时,当事人约定适用相关国际惯例或者其他规定的,从其约定;当事人没有约定的,适用国际商会《跟单信用证统一惯例》或者其他相关国际惯例。"

从这里可以看出,在处理信用证纠纷中UCP的不可替代性。

01—00141 信用证的"独立抽象性"、"欺诈例外"及"欺诈例外的'例外'"原则

独立性原则和抽象性原则,堪称信用证交易的两大基石。本惯例第4条便赋予了信用证的横向关系上的独立性,第5条赋予了信用证纵向关系上的抽象性。独立性原则和抽象性原则二者缺一,UCP所建立的信用证交易这一座近百年大厦,便会摇摇欲坠;无此二者,则将一夜之间轰然倒塌,化为乌有。正是由于在信用证交易中二者的重要性,实务中常常将其合称为信用证的"独立抽象性"原则,或信用证的严格"独立抽象性"原则。

是的,在UCP框架内,信用证确实独立于基础合同,信用证下银行只处理单据不处理货物、服务及履约行为,即信用证应具有严格的"独立抽象性"。

那么,超越了UCP框架,信用证的独立抽象性还适用吗?

我国最新的《最高人民法院关于审理信用证纠纷案件若干问题的规定》("最高法")规定:

第五条 开证行在作出付款、承兑或者履行信用证项下其他义务的承诺后,只要单据与信

用证条款、单据与单据之间在表面上相符,开证行应当履行在信用证规定的期限内付款的义务。当事人以开证申请人与受益人之间的基础交易提出抗辩的,人民法院不予支持。具有本规定第八条的情形除外。

第八条 凡有下列情形之一的,应当认定存在信用证欺诈:
(一)受益人伪造单据或者提交记载内容虚假的单据;
(二)受益人恶意不交付货物或者交付的货物无价值;
(三)受益人和开证申请人或者其他第三方串通提交假单据,而没有真实的基础交易;
(四)其他进行信用证欺诈的情形。

第九条 开证申请人、开证行或者其他利害关系人发现有本规定第八条的情形(注:信用证欺诈的四种情形),并认为将会给其造成难以弥补的损害时,可以向有管辖权的人民法院申请中止支付信用证项下的款项。

第十条 人民法院认定存在信用证欺诈的,应当裁定中止支付或者判决终止支付信用证项下款项,但有下列情形之一的除外:
(一)开证行的指定人、授权人已按照开证行的指令善意地进行了付款;
(二)开证行或者其指定人、授权人已对信用证项下票据善意地作出了承兑;
(三)保兑行善意地履行了付款义务;
(四)议付行善意地进行了议付。

从以上的规定可以看出,在法律框架内,信用证交易处理适用三个原则:

第一,在法律上,信用证适用正常情形下的严格"独立抽象性"原则,简称"独立抽象性"原则。

最高法规定第五条第二句——"当事人以开证申请人与受益人之间的基础交易提出抗辩的,人民法院不予支持",基本直接对应于本惯例第4条规定的信用证独立性原则。

最高法规定第五条第一句"开证行在作出付款、承兑或者履行信用证项下其他义务的承诺后,只要单据与信用证条款、单据与单据之间在表面上相符,开证行应当履行在信用证规定的期限内付款的义务",基本对应于本惯例第5条规定的信用证抽象性原则。尽管最高法规定并没有内容直接对应于UCP赋予信用证的抽象性原则,然而,这一句的规定已经间接反映了该原则。最高法规定形成并发布于UCP500时期,这一句的规定,恰好描述的是UCP500时期审单标准三原则——"单证相符、单单一致、表面相符",而众所周知,这是信用证抽象性原则的最为直接的体现。

显然,最高法规定已经全面吸收了UCP赋予信用证的严格"独立抽象性"原则。

那么,简单而言,何谓信用证的"独立抽象性"原则呢?

"独立抽象性"原则是指:在正常情形下,只要相符交单,开证行便必须向受益人承付,无须理会信用证以外的安排,也无须理会单据背后的交易。值得注意的是,这里指的是法律认可的UCP意义上开证行对受益人的承付责任。

第二,在法律上,信用证适用欺诈情形下的"例外"原则,简称"欺诈例外"原则。

最高法规定第五条第三句——"具有本规定第八条的情形除外",排除了 UCP 赋予信用证的严格"独立抽象性"信用证的适用,即第八条所表明的四种信用证欺诈情形下信用证的严格"独立抽象性",便不再适用。

最高法规定第八条具体说明了欺诈的四种情形。

最高法规定第九条具体说明了,在欺诈情形下,包括开证行、申请人和其他利害关系人为了保全信用证交易下自身的利益,可以利用法律赋予的权利向法院申请止付令,从而禁止开证行对外付款。

本惯例第 5 条的规定表明了信用证交易的抽象性,即信用证交易下银行只管单据不管单据背后的货物、服务和履约行为。试问,银行怎么做到只管单据呢?第 14 条 a 款从正面做出了回答,即银行只审核单据,而且只就单据本身做表面审核。显然,经表面审核的单据,其有效性并没有保障。这种背景下,信用证就有可能成为提交伪造或变造单据的受益人诈骗的工具,而指定银行和开证行将首当其冲。为此,有必要明确信用证交易下银行的责任,第 34 条则从侧面规定了银行只对单据本身的有效性和单据背后的有效性免责。但是,这并不意味着,当单据有效性出现问题时,诈骗风险因此消失。第 34 条的解读中表明了,诈骗风险将沿着"指定银行——信用证安排——开证行——开证申请书——申请人"的追溯链条,从而转移到信用证安排最初指示方的申请人身上。显然,本惯例第 4 条的规定赋予信用证交易的独立性——即信用证安排独立于包括基础合同在内的其他安排,信用证交易独立于包括基础交易在内的其他交易——在责任追溯中也已经被打破。此时,如果仍然一味坚持 UCP 意义上信用证交易的独立性、抽象性和表面相符原则,要求开证行必须对受益人承付,则有违商业交易的诚信公平原则。

换言之,在诚信公平的商业交易原则下,信用证理应排除欺诈情形下的"独立抽象性"原则的法律适用,阻止开证行在 UCP 框架内对涉嫌或犯有欺诈的受益人承付。

那么,简单而言,何谓信用证的"欺诈例外"原则呢?

"欺诈例外"原则是指:如果受益人存在欺诈,即使相符交单,法律仍要求开证行不得向受益人付款。换言之,欺诈情形下开证行的付款受法律的制约,而法律却必须理会信用证以外的安排,也必须理会单据背后的交易。值得注意的是,这里指的是法律意义上开证行对受益人的付款责任,而不是 UCP 意义上的承付责任。

具体而言,此时,开证行,往往也包括申请人,可以如何通过法律保护自己的商业利益,从而不向受益人付款呢?所幸的是,对涉嫌诈骗的信用证下单据,各国的法律都为申请人设计了几乎相同的利益保全机制,即允许开证行、申请人和其他利害关系人向当地法院申请止付令,以禁止开证行对外付款。

UCP500 和 UCP600 虽然没有关于信用证下单据涉嫌欺诈时的直接规定,但国际商会银行委员会在解释 UCP500 的有关规定时指出:"如果银行是受欺诈的一方,或在单据提交之前已获悉单据欺诈,或者虽然银行没有注意到,但如果单据欺诈是明显的,银行有权运用'欺诈例外'原则拒付(注:准确地说,这应该指的是法律意义上的禁止付款,而不是 UCP 意义上的拒绝承付)信用证。"遗憾的是,由于欺诈认定是法律上的事,银行主动拒绝付款,常常会陷入被动。万全的办法是,如遇欺诈,应由申请人或开证行主动向法院申请止付令,收到止付令后凭止付令拒绝对外付款。

第三,在法律上,信用证适用针对开始履行指定的善意指定银行下的"欺诈例

外的'例外'"原则。

最高法规定第十条说明了,信用证的"欺诈例外"原则下的止付措施,并不针对已经开始履行指定的指定银行。也就是说,只要相符交单,指定银行已经开始履行指定,根据本惯例第7条c款开证行必须偿付,因为其偿付责任独立于对受益人的承付或议付责任。其实,根据本惯例第8条c款的规定,保兑行也有相同的责任。

信用证的"欺诈例外"原则本意是为了惩罚涉嫌欺诈的奸恶之徒——主要指受益人,从而保护利害关系人——主要指开证行和申请人的利益。但是如果有银行善意参与到信用证业务中,开证行理应照付款项,后果由不慎选择了骗子作为交易对手的申请人承担。"由于进口商自己不慎选择了骗子进行交易,诈骗的后果应该自负,不能由不知情的善意第三方承担。"

换言之,信用证欺诈下,银行拒绝付款针对的是涉嫌或犯有欺诈的受益人,而不是也不能针对已经正当付出对价的无辜的第三方。这就是"欺诈例外的'例外'"原则。这一精神,与第37条a款"为了执行申请人的指示,银行利用其他银行的服务,其费用和风险由申请人承担"的规定一致。

那么,简单而言,何谓信用证的"欺诈例外的'例外'原则"呢?

"欺诈例外的'例外'原则"是指:即使受益人存在欺诈,只要相符交单,开证行必须偿付开始履行指定的善意指定银行。因为,如果受益人存在欺诈,法律要求开证行不得付款,仅仅针对涉嫌欺诈的受益人,并不针对开始履行指定的善意指定银行。换言之,对于开始履行指定的善意指定银行,信用证的"欺诈例外"原则不适用。值得注意的是,这里指的是法律认可的UCP意义上的开证行对开始履行的指定银行的偿付责任。

这里的关键在于明确:什么是"善意"呢?

ICC在R371和R373中说:"The negotiating bank passing forward what proved to be a forged B/L was protected by article 34 unless it was itself a party to the fraud, or it had knowledge of the fraud prior to presentation of the document, or unless it had failed to exercise reasonable care, e.g., if the forgery were apparent on the face of the document."

一家指定银行由于已经开始履行议付指定而成为议付行。显然,议付行只要其未参与欺诈、不知情、尽了合理谨慎之责,便属于善意议付行。值得一提的是,信用证安排指定了一家银行议付,该银行只是指定议付的银行,或可议付银行,它并不等同于实际实施了议付的已议付银行——即这里的议付行。

对于已开始履行指定的其他指定银行,可以参照掌握。

01—00142 止付令的三个问题

第一,止付令到底是什么?

前面提到,信用证欺诈下,被欺诈的利害关系人可以援引信用证的欺诈例外原则向法院申请止付令,从而禁止开证行对外付款。根据最高法规定第九条,有权向法院申请止付令的不仅包括申请人,还包括了开证行和其他利害关系人。如此,对授信开证的开证行及担保人是一种保护,将在一定程度上防范进出口双方的合谋欺诈的发生。

那么,什么是止付令(injunction order)?

《美国传统辞典(双解)》说:"injunction, Law【法律】A court order prohibiting a party from a specific course of action. 禁止令,强制令,禁止一方参加某个活动的法庭命令。"止付

令,顾名思义,可以认为就是禁止开证行对外付款的法庭命令。

实务中,法院止付令的颁发总是与信用证纠纷诉讼审理联系在一起,由于诉讼往往是一个漫长过程,根据止付令颁发的时点、效果,可分为永久性止付令和诉间止付令:

——永久性止付令(permanent injunction order),对应于最高法规定终止对外付款的命令,即法院经正式审理信用证纠纷后认定确有欺诈,裁定开证行不得对外付款而颁发。

——诉间止付令(interlocutory injunction order),对应于最高法规定中止对外付款的命令,即指当法院受理信用证纠纷之前或同时或中途,为保全起诉人财产而颁发。如果经正式审理后认定欺诈不成立,将裁定解除止付,诉间止付令即失效,开证行则必须对外付款;如果认定欺诈成立,将裁定不予付款,诉间止付令即失效,法院代之以永久性止付令。

第二,实务中,止付令能达到正常止付的预期目的吗?

止付令主要是为了防范欺诈,也确实能够在一定程度上防范欺诈。于是,在许多情况下,进口商遇到商业纠纷时,常常不是采取有效的行动在基础合同项下寻求解决之道,而是想当然地寄希望于当地法院的一纸止付令。

信用证是一门专业性很强的技术,法院对信用证业务有时了解不够,从而把基础合同或开证申请书下商业纠纷与信用证欺诈混为一谈,未加区分。当基础合同或开证申请书下出现商业纠纷时,当地法院的这一弱点,常常被申请人、开证行或其他利害关系人故意或无意利用,以单据涉嫌欺诈为由,提请法院止付,从而破坏了信用证交易神圣的独立性和抽象性,败坏了开证行的信誉,也败坏了开证行的国家信誉。

所以,法院止付令的颁发应该慎重。正如英国 Megary 法官在 Discount Reards Ltd VS Barclays Beniclao 一案中所说:"我不愿意轻易地去干预银行的不可撤销信用证,除非有足够严重的情况已经出现,因为法院的干预如过于随便或过于频繁,可能会严重损害人们对信用证的正当的信任。"

有时候,境内外不法分子串通一气,伪造贸易合同,实施诈骗。境内骗取银行对外开证,境外提交假造的"相符"单据从境外的议付行取得款项,或骗取开证行的承兑,再凭银行的承兑汇票在境外市场上进行融资,套取银行资金。议付行,作为买入单据的善意第三方,寄单要求开证行偿付,开证行必须付款。此时,境内不法分子早已逃之夭夭。这种情况下,最终受伤害的是开证行。

第三,止付令滥用下,善意议付行可以在 UCP 框架内要求开证行付款吗?

本条前面的解读中提到,法律效力优于 UCP 的原则。

实务中,不管是欺诈的认定、还是"善意"的认定,还是止付令的颁发,均为法律上的事,都已经超越了 UCP 框架。所以,尽管开证行负有信用证安排下第一性的付款责任,但是一旦法院颁了止付令,开证行便不能以履行信用证下承付责任和信用证独立抽象性为由对抗。

ICC 在 R305 及 R379 中说:签发临时止付令或禁止令超出了跟单信用证 UCP 管辖的范围,是当地法律的事情。UCP 不管此类法律事务,事实上也不准备越过法律。如果开证行被法院止付,就必须遵照执行或辩解。当然,议付行也有向法院陈述的权利,这对争取付款是十分必要的。

从以上意见可以看出,善意议付行已经不可能在 UCP 框架内从开证行处获得付款。此

Article 1　UCP 的适用范围

时,议付行的恰当做法是直接,或通过开证行向法院间接说明信用证的严格独立抽象性,解释其善意议付行的地位,说服法院放弃并撤销止付令。只是这不是开证行的义务,特别是在授信开证下由于直接涉及开证行的利益,几乎不可能在这一方面获得开证行的协助。

ICC 在 R519 结论中又说:"如果止付令是由于货物的品质或类型而向银行施加,则可以依据 UCP 中体现的信用证的独立抽象性原则或当地法律的有关规定要求法庭撤销判决,但银行(注:似乎应该指开证行和保兑行)并没有义务这么做。"

01—0015

UCP 效力 vs. SWIFT 规则

信用证的开立,有信开(by letter)和电开(by teletransmission)两种方式;其中电开具体包括 telex,cable 和 SWIFT 等。由于通信技术的进步,1973 年 5 月诞生了 SWIFT 通信。"SWIFT",即环球同业银行金融电讯协会(Society for Worldwide Inter-bank Financial Telecommunication,简称 SWIFT),它是由西欧和北美的 15 个国家 239 家银行发起的一个非营利性的银行间通信组织,总部在比利时的布鲁塞尔。实务中,"SWIFT"成为一种银行间通信的代名词,目前大部分的信用证都以 SWIFT 开立。

与一般的信用证不同,以 SWIFT 方式开立的信用证不仅得遵守 UCP 规则和法律规定,还得遵守 SWIFT 的特有规则。遵守 SWIFT 规则,要求正确使用报文类型和报文字段。同一内容,使用不同的报文类型或报文字段表达,可能会有不同的含义。

第一,同一内容,使用不同的报文字段表达。

在标准 SWIFT 开证时,分期装运细节可以显示在 44P,也可以显示在 45A,但是显示在 44P 一定会被视为分期装运,而显示在 45A 将可能不被视为分期装运。因为 MT700/MT701/MT710/MT711/MT720/MT721 等这几种标准的 SWIFT 开证所使用的报文类型中,有关的字段都有标准的含义。

比如:ICC China No.38,案例五(银字 214):

质疑:某信用证效期为 1998 年 9 月 30 日,地点为德国,信用证 43P 允许分批装运,45A 对货物描述有如下规定"…3 sets before June 30, 1998, 3 sets before Aug. 31, 1998"。8 月下旬,开证行收到议付行寄来的第一套单据,其中提单日为 8 月 11 日,提单的货描未显示"…3 sets before June 30, 1998, 3 sets before Aug. 31, 1998"字样,发票货描仅显示"3 sets before August 31, 1998",未显示"3 sets before June 30, 1998"字样。开证行于 8 月 31 日去电以晚装运和未显示"3 sets before June 30, 1998"为不符点拒付。

问题:上述不符点是否成立并成为拒付理由?

分析:根据 UCP500 第 41 条规定,"如信用证规定在指定的时期内分期支款及/或分期装运,任何一期未按信用证所规定期限支款及/或装运时,信用证对该期及以后各期均告失效。……"因此,本案焦点在于该信用证是否规定了分期装运期限。

本案中的信用证系使用 SWIFT 格式,规定可分批装运,在 44C 装运期限中仅规定最晚装运期为 1998 年 8 月 31 日,未规定分期装运各期的期限;而在第 45 条货物描述中载有表明两个时间的字样,尽管意思表示比较明显,但由于整个信用证采取的是标准格式,即应按该格式的规范来理解。由于该条专供货物描述用,因此其中的记载只能作判定单据中货物描述是否一致的根据,而不能作为判定其他方面不符的根据。因此以晚装运为不符点当不成立。

至于货物描述,UCP500规定发票中的描述必须与信用证中的描述相符,而其他单据中可使用统称。但本案中信用证规定可分批装运,因此提交的发票中只显示其中一个日期可理解为其中一批的发票,不足以构成不符点。

结论:本案中所提不符点不成立。

以上是ICC China的分析及结论。按照这种理解,在SWIFT开证时,显然只有把分批装运的细节写在"44P—装运期间"一栏中,才可按信用证要求分期装运来掌握,而在"45A—货物描述"中显示装运表信息则只能也必须按货物描述掌握,包括发票上必须显示装运表信息。尽管这种解释非常牵强,也仅仅代表ICC China的看法,最终有待ICC的认可,但得出的结论出乎许多人意料这一点,已经足以引起我们的重视。类似的其他情况下,是否还可以作类似的解释呢?比如:45A货物描述中显示了"packing condition:in export standard packing."或者显示了"origin of goods:China."

第二,同一内容,使用不同的报文类型。

除了信用证开立,大部分的银行间信用证业务往来信息也都是通过SWIFT传递。

比如:信用证下拒付,根据UCP600第16条c款,当按照指定行事的指定银行、保兑行(如有)或开证行决定拒绝承付或议付时,必须给予交单人一份单独的拒付通知,该通知必须声明"银行拒绝承付或议付"。如果该拒付通知以MT734发出,便默认有了该声明,因为MT734报文在SWIFT规则中MT734 Scope,即适用范围中提到:

"This message is sent by the issuing bank to the bank from which it has received documents related to a documentary credit. It may also be sent by the bank nominated to pay/accept/negotiate/incur a deferred payment undertaking to the bank from which it has received documents."

"It is used to advise the Receiver that the Sender considers the documents, as they appear on their face, not to be in accordance with the terms and conditions of the credit and that, consequently, it refuses them for the discrepancies stated. The Sender also states that it is holding the documents at the disposal of, or returning them to the Receiver. This message type may also be used for claiming a refund."

而如果该拒付通知以MT799发出,便无此默认。此时须在报文正文中表明"银行拒绝承付或议付"。否则,便是一份不合格的拒付通知,根据UCP600第16条f款的规定,"如果开证行或保兑行未能按照本条行事,将无权宣称交单不符",开证行、保兑行将因此陷入极为不利的境地。

Article 2

定义

For the purpose of these rules:就本惯例而言:

Advising bank means the bank that advises the credit at the request of the issuing bank. 通知行 指应开证行的要求通知信用证的银行。

Applicant means the party on whose request the credit is issued. 申请人 指要求开立信用证的一方。

Banking day means a day on which a bank is regularly open at the place at which an act subject to these rules is to be performed. 银行工作日 指银行在其履行受本惯例约束的行为的地点通常开业的一天。

Beneficiary means the party in whose favour a credit is issued. 受益人 指接受信用证并享受其利益的一方。

Complying presentation means a presentation that is in accordance with the terms and conditions of the credit, the applicable provisions of these rules and international standard banking practice. 相符交单 指与信用证条款,本惯例的相关适用条款以及国际标准银行实务一致的交单。

Confirmation means a definite undertaking of the confirming bank, in addition to that of the issuing bank, to honour or negotiate a complying presentation. 保兑 指保兑行在开证行承诺之外做出的承付或议付相符交单的确定承诺。

Confirming bank means the bank that adds its confirmation to a credit upon the issuing bank's authorization or request. 保兑行 指根据开证行的授权或要求对信用证加具保兑的银行。

Credit means any arrangement, however named or described, that is irrevocable and thereby constitutes a definite undertaking of the issuing bank to honour a complying presentation. 信用证 指一项不可撤销的安排,无论其名称或描述如何,该项安排构成开证行对于相符交单予以承付的确定承诺。

Honour means:承付 指:

a. to pay at sight if the credit is available by sight payment. 如果信用证为即期付款信用证,则即期付款。

b. to incur a deferred payment undertaking and pay at maturity if the credit is available by deferred payment. 如果信用证为延期付款信用证,则承诺延期付款并在承诺到期日付款。

c. to accept a bill of exchange("draft")drawn by the beneficiary and pay at maturity if the credit is available by acceptance. 如果信用证为承兑信用证,则承兑受益人开出的汇票并在汇票到期日付款。

Issuing bank means the bank that issues a credit at the request of an applicant or on its own behalf. 开证行 指应申请人要求或者代表自己开出信用证的银行。

Negotiation means the purchase by the nominated bank of drafts(drawn on a bank other than the nominated bank)and/or documents under a complying presentation, by advancing or agreeing to advance funds to the beneficiary on or before the banking day on which reimbursement is due to(to be paid) the nominated bank. 议付 指指定银行在相符交单下,在其应获偿付的银行工作日当天或之前向受益人预付或者同意预付款项,从而购买汇票(其付款人为指定银行以外的其他银行)及/或单据的行为。

Nominated bank means the bank with which the credit is available or any bank in the case of a credit available with any bank. 指定银行 指信用证可在其处兑用的银行,如信用证可在任一银行兑用,则任何银行均为指定银行。

Presentation means either the delivery of documents under a credit to the issuing bank or nominated bank or the documents so delivered. 交单 指向开证行或指定银行提交信用证项下单据的行为,或指按此方式提交的单据。

Presenter means a beneficiary, bank or other party that makes a presentation. 交单人 指实施交单行为的受益人、银行或其他人。

【本条导读】

本条开创了 UCP 历史上的一个先例,给出了跟单信用证运作中 14 个基本概念的定义。在这 14 个基本概念中,"信用证"是中心概念。

本条的解读重点在于剖析"信用证"这一中心概念,揭示信用证的本质——信用证的本质是一个单据交易安排,这个安排构成了开证行的不可撤销的承付受益人相符交单的确定承诺。

本条的解读还将结合"开证行"、"受益人"、"交单"及"相符交单"、"承付"、"议付"这几个基本概念,初步演绎跟单信用证的运作框架。

02－002

定义开创了先例

什么是定义（definition）？

《美国传统辞典（双解）》说："definition, a statement conveying fundamental character. 定义，表达基本特征的说明。"

《高级汉语大词典》说："定义，[definition]对概念的内涵或语词的意义所做的简要而准确的描述。"

显然，既要做到把握基本特征，又要做到简明扼要、准确到位，对信用证实务中的概念进行系统的定义，是一项举足轻重而又艰巨复杂的工程。

UCP虽多次修订，但包括UCP500在内的所有版本，均未对信用证的概念进行系统定义。偶有定义，也仅仅散落在不同的条款中，缺乏统一性与整体性。而对这些概念的理解，只能通过上下文及实务中形成的习惯加以认识。因此不可避免地出现这样的问题：针对同一个概念，由于语言、文化、价值取向的不同，不同国家、不同银行、不同法院，往往会有不同的理解，因此常常造成对UCP条款的曲解与误用，出现如阎之大先生所说的"惯例相同而标准相异"的现象。

在UCP500的制订过程中，不少国家委员会曾要求对UCP的概念进行定义，由于担心如此会"引起许多国家委员会之间的争论"及"不能够保证这些定义能取得国际的一致认可"，最终将此视为一个"可怕的尝试"而放弃。

ICC于1998年制订的专门适用于备用信用证运作的ISP98，尝试着对相关概念进行了系统的定义，并获得了业界的好评。

继ISP98之后，UCP600最终艰难地迈出了一步，特别设立本定义条款，明确了信用证关键概念的基本特征，为正确理解UCP减少争议打下了一定的基础。按照ICC的评述，本惯例对绝大多数关键概念进行了定义。

但是，本条并没有对信用证实务中所有概念进行定义，比如"banking hours"，"nomination"等便没有纳入定义范围之内。而有些定义也没有放在定义条款之中，比如关于转让信用证一系列概念的定义便统一在本惯例第38条"信用证转让"中规定。

02－003

信用证来自基础合同

在国际贸易中，跟单信用证是一种非常重要的结算工具，也是一种非常重要的融资工具。而信用证的成功，关键则是在国际贸易中，以银行信用嫁接买方信用，促成交易，实现货款顺利结算。

在国内贸易中,买卖双方通常能轻而易举地了解到对方的资信和其他情况,因而交货也比较简单,许多时候是直接发货;付款常采用直接的方式,如汇付或转账。

但就国际贸易而言,情况便复杂得多。国际贸易中货物的购销需要跨越国界,这使得交易双方很难充分了解到对方的资金及信誉情况,也很难建立起相互的依赖关系。因此,出口方收到付款前迟迟不肯发货,而进口方在未控制货物前不会轻易付款。由于空间的距离,远隔重洋的不同国度的进出口双方,在国际贸易中寄希望采用"一手交货,一手付款"的传统交易方式,实现实物交货的同时付款,已经遥不可及。

为解决这一问题,进出口双方互相妥协,在漫长的国际贸易历史实践中,逐渐形成了一个务实的折中方案:出口方以交付代表货权的单据"象征性"交货,同时进口方赎单付款。这已经不同于国际贸易的传统交易方式,它是"一手交单,一手付款"。为了实现"一手交单,一手付款"的理想,进出口双方在谈成一个货物交易的基础合同的同时,必须考虑一个进出口双方之间的单据交易安排,而且需要把单据交易的要点,与货物交易细节一并在基础合同中明确。于是,托收首先登上了国际结算的舞台,银行担当进出口双方的代理,在托收的交单付款过程中穿针引线,撮合交易。

买卖双方彼此是否信赖决定了生意能否最终成交。在早期的国际贸易中,大部分货物都是短缺的,在交易过程中,卖方往往居于主动地位,这便是卖方市场。在卖方市场下,买卖是否成交,关键取决于卖方对买方的信赖,从而买方的资信便凸显得格外重要起来。由于远在他乡,卖方对买方的了解毕竟有限,即使是使用跟单托收的方式结算货款,发了货也不会太放心,因为在跟单托收方式下,卖方能否顺利收款,仍然取决于买方的信用。于是,银行信用就介入了进来。在实务中,进口方委托银行,以银行名义向出口方承诺凭相符单据付款;而出口商也乐意接受这样一个安排,因为它的"象征性"交货——交单——所获得的付款承诺,是以银行的资金和信誉作为保证,只要其交单符合这一个安排的事先要求。这便是跟单信用证。对于一个出口商来讲,了解一个银行的资信,比了解进口方要方便得多,而对于一家负责任的银行在对外开证时,往往也很慎重。

其实,在历史上,最早出现在中世纪欧洲的跟单信用证并非由银行家签发的,而是由商人签发的。当时,在意大利的一些贸易城市中出现了一种类似于票据的信用证,取代了现金付款,这种票据的功能与现在的汇票相似,其作用是纯粹的付款,并不带有单据。随着时间的推移,由于银行信用的介入,这些商人信用证才逐渐演变成为银行信用证。

现代跟单信用证始于19世纪后半叶,那时正值资本主义在欧美迅速发展。然而当时对跟单信用证并未形成一个明确的概念,可能还没有出现提交特定的单据就必须付款的规定。

第一次世界大战促使国际贸易方式发生了深刻的变化,在这一时期跟单信用证正式登上历史舞台,并得到了真正的发展。第一次世界大战以前,贸易通常是在相互了解并相互信任的双方之间进行。战争爆发后,旧的贸易关系被破坏,必须到别处去寻找新的贸易伙伴。但当时的情形是,人们对进行交易的对手的公司情况并不了解,因此也不可能相信它。在这个时期,跟单信用证得到了广泛的运用。跟单信用证的目的在于通过运用一个或多个银行的金融技能及信誉,加速国际付款和交货的进程:买方可以从信用证规定的单据中获得安全的保障,而卖方只要提交无瑕疵的单据就可以保证从银行取得货款。在"一手交单,一手付款"下,以银行信用嫁接买方信用,对买卖双方都有保障,这是跟单信用证的生命力之源。

一个多世纪以来，国际贸易的蓬勃发展，对跟单信用证的不断发展和完善起着巨大的推进作用。运输、银行、保险及通信领域内的技术进步使跟单信用证在世界范围内被接受成为可能。这种交易方式反过来又促进了国际贸易迅速而平稳地向前发展。

02—0031

信用证的本质是一个特殊的单据交易安排

显然，应运而生于近现代国际贸易快速发展的背景下的跟单信用证是一种特殊的国际结算方式，它不同于纯粹付款功能的汇款，也不同于商业信用下的跟单托收。

感兴趣的朋友，就会问：信用证到底是什么？

这就涉及信用证的本质。关于这一点，自从信用证诞生的那一天起，就众说纷纭，莫衷一是。其中，典型的说法有六种：

——要约—承诺说(the offer and acceptance theory)：这一学说引入了合同成立的要约—承诺理论，认为开证行的开证行为，属于向受益人发出要约，而受益人依信用证规定提交符合要求的单据则属于承诺。这一学说对于信用证安排在约定层面的分析值得借鉴。只是这一学说，没有说明信用证安排与基础合同、开证申请书的关系，也没有说明信用证安排在执行层面的交单与承付的关系。

——保证说(the guarantee theory)：此说认为，开证行的开证行为，是开证行以保证人的地位，为买方(申请人)向卖方(受益人)保证支付货款。这一解释，可能适合于备用信用证。事实上，所有的信用证都具有独立性，开证行均是主债务人。所以，此说不可取。

——更新说(notation theory)：此说主张，买卖双方于基础合同中要求以信用证方式结算货物，即暗示卖方同意买方的付款义务改由开证行负担，因此，基础合同下的买方的原债务消灭，一切瑕疵及抗辩均不影响更新后体现在信用证中开证行的债务，开证行不能以基础合同下的原债务的抗辩对抗受益人。按照此说推论，债务更新之后，如果开证行破产，卖方却不能因原债务已消灭，向买方请求给付。这显然与实务不符。笔者以为，如果将此更新，解释成"有追索权"的更新或者是带有"代理"的更新，或许此说会有更普遍的解释力。

——禁止反言说(estoppel theory)：此说认为，信用证下的开证行开出不可撤销信用证即相当于表示已从买方(申请人)处预收到足够的货款，一旦买方收到货物就必须对卖方付款。如卖方(受益人)基于对开证行的开证行为的信任而备货、提交单据等，则开证行不能以并未从买方(申请人)处收到货款为由，拒绝向卖方付款。实务中，开证行往往并不一定事先从买方那里收取预付款，而且即使已事先收取了，也与卖方无关，并不需要告知卖方。尽管如此，此说仍然点出了信用证下开证行不可撤销的独立付款责任。

——利益第三人契约说(the "contract for the benefit of a third party" theory)：此说认为信用证关系发生于买方(申请人)与开证行之间，二者订约使第三人(受益人，卖方)取得对开证行的直接给付请求权。依据此说，第三人(受益人，卖方)可依据信用证安排，要求开证行直接给付。然而，此说没有解释作为开证申请依据的基础合同，与开证申请书、信用证安排之间的关系。

——指示证券说［Anweisung（德文）］：此说以德国民法理论为依据，提出半指示证券概念适用于信用证。依德国民法典第783条规定，指示证券是指示人被指示将金钱、有价证券或其他代替物给付第三人（即指示证券之受领人）的证券。就信用证而言，买方被视为指示人，开证申请为指示，开证行被指示人，开证行开出信用证即表示接受指示，而受益人被视为第三人。根据784条规定，被指示人一旦接受指示，就不得拒绝对第三人（即受领人）履行。这一点与信用证情形也颇为吻合。但这一学说的缺点在于，依德国民法典第784条，被指示人可援引因"指示内容"所产生的抗辩以对抗受领人；适用于信用证，会导致允许开证行以与开证申请书有关的抗辩对抗受益人。这一个学说很好地解释了开证申请书和信用证安排，但仍然没有解释作为开证申请依据的基础合同，与开证行申请书和信用证安排之间的关系。

其实，信用证就是信用证，它是开证行和受益人之间的一个特殊的单据交易安排，除此之外什么也不是，尽管它吸收了合同、票据、证券等传统法律的特点。

在基础合同下，与信用证安排有关的单据交易机制，包括三个单据交易安排，信用证只是其中的一个。

信用证安排来源于基础合同，这一点众所周知。基础合同，一般规定两大类条款：一类是交货条款，包括货物品名、数量、包装、运输、保险、检验、争议解决等内容；另一类是付款条款，包括贸易条件、单价、总值、货款结算方式等内容。在基础合同里通常都会在付款条款中，规定单据交易要点，作为货物交易细节的有效补充。基础合同中规定的单据交易，不是单纯的付款，也不是单纯的交单；它既包括付款方面，还包括交单方面，以及交单付款的方式。三者有机结合，构成了一个单据交易安排，这是隐身于基础合同的第一个单据交易安排。

基础合同中规定的单据交易方式，可能是汇款、跟单托收，也可能是跟单信用证。在跟单信用证方式下，买方有义务根据基础合同规定的单据交易细节，委托银行开出信用证，并承诺对银行付款赎单，形成的文件就是开证申请书，这是第二个单据交易安排。

银行应买方的委托，向受益人开出信用证并承诺凭单承付，形成的文件就是信用证安排，这是第三个单据交易安排。

概而言之，开证申请书和信用证，承继了基础合同的单据交易要点；但是，与基础合同规定单据交易要点不同，开证申请书和信用证规定的是单据交易细节。需要特别说明的是，虽然同为规定单据交易细节的单据交易安排，开证申请书与信用证的法律地位并不完全相同，开证申请书是近似于一个单据交易的委托合同，而信用证安排则近似于一个单据交易的正式交易合同。

在实务中，大陆法系国家的法院在审理信用证纠纷时，常常把信用证干脆看作是一个特殊的合同，并适用于成文的合同法。《美国统一商法典》code 5 第114条的官方评论的第一句即声称："信用证在本质上是开证人与受益人之间的合同。"当然，在审理过程中，大多数的国家和地区，还是会充分照顾信用证安排的特性。

业界公认的信用证的两个特性，包括：

——横向关系上的独立性：尽管单据的交易过程，是作为货物交易的基础合同的延伸，而且在单据交易过程中，开证申请书与信用证是其中的前后衔接的两节链条，尽管单据的交易过程，必须基于银行的服务，从而必须依赖于银行间安排，但是，信用证安排独立于基础合同，也独立于开证申请书，还独立于银行间安排。而这一点，为基础合同、开证申请书和银行间安排所没有。这一点将在本惯例第4条中详细解读。

Article 2 定义

——纵向关系上的抽象性：与一般的交易合同处理的是货物交易不同，信用证的标的是代表货物的单据。信用证安排处理的是单据本身，不管单据所代表的货物，也不管单据所代表的货物背后的包装、运输、保险、检验等行为是否被实际履行。这一点，开证申请书同样具备，却为基础合同所没有，而银行间安排可能还根本不理会单据交易。这一点，将在本惯例第5条中详细解读。

信用证业务走到今天，一方面得益于蓬勃发展中的国际贸易大环境，另一方面还取决于其在运作中与国际贸易大环境的长期磨合所形成的，并且为业界所公认的以上两个特性密切相关。本惯例第1条在"信用证的'独立抽象性'、'欺诈例外'及'欺诈例外的例外'原则"一节的解读中提到，信用证的这两个特性，堪称"两大基石"。毫不夸张地说，正是这两个特性或两大基石，支撑着现行信用证业务的运作，近百年而不衰。

02—0032

拒付率与信用证的前景

UCP500实施以来，信用证拒付率的急剧飙升，这是不争的事实。但是，是否就可以因此断言，信用证的生命已经走到了历史的尽头了呢？

其实不然。理由如下：

第一，最新权威估计，信用证首次拒付为70%左右。但是，绝大多数都最终付款。

提交的单据存在不符点，在信用证交易下这是极其普遍的现象，也常常会招致开证行的拒付。一套带有不符点的单据的拒付，开证行是出于三类截然不同的动机。

一类是申请人为了拒收货物。或者是申请人因为货物质量缺陷不愿意接收货物，或者是因为商品市场价格大幅变动而挑剔不符点以要求降价。

一类是在授信开证下开证行为了回避第一性付款责任。信用证安排下，开证行的责任是第一性的。但是，当开证行收到国外来单时，如果遇到申请人财务状况恶化，开证行怕赎单无望，往往会就着单据不符点拒付凭以解除其在信用证安排下的第一性付款责任。或者是单据本来没有不符点，开证行有意挑剔不符点，试图回避信用证安排下开证行的第一性付款责任，尽管这会影响其银行信誉。

还有一类，则是与开证行的习惯做法有关，并且开证行也可以借此收取不菲的不符点处理费。许多银行的做法是：凡是不符点单据，无论如何，先拒付，再联系申请人放弃不符点，同时收取不符点处理费。而有些银行则不这样处理，不符点单据下先联系申请人放弃不符点，在承兑或付款的同时，列明不符点，提请交单行注意，并凭以收取不符点费。而近年来，单证处理外包规模发展很快，为了体现包入银行单据处理专业水平，包出银行往往也会要求包入银行严格审核单据，而包入银行也乐此不疲。

实务中，出于最后一个动机而拒付，其实不能说明信用证的前景堪忧，而只是表明了在UCP500时期不符点单据在增多，这也是UCP600出台必须而且已经考虑的现象。

出于前两个动机而拒付，其实只是极少数的情况。这也正是信用证安排仍然保持非常高的最终付款率的原因。

正如 ICC 在 Case 43 中所说：信用证的目的系用来提供付款，而不是阻止付款。

第二，全球信用证结算份额在下降，但仍保持相当高的份额。

据估算，信用证每年在国际贸易结算中的发生额约为 7 000 亿美元。①

据另外一项权威估算："今天约有 60% 的货物运输使用赊销这种方式，而使用信用证方式的约为 33%。根据这项调查，使用赊销方式已经是最近几年的一种市场趋势。四年以前曾使用相同的调查方法进行类似的调查，结果显示约 40% 的货量使用信用证方式，而使用赊销方式的比例与使用信用证方式的比例基本相同。暂且不管这些数字指的是贸易笔数还是贸易金额，仅从该调查结果的表面看，信用证业务的市场份额在过去四年下降了大约 7 个百分点。"②

什么原因呢？

估算中继续说，"信用证的最诱人之处是：可以针对每一笔交易来设计安排不同的信用证条件，以适应该交易中存在的特殊风险。相对这一特点，其他贸易融资工具则显得'挑挑拣拣'，只承担它们愿意承担的风险。正因为如此，使得信用证可以在世界上最复杂、最有风险的地区广泛使用。"

"这些信用证的与众不同之处可同样被用来诠释其发展趋势。信用证在比较成熟的市场环境中的使用并不普遍，如欧洲、北美，但在市场风险较高的地区仍是最常用的工具。这意味着在风险较高或新兴的市场，如利比亚和毛里塔尼亚，信用证的业务量和业务金额仍可持续增长，而在一些较发达的、新加入欧盟的地区，如波兰，信用证基本被赊销方式所替代。那些被认为市场风险较高的国家名单并非一成不变。在过去六年中，部分亚洲和南美国家的信用证业务在金融危机后呈现复苏的迹象，因为贸易商们希望以更安全的方式替代赊销。"

无论如何，信用证结算所占的整体 33% 的比例，足以说明其在当前国际贸易结算中的地位。在中国信用证结算的比例，也差不多是这个水平。在中国对外贸易量连续迅猛增长的大环境下，信用证结算量无疑跟着水涨船高，而且其在贸易结算量中比例的下降趋势，似乎并不明显。

第三，贸易融资中，信用证融资仍占有绝对的优势。

国际业务包括两个板块：国际结算和贸易融资。相应地，信用证业务也包括信用证结算和依托于信用证结算的信用证融资。尽管信用证融资份额近年来也在不断下降，但是并没有像信用证结算份额下降得那么快，而是在所有贸易融资产品中仍然保留着绝对的老大地位。以国内一家排名比较靠前的上市股份制银行的 2006 年数据为例，在所有的贸易融资品种中，如果抛开信用证的因素，其他融资品种的比例几乎是个零头。从这里可以推测，其他银行的非信用证融资的比例也不会高到哪里去。

前面提到，信用证的核心功能是以银行信用嫁接买方信用，促成交易。而信用证融资，则主要是基于买方银行信用，兼顾控制物流的融资。

换句话说，当买方信用提升到无须银行信用介入时，信用证便退出了交易。那么，此时的

---

① 引自马克·福特："贸易商们对新版 UCP 的期待"，《中国外汇管理》，2006.1/2

② 引自麦克著，王炜译："信用证业务是否风光不再——浅谈信用证的优劣及地区发展状况"，《中国外汇》，2006.9

贸易融资又将依据什么设计呢？答案主要有两个：

（1）直接买方信用。比如：近年来兴起的基于 OA、D/A 的保理业务，便是基于直接买方信用，保理商以买入直接买方应收账款的方式，向卖方提供融资。

（2）纯粹控制物流。比如：近年来兴起的物流银行、控货融资、供应链融资的概念，许多银行与有实力的第三方物流公司建立战略合作关系，签订控货协议，以控制物流的方式向卖方提供融资。

除此之外，信用保险等也占据一定的比例，然而由于其主要面向中小企业，以及"信用保险可以防止信用风险（注：指进口商），但是无法防止国外银行违约的风险"的缺陷，其所占比重不高。

在实务中，信用证融资明显受到了以上两种主要贸易融资方式的冲击。在可以预计的将来，在贸易融资中，以买方银行的信用为基础的信用证融资，将有可能与以直接买方的信用为基础的保理、纯粹控制物流为基础的控货融资，并驾齐驱，三分天下。但不可否认的是，不管是现在，还是可以预见的将来，信用证融资都会在贸易融资中占有非常高的比重。而这也为信用证结算在国际贸易中仍将长期占有重要地位提供依据。

"有人说，近几年在香港地区，信用证的使用正以令人吃惊的速度下降。该说法随即便在贸易融资圈内遭到反驳，并被指责为信息不可靠。也许这种说法确实有些夸张，但对于那些信用证规则的制订者来说，如何努力使该项业务更具吸引力，是个亟待解决的问题"。

02—0033

信用证成功的关键与国内信用证的发展

跟单信用证最早起源于国际贸易。上个世纪 90 年代，银行家把跟单信用证技术引入到我国的国内贸易，于是便产生了国内信用证。

那么，与国际信用证相比，国内信用证有哪些特点呢？

法律环境不一样，这是一个非常重要的特点。

前面的解读中提及，信用证的功能在于，以银行信用嫁接买方信用，买方委托银行开出信用证，事先作出凭相符交单向卖方付款的确定性承诺，从而弥补卖方市场下买方信用的不足，促成交易。而买方信用如何，不仅取决于买方的实力，还取决于买卖双方所处在法律环境。在国际贸易中，买卖双方往往远跨重洋，处于不同的国度，法律环境千差万别。在这样的环境中，即便买方很有实力，卖方也不容易建立起对买方信用的可靠预期。此时，引入信用证，以银行信用嫁接了买方信用，以及在国际通行的 UCP 规则下银行凭单付款承诺的确定性，足以消除卖方对买方的不信任。正如 UCP600 的前言中所说："UCP 的灵魂在于它能消除不同国家信用证规则带来的混乱。"这也正是信用证自诞生之后，在国际贸易中大行其道的原因，即便在战后大部分商品的国际贸易环境由卖方市场转向买方市场之后也是如此。

然而，在国内贸易中，买卖双方同处于一个国度，为了提升买方信用，想借助于国内信用证所适用的最新的《国内信用证结算办法》来消除不同的法律环境而造成的卖方对买方的不信任，便显得没有必要，因为买卖双方本来就处于一个统一的法律环境之中。

换句话说，国际贸易中信用证技术的成功运用，表面上看是银行信用嫁接买方信用，从而促成交易。其实，关键则在于银行信用嫁接的方式，即通过引入信用证，便可以引入国际通行的跟单信用证统一规则——UCP，作为一个桥梁，整合买卖双方所处不同国度的不同法律环境，从而建立买卖双方可以信任的预期。

除此之外，国内信用证还有以下特点：

（1）在国际结算中，银行间发达的SWIFT通信网络，对信用证的推广及运用，起到了极其重要的作用。而国内信用证结算中，跨行之间的电开信用证数量微乎其微，大部分还是通过信开处理，大大不便于信用证在国内贸易中的推广使用。

（2）国际贸易利润相对比较丰厚，国内贸易利润则较薄，而目前国内外信用证几乎相同的收费水平，也为买卖双方所不认同。

总的来看，似乎正是国内信用证的以上特点，阻碍了其在国内贸易中的运用。

02－004

信用证反映了基础合同

前面的解读中提到，信用证来自基础合同。

本惯例第4条的规定中提到，信用证独立于基础合同。本惯例第5条的规定又表明，"银行处理的是单据，而不是单据可能涉及的货物、服务或履约行为"。但是，这并不意味着单据可以超脱于国际贸易之外。单据总是与国际贸易相伴而生，它总是要反映可能涉及的货物、服务或履约行为。相应地，围绕单据交易而展开的信用证安排，必然要反映货物等交易的基础合同。这里的解读以货物交易合同为例。

这里的解读还将表明，信用证反映了基础合同。

那么，基础合同的结构是怎样的呢？基础合同将会如何反映在信用证的条款中呢？

最新的国内《合同法》规定：

第一百三十条 买卖合同是出卖人转移标的物的所有权于买受人，买受人支付价款的合同。

从这个定义可以看出：

第一，一个基础合同包括两个当事人：买受人和出卖人。

与所有的买卖合同一样，基础贸易合同起码会有一个买受人和一个出卖人。

买受人，即买方，或进口商。根据基础合同的支付条款，买方有义务向自己的银行申请开出一份受益人可以接受的信用证，从而成为信用证安排下的申请人，这正是"申请人"名称的由来。所以，第2条的定义中说：

Article 2:
Applicant means the party on whose request the credit is issued. 申请人,指要求开立信用证的一方。

在基础合同下,买方的主要义务是向卖方付款。而在以信用证为付款方式的基础合同下,买方的付款义务的履行是间接的,即由开证行在接受单据后向作为受益人的卖方付款,而申请人则向开证行付款以赎单。

汇票常常在付款过程中担当基础合同的付款工具。在信用证安排下,汇票是信用证的兑用工具,它由受益人出票,并由应申请人要求而在信用证安排中作出承付承诺的开证行直接或间接付款。

出卖人,即卖方,或出口商。在信用证安排下,卖方是信用证安排下的受益人,这也正是"受益人"名称的由来。所以,第2条的定义中又说:

Article 2:
Beneficiary means the party in whose favour a credit is issued. 受益人,指接受信用证并享受其利益的一方。

在基础合同下,卖方的主要义务是向买方交货和出具证明交货情况的各项单据。

"在国际贸易中,交付货物固然是出卖人的主要义务,但是交付单据也同样重要,因为国际贸易的当事人分处路途遥远的两国,货物需要经过跨越国境的运输。出卖人也总是将货物交由运输商运送买受人处。买受人在货物运输阶段,可能需要将运输途中的货物另行出售,或者在货物尚未到达之前需要先行办理有关货物通关的手续,或者需要将这些将到达的货物作为融资的担保物等。"

最新的国内《合同法》规定:

第一百三十五条　出卖人应当履行向买受人交付标的物或者交付提取标的物的单证,并转移标的物所有权的义务。

第一百三十六条　出卖人应当按照约定或者交易习惯向买受人交付提取标的物单证以外的有关单证和资料。

信用证付款方式,其实就是围绕基础合同下的单据交付而设计的。这同时印证了第2条解读中的一个观点:信用证的本质是一个单据交易安排。

需要提请注意的是,在卖方交付的单据中,发票是全面证明卖方履行基础合同下交货义务的中心单据。卖方向谁证明履行情况呢?当然是买方。所以发票均由卖方出具,以买方为收件人。相应地,在信用证安排下,卖方向买方出具发票的义务,也就反映为信用证安排下受益人的义务,受益人必须向申请人出具发票,以证明其履行信用证安排下的交货义务。

第二,一个基础合同必须包括交货条款和支付条款。

作为货物买卖的基础合同,是一项"款货对流"的安排,是买卖双方之间一项有关"一手交款,一手交货"的约定。具体而言,对于卖方来说,货物交出去给买方的同时,有权利向买方索取价款;对于买方来说,接受卖方的货物的同时,有义务向卖方支付价款。

基础合同下,货物如何从卖方交给买方,这便是交货条款的内容。基础合同的交货条款,一般包括品名、数量、价值、质量、包装、检验、运输、保险等条款。这些条款,也会相应地反映在信用证安排中,许多条款还专门对应于一种特定的单据。

而基础合同下,价款如何从买方付给卖方,这便是支付条款的内容。支付条款,一般说明选择信用证、托收、汇款等支付方式中的哪种。如果基础合同的支付条款选择信用证作为价款支付方式,买方就必须据以开出卖方可以接受的信用证。

在信用证安排下,基础合同下的交货,已经象征性地转换成了交单。相应地,基础合同下的"款货对流",已经象征性地转换成"款单对流"。也就是前面的解读中提到的,信用证是代表申请人的开证行与受益人之间一项有关"一手交款,一手交单"的约定。具体而言,对于受益人来说,货物交出去的同时,有权利凭全面反映交货情况的完整单据,向代表申请人的开证行索取价款;对于开证行而言,有义务接受受益人符合信用证要求的单据并予以付款,而申请人有义务向开证行付款赎单。

第一,品名、数量、价值条款。主要对应于商业发票。

这些条款,一般体现为基础合同中和信用证安排中广义货物描述的内容。

(1)货物的品名,即商品名称或货物名称。它通常反映在发票、运输单据、保险单据、检验证明等等,几乎包括所有与信用证规定货物有关的装运单据上。

(2)货物的数量,规定了货物交付的规模。

(3)货物的价值,包括单价和总值。基础合同和信用证安排中的价值条款,在基础合同的交货条款过渡到支付条款的过程中,起到了承上启下的作用。

第二,质量条款。对应于质量报告。

最新的国内《合同法》规定:

第一百五十三条　出卖人应当按照约定的质量要求交付标的物。出卖人提供有关标的物质量说明的,交付的标的物应当符合该说明的质量要求。

第一百五十四条　当事人对标的物的质量要求没有约定或者约定不明确,依照本法第六十一条的规定仍不能确定的,适用本法第六十二条第一项的规定。

第一百五十五条　出卖人交付的标的物不符合质量要求的,买受人可以依照本法第一百一十一条的规定要求承担违约责任。

第三,包装条款。对应于装箱单。

最新的国内《合同法》规定:

第一百五十六条　出卖人应当按照约定的包装方式交付标的物。对包装方式没有约定或者约定不明确,依照本法第六十一条的规定仍不能确定的,应当按照通用的方式包装,没有通用方式的,应当采取足以保护标的物的包装方式。

实务中,可能会存在裸装的情况。不过体现在装箱单上,仍应满足信用证要求。比如:信用证要求 packed in bulk,提交的装箱单仍应体现 packed in bulk.

第四,检验条款。对应于检验证明。

最新的国内《合同法》规定：

第一百五十七条　买受人收到标的物时应当在约定的检验期间内检验。没有约定检验期间的，应当及时检验。

第一百五十八条　当事人约定检验期间的，买受人应当在检验期间内将标的物的数量或者质量不符合约定的情形通知出卖人。买受人怠于通知的，视为标的物的数量或者质量符合约定。

当事人没有约定检验期间的，买受人应当在发现或者应当发现标的物的数量或者质量不符合约定的合理期间内通知出卖人。买受人在合理期间内未通知或者自标的物收到之日起两年内未通知出卖人的，视为标的物的数量或者质量符合约定，但对标的物有质量保证期的，适用质量保证期，不适用该两年的规定。

出卖人知道或者应当知道提供的标的物不符合约定的，买受人不受前两款规定的通知时间的限制。

第五，运输条款和运输保险条款。对应于运输单据和保险单据。

最新的国内《合同法》规定：

第一百四十一条　出卖人应当按照约定的地点交付标的物。

当事人没有约定交付地点或者约定不明确，依照本法第六十一条的规定仍不能确定的，适用下列规定：

（一）标的物需要运输的，出卖人应当将标的物交付给第一承运人以运交给买受人。

（二）标的物不需要运输，出卖人和买受人订立合同时知道标的物在某一地点的，出卖人应当在该地点交付标的物；不知道标的物在某一地点的，应当在出卖人订立合同时的营业地交付标的物。

从这里可以看出，并不是所有信用证都要求运输单据，因为基础合同下货物的交付条款，可能不会涉及运输。换句话说，只有基础合同规定了运输作为货物交付过程的一部分时，才会涉及运输，才会要求运输单据。

需要注意，这里的保险仅特指货物运输保险。

第六，支付条款。在要求汇票的信用证中对应于信用证安排本身和作为信用证兑用付款工具的汇票。

最新的国内《合同法》规定：

第一百五十九条　买受人应当按照约定的数额支付价款。对价款没有约定或者约定不明确的，适用本法第六十一条、第六十二条第二项的规定。

第一百六十条　买受人应当按照约定的地点支付价款。对支付地点没有约定或者约定不明确，依照本法第六十一条的规定仍不能确定的，买受人应当在出卖人的营业地支付，但约定支付价款以交付标的物或者交付提取标的物单证为条件的，在交付标的物或者交付提取标的物单证的所在地支付。

第一百六十一条　买受人应当按照约定的时间支付价款。对支付时间没有约定或者约定不明确，依照本法第六十一条的规定仍不能确定的，买受人应当在收到标的物或者提取标的物单证的同时支付。

在国际贸易中，除了极少数现金结算和易货结算外，可以选择汇款、托收和信用证方式结算货款。在信用证付款方式下，在基础合同中和信用证安排中，一般来说必须明确以下单据交易的内容：

（1）明确开证行。信用证安排构成了开证行不可撤销的付款承诺。开证行的资信情况直接影响到受益人收款的可靠性。如果未特别约定，开证行往往由申请人选择。对于开证行来说，其在信用证安排下的承诺，意味着风险。

（2）明确信用证开出的期限。货物的买卖期限，或长或短，都涵盖从备料、制造到订舱等一系列过程。只有及时开出信用证，才能确保卖方按时保质保量交货。

（3）明确信用证的有效银行及可兑用付款方式。如果卖方资金比较宽裕，可以选择即期付款；如果比较紧张，可以选择远期付款。卖方一般都会选择一家当地的银行，作为信用证安排下的指定银行，以方便处理信用证下的交单。

（4）明确信用证的可支款金额及费用承担。一般情况下，信用证的可支款金额为发票显示的货物金额的全额。如果涉及额外的费用，或者预付款，或者分期付款，需要在基础合同和信用证中特别规定。对于开证行来说，明确信用证的可支款金额及费用承担，便是明确开证行承担风险的金额敞口。

（5）明确信用证下交单的截止日和交单地点。交单的截止日的计算，总是与交单地点连在一起而不可分。对于开证行来说，明确信用证下交单的截止日和交单地点，便是明确开证行承担风险的时间敞口。

02－005

Article 2　信用证

有一千个读者，便有一千个哈姆雷特。为了把握信用证的本质，理论界给信用证下了各种各样的定义。每一个人对信用证的本质认识不同，对信用证的定义就可能不同。

在 UCP 的发展过程中，不同的版本也各自给信用证下了不同的定义。与 UCP500 不同，UCP600 中对信用证下了这样的定义：

Article 2：

Credit means any arrangement, however named or described, that is irrevocable and thereby constitutes a definite undertaking of the issuing bank to honour a complying presentation. 信用证，指一项不可撤销的安排，无论其名称或描述如何，该项安排构成开证行对于相符交单予以承付的确定承诺。

这个定义似乎已经清楚地表明了 ICC 对信用证本质的看法：信用证是一个单据交易安排。换言之，开证行与受益人之间发生了单据交易，而信用证安排仅仅是用于事先确认双方的单据交易。

透过本定义似乎可以看出：

Article 2 定义

第一,无论其名称或描述如何,重要的是信用证的本质。

本条指出,跟单信用证可以不论如何命名或描述,可见信用证的名称并不统一。下列这些名称都可以见到:

——letter of credit;
——documentary letter of credit;
——commercial letter of credit;
——documentary credit;
——credit;
——commercial credit.

实务中,有的将其简称为 L/C,有的则简称为 D/C。

统一惯例重视的是信用证安排的本质,而不是名称,本条之不论其如何命名即是此意。这些不同的名称是由各地不同的习惯造成的,并没有不同的法律含义。判断一个安排是不是信用证,关键是看其是否具备信用证本质所要求必须具备的基本要素,而不是看它的名称。

ICC495 Case 4 曾提到:希腊银行开立的"irrevocable documentary payment credit"虽然未叫"irrevocable documentary credit",如果其具有本条所述要素,就是一个跟单信用证。

第二,信用证安排,仅仅是确认了开证行与受益人之间的单据交易的一项"约定"。

什么是"arrangement"?

UCP600 时期翻译为"安排",在 UCP500 时期则翻译为"约定",似乎在信用证实务中后者更好理解。《美国传统辞典(双解)》说:"arrangement, an agreement or settlement; a disposition. 商议,协议或确定;决定。"显然,这是"约定"一词的由来。约定往往是双方或多方的行为,至于单方面的约定则难以理解。或许,这也是翻译 UCP600 时,放弃"约定",而使用"安排"的原因。但是,无论如何,"约定"一词道出了信用证安排只是一纸君子"约定"。

信用证安排中,开证行是以承诺的方式事先确认与受益人的单据交易,即开证行承诺承付受益人的相符交单。诚然,与普天之下所有的承诺一样,开证行在信用证安排中承诺的灵魂,在于其内容的兑现。一份不保证其内容兑现的承诺,如同一份空头支票一样,没有灵魂,虚无缥缈。信用证实务中,这个承诺的兑现,就意味着信用证安排这一"约定"得以执行。

第三,信用证安排,默认都是不可撤销的(irrevocable)。

信用证的可撤销与不可撤销,是信用证最基本的分类之一。

何谓信用证的可撤销与不可撤销?信用证一经开出,即成为一个开证行与受益人双方共同的单据交易安排,该安排构成了开证行对受益人的凭单付款承诺。如果这个承诺开证行可以随心所欲单方面取消,那么该信用证就是可撤销信用证;否则,便是不可撤销信用证。

信用证的可撤销性质从本质上影响了信用证安排下开证行承诺的确定性,从而也影响信用证的法律效力及有关各方的义务、责任与受益人从中获得的保证。

实务中,银行极少开立可撤销信用证。除非事先约定,受益人一般也不接受可撤销信用证。鉴于这种情况,UCP600 在本条的定义中直接废除了可撤销的规定,增强了跟单信用证开证行承诺责任的完整性和可靠性。本惯例第 3 条的解释中也再次重申了"信用证是不可撤销的,即使未如此表明"。

02—0051

信用证安排下两个层面的当事人行为

前面的解读中提到,信用证安排,确认了开证行与受益人之间单据交易的一项"约定",而其具体形式就是开证行向受益人作出承付相符交单的承诺,承诺是要兑现的,这兑现的过程便是"约定"的执行过程。于是,在信用证安排下,当事人的行为将明显地分属于两个不同层面——信用证约定层面和信用证执行层面。

第一,约定层面的信用证行为。它围绕开证行向受益人作出相符交单的承付承诺展开,是虚的。

开证行开立(issue)信用证,就是信用证安排的产生过程,也是信用证安排下承诺的形成过程。

什么是开证呢?《美国传统辞典(双解)》说:"issue, to go or come out. 出来,出现。"结合信用证实务,很明显,开证是一个行为。根据第7条的规定,只要信用证 go or come out,便脱离了开证行的控制,即算已经开立,开证行的承诺就从此形成了。

然而在实务中,约定层面的信用证行为不限于开证行的开证。开证行在信用证安排中往往会委托另一家银行把信用证通知(advise)给受益人,这一家银行一旦接受委托通知了信用证,便成为通知行(advising bank);开证行有时还会邀请另一家银行确认(confirm)开证行的确定承诺并承担相同的责任,这一家银行一旦接受开证行邀请,便成为保兑行(confirming bank);开证行还会指定另一家银行代为承付或议付信用证下相符交单,充实开证行的承诺,这一家银行就是指定银行(nominated bank);在可转让信用证下,开证行还会授权一家银行转让(transfer)信用证,这一家银行一旦应受益人的要求转让了信用证,便成为转让行(transferring bank);而信用证开出之后,开证行的承诺也并非一成不变,它还可能被修改(amend)或撤销(cancel)。

所有这些均为形而上的约定层面的信用证行为,或称安排层面的信用证行为。

第二,执行层面的信用证行为。它围绕受益人向开证行相符交单,及开证行兑现承诺予以承付展开,是实的。

信用证安排下开证行兑现承诺的方式是承付(honor),其前提就是相符交单(compliance presentation)。完整地说,信用证安排下开证行的承诺内容就是承付受益人的相符交单。相应地,受益人兑用信用证就必须向开证行相符交单。

但是,实务中,受益人的相符交单,往往并不直接给开证行,可能通过另一家银行或其他人转递,这些人均为交单人(presenter);还可能直接向信用证安排下的指定银行交单,仍然构成开证行的承付责任。一旦相符交单,开证行必须兑现承诺予以承付。为此,与 UCP500 相比,UCP600 在信用证定义中对开证行的责任更加明确了:

(1)去除了一个概念——议付(negotiation)。ICC 认为这是指定议付的银行的一种纯粹融资行为,而不同于信用证安排中承诺的凭单付款行为。

(2)同时,引进了一个概念——承付。使用这一概念,对开证行的三种凭单付款行为进行概括,从而显得更加简洁和精炼。

然而,对于一个特定的信用证,开证行往往会指定另一家银行代为承付,或者指定另一家银行予以议付相符交单。显然,对于指定银行而言,其在信用证安排下的行为,应该包括代理承付和予以议付两种。

所有这些,均为形而下的执行层面的信用证行为,或称兑用层面的信用证行为。

02—0052

信用证安排下开证行承诺的确定性

信用证的本质是开证行与受益人之间的一个单据交易安排,然而,这里的定义并没有直接点明信用证安排的两个基本当事人——开证行与受益人——之间的对等关系,而只是强调了信用证安排构成了其中一方——开证行——的不可撤销的确定承诺。

为什么呢?

其实,这与信用证下单据交易主要围绕银行的承诺,以及银行承诺的兑现有密切的关系。在前面的解读中提到,信用证的成功在于引入银行信用嫁接商业信用,从而促成买卖双方贸易成交。信用证安排下的银行信用,将首先体现在开证行承付相符交单的承诺和承诺的兑现过程之中,而其他银行参与到承诺和承诺的兑现过程,只是开证行行为的有效延伸,便利了信用证的有效兑用。换言之,信用证安排下的约定和执行,主要依赖于银行提供的各项信用证专业服务。

而作为出口商的受益人或其代理人的交单,并不因为信用证安排而发生。在跟单托收和汇款方式下仍须由出口商交单,进口商凭以付款。至于二者交单之不同,则纯粹因信用证安排造成。正是在信用证安排下,受益人或其代理人交单,必须持有正本信用证用以表明其兑用信用证的资格;也正是在信用证安排下,受益人或其代理人交单,必须为向信用证下的有效银行的交单,而跟单托收无有效银行之说;也正是在信用证安排下,才要求受益人的交单必须符合信用证的规定,从而构成信用证下的相符交单,跟单托收和汇款则无所谓相符交单。

所以,通俗地说,"信用证是一项银行产品"。

在这个意义上,正如第1条的解读中所提到的,"准确地说,UCP600是一套银行信用证结算产品的运作规则"。

正是开证行的"单方面""有条件"的确定承诺,形成了信用证与众不同的起点。该承诺能为买卖双方在基础合同签订之后,交货付款之前,建立一个稳定可靠的预期。通过这个预期,最终一步一步促成买卖双方的交易。

第一,信用证安排构成了开证行的"单方面"承诺。

信用证安排是开证行与受益人之间的单据交易安排,它近似于开证行与受益人之间的单据交易合同,但又不完全相同。

不同之处在于:合同是双方事先合意的结果,而信用证仅是单方面的开证行承诺,受益人不急于事先表态接受还是不接受信用证;如果受益人不接受信用证条款,可以要求申请人修改,也可以选择不兑用信用证。

第二,信用证安排构成了开证行的"有条件"承诺。

与一般汇票上出票人的"无条件"承诺不同,信用证安排下开证行的承诺是"有条件"的,它的条件便是受益人的"相符交单"。

在票据法意义上,准确地说,上述所指的"汇票"仅限于已付汇票,此时它已经类似于本票了。如果一定要套用"无条件"承诺的说法,可以假设这样一种情况:远期汇票下付款人承兑了该汇票,从而成为汇票下主债务人,该承兑构成了向持票人或持有汇票的收款人"无条件"付款的承诺。

第三,信用证安排构成了开证行的确定承诺。

开证行的承诺之所以是确定的,这一方面取决于本惯例第 3 条解释赋予的信用证安排的不可撤销性。这意味着承诺一旦作出,在兑现之前开证行不可单方面撤销。反之,正如本惯例第 10 条 a 款规定的,"未经开证行、保兑行(如有的话)及受益人同意,信用证既不得修改,也不能撤销。"

另一方面,则取决于开证行付款的"终局"性。这意味着承诺兑现之后不可反悔,即在信用证安排下,开证行的付款是"终局"性付款,一经对受益人付款,针对特定的单据交易,信用证安排便宣告结束,开证行便不能要求受益人返还款项,即使事后发现单据存在不符点。

02—0053

保兑

在本条前面"信用证"定义的解读中提到,实务中开证行为了提高信用证的可信度,常常会在信用证安排中邀请另一家银行确认开证行的确定承诺并承担相同的责任。于是就产生了 UCP 意义上的保兑。

那么,到底什么是保兑呢?

Article 2:

Confirmation means a definite undertaking of the confirming bank, in addition to that of the issuing bank, to honour or negotiate a complying presentation. 保兑,指保兑行在开证行承诺之外做出的承付或议付相符交单的确定承诺。

《美国传统辞典(双解)》说:"confirm, to support or establish the certainty or validity of; verify. 证实支持或确认……的肯定性或有效性;确认",或者"To make firmer; strengthen. 使更坚强;加强"。

结合这里的定义,似乎可以看出,保兑之意,便是通过对信用证安排下开证行确定承诺的确认,使得该承诺的确定性得到加强,通俗一点说,即"保证兑付",所以在票据实务中也常译为"保付"。具体而言,包括以下几点:

第一，保兑是信用证安排下保兑行的确定承诺，与开证行承诺相似。

信用证的开立，即开证行为本身，产生了开证行承付相符交单的确定承诺。而应开证行在信用证中邀请而加保的行为，产生了保兑行承付相符交单的确定承诺。如果说开证行承诺，是信用证安排与生俱来的责任，那么，保兑——保兑行承诺，便是信用证安排后天的责任。

本惯例第 7 条 c 款规定，开证行的付款责任，自信用证开立之时起产生，并不可撤销。所以说，信用证安排构成了开证行付款的不可撤销的确定承诺。

与此相似，根据本惯例第 8 条 c 款规定，保兑行的责任，自保兑行应开证行的授权加保确认之时起产生，并不可撤销。所以说，保兑构成了保兑行付款的不可撤销的确定承诺，它是开证行付款承诺之外的另一重确定承诺。

第二，保兑行承诺，独立于开证行承诺。

对于保兑——这一保兑行承诺，定义中的措辞为"in additional to"，而该词译为中文有"另外"之义，也有"附加"之意。于是，常常使人误会，以为保兑仅仅是开证行承诺的附属品而已，与开证行承诺相比，处于从属的、第二位的地位。ICC511 解释：保兑行的责任不是第二位或次要的，也不是备用或附加的，是分别和独立于开证行的。

有人问：由于武装冲突，可能发生开证行被毁灭而不复存在的情况，是否保兑行的责任因对开证行责任的"附加（in addition to）"而不存在呢？

ICC 在 Case 61 中澄清了这一问题："The intention behind the UCP provision on confirmation is to make clear that confirmation is a independent undertaking. The purpose of the words 'in addition to' is to convey the concept of a separate and distinct commitment, and not of subsidiary one. The latter would very substantially reduce the value of confirmation. UCP 关于保兑条款背后的意图很明确，保兑是独自和独立的，'in addition to' 措辞的目的是传递一个独立和不同的责任，而不是附属责任，后者将大大地降低保兑的价值。"

02-00531 信用证为什么需要保兑

保兑主要由开证行的资信不足引起，保兑行加具保兑，便可以提升开证行的资信。当然，这基于一个前提，即在信用证安排的受益人眼里，保兑行的资信比较强，保兑行的介入足以提升开证行的资信。否则，受益人不会通过保兑行兑用信用证，保兑便形同虚设。

提升开证行自身的资信，可以规避开证行的信用风险。除此之外，信用证加具保兑，还可防范开证行所在国的国家风险、外汇风险、法律风险等，因为保兑行常常是受益人所在地的银行。如果信用证加具了保兑，开证行收到当地法院的止付令止付，保兑行依然摆脱不了信用证相符交单下的承付或议付责任，原因是保兑行不受开证行所在地的法律约束，除非保兑行也拿到当地法院的止付令。

受益人要求保兑的目的是使收汇更有保障。保兑行的加保则是为了收取保兑费。诚然，从收益的角度看，一笔保兑费可能相当可观（从保兑之日起计算，按期收取，直至信用证到期）。并且根据惯例，无论保兑责任解除与否，费用照收不误。但是，与保兑行所承担的风险相比，这笔仅以千分之几计算的收益还是微不足道的。因此，保兑行决不会因小失大，轻易承担被开证行拒付却又不得向受益人追索的潜在风险。

从原则上讲，如果相符交单，保兑行就必须承付或无追索权议付，然后从开证行获得偿付。如果开证行倒闭或借故拒付，保兑行付款的款项不但不能向受益人追索，同时也很难从申请人处得到补偿。为了维护自身利益,保兑行总是未雨绸缪,决定对受益人承付或议付前就进行严格的审核,一旦发现不符点,便摆脱了承付或议付责任。所以,保兑行对单据审核,难免挑剔。

然而,保兑行的拒付又往往不可挽回。它一旦认定单据有不符点,即使是非实质性的,要想说服其放弃,也是一件非常困难的事。最终,受益人常常会因经不住长时间的折腾,往往于无奈中认可不符。进而,保兑行不仅因此解除了自身的保兑责任,还由于它可能已将不符点通知了开证行,开证行则会顺水推舟,借保兑行所提不符点拒付。这时,所谓保兑信用证下开证行和保兑行的双重确定承诺,将全部无法兑现,银行信用又变成了商业信用,受益人收汇的希望只能寄托于开证申请人的信用了。此时,如果市场行情下跌,申请人则有可能借机压价,或干脆拒收货物,受益人就会遭受损失。资料显示,实务中保兑信用证下由保兑行直接付款的比例并不高,这其中固然有单据本身的原因,保兑行的无理挑剔也不容忽视。

鉴于此,出口业务中信用证应尽量采取直开方式,以减少中间环节。如果考虑到进口国的形势及开证行的实际情况确实需要加保,以找资信较好、没有劣迹的大银行为宜。从受益人的角度看,严格把好单据质量关,才是安全收汇的关键所在。在构成严格相符交单下,保兑行才无从挑剔。否则,保兑便常常失去意义。

02-006

Article 2 开证行和受益人

开证行和受益人是信用证安排的基本当事人。

什么是当事人?

《高级汉语大词典》:"当事人:指履行(涉及理智、良心和自由意志的)行动或行为的人;对其言行负责任的人。"简言之,当事人即参与行动担当责任的人。

业界所关心的是,谁是信用证安排下的当事人呢?

前面的解读中提到,信用证是开证行和受益人之间的一个单据交易安排。在信用证安排下,开证行向受益人作出了不可撤销的承付承诺,从而必须对其承诺的兑现负责;而受益人只要相符交单,便有要求开证行承付的权利。所以,开证行和受益人,是信用证的两个基本当事人。二者缺一,则信用证不成其为信用证。所谓信用证是一个单据交易安排,交易一定是两个人的事,一个巴掌拍不响嘛。

信用证下的其他当事人,如通知行、指定银行(含保兑行)、转让行、偿付行、代付行、寄单行,只能是这两个当事人的代理,或者是开证行的代理,或者是受益人的代理。代理人可以接受委托人的委托,也可以不接受,这是一个基本的法律原则。

那么,什么是开证行?什么又是受益人呢?

第一,什么是开证行? 非银行签发信用证(non-bank issuer credit)下开证行又是谁呢?

Article 2:

Article 2 定义

Issuing bank means the bank that issues a credit at the request of an applicant or on its own behalf. 开证行,指应申请人要求或者代表自己开出信用证的银行。

本款表明,开证行得名于其开立了信用证。值得一提的是,开证行为并不是开证行的表面特征。开证行的本质特征,在于其开立信用证从而构成了信用证安排下其不可撤销的承付承诺。

有人问:非银行信用证适用于UCP600吗?非银行,如何操作?其责任与开证行相同吗?

信用证的诞生及蓬勃发展,首先是因为银行信用的介入。在信用证中,银行提供信用支持,代表买方向卖方开出信用证。但是,这有一个前提:卖方市场的存在。在卖方市场下,由于奇货可居,许多的采购商将面对少数的一个或几个供货商,供货商处于卖方的地位,相对主动,而买方则显得相对被动。这种情况下,采购商为了凸显与众不同的优势,往往愿意在交货条件、付款期限、付款信用方面主动提供优惠。采购商在付款信用方面提供的优惠,包括引进银行信用,委托开证行以承诺独立的凭单承付责任对卖方开立信用证,以结算基础合同下的货款。但是,商品市场的性质自上个世纪90年代以来发生了质的改变,在与供货商的谈判中,买方往往占上风。这表现在,一些大的采购商,在基础合同谈判中,自身付款信用好,加上高昂的银行开证费用,以及信用证独立于基础合同和只处理单据不管货物本身的特点,于是就不愿意以银行信用证方式结算货款。为了克服银行信用证的以上缺点,许多大的采购商选择了自己直接向卖方开立信用证,这就是——非银行签发信用证。

理论上,只要信用证选择了适用UCP600,那么不妨认为该开证人——一家机构即为UCP意义上的开证行,承担开证行的责任,享有开证行的权利,而不管其名称如何。因为对于一家机构是否为银行的认定,这是UCP以外的事。在当前的实务中,业界似乎也都如此掌握。ICC在2002年10月30日发布的一个正式意见中称:当非银行开立信用证时,该开证人理应承担与银行一样的义务和行为标准:收到与信用证相符的单据时付款,付款行为仅依据所提交的单据,而非是否能够得到偿付或其他的基础关系。而且当地法律也应适用同样的原则——作为一项独立的付款承诺,而无论是何人开立的信用证。

第二,什么是受益人?只有受益人有权使用信用证吗?

信用证安排,构成了开证行对受益人相符交单予以承付的单方面确定承诺。这一承诺是对受益人作出的。所以,只有受益人才有权要求开证行兑现承诺。

Article 2:

Beneficiary means the party in whose favour a credit is issued. 受益人,指接受信用证并享受其利益的一方。

对于开证行而言,承诺的书面文件便是一纸信用证正本。所以,开证行开证后,直接通知或通过通知行间接通知受益人,均会把正本信用证交给受益人。国际商会在ISP98中说:"如果一份备用证正本丢失、遭窃、受损或毁坏,开证人无需将其替换或放弃提示备用证正本的要求;如果开证人同意替换一份备用证正本或放弃提示正本的要求,它可以向受益人提供一份替本或副本,而不影响申请人向开证人偿付的义务;但是,如果开证人如此做,则它必须在该替本或副本上注明'替本'或'副本'字样。开证人可以自主地决定从受益人处要求其认为足够的担保,以及从指定人处获得关于付款尚未作出的确认。"当然,对于寄单行来说,如果觉得对"替本"或"副本"信用证的真实性没有把握,也可以把收到的"替本"或"副本"信用证随同单据一并寄交开证行,由其自行确认。由此可见,正本信用证的唯一性,对于确认开证行承诺有效性之重要。

实务中,信用证在通知时可能会误交他人,受益人收到信用证后也可能丢失,丢失后通知行常常会补打,尽管在 UCP600 时期开证行的责任,在信用证一经开立即告成立,并不可撤销,与受益人兑用时是否附随提交信用证正本无关。但是,受益人交付信用证正本和寄单银行批注兑用情况,却是防范使用信用证正本欺诈的惯常做法。

对于受益人而言,其证明有权兑用这一信用证的依据,便是手里持有开证行的正本信用证。受益人交单时,便须将信用证正本交给寄单银行,表明支款的依据。在打包贷款时,要求提交信用证正本,似乎还有质押的含义。"打包贷款以信用证为基础,以出口商品为贸易背景,以预期国外收汇为还款保障,与普通贷款相比,在控制还款来源方面更为有利。为了确保信用证这一还款来源的可靠性,避免受益人在甲银行贷款,却通过乙银行交单收汇,使还款来源落空,多数银行在操作规程中,均要求受益人提交银行开立的有效信用证正本,并在交单议付之前由贷款行执管,以确保受益人只能通过贷款银行交单收汇,以其收汇归还贷款。"

对于寄单银行,不管是指定银行,还是非指定银行,在受理受益人的交单时,均要求核实受益人真实身份,核对受益人名称与信用证规定是否相符,在信用证正本正面或背面批注该证的兑用情况,并在寄单面函上相应注明批注情况。而开证行在开证时,也常常会作出相似的要求,即:"Any drawing must be endorsed on the reverse of the original LC."此时,"凭正本信用证交单以便交单行背批则成为必要。如寄单行根本未见正本信用证,面对如何回复开证行的问题,势必陷入尴尬境地:贸然肯定背批,有悖于银行的诚信原则;如实回答,开证行则缺少证据来确认交单的唯一合法性,另寻他径证实,必然影响收汇速度"[①]。

实务中,有些寄单银行为了争揽业务,可能会放弃要求受益人交单时附随信用证正本,而凭信用证复印件出单。寄单银行的这种做法,违背了业界的惯常做法,给不法商人利用信用证正本进行欺诈以可乘之机,不值得提倡。

02—0061

申请人与申请人银行

大家所关心的是,申请人是否与开证行和受益人一样,也是信用证的当事人。有时,信用证中还会出现申请人银行,它是信用证的当事人吗?

Article 2:

Applicant means the party on whose request the credit is issued. 申请人,指要求开立信用证的一方。

本款只是表明,信用证往往应申请人的要求而开立,申请人是信用证安排的发起人或原始指示方,申请人的要求便体现为开证申请书,开证申请书也仅仅约束申请人与开证行。然而,根据本惯例第 4 条和第 5 条的解读可以知道,信用证一经开立,便独立于开证申请书和基础合

[①] 引自曹红波:"凭副本信用证议付之利弊",《对外经贸实务》,2005.11

同。所以,究其实申请人并没有参与信用证安排开证行与受益人的承诺和兑用过程,也不承担信用证安排下的责任。正如ISP98的官方评论中所说:尽管规则包含大量影响申请人及其权利与责任的内容,申请人仍不是信用证的当事人,他和开证行以外的任何一方没有法律关系。

尽管如此,申请人仍往往是信用证安排的关系人。

什么是关系人?顾名思义,即与一个事件有关系之人,该人未必参与事件。

在信用证安排下,申请人就担当了这一角色,不参与信用证安排开证行与受益人之间交易的过程,但信用证安排却由其发起,信用证安排下的交易结果往往与其有最终的关系。

有人问:既然申请人不是信用证安排的当事人,那么本惯例第1条"除非信用证明确修改或排除,本惯例各条文对信用证所有当事人均具有约束力"是否便意味着本惯例对申请人不具有约束力呢?

事实上,信用证安排确实对申请人并没有直接当然的约束力。信用证安排,是根据开证申请书的委托而开立,信用证安排的内容往往是开证申请书的主要内容。由于申请人是开证申请书的当事人,信用证安排的效力将作用于开证申请书,而根据开证申请书的约定,其效力将通过开证申请书的传递间接作用于申请人。这时,信用证安排才对申请人产生间接的约束力。

如此,本惯例第37条a款"A bank utilizing the services of another bank for the purpose of giving effect to the instructions of the applicant does so for the account and at the risk of the applicant. 为了执行申请人的指示,银行利用其他银行的服务,其费用和风险由申请人承担",及d款"The applicant shall be bound by and liable to indemnify a bank against all obligations and responsibilities imposed by foreign laws and usages. 外国法律和惯例加诸银行的一切义务和责任,申请人应受其约束,并就此对银行负补偿之责",以及ISBP 681 Para 2"The applicant bears the risk of any ambiguity in its instructions to issue or amend a credit. 申请人承担其有关开立或修改信用证的指示不明确所导致的风险",这一系列规定中所涉及的申请人的责任又从何说起呢?

其实,实务中申请人承担以上的责任,也仅仅是间接的责任。直接的责任也是过渡性的责任,首先必然落在开证行的头上,继而通过开证行才能传递给信用证的最初指示方——申请人。

总而言之,UCP及ISBP中规定的申请人责任,并不直接约束申请人,这与申请人不是信用证安排的当事人并没有矛盾。

在实务中,有时信用证连申请人都没有。

Article 2:

Issuing bank means the bank that issues a credit at the request of an applicant or on its own behalf. 开证行,指应申请人要求或者代表自己开出信用证的银行。

从上述定义可以看出,开证行开证,可能是应申请人要求,也可能是代表自己。诚然,在实务中银行开立信用证大都是应申请人的要求而行事。但是一些银行或基于自身向国外采购设备的需要,或基于向国外借入资金以因应本身资金调度的需要,或基于以备用信用证的形式开出银行担保的需要,都可能以其自身名义开立信用证。尽管一些国家法律,可能认为此类信用证是不具备合格条件的。然而鉴于实务中这一业务日益增多,ICC 正式认可并体现在 UCP500 和 UCP600 中。

其实,没有申请人,而以银行自身名义开证,并不会影响信用证安排的效力。尽管信用证是依据申请人的申请开立的,但开证行的付款承诺是基于其开立的信用证,与是否依据申请书或申请书是否由开证行以外的另一方出具无关。因此,一个开证行以自身为申请人而开立的信用证对于受益人得到付款而言并无妨碍。

实务中,看到的无实际申请人的信用证,往往仍会规定一个虚拟申请人,即以开证行的名称为申请人,从而保持与常见的信用证相同的结构,也避免与 UCP、ISBP 和信用证的其他有关规定脱节,比如商业发票必须作成以申请人为抬头。只是,这绝不意味着信用证必须有实际的申请人。

申请人银行,同样也往往仅是信用证安排的关系人。

MT700 开立的信用证,有时也会出现"Field 51a:Applicant Bank",即申请人银行。这主要有两种情况:

(1)申请人银行将开证业务外包(outsourcing)给某家银行,即由开证行对外开证,并签有外包协议,申请人的往来银行作为申请人银行,受理申请人的开证申请,并负责与申请人联系后续的一系列到单、承兑、付款、拒付等事宜;

(2)银行成立单证中心,规定由单证中心统一对外开证,而由申请人的往来分支行作为 applicant bank 直接受理申请人的开证申请,并负责与申请人联系后续的一系列到单、承兑、付款、拒付等事宜。

那么,到底什么是申请人银行呢? SWIFT 手册给 applicant bank 下了一个定义:"This field specifies the bank of the applicant customer, if different from the issuing bank."

结合以上两种情况,第 2 种应该对应于申请人银行往往就等同于开证行的情况,因为二者为同一银行,且往往在同一国家,从而成为信用证的两个当事人之一;而第 1 种应该对应于申请人银行不同于开证行的情况,它是申请人的银行,且往往与申请人之间另有约定,但无论如何此类约定只约束申请人和申请人银行,与受益人无关,此时的申请人银行只是信用证的一个关系人而已。

有人问:开证行拒付不符点交单后,受益人应要求指示开证行把单据转寄申请人银行,申请人银行可以放单给申请人吗?

答案应该是否定的。在本条"Case 1 同一证下同时两套交单,开证行可以自主选择审单顺序吗?"一节的解读中即将提到,付款之前单据所有权归受益人所有。那么,当受益人作为单据的所有权人指示开证行把单据转寄给申请人银行,申请人银行收到单据之后如何处置理应按受益人的指示行事。如果受益人并没有在指示中特别授权申请人银行无须申请人付款即可释放单据,则申请人银行便无权向申请人放单。其实,就问题的描述来看,受益人连申请人银行要不要向申请人放单,其放单条件是什么都没有提及。很显然,申请人银行向申请人放单已经构成了侵权。

通知行

开立并通知信用证,是开证行承诺的两个环节,缺一不可。但是,这两个环节的实施,并不一定得由开证行亲自完成。在实务中,不管是开立信用证,还是通知信用证,开证行都可以委托另一家银行实施。

当信用证委托另一家银行,而该银行实际通知了信用证时,它就是信用证的通知行了。一般情况下,通知行是开证行在受益人所在地的分行或代理行、或受益人的往来银行,其责任是核验信用证的表面真实性和表面准确性,并把它通知给受益人。

Article 2:

Advising bank means the bank that advises the credit at the request of the issuing bank.
通知行,指应开证行的要求通知信用证的银行。

本款表明:

第一,通知行的通知必须得到开证行的通知授权,转递不等于通知。

实务中,这种授权首先体现在开证行开出的信用证正本中。信用证正本一般都载有通知行。例外是开证行直接通知的信用证,此时,则不会载有通知行,但如果信用证由通知行通知则必定会载有通知行。

换言之,一份未注明通知行的信用证,却要求另一家银行通知该信用证,似乎并不意味着是一份通知信用证的书面授权。按理,该银行转递该信用证并不构成 UCP 意义上的通知,也并不因此承担通知行的责任,并应在转递时向后手作出相应说明。还有另一种做法是,立即告知开证行要求其补充授权。

有时,一份注明通知行的信用证,却把该信用证误寄另一家银行,对于另一家银行而言这也不算通知信用证的书面授权。此时,该另一家银行可以把信用证正本转递给信用证指明的通知行,并相应说明该转递不构成通知,不承担通知行的责任。

第二,通知行必须实际通知了信用证,并因而得名。

然而,通知行并不因为其获得了开证行的授权而成其为通知行,它得名于其实际通知了信用证。

有人问:开证行直接通知信用证给受益人,受益人找自己的往来银行核验密押或印鉴,该银行是否因此也成为通知行?似乎不是。因为该银行未获得开证行的通知授权,也未实际通知该信用证,而仅仅是核验了密押或印鉴,所以,根据本惯例第9条的规定该银行无须对信用证的表面真实性和表面准确性负责。单就该银行提供核验密押或印鉴服务,这仅仅是确保信用证表面真实性的一部分,表面完整性则根本无法谈起。

前面的解读中提到,不管是信开,还是电开,信用证正本一般都载有通知行。日常实务中,也常常误以为该银行即为通知行。值得一提的是,该银行并不是 UCP 意义上的通知行,因为它还没有实际通知该信用证,至于会不会通知还打个问号。准确地说,该银行仅仅是信用证下

"指明通知的银行"。

02—0063

保兑行

留心一下会发现,本条"保兑"与"保兑行"——两个概念的定义,实际上是一个循环,即保兑的定义中引用了保兑行的概念,而保兑行的定义中又引用了保兑的概念。这里结合"保兑"的含义,着重解读什么是保兑行。

Article 2:
Confirming bank means the bank that adds its confirmation to a credit upon the issuing bank's authorization or request. 保兑行,指根据开证行的授权或要求对信用证加具保兑的银行。

本款表明:

第一,加保必须基于开证行的授权或要求。

本条"保兑"的定义中提到,保兑是开证行承诺以外的另一重确定承诺。显然,保兑行因此必是开证行以外的一家银行。

那么,保兑行与开证行之间是一个什么样的关系呢?

ICC 在 R3 中说,保兑是开证行的一种授权。若一家银行未经授权自行加保,风险自负。这些风险可能包括信用证展期、增额、加列软条款或因故不能从开证行收回款项等。

一家银行未经开证行授权或要求而"加保",实务中常称"沉默保兑"或风险参与,由于未经过开证行的授权,不是 UCP 意义上的保兑,该银行不管如何介入信用证安排的运作,均不是 UCP 意义上的保兑银行,它的"沉默保兑"行为,得不到 UCP 的保护。沉默保兑对受益人来说,与 UCP 意义上的保兑没有本质的区别,该行承担着终局性的付款责任,不论开证行因何原因不能付款,其对受益人都没有追索权,而这一点会在沉默保兑协议中载明。然而,对于沉默保兑行来说,由于该行未取得开证行的保兑授权,其承付得不到开证行在 UCP 意义上对保兑行必须偿付的保障。如果该行为非指定银行,沉默保兑行还要承担单据邮寄途中丢失的风险。尽管如此,一些跨国银行由于对开证行的资信、经营状况及其所在国家的风险比较了解,也确有把握,所以愿意接受受益人的请求而对信用证加沉默保兑,以赚取保兑费用。

有的银行则与指定银行及受益人签订证外保兑协议,规定单据仍由指定银行交开证行,一旦开证行因不符点之外的原因未能付款,该行承担保兑行的付款责任。实务中将之称为贸易融资担保,或"风险参与"。如此,该银行赚取了费用,指定银行则可以大胆地对受益人融资,而受益人则不致因为对开证行不了解而影响发货交单。

总之,"沉默保兑"或风险参与,均为信用证以外的安排,不是 UCP 意义上的保兑。

第二,该银行加保后,才成其为保兑行。

开证行的授权或要求是单方面的,因而被授权或被要求的银行,可以选择加保,也可以不选择加保。当该银行选择加保时,该银行才是保兑行。

正是由于事先加了保兑,使该银行成为保兑行,并得名为"保兑行",从而便不能像其他的指定银行一样,在受益人相符交单时,可以根据其意愿拒绝承付或议付。换言之,根据第8条a款的规定,保兑行对相符交单只有承付或无追索权议付。如此,才能给付出了保兑费用的受益人提供额外的保障,避免来自开证行的潜在风险。

需要注意的是,通知行通知信用证,并不一定构成其对该信用证的保兑。这一点可以从本惯例第9条a款中得到印证。换言之,即使在被邀请加保的银行往往也是被委托通知信用证的银行时,二者的操作也相互独立。该银行如果加保,则成为保兑行;如果通知,则成为通知行。只要条件允许,不愿意代理通知的银行往往绝少见。根据本惯例第8条d款的规定和解读,只是对于该银行,必须在通知信用证时对是否加保作出决定,如果不愿意加保则须告知开证行,这才可以通知信用证。至于该银行在告知开证行后,是不是必须在通知受益人时告知其未加保,这一点则似乎并非硬性要求。

有人问:保兑行的加保行为受益人是否有权拒绝?银行加具保兑前需要得到受益人同意吗?

保兑是保兑行与开证行之间的一项安排,当然不直接约束受益人。换句话说,受益人的拒绝,是他的权利,而既然是权利,可以行使,也可以不行使。对于受益人来说,保兑有一个好处,即有了开证行之外的另一重确定性付款承诺。对于受益人来说,保兑也有个不好之处,即使用这个承诺,大部分情况下必须支付高昂的保兑费。银行不是傻瓜,如果受益人不愿意承担保兑费,被邀请加保的银行是不会加保的,除非受益人以外的人,如申请人愿意承担保兑费。所以,实务中,大部分的保兑都会经过受益人的同意,因为大部分信用证会规定保兑费由受益人承担。

02—00631 保兑行是一家特殊的指定银行

前面的解读中提到,保兑行由于保兑信用证而得名,保兑行也由于保兑而必须不可撤销地承担承付或议付受益人的相符交单的责任。换言之,一旦相符交单,保兑行必须承付或议付。那么,保兑行承付或议付了受益人的相符交单之后,该怎么办呢?本惯例第15条b款规定了"当保兑行确定交单相符时,必须承付或者议付并将单据转递给开证行"。

令人好奇的是,为什么保兑行必须将相符单据转递给开证行呢?

第一,保兑行是一家指定银行。

保兑行必须向开证行转递相符单据,这一措辞已经表明了,受益人向保兑行提交相符单据的行为才构成了UCP意义上的相符交单,而自保兑行向开证行仅仅只是转递该相符单据而已,不存在另一次交单。根据本惯例第2条"指定银行"的定义,显然,保兑行就是指定银行了。

至于保兑行必须将相符单据转递给开证行的原因,则在于保兑行本身并不使用单据,其由于承付或议付而获得的相符单据总是要通过开证行交由申请人使用。在信用证安排下,开证行获得保兑行转递的相符单据必须付出对价,即UCP意义上的偿付。换言之,只有保兑行将相符单据转递给开证行之后,才有权要求开证行偿付,而开证行正是基于其给保兑行的授权,才因此有责任偿付保兑行。这一点再一次印证了保兑行是一家指定银行。换言之,如果保兑行不是指定银行,保兑行依据什么向开证行索偿呢?开证行又凭什么偿付保兑行?因为根据惯例第7条c款的规定,开证行只对指定银行负有偿付责任。

正是由于保兑行是一家指定银行,本惯例在第 8 条和第 15 条规定中,措辞上使用"保兑行"时,与之相伴的总是"其他指定银行",而不是单纯的"指定银行"。如果保兑行不是一家指定银行,"其他指定银行"又从何说起呢?

第二,保兑行是一家特殊的指定银行。

然而,保兑行与其他指定银行却并不相同。准确地说,保兑行角色与纯粹指定银行角色并不相同。二者不同之处在于一家银行在保兑行角色下因为保兑而成为指定银行,而在纯粹指定银行角色下仅仅因为开证行的单方面指定即可成为指定银行。

值得一提的是,一家银行可以兼有保兑行和纯粹指定银行双重角色。

——当一家银行仅担当保兑行角色时,根据本惯例第 8 条 a 款的规定,它承担着对受益人相符交单代为承付责任,也承担对按指定行事的其他纯粹指定银行转递相符交单的偿付责任。

——当一家银行兼有保兑行和纯粹指定银行双重角色时,根据本惯例第 8 条 a 款的规定,在可议付信用证下,其对受益人的责任不是承付,而是无追索权议付。与仅担当纯粹指定银行角色相比,此时,该银行必须议付而不能拒绝,且对受益人无追索权,除了这两方面内容之外其对受益人的责任没有什么区别,比如都仅仅是预付或同意预付,预付和同意预付的比例、利率、期限等均可以与受益人"商付"。

——当一家银行仅担当纯粹指定银行角色时,根据本惯例第 12 条 a 款的规定,它可以承付或议付,但这并不构成它的责任。

保兑行这一角色与纯粹指定银行角色之所以不同,主要是因为开证行对纯粹指定银行角色的单方面指定,并不构成纯粹指定银行角色下必须按指定行事的承诺,而保兑行角色下却因为其在保兑时的同意代为承付或予以无追索权议付的事先表态,所以,必须按保兑的内容行事。

02—0064

指定银行

信用证实务中,开证行未必会在每一笔开出的信用证中都向通知行发出加保的邀请,被邀请加保的银行也未必都愿意加保,往往更常见的是,在信用证中指定另一家银行授权其付款,或代为承付,或允许议付。这另一家银行,便是日常所说的指定银行了。

Article 2:

Nominated bank means the bank with which the credit is available or any bank in the case of a credit available with any bank. 指定银行,指信用证可在其处兑用的银行,如信用证可在任一银行兑用,则任何银行均为指定银行。

什么是"available"?《美国传统辞典(双解)》说:"available, present and ready for use. 可用的,现实可用的。"在信用证实务中,显然,这指信用证对于受益人来说是现实可用的。

相应地,指定银行指的便是信用证受益人可在其处兑付使用信用证的银行。

有人认为,指定银行可能包括开证行。因为,这里的定义似乎并没有排除开证行。其实,不管是在 UCP500 下,还是在 UCP600 下,指定银行必定是开证行以外的银行。指定银行和开证行一同作为信用证的兑用银行,二者地位的来源并不相同。

——开证行的地位,是由于其开立了信用证,而信用证安排本身构成了开证行的承诺而形成。开证行在信用证安排下的承付责任,带有先天的特点,与生俱来。

——指定银行的地位,来自开证行在信用证安排中的明确授权,不管以什么方式指定。指定银行在信用证安排下的承付责任,带有后天的性质,即基于开证行在信用证安排中指定。当然,开证行可以指定,也可以不指定。不指定时,便无指定银行,此类信用证即为只能由开证行直接兑用的直接信用证。指定时,才产生了指定银行,此类信用证即为开证行间接兑用的间接信用证。经指定产生的指定银行,并不必然意味着其将按指定行事,承担代理承付或议付责任,因为在 UCP 意义上开证行在信用证安排中指定之时抛出的橄榄枝,仅仅是一厢情愿而已。接不接橄榄枝,以什么方式回应,取决于指定银行的最终意愿。

这一点可以从 UCP500 第 10 条的规定中得到印证,Article 10(b)(i):"Unless the Credit stipulates that it is available only with the Issuing Bank, all Credits must nominate the bank (the 'Nominated Bank') which is authorised to pay, to incur a deferred payment undertaking, to accept Draft(s) or to negotiate. In a freely negotiable Credit, any bank is a Nominated Bank. Presentation of documents must be made to the Issuing Bank or the Confirming Bank, if any, or any other Nominated Bank."这里的规定,很明确地把指定银行界定为经开证行授权而来的一家银行。

这一点还可以从《美国统一商法典》第五篇信用证关于指定人的定义中得到印证。SECTION 5-102(a)(11):"'Nominated person' means a person whom the Issuer(nominated person)(i)designates or authorizes to pay, accept, negotiate, or otherwise give value under a letter of credit and(ii)undertakes by agreement or custom and practice to reimburse."难道开证行兑用信用证的地位,还得由自己给自己在信用证安排中另行授权?似乎多此一举。

其实 UCP600 第 7 条,关于开证行的责任,也是以信用证规定指定银行兑用和开证行兑用两种情况来阐述,而且指定银行兑用和开证行兑用的方式并不相同,指定银行的可兑用方式中包括议付,开证行的可兑用方式中并没有包括议付。

02—0065

交单人

受益人是唯一有权兑用信用证的人。然而,受益人持有信用证正本,仅仅是表明了其兑用信用证的资格。当其实际兑用信用证时,还须向有效银行交单,因为包括开证行在内的有效银行的承付或议付,均以相符交单为前提。换言之,受益人因此成为信用证下有权交单的人。值得注意的是,受益人交单可以亲自为之,也可以委托另一方代劳。

那么,到底谁是 UCP 意义上的交单人呢?

根据本条"交单"的定义似乎可以推论,不管是受益人,还是代为交单的另一方,只要向有效银行实际交单,则因此成为交单人。

Article 2：

Presenter means a beneficiary, bank or other party that makes a presentation. 交单人，指实施交单行为的受益人、银行或其他人。

结合"交单"定义，似乎可以看出：

第一，交单，一定有人交、有人收。

交单之人，即名为 UCP 意义上的交单人。如果实际交单的是银行，实务中便常称为"交单行（presenting bank）"。收单之人，名为收单人。根据"交单"的定义，由于 UCP 意义上的收单仅限于开证行和指定银行，即为本惯例第 6 条 a 款所说的"有效银行"，所以，实务中常称为 UCP 意义上的收单行。

第二，受益人，是最初的交单人，银行和其他人是受益人的交单代理。

受益人是交单人，这无可厚非，因为只有受益人才有权兑用信用证。由于银行或其他人无权兑用信用证，其交单究其实只能算是受益人的交单代理。

但无论如何，只要是实际交单的人，受益人、银行和其他人均因此成为交单人。而不管是受益人交单，还是代理受益人交单，均须持有信用证正本，以证实其交单的资格。

第三，交单行，仅指非指定银行，却不包括有效银行，即开证行和指定银行。

实务中，常常见到非指定银行因为交单而成为交单行。

有人问：指定银行是否可能成为 UCP 意义上的交单行呢？

回答是否定的。根据本条"交单"定义的解读可以知道，不管是相符交单，还是不符点交单，由指定银行到开证行或保兑行手里，只是"转递"交单，并不构成另一次交单，在相符交单下也并不因此改变开证行或保兑行对受益人的责任。

02－007

Article 2　交单

根据本惯例第 7 条 a 款"开证行对受益人的责任"和第 8 条 a 款"保兑行对受益人的责任"的规定，相符交单是开证行和保兑行承担责任的前提。

那么，什么是交单？

Article 2：

Presentation means either the delivery of documents under a credit to the issuing bank or nominated bank or the documents so delivered. 交单，指向开证行或指定银行提交信用证项下单据的行为，或指按此方式提交的单据。

从这个定义可以看出：

第一,交单有两个意思,既指交单行为,也指所交单据。

就所交单据而言,必须是信用证安排下的单据;信用证安排下未规定单据,不在此列。这与本惯例第 14 条 g 款的规定——"提交的非信用证所要求的单据将被不予理会"——相吻合。

就交单行为而言,它是一个事实,是否与信用证条款(terms and conditions)一致,不会体现在所交单据上,只能根据事实来判断。

第二,交单必须指向有效银行,即开证行和指定银行。

UCP 意义上的交单,必须指向开证行或指定银行,而向非指定银行"交单"不在此列。

开证行是最终的收单人,或称收单行,这比较直观。

指定银行,实际上是开证行的收单代理,不管是否按指定行事代为承付或予以议付。开证行对指定银行的指定授权,以受益人向指定银行提交单据构成"交单"和"相符交单"为前提。换言之,指定银行在授权范围代为承付或予以议付,基于受益人向其提交单据构成了"交单",且构成了"相符交单"。然而,根据本惯例第 12 条 c 款的解读,受益人向其提交单据,并不必然会得到指定银行的承付或议付,因为履行指定不是指定银行的义务,而是其权利。于是,受益人向指定银行提交单据时,常常无法明确预知指定银行是否愿意承付或议付。如果在指定银行按指定代为承付或予以议付的情况下,该单据构成了"相符交单",那么,该"相符交单"理应也适用于指定银行未按指定行事的情况,而不至于出现同一套单据向同一银行提交得到承付或议付时构成"相符交单",未得到承付或议付时却构成"不符点交单"的完全相反的离奇结论吧?! 这显然不符合本条"相符交单"一节中提到的 ICC 在 R213 阐明的精神——"单据不符没有'限度',单据不是相符就是不符。"所以,开证行在信用证安排中对指定银行的指定授权,已经同时默认了授权其代为收单,不管其是否承付或议付。

非指定银行的收单,与开证行和指定银行收单不同,它的收单并未经过开证行的授权。所以,非指定银行的收单不代表开证行,它需要把单据转交开证行或指定银行。对于受益人来说,交单期限及交单地点均以开证行或指定银行为准。对于非指定银行来说,由于它的收单并"承付"或"议付"未经开证行授权,相应地,无权获得开证行的偿付。换言之,受益人向非指定银行"交单",不是 UCP 意义上的交单,非指定银行只是受益人的交单代理,或称实际交单的交单行。

值得注意的是,这一点与日常实务所说的"交单"并不完全相同。日常的"交单",指的是向任何一家银行"交单",该银行可以是开证行或指定银行,也可以是未经开证行有效授权接收单据的任何一家银行。

第三,交单不包括指定银行向开证行或保兑行转递单据。

有人问:交单由指定银行向开证行或保兑行,算又一次交单吗?

回答也是否定的。交单人向指定银行的提交单据,即构成了 UCP 意义上的交单。如果该交单构成了相符交单,便因此确立了开证行和保兑行的承付或议付责任。至于相符交单由指定银行到开证或保兑行手里,根据本惯例第 7 条 c 款"开证行对指定银行的责任"、第 8 条 c 款"保兑行对指定银行的责任"的规定,只能算是"转递"相符交单,并不构成另一次交单,也并不因此改变开证行或保兑行对受益人的责任。换言之,指定银行在这里只是扮演了开证行或保兑行收单代理的角色。

也许有人会说,这一结论只是针对指定银行转递相符交单的情况,是否也适用于不符点交单呢?似乎应该也适用于不符点交单,最直接的依据就是本条的定义并没有局限于相符交单。

还有人会问:既然指定银行是开证行或保兑行的收单代理,为什么常常不按信用证的寄单指示行事,而仍然按照受益人的寄单指示行事呢?

其实,这主要与单据的所有权有关。ICC在R482中表明:付款之前单据所有权属于受益人,准确地说是交单人。显然,只要单据未获付款,其所有权便属受益人或已按指定行事的指定银行,尽管指定银行是开证行或保兑行的收单代理。实务中,未履行指定的指定银行,其实是根据单据所有权人——受益人——的寄单指示行事。而相符交单下已按指定行事的指定银行作为单据所有人,则无须时时征求受益人的意见,可以自行决定寄单的方式;当然,根据本惯例第7条c款"开证行对指定银行的责任"、第8条c款"保兑行对指定银行的责任"、第35条"如果指定银行确定交单相符并将单据发往开证行或保兑行,无论指定的银行是否已经承付或议付,开证行或保兑行必须承付或议付,或偿付指定银行,即使单据在指定银行送往开证行或保兑行的途中,或保兑行送往开证行的途中丢失"的规定,只有遵循了信用证的寄单指示才能确保从开证行或保兑行获得偿付,并对单据传递过程中的遗失免责。

02—0071

相符交单

实务中,受益人的交单与开证行承付相对,开证行的承付针对的一定是受益人的交单,而受益人的交单几乎也都能得到开证行的承付。然而,开证行在信用证安排下的确定性承付承诺,并不针对受益人的所有交单,而仅仅局限于相符交单。

那么,什么是相符交单呢?

Article 2:

Complying presentation means a presentation that is in accordance with the terms and conditions of the credit, the applicable provisions of these rules and international standard banking practice. 相符交单,指与信用证条款、本惯例的相关适用条款以及国际标准银行实务一致的交单。

显然,这里的定义建立在"交单"的定义之上。结合交单的定义,从这里可以看出:

第一,"相符交单"是 UCP600 审单标准浓缩的精华。

UCP500时期对于审单标准的描述,包括两个部分:"单证相符、单单一致,表面相符"原则,是信用证下审单标准的十二字箴言;"合理谨慎(reasonable care)",是信用证下的审单要求;"国际标准银行实务(international standard banking practice)",是信用证下的审单依据。

在 UCP600 中替代这个说法的是一个新的概念——"相符交单"。

二者是个什么样的关系呢?

(1)UCP600 的审单标准是 UCP500 的继承。

UCP500时期的"单证相符"原则,直接体现在本条"相符交单"的定义中,即与信用证条款一致的交单。

UCP500时期的"单单一致"原则，间接体现在本条的"相符交单"的定义中，即与本惯例的相关适用条款以及国际标准银行实务一致的交单；而直接体现在本惯例第14条d款中，即单据中数据，在与信用证、单据本身以及国际标准银行实务参照解读时，无须等同一致，但不得矛盾。

UCP500时期的"表面相符"原则，也间接体现在本条的"相符交单"的定义中，即与本惯例的相关适用条款以及国际标准银行实务一致的交单；而直接体现在本惯例第14条a款中，即按指定行事的指定银行、保兑行（如果有的话）及开证行须审核交单，并仅基于单据本身确定其是否在表面上构成相符交单。

UCP600没有了"合理谨慎"的审单要求。但是，这绝不意味着银行审单可以不"合理谨慎"。作为一个诚信的银行，"合理谨慎"是法律的基本要求。

UCP600保留了"国际标准银行实务"的审单依据，直接体现在本条"相符交单"定义中，即与国际标准银行实务一致的交单。

（2）UCP600的审单标准概括得更全面、准确。

正如一位业内人士所言，UCP600的相符交单，更加突出了"交"的含义。单据的可接受性并不仅仅取决于其单据本身的内容，还取决于交单行为，"交"同样是单据是否相符的重要判断因素。"交"的含义，包含本惯例第6条所提到的交单期限、地点和对象。这是UCP500所未明确的。

UCP600的相符交单下，数据之间无须等同一致，只需不矛盾即可。这一明确，将大大减少不符点争执，引导信用证当事人把主要的精力放在更有挑战性的实质性内容的审核，从而减少拒付率，最终促进信用证作为付款工具功能的正常发挥，也促进信用证融资。

UCP600废弃了"合理谨慎"这一主观色彩浓厚的审单要求。UCP500时期，它赋予了审单人员及法院审判过大的自由裁量权，不利于统一标准。正如前面解读中提到的，一家诚信的银行在UCP600时期，仍应"合理谨慎"地审单。至于废弃的本意，则在于避免纠缠于对不符点主观把握上的分歧，而把审单人员和法院审判的注意力，尽可能地引导到相对客观的审单标准上。

UCP600的"国际标准银行实务"这一相对比较客观的标准，由于过于单一，吸收了"单证一致"原则，现已扩展为信用证条款、适用惯例和国际标准银行实务三者兼顾，包容性更强的标准。

总之，UCP600的这一说法是UCP500基础上的ICC精神的浓缩和升华。

第二，相符交单，必须与信用证条款、本惯例的相关适用条款以及国际标准银行实务一致。

（1）单据本身或交单行为与信用证条款一致。

比如：信用证规定单据必须在"expiry date 20070117"之前提交，这是对交单行为的要求，此时实际交单在"20070118"提交便是与信用证条款不一致。

比如：信用证规定提交发票"five originals"，这是对单据的要求，此时实际交单发票为"one original and four copies"，也是与信用证条款不一致。

（2）交单行为或单据与本惯例的相关适用条款一致。

比如：信用证未作相关规定，只要求了"full set of original B/Ls"，未对交单期作出规定。

根据 Article 14(c)："如果单据中包含一份或多份受第 19 条、20 条、21 条、22 条、23 条、24 条或 25 条规定的正本运输单据，则须由受益人或其代表在不迟于本惯例所指的发运日之后的 21 个日历日内交单……"此时实际交单在装运日后的 21 个日历日以后便是与第 14 条不一致。如：信用证规定提交发票，未表明正副本，也未表明份数，根据 Article 17(a)："信用证规定的每一种单据须至少提交一份正本。"此时实际提交发票为"five copies"(instead of at least one original)，就是与第 17 条不一致。

然而，正如 ICC 所言，应该知道 UCP 不是也不能给实务中产生的每个问题都提供答案。事实上，由于每个问题均有其独特的方面，UCP 不可能包罗万象，解决所有问题。

(3) 交单行为或单据与国际标准银行实务一致。

请注意，这里所说的国际标准银行实务，是实务，而非理论；是银行实务，而非申请人实务或受益人实务；是标准银行实务，而非个别业务的特殊实务；是国际标准银行实务，而非一国、一个地区的标准银行实务。银行实际操作中，常常或以理论，或以申请人、受益人实务，或以历史上个别业务的特殊实务，或以一国、一个地区的标准银行实务说事，都未为 ICC 所倡导。正如 ICC511 指出："银行必须建立能赢得其客户和代理行信任的银行惯例。挑剔的、不诚实的或不严谨的银行惯例总是不能持久的，而且不利于建立良好的国际标准银行实务。国际标准银行实务体现了诚实和易于把握的原则。"

这里所说的国际标准银行实务，是广义 ISBP，并不局限于 ICC 的出版物 ISBP，它涵盖面更广，它会随着实务的发展而不断发展。ICC 在 ISBP 645 和 ISBP 681 引言中都一再强调，ISBP 只是解释 UCP 中所提及的实务惯例如何为信用证人士所应用。没有一个出版物能够预想跟单信用证可能使用的全部条款或单据，或者穷尽在 UCP 下对其所做的解释及 UCP 所反映的标准做法。阎之大先生说，随着新惯例的实施，不可避免地会出现新的问题，国际商会银行委员会其至各国家委员会对相关问题所做的解释、解答或决定等，都可能成为新的 ISBP。

综合来看，判断相符交单新标准，包括三个一致，是判断交单是否相符的三个依据，实务中，这也是判断交单是否相符的操作顺序。

第三，相符交单没有限度。实务中，要么构成相符交单，要么构成不符点交单，不存在第三种可能。

实务中，不符点的把握常常发生纠纷，有些可能是似是而非，有些则可能似非而是。

有人问：那么，有没有可能存在同一交单既是相符交单，也是不符点交单的情况？换言之，到底什么程度银行必须视其为不符点？

ICC 在 R213 回答：单据不符没有"限度"。单据不是相符就是不符。所有单据必须符合跟单信用证的规定及 UCP。

尽管实务中，常常由于因为不同的银行、不同的审单人员、不同角度，对不符点的认识产生分歧。而实务中，针对不符点的分歧程度，出口方银行也常常从严把握，进口方银行则相对放宽标准。但这些绝不意味着不符点可以"似是而非"或"似非而是"的骑墙式存在。

无论如何，正像 ICC 在 Case 45 中所说，重要的不是个人的观点，最终的决定掌握在法庭的手中。但是，正常信用证业务中，事无巨细均提交到法院裁决是不现实的，绝大部分的争议需要当事各方以合理、公平、善意为原则，以不挑剔、诚实、严谨的国际银行实务为标准去处理。为避免当事各方对某些不符点各执己见相持不下,以致起诉到法院延误时机现象的出现,受益人制作单据时应尽量注意单据的质量,与信用证保持一致,以免授人以柄。

02—0072

信用证的模糊规定

根据本条"相符交单"的定义中提到的:审单,首先要确认的便是"交单行为或单据,与信用证条款一致"。

而如果信用证条款的含义模糊不清,此时,又该如何审核单据呢?

ISBP 681 Para 2:

The applicant bears the risk of any ambiguity in its instructions to issue or amend a credit. Unless expressly stated otherwise, a request to issue or amend a credit authorizes an issuing bank to supplement or develop the terms in a manner necessary or desirable to permit the use of the credit. 开证申请人承担其有关开立或修改信用证的指示不明确所导致的风险。除非另有明确规定,开立或修改信用证的申请即意味着授权开证行以必要或适宜的方式补充或细化信用证的条款,以使信用证得以使用。

本段说明:

第一,开证申请人承担其有关开立或修改信用证的指示不明确所导致的风险。

申请时,申请人需对开证行作出开立或修改信用证的指示。指示可能是明确的,也可能是不明确的。不明确的指示,意味着执行该指示将导致风险。

不明确的指示的风险,需由开证申请人来承担。这正应了UCP600的规定。

Article 37(a):

A bank utilizing the services of another bank for the purpose of giving effect to the instructions of the applicant does so for the account and at the risk of the applicant. 为了执行申请人的指示,银行利用其他银行的服务,其费用和风险由申请人承担。

曾经有案例:

信用证要求:"frozen pigeon, assorted in one male and one female or males only. 白鸽,雌雄成对或纯雄。"

提交的单据显示:白鸽,雌雄成对,12.5 MTS;纯雄,12.5 MTS.

开证行拒付,理由为:信用证对白鸽规格的要求,要么是"雌雄成对",要么是"纯雄",非此即彼,二者取一,不可兼装。

实务中,对"or(或)"的理解,有两种含义:二者皆可;二者取其一,不可兼用。

到底信用证所要求的"assorted in one male and one female or males only"指的是前一种含义,还是后一种含义,不得而知。这种情况下,开证行和申请人承担最终的提示不明确的风险,不符点不成立。

第二,申请人如何承担风险呢?

或者受益人选择不执行,从而导致申请人采购计划落空。

或者受益人选择执行,可能是按对申请人最有利的方案的执行,这不太会引起买卖双方的歧义;或者只按对受益人最有利的方案执行,从而改变申请人的初衷。

或者受益人选择提请申请人修改信用证,澄清意见。这可能是稳妥的选择,但仍有可能因此延误出货的时机。

或者默认授权开证行以必要或适当的方式补充或细化信用证的条款,以使信用证得以使用。只是实务中,开证行的补充或细化,可能导致偏离申请人的本意。所以,开证行的行事,还是以征得申请人同意为好。而就本段而言,既然默认授权开证行补充或细化,显然,申请人仍应承担补充或细化后偏离本意的风险,即使开证行事先未征得申请人同意。这是 ISBP 赋予开证行的权利。

第三,尽管如此,受益人收到该类信用证或修改时,还是本着诚信原则,慎重为好。

曾经有这样一个案例:信用证的"additional conditions"下显示"original payment release signed by an authorized signatory of xxxxxxxx"。

这是要求提交单据,还是非单据化条款呢?

ICC R402 分析道:"Despite the fact that a bank may have issued its credit containing information under headings such as 'documents required' and 'additional conditions', it is the terms and conditions within the whole document that form the basis of the letter of credit.""Within the wording supplied under the heading 'additional conditions', it is clear that there were a number of conditions which related to the issuance of documents and presumably these were adhered to.""From the information supplied, it is unclear as to whether the 'payment release' document was required to be presented under the letter of credit terms, and this should have been queried with the issuing bank at the time of advising/confirming. By inclusion of the document without qualification as to the circumstances in which it was to be produced, the natural interpretation would be that it is required in all instances."

实务中,这种情况常常无法准确把握,就是 ICC 的专家有时也难免作一些非常牵强的解释。所以,出口商和银行审单人员还是慎重为好。

第四,不管是申请人,还是受益人,防患于未然都是最佳的选择。

信用证的模糊规定下申请人必须对此负责,主要是为了劝诫申请人明确开立或修改信用证的指示。然而,根据上面的解读,一味地强调受益人自主选择对自己最有利的方案执行,或授权开证行以适当的方式补充或细化信用证的条款,以使信用证得以兑用,则可能违背申请人的初衷,从而伤害申请人。这就无意中为将来可能形成的贸易纠纷埋下祸根。即使实际交单时构成相符交单,也难免争执,或者拖延时日付款,或者对簿公堂提起国际诉讼。

所以,正如 ICC 在 ISBP 681 第 5 段中所一再奉告的:"Many of the problems that arise at the examination stage could be avoided or resolved by careful attention to detail in the underlying transaction, the credit application, and issuance of the credit as discussed."

换言之,诚信原则,仍应得到足够的尊重。理智的做法,是双方事先充分协商,减少分歧,避免分歧。

02—0073

从相符交单到审单工作方法

根据前面相符交单的定义,确认相符交单:一要确认与信用证条款相符,二要确认与本惯例的相关适用条款相符,三要确认与国际标准银行实务相符。

然而,审单是一门艺术。换言之,审单过程是一个艺术创作的过程,带有许多随机的成分,夹有艺术的享受。前国际商会银行技术和惯例委员会主席 Bernard Wheble 曾经说:"应该知道,UCP 不是也不能给实务中产生的每个问题提供答案。与国际贸易有关的人士,不论是银行的、商务、实业、运输、保险界的,都不能像机器人那样机械,他们应在充分利用 UCP 这一总体指南的同时,充分运用自己的智慧和经验,去解决那些偶然出现但又十分关键的单个问题。没有任何标准实务通过它能完全取代审单人员的优秀判断,单据审核是一门艺术,不是一门科学。"

那么,在审单过程中,如何确认相符交单?

具体审单时,审单工作方法常常因审单员而不同。但对于一个特定的审单员,则必须在审单操作中不断摸索以形成一套适合自己特点的"自然、不杂、不漏"的审单工作方法。

所谓"自然",指最适合审单员的审单习惯;

所谓"不杂",指不需审的内容、单据,忽略而过,以提高速度;

所谓"不漏",指需要审的内容、单据,滴水不漏,以确保准确。

概括而言,这里介绍一种标准的审单工作方法[①],说明如下:

1. 资料在桌面上的摆放

左边——信用证。

中间——单据。依次为汇票、商业发票、装箱单、运输单据、保险单据,其他单据按信用证顺序排列。

右边——审单记录纸。

2. 查看信用证的要点

(1)它是本套单据联系到的信用证;

(2)它是致受益人的正本信用证通知书;

(3)它是仍然有效没有过期的;

(4)它的未用余额足够这笔出口业务使用;

---

① 引自苏宗祥:《国际结算》,中国金融出版社,1997

(5)如有修改,是否完整无缺地附在信用证后面。

3. 横审:指单据与信用证核对

(1)信用证如有修改,首先查看受益人对于修改通知书确无书面表示拒绝接受,然后以修改条款核对有关单据,若是符合修改条款,表明受益人接受修改。

(2)将信用证从头到尾地阅读一遍,每涉及一种单据,立即与那一种单据核对,以达到单证相符。

(3)阅读信用证文句,并与单据核对,发现不符点立刻记录在审单记录纸上。有时审单人员在记录文字后面写上"改"、"加"、"补"等字,待受益人改妥时,在该字划圈表示改妥,无此不符点了。决不要在核对整个信用证完毕一次写出发现的全部不符点,因为那样的做法容易遗忘个别的不符点。当全部的"改"、"加"、"补"都已划圈就表示单据全部改妥相符了。

(4)审完的单据反转放置在桌面中间未审单据前面,待全套单据审完,将已经反转放置单据翻过来即可以恢复原状。未被审核的单据就是受益人交来信用证未规定的单据,应退还受益人,可照转。

4. 纵审:指单据与单据之间核对

(1)以发票为中心,与其他单据挨个核对,先将被核对的单据本身阅读一遍,然后与其他单据,主要是发票的相同资料核对是否一致;

(2)将运输单据与保险单据核对。

5. 背书:即在正本信用证背面背书支款情况

背书应注明:支款日期、银行出单编号、支款金额、信用证余额、审单员签单、寄单银行名称。

已用完的信用证,可以加盖"用罄(exhausted)"戳记。

02—0074

交单面函和交单指示

实务中,对于受益人来说,不管有无指定银行,交单一般均通过自己的往来银行。这其中包括以下原因:

(1)银行间付款线路清晰,有方便的账户、代理关系。

(2)银行间通信设施先进,联系方便、迅速,装备有诸如 SWIFT 等银行间专用通信网络;对单据相符有不同看法时,容易进行交涉与沟通,且银行通晓统一惯例,有较丰富的审单经验,可为受益人进行审单把关,还能作为受益人的代言人与开证行进行交涉。

(3)如果信用证允许未见单偿付,则有 URR 或 UCP 银行间偿付规则的制约,款项划拨迅速,此时如果受益人仍直接寄单开证行,则不享受未见单偿付之便利。

从"客户交单联系单"、"寄单面函"到"交单面函":

实务中,在受益人通过自己的银行交单时,都会附上一张受益人的面函——"客户交单联系单",以指示银行处理单据。"客户交单联系单"上,往往载有信用证参号、发票参号、单据种类和份数,单据处置方案和收款指示等信息。而受益人的银行接收到受益人的"交单"后,往往还需继而向信用证规定的开证行或保兑行或指定银行寄送单据,并附上一张寄单行的面函——"寄单面函",以指示开证行或保兑行或指定银行处理单据,其内容基本上与"客户交单联系单"相对应,载有几乎相同的信息。

显然,根据本条"交单"的定义,如果自己的往来银行是指定银行,则受益人为交单人,指定银行为收单行,受益人通过自己的往来银行交单,其本身已经构成了UCP意义上的交单,受益人的"客户交单联系单"即为"交单面函";如果自己的往来银行是非指定银行,非指定银行作为交单人会转交给开证行或保兑行,开证行或保兑行为最终的收单行,受益人往来银行的"寄单面函"即为"交单面函"。作为"交单面函",不管是前者(受益人)的"客户交单联系单",还是后者(受益人往来银行)的"寄单面函",其内容均包括单据处置方案和收款指示在内的交单信息,实务中,常常称为交单人的"交单指示"。

那么,交单人为什么要在"交单面函"上作出"交单指示"呢?

根据本惯例第2条"信用证"及"交单"、"交单人"定义的解读,信用证安排构成了开证行承付相符交单的不可撤销的单方面的确定承诺。换言之,在信用证安排下,受益人便有权直接,或委托非指定银行或其他人向有效银行交单,而只要构成相符交单,便有权要求开证行予以承付。值得注意的是,只要未付款,便正如ICC在R507的结论中所说:付款之前单据所有权属于交单人。然而,信用证安排本身往往并没有明确有效银行在付款之前应该如何处置单据,有效银行付款时该把款项汇划到交单人的什么账户等等,这些便构成了交单人"交单面函"上的"交单指示"的内容。

显然,交单人,归根结底是受益人的"交单指示",只是凭着对单据拥有付款前的所有权,向有效银行指示单据的处置方案和款项的汇划路线,它是受益人在信用证安排对开证行单方面承诺的回应和补充。极端者,交单人的"交单指示"还可以排除信用证安排或UCP的适用。只是,此时的"交单"已经不完全是UCP意义上的交单了,因为UCP已经不适用了。

有人问:交单面函上的交单指示中的"sending documents on collection basis"或类似语句,是信用证改托收吗?

什么是"collection"?《现代英汉综合大辞典》说:"collection,托收,收款;……"如此来看,collection在银行实务中起码有双重含义,一种即专指作为银行结算方式的托收,另一种则泛指日常的收款。

在单据有实质性不符点时,如果进口商信用较好,进口国又无外汇管制,受益人有时会与申请人就不符点进行磋商,在达成一致的处理意见后常常会要求作出"信用证改托收"的指示。这一方面是受益人常常认为,不符点下交单,信用证的意义已经不大;另一方面则是由于银行托收收费比信用证低,受益人可以为此节省很大一部分费用。其实,"信用证改托收"有一个非常重要的改变,即单据交易由银行信用降低为商业信用了,由适用UCP改为适用URC了。在UCP框架内,不管是否不符点交单,银行承担的是第一性付款责任,所以均要高度负责处理单据,包括拒付通知,如果未拒付或拒付未果,付款或作出付款承诺或承兑汇票的均为银行,可信度较高。即使不符点单据被拒付后又接受单据,特别是在远期信用证情况下,作出付款承诺往往也仍为银行。而在URC框架内,是否赎单,何时赎单,作出付款或付款承诺或承兑汇票的是申请人自己，可信度将大打折扣。

国际商会专家在信用证、贸易融资实务有关问题的意见和建议中，关于信用证改托收的指示的意见中谈到，交单行在其寄单面函上的指示"Docs presented on collection basis"是不明确的和有风险的，应改为"We sent docs to you for payment/acceptance"，如此能避免开证行的误解。显然，经这一改，便明确为信用证下的付款或承兑请求了。

而如果受益人确实有意于把信用证下单据改为托收，ICC 在 R333 中说：把信用证项下单据按 URC522 处理，必须清楚地说明这一点，即"It must be explicitly stated that they should be processed subject to URC522." 仅仅使用"for collection"不足以把处理程序从适用 UCP 改变为适用 URC。

有时，寄单银行面函上的指示模棱两可，开证行须慎重行事。

R426 中有一个案例，备用证项下一套单据，寄单银行在寄单时误用了跟单托收专用面函，面函包括跟单托收的相关语句——subject to URC 522 containing the usual printed words for documentary collections，但面函上同时载有批注——"Please note that this documentary collection is related to standby L/C No. ×××× for amount ×××××." 最后开证行为慎重起见，还是按 UCP500 的规定审单并予以拒付。

ICC 在分析中说，"The issuing bank has acted correctly in its handling of the presentation with regard to the rules which apply. ICC has received a number of queries in the past where. In similar circumstances, the issuing bank has handled a presentation according to the schedule rather than the rules which have been applied to the underlying instrument."

尽管案例中寄单面函上的指示并不明确，但是由于单据在未获付款前所有权属交单人，寄单面函批注中的模糊规定，最好提请寄单银行澄清。如果无法澄清，则应慎重行事，而不可避重就轻。

Case 1

同一证下同时两套交单，开证行可以自主选择审单顺序吗？

【背景】信用证规定：不可撤销，金额 EUR 150 000，允许分批装运/支款，无溢短装/支款。

受益人通过非指定银行即寄单行向开证行交单，在同一个快邮信封下装了同一信用证下两套单据，一套大金额 EUR 140 000，一套小金额 EUR 20 000。大小金额合计，则超过信用证金额；分开计，则一套为相符交单，另一套超支；寄单面函无任何处理单据的指示。

开证行认为根据第 14 条 a 款自己享有独立的审单权，于是自行选择了审单顺序，先审核小金额单据 EUR 20 000，认为构成相符交单，予以付款；后审核大金额单据 EUR 140 000，认为存在不符点——超装/支，于是拒付了大金额单据 EUR 140 000。

寄单银行辩称，开证行拒付无效，大金额单据也必须接受，这样大小金额两套单据均应得到付款。受益人要求先审核大金额单据,构成相符交单,从而拒付无效,必须付款;后审核小金额单据,虽然有不符点——超装/支,但未被拒付。开证行无权自行选择审单顺序,所以两套单据必须全额付款。

【问】开证行有审单顺序选择权吗?

【答】

(1)是的,开证行享有独立的审单权。

本惯例第14条a款的解读中提到,有责任确定审核交单的银行各方,须以自己的独立判断为依据,而不得信赖于其他有关方的判断,这才体现其审核责任。

(2)开证行并不享有交单顺序选择权,从而也就没有审单顺序选择权。

开证行享有审单选择权,绝不意味着开证行同时享有交单顺序的选择权,因为审单须以交单为前提,而交单人有自由的交单选择权。

根据本条"交单"的定义,交单既指规定的单据本身,也包括提交规定单据的行为。单据本身是有形的,其审核不容易引起歧义。提交规定单据的行为,却是无形的,须以交单的客观事实来判断。本案例中,同一信用证下两套单据在同一个信封内于同一时间到达开证行,致使开证行无法客观地判断审单顺序。换言之,如果交单人有意控制大金额单据先于小金额单据到达开证行,显然银行必须按照先到者先审的原则处理,这样,开证行和交单行之间的分歧自然就不存在,只是交单人没有事先如此控制而已。从交单人可以事先有意控制单据到达的时间,进而控制开证行的审单顺序来看,控制交单顺序是交单人的权利。至于为何交单人有权控制交单顺序,则与单据的所有权着直接的关系。ICC在R507的结论中认为:付款之前单据所有权属于交单人。既然如此,交单人因为掌握着付款之前的单据所有权,而有权控制交单顺序,这不正意味着开证行无权控制交单顺序,进而,开证行也就无权控制审单顺序吗?!

正常情况下,交单人在交单时付款之前对开证行的授权,是以开证行在信用证下的承诺为前提,即开证行一旦收单便须按信用证的规定行事,这是其在UCP框架内的责任,而一旦付款,便转移单据所有权,开证行便可以自行处置。而相对而言,在UCP框架内,似乎也找不到开证行在交单人指示不明时,有权选择交单顺序,进而选择审单顺序的规定。

(3)如果开证行享有UCP意义上的审单顺序选择权,单据上不符点的判断将变得模棱两可。

就本案例而言,在未确定审单顺序的情况下,任何一套单据都有存在不符点——"超支/装"的可能,这样就该特定的一套单据,不符点的存在就是不确定的,而且判断结论完全相反,或者为存在,或者不存在。而在信用证实务中,显然这种情况不允许发生。正如本条"相符交单"定义的解读中提到的,"相符交单没有限度。实务中,要么构成相符交单,要么构成不符点交单,不存在第三种可能"。

ICC在R213中说:单据不符没有"限度"。单据不是相符就是不符。所有单据必须符合跟单信用证的规定及UCP.

如果开证行可以在UCP框架内有选择地审核单据,以确定是否构成相符交单,这同时意味着开证行在信用证下的承诺由于隐含着"审单顺序选择权",从而变得并不"确定",也并非"不可撤销"。对于受益人来说,此类信用证下飘忽不定的付款承诺与可撤销信用证有什么两样?

(4)开证行正确的做法是,通过非指定银行请受益人尽快明确交单顺序,而不是自行决定审单顺序。

本惯例第 2 条"同一信用证下的交单支款互相独立"一节的解读中提到,同一面函下多套单据同时提交,根据 ICC 在 2005 年的春季年会上的意见,此时,银行必须将一个面函下的交单视为多套单据,并区别对待。其中的不符点单据,银行应拒付并通知不符点;而相符交单,银行将要求并在交单人确认同意单独处理后,相应地必须予以承付。换言之,银行不能因为一个面函而自行处理,而应与受益人充分沟通。

显然,本案例中的开证行也可以参照处理,而不是自行其是。

(5)结论:审单顺序选择权,掌握在交单人手里,而不是开证行。

02—0075

同一信用证下的交单支款互相独立

在本条"信用证"定义的解读中提到,一个信用证因开证行的承诺而产生之后,便进入了执行层面。在受益人眼里,使用信用证时,便需交单并凭以支款。在开证行、保兑行、指定银行眼里,兑现信用证时,便需接受交单并予以付款。大多数情况下,信用证会要求而受益人也乐意一次交单一次支款。然而,个别时候,受益人的交单支款是分多次完成的,那么,怎样算多次交单支款?多次交单支款之间又是怎样的关系呢?

第一,多次交单支款之间是怎样的关系?

答案是相互独立。

一个经典的案例中,有人问,以往接受过的不符点,在后续的交单中可以拒付吗?这一类问题,法律上称"禁止反供"。ICC 在 R270 中说:"这是一个涉及开创先例的问题,UCP500 对此没有表态。通常银行的态度是不应开创这一先例,因为就单据而论也许十分一样,但每个交易(即每个信用证或信用证下支款/交单)与前次是相互独立的,可以说又是一个新的开始。"

ICC 更是在 ISP98 3.07 中明确:对同一不符点,前次不论是否通知,均不构成对该不符点的放弃。

尽管如此,多次交单支款相互独立,并不意味着前后次交单支款之间没有任何瓜葛。其实,二者之间还是有间接的关系。比如:信用证规定金额 USD 21 000.00,受益人分两次交单支款,第一次金额 USD 20 000.00,第二次呢?如果交单支款金额为 USD 1 000.00,这是可以接受的。如果交单支款金额为 USD 10 000.00,则不可接受,因为它已经超过了信用证的余额。换句话说,第一次交单支款还是会对第二次交单支款造成影响,很明显这个影响是通过信用证来传递的,即每一次交单支款均会改变信用证安排的约束条件,而下一次交单支款是在改变了的约束条件下兑用。

所以,更准确地说,多次交单支款相互独立的同时,均受同一信用证安排的约束。

第二,怎样算多次交单支款?

受益人的交单,往往伴随着支款请求。实务中的多次交单支款,有多种表现形式:

Article 2 定义

——或者为多次交单一次支款。这种情况比较少见。这种情况下,多次交单之间相互独立。比如第一次正点交单,第二次交单有不符点。开证行只能就第二次交单拒付,第二次所交单据更正或替换后重新正点交单即可。但是,这种情况下只要有一次交单不符,便无法凭以支款。

——或者为一次交单多次支款。这种情况在资本货物交易中比较常见。

比如:信用证规定,发货前受益人可以预支10%货款;发货时,受益人必须提交一套单据并支取90%货款。这种情况下,多次支款相互独立。第二次支款时提交的单据不符造成拒付,并不影响第一次已经形成事实的支款。

还比如:信用证规定,发货时,受益人必须提交一套单据并即期支取90%货款,远期支取10%货款。这种情况下,两次支款也相互独立,只要相符交单即可支款。

——或者为多次交单多次支款,交单支款一一对应。这种情况在一般货物交易中比较常见。比如:信用证金额USD 21 000.00,允许分批装运。受益人第一次交单金额USD 20 000.00,支款金额USD 20 000.00;第二次交单金额USD 1 000.00,支款金额USD 1 000.00。这种情况下,前后次交单支款相互独立。

——或者为多次交单多次支款,交单支款有确定的对应关系,但并没有一一对应。这种情况极为少见,但无论如何可以分解为以上三种情况,以判断多次交单之间、多次支款之间的相互独立关系。

值得一提的是,多次交单支款,与汇票无关,尽管汇票是信用证安排下的支款凭证。在第6条的解读中会提到,信用证下作为兑用工具的汇票如果未在46A单据条款中要求,便不是信用证规定的单据,UCP意义上的所谓交单便不包括汇票。换句话说,一套单据仅包括商业单据或装运单据,提交给指定银行或开证行,便已经构成了一次交单支款。引申开来,如果同一信用证安排下同一张汇票,却附随多套商业单据或装运单据,本身已经构成了多次交单支款,每一套商业单据之间相互独立。

第三,还值得一提的是,多次交单支款,也与交单面函无关。

有人问:有时候受益人为节约费用,会把同一信用证下多套单据合并在一起,在同一个面函下提交,这是算一次交单支款,还是算多次交单支款?

在正常情况下,不管是多次交单还是一次交单,均视作一次交单也无妨,实务中也常常这么处理。因为一般来讲,特别是正点交单时,实务中的这种处理方法,不会造成对信用证当事人的伤害。

但是,当实际为多次交单,其中的一套单据有不符点被拒付,而其他套单据无不符点时,则需要将多套单据分开处理,视作多次交单,区别对待。因为根据ICC在R473中的意见,同一信用证下的多个交单支款相互独立,其中的一套单据被拒付,并不意味着其他套单据也被拒付。

ICC在2005年的春季年会上说:

"Where more than one complete presentation of documents are made under one cover letter or schedule for the full amount of the drawings, the presenter should be advised of the discrepancies in respect of the presentation(s) that do not comply and be requested to provide agreement for the settlement of individual amounts for those presentation(s) that comply."

此时,银行必须将一个面函下的交单视为多套单据,并区别对待。其中的不符点单据,银行应拒付并通知不符点;而相符交单,银行将要求并在交单人确认同意单独处理后,相应地必须予以承付。

ICC继续说:"Where multiple presentations are made on the same day, under the same LC, a presenter would be well advised to create individual schedules in order to avoid any delays in situations where some presentations comply and others do not. The independent nature of each complete presentation of documents has been covered by the ICC in Opinion R473 which included the following statement in the conclusion thereto 'Each drawing under a credit is considered to be independent of any other'."

而对于交单人来说,当一个面函下的多套交单,有些为不符点单据,有些构成相符交单时,则将被通知单独制作面函,以避免银行在处理单据时延误。

于是,问题的关键便成为能否把所交的单据分拆成两套以上单据单独提交,而与一个面函或多个面函无关。

02－008

Article 2　承付

在本条"信用证"定义的解读中提到,开证行在信用证下承诺对相符交单予以"终局"性付款。"承付(honour)",便是UCP600为了全面概括开证行的"终局"性付款责任而引入的一个新概念。

"承付",顾名思义,似乎应该是"承诺下付款"。为什么这么翻译?这似乎源于信用证的定义,即信用证安排构成了开证行凭单付款的承诺。而在UCP500时期,ICC的有关出版物,也用honor,却参照票据法上付款人的责任译为"兑付",含义没有本质的区别,只是在信用证业务中,"承付"更贴切。开证行的承诺是确定的,所以"承付"似乎概括了信用证下开证行的"终局"性付款责任,即一旦开证行对受益人承付,信用证安排这一个"局"对于受益人来说在UCP框架内便告终结。即便事后发现受益人的交单本身或交单行为存在瑕疵,开证行也无法追索,而申请人如需追索只能诉诸法律。

正如阎之大先生所言,"承付"这一概念的引入,必将对银行信用证实务产生深远的影响,"一是相关人员将逐渐建立新的思维方式,用'honour'这一新观念思考相关银行在相关信用证项下的责任与行为;二是实务中将逐渐采用'honour'这一简练的词语取代以往对相关当事人责任行为的描述。对别的定义应该也适用"。

那么,UCP600意义上的承付这一新概念,是如何概括开证行在信用证下的"终局"性付款责任呢?

Article 2:

Honour means:承付 指:

a. to pay at sight if the credit is available by sight payment. 如果信用证为即期付款信用证,则即期付款。

b. to incur a deferred payment undertaking and pay at maturity if the credit is available by deferred payment. 如果信用证为延期付款信用证，则承诺延期付款并在承诺到期日付款。

c. to accept a bill of exchange("draft")drawn by the beneficiary and pay at maturity if the credit is available by acceptance. 如果信用证为承兑信用证，则承兑受益人开出的汇票并在汇票到期日付款。

从这里的定义似乎可以看出：

第一，三种承付方式，适用于相符交单，适用于到期付款。

与UCP500一样，UCP600的承付方式也包括三种：

——a种的即期付款方式；

——b种的延期付款方式；

——c种的远期付款方式。

以上三种承付方式中的a种的即期付款方式和c种的远期付款方式的含义，没有实质的变化，只有b种的延期付款方式的含义有很大的变化。

无论如何，承付只适用于相符交单。因为银行在信用证安排下的承诺，针对的只是相符交单。不符点交单，不在此列。本条"议付"定义的解读中将提到，不符点被接受后，仍算相符交单。

无论如何，承付只适用于到期付款。在到期日之前付款，即提前付款，或预先付款，简称"预付"。一般来说，"预付"主要发生于两种情况：一为申请人愿意，二为银行融资介入。前者UCP600没有禁止，后者所涉及的信用证融资为UCP600所鼓励。值得注意的是，仅仅是到期付款之前的承诺，也并不构成承付。

第二，新的延期付款方式，已经非常接近承兑付款方式。

在UCP500时期，延期付款方式下银行的责任仅仅是"到期付款"，即对于到期日之前可能发生的欺诈，银行可以不到期付款。在UCP600时期，延期付款方式下银行的责任是"承诺并到期付款"，即银行不但要到期付款，还要为由于银行的到期付款"承诺"而介入融资的善意第三人承担责任，即使到期日之前可能发生欺诈。UCP600的这一精神，与本惯例第12条b款"开证行指定一银行承兑汇票或做出延期付款承诺，即为授权该指定银行预付或购买经其已承兑的汇票或已做出的延期付款的承诺"的规定相呼应。

显然，在UCP600时期，除了要求汇票外，承兑付款方式与延期付款方式已经没有什么本质的区别，当然，这仅限于UCP意义上。在法律意义上，承兑付款方式要求带有远期汇票，从而适用票据法，这是绝大多数延期付款方式下所没有的。换句话说，在承兑付款方式下，受益人的利益受UCP的保护的同时，也受票据法的保护。

第三，承付方式并不局限于开证行，还适用于保兑行或其他指定银行。

在本条"信用证"的定义中明确了开证行对相符交单负有承付责任。所以，准确地说，只有开证行的付款责任，才可称为"承付"。

然而，值得注意的是，承付行为并不局限于开证行，还可以是保兑行和其他指定银行。换句话说,信用证安排下的保兑行、其他指定银行一旦作了承付,这个付款也带"终局"性。此时,保兑行和其他指定银行的付款,准确地说,应该称为代理"承付",即代理开证行"承付"相符交单。

有人问:非指定银行可以承付吗?本条的定义中并没有禁止,似乎这是 UCP 之外的事。准确地说,虽然没有禁止,但从本条承付的定义及 UCP 的精神来看,非指定银行应不能作 UCP 意义上的承付,如果有类似承付的行为也只能认为是非指定银行在 UCP 以外对受益人的一种融资。

第四,承付方式与信用证的可兑用方式如何匹配?

本惯例第 6 条 b 款的解读中提到,信用证的可兑用方式包括两大类,即可承付方式和可议付方式。本条承付的定义中已经明确了,承付方式与信用证的可承付方式之间存在一一对应的匹配关系。

有人问:如果信用证的可兑用方式为可议付时,开证行的责任还是议付吗?

回答是否定的。根据本惯例第 7 条 a 款的规定,开证行的责任仍是承付。其实,根据本惯例第 8 条 a 款的规定,如果信用证未规定可在保兑行议付,则保兑行的责任也是承付。只有信用证规定可在指定银行议付时,指定银行的预付或同意预付,才是 UCP 意义上的议付。

阎之大先生说:"深一层讲,可以认为国际商会在试图向这样一个方向努力:无论哪一种信用证,开证行在信用证下的责任是同一性质的。从信用证使用角度,特别是从受益人的角度来看,如此定义无疑是有利的。"

02—0081

议付

在本惯例第 2 条"拒付率与信用证的前景"一节的解读中曾经提到,信用证不仅是一种结算工具,其实也是一种融资工具,而且在目前中国银行业的国际贸易融资中,信用证融资一直保持着绝对优势的份额。显然,这与 UCP 赋予信用证机制的种种特性息息相关,其中包括 UCP 下开证行授权指定银行对相符交单提供一种类似于票据贴现的付款方式——"议付"。

那么,什么是"议付(negotiation)"呢?

Negotiate,既有商议之义,又有让渡之义。

《美国传统辞典(双解)》说:"negotiate, to confer with another or others in order to come to terms or reach an agreement. 磋商,商议,为达成协议跟另一个人或其他人协商。"

《美国传统辞典(双解)》又说:"negotiate, to transfer title to or ownership of (a promissory note, for example) to another party by delivery or by delivery and endorsement in return for value received. 让渡,为取得价值,通过交货或交货并担保把权利或所有权(比如一张期票)转交给另一方。"

所以,"negotiation"可直译为"商议下付款",简称"议付",从而与信用证的另一种兑用付款方式——"承诺下付款"之"承付"相区别。

Article 2：

Negotiation means the purchase by the nominated bank of drafts(drawn on a bank other than the nominated bank)and/or documents under a complying presentation, by advancing or agreeing to advance funds to the beneficiary on or before the banking day on which reimbursement is due to(to be paid)the nominated bank. 议付，指指定银行在相符交单下，在其应获偿付的银行工作日当天或之前向受益人预付或者同意预付款项，从而购买汇票(其付款人为指定银行以外的其他银行)及/或单据的行为。

这个定义，必须关注以下几点：

第一，议付定义核心内容的变化：由给出"单据"的"对价"到"买单"。

UCP500 第 10 条 b(ii)款规定："议付意指被授权议付的银行对汇票及/或单据付出对价(value)。仅审核单据而未付对价者，不构成议付。"在这个定义中，给出"单据"的"对价"是议付的核心内容。

然而，"对价"是一个法律术语，什么是"对价"，不同的法律体系，不同国家的法律规定，可能完全不同。在实务中，不同的法院往往无意识地倾向于使用本国法律对这一术语各自进行解读，其意见常常与 ICC 的本意相左。

为了避免长期应用上的混乱，UCP600 在综合各种意见的基础上，摒弃了这一术语，给出了以上最新的定义。

新的定义中引入了一个通俗用语——"买单(purchase of bills)"，即买入汇票及/或单据(purchase of drafts and/or documents)。《美国传统辞典(双解)》指出："purchase, to obtain in exchange for money or its equivalent; buy. 购买，通过交换货币或其等价物而得到；买。"

结合信用证实务中，新定义下的"买单"已经囊括了旧定义的两个内容：一是给出"对价"，二是得到"单据"。

第二，议付时必须"给出对价"，与面函批注无关。

有人问：指定银行议付后，是否必须在出单面函上明确表明已做出议付？开证行如何判断被指定银行是否已议付？

其实是否议付，并不依赖于面函上的批注。在 RABO BANK v. BANK OF CHINA (2004)一案中，RABO BANK 将融资款项记账为背对背信用证子证下的进口押汇，而不是原证下的出口押汇，而被法院认定为不是议付。法官 Judge Stone 说："我认为，原告人并没有真正对受益人所提交的单据付出对价议付。即原告人对受益人保留追索权而没有将贴现后的款项转入受益人的账户和承受被告人拒付的风险。换句话说，原告人以被告人的信用为保证，贷款给受益人，但却没有踏入受益人的鞋子。因此，我不认为这是 UCP500 第 10(b)(ii)条所指的付出对价。"

显然，指定银行表明议付仅仅在寄单面函上批注是不够的。而如果没有批注，事后能够举证其确实满足议付的条件，包括本案例中所提及的账务处理事实，则并不因此否定该议付的性质。

第三，议付的本质特征是融资，在于"商议下付款"，在于"买单"下"对价"的给出方式，而与单纯的"买单"本身无关。

前面的解读中提到，"买单"必须给出"对价"，并因此得到"单据"。然而，不管是给出"对价"，还是"买单"本身，其实并不是议付的本质特征。

实务中，如果单纯以是否"买单"为标准来判断，恐怕无法明确区分"议付"和"承付"这两类兑用付款方式。有心的人就会问，难道银行对相符交单予以承付，就不是"买单"吗？承付时，必须给出"对价"，也因此得到"单据"，这不就是所谓"买单"的两个内容吗？所以，应该说"承付"和"议付"，其实都是信用证下的"买单"行为。

议付与承付，到底有什么区别？

结合两者的定义，不同之处应该体现在：

——承付，为"承诺下付款"，有单方面的确定承诺在先，付款在后。正是由于有了单方面的确定承诺，其付款为到期付款，开证行和保兑行必须付款，未加保兑的其他指定银行可以不付款，一旦付款均带"终局"性。

——议付，为"商议下付款"，未加保兑的议付行往往事先并无确定承诺，其付款不是到期付款，只是预先付款或同意预先付款。正是由于事先无单方面的承诺，其付款完全根据议付行和受益人双方商议的结果来操作，内容可能包括预付和同意预付的金额比例、利率、期限、追索权等等；当然，保兑行的议付没有追索权，其他内容如预付和同意预付的金额比例、利率、期限，似乎应根据信用证的付款期限，以及保兑行和受益人双方商议的结果来操作。

总之，议付与承付之不同，准确地说，在于"买单"的付款方式上，而不在于"买单"本身。正如 UCP600 修订小组所说的，归根结底，"议付的本质是一种融资"，信用证议付指定下的一种融资。

第四，议付下的买单付款的两种方式：预先付款和同意预先付款。

有人问：既然议付下的"买单"是一种融资，议付下"对价"的给出方式，是否包括仅仅给出付款承诺呢？ICC 曾经在 UCP500 的第 2 号意见书中指出，"付出对价"可解释为银行"立即付款"（如现金、支票、通过清算系统汇款或贷记账户）或"承担付款的责任"。显然，给出付款承诺也是给出"对价"的一种。之所以如此规定，与实务有着密切的关系，比如：以议付行的预先付款承诺作为质押，用于转开国内银行承兑汇票。

所以，新定义中规定了两种"对价"给出方式：一是预付（advance funds），二是同意预付（agreeing to advance funds）。

——何为预付？预付相对于到期日而言。对于议付行来说，该到期日即为指定银行应获偿付的银行工作日。在这当天或之前的付款才算预付，在这之后指定银行付给受益人的就应是其从开证行或保兑行收到的偿付款项，因此就不能算为融资，也就不是议付了。

——何为同意预付？如果说预付时付出的是实实在在的资金，同意预付则只是作出一个预付的承诺，当然，承诺的内容还是未来的预付，即到期日当天或之前的付款。

业界常常有人关心，预付和同意预付这两种议付付款方式有什么关系呢？通常认为，议付银行同意预付之后，最终会实际付出资金，此时即转化为实际预付。其实，议付银行同意预付款项之后，即使在到期日之前并没实际预付，而在到期日当天收到偿付款项的同时将其转入受益人账户，根据本条的定义，也不妨碍其构成实际预付。

还有人认为：似乎预付须为可即期议付信用证下行为，而同意预付为可远期议付信用证下行为。其实，实际议付的付款方式与信用证的即远期无关，即：可议付信用证下付款期限为即期，则为可即期议付信用证；而付款期限为远期，则为可远期议付信用证。然而，实务中，只有可即期议付信用证和可远期议付信用证的概念，却无即期议付和远期议付之说。换言之，实际议付时，似乎只有预付和同意预付两种"对价"给出方式。

第五，议付仅适用于可议付信用证规定可在其处议付的指定银行。

根据本惯例第 7 条 a 款，开证行不存在议付。

根据本惯例第 8 条 a 款，信用证未规定可在其处议付的保兑行，也不存在议付。

指定银行议付，是开证行在信用证安排下的一种授权。只有得到议付指定的银行——指定银行，才可以办理议付。在 SWIFT 开证下，该授权主要体现在 MT700 field 41D "available with … by negotiation"之中。

如果一家银行未获开证行的议付指定，其付款只是信用证下的局外"议付"。所谓局外"议付"，纯属信用证以外的安排，那是银行与受益人之间的事，与信用证安排无关。

有人问：本惯例第 12 条 b 款"开证行指定一银行承兑汇票或做出延期付款承诺，即为授权该指定银行预付或购买经其已承兑的汇票或已做出的延期付款的承诺"下的买单，是否也是议付？

尽管 UCP600 没有明说，但显然不是。因为除了本条的定义，议付字眼只与本惯例第 6 条的可议付信用证有关。而在本惯例第 12 条 b 款中所说，可承兑付款和可延期付款信用证下的指定，即允许预付买单，更只字未提"议付"二字。倒是从这一系列表达中可以看出，信用证下的单据及/或汇票，对应有多种"买入（purchase）"行为，而议付仅仅是其中的一种。这同时也印证了前面的解读中得出的一个结论——"议付与承付之不同，准确地说，在于'买单'的付款方式上，而不在于'买单'本身"。

第六，指定银行议付时，必须是受益人的相符交单，且如果有汇票必须以指定银行以外的银行为付款人。

与其他的指定一样，开证行对指定银行"议付"的授权，仅仅局限于相符交单，这与开证行在信用证安排下确定性的承付承诺的前提保持一致。因为不符交单，开证行便没有承付的义务。

而汇票的付款人，与信用证安排下议付的非"终局性"有关，在汇票的付款人作成指定银行的情况下，如果信用证允许议付，这时会出现一个两难局面：作为汇票付款人的指定银行，在票据法意义上一旦付款，尽管是"预付"或同意"预付"性质，票据权利和责任将一概终结，事后如果出现开证行无法偿付，指定银行将根据与受益人之间的约定向受益人追索；而受益人却可以援引票据法上付款人付款，具"终结"性的特点予以抗辩，指定银行将因此陷于被动。就这种情况，ICC 在 R400 分析中说："The credit was stated to be available with Bank N by 'negotiation' of drafts that were to be drawn on it at sight. In effect, the credit should have been designated as being available by payment due to the drafts being drawn on Bank N."换言之，如果信用证一定要如此规定，这种信用证的可兑用付款方式不是可议付，而是即期付款。

有人问：议付行发现不符点，征得开证行同意后向受益人付款，是否构成议付？

只要开证行同意，这意味着就这一笔交易而言，不符点已经不存在。尽管电提不符点一事，是 UCP 之外的事。ICC 曾经说过：这相当于开证行已经就这一笔交易修改了信用证，从而构成新的相符交单。因此，受益人当然可以议付。实际上，议付行电提不符点，而开证行同意时会在 MT752 中说得很明确，即授权付款、承兑、承诺付款、议付（authorization to pay, accept or negotiate）。

第七，UCP 意义上的议付，不可等同于日常实务中的押汇。议付仅仅是押汇的一种。

实务中，不管是银行还是企业，常常将议付等同于押汇，认为二者都是银行预付资金购买单据。实际上二者有着本质的区别。议付在 UCP 下有着严格的规定，只要遵守这些规定，议付双方的权利就受 UCP 的保护。押汇则不同，它不局限于信用证安排，还包括 T/T 押汇、托收押汇。即使是信用证下的押汇，也不是 UCP 下的一个概念，不受 UCP 约束，可以是非指定银行，或不符交单、或非议付方式下，还可能包括进口押汇。押汇比议付的范围要广得多，如果押汇不是真正意义上的议付，那么，提供押汇的该银行便不是议付行。比如：如果该银行对不符点单据进行了押汇，他便不是信用证意义上的善意持票人，从而也就不能享有"善意第三人"的权利。若因单据伪造、欺诈导致法院下止付令，该押汇行因不是"善意第三人"将不会得到 UCP 的保护。

那么押汇的性质是什么呢？

ICC China 在 ICCCR043 中说："一般性地讨论出口押汇的性质是没有意义的，因为不同的银行有不同的做法，而没有一套被援引的统一规则，从而也不可能根据该规则来认定其性质。一般而言，从事出口押汇业务的银行都与其客户签有出口押汇协议，则其与客户的关系应依该协议及适用的法律确定。"

02—00811 议付下指定银行与受益人的"商议"内容

前面的解读中提到，信用证议付为"商议下付款"，因为指定银行并没有在事前向受益人承诺什么，所以其向受益人的付款需要与受益人一对一"商议"。

那么，指定银行和受益人一对一的"商议"时，都可以约定哪些"预付"或"同意预付"的细节呢？

ICC 在 TA613 的分析和结论说："In a credit where the nominated bank has not added its confirmation, any negotiation will normally be subject to some form of recourse to the beneficiary [except where sub-article 10 (c) applies]. The terms of that negotiation, including the event(s) that may lead to a recourse being exercised, are outside of the UCP and are a matter for agreement between the beneficiary and the nominated bank. This agreement, preferably in writing, would include the form of negotiation and the value thereof. There is no reason why the beneficiary and nominated bank cannot agree to effect negotiation for a value that is less than 100 per cent of the drawing amount. In agreeing to negotiate, the nominated bank has presumably satisfied itself as to the compliance of the documents with the terms of the letter of credit. Using your example, the nominated bank would have right of recourse to the beneficiary for HKD 60 in line with the agreement between that nominated bank and the beneficiary, made at the time of presentation."

显然,指定银行与受益人"商付"时达成的议付协议,起码可以包括金额、期限、利率、追索权等内容。就议付的追索权而言,可以有追索权,也可以是无追索权。

有人问:就议付金额而言,可以部分议付吗? ICC 的以上观点,给出了一个似是而非的观点。案例中提到的指定银行可以与受益人约定议付的金额比例,似乎指的是立即支付的现金,而并没有考虑单纯的付款承诺。本条"议付"的定义表明,议付的核心内容是"买单",即给出"对价",得到"单据"。既然指定银行要得到"单据",取得"单据"所有权,如果仅仅给出部分对价,而并没有全额给付"对价",似乎那是不可想象的事。进而,如果允许部分议付,本惯例第 7 条 c 款和第 8 条 c 款将变得几乎不可操作。所以,议付似乎只能是全额的,包括本案例中所提到的情况,其中一部分即为预付——立即支付的现金,另一部分为同意预付——仅仅给出预先付款的承诺。所以,准确地说,指定银行可以与受益人"商议"的有关金额内容,只是给出"对价"的方式,以及预付和同意预付的金额比例等等,而不存在部分议付之说。当然,本惯例第 18 条 b 款的情况是一个例外。

还有人问:为什么该指定银行是保兑行时 ICC 以上的观点不适用呢?这是因为保兑构成了信用证安排下的确定承诺。这相当于该保兑行由于对受益人的事先保兑表态,必须按照信用证约定承付或议付受益人的相符交单,包括依照信用证规定的金额、UCP600 第 18 条 b 款赋予的金额通融,以及 UCP600 规定的无追索权等内容。当然,这并不否定在受益人愿意的前提下,保兑行与受益人之间另行就议付金额、追索权、时间安排等内容签订议付协议。该协议仅约束保兑行与受益人,与开证行和申请人无关。而且,该协议的效力,优于信用证安排中有关保兑行与受益人之间的约定内容,只要不给善意第三人的利益造成负面影响。

值得注意的是,与可议付信用证下,指定银行与受益人之间必须在信用证安排之外,另行约定议付事宜的道理一样,在可承付信用证下似乎也可以有类似的约定,内容包括代理承付金额、追索权、时间安排等。而实务中,此类协议还可存在于开证行和受益人之间,只要不给善意第三人的利益造成负面影响。只是这并不否定,在 UCP 意义上,可承付信用证下的有效银行的承付只能全额承付,带"终局"性,且无追索权。

02—0082

追索权

什么是追索权? 追索权是一个法律用语,源于票据理论。《美国传统辞典(双解)》说:"recourse, the right to demand payment from the endorser of a commercial paper when the first party liable fails to pay. 追索权,当有支付义务的第一方不能支付时,可以向商业票据的背书人要求支付的权利。"

引入信用证机制:追索权对单据持有人而言;有支付义务的第一方,指开证行;背书人指付出对价持有单据的前手,可能是保兑行或一般指定银行,或非指定银行;更准确地说,如同商业票据下的出票人,被追索的对象还包括提交单据的受益人。概而言之,信用证下的追索权,指当有支付义务的第一方——开证行——不能支付时,单据持有人可以向付出对价介入单据交易的前手——保兑行或一般指定银行或非指定银行或受益人——要求支付的权利。

显然,对开证行或保兑行来说,其承付或议付受益人相符交单,无追索权。因为开证行和保兑行独立地为信用证下对受益人有支付义务的第一方。这由开证行在开立信用证之时作出的不可撤销的确定承付承诺,以及保兑行加保时所作出的另一重确定承诺所决定。就保兑行议付而言,本惯例第 8 条 a(ii)款的规定——"保兑行必须'无追索权'地议付,如果信用证规定由保兑行议付",直接印证了这一点。然而,值得一提的是,如果是未见单偿付,根据本惯例第 16 条 g 款的规定——"当开证行拒绝承付或保兑行拒绝承付或议付,并且按照本条发出了通知后,有权要求返还已偿付的款项及利息",开证行或保兑行对指定银行有追索权。

那么,UCP 意义上,信用证下的指定银行承付和议付是否有追索权呢?

ICC 的 R7 中谈到可承付信用证与可议付信用证的区别时说:可承付信用证项下,指定银行对受益人无追索权,如果付款时其没有明确保留追索权。而可议付信用证下,除非其已对信用证加具保兑,指定银行总是有追索权。

可承付信用证下默认指定银行对受益人无追索权。这由代理承付的"终局"性决定的。

以上观点同时暗含着,一般指定银行总是可以在信用证以外,与受益人约定追索权,而这个约定形成的协议的效力,总是优于 UCP 或信用证,特别是在可议付信用证下。

准确地说,可议付信用证下一般指定银行的议付,其追索权由指定银行与受益人约定,它是双方"商议"下付款的内容之一,这是由议付本质所决定的。ICC R259 指出:"The inclusion of conditions under which a bank will offer negotiation, with or without recourse, is not for the ICC to arbitrate. Local law and relationships between advising banks and exporters will dictate those terms."这是议付行与受益人之间的事。换句话说,议付行可以与受益人约定为有追索权,这是常见的情况。议付行也可以与受益人约定为无追索权,国内出口战事地区的货物,受益人有时会选择办理福费廷业务,就是这种情况。

02 - 009

Article 2　银行工作日

在本条"信用证"定义的解读中提到,信用证安排下的约定和执行,主要依赖于银行的专业服务,所以,毋宁说"信用证是一项银行产品"。

然而,银行对外提供信用证服务,不仅受到地点的限制,也受到时间的限制。银行提供信用证服务的地点,往往就是银行的办公地点。银行提供信用证服务的时间,往往就是银行的办公时间。

实务中,确定银行的办公时间,一方面要确定银行在哪一天办公,其次要确定银行在那一天的哪一个时间段办公。这涉及本条所定义的"银行工作日(banking day)"和本惯例第 33 条规定中提到的"营业时间(banking hours)"。实务中,还会存在 business day 和 working day,其含义大体应与 banking day 相当,但是由于没有定义,建议慎重使用,以避免不必要的误解。

UCP600 先后有三处提到了"银行工作日":

——第 14 条 b 款规定的有效银行审单期限为,"A maximum of five banking days following the day of presentation. 从交单次日起的至多五个银行工作日"。

——第 16 条 d 款规定的有效银行拒付通知发出的最后期限为,"No later than the close of the fifth banking day following the day of presentation. 不迟于自交单之翌日起第五个银行工作日"。

——第 29 条 a 款和 b 款规定的非不可抗力原因下有效银行歇业,信用证的截止日或最迟交单日顺延至"the first following banking day. 其重新开业的第一个银行工作日"。

那么,什么是"银行工作日"呢?

Article 2:

Banking day means a day on which a bank is regularly open at the place at which an act subject to these rules is to be performed. 银行工作日,指银行在其履行受本惯例约束的行为的地点通常开业的一天。

从这个定义可以看出:

(1)银行工作日必须是银行通常对外开业的一天。银行不能随便不开业,银行更不能莫名其妙停业。银行工作日与正常和不正常的歇业日相对而言,显然,它不包括节假日。周末加班处理内部事务,但不对外受理信用证业务,不算银行工作日。

(2)银行工作日必须与银行履行受本惯例约束的行为的地点相联系。银行有不同的分行,不同的分行其工作日可能不同,但是对于特定的行为,必定对应于特定地点的分行。比如:同为一家国内银行,不同的民族地区,节假日可能不同,相应地银行工作日也不同。

(3)银行工作日适用于履行受本惯例约束的行为,其他行为均不算数。比如:国内银行节假日,信用证部门一般不对外营业,而储蓄部门有时则照常营业,信用证部门对外营业的工作日才是这里的银行工作日。

有人问:仅工作半天的星期六是否视为一个银行工作日呢?

ICC 在 R325 中认为,银行工作日是指开证行对外处理信用证业务的一天,其中包括一整天或半天。如果开证行或指定银行在星期六对外营业处理信用证业务,那么这半天也将被视作是"7 个银行工作日"中的一天,或被视作是决定这一时间段的起算日。

Article 3

解释

For the purpose of these rules：就本惯例而言：

Where applicable, words in the singular include the plural and in the plural include the singular. 如情形适用，单数词形包含复数含义，复数词形包含单数含义。

A credit is irrevocable even if there is no indication to that effect. 信用证是不可撤销的，即使未如此表明。

A document may be signed by handwriting, facsimile signature, perforated signature, stamp, symbol or any other mechanical or electronic method of authentication. 单据签署可用手签、摹样签字、穿孔签字、印戳、符号或任何其他机械或电子的证实方法为之。

A requirement for a document to be legalized, visaed, certified or similar will be satisfied by any signature, mark, stamp or label on the document which appears to satisfy that requirement. 诸如单据须履行法定手续、签证、证明等类似要求，可由单据上任何看似满足该要求的签字、标记、印戳或标签来满足。

Branches of a bank in different countries are considered to be separate banks. 一家银行在不同国家的分支机构被视为不同的银行。

Terms such as "first class", "well known", "qualified", "independent", "official", "competent" or "local" used to describe the issuer of a document allow any issuer except the beneficiary to issue that document. 用诸如"第一流"、"著名的"、"合格的"、"独立的"、"正式的"、"有资格的"、"本地的"等词语描述单据出单人时，允许除受益人之外的任何人出具该单据。

Unless required to be used in a document, words such as "prompt", "immediately" or "as soon as possible" will be disregarded. 除非要求在单据中使用，否则诸如"迅速地"、"立刻地"、"尽快地"等词语将被不予理会。

The expression "on or about" or similar will be interpreted as a stipulation that an event is to occur during a period of five calendar days before until five calendar days after the specified date, both start and end dates included. "在或大概在(on or about)"或类似用语将被视为规定事件发生在指定日期的前后五个日历日之间，起讫日期计算在内。

The words "to", "until", "till", "from" and "between" when used to determine a period of shipment include the date or dates mentioned, and the words "before" and "after" exclude the date mentioned. "至(to)"、"直至(until, till)"、"从……开始(from)"及"在……之间(between)"等词用于确定发运日期时包含提及的日期。使用"在……之前(before)"及"在……之后(after)"时则不包含提及的日期。

The words "from" and "after" when used to determine a maturity date exclude the date mentioned. "从……开始(from)"及"在……之后(after)"等词用于确定到期日时不包含提及的日期。

The terms "first half" and "second half" of a month shall be construed respectively as the 1st to the 15th and the 16th to the last day of the month, all dates inclusive. "前半月"及"后半月"分别指一个月的第一日到第十五日及第十六日到该月的最后一日,起讫日期计算在内。

The terms "beginning", "middle" and "end" of a month shall be construed respectively as the 1st to the 10th, the 11th to the 20th and the 21st to the last day of the month, all dates inclusive. 一个月的"开始(beginning)"、"中间(middle)"和"末尾(end)"分别指第一到第十日、第十一日到第二十日及第二十一日到该月的最后一日,起讫日期计算在内。

【本条导读】

本条在整合 UCP500 有关条款的基础上前进了一步,集中解释跟单信用证安排中一些常见用语的含义。

03-010

Article 3(1) 单复数可以混用吗

实务中,不管是信用证条文,还是单据显示,均大量存在单复数混用的情况。其中主要包括这几个原因:或者是不影响文义的打印或拼写错误;或者是信用证要求时本身范围比较宽泛用复数,而单据显示时由于对应于具体的内容和特定的条件范围缩小,只能用单数,而此时单复数混用业内人员也能理解其中用意;或者是本该单数用为复数,或本该复数却用为单数,因此导致文义迥然不同。于是,UCP600作了以下规定。

Article 3(1):

Where applicable, words in the singular include the plural and in the plural include the singular. 如情形适用,单数词形包含复数含义,复数词形包含单数含义。

由于前两个原因造成的单复数混用的情况占绝大多数,所以,本款顺应实务作出了原则的规定——适用时,单数词形包含复数含义,复数词形包含单数含义。换言之,只要不影响文义,可以接受。比如:信用证规定"Tile 1 000 crates",提交的发票显示"Tiles 1 000 crates",可以接受。因为在这里 tile 与 tiles 均是瓷砖之意,业内人士也能一目了然,并没有本质的区别。

然而,本款规定同时暗含了另一层意思,即不适用时便属例外。何为不适用?单复数将影响其文义时,属于例外,不可接受,此时单数词形仅指单数含义,复数词形仅指复数含义。

比如,Case 42 中,信用证规定货物描述为"Emulsifying agents 'fuel oil composition and use'". 货物为一种乳化添加剂燃料油,agents 即为添加剂的意思。提交的提单和装箱单中的货物描述却是"Emulsifying agent 'fuel oil composition and use'". 一种意见认为不应视为不符点,另一种认为缺少"s"应视为不符,考虑到液体含有一种还是多种添加剂这一重要问题时更是如此。因为未见到具体单据,当时 ICC 专家未能就是否相符形成意见。

还比如,本惯例第 14 条 d 款的解读——"严格相符 vs. 实质相符"一节中提到一个案例,信用证要求质量证明由"专家们(by experts)"出具,而提交的质量证明书由单个"专家(by expert)"时便构成不符,这是单复数混用的一个例外。因为任何一种货物由多个专家作质量检验,并联合出具质量证明并非不可能。

与这个案例的情况有点相似,但背景和结论又未必相同的一个案例:信用证要求质量证明由"制造商们(manufacturers)"出具,而提交的质量证明书由单个"制造商(manufacturer)"出具并签署,这是不符点吗? 结论是否定的。因为一种货物由几个制造商生产,由哪一些制造商生产,是由其实际的生产情况,以及实际的生产工序决定的。换句话说,须分别以下情况出具质量证,从而满足信用证要求:

——当一种货物实际只由一个制造商生产时,只能由该特定的制造商出具质量证。如果一定按照信用证规定的表面含义,要求两个以上制造商出具质量证,没有必要,也不可能。

——当一种货物由两个制造商分头生产,则必须各自出具质量证,这一点与信用证规定的由"制造商们（manufacturers）"出具相吻合，而不适用于本条所指的单复数混用。

——当一种货物的生产流程中经过两个工序的制造商，则似乎由最后一道工序的制造商出具即可，因为在质量管理上前一道工序的制造商对后一道工序的制造商负责，而最后一道工序的制造商则对最终的货物负总责。这是事实如此，也只能由最后制造商出具货物质量证，如果一定要中间工序的制造商出具质量证，则只能是半成品质量证，而不是货物——最终产品——质量证。此时，适用本条所指的单复数混用的情况，二者没有本质区别。

从上述的分析可以看出，要作出单复数混用是否可以接受的判断，最终取决于词形影响上下文的含义与否。

值得一提的是，本条所说的单复数允许混用，似乎并不局限于 UCP 条款中的单复数，而且包括信用证和单据上的单复数混用的情况。

03—011

Article 3(2)　信用证默认不可撤销

实务中，信用证根据开证行付款承诺的确定性，分为可撤销信用证（revocable credit）与不可撤销信用证（irrevocable credit）。

——可撤销信用证，指未经受益人的同意，开证行可以随时撤销或修改其付款承诺内容的信用证，该信用证下形成的是开证行付款的不确定承诺。这意味着申请人可以根据市场或货物情况任意要求开证行撤销或修改信用证。因此，对受益人收汇来说缺乏保障。

——不可撤销信用证，指开证行一经开出信用证，未经受益人同意，开证行不能单方面撤销或修改其付款承诺内容的信用证，该信用证下形成的是开证行付款的确定承诺。这意味着只要相符交单，开证行便必须予以付款。因此，对受益人收汇来说有比较可靠的保障。

以往的惯例中，均涵盖可撤销信用证和不可撤销信用证，均要求信用证本身表明是否可以撤销。UCP400 规定，未如此表明则默认为可撤销的。UCP500 规定，未如此表明则默认为不可撤销的。

由于可撤销信用证具有开证行可以单方面撤销信用证的特点，对受益人收汇缺乏足够的保障，对出口方十分不利，所以出口方通常不愿意接受此类信用证。如今，在国际贸易中已经几乎见不到可撤销信用证。针对这一情况，UCP600 便作出了以下最新的规定：

Article 3(2)：

A credit is irrevocable even if there is no indication to that effect. 信用证是不可撤销的，即使未如此表明。

本款的解释，强调了信用证的不可撤销性，从而与本惯例第 2 条"信用证"定义中的规定——"信用证，指一项不可撤销的安排"——相呼应。换言之，按照 UCP600 开立的信用证均默认为不可撤销信用证。

也正是 UCP600 时期信用证的不可撤销性，本惯例第 2 条"信用证"定义中的规定——"该项安排构成开证行对于相符交单予以承付的确定承诺",进一步确认了不可撤销信用证下开证行承诺的确定性。

03—0111

信用证的"软条款"vs.不可撤销性

什么是"软条款"?

尽管 UCP600 默认跟单信用证均为不可撤销,其一经开出,即构成了开证行承付相符交单的确定承诺。然而,如果申请人在信用证安排中设计了一些条款或条件,足以使该确定承诺变得不再"确定",使开证行的"硬"承诺变成"软"承诺,那么不可撤销信用证就将因此变得可"撤销"了。实务中,这样一些足以使"硬"承诺变软的条款或条件,便称为"软条款"。

常见的软条款[①],包括:

(1)信用证须经开证行另行通知后,方可生效。

(2)在信用证中规定必须取得进口国政府批准进口的证书,付款条件方生效。ICC 曾经说:"很多国家已开始使用一种条款说明信用证下的付款只有在货物清关或由主管当局批准进口后才支付。"这种条款对受益人来说风险很大,因货已发运到目的港,不获进口国海关批准清关,只有将货运回或转售他国,出口商损失太大。这种条款也从根本上背离了国际贸易结算所遵循的推定交货而变成了实际交货才能支付,信用证也就失去了实际的意义。

(3)规定须提交进口国检验机构之检验证书。

(4)信用证要求提交开证申请人授权者出具的检验证书。买方如不想履行合同,其只需不授权他人检验,或要检验者不出具检验证书或出具不合格的检验证书即可使受益人不能安全收汇,这种信用证完全取决于买方的履约意思,对卖方毫无保障。

(5)在信用证中载有信托收据条款,允许进口商先借单提货,待检验合格后,由进口商向银行提交该种检验证书付款。如果进口商提货后不检验,或不出具检验合格证,卖方就会钱货两空。

接受带有软条款的信用证,受益人风险自担。

所谓"魔鬼就藏在细节之中",正是上述种种"软条款"的存在,为不可撤销信用证暗中开了一个可撤销的方便之门,申请人可据以控制整笔基础交易,而受益人则承担了巨大的风险。"软条款"信用证下,受益人可能无法按期发货。即使受益人已备好货物,也可能无法正常使用信用证下开证行确定性的承付保障,或者不能自由选择适当的时机装运。一旦货物的国际市场价格下跌或者有其他对开证申请人不利因素的影响,开证申请人或者拒发装运通知,或者拒绝提供合格检验证书,使受益人不能及时提交正点的全套出口单据,以寄单索汇,从而使开证行自行免除跟单信用证项下的承付责任。

"不法商人常利用这种'软条款'进行诈骗,即买方通常要求卖方按合同金额的 5%~10%

---

① 引自喻术红:"论信用证中的'软条款'",《法学评论(双月刊)》,1997.1

付给中介人履约金及佣金,当买方骗到履约金、佣金或质保金后,虽开出信用证,但并不通知卖方装船,而是一走了之,逃之夭夭,卖方便无计可施。"

尽管如此,实务中有时信用证安排中出现"软条款",却是一些货物交易的行业习惯,不得已为之。比如:设备贸易中,尾款支付常常规定凭申请人代表签署的合格证书。此时,按交易习惯仍应满足。

总的来看,对于"软条款"的掌握应具体情况具体分析,不可一概而论,ICC提出了以下建议:

ISBP 681 Para 4:
A credit should not require presentation of documents that are to be issued or countersigned by the applicant. If a credit is issued including such terms, the beneficiary must either seek amendment or comply with them and bear the risk of failure to do so. 信用证不应规定提交由开证申请人出具或副签的单据。如果信用证含有此类条款,则受益人要么必须要求修改信用证,要么遵守该条款并承担无法满足这一要求的风险。

本段只是说明:

——信用证不应规定"软条款",典型的如提交由开证申请人出具或副签的单据等。这是原则。

——如果信用证规定了"软条款",受益人应该要求修改信用证,所谓未雨绸缪,防患于未然。这是一种明智的选择。

——如果信用证规定了"软条款",而受益人由于某种原因未要求修改信用证,则应该清楚了解一个特定的"软条款"可能产生的风险,并承受这一风险。这是一种不得已的选择。

有人问:信用证规定一种单据,即检验证由申请人出具并由其直接提交给开证行。在受益人提交了其他单据之后,开证行以申请人未提交检验证为由拒付。可以吗?

就此,ICC DOCDEX 的"The majority decision by the experts"说明如下:"Based on the facts as presented, the issuing bank is not liable to pay under its credit. UCP and international standard banking practice require the presentation of all documents as stipulated in the credit and that the terms and conditions of the credit are complied with before the issuing bank's obligation under the credit comes into effect."

显然,在 ICC 眼里,信用证上规定单据由申请人直接提交的此类条款,也是软条款的一种。

03-012

Article 3(3)　单据的签署

在法律上,单据是文书的一种。作为文书上的一种证实方式,签署具有很久远的历史。

那么,什么是证实(authentication)呢?"Authentication"是"authenticate"这一行为的名词形式。《美国传统辞典(双解)》说:"authenticate, to establish the authenticity of; prove genuine. 验证，使具有真实的效力；证明其真实性。"证明真实性，简称即为"证实"。

在文书和签署未出现之前的西方文明早期，由于语言文字的不普及和文字载体的缺陷，人们的交易重视宗教对人的警示以及见证人代表的社会监督。随着商品经济的发展和纸张的广泛使用，文书成为交易的载体，围绕文书形成了新的证实形式的要求，包括证人见证和主管机关进行登记。随后，在欧洲大陆，由于交易的发展和商人信用的形成，个人的签署对文书的证实具有脱离其他形式而赋予文书效力的作用，从而具有独立的法律意义。法国、德国先后在16世纪和17世纪正式承认了文书上的签署。在英伦，撒克逊时代强调见证，文书制作应经过当事人签署，并在文书末尾列明众多见证人；诺曼征服后盖印文书开始在国王和贵族中使用，印章图形一般为国王、贵族身着长袍盔甲的肖像；此后，一般的名流绅士也开始使用盾形或条纹图章；到爱德华三世时期，民间也广泛使用图章，印章图案五花八门，如姓氏字母、花卉鸟兽、穗结花边等，不一而足。随着社会进步，当事人的真实意愿超越文书形式取得决定文书效力的地位，英美法对盖印的意义的认识发生根本转变，认为印章的唯一意义在于确证制作文书的当事人，并以此证明它是一个完全的"日后证据"。[①]

从上述的历史可以观察到，文书的签署证实作用到底是什么呢？联合国欧洲经济委员会第四工作组（促进国际贸易程序工作组）提出的《签名以外方式的贸易文件认证》的报告中指出："贸易文件上的签署主要有三项功能：一是表明文件的来源，即签署人；二是表明签署人已经确认文件的内容；三是能构成证明签署人对文件内容的正确性与完整性负责的证据。"概而言之，"文书的签字是文书的证实符号，其基本作用在于建立文书与签署人之间的特定联系，以确认文书的真实性及其对签署人的约束"。

在跟单信用证实务中的单据签署所具有的作用，与一般的文书在法律上也绝无本质的不同。单据的签署，作为一种证实方式，本意在于确认单据的内容。

那么，单据的签署如何确认其内容的呢？

第一，以签署证实一份特定单据的内容，首先必须确保签署在该份单据上。

根据本惯例第14条g款"未要求单据"的解读中知道，一份单据并不限于只能有一页，换言之，多页单据只要符合规定应被视为一份单据。实务中，当单据内容比较多时，往往会出现包含多页的一份单据。

有人问：包含多页的一份单据，应该在哪里签署呢？

ISBP 681 Para 27：

If a signature or endorsement is required to be on a document consisting of more than one page, the signature is normally placed on the first or last page of the document, but unless the credit or the document itself indicates where a signature or endorsement is to appear, the signature or endorsement may appear anywhere on the document. 如果一份多页单据要求载有签字或背书，签字通常在单据的首页或末页，但是除非信用证或单据自身规定签字或背书的位置，签字或背书也可以出现在单据的任何位置。

当然，这里的一份多页的单据，须以满足 ISBP 681 第26段的要求为前提。与此类似，除非信用证或单据自身规定，单页单据的签署可以在单据的任何地方，但无论是在页首，还是在

[①] 引自李军："论私文书的签署认证问题"，《社会科学研究》，2005.3

页尾，一定是在单据之上。为慎重起见，ICC 在 R279 中提示："如果提单含有不止一份，为保护船公司或其代理，在每页上签字是更为谨慎的做法。"

第二，业界所关心的是，一份单据上到底应该如何实施签署呢？

从签署的证实作用似乎可以看出，一个合格的签署起码应该包括：

——两个基本要素：签字（signature）和签署人（signer）.

签字是实现签署（sign）以证实（authenticate）单据的一种标记。然而仅有签字是不够的，单据上还必须显示明确的签署人，因为单据上签署的证实作用，是以确认单据的内容对签署人的约束，追溯签署人的证实责任来实现的。否则，便无法追溯签署人的证实责任，无法实现对签署人的约束，其证实单据内容的作用也就无从谈起。

——一个连续性：即签字和签署人之间的确定联系。

单据上的签署必须保持连续性，即在签字与签署人之间建立确定的联系。这种联系，必须是确定的，不能模糊不清，也不能模棱两可。否则，通过签署追溯单据内容的证实责任的链条将被打断，所以不是合格的签署，实际上等同于没有签署。

03—0121

单据上的签署连续性

在实务中，以下几种情况均视为签署有了连续性，即签字与签署人之间建立了确定的联系：

第一，签字已经表明了签署人属直接的联系。

这意味着，从签字本身即可辨明其签署人是谁，并确认签署人的唯一性。

比如：国内出口企业在单据上盖的中英文图章，即可一眼看出盖章的企业名称。

第二，签字与签署人名称或身份之间有物理的联系。

(1) 签字与签署人紧密相邻。比如，制造商质量证上常会看到与签字紧密相邻的地方有一个短语："signed by the manufacturer, ABC co., ltd."。

(2) 签字在带有公司名称的信笺上。

ISBP 681 Para 40：

A signature on a company letterhead paper will be taken to be the signature of that company, unless otherwise stated. The company name need not be repeated next to the signature. 除非另有规定，在一公司信头纸上的签字将被视为是该公司的签字，无须在签字旁重复公司的名称。

比如：质量证用的是带有"ABC co., ltd."的信笺，而在与签字紧密相邻的地方有一个短语："signed by"。此时，往往将此签字视为制造商 ABC co., ltd. 所为。

需要指出的是，这里的信笺仅限于带有公司名称函头，似乎并不包括个人，也不包括如贸促会、商检局等非公司实体。

还需要指出的是,这里的信笺不适用于有另外规定的情况。比如:签字在带有公司名称的信笺上,质量证用的是带有"ABC co., ltd."的信笺,而在与签字紧密相邻的地方有一个短语:"signed by the manufacturer"。此时的签署不能想当然地认为是 ABC co., ltd. 所为,完全可能是非 ABC co., ltd. 的 manufacturer.

第三,签字与签署人名称或身份之间有逻辑的联系。

比如:制造商质量证上有时会看到与签字紧密相邻的地方有一个短语:"signed by the manufacturer"。此时,只要在质量证的标题或内容中能够找到确定的签署人"manufacturer:ABC co., ltd."即属签字与签署人——manufacturer:ABC co., ltd.——之间建立了确定的联系。

03—0122

单据上的签字

前面的解读中提到,签字是实现签署以证实单据的一种标记。显然,为了起到证实作用,该标记必须具有唯一性,即由签署人所唯一拥有、他人不易仿冒、仿冒属于违法。换言之,只要能够证实单据的内容,签字形式便没有必要拘泥于一种形式,而是可以多种多样。

那么,单据上的签字形式可以有哪些呢?

Article 3(3):

A document may be signed by handwriting, facsimile signature, perforated signature, stamp, symbol or any other mechanical or electronic method of authentication. 单据签字可用手签、摹样签字、穿孔签字、印戳、符号或任何其他机械或电子的证实方法为之。

本款表明:

第一,手签(handwriting)是最常用的签字证实方法。

在所有签字证实方法中,手签最简便、最具个性,从而也最为常用。在实务中,信用证对手签的要求包括:

——signed by handwriting;

——manually signed.

如果单据由一家实体出具,通常也由有权的自然人手签,该自然人视为该机构的代表,至于是否另外盖章则不予计较。

尽管 UCP 允许的签字可以多种多样,但是实务中由于习惯或法律,可能会需要特定的一种签字证实形式。此时,信用证必须做出明确的要求,而提交的单据必须予以满足,而不能张冠李戴。比如,有些海关只接受手签的单据凭以报关。下面是中国驻黎巴嫩使馆商经处的一则通报:"向该国出口的有关单证,如只有图章而无负责人员的亲笔签字,不被视为合法单证,海关将据以对进口商进行罚款。"

第二,摹样签字(facsimile signature)不同于传真签字,它也是一种签字证实

方法。

Facsimile 具有双重意思,即"传真"和"摹样"。

传真签字,根据 ISBP 681 第 39 段,它不是原始签字,从而也不是 UCP 意义上的签字。而摹样签字,根据本款的规定,却是货真价实的原始签字。

二者有何区别呢?

ICC 银行委员会专家小组在一案例中解释:"facsimile signature,是指用激光印制或其他电脑或机械等复制工具复制的签字。简单来说,就是以电脑扫描设备将签字的式样输入电脑系统中,当电脑系统经过打印机将单据打印时,一并将签字的式样按原来的图像打印出来。不能将其解释为经过传真即通过传真机传送的签字。它必须是经过签样印制方法制作的原始签字,而不是影印机。"

银行实务中,电子回单上银行认可的"回单章",应算本款的摹样签字的一种。

第三,印戳(stamp)也是常见的签字证实方法。

印戳作为一种签字证实方法,包括国内流行的盖章(chop)。ICC511 中举例说,亚洲地区习惯使用的"图章(chop)",就是合法、有效的签字。

有人会问:加盖一个仅显示公司名称的印章,而不含有人名的手签是否构成签署?

针对这一情况,ICC 在 R337 的分析和结论中说:"Under UCP 500 sub-Article 20(b), a chop constitutes a signature."显然,印章(chop)作为印戳的一种,已经满足了签字的要求,是否有个人手签则无关紧要。

03－01221 与单据上的签字有关的四个问题

第一,公司名称与手签签样二位一体章,是手签,还是印戳?

我国信用证项下出口单据制作中,不论是受益人的商业发票,还是运输单据、保险单据,常见公司名称与手签签样二位一体章。

UCP400 实施期间,International Maritime Bureau 向国际商会咨询过这种二位一体签章的可接受性。国际商会的回答是,只要与单据签发国的法律没有冲突,即是可以接受的。因为根据免责条款,银行对单据的真实性并不负责。

特别值得一提的是,当信用证要求手签时,实务中常见以加盖手签签样的印章代替手签,这是不可以接受的。因为后者不是手签,而仅仅是印戳,与手签属于两种完全不同的签字证实方法。

第二,信用证要求签署并盖章(signed and stamped),这是对签字证实方法的要求吗?

实务中,签署并盖章是信用证对单据签字的常见要求。

为了符合某些国家或地区并不总是加盖单位名章而是打印或手写单位名称的习惯,于是有了以下规定:

ISBP 681 Para 39:

... A requirement for a document to be "signed and stamped", or a similar requirement, is also fulfilled by a signature and the name of the party typed, or stamped, or handwritten, etc.……如果要求单据"签字并盖章"或类似要求,如果单据载有签字及通过打印机打上或以手写或印戳加具的签字人名称,亦满足该项要求。

如果仅仅要求"signed by stamp"呢？这是对签字形式的一种特别要求,则只能以印戳形式签署加以满足,因为印章本身就是签字证实的一种形式。

第三,UCP意义上的签字必须是原始签字吗？复印或传真签字可以吗？

签字经过复印或传真,由于可随意复制,不具有完全法律意义上的证实作用,所以不是UCP意义上的签字。换言之,UCP意义上的签字,必须是原始签字。

ISBP 681 Para 39:

… However, a photocopy of a signed document does not qualify as a signed original document, nor does a signed document transmitted through a fax machine, absent an original signature … ……但是,已签单据的复印件并不视为已签正本单据,通过传真发送的已签单据如果不另外加具原始签字的话,也不视为已签正本……

尽管如此,这里的规定并不妨碍有签字的单据的复印件被视为正本单据,只是不能视为"已签正本单据"而已。比如将已签单据的文本复印到原始文具而非空白纸张上,该单据就将被视为正本单据,除非单据上另有表示。

有人问:信用证要求"COPY OF FAX SIGNED BY APPLICANT CONFIRMING XXX."这是对申请人签字的要求吗？

这里,信用证要求的是受益人从申请人处传真接收到的一个传真副本(fax copy),而申请人在传真之前已在原件上签字确认了一个特定的事实。所以,这里的签字其实要求的是传真签字,而不是本段所提及的原始签字。当然如果该传真副本并没有传真签字,却由申请人在该传真副本上另行加原始签字,则是可以接受的。因为原始签字的效力优于传真签字本身。

第四,单据上签署中的签字模糊不清,可以接受吗？

本款前面的解读中提到,签字的形式可以多种多样。但是,签字必须清晰可辨,因为一个签字模糊不清的单据,便无法确切地追溯签署人,其证实单据内容的可靠性便值得怀疑。

有一个案例中,所提交的单据有图章签字,似乎是由某个人"代表船方"签字的。因为该单据的纸质不佳,无法核对签字是不是船长亲自签的。

ICC在R197中分析:"如果签字不清楚,那么信用证对签字的要求就不能认为已经履行。"

03—0123

单据上的签署人

前面的解读中提到,签署必须表明签署人,而且必须是确定的签署人。因为单据上签署的证实作用,是以确认单据的内容对签署人的约束,追溯签署人的证实责任来实现的。否则,便无法追溯签署人的证实责任,无法实现对签署人的约束,其证实单据内容的作用也就无从谈起。

那么,如何表明确定的签署人?

以下规定,比较全面地反映了ICC的意见,跟单信用证实务中可以参照掌握。

ISP98 4.07"Required Signature on a Document":

c. Unless a standby specifies:除非备用证中规定:

i. the name of a person who must sign a document, any signature or authentication will be regarded as a complying signature. 必须签署的人之名称,否则任何签字或证实都将被认为相符。

ii. the status of a person who must sign, no indication of status is necessary. 必须签署的人之身份,否则不一定注明签署人身份。

d. If a standby specifies that a signature must be made by:如果在备用证中指明,签署必须由:

i. a named natural person without requiring that the signer's status be identified, a signature complies that appears to be that of the named person; 一个具名的自然人为之,但不要求指明签署人身份,则一个看起来是具名人的签字即为相符。

ii. a named legal person or government agency without identifying who is to sign on its behalf or its status, any signature complies that appears to have been made on behalf of the named legal person or government agency; or 一个具名的法人或政府机构为之,但没有指明由谁代表其签署或该人身份,则任何看来是代表具名的法人或政府机构的签名都是相符的;或者

iii. a named natural person, legal person, or government agency requiring the status of the signer be indicated, a signature complies which appears to be that of the named natural person, legal person, or government agency and indicates its status. 一位具名的自然人、法人或政府机构为之,并要求注明签署人身份,则一个注明身份并看起来是该具名的自然人、法人或政府机构的签字是相符的。

从这里可以看出:

签署人的确定,一般涉及两个特征——名称(name)和身份(status)。

——在签署时,表明签署人名称是最为直接的办法。不管是个人,还是实体,其名称在特定的信用证交易中总是唯一的。所以,通过直接表明签署人的名称,即可达到表明确定的签署人之目的。

——在签署时,表明签署人的身份也是一种办法。但是,单纯的身份往往不具有唯一性,所以,必须与签署人的名称一起使用。否则,通过表明签署人的身份,便无法达到表明确定的签署人之目的。

签署人的确定,还要区分两种类型——个人(individual)或实体(entity)。个人,即这里的自然人(natural person);实体,主要指这里的法人(legal person)和政府机构(government agency)。众所周知,个人的行为可以由自己直接实施。然而,实体是一个虚拟的存在,其行为必须由实体的工作人员实施,包括手签或印戳等。换言之,只要是实体工作人员的职务行为签署,即默认代表了实体的签署。而根据本惯例第34条,银行对"单据有效性免责"的规定,银行

可以不理会该签字是否为实体工作人员为之，是否为工作人员的职务行为为之，而只需确认有签字即可。

结合 ISP 98 的规定，以及签署人的两个特征和两种类型，单据上签署人的确定必须注意以下几种情况：

第一，只要求签署单据而未规定签署人时，默认为由出具人签署。

不管是信用证要求，还是 UCP 或 ISBP 要求，或单据本身要求签署，如果不规定签署人，则默认为单据出具人签署。由于单据的出具人总是具体的一个人或一个实体。所以，这相当于默认为具名出具人签署。

比如：信用证要求提交"signed commercial invoices"。这其实是要求提交一商业发票，并由作为出具人的受益人加签署。

试想一下，这种情况下如果有人提交了一份商业发票，却由受益人以外的一个人签署，常识告诉我们好像不能接受。当然，转让信用证情况下除外。

第二，除非特别要求，信用证要求受益人签署，无须表明其身份为受益人。

比如：信用证要求受益人出具并签署的质量证。

因为受益人这一身份与一笔具体的信用证相对应，并由信用证本身定义。所以信用证这一要求，准确地表述应为：质量证出具并签署时，须表明受益人名称，至于是否表明受益人这一身份则无关紧要。所以，签署时须表明受益人名称并签字，不能只表明受益人身份并签字。实务中，质量证将脱离信用证独立使用，在质量证上仅仅表明其为受益人身份并签字，将无法确定实际签署人。

一份单据要求由申请人签署，与此相似。

第三，同一实体在单据上签署，不必由同一个工作人员为之。

同一签署人在同一单据的不同位置，或在不同单据上签署，并不拘泥于同一工作人员的签字。

ICC 在 R417 中说："There is no requirement within the UCP or any international banking practice that we know of that requires all documents issued by a beneficiary to be signed by the same person."

比如：同样是商业发票上受益人签署，由业务部门的经办手签，而产地证则常常由制单部门的制单员手签。这是可以接受的。

第四，要求实体在单据上的签署，由特定身份的工作人员为之，如未要求工作人员姓名可以不显示姓名。

比如：UCP600 时期提单上的船长签署，只需表明身份即可，无须另外表明船长名称。

这是因为实体的工作人员，只能在实体事先赋予其的职务范围内代表实体签署。只要单据上有工作人员的手签或印戳，已经足以在一个实体内部追溯到该特定的工作人员。

而在信用证只要求特定身份的工作人员签署时，显然，单据上表明其身份就已经足够了，而是否显示其名称则无关紧要。

第五,要求签署单据而且规定了签署人的身份,不能只显示签署人身份,而无名称。

比如:信用证要求制造商出具并签署的质量证。

因为制造商这一身份是在一批货物制造行为发生时就已经注定,不可变更。所以信用证这一要求,准确地表述应为:质量证出具并签署时,须表明制造商名称,并以制造商这一身份签署。所以,签署时须表明制造商名称并签字,不能只表明制造商身份并签字,也不能只表明制造商名称并签字。这样,单据表面上便满足了要求。

信用证要求出口方或卖方出具并签署的质量证,情况与此相似。

还比如:保单上显示"This document is not valid unless countersigned by the insured". 这种要求指的是此保单必须由被保险人副签,只要有人在此处副签,即视为被保险人签署。而由于保单上一定会有被保险人的名称,所以,从表面上这已经足以确定实际签署人。

第六,信用证规定了实体签署人的特定名称,必须由其直接签署。而如果规定的是概括性名称,由带概括性名称对应关系说明的任何实体签署均可。

比如:信用证要求 ABC co., ltd. 签署质量证。很明显,ABC co., ltd. 是一个特定的公司名称。此时质量证签署时,须表明 ABC co., ltd. 并签字。

比如:信用证要求 SGS 签署质量证。很明显,SGS 不是一个特定的公司名称。此时质量证签署时,只需表明冠有 SGS 字样的一个公司、分公司、子公司的名称并签字即可。

还比如:进口来证下要求中国商会签署,但由于我国并没有一个对应实体——中国商会。此时,由贸促会签署时必须带"中国贸促会即中国商会"的说明。ICC 在 R405 的分析和结论中说:"The requirement in the credit was for the presentation of a certificate of origin issued by Country C Chamber of Commerce. The document presented was a certificate of origin issued by Country C Council for the Promotion of International Trade with the added statement that this body 'is Country C Chamber of Commerce'." "It is not for banks to investigate the authority under which a specific documents(s) was issued, merely that on its face the document complies with the requirements in the credit from the text of the credit requirement and the manner in which the document was issued, it would be acceptable under the credit terms." 其实不仅仅产地证如此。

第七,信用证规定单据由特定的人签署,且该签署必须与一个存底印鉴一致,受益人仍应满足。

比如:信用证要求"Cargo receipt signed by the applicant, whose signature must be correspondent with the issuing bank's record."

还比如:信用证要求"CERTIFICATE OF INSPECTION MUST BE SIGNED BY HWANG DONG YEOL IN THE PASSPORT NO. BS2655347",但却未另外要求 passport. 客户交单时提供了 HWANG DONG YEOL 出具的 CERITFCATE OF INSPECTION. 开证行能否以签字不是护照上本人签字为由提出拒付?其实,银行没有义务审核护照上的签署人名称及签样,正如本条"迅速等词语的标准解释"一节的解读中所提到,这也是单据化条款中的非单据化文句,根据本惯例第 14 条 h 款的规定,可以不予理会。当然,受益人制单时仍应满足,而不可伪造代签。

第八,有人问:信用证规定船公司证明由承运人 ABC 公司签署,可以由承运人代理 ABC 公司的代理人签署吗? 反之呢?

前者似乎不能接受。

上述 ISP98 4.07. D(ii)款规定,"一个具名的法人或政府机构为之,但没有指明由谁代表其签署或该人身份,则任何看来是代表具名的法人或政府机构的签名都是相符的",这里也只涉及职务代理人的签字的默认,并没有涉及委托代理人的签字。

而 D(iii)款又规定,"如果在备用证中指明,签署必须由:一位具名的自然人、法人或政府机构为之,并要求注明签署人身份,则一个注明身份并看起来是该具名的自然人、法人或政府机构的签字是相符的",这里仍然没有涉及委托代理人的签字。

两款规定有一个共同之处,即表面看来须由法人或政府机构签名。所以,在信用证规定船公司证明由承运人 ABC 公司签署,则似乎只能由承运人 ABC 公司签署。前面的解读中提到,签署是单据内容的一种证实方式,信用证对签署人的要求似乎是对该签署人的信任,至于其他人则没有如此的信任,或许这是单据不得由他人代签的原因。

至于后者,应该是相同的道理,所以笔者认为也不可接受。

03—0124

单据上的代理签署人

日常生活中的"代理",早已司空见惯,比如代理总统、代办公务、代写书信、船务代理、货运代理、保险代理、制单代理等等。在信用证实务中,也常常会见到代理,比如代理开证、代理通知、代理收单、代理承付、代理偿付、代理交单、单证包入与包出等等。这里着重于探讨单据上的代理签署。

那么,什么是代理呢?

"在民法中,代理是与自理相对应的概念,是指民事主体通过他人代为办理实施民事法律行为的方式。"①

法律上,代理根据其代理关系产生的来源不同,具体分为:以法律的直接规定为根据而发生的法定代理、以国家主管机关或法院的指定为根据而发生的指定代理、以被代理人的委托为根据而发生的委托代理,以及以劳动关系或雇佣关系中的职务为根据而发生的职务代理。②在单据上的代理签署主要涉及后两种,即委托代理和职务代理。

第一,职务代理签署:无须特别表明签署个人与实体的关系,并默认为实体签署,它并不是通常说的单据代理签署。

一个实体的工作人员在职务范围内代理实体签署,这便形成职务代理。但是,这取决于一定

---

① 引自盆碧仙:"直接代理与间接代理比较探析",《中外法学》,1997.4
② 引自尹西明:"职务代理初探",《河北法学》,1998.5

的条件：即在相对人眼里，此签署人须为实体的工作人员，且是在实体的工作场所作出的签署。

职务代理签署下，被代理人似乎一定是一个实体，而代理人一定是一位个人，或为实体的经办人，或为实体的负责人。在职务代理人代理签署时，经办人或负责人只需签字，无须表明经办人或负责人姓名，也无须表明与公司的代理关系，因为这种代理属职务代理，可由公司的内部文件和制度来管理。至于到底是谁——哪一位经办人员或哪一位负责人——在单据上签署，对于公司以外的人不重要，对于公司内部人员又能很容易从内部文件或制度上进行证实责任追溯。

比如：在质量证的公司名称"ABC co., ltd."的旁边空白处或重叠处有一个手签，或与公司名称"ABC co., ltd."紧密相邻处的签署栏——往往冠以"signed by:"、"with authorized signature"——有一个手签，即可默认为该公司的签署，而很明显公司是一个实体，它由一个个具体的个人组成，所以这个手签必是有职务代理权限的公司经办人或负责人代理签署。

正如前面解读中提到的，实体是一个虚拟的存在，其签署单据，必须由有职务代理权的实体内工作人员实施，默认即为实体签署。所以，日常实务中的单据代理签署，一般不包括职务签署。

第二，委托代理签署：必须明确表明签署人与委托人的代理关系，这是通常说的单据代理签署。

日常实务中的单据代理签署，一般指这里的委托代理签署。

个人、非实体委托另一位个人或另一个实体，或一个实体委托职务代理人在非工作场所，或委托非职务代理人签署，这便形成委托代理签署。在相对人眼里，须确认委托人对签署人的授权委托。

在委托代理签署时，自然人、部门、分公司、子公司、其他公司需要表明这种代理联系，通常必须包括以下四个要素：代理人签字、代理人、代理关系、代理指向的确定的被代理人。这四个要素缺一不可。只有具备了这几个要素，才能在逻辑上建立起签字本身与签署人之间的确定联系。否则，少了其中任何一个要素，便无法追溯单据上签署的证实责任。

——少了代理人签字：这相当于没有签字。

——少了代理人名称：由于存在代理关系，无代理人名称，事后将无法追溯代理签署的证实责任人。

——少了代理关系：将出现逻辑中断，因为该单据虽然确已签署，而与应该指向却实际没有指向的被代理人无关。

需要特别提请注意的是，在委托代理签署时，对代理关系的表述有多种，不同的表述有不同的含义，必须与要求保持严格一致。实务中，关于代理的表述，包括"agent"、"deputy"、"proxy"、"representative"、"as agent for"、"on behalf of"、"for"等等。

比如：信用证要求"Inspection certificate must be signed by inspector A and/or 'Mr.' Appointed as inspector(s) of Trading Company B(the applicant)."提交的检验证显示由inspector A以外的一位自然人签署，未显示该自然人与申请人之间的"appointed"关系。

ICC在R403中分析和结论部分说："Documents are examined on their face. As it does not appear from the information given that the signature on the inspection certificate (other than that of Inspector A) showed that he/she was an appointed inspector of the applicant, the document is discrepant."

——少了被指向的确定的被代理人：如同少了确定的签署人一样，无法追溯证实的责任人。

比如：船公司证明上的签署常常会与提单保持一致。代理签署时，显示为"ABC co., ltd. As agent for the carrier."但是该证明与提单不同，并无承运人名称。该证明似乎无法接受，因为船公司证明上并未表明确定的被代理人名称。

还比如：信用证要求提单由承运人签署，提交了由承运人代理签署的提单，可以接受吗？似乎仍然不可接受。尽管银行并不清楚信用证为何会作出如此离奇的要求。

还有人问：委托代理签署是否包括分公司对总公司的代理呢？似乎应该包括。其实，在提单实务中，常常会看到总公司是承运人，而分公司不是承运人的情况下，分公司总是以carrier's agent的名称签署。尽管法律上二者为同一实体，分公司理应也只能在总公司的授权范围内行事。

03—0125

单据的性质与签署

单据上的签署，是单据内容的一种证实方式。

那么，单据为什么需要签署呢？哪些单据需要签署？哪些又不需要签署呢？

ISBP 681 Para 37：

Even if not stated in the credit, drafts, certificates and declarations by their nature require a signature. Transport documents and insurance documents must be signed in accordance with the provisions of the UCP600. 即使信用证没有要求，汇票、证明和声明就其性质而言应有签字。运输单据和保险单据必须按照UCP600的规定签署。

这一段是关于需要签署的单据的总括性规定。从本段可以看出，单据是否需要签署，主要与单据的性质密切相关。当然，信用证有规定的，则另当别论。话说回来，信用证另外的规定，似乎也可以看作是对单据性质的改变。

何谓"性质（nature）"？《美国传统辞典（双解）》说："nature, the essential characteristics and qualities of a person or thing. 本性,人或事最基本的性格或品质。"

性质是内在的。信用证实务中，单据的性质往往外化为功能。就单据的性质和功能而言，是否需要签署，则往往与单据的功能有直接的关系。判断时，应具体而论，而不可泛泛而谈：

——汇票必须签署，这是各国票据法几乎相同的要求。汇票默认由出票人首先签署。我国最新的《票据法》第4条第1款规定："票据出票人制作票据，应当按照法定条件在票据上签章，并按照所记载的事项承担票据责任。"显然，票据法不仅赋予了出票人签署的证实责任，还包括了票据责任。

——发票默认无须签署，但这绝不意味着发票的真实性没有保证。ISBP 681第62段规定："Unless required by the credit, an invoice need not be signed or dated."其实，在信用证交易下，没有签署的单据并不等于其真实性就没有保证。因为签署仅仅是证实单据的一种方式，却绝不是唯一的方式。发票默认由信用证受益人出具，受益人又凭持有信用证正本证明其交单资格，而不管是受益人单据，还是第三方单据均由受益人作为最初的交单人在信用证下提交，受益人理应对其提交的单据负责，包括真实性。所以，尽管发票常常没有签署，其真实性仍

——运输单据和保险单据需要签署,表面上看这是由 UCP 规定的,究其实仍与其性质和功能有直接的关系。承运人或其代理签署运输单据,在表明承运人证实了运输单据的真实性的同时,更重要的是表明了承运人愿意承担运输单据下的承运责任。与此同理,保险人或其代理或代表签署保险单据,在表明保险人证实了保险单据的真实性的同时,更重要的是表明了保险人愿意承担运输单据下的保险责任。

——证明书、声明书必须签署,这是法律的证据效力要求使然。证明必须由证明人确认内容,并予以签署而实现。何谓"证书(certificate)"?《美国传统辞典(双解)》说:"certificate, a document testifying to the truth of something. 证(明)书,证明事物真实性的文件。"

——货物收据(cargo receipt)和快邮收据(courier receipt)应该签署。何谓"收据(receipt)"?《美国传统辞典(双解)》说:"receipt, written acknowledgment that a specified article, sum of money, or shipment of merchandise has been received. 收据,表明证实某具体物件、钱款或商业货物已接到的书面证据。"证实是收据的本质要求,它默认收到货物和单据、样品等物件。所以,货物收据似乎必须以印戳或手签证实。值得注意的是,这里所指的快邮收据,只是信用证规定的用于寄送样品、单据等的收据,它并不对应于 UCP600 第 25 条用于运输货物的快邮收据。后者属于运输单据,需按本节前面提到的运输单据掌握签署。

——测试报告(test report)似乎无须签署。何谓"报告(report)"?《美国传统辞典(双解)》说:"report, an account presented usually in detail. 报告,一种通常详细描述的陈述。"何谓"陈述(account)"?《美国传统辞典(双解)》说:"account, a narrative or record of events. 记述,报告或叙述事件的记录。"结合信用证实务来看,"报告"的性质似乎更类似于"陈述(statement)",而不同于"声明(declaration)"。前者无须签署,后者则必须签署。

——副本单据无须签署。ISBP 681 第 32 段规定:"Copies of documents need not be signed."ISBP 681 第 20 段又规定:"… Copies of transport documents are not transport documents for the purpose of UCP600 articles 19—25 and sub-article 14(c)… Where copies(non-negotiable)are presented, they need not evidence signature, dates, etc."根据本惯例第 17 条"正本单据和副本"的解读中提到,一般来说副本单据一旦签署,即成为正本,从而具有法律意义上的独立的证据效力。反之,则可以看出既然信用证要求或允许提交副本单据,不就意味着其已经对该单据的证据效力已经不在乎了?

——单据显示"单据非经签署无效",则必须签署。因为单据默认生效,否则便为异常。ISBP 681 第 38 段规定:"单据上留有专供签字的方框或空格并不意味着该方框或空格处必须载有签字……如果单据内容表明须经签字才能生效(例如,'单据非签字无效',或类似用语),则必须签字。"这里的直接要求,并不包括单据上带有签署栏,即单据上有签署栏并不必然要求签署。

03—0126

单据上更正的签署证实

实务中,对单据内容进行修正和变更,这是常有的事。

本条第(3)款"单据的性质与签署"一节的解读中提到，信用证交易受益人提交的单据，不管是否签署，都理应保证其内容的真实性。然而，这仅仅指更正之前的单据内容，经过更正的内容则不在此列。换言之，如果未经另外证实，单据上更正的部分内容，真实性只能凭受益人的诚信来保证。然而，在许多情况下，从单据的性质来看，单据上的更正仅仅由受益人的诚信和信用证交易的流程控制来证实是不够的，特别是通过受益人传递的第三方单据和已"签证"单据。

由于单据的内容是一个整体，如果部分内容无法保证达到申请人在信用证安排下传达的或单据性质决定的真实性要求，其整体内容的真实性将大打折扣。所以，为了保证该部分内容的足够真实性，从而也保证单据整体内容的足够真实性，日常实务中便有必要对更正部分经有权人另外加以证实。

那么，哪些更正需要证实？又该如何证实呢？

ISBP 681 Para 9：
Corrections and alterations of information or data in documents, other than documents created by the beneficiary, must appear to be authenticated by the party who issued the document or by a party authorized by the issuer to do so. Corrections and alterations in documents which have been legalized, visaed, certified or similar, must appear to be authenticated by the party who legalized, visaed, certified etc., the document. The authentication must show by whom the authentication has been made and include the signature or initials of that party. If the authentication appears to have been made by a party other than the issuer of the document, the authentication must clearly show in which capacity that party has authenticated the correction or alteration. 除了由受益人制作的单据外，对其他单据中的信息或数据的修正和变更必须看似经单据出具人或其授权之人证实。对履行过法定手续或载有签证、证明之类的单据的修正和变更必须看似经该法定手续实施人、签证人或证明人证实。证实必须表明证实人的名称，并包括其签字或小签。如果证实看似并非由单据出具人所为，则该证实必须清楚地表明证实人系以何身份证实单据的修正或变更。

ISBP 681 Para 10：
Corrections and alterations in documents issued by the beneficiary itself, except drafts, which have not been legalized, visaed, certified or similar, need not be authenticated. See also "Drafts and calculation of maturity date". 对未经履行法定手续、签证或证明的由受益人自己出具的单据（汇票除外）的修正和变更无须证实。参见"汇票和到期日的计算"。

从以上两段，可以看出：

第一，第三方单据或已"签证"单据必须证实。前者由出具人或其授权人证实，后者由签证人证实。

实务中，单据上的更正须分别以下四种情况来判断，是否需要证实，以及由谁来证实：

——受益人单据，即受益人出具的单据的更正，一般来说，无须证实。因为默认的受益人诚信和信用证业务的流程控制能够保证其与生俱来的真实性。

——第三方单据的更正，必须由出具人或其授权人证实。需要提请注意的是，此类单据首先由单据出具人或其授权人证实。这里的授权人，不一定是 agent 或者 proxy，而只需表面上看来经过授权即可,比如:authorized by,for 或 on behalf of,表明授权关系均可。

如果是运输单据的证实,则有特别的规定,具体在相关条文中一并阐述。

——经签证单据的更正,必须由签证人证实。显然,与第三方单据不一样,此时证实只能由签证人作出,信用证没有允许时不得代理。这一点,与本条"单据上的签署人"一节的解读中提到的信用证规定签署人时,不得代理一样。

汇票的更正必须证实,这是由于汇票默认必须签署,而这等同于是一种签证方式。这里的汇票,根据本惯例第 6 条"汇票的性质"一节的解读,既包括仅作为信用证安排下兑用工具的汇票从而为信用证未要求单据,也包括既是信用证安排下兑用工具又是信用证要求单据的汇票。

——经签证的第三方单据的更正,似乎出具人或其授权人,以及签证人都必须证实。是除了出具人或其授权人证实以外,还得另由使其合法化或签证的认可人签署吗?ICC 没有明确的意见,最终的答案目前不得而知。保险的做法是,二者一起证实。

——副本单据的更正,似乎无须证实。本条"单据的性质与签署"一节的解读中提到"副本单据无须签署",似乎因此副本单据上的更正也无须证实。这一点可以从 ISBP 对副本运输单据上的更正无须证实的规定中得到印证。

第二,单据上更正证实,仅限于证实人的签字或小签,并与更正内容相联系。

证实必须表明该证实由谁作出。

如果由出具人作出,则直接表明出具人名称或简称即可,该简称必须表面上足以判断即为出具人。如果由出具人的授权人作出,则必须表明授权人名称,以及与出具人之间的授权关系。如果是由签证人作出,则必须表明签证人名称。

1. 证实应包括证实人的签字或小签。

值得一提的是,在 UCP 意义上,更正的证实形式,仅局限于签字和小签。

什么是签字?在本条"单据上的签字"一节中已有详细的解读。

什么又是小签(initials)呢?《现代英汉综合大辞典》说:"initial[pl.]姓名(或组织名称)开头字母(如:John Smith 中的 J. S.)。"《美国传统辞典(双解)》说:"initial, v. tr., to mark or sign with initials, especially for purposes of authorization or approval. 用姓名的首字母签名,标出或用首字母签名,尤指用于表示授权或同意。"比如:American President Lines, Ltd. 作为 carrier 签署的提单上更正处加盖带有"APL"字样的印章,即是小签证实,可以接受。显然,小签同时也表明了证实人的名称或身份。需要注意的是,小签仅适用于修正或变更的证实。相比之下,普通的签署,似乎签署人的小签是不够,除非签署时表明了签署人的名称及/或身份。

有人问:单据更正证实只有盖章或小签,而无证实人手签可以接受吗?

R598 中有一个例子,信用证要求检疫证明一式三份,由政府部门签发。在该单据上,通过更正增加了原先遗漏的"铝"字。可是,出具者农业部仅在单据的右手边上加盖了一枚橡皮章。

ICC 在分析与结论中认为:国际商会银行委员会过去已声明,受益人以外的一方出具的单据如有修改,必须证实这些修改是出单人作出的。这种证实可用签字、小签或出单人的记号的方式作出,并且,必要时注明更正人的身份(即如果由代理人作出更正)。假如农业部的印章就在改动处的附近,该单据可接受。事实上,修改的信息并不是信用证要求的。

2. 证实应与更正内容,或者有物理的联系,或者有逻辑的联系。

物理联系,指证实与更正内容紧密相邻,不至于引起歧义即可。

逻辑联系,可以是同一单据上的一段文字描述,比如:"The concerned correction(or alternation)on the notify party is created by us."并加证实;也可以是同一单据上以直线或曲线的形式将证实与内容联系在一起。

对于一份单据上的一处修正或变更,以上方式的证实,即满足要求。而对于一份单据上的多处修正或变更,则可以采用以下方式证实。

ISBP 681 Para 12:

Where a document contains more than one correction or alteration, either each correction must be authenticated separately or one authentication must be linked to all corrections in an appropriate way. For example, if the document shows three corrections numbered 1, 2 and 3, one statement such as "Correction numbers 1, 2 and 3 above authorized by XXX" or similar, will satisfy the requirement for authentication. 当一份单据包含不止一处修正或变更时,必须对每一处更正作出单独证实,或者以适当的方式使一项证实与所有更正相关联。例如,如果一份单据显示出有标为1,2,3的三处更正,则使用类似"上述编号为1,2,3的更正经×××授权"的声明即满足证实的要求。

需要提请注意的是,一份单据上的修正或变更,似乎不可以在另一份单据上证实,即使二者之间存在逻辑的联系。如果另一份单据为信用证未要求的单据,则该单据将不被审核。而如果另一份单据为信用证要求的单据呢?没有结论,似乎应该参照另一份单据上的签署不予接受,实务中这种情况极为少见。当然,一份单据上的修正或变更,在其附页或附文上证实,是可以接受的。

Case 2

经签署的发票上的更正,是否需要证实

【背景】信用证规定:signed commercial invoices in 3 copies,其上三种货物描述,有一种经过涂改更正,但未经证实。

【问】这样的发票可以接受吗?

【答】

(1)关于更正是否需要证实,由谁证实,以什么方式证实,在ISBP中有明确的规定。这里主要涉及哪些更正需要证实。

根据ISBP 681 Para 9 及 Para 10,不管是受益人制作的单据,还是其他人制作的单据,只要经过履行法定手续、签证、证明或采取类似手续,就必须使该单据履行法定手续、签证、证明或采取类似手续的人证实。这一结论,也为阎之大先生的《UCP600解读与例证》所认同。

(2)经过履行法定手续等的单据内容的更正,需要证实,这是由于经过履行法定手续的单据内容本身就意味着证实。

证实的本意就是确认单据内容的真实性。经过履行法定手续等的单据,本身就已经确认了单据内容的真实性。相应地,如果单据内容的更正没有经过证实,就意味着更正的内容的真

实性并不保证。而由于更正的内容,可以完全推翻单据原内容的字面意思,此时单据原内容的真实性跟没有确认就没什么两样了。正是由于这个原因,ICC 在 ISBP Para 9 及 Para 10 中作了上述的规定。换句话说,上述规定中所提及的类似手续,其实就是指经过证实处理,即:经过证实的单据内容的更正,必须证实。

(3)签署是证实的形式,经签署的发票就是经证实的发票。

那么,经签署的发票是否需要证实?该发票上的签署是否就是发票内容的证实?

这一点从本条关于签署的形式的解释中可以找到答案。UCP600 Article 3:"A document may be signed by handwriting, facsimile signature, perforated signature, stamp, symbol or any other mechanical or electronic method of authentication. 单据签字可用手签、摹样签字、穿孔签字、印戳、符号或任何其他机械或电子的证实方法为之。"

(4)结论:显然,经签署的发票上存在更正,必须经过证实。

03—01261 怎样算修正或变更

修正,是错误经修改而为正确。比如打字错误、拼写错误,常常需要修正。变更,是因为情况变化,而需要因应。比如基础合同修订,单据上需要变更基础合同的版本号。

实务中,到底是修正还是变更,常常难以分辨,所以,常常合称"更正"。

从物理形式上看,更正往往有迹可循,即单据上往往既有被更正之前的内容,又有经更正之后的内容,还有删除线、擦拭、涂改的痕迹等标记。具体判断时,需要注意以下两种情况:

——单据上的不同字体、字号或手写,与更正不同。

ISBP681 Para 11:

The use of multiple type styles or font sizes or handwriting in the same document does not, by itself, signify a correction or alteration. 同一份单据内使用多种字体、字号或手写,其本身并不意味着必然为修正或变更。

本段说明,不同单据间使用不同字体、字号或手写与修正或变更无关。同一单据内不同字体,或不同字号,或不同手写也与修正或变更无关。然而,同一单据内容既有打印又有手写,完全可能被认定为修正或变更。

实务中,单据的制作常常使用预先印就的标准格式,在生成一笔特定交易下的单据时,则在该标准格式内的空白栏位填写补充具体的内容。因而,空白栏位将可能使用手写,本段规定这种情况下将不被认为是修改或变更。

然而以下情况可能是个例外:

R552 中有一个人问:当提单或保险单据使用自动的或电脑系统打印出来时,如果在其上用手写方式注明一些条款或货物描述,是否能够符合 ISBP(注:指 ISBP 645)第 11 段呢?换言之,对于手写加入的内容是否需要证实呢?

ICC 的结论为:ISBP(注:指 ISBP 645)第 11 段并未明确规定使用不同的字体、字号或手写完成的单据将被自动接受。该段措辞非常明确地指出,发生这种情况并不意味着是修改或变更。如此出具的单据是否能接受将视增加内容的种类及方式而定。比如,在受益人出具的单据中发生这种情况不应成为拒付或要求证实的理由。然而,银行应对在提单上增加的内容(比如装货港、船名、货物描述等)予以关注,并且,要求对这些内容加以证实是合理的。正如阎之大先生所言,"遗憾的是,对上述问题没有确定的答案。答案有赖于所提交的单据内容及类型而定"。

——单据上的批注（notation、addition、insertion）与更正不同。

从物理形式上看，批注之前的内容与批注的内容，会并行存在。而从逻辑上看，批注的效力优于批注之前内容的效力。

运输单据、保险单据上的批注，标准的称谓为 notation，有时也称 addition、insertion，均无须证实。本惯例的运输条款和保险条款，并无此要求。在 UCP400 时期，曾经要求提单上的装船批注需要签字或小签。UCP500 时期，即已删除，按照 ICC511 的说法，银行无法核验该签名的真实性、有效性及与其他签字的相符性。如果说通过检查提单签署的字迹可以确定签字是否一致，但有时提单上带有一授权人员的签字或小签，而装船批注上带有另一授权人员的签字或小签，银行不可能掌握这些有效签字人的签字或小签的预留印鉴。即便不符，银行是否有权拒受单据呢？另外，要求在装船批注上签字或小签的做法，并不能向有关各方提供额外的保障。让银行来证实该签字或小签的规定与统一惯例之银行对单据效力的免责条款不相统一。再者，提单上的其他批注如"freight prepaid"等并未要求签字或小签。凡此种种，都是 UCP500 取消装船批注中要求签字或小签的原因。正如 ICC511 中统一惯例工作组所说：申请人仍可要求对装船批注签字或小签，而受益人仍要照此办理，但除另有约定，银行没有核验这种签字或小签的有效性或真实性的义务。UCP600 则继承了这一规定。

其他单据上的批注，有时称 notation，平时称 addition、insertion，似乎也可以不加证实。

03—013

Article 3(4)　单据的"签证"等

信用证除了要求单据需要签字外，有时还可能要求单据经某一机关、部门或组织或个人履行法定手续（legalized）、签证（visaed）、证明（certified），以向进口国证实单据所载事项的真实性或证实输往其国家的产品符合相关法律或规定，或要求受益人出具的某一单据须经某一检验机构确认，以证明货物质量。

那么，信用证上的此类"签证"的要求，该如何满足呢？

Article 3(4)：

A requirement for a document to be legalized, visaed, certified or similar will be satisfied by any signature, mark, stamp or label on the document which appears to satisfy that requirement. 诸如单据须履行法定手续、签证、证明等类似要求，可由单据上任何看似满足该要求的签字、标记、印戳或标签来满足。

第一，需要弄清楚，什么是单据须履行法定手续、签证、证明等类似要求。

履行法定手续基于一个前提，即：法律对哪些单据，是否必须履行法定手续，哪些机关有权履行法定手续，怎样履行法定手续，有明确规定。而法律的规定，最终落实到操作上，似乎是一份单据经出具之后，由法定有权机关审查并加以签字等表示认可。

签证一词在辞典里通常指的是，人员出入境签证、船舶进出港签证等，该词来源于拉丁文，原意是"看过了"。结合信用证实务，单据的签证大意是"单据内容已经看过"，并以签字等表示认可。至于到底什么是签证，似乎也应该从法律规定有关签证的使用和定义中去寻找答案，深究下去，签证似乎是履行法定手续的一种。

与履行法定手续或签证相比，证明的含义似乎宽泛许多，它不必然，也无须由法律作出规定，法律有时会规定证明应该由谁作出，有时却未必作出规定。

《美国传统辞典（双解）》说："certify, to confirm formally as true, accurate, or genuine. 确认，正式确认为真实、准确或真正的"，或者是"To guarantee as meeting a standard. 证明……合格"。这是两个基本的含义，结合信用证实务，无非是证明单据上内容的真实、准确、合格而已。

实务中，如果该证明有法律规定，则视为履行法定手续也无妨。而如果该证明并没有法律规定，则可以另当别论，只要信用证没有特别要求，任何人作出的证明均可接受，包括受益人本身。即便是非法律规定的证明，也可分为受益人证明和非受益人证明。

除此以外，类似的要求似乎包括公证（notarization）、签署（sign）、见证（witness）、宣誓（swear）等行为。

第二，从本段可以看出，诸如此类的要求，可以由单据上任何看似满足该要求的签字、标记、印戳或标签来满足。

——这种要求，一般来说即为信用证本身的要求。

这种要求可能是直接的，比如：中东地区的出口来证常常要求其中一份发票正本须由我国贸易促进会证实。

这种要求也可能是间接的，比如：出口来证要求提供 certificate of origin GSP form A，由于我国的《中华人民共和国进出口货物原产地条例》（2005年1月1日实施）规定，有权签发 GSP form A 的机关仅为国家商检局，所以要求 GSP form A，就意味着要求单据须由国家商检局履行法定手续。否则，该单据无效。当然，有时出口来证也会直接规定，提高由商检局签署的 certificate of origin GSP form A。

当然，信用证或单据的性质未要求，却自动履行法定手续、签证、证明等的单据，似乎可以另当别论。

——这种要求，须以单据上的签字等证实方式来满足。

ICC R275 提到这样一个案例：信用证要求 "Original certificate of origin duly legalized by the embassy/consulate"，证明该货物系由某国生产。提交的原产地证经由规定大使馆/领事馆加盖官方印章及签字。开证行认为原产地证经过了证明，而未由大使馆使之合法化（original certificate of origin certified, not legalized by embassy）。国际商会的结论是，该单据满足了 UCP 500 第20条 d 款的所称的"合法化"。可见，所谓使之合法化并不抽象，签字及/或盖章即是使之合法化的具体操作。

在本条"单据的签署"一节的解读中提到，签署是单据的一种证实方式。需要强调，这里的签署，也只是单据多种证实方式中的一种。那么，信用证实务中，所谓的单据的其他几种证实方式是哪些呢？似乎便是本款所提及的标记（mark）、印戳（stamp）和标签（label）。

值得注意的是，证实必须在需要履行法定手续、签证或证明的单据之上，不得在其他单据上，不管该单据是信用证规定的其他单据，还是信用证未规定的其他单据。比如：有的信用证会要求发票须经 SGS 检验机构认证（to be certified by SGS），而 SGS 认证的方式便是将带有自己签字的认证标签粘贴到发票上。这似乎也已经满足了要求,但难免落下一个嫌疑,即该标签并非在单据上,仅仅是随意贴上去而已,严谨的做法是采用在标签与该单据之间加盖骑缝章等办法把该标签与原单据联系在一起,此时则无可挑剔。

还值得注意的是,当信用证要求经证明的发票时,这本身即意味着"兹证明发票细节和数字真实正确(Hereby certify that the above mentioned particulars and figures are true and correct)"。如果发票印有"E. & O. E",即"有错当改(Errors and omission except)"字样,应删除修正,因为根据第14条d款,作为单据内容的数据不得矛盾,这包括同一份单据上的两个数据之间的内容不得矛盾。只是实务中,很少视之为不符点。

03-014

Article 3(5) 一家银行的分支机构

信用证,主要运用于国际贸易下的货款结算,所以主要为国际信用证。而银行通常不仅会在一国之内设立多家分支机构,也常常会跨国设置分支机构,这就不可避免地会出现不同国家同一银行的分支机构之间互相开立信用证、互为对方保兑信用证,或者接受对方的指定承付或议付信用证下相符交单的情况。

那么,在信用证业务中,这些同一银行,在不同国家或同一国家的不同分支机构之间,到底是个什么样的关系呢?

Article 3(5):
Branches of a bank in different countries are considered to be separate banks. 一家银行在不同国家的分支机构被视为不同的银行。

从本款似乎可以看出:

第一,不同国家的分支机构为UCP意义上的不同银行。

UCP600的以上规定似乎作出了回答:在UCP框架内,同一家银行在不同国家的分支机构是独立的银行,独立行使权利,独立履行义务。

UCP400时期没有这一规定,就曾经遇到了许多的尴尬。一家银行的国内分行开立信用证到纽约,受益人便常交单到该银行的纽约分行要求作终局性付款,其理由是一家银行国内外分支机构是一家,均为开证行,均须承担UCP框架内开证行的确定性承付责任。其实,不同的国家,法律环境千差万别。在UCP框架内,要求一家银行对各国的法律环境都能掌握到专业的水平不太现实。所以,这种做法一直都为ICC所反对。

UCP500便针对这一情况,明确了:"For the purposes of these Articles, branches of a bank in different countries are considered another bank."UCP600则承袭了这一规定,而措辞更为明确,以"separate banks"替代了"another bank"。这里翻译为"独立",似乎更确切。此"独立",不仅仅是另一家银行,而且必须在UCP600框架内享有独立的权利,承担独立的责任。

尽管如此,UCP500 和 UCP600 的这一规定,仅仅局限于本惯例而言,不涉及法律规定。ICC511 说:"另一家银行"的分类,并不改变当事人的法律地位或风险。换句话说,在法律上,国内外分支机构仍是同一法人,将被视作同一银行。比如,由于国内开证行被法院下止付令或拒付不被国外交单行认可时,国外交单行便常在当地法院起诉国内开证行在所在国开立的分行,所在国被起诉的分行便不能以 UCP 规定的国外分支行为独立的银行为由拒绝应诉。反之,在国内,如遇信用证纠纷,交单行可起诉开证行在国内开立的分行。

至于在法律上到底此类问题会如何圆满解决,这已经超越了 UCP 框架,ICC 便无能为力,尽管其常常发表一些看似合理的看法,然而由于那是 UCP 之外的事情,也只能当作参考。

R250 中提了一个问题:如果一家开证行因为外汇管制的原因被当地法院下达止付令,国外保兑行是否可以向开证行的国外分行索偿?

ICC 的最终结论为:"我们无法想象,除了法院之外,谁还可以在作出决定的时候凌驾于 UCP500 之上。"显然,这是一个法律问题,ICC 不便、不愿意、也不适合在信用证专业领域以外评长论短。

第二,同一国家的分支机构,似乎为 UCP 意义上的同一银行。

本款只是直接点明,同一银行在不同国家的分支机构,将被视为 UCP 意义上的不同银行。那如果是同一银行在同一国家的分支机构呢?是否就可以认为是同一银行呢?似乎应该如此。

ICC 在 R416 中说:"When issuing letters of credit, the issuing bank, if it elects to restrict negotiation, should do so on the basis of restriction to a particular bank and not a branch of that bank. Branches of banks in the same country are deemed to be the same bank for the purposes of acting in a role envisaged by the UCP, i.e. advising, confirming and/or nominated bank. We would refer you to the opinion given at the last ICC Banking Commission meeting under reference TA. 493."

这里所说的角色,包括通知行、保兑行及/或指定银行。

这里所说的指定银行,虽然只提及可议付银行,但不限于此,它还适用于可承付银行。就指定银行而言,如果未特别说明,开证行只能指定到一个国家或一个地区的一家银行,而无法限定于一家银行的一家分行。R387 说:"If a letter of credit is started to be available with Bank X, Branch Y in country Z, then the documents may be negotiated by that particular branch or any other branch of that bank in the Country Z."因此,根据本惯例第 8 条的解读中提到的"保兑行就是一家特殊的指定银行",国内一家银行的 A 分行加保,B 分行议付了单据,将被视为保兑行议付而无追索权。2000 年国际商会专家对信用证保兑问题的意见和建议是:"国内一家银行有两分行 A 与 B,如果 A 分行对一笔信用证通知并加保,B 分行议付了该笔信用证,将视作为保兑行议付,故是终结性的无追索权的付款。依据的是 UCP500 第 2 条:一家银行在不同国家设立的分支机构视为另一家银行,则一家银行在国内的两家分行 A 与 B,在法律意义上只有一个法人,应视为一家银行。"

只是信用证可以特别规定不适用于以上的实务。R387 继续说:"When restricting a letter of credit, an issuing bank should restrict the credit to a particular bank without inferring that it applies to a specific branch of that bank within that country."实务中,似乎在 MT700 41A 中规定"available with Bank X, Branch Y in country Z only"或者如果 31D —date and place of expiry 中规定为该分行所在的城市,而在该城市只有一家分行即可。

至于开证行是否也适用以上实务呢?应该也适用。ICC 在 R440 的分析及结论中说:"The issuing bank of the letter of credit was Bank I, Branch H(Bank V). The message issuing the credit referred to the applicant bank as being the Branch P of this bank. In a letter of credit situation, where it is issued in the same country, the issuing bank is the name of the banking entity and is not further qualified by an individual branch. Reference in these documents to the name of the issuing bank following by the actual branch of the applicant would not be considered discrepant."需要注意的是,这个实务与作为备用证专门适用规则的 ISP98 2.02 并不相同,它作了具体规定:"就本规则而言,开证人的分支机构、代理机构,或其他办事处,如果是以开证人以外的身份作出或承诺作出备用证下的行为,则仅负有该身份下的义务,并应视为不同的人。"

03—015

Article 3(6) 单据出具人的模糊用语

单据的出具人不同,其内容的可信度与权威性可能不一样,从而会影响交易对手对单据背后所涉及的基础交易的信任。为了确保交易安全,申请人可能会要求开证行在信用证中对出具人的资格作出一些特殊要求。

Article 3(6):
Terms such as "first class", "well known", "qualified", "independent", "official", "competent" or "local" used to describe the issuer of a document allow any issuer except the beneficiary to issue that document. 用诸如"第一流"、"著名的"、"合格的"、"独立的"、"正式的"、"有资格的"、"本地的"等词语描述单据出单人时,允许除受益人之外的任何人出具该单据。

从本款的规定可以看出:

第一,单据出具人有哪些模糊用语。

对单据出具人资格的特殊要求,常常包括使用诸如"第一流"、"著名的"、"合格的"、"独立的"、"正式的"、"有资格的"、"本地的"等词语描述单据出具人。实务中,常见的类似词语还有"public","authorized","recognized"等,似乎都应类似解释。根据 ISBP 681 Para 21,此类用语还应包括"third party"。其实,此类用语,含义并不清楚。

比如:信用证规定"Certificate of weight must be issued by a well-known surveyor."受益人可能认为自己已经足够"著名(well-known)"了,开证行与申请人却可能持相反的看法。

再比如:信用证规定"Certificate of quality must be issued by local person."那么,怎样算"当地(local)"呢?是受益人所在国,还是货物制造国,还是货物发运国?都有可能。

第二，单据出具人模糊用语下，单据应由受益人以外的任何人出具。

由于上述类似用语含义并不清楚，所以，似乎由受益人以外的任何人出具均可。尽管如此，有一点似乎还是明确的，即在普遍承认的意义上，此类用语往往不包括受益人。所以，此时单据应限定由受益人以外的任何人出具。

需要注意的是，实务中应考虑合乎实际，不能因为本款的解释，单据便可以由毫不相关的一方出具。阎之大先生在《UCP600 解读与例证》一书中举了一个例子：信用证要求提供由独立检验机构出具的植物检疫证明，如果该证明由与植物检疫沾不上边的议付行出具，则有可能因不合情理而引起纠纷。

03—0151

单据出具人 vs. 签署人

单据的出具人（issuer），得名于其出具（issue）单据的行为。

何谓单据的出具呢？

这是 UCP 没有谈清楚但实务中总是涉及的问题。《美国传统辞典（双解）》说："issue, to be circulated or published. 发行，出版"，或者"To spring or proceed from a source. 由……产生，源自"。概而言之，文件的出具，即文件的制定、发布。与此相似，单据的出具，即在单据上填写内容，并发送出去。

实务中，单据的出具，常常与单据的签署连在一起，而单据的出具人，常常与单据的签署人连在一起，单据出具后，往往经出具人签署证实。比如，汇票、提单、保单、证明、声明等，此类单据须经签署证实后方可使用。于是，就形成一个误会，似乎凡有签署，必是出具人所为。

其实不然，单据的出具与签署并不完全相同，平时也能常常看到出单人与签署人分离的情况。比如：信用证安排中的商业发票，未经要求可以不加签署，即可使用。还比如：公司内部，文书一般由经办人员出具，经有权人签署对外生效。验收报告，由被验收方出具，由验收方签署。检验证由受益人出具，由申请人签署。

单据经出具而产生。本条第（3）款"单据的签署"一节的解读中提到，签署是单据的一种证实方式。单据经签署，将具有法定的直接证据效力。但是，签署作为单据的一种证实方式，它是单据签署人对单据出具内容的一种确认，即确认单据为 A 而非 B 出具，从而确认单据出具内容的真实性。

因此，在法律意义上，单据上的出具人与签署人有不同的责任。ICC China 在 ICCCR025 中说："很多单据上载有'证实人（certified by）'或'确认人（confirmed by）'，此种身份的人对单据的责任在某些法律下等同于出具人，而在另一些法律下可能只被要求对单据的表面真实性负责，不同于单据的出具人必须对其出具的内容负责。例如，当信用证要求产地证由商会出具，而实际提交的单据仅由商会证实，此时如单据的内容不真实，而根据适用的法律证实人不对单据内容真实性负最终责任时，开证申请人将得不到其原本因信任商会而要求商会作为出具人出具单据的预期保护，这对申请人是不合理的。"显然，单据的签署，作为一种证实方式，也是同样的道理。

03—0152

单据出具人的识别

单据的出具是一个无形的行为。然而,实务中,常常需要判断单据的出具人。那么,从单据本身和单据表面上看,谁是单据出具人呢?

ISBP 681 Para 22:
If a credit indicates that a document is to be issued by a named person or entity, this condition is satisfied if the document appears to be issued by the named person or entity. It may appear to be issued by a named person or entity by use of its letterhead, or if there is no letterhead, the document appears to have been completed or signed by, or on behalf of the named person or entity. 如果信用证要求单据由某具名个人或实体出具,只要单据看似由该具名个人或实体出具,即符合信用证要求。单据使用该具名个人或实体的信头,或如果未使用其信头,但看似由该具名个人或实体或其代理人完成或签署,即为看似由该具名个人或实体出具。

从本段可以看出:

第一,如果信用证要求单据由某具名个人或实体出具,只要单据看似系由该具名个人或实体出具,即符合信用证要求。这是判断单据出具人的原则。

本段只在于说明,如果信用证规定了单据的具名出具人,则表面上必须满足即可。比如:单据没有函头也没有签署,却在落款处打印有该具名出具人"issued by ABC co., ltd.",应该算满足了信用证的要求。

显然,如果是 UCP 或 ISBP 要求,则似乎也可以参照。比如:根据 ISBP 681 第 53 段,汇票必须由受益人出具;根据本惯例第 18 条 a(i)款,商业发票必须由受益人出具;根据本惯例第 14 条 l 款,运输单据可以由任何人出具,但无论如何必须表明特定的出具人;根据本惯例第 28 条 a 款,原则上保险单据必须由保险人或其代理或代表出具,而根据 ISBP 681 第 171 段只要由保险人或其代理或代表签署,由保险经纪人出具也可接受。

话说回来,信用证、UCP 或 ISBP 均未要求出具人呢? 根据本惯例第 14 条 f 款似乎可以看出,运输单据、保险单据或者商业发票以外的单据,任何人出具均可以,而且可以不显示出具人身份或名称。比如:装箱单(packing list)其实可以没有出具人;而装船通知的传真报告(fax report),则常常并没有标明出具人。

第二,使用印有该具名个人或实体名称的函头(letterhead),这是判断单据出具人的第一种方法,也是优先考虑的方法。

通常情况下,一个实体出具单据,往往使用带有格式,或不带有格式的函头。函头中的实体名称就默认为单据的出具人。

那么,什么是函头(letterhead)呢?《美国传统辞典(双解)》说:"letterhead, the heading at the top of a sheet of letter paper, usually consisting of a name and an address. 信笺抬头，一张信纸顶端的标题，通常由名称和地址组成；"或者"Stationery imprinted with such a heading. 印有这种抬头的信笺。"

一个实体通常不应该使用别的实体的函头，发票是常见的情况。比如：根据 UCP 和 ISBP，发票默认由受益人 ABC co., ltd. 出具。提交的发票，却带有 DEF co., ltd. 的函头。实务中，这是万万不可接受的，即使由受益人在发票上作了签署。

与此相似，在一个具名个人出具单据的情况下也适用。只是实务中，个人出具单据的情况极为少见，而个人出具单据时也很少有自己的函头。

第三，如果不使用函头，但看似由该具名个人或实体或其代理人完成或签署，则即为看似由该具名个人或实体出具，这是判断单据出具人的第二种方法，也是其次考虑的方法。

本条"单据出具人 vs. 签署人"一节的解读中提到，单据的出具人（issuer），常常与单据的签署人（signor）连在一起。在没有使用函头出具单据的情况下，判断单据出具人往往是看签署。不管是具名出具人亲自签署或是其代理人签署，均可视为该具名个人或实体本人出具。

有时会难以判断，一份原产地证明到底是谁出具的。比如：目前我国由贸促会或商检局签署的原产地证明，只有单据名称，而没有函头，即没有贸促会或商检局的名称。出具时，往往先由出口商填写内容，并作第一声明签署，再交由贸促会或商检局最后签署证实。此时，该原产地证明既可以视为出口商出具，也可以视为出口商代理贸促会或商检局完成，并经出口商和贸促会或商检局联合签署。

实务中，在要求单据由具名自然人出具的情况下，由于往往没有个人函头，此时，只能根据这里提到的第二种方法——签署，来满足信用证的要求。自然人的签字如果仅仅是一种符号，不能清晰地辨认出姓甚名谁，则须在签字处或单据内容中另外表明该自然人的姓名。

需要注意的是，在 UCP 或 ISBP 直接要求单据出具人时，似乎不能以单据上的代理签署来满足。比如：根据 UCP 和 ISBP 发票默认由受益人 ABC co., ltd. 提交的发票，没有函头信笺，却由 ABC co., ltd. 的代理人 DEF co., ltd. 代理签署。代理签署时显示了受益人 ABC co., ltd. 与代理人 DEF co., ltd.，然而，实务中，这似乎是万万不可接受的。

03－016

Article 3(7)　"迅速地"等词语是单据化条件吗

实务中，信用证条款常常使用"迅速地（immediately）"等类似词语。
那么，操作上应该如何看待此类条款呢？

Article 3(7)：
Unless required to be used in a document, words such as "prompt", "immediately" or "as soon as possible" will be disregarded. 除非要求在单据中使用，否则诸如"迅速地"、"立刻

地"、"尽快地"等词语将被不予理会。

UCP600在本款的解释中,基本上继承了UCP500的规定,只是类似用语的使用不再局限于修饰"发运日期(date of shipment)",而是扩展到了所有单据的几乎所有场合。

整体来说,信用证对一份单据的要求本身,就是一个单据化的条件。比如:信用证46A要求"shipping advice",则必须提交装船通知来满足;信用证46A要求"beneficiary's certificate"证明装船细节,则必须提交受益人证明来满足。

但是,这并不意味着,信用证要求中的每一个部分都是单据化的条件。比如:信用证46A要求"Beneficiary's certified copy of fax advising shipping details to applicant fax No. 1234567890 within 3 days after date of shipment."此时,则必须提交经受益人证明的"copy of fax"或"shipping advice",并载明装船细节,似乎却没有必要在"copy of fax"或"shipping advice"上体现"advising to applicant"或"fax No. 1234567890",也没有必要体现"advising within 3 days after date of shipment"。因为信用证要求的这些部分都是非单据化条件,它只能用事实证明。实务中,任何一个传真副本,似乎并不必然载有收件人名称、传真号码,以及传真时间。当然,如果传真副本上仍然载明了收件人等信息,不能与信用证规定矛盾。

如果信用证还要求"fax report"时,此时"fax report"则必须显示该申请人的"fax No. 1234567890",因为传真报告上应该打印传真号码。"fax report"显示的传真日期,同时必须与信用证"advising within 3 days after date of shipment"的这一要求保持一致。

如果信用证46A要求为:"Beneficiary must fax shipping details to applicant fax No. 1234567890 within 3 days after date of shipment, and beneficiary's certificate to this effect must be presented."此时必须提交受益人证明,而证明的内容必须体现"We, as beneficiary, have faxed shipping details to applicant fax No. 1234567890 within 3 days after date of shipment."此时,信用证该要求的所有内容均为单据化,均体现在受益人证明中。

同样,关于"迅速地"等词语的要求,也是相似的情况。

比如:信用证46A要求:"Beneficiary's certified copy of fax advising shipping details to applicant fax No. 1234567890 'immediately' after date of shipment."此时,则必须提交经受益人证明的"copy of fax"或"shipping advice",并载明装船细节,却没有必要在"copy of fax"或"shipping advice"上体现"advising 'immediately' after date of shipment"。因为信用证要求的"immediately"是非单据化条件。

如果信用证46A要求为:"Beneficiary must fax shipping details to applicant fax No. 1234567890 'immediately' after date of shipment, and beneficiary's certificate to this effect must be presented."此时必须提交受益人证明,而证明的内容必须体现"We, as beneficiary, have faxed shipping details to applicant fax No. 1234567890 'immediately' after date of shipment."这就是因为"immediately"已经单据化了。

正因为信用证对单据的要求本身可能带有非单据化条件,所以,本条作了上述规定——"迅速地"等类似词语原则上不予理会,因为其往往是非单据化条件;但有例外,即当其是单据化条件之时,则必须体现在单据上。

03-017

Article 3　确定发运日期和付款到期日的用语

发运日期和付款到期日,是信用证交易中非常重要的两个日期。本条给出了发运日期和付款到期日有关用语的标准解释。

第一,确定发运日期时的词语。

Article 3(9):

The words "to", "until", "till", "from" and "between" when used to determine a period of shipment include the date or dates mentioned, and the words "before" and "after" exclude the date mentioned. "至(to)"、"直至(until, till)"、"从……开始(from)"及"在……之间(between)"等词用于确定发运日期时包含提及的日期。使用"在……之前(before)"及"在……之后(after)"时则不包含提及的日期。

本款表明:
(1)"to"、"until"、"till"、"from"、"between"包含提及的日期。
(2)"before"、"after"不包含提及的日期。
这基本上符合日常的使用习惯。

有时在信用证中会看到"latest date of shipment:before 20070710."如果提交的运输单据显示发运日为"20070710",可以接受吗?这是一种不规范的措辞,完全可能被解读为最迟发运日不得晚于"20070709",因为"before"不包括提及的日期。当然也有可能被解读为开证行措辞不明,"latest"一词修饰的发运日中怎么会同时夹杂一个"before"字样呢? 如果开证行意欲最迟发运日为"20070709",则建议直接规定为"latest date of shipment:20070709",以避免不必要的麻烦。

值得一提的是,尽管本款的规定仅适用于发运日期的确定,但并不妨碍在确定其他日期时参照掌握,因为它符合人们的日常使用习惯。

第二,确定付款到期日时的词语:"from"、"after"或缺省。

信用证安排下的付款到期日的确定,根据付款期限而来。付款期限有四种:at sight、at xxx days after sight、at xxx days after xxx、at xxx。除了见票(单)即付和定日付款外,其他两种付款期限,或为见票(单)后定期付款,或为定日后定期付款,这两种均与"之后"的表达有关。

如何表达"之后"这一含义呢?

Article 3(10):

The words "from" and "after" when used to determine a maturity date exclude the date mentioned. "从……开始(from)"及"在……之后(after)"等词用于确定到期日时不包含提及的日期。

"after"表达"之后"这一含义,这是最常见的词语,含义也与日常的使用习惯一样。

"from"表达"之后"这一含义,这也是常见的词语,含义却与日常使用习惯不同。曾经因为"from"含义的不明确造成了业界理解和操作上的混乱,ISBP 及 UCP600 正是针对这一情况进行规范,而明确了用于确定付款到期日的"from"含义与"after"相同,从而使得确定付款到期日时的词语含义简单化。之所以如此规范,主要是为了与一些国家的票据法相统一,比如英国、日本等国票据法规定,票据上的付款期限如果使用"from"一词,并不包括所述日期,其意义等到同于"after"。

还有一种情况,即在表达"之后"这一含义时,采取缺省默认的办法。比如:"at xxx days sight","at xxx days draft date","at xxx days B/L date",或者在汇票上显示"at xxx days date"——即出票日×××天后,这些用语的含义也一目了然,与使用"after"、"from"时的含义并无两样。

03—018

Article 3　确定其他日期的用语

信用证实务中,除了发运日期和付款到期日外,常常还需要确定其他日期。确定其他日期时,常常也使用到前面提到的日期用语,此时其解释似乎可以参照发运日期的用法掌握。除此之外,还常常会使用其他一些日期用语,而这些用语极个别情况下也适用于发运日期和付款到期日,它们又将有怎样的含义呢?

第一,"within … after"。

ISBP 681 Para 16(a):

"within 2 days after" indicates a period from the date of the event until 2 days after the event. "在……后的2日内"(within 2 days after)指从事件之日起至事件后两日的期间。

比如:信用证 46A 规定:"Beneficiary's certified copy of fax advising shipping details which must be dispatched to applicant within 2 days after date of shipment. And fax report to this effect must be presented."提交的提单显示"date of shipment"为"Mar 1, 2007",而提交的"fax report"显示"fax date"为"Mar 1, 2007"、"Mar 2, 2007"、"Mar 3, 2007"均可接受。这是一个封闭的日期区间。当然,"fax report"上显示的常常不仅是"fax date",而是更精确的"fax time",具体则包括日期和时分秒,实务中日期以后的时分秒往往忽略不计。

第二,"not later than … after"。

ISBP 681 Para 16(b):

"not later than 2 days after" does not indicate a period, only a latest date. If an advice must not be dated prior to a specific date, the credit must so state. "不迟于……之后2日"

(not later than 2 days after)非指一期间,而是指最迟日期。如果要求通知日期不得早于某个特定日期,则信用证必须明确规定。

同样是上述的例子,信用证46A规定:"Beneficiary's certified copy of fax … not later than 2 days after date of shipment…"提交的提单显示"date of shipment"为"Mar 1, 2007"。而提交的"fax report"显示"fax date"为"Feb 28, 2007"、"Mar 1, 2007"、"Mar 2, 2007"、"Mar 3, 2007"均可接受,只要不晚于"Mar 3, 2007"。这是一个开放的日期区间。

第三,"at least … after"。

ISBP 681 Para 16(c):

"at least 2 days before" indicates that something must take place not later than 2 days before an event. There is no limit as to how early it may take place. "至少在……之前2日"(at least 2 days before)指某一事项不得晚于某一事件前两日发生。该事项最早可以何时发生则无限制。

还是上述的例子,信用证46A规定:"Beneficiary's certified copy of fax … at least 2 days before date of shipment…"提交的提单显示"date of shipment"为"Mar 1, 2007"。而提交的"fax report"显示"fax date"为"Feb 25, 2007"、"Feb 26, 2007"、"Feb 27, 2007"均可接受,只要不晚于"Feb 27, 2007"。

第四,"within … of"也是一个开放的日期区间。

ISBP 681 Para 16(d):

"within 2 days of" indicates a period 2 days prior to the event until 2 days after the event. "在……的2日内"(within 2 days of)指一事件的前两日至后两日之间的期间。

还是上述的例子,信用证46A规定:"Beneficiary's certified copy of fax … within 2 days of date of shipment…"提交的提单显示"date of shipment"为"Mar 1, 2007"。而提交的"fax report"显示"fax date"为"Feb 27, 2007"、"Feb 28, 2007"、"Mar 1, 2007"、"Mar 2, 2007"、"Mar 3, 2007"均可接受。这是一个封闭的日期区间。

第五,"within"。

ISBP 681 Para 17:

The term "within" when used in connection with a date excludes that date in the calculation of the period. 当"在……之内"(within)与日期连用时,在计算期间时该日期不包括在内。

实务中,似乎很少看到"within"一词单独使用的情况。

第六,"on or about"类似用语。

Article 3(8):

The expression "on or about" or similar will be interpreted as a stipulation that an event is to occur during a period of five calendar days before until five calendar days after the specified date, both start and end dates included. "在或大概在(on or about)"或类似用语将被视为规定事件发生在指定日期的前后五个日历日之间,起讫日期计算在内。

仍是上述的例子,信用证46A规定:"Beneficiary's certified copy of fax … on or about the date of shipment…"提交的提单显示"date of shipment"为"Mar 1,2007"。而提交的"fax report"显示"fax date"为"Feb 24,2007"、"Feb 25,2007"…"Mar 1,2007"…"Mar 6,2007"前后共11天均可接受。这也是一个封闭的日期区间。

需要注意,"on or about"这三个单词是一个整体,并非将"on"和"about"分开使用。如果信用证46A规定:"Beneficiary's certified copy of fax … on the date of shipment.…"提交的提单显示"date of shipment"为"Mar 1,2007",则提交的"fax report"的"fax date",只能显示为"Mar 1,2007"才算满足要求。而如果信用证46A规定:"Beneficiary's certified copy of fax … about the date of shipment…",所涉及的"about the date of shipment"是一个没有定义的用语,谁也不知道它是何意。正确理解这一点,有助于申请人申请时或开证行开证时正确措辞,避免词不达意。

"on or after"可以参照解释。只是提交的"fax report"显示"fax date"须为"Mar 1,2007"…"Mar 6,2007"以及之后的任何一天。这是一个半封闭的日期区间。

第七,月份用语。

Article 3(11)/(12):

The terms "first half" and "second half" of a month shall be construed respectively as the 1st to the 15th and the 16th to the last day of the month, all dates inclusive. "前半月"及"后半月"分别指一个月的第一日到第十五日及第十六日到该月的最后一日,起讫日期计算在内。

The terms "beginning", "middle" and "end" of a month shall be construed respectively as the 1st to the 10th, the 11th to the 20th and the 21st to the last day of the month, all dates inclusive. 一个月的"开始(beginning)"、"中间(middle)"和"末尾(end)"分别指第一到第十日、第十一日到第二十日及第二十一日到该月的最后一日,起讫日期计算在内。

以上有关月份的两种表达形式在UCP500中只适用于修饰发运期间。在UCP600中,这些用语,仍然主要在发运期间中使用。尽管如此,目前的实务中已经很少使用这些词语。正如阎之大先生所言:"可以预见,将来更新的惯例终将会把它们删除。"

Article 4

信用证安排与合同

a. A credit by its nature is a separate transaction from the sale or other contract on which it may be based. Banks are in no way concerned with or bound by such contract, even if any reference whatsoever to it is included in the credit. Consequently, the undertaking of a bank to honour, to negotiate or to fulfil any other obligation under the credit is not subject to claims or defences by the applicant resulting from its relationships with the issuing bank or the beneficiary. 就其性质而言,信用证与可能作为其开立基础的销售合同或其他合同是相互独立的交易,即使信用证中含有对此类合同的任何援引,银行也与该合同无关,且不受其约束。因此,银行关于承付、议付或履行信用证项下其他义务的承诺,并不受申请人基于其与开证行或与受益人之间的关系而产生的任何请求或抗辩的影响。

A beneficiary can in no case avail itself of the contractual relationships existing between banks or between the applicant and the issuing bank. 受益人在任何情况下不得利用银行之间或申请人与开证行之间的合同关系。

b. An issuing bank should discourage any attempt by the applicant to include, as an integral part of the credit, copies of the underlying contract, proforma invoice and the like. 开证行应劝阻申请人试图以基础合同、形式发票等文件作为信用证组成部分的做法。

【本条导读】

本惯例第 2 条"信用证"定义——"信用证的本质是一个单据交易安排"——一节的解读中提到,信用证是开证行和受益人之间的一个"特殊"的单据交易安排,其特殊之处的一个方面就在于横向关系上的独立性。

本条便对信用证的独立性作了规定。

本条的解读,一方面剖析了信用证的独立性,另一方面则表明了信用证安排的独立性并非绝对。

04-019

Article 4(a) 信用证的独立性

信用证本身,即跟单信用证安排的本质是一个"单据交易安排",它的内容是开证行与受益人之间的单据交易。然而,信用证安排并非横空出世,它来源于开证行申请书和基础合同的规定,信用证安排也并非孤立存在,它的展开必须基于银行的服务,从而必须依赖于银行间安排。那么,信用证安排与基础合同、开证申请书、银行间安排是什么关系呢?

Article 4(a):

A credit by its nature is a separate transaction from the sale or other contract on which it may be based. Banks are in no way concerned with or bound by such contract, even if any reference whatsoever to it is included in the credit. Consequently, the undertaking of a bank to honour, to negotiate or to fulfil any other obligation under the credit is not subject to claims or defences by the applicant resulting from its relationships with the issuing bank or the beneficiary. 就其性质而言,信用证与可能作为其开立基础的销售合同或其他合同是相互独立的交易,即使信用证中含有对此类合同的任何援引,银行也与该合同无关,且不受其约束。因此,银行关于承付、议付或履行信用证项下其他义务的承诺,并不受申请人基于其与开证行或与受益人之间的关系而产生的任何请求或抗辩的影响。

A beneficiary can in no case avail itself of the contractual relationships existing between banks or between the applicant and the issuing bank. 受益人在任何情况下不得利用银行之间或申请人与开证行之间的合同关系。

本款对此做了回答,信用证安排独立于开证申请书,也独立于基础合同,还独立于银行间合同关系。这就是信用证的运作特性之一——横向关系上的独立性。

从本款可以看出:

第一,就其性质而言,信用证与可能作为其开立基础的销售合同或其他合同是相互独立的交易,即使信用证中含有对此类合同的任何援引,银行也与该合同无关,且不受其约束。

这里点明的是信用证独立于基础合同,可能是货物销售合同,也可能是与货物销售有关或无关的其他合同,依单据背后基础合同的标的而定。有时,信用证中含有对基础合同的援引,这里特别强调了该援引并不影响信用证安排的独立性。

独立性是信用证安排运作的一块基石。这一基础性作用通过以下方面得以实现:[①]

"(1)独立性原则将商业信用转换为银行信用。

"如果信用证不是独立于基础合同之外,而是允许申请人以基础合同纠纷为理由作为要求

[①] 引自冯忠明、李晓英、陈杨:"信用证独立性原则的困境与出路",《云南财贸学院学报》,2005.2

银行不予支付的抗辩,则在受益人看来,以信用证结算和以传统方式结算并无二致,因为申请人仅是多了一道向银行申请的手续而已,其仍然能以货物瑕疵等为理由拒付,银行此时只是一个付款的简单中介而已,受益人的货款仍然处于极不稳定的状态之中。而如果实行独立性原则,信用证独立于基础合同,受益人只要履行了基础合同中的义务,并向银行提交了单据,银行就不能以基础合同中的纠纷为理由拒付。此时的付款责任人变成了银行,买方的商业信用变成了银行信用,买方破产、拒付等风险转嫁到了银行身上,这无疑是对受益人的极大保障。

"(2)独立性原则使开证行免除了监督合同履行的责任。

"如果缺乏独立性原则,申请人能够轻易以基础合同纠纷拒绝偿付开证行,那么银行将成为合同履行的监督人。各家银行无疑会小心翼翼地检查合同的每一项条款是否得以严格履行,以免成为受益人的替罪羊。实际上银行并无能力做到这一点,即使能够做到,也不符合经济原则。而独立性原则将银行从基础合同纠纷的泥沼中拉出,使其成为独立的第三方,银行仅在业务范围内对单据进行表面审核,而不管合同的实际履行状况。这是银行愿意开展信用证业务的重要前提条件。"

第二,银行关于承付、议付或履行信用证项下其他义务的承诺,并不受申请人基于其与开证行或与受益人之间的关系而产生的任何请求或抗辩的影响。

信用证安排构成了开证行的承付承诺,而包括保兑行在内的指定银行承付或议付承诺,偿付银行的偿付承诺等等,则为开证行承付承诺的自然延伸。以开证行的承付承诺为例,信用证安排的独立性首先表现为其承诺不受申请人的影响,具体而言,包括两个内容:

——开证行的承付承诺,不受申请人基于其与开证行之间关系而产生的"请求"的影响。

尽管申请人不是信用证的当事人,信用证安排下开证行的承诺独立于开证申请书,实务中,开证行收到交单,在承付之前,不管是否有不符点,往往都会征求申请人的意见,并基于申请人的反馈而相应予以承付或拒绝承付。

比如:申请人由于资金紧张,无法履行开证申请书下对开证行赎单付款义务,有时便名为"请求",实为"怂恿"开证行挑剔不符点,或延缓付款,或拒绝付款,如果开证行将就为之,此种不良作风则有损开证行信誉。因为信用证安排下的开证行负有独立的承付相符交单的责任,与约束开证行和申请人关系的开证申请书无关,也与约束申请人和受益人的基础合同无关,从而与申请人的任何"请求"无关。

——开证行的承付承诺,不受申请人基于其与开证行或与受益人之间的关系而产生的"抗辩"的影响。

实务中,开证行的开证过错,只能根据开证行和申请人之间的开证申请书的约定,承担UCP之外的约定责任,并不影响开证行在信用证安排下的承付相符交单的责任。比如:开证申请书的货物描述为"LME REGISTERED GRADE NO. 1",开证行对外开证时经办人疏忽,开成了"LME REGISTERED GRADE NO."结果,受益人交单货物描述为"LME REGISTERED GRADE NO."。此时,申请人如果不愿意赎单付款,开证行不能援引申请人的"抗辩",或援引申请人的"抗辩"理由,而对受益人相符交单予以拒付,而只能予以承付。至于由于申请人"抗辩",不向开证行全额付款,或延迟付款,开证行因此可能承担风险、赔偿损失等,这是开证行与申请人之间的事,与开证行在信用证安排下的承付相符交单的承诺无关。

有时,进出口双方之间的交货纠纷也常常成为影响信用证下开证行无法正常承付的重要原因。比如,基础合同中规定"men jacket 1 000 sets";提交的提单显示集装箱运输,还显示

"men jacket 1 000 sets"和"shipped, counted and said by shipper"。申请人打开集装箱后，发现实际少装"10 sets"，仅为"990 sets"。此时，申请人不能基于受益人未完全履行其和受益人之间签订的基础合同，而向开证行提起抗辩，拒绝全额付款赎单。因为基础合同仅约束申请人与受益人双方，并不约束未参与签订基础合同的开证行。

尽管如此，在开证申请书下申请人必须全额付款赎单，但这并不意味着申请人的损失无法得到法律的救济。在基础合同下，申请人仍可以援引有关条款，以交货不足为由要求受益人赔偿，或返还部分货款。在严重的情况下，申请人还可以以受益人欺诈为由，提起诉讼，要求开证行止付信用证安排下款项。比如：基础合同中规定"men jacket 1 000 sets"；提交的提单显示集装箱运输，还显示"men jacket 1 000 sets"和"shipped, counted and said by shipper"。申请人打开集装箱后，发现实际严重少装，仅为"10 sets"，少装了"990 sets"。此时，受益人已经涉嫌欺诈，申请人可以援引欺诈例外，要求法院签发止付令，要求开证行止付，保全利益。

第三，受益人在任何情况下不得利用银行之间或申请人与开证行之间的合同关系。

与申请人不是信用证安排的当事人不同，受益人是信用证安排的基本当事人之一。然而，开证行在信用证安排外对受益人的承诺仅仅局限于其规定，并不涉及信用证安排以外的内容。换言之，在信用证安排下，受益人的利益也不得随意扩大，包括不得利用银行之间或申请人与开证行之间的合同关系。

——受益人不得利用银行之间的合同关系。

银行之间的合同关系，签订于银行各方之间，仅约束银行各方，也可为银行各方所利用。由于这些合同关系中受益人均不是当事人，所以不约束受益人，受益人也不得利用。

银行之间的合同关系，包括开证行对指定银行的委托承付和允许议付的授权。受益人不能因为有此指定，而要求指定银行承付或议付相符交单，因为指定仅仅是开证行与指定银行之间的事。这与本惯例第12条a款"除非指定银行为保兑行，对于承付或议付的授权并不赋予指定银行承付或议付的义务，除非该指定银行明确表示同意并且告知受益人"的规定相呼应。

——受益人不得利用申请人与开证行之间的合同关系。

申请人与开证行之间的合同关系，主要指开证申请书；修改、撤销申请书是其延伸。

在开证申请书中，往往规定如保证金条款、银行免责条款。一些开证申请书上常见关于申请人缴纳保证金的条款："本申请书自保证金缴纳到贵行指定的保证金账户后生效。"还有一些开证申请书上常见对于开证行的免责条款："本信用证项下汇票及/或单据纵事后证实系伪造或有其他不符点，概与贵行无关，其汇票及/或单据本公司愿予照付。"由于开证申请书等，仅仅约束申请人和开证行，所以受益人也不得利用。

但是以下情况是例外：

开证行应申请人要求出具并签署了提货担保函时，或者开证行应申请人要求签收或背书了运输单据，并交由申请人提货后，开证行不能依据本款拒付受益人的交单，即使单据上有不符点。因为，开证行已经卷入了基础交易。只要未付款，拒付之后，单据所有权归受益人所有，受益人如果要求退单提货，开证行或者将因此承担提货担保下赔偿之责，或者开证行已经无单可退。

04—0191

将错就错的风险与基础合同并不独立于信用证

信用证独立于基础合同,到这里已经了然。而反过来,基础合同是否独立于信用证呢?

信用证安排,只是构成了开证行对受益人相符交单确定承付的承诺,但是这一承诺并不构成申请人作为买方的付款责任的全部。前面的解读中提到,信用证安排来源于基础合同和开证申请书。在基础合同下,买方有义务委托开证行开出合格的信用证。这其间,开证申请书和信用证本身可能与基础合同内容完全一致,也可能与基础合同内容不完全一致或冲突。

——完全一致是理想的状态,但这几乎不可能。按道理,买方应该根据基础合同,来缮制开证申请书向开证行申请开证,开证行应该根据开证申请书的内容正式对外开证,而卖方应该根据收到的出口来证的内容来缮制出口单据,从而自然遵循基础合同规定的内容。这种情况下,买卖双方将相安无事。

——不完全一致是常态。但是,完全一致的情况在实务中存在的可能性微乎其微,因为基础合同往往只规定单据交易要点,而信用证安排却规定了单据交易细节,这是一个全新的安排,二者根本不可能完全一样,所以,几乎所有的信用证内容都与基础合同不完全一致,这是常见的状态。这种不完全一致,在实务中具体将体现为,信用证安排下买方的义务比基础合同有所放大,或者是有所缩小,相应地卖方的权利比基础合同会有所缩小,或者有所放大。

——有时会出现内容冲突。比如,进口方根据基础合同缮制开证申请书错误,或者开证行根据开证申请书缮制信用证错误。

对于不完全一致或冲突,特别是冲突的情况下,卖方应该如何出单?又该如何出货呢?

如果信用证内容与基础合同冲突,慎重的做法是,应及时提出异议并与申请人协商改证或修改合同。如果在未修改信用证或修改基础合同的情况下,受益人贸然出单或出货,无论是按照信用证条款制单,还是按照合同条款制单,都存在较大风险。实务中往往存在着以下三种错误的倾向:

(1)片面理解信用证独立性,认为只要单证相符,可以将错就错,不修改信用证。实际上,如果按照信用证条款制单,将构成基础合同违约。

比如:基础合同所定货物为"walnut meats in tin(听装核桃仁)",开来信用证却笼统地描述为"walnut meats"。这就要求受益人接到信用证后仔细审核,对不清楚的地方或不能接受的改变要求申请人改证。如果受益人仍按信用证规定货物描述出货并制单,即"walnut meats",而未加听装,尽管相符交单,严重者申请人要求法院止付,许多时候申请人或者会怂恿开证行挑剔不符点拒付,即使开证行正常付款,并不妨碍申请人在基础合同下要求受益人赔款。

还比如:内地A公司与香港中间商B公司签订了一份价值318 886美元的货物买卖合同,其中包装条款明确规定,货物均以三夹板箱盛放,每箱净重10公斤,两箱一捆,外套麻包。合同签订之后,B公司如期通过某银行香港分行开出不可撤销信用证。A公司收到信用证后,发现信用证与货物买卖合同的包装条款不同,信用证的包装条款没有要求箱外加套麻包的内容。为了保证收汇安全,A公司按信用证规定都不加麻包。全部货物装运后,A公司将全套单据交银行办理收汇。银行审核单据后未提出不符点。货到香港后,B公司来电称,由于所有货物未套麻包,需在香港重新打包才能转口出售,额外费用估计20 860美元,该笔费用应由A

公司承担。A公司辩称，包装完全符合信用证要求，故不承担任何责任。后经双方协商，A公司承担了14 000美元。

（2）认为对方是老客户，尽管信用证有明显错误，仍按照合同或货物实际缮制单据。实际上，如果按照基础合同条款制单，必然会遭到开证行拒付。

比如：基础合同中货物描述为"CHI"，来证误为"CH1"，受益人认为对方是老客户，肯定接受货物，故未要求修改信用证，仍按"CHI"制单。开证行提出拒付。虽经周折最后付款，但延迟了几个月的时间。

又比如：来证误将货物描述写为"PVC RESIN XS－3"，实际合同中货物为"PVC RESIN KS－3"。受益人按合同制作发票，同时将信用证的货物描述放在括号内，即"PVC RESIN KS－3(XS－3)"。开证行认为单证不符，拒绝接受。这种因单据制作中的画蛇添足引起的麻烦，实务中是常可以见到的。

还比如：基础合同规定货物包装用"编织袋或(OR)玻璃纤维袋"，来证没有"OR"字样。公司未要求修改信用证，按照惯例及合同的规定，以其中的一种包装发货并制单。时值国外市场不好，开证行认为信用证要求的是用"编织袋和玻璃纤维袋"二者包装，仅用一种包装是不符点，开证行拒付。最后货物转卖另一客户，少收汇5 000美元。对信用证的关键错误最好要求开证行澄清，因为受益人对信用证条款中的错误进行推测和判断并据以更改有时是有风险的。

（3）按基础合同规定发货，却按信用证规定制单，其实是单据未反映实际发货情况。

比如：信用证上规定货物名称错写为"烤花"，公司为了使单证相符，顺利收汇，按合同发运"素色绒"，但在发票上照打"烤花"。这样虽然做到了单证相符，却出现了单据与实际货物不符，给进口方的清关带来了困难。进口方以发票与实物不符被海关罚款为由提出索赔，后经商务处多次做工作，出口公司赔付货款10%了结此案。

实际上，基础合同并不独立于信用证安排。具体表现在以下两个方面：

第一，当信用证条款与基础合同条款不同时，以何者为准？

在法学界有一种广为流传的说法，在不构成实质性不同时，可以把信用证视为对基础合同的修改、补充、解释。一旦受益人接受即意味着该修改也将约束受益人。而如果仅仅是补充或解释，则受益人既要满足基础合同要求，也要满足信用证要求，才能正常收款。

比如：在Enrico Furst & Co. v. W. E. Fischer Ltd. 一案中，信用证没有按买卖合同的规定予以保兑，但卖方对信用证没有提出异议，而是要求买方将信用证延期。后卖方以信用证与合同不符为由诉诸法院要求解除合同。英国法院判决，卖方无权再解除合同，因卖方已放弃了要求严格按合同履行的权利。

又比如：在Ficom S. A. v. Sociedad Cadex Limitada 一案中，英国海事法院的Robert Goff法官认为，如果买卖合同规定以信用证付款，而买方开立的信用证条款与买卖合同不符，此后双方当事人可以通过统一该信用证条款的方式对买卖合同作出变更。如果当事人在买卖合同中对应当开立的信用证条款未作规定，此时，当事人后来同意的信用证条款可以补充合同空缺，从而作为买卖合同的补充。

第二，当信用证安排下相符交单交货不合格，或不符交单交货却合格时呢？

——相符交单下，一方面开证行必须承付，申请人必须赎单；然而相符交单并不等于相符交货，万一交货不合格，申请人还可以根据基础合同对受益人提起诉讼，要求赔偿或退款，当然国际贸易中的法律纠纷，由于远跨不同国度，复杂性非国内贸易所可比拟。

——不符交单下，开证行便没有必须承付的义务，尽管绝大多数信用证安排最终都是以开证行承付为结局,因为信用证安排是一个"付款工具",而不是"拒付工具"。极少数情况下,申请人不赎单,开证行不承付,往往是由于交货不合格引起。话说回来,在不符交单下,即使开证行拒付,只要交货相符,受益人仍可以援引基础合同要求申请人直接付款,只是此时基于申请人的信用而已。有人说,"我们认为,处理履行合同过程中涉及的信用证不符等问题,其复杂性远远超过了单独处理信用证法律关系和单纯的买卖合同关系。单独处理信用证关系时,可以适用 UCP500,并以信用证与基础合同关系相独立,单证严格相符原则作为判断的依据。如果单独解决买卖合同关系,可以依据买卖法,并以卖方是否根本违反合同作为买方有权解除合同的条件。而当两者交织在一起时,即信用证成为买方有条件付款方式,而信用证纠纷导致合同纠纷时,却无从援引相关的法律或国际惯例来处理由此产生的纠纷。实践中,这些问题的解决,很大程度上须依赖法官和仲裁员的自由裁量权,存在很大的不确定性。"①但无论如何,信用证安排下开证行拒付,并不因此确定了申请人就解除了接受交货、直接付款的责任。很明显,这是个法律问题。

总之,不管是 UCP 意义上,还是法律意义上,基础合同并不独立于信用证。在英国早期一判例 Urquhart Lindasy & Co. v. Eestern Bank 中,Rowlatt 法官认为:"据我看来,信用证绝不应受销售合约的限制,后者必须适用于信用证。"这进一步印证了本惯例第 1 条"UCP 效力 vs. 法律"一节中提到的一个观点,法律效力优于 UCP。同时,这也暗含了本惯例第 1 条"信用证的'独立抽象性'、'欺诈例外'及'欺诈例外的例外'原则"一节的解读中提到的信用证的"欺诈例外"原则。

而从这里可以看出,本条的"信用证与可能作为其开立基础的销售合同或其他合同是'相互独立'的交易",这一译法并不完全正确。

简言之,"信用证独立性原则作为信用证制度的基石,这种独立性只包括信用证一经开立就独立于其所依据产生的基础合同,不受其约束,而不包括基础合同相对于信用证的独立性。这种独立性是具有单向性的,而不是双向的。"②

04 – 020

Article 4(b) 信用证中援引基础合同

UCP 赋予信用证安排独立于基础合同,这显然不利于申请人利益的保护。但是,在实务中,作为基础合同买方的申请人,并不善罢甘休,往往会想尽一切办法,试图破坏信用证的这一独立性。实务中包括以下几种情况:

第一,在信用证中直接援引基础合同、形式发票。

针对这种情况,本条 a 款规定——"就其性质而言,信用证与可能作为其开立基础的销售合同或其他合同是相互独立的交易,即使信用证中含有对此类合同的任何援引,银行也与该合

---

① 引自吴永平:"信用证关系对买卖合同的影响",《国际经贸探索》,2002.4
② 引自尹雪萍:"浅析信用证独立性原则的单向性",《河南司法警官职业学院学报》,2006.6

同无关,且不受其约束。"

比如:信用证 45A 中规定:"details as per contract No. 123456",而不附随对应的基础合同或形式发票。提交的发票上只需显示此文句即可,而无须理会基础合同到底作了什么有关细节方面的规定。此时,即便受益人提交了基础合同,银行仍将视其为未规定单据,而不予以审核。

对于这种情况,ICC459 Case 133 和 ICC489 Case 266/Case 268 提出了意见:如果信用证未附随该形式发票,银行便无须审核该形式发票,只要商业发票按信用证规定注明"goods as per proforma invoice No. xxx dated xxx",即满足了信用证关于货物描述的要求。另外,提交的发票上,仅显示该合同号或形式发票号是不够的。ICC China 在 ICCCR037 中说:"信用证在货物描述中规定所有细节根据某合同,则提交的发票上要么直接声明所有细节根据该合同,要么以其他方式表明其所列细节系根据该合同,总之要以某种方式证明该条件得到满足。在发票的备注栏中注明合同号,其意义并不明确,一般解释为说明交易与此合同有关联,发票是在该合同项下,但是否严格遵守了合同各项规定却不得而知。因此,本案中……不符点成立。"

值得注意的是,本款的规定只是阻断了直接援引方式下,信用证与基础合同的关系,即不受该合同约束。在其他方式下,比如把基础合同、形式发票规定为信用证的组成部分,或者信用证中把基础合同和形式发票作为一种规定单据要求提交时,则不适用。

为此,ICC 提出了以下建议:

ISBP 681 para 1:

The terms of a credit are independent of the underlying transaction even if a credit expressly refers to that transaction. To avoid unnecessary costs, delays, and disputes in the examination of documents, however, the applicant and beneficiary should carefully consider which documents should be required, by whom they should be produced and the time frame for presentation. 信用证独立于基础交易,即使信用证明确提及了基础交易。但是,为避免在审单时发生不必要的费用、延误和争议,开证申请人和受益人应当仔细考虑要求何种单据、单据由谁出具和提交单据的期限。

第二,将基础合同、形式发票作为信用证组成部分。

这是本款所提到的又一种破坏信用证独立性的做法,历来为 UCP 所反对。

申请人错误地认为这样能保护自己的利益。实际上,信用证越复杂就越容易引起问题。因为银行的责任仅为审核单据,而不是检查货物。只要受益人存心欺诈,申请人的权益仍不一定能得到实质保障。正像 ICC459 Case 8 所指出的,与其寄希望于加注过多细节来避免欺诈,倒不如开证前加强对受益人的资信调查,避免与无赖做交易。ICC515 说,"了解对方可能比知道怎样做更为重要"。实际上,在 UCP 意义上,信用证安排的条款本身只能在一定程度上规避交易过程的操作风险,却无法规避交易对手的信用风险。

另一方面,信用证中的过多细节,对于受益人来说,似乎是申请人恶意所为,使受益人可能忽略某些条件或者造成所提交的单据存在不符点,从而使申请人只要愿意便可以拒收这些单据。

所以,UCP 极力反对信用证中的过多细节。

正确的做法是,申请人和受益人均应当考虑清楚要求何种单据、单据由谁出具和提交单据的期限等单据要点,并落实在基础合同中,最终体现在信用证安排中。而如果没有清楚考虑有关信用证的有关细节,常常使得信用证无法执行,或无法顺利执行,交单时将产生不必要的费用、延误和争议。只有清楚考虑有关细节,并正确地融于信用证条款中,许多问题才能在执行过程中得以避免或解决。正因为如此,ICC提出了以下忠告:

ISBP 681 Para 5:

Many of the problems that arise at the examination stage could be avoided or resolved by careful attention to detail in the underlying transaction, the credit application, and issuance of the credit as discussed. 如果对基础交易、开证申请和信用证开立的细节多加注意,在审单过程中出现的许多问题都能得以避免或解决。

奇怪的是,UCP对这一做法并没有一棍子打死,仅仅加以劝阻而已。或许,在特殊的贸易实务中,有不得不把基础合同、形式发票等文件作为信用证组成部分的时候。对此,ICC515的解释是:"这些限制可能侵犯当地法律,而这些法律要求开立信用证或修改时应有较多的细节。"于是,UCP便容忍了这一做法。与将基础合同或形式发票作为信用证组成部分的做法类似,有时信用证会将基础合同或形式发票,作为信用证规定的单据提交,两者作用基本相同,银行均需对照基础合同或形式发票予以审核,确保相符交单。

当然,有时候申请人将基础合同或形式发票作为信用证的组成部分,要求其作为信用证规定单据提交,是因为基础合同或形式发票上的货物描述过于繁杂,而觉得无完全照抄于信用证上之必要。

第三,有时信用证会规定"details as per contract No. xxx /proforma invoice No. xxx",仍会要求附随对应的基础合同或形式发票,或者要求对应的基础合同或形式发票作为规定单据一并提交。

此时,基础合同或形式发票仍应提交,仍需审核。换句话说,对照基础合同或形式发票的审核,与信用证规定中是否显示该文句无关。只是当信用证规定中显示"details as per contract No. xxx/proforma invoice No. xxx",并提交对应的基础合同或形式发票时,是否有必要仍注明在提交的相应单据上呢? 建议分别以下情况处理:

——当该文句作为信用证规定的货物描述的一部分显示时,此时单据上的货物描述仍应有注明此文句。因为"goods"是一个很宽泛的概念,基础合同或形式发票上对其描述全面到位,而单据上,特别是发票上的描述难免简略,往往只顾及狭义货物描述的一致性而不顾其余。

——当该文句仅作为信用证的特别要求时,此时提交的单据上似乎没有必要注明,只需对照审核即可。因为信用证中的该文句,其实是非单据化条件,而可以不予理会,即使交单时一同附随了基础合同或形式发票。

总之,虽然UCP针对将基础合同、形式发票等文件作为信用证组成部分予以劝阻,未明言禁止,开证行开证时仍应以简洁为好。否则,不仅不能避免受益人的欺诈,反倒给申请人留下了从纷杂的文字堆砌中找寻无理拒付的空子,并且还会给受益人对单据的出具、银行的审核带来人力、物力及时间的浪费。这是极不明智的作法。

品读 UCP600

Article 5

信用证安排与单据

Banks deal with documents and not with goods, services or performance to which the documents may relate. 银行处理的是单据,而不是单据可能涉及的货物、服务或履约行为。

【本条导读】

在本惯例第 2 条"信用证"定义——"信用证的本质是一个单据交易安排"——一节的解读中还提到,信用证是开证行和受益人之间的一个"特殊"的单据交易安排,其另一个特殊之处在于纵向关系上的抽象性。

本条规定了信用证的抽象性。

本条的解读,一方面剖析了信用证的单据交易的抽象性,另一方面则表明了惯例的形成、国际标准银行实务的发展,仍须基于单据背后的货物交易、服务提供、履约行为的实际。

05－021

Article 5　信用证的抽象性

本惯例第 4 条规定了信用证安排的"独立性",即信用证独立于基础合同、开证申请书、银行间合同关系。

与以货物交易为内容的基础合同不同,单据是信用证安排的唯一标的。但是,单据总是代表着单据背后的作为基础合同交易标的的货物,包括货物本身、货物包装状况、货物运输行为、货物运输保险行为、货物检验行为,还可能代表着作为基础合同交易标的服务、履约行为等等。为方便计,如未特别说明,本惯例的解读中提及的货物,包括作为基础合同交易标的的服务或履约行为。比如:货物描述,包括服务或履约行为描述。

那么,信用证安排与单据背后是个什么关系呢?

Article 5：

Banks deal with documents and not with goods, services or performance to which the documents may relate. 银行处理的是单据,而不是单据可能涉及的货物、服务或履约行为。

本条回答了,银行不处理单据背后可能涉及的货物、服务或履约行为。国际贸易中千千万万的货物交易因复杂而专业,包括开证行在内的银行不可能也不愿意涉及。如果开证行介入货物交易,则货物交易在受益人和申请人之间的基础合同纠纷,必然会因循"信用证安排—开证申请书—基础合同"的链条,从而必然会破坏信用证的"独立性"。换言之,信用证的"独立性",要求信用证的"抽象性"与之匹配;而没有信用证的"抽象性",信用证的"独立性"就无从谈起。

单据源于基础合同下的货物交易,但是信用证安排的单据一旦产生,便脱离了货物,可以进行单独的交易,而信用证安排就是详细的单据交易约定。这就是信用证的抽象性。

本条的规定,有以下几点意思:

第一,信用证的抽象性仅仅对包括开证行在内的银行而言。

与 UCP500 相比,UCP600 本条没有本质的变化,略有变化的一点是把原先的"all parties"修订为"banks"。对此,UCP 制订小组评述如下:只有银行而并不是所有信用证当事人仅仅处理单据而不处理货物、服务或履约行为,比如受益人便不仅仅处理单据,同时也处理货物、服务等。

换句话说,对开证申请书下的申请人,以及信用证安排下的另一方基本当事人——受益人,这一规定并不直接适用。申请人与受益人之间存在基础合同,需要直接处理货物等,货物交易的情况将直接或间接影响申请人与受益人在信用证机制下的利益。而包括开证行在内的银行,或者是开证行本身,或者是开证行的代理,只需处理单据即可。

除此之外,UCP600 还把抽象性原则从货物扩展到货物、服务和履约行为。这主要与信用证安排背后的基础合同,以及基础合同的执行有直接关系,因为当前的国际贸易已经不仅仅为有形的货物贸易,还包括大量无形的服务贸易和技术贸易,而即使为货物贸易也涉及货物的包装、运输、保险、检验等服务或履约行为。

值得一提的是,"信用证安排处理的是单据",严格意义上其实不仅仅限于银行。由于信用证安排是一个单据交易安排,而这交易涉及开证行和其他银行,还涉及受益人。所以,不仅是银行处理的是单据,受益人在信用证安排下处理的仍然是单据。当然,这并不否认受益人还在基础合同下处理货物、服务等。

第二,银行处理的是单据,而不是单据可能涉及的货物、服务或履约行为。

对于开证行来说,只需对相符交单承付。R252 说:"开证行的责任仅仅是收到相符交单后付款。"

至于非物权运输单据下货物已被申请人提走,或指示性抬头海运提单下集装箱运输时货物出现短装而相符交单等情况,开证行仍然负有不可撤销的付款责任。ICC 在 R327 中说:"The fact that another bank has assisted the applicant in the obtaining of the goods, by means of the issuance of a guarantee to the shipping company, is of no concern to the issuing bank. This is a matter to be resolved between beneficiary and applicant."

尽管如此,UCP 并不阻止申请人根据基础合同在信用证安排之外与受益人就货物交易情况直接交涉。如果涉嫌欺诈,申请人还可以根据基础合同提起诉讼,请求法院在开证行付款之前下达止付令。但是,无论如何,在 UCP 适用范围内银行只处理单据。

另外,开证申请书也是坚持这一抽象性原则。尽管申请书并不直接受惯例约束,但由于开证申请书中往往载有"我公司同意贵行依照国际商会现行有效的《跟单信用证统一惯例》(UCP)或《UCP 关于电子交单的附则》(EUCP)及相关规则,包括但不限于《跟单信用证项下银行间偿付统一规则》(URR)办理该信用证项下一切事宜,并同意承担由此产生的一切责任"等类似条款,这就决定了开证申请书间接受惯例约束,从而惯例间接地赋予了开证申请书只处理单据的特性。这就是开证申请书的抽象性。

第三,需要注意的是,信用证只处理单据但并非与货物交易、服务、履约行为隔绝。

恰恰相反,正是日新月异的货物交易、服务、履约行为最新动态,给惯例及跟单信用证项下单据审核的国际标准银行实务注入了源源不断的生机和活力。UCP 的不断修订,以及 ISBP 的不断更新,即是一个明证。以下的案例也很能说明问题。按理,银行只处理单据,但这并不等于银行处理单据时可以不考虑背景的交易,包括单据上特定数据的具体用途。

有人问:信用证要求一份铁路运单副本,并注明信用证号码。提交的运单未显示信用证号码,可以拒付吗?

根据信用证号码的用途,ICC 作出判断认为不能拒付。它说,铁路运单显示信用证号码的目的仅在于单据误寄时便于查询,既然开证行已收到了这些单据,缺少这一参考号,既不能增加也不能减少单据的效用,不能构成有效拒付。但这可能会成为由法律解决的问题。ICC 在 R578 中的结论中再次强调:应该指出,要求运输单据加入信用证号码通常是开证行为了整理单据而提出的。国际商会过去曾经发表评论称即使信用证有要求,单据缺少信用证号码也不构成拒付的理由。

Article 6 信用证的可兑用性——有效性

a. A credit must state the bank with which it is available or whether it is available with any bank. A credit available with a nominated bank is also available with the issuing bank. 信用证必须规定可在其处兑用的银行，或是否可在任一银行兑用。规定在指定银行兑用的信用证同时也可以在开证行兑用。

b. A credit must state whether it is available by sight payment, deferred payment, acceptance or negotiation. 信用证必须规定其是以即期付款、延期付款、承兑还是议付的方式兑用。

c. A credit must not be issued available by a draft drawn on the applicant. 信用证不得开成凭以申请人为付款人的汇票兑用。

d. i. A credit must state an expiry date for presentation. An expiry date stated for honour or negotiation will be deemed to be an expiry date for presentation. 信用证必须规定一个交单的截止日。规定的承付或议付的截止日将视为交单的截止日。

ii. The place of the bank with which the credit is available is the place for presentation. The place for presentation under a credit available with any bank is that of any bank. A place for presentation other than that of the issuing bank is in addition to the place of the issuing bank. 可在其处兑用信用证的银行所在的地点即为交单地点。可在任一银行兑用的信用证其交单地点为任一银行所在地。除规定的交单地点外，开证行所在地也是交单地点。

e. Except as provided in sub-article 29(a), a presentation by or on behalf of the beneficiary must be made on or before the expiry date. 除非有第29条a款规定的情形，否则受益人或代表受益人的交单应在截止日当天或之前完成。

【本条导读】

什么是信用证安排的可兑用性（availability）？

根据本惯例第2条"信用证"的定义，信用证安排构成了开证行承付相符交单的确定承诺。相应地，受益人持有正本信用证也就因此有了正当使用信用证，要求银行兑现承诺从而承付相符交单的资格。这便是信用证可兑用性的由来。因为信用证的兑用与信用证的有效几近等同，所以日常实务中往往也称之为信用证有效性（validity）。

当然,交单人不限于受益人自己,还可以是其他银行或其他人;开证行兑现承付承诺,也无须亲自为之,它可以委托另一家银行代为承付,也可以允许另一家银行予以议付。

本条的规定,表明了:

——受益人可以在哪些银行兑用信用证。

——受益人在有效银行兑用信用证时,有哪些兑用付款方式。

——受益人在有效银行兑用信用证时,必须在什么地点什么期限向有效银行相符交单。

Article 6 信用证的可兑用性——有效性

06-022

Article 6(a) 可兑用银行——有效银行

信用证的可兑用银行,即信用证安排可在其处兑用付款的一家银行或一些银行,这家银行就是信用证在其处有效的银行,所以,该银行在日常实务中便被称为信用证的"有效银行"。

那么,一个信用证安排可以在哪些银行兑用呢?

Article 6(a):

A credit must state the bank with which it is available or whether it is available with any bank. A credit available with a nominated bank is also available with the issuing bank. 信用证必须规定可在其处兑用的银行,或是否可在任一银行兑用。规定在指定银行兑用的信用证同时也可以在开证行兑用。

从本款可以看出:

第一,信用证的可兑用银行——有效银行,包括开证行和指定银行。与 UCP500 相比,UCP600 直接明确了默认信用证可在开证行兑用。

信用证默认可在开证行兑用,这是 UCP600 的新规定。

业界有人曾经认为,一份信用证规定在指定银行兑用,就只能在指定银行兑用,其他银行便不得染指,包括信用证安排诞生之时便作出庄严承诺的开证行。其实,这是一个误会。ICC 曾经在 UCP500 的第 2 号意见书中予以澄清。现在这些意见,已经吸收进入 UCP600 的条款中,默认所有信用证均可在开证行处兑用,从而也与本惯例第 7 条中"指定银行不履行指定时开证行仍须承付相符交单"的规定相呼应。

信用证规定由指定银行代为承付的情况,还可以从代理的法律机制上得到印证。比如:甲向乙借款,并委托丙到期向乙还款;由于委托是单方面的,丙可以履行委托而代为还款,也可以不履行委托;如果说,丙不愿意还款,甲作为委托人也是主债务人仍应还款,显然这是天经地义的。也就是说,开证行指定另一家银行代为承付或允许议付的同时,便必须担保受益人向指定银行相符交单的兑现,而无论指定银行是否按指定行事。至于信用证规定由指定银行予以议付的情况下,由于议付是一种融资,并非"终局"性付款,开证行仍对受益人相符交单承担不可推卸的承付责任。

结合本惯例第 2 条关于"指定银行"的定义可以知道,实务中,本款关于"信用证必须规定可在其处兑用的银行,或是否可在任一银行兑用"中的银行,并不限于指定银行,也可能是开证行。只是在开证行兑用信用证与此规定无关,而仅与信用证开立行为相伴而生,与开证行在信用证中的规定或指定无关。

因此,可以说,信用证的可兑用银行——有效银行,包括开证行和指定银行。

第二,从 UCP500 时期的自由议付到 UCP600 时期的自由兑用,涉及的指定银

行均可为任何一家银行。

在 UCP500 时期，如果受益人不能固定在哪家银行交单以获得承付或代理承付，或者计划在多家银行中适时选择一家利息较低的银行交单融资，往往会通过申请人要求开证行开立自由议付信用证，以便交单时选择一家合适的银行获得融资。而其他几种兑用付款方式下，除非仅在开证行有效，否则只能选择开证行的开户银行，由其通过直接借记开证行在其开立的账户，代开证行承付相符交单，对受益人无追索权。如果选择非开证行的开户银行，则会出现为避免由于种种原因无法从开证行获得偿付的风险，指定银行常常会不接受指定的情况。

实务中，受益人在其他兑用付款方式的信用证下往往也有类似的融资需求，希望在众多的银行之间选择尽可能低的利息融资，然而，由于 UCP 赋予了指定银行和非指定银行不同的权利，其介入融资的风险也判然有别。为了避免其他兑用付款方式下信用证仅适用于一家银行给受益人融资带来的限制，UCP600 作出了以上规定，即把"自由议付"扩展为"自由兑用"。

尽管如此，由于在 UCP 框架内承付或代理承付，均无追索权，所以实务中即便信用证规定可以在任一银行自由兑用，对于未参加保兑的其他指定银行而言，如果没有与开证行或保兑行的事先约定，不会轻易对受益人的交单作出无追索权的终局性代理承付。此时，指定银行融资时，往往也会在信用证以外，与受益人另行约定追索权，从而不影响信用证的兑用，也不影响信用证下的融资。

正如业界所普遍认同的，显然，这是一个巨大的变化，信用证已不仅仅是一种结算工具，其融资功能也越来越突出。

06—0221

直接信用证 vs. 间接信用证

在本惯例第 6 条 a 款的解读中提到，开证行和指定银行均为信用证的可兑用银行——有效银行。这样，如果一份信用证未指定在任何另一家银行兑用，而仅在开证行直接兑用，那么实务中，便称此类信用证为"直接信用证（straight credit）"。而当一份信用证由开证行指定了另一家银行兑用，对于开证行来说其兑用便是间接的，相应地，便称此类信用证为"间接信用证（non-straight credit）"。

实务中，开证行一般为进口方所在地的银行，也是进口方的往来银行；而指定银行则一般为出口方所在地的银行，也是出口方的往来银行。

在信用证安排下，作为两个基本当事人的开证行和受益人，远在不同的国度，各处不同的行业，互不了解，语言习惯不同，交流渠道不畅，不管是受益人交单，还是开证行承付，都障碍重重。所以，大部分信用证安排下，作为出口方的受益人，往往都会要求进口方申请开证时，授权一家自己的往来银行受理自己的交单。由于指定银行熟悉信用证实务，且有良好的信誉、专业的技能，有广泛的代理行网络和畅通快捷的银行间沟通渠道，可以方便地与开证行沟通，受益人往往通过指定银行与开证行打交道。所以，间接信用证比较常见。

具体而言，间接信用证下指定银行的存在，对受益人有以下好处：

——受益人容易得到指定银行的出口打包贷款。

——受益人向其交单，单据有不符点时，便于改单。

Article 6　信用证的可兑用性——有效性

——受益人向其交单,只要构成相符交单,交单截止日和交单期均以指定银行处为准计算,便于掌握。与向开证行交单相比,受益人有较充足的单据准备时间。

——受益人向其交单,只要构成相符交单,开证行的责任便告成立,不受指定银行向保兑行、开证行寄单丢失影响。

——受益人向其交单,只要构成相符交单,指定银行如果愿意可以代为承付或予以议付,受益人可以提前收汇。如果信用证允许未见单索偿,指定银行还可以在寄单的同时并行索偿,受益人也可以提前收汇。

——受益人向其交单,开证行拒付,指定银行可以发挥专业技能与开证行交涉,而且由于指定银行与开证行同属银行,乐于维护信誉,双方交涉比较容易达成共识,推动进出口双方的信用证纠纷的解决。

而对于间接信用证下的指定银行而言,只要受益人向其相符交单,指定银行的代理承付、融资或议付,便有权在 UCP 框架内要求开证行或保兑行偿付。所以,与非指定银行的付款或融资相比,其向受益人付款或融资风险相对较低。而且,即便买卖双方涉嫌欺诈,指定银行作为善意第三人,其法律地位优于受益人,其仍有权以独立诉讼人名义,要求开证行或保兑行偿付,而由于善意第三人的存在法院往往也不会随意颁发止付令。

与直接信用证相比,对于开证行来说,间接信用证则意味着其承担着更大的风险:如果相符交单下,指定银行向其寄单途中丢失,则开证行仍必须承付或偿付;如果相符交单下,指定银行履行指定,而买卖双方涉嫌欺诈,其仍必须予以偿付。此时,承担风险和实际损失的往往就是开证行。

所以,如果单纯从开证行的角度看,是不会轻易授权另一家银行代理承付或予以议付受益人。此时,便为直接信用证,即只能在开证行柜台向其交单,交单截止日以开证行处为准。尽管如此,在直接信用证下,受益人出于方便考虑,也仍然会选择一家自己的位于出口地的往来银行处理单据,只是该银行纯粹是受益人的寄单代理,并未得到开证行的指定授权,开证行不对非指定银行向其寄单过程中的单据丢失负责。非指定银行的融资,仅仅是其与受益人的双方协议,不享受善意第三人的地位,出现纠纷不得以独立诉讼人参与诉讼,也不受欺诈例外的保护。

在这个意义上,间接信用证下开证行规定可在指定银行兑用信用证,其实是开证行给受益人提供的一种便利。

06－023

Article 6(b)　可兑用付款方式

与实际承付或议付不同,信用证安排规定的只是一种付款的可能,是可兑用付款方式,即信用证在有效银行可承付或议付的方式。相对而言,有效银行的实际承付或议付,也可以说是实际兑用付款方式。

Article 6(b):
A credit must state whether it is available by sight payment, deferred payment, acceptance or negotiation. 信用证必须规定其是以即期付款、延期付款、承兑还是议付的方式兑用。

与 UCP500 相比,UCP600 有关可兑用付款方式的规定没有实质性改变。

结合本条 a 款的规定,可以看出:

第一,信用证的可兑用付款方式,包括即期付款、延期付款、承兑付款、议付四种。

前三种为可承付信用证,即信用证规定以即期付款、延期付款和承兑付款的方式兑用,即为第 2 条所定义的承付的内容。相应地,这一类信用证,根据具体兑用付款方式的不同,又细分为可即期付款信用证、可延期付款信用证和可承兑付款信用证。

最后一种为可议付信用证,即信用证规定以议付的方式兑用。可承付信用证下的指定银行承担了开证行付款代理的角色,对受益人付款后无追索权,且如果开证行发现指定银行提交的单据有不符点,有权拒付。如此,虽然方便了受益人,但却限制了指定银行向受益人融资的积极性。为了弥补这一不足,便产生了可议付信用证。该信用证往往指定受益人的账户行或任何银行议付,议付之后如果开证行不能偿付,议付行对受益人有追索权。这样,鼓励了指定银行向受益人融资,也鼓励了出口方与进口方进行贸易的积极性。

值得一提的是,对于一份特定的信用证,必须选择(通常也只能规定)其中的一种可兑用付款方式。实务中,有时信用证会为满足特殊货物贸易货物结算的需要而夹杂多种可兑用付款方式,此时即为混合付款信用证。

第二,信用证四种可兑用付款方式的趋同。

随着时间的推移,到了 UCP600 时期信用证的功能和结构都发生了很大的变化,也日益趋同。现在,四种信用证的区别好像仅仅在于即期与远期、直接与间接两个方面。[①] 比如:

——所有类型的信用证均可以在任何银行兑用,而不再与账户行有必然的联系了。

——指定银行对受益人的追索权,早期仅规定议付信用证项下可以追索,现在则成了任何信用证下的追索权均取决于指定银行与受益人之间的协议了。

——承兑付款信用证之外的其他类型信用证也越来越不要求汇票了。

——对于指定银行来说,即期付款信用证与即期议付信用证也大致相同了。

——即便是承兑付款信用证,由于惯例仅规定由指定银行自己就自己承兑的汇票提前付款,而不允许第三方贴现,如此与远期议付信用证或延期付款信用证也没有太大的区别了。

——由于不存在信用证项下汇票的贴现市场,且 ICC 表示可以仅仅通过电报承兑而无须对汇票进行有形承兑,即便是叙做福费廷,也可以仅凭承兑电而不要求有形承兑的汇票。所以信用证有无汇票意义也不大了。

06—0231

即期信用证 vs. 远期信用证

众所周知,信用证是贸易货款结算的方式。因此,信用证的功能都是为适应国际贸易而设

[①] 引自阎之大:《UCP600 解读与例证》,中国商务出版社,2007

Article 6 信用证的可兑用性——有效性

计产生。

国际贸易中,如果出口方处于主动地位,往往会要求进口方通过开证行向其开立一交单便能获得款项的信用证,这就是即期信用证;反之,如果进口方处于主动地位,往往会主张通过开证行向出口方开立交单或发货之后一段时间才付款的信用证,这就是远期信用证。

信用证依据开证行承诺的付款期限,分为即期信用证和远期信用证。[①]

(1)即期信用证,包括可即期付款信用证和可即期议付信用证。

——可即期付款信用证,可兑用银行可以为开证行,也可以为指定银行,兑用时支付的单据金额与利息无关,在 UCP 框架内无追索权,可带汇票也可不带汇票;

——可即期议付信用证,可兑用银行只能为指定银行,兑用时支付扣除利息后的单据净金额,在 UCP 框架内可以有追索权,也可以无追索权,可带汇票也可不带汇票。

即期信用证对卖方有利,加速了其资金周转;对买方而言,须见单后立即付款赎单才能提货。

(2)远期信用证,包括可承兑付款信用证、可延期付款信用证和可远期议付信用证。

——可承兑付款信用证,因其带远期汇票,汇票须经承兑后付款而得名,受益人的兑用银行可以为开证行,也可以为指定银行,兑用时支付的单据金额与利息无关,在 UCP 框架内无追索权;

——可延期付款信用证,不带远期汇票,其余与可承兑付款信用证一样,受益人的兑用银行可以为开证行,也可以为指定银行,兑用时支付的单据金额与利息无关,在 UCP 框架内无追索权;

——可远期议付信用证,可兑用银行只能为指定银行,兑用时支付扣除利息后的单据净金额,在 UCP 框架内可以有追索权,也可以无追索,可带远期汇票也可不带远期汇票。值得一提的是,UCP500 时期曾经有人认为,议付信用证只限于即期而不包括远期,其实这是个误会,本惯例第 2 条关于"议付"的定义中以"预付或同意预付"的方式买入单据的说法,并没有否定远期议付信用证的存在。

远期信用证的融资便利和融资风险。

与即期信用证相比,远期信用证是卖方对于买方的一种融资便利,往往是卖方为开拓国际市场,或不得已为之,或主动为之。对买方而言,延缓了付汇时间,甚至可以提货出售获得款项支付单据款项,而不占压资金。

但是,远期信用证,同时也意味着卖方必须为此承担着各种远期风险,因为与即期信用证相比,远期信用证下延缓了收汇时间,这本身就意味着风险,所谓夜长梦多嘛。在放单之后付款之前,开证行可能倒闭,进口地可能发生战争、政变,外汇可能无法调拨等。

买卖双方之间签订购销合同的支付条款一般采用即期信用证。特殊情况下,采用远期信用证时,卖方一般会充分考虑远期风险,并将远期利息和风险溢价加于货价之上,体现在基础合同之中,买方凭以委托开证行开出远期信用证,这是卖方的另一有利之处。

诚然,远期信用证是卖方向买方提供的一种付款宽限便利,那如果卖方自身资金也不太宽

[①] 引自苏宗祥:《国际结算》,中国金融出版社,1997

裕呢？此时，在远期信用证下，卖方仍可以通过一系列融资安排获得即期付款，以缓解资金紧张。一般来说，卖方是否申请融资，申请融资的条件，向谁申请融资完全由其根据自身资金情况而定，是在信用证安排以外完成，而且到期利息往往由卖方承担。

实务中，并不完全如此，有时远期信用证会直接规定由开证行提前预付，或开证行以外的某一家中间行提前代为预付信用证下款项，利息却由买方承担。这种信用证下融资的典型形式，常称为"进口代付"；这种信用证的典型形式，常称为"假远期"信用证。其实，"进口代付"只是其中一部分，因为这一类信用证下还包括开证行直接预付的情况；而"假远期"也只是其中一部分，有时信用证规定180天付款，而开证行预付或进口代付时，只是提前到90天付款，这仍然是远期，只是远期期限不同。

"假远期"信用证，因其对于申请人来说为远期付款，而对于受益人来说表面为即期收汇而得名。值得一提的是，"假远期"信用证的远期的性质并不"假"，在兑用付款方式上，它仍是远期信用证，或为承兑付款信用证，或为延期付款信用证，或为远期议付信用证。准确地说，"假远期"信用证是远期信用证安排，同时又夹杂了一个特殊的融资安排，即开证行向买方提供融资，即期付款，利息由买方承担。与其说"假远期"信用证是一种结算工具，不如说它本身就是一种融资工具，或者说，"假远期"信用证是完美融合结算工具和融资工具于一体的一种信用证安排。

假远期信用证发源于远东地区，后澳大利亚进口商或开证行为了获得伦敦或纽约金融市场的资金融通而较常使用。正是假远期信用证与众不同的多重融资特性，在市场上受到了特别关注。现在，韩国、印度等东亚、南亚国家的进口商或开证行使用较多，其他地区亦不鲜见。

06－024

Article 6(c)　汇票的性质——兑用付款工具

受益人兑用信用证安排时，需要在交单的同时以一定的形式向有效银行提示付款，此类有形的付款提示往往会体现在信用证安排的条款中，比如汇票。此时，汇票便是信用证安排的兑用付款工具。正因为如此，可以说，提示付款是信用证安排下汇票的本质性功能，即本惯例第2条"信用证反映了基础合同"一节所提到的"支付功能"。

作为信用证兑用付款工具的汇票，是有形的付款提示。

众所周知，跟单信用证是国际贸易三大结算工具之一。换言之，跟单信用证的功能，归根结底，就是为了结算国际贸易中的货物。正因为如此，所谓跟单信用证之"跟单"，本意就是以作为兑用付款工具的汇票为中心，而作为兑用付款条件而提交的商业单据，则处于"跟随"或"附随"的地位。然而，随着信用证业务的发展，信用证交易规则已然自成体系，以至于汇票和单据对换了位置，商业单据成了信用证交易的中心，而作为信用证安排的兑用付款工具的汇票则显得可有可无了。

至于目前为什么有些信用证安排要求汇票，有些却不要求，主要有两个原因：

（1）票据法保护。信用证近似于单据交易合同，但信用证的业务处理和习惯做法是遵循自

Article 6 信用证的可兑用性——有效性

成体系的跟单信用证统一惯例,而往往不是法律。如当事人之间发生纠纷提起诉讼,则只能间接援引合同法、贸易法、票据法等当地法律,特别是有信用证以外的关系人介入融资的情况下,则显得尤为必要。在信用证安排凭汇票兑用时,则相对简单,当事各方和介入融资的关系人均可直接援引当地成文的票据法主张权利。

(2)避免印花税。有时是由于一些国家规定票据要征收印花税,这些国家的商人和银行为规避印花税,开立信用证时便常常不要求汇票。值得注意的是,信用证不要求汇票,并不意味着该信用证安排的兑用就没有付款提示了。汇票作为兑用付款工具,仅仅是有形的付款提示。相对而言,在没有要求汇票的信用证安排兑用时,隐藏的是无形的付款提示。按业界的说法,受益人的相符交单本身就默认要求有效银行根据信用证安排的规定承付或议付。

具体而言,结合信用证的可兑用付款方式,从实务中可以发现:

——可即期付款信用证一般不要求汇票。

——可延期付款信用证绝大多数不要求汇票。有时可延期付款信用证需要凭即期汇票付款,此时受益人在延期付款到期日之前仍应提示即期汇票,凭以要求付款。

——可承兑付款信用证一定要求远期汇票。承兑必须基于远期汇票之上。从而,也与可延期付款信用证相区别。

——可议付信用证,不管是即远期一般均要求汇票。

为了满足付款提示这一本质性功能,一个标准的汇票应该具有什么样的内容呢?

什么是汇票?

英国《票据法》规定:"A bill of exchange is an unconditional order in writing, addressed by one person to another, signed by the person giving it, requiring the person to whom it is addressed to pay on demand or at a fixed or determinable future time a sum certain in money to or to the order of a specified person or to bearer. 汇票是由一人开致另一人的书面的无条件命令,由发出命令的人签名,要求接受命令的人立即,或在固定时间,或在可以确定的将来时间,把一定金额的货币支付给一个特定的人,或他的指定人,或来人。"

最新的国内《票据法》第22条规定:

汇票必须记载下列事项:

(一)表明"汇票"的字样;

(二)无条件支付的委托;

(三)确定的金额;

(四)付款人名称;

(五)收款人名称;

(六)出票日期;

(七)出票人签章。

汇票上未记载前款规定事项之一的,汇票无效。

从以上规定似乎可以看出,信用证安排下一个标准的汇票,起码应该有出票人、收款人、付款人三个当事人。至于汇票在时间和空间上的展开,必须在出票时先基于一定的交易背景,有无条件付款的委托或命令,以及出票后该委托和命令的执行,如收款人背书签收提示、付款人承兑付款等。付款人最终付款则意味着汇票使命的终结。

大家所关心的是,信用证安排下的汇票,有什么特殊之处。

最新的国内《票据法》第10条规定:

票据的签发、取得和转让,应当遵循诚实信用的原则,具有真实的交易关系和债权债务关系。

票据的取得,必须给付对价,即应当给付票据双方当事人认可的相对应的代价。

信用证安排下的汇票,之所以与普通汇票不同,实在是因为其签发依据的交易背景之不同。换言之,此类汇票,系产生于其特殊的出票背景,即作为出票人的受益人和作为付款人的开证行或其代理之间因为信用证安排下的单据交易而形成的特殊的债权债务关系。

正因为如此,信用证安排中要求的汇票,由于其交易背景的特殊性,常常没有必要,也不可能像当地法律或国际公约中规定的那样规范。但是,在UCP意义上,仍然应该注意以下几个方面:

——汇票出票人、出票日期和签署;
——汇票付款人、付款追索权、付款期限、承兑和付款、付款金额;
——汇票收款人、持票人、背书、签收等。

06—0241

汇票出票人、出票日期、签署及更正

出票人(drawer)是汇票的当事人之一,也是汇票的第一个当事人,它的身份伴随着其出票行为而确立,从而带有先天性。

ISBP 681 Para 53:

The draft must be drawn by the beneficiary. 汇票出票人必须为受益人。

汇票的出票背景,是受益人与开证行之间的信用证交易。在信用证交易中,受益人是债权人,因而,理所当然地成为信用证下汇票的出票人。

本段的规定表明,出票人只要名称与信用证规定的受益人名称相同即可。至于地址,根据本惯例第14条j款规定可出现也可不出现,如出现国别与信用证规定相同即可,其余内容可以不同。实务中,汇票常常由寄单银行填写或打印,这仅是代理受益人完成,出票人仍为受益人。

那么,实务中是如何出票的呢?

第一,出票时,必须标明出票日期。

ISBP 681 Para 13:

Drafts, transport documents and insurance documents must be dated even if a credit does not expressly so require … 即使信用证没有明确要求，汇票、运输单据和保险单据也必须注明日期……

应该说，出票日期是汇票的法定要素，这是各国票据法和票据公约的基本规定。出票日期将决定票据法变更前后版本适用和诉讼期限计算等。

实务中，汇票的出票日期，有时称为"issuing date of draft"，有时称为"draft date"，在描述以出票日期为计算起点的固定日后定期付款的付款期限时，根据ISBP 681第43(b)段的规定，显示为"xxx days date"即可。

第二，出票时，必须由出票人签署。

ISBP 681 Para 37：

Even if not stated in the credit, drafts, certificates and declarations by their nature require a signature … 即使信用证未作规定，汇票、证明和声明就其性质而言应有签字……

本段表明，汇票必须签署。实务中，汇票上的出票人签署似乎须为亲自签署，似乎不得代理。

第三，出票时，如有修正或变更，必须证实。

ISBP 681 Para 55：

Corrections and alterations on a draft, if any, must appear to have been authenticated by the drawer. 汇票如有修正和变更，必须看似经出票人证实。

ISBP 681 Para 56：

In some countries a draft showing corrections or alterations will not be acceptable even with the drawer's authentication. Issuing banks in such countries should make a statement in the credit to the effect that no correction or alteration must appear in the draft. 有些国家不接受带有修正或变更的汇票，即使有出票人的证实。此类国家的开证行应在信用证中声明汇票中不得出现修正或变更。

汇票上更正必须证实，必须由出票人证实，即受益人证实，不得由寄单银行或受益人的代理证实。需要注意的是，有些国家对汇票更正可能有特殊规定，必须体现在信用证条款中，并遵照执行。

最新的国内《票据法》第10条规定：
票据上的记载事项必须符合本法的规定。
票据金额、日期、收款人名称不得更改，更改的票据无效。
对票据上的其他记载事项，原记载人可以更改，更改时应当由原记载人签章证明。

这里的日期，似乎指的是出票日期。根据上述规定，在信用证实务中，如果汇票涉及金额、日期、收款人三个要素的更正，不可接受，必须换新汇票。其余要素的更正，则无此约束，只需经受益人证实即可。

汇票付款人及付款追索权

汇票的付款人(payer),是汇票的又一个当事人。在实务中,付款人也常常称为受票人(drawee),源于它是出票人向其最终发送汇票的人。

ISBP 681 Para 52:
The draft must be drawn on the party stated in the credit. 汇票付款人必须为信用证规定的人。

汇票付款人,一般是信用证安排下的基本债务人——开证行,或开证行委托付款的另一家银行,此时均称为汇票付款行(paying bank)。汇票付款行通常就是汇票收款人(beneficiary)或持票人(holder)提示汇票的相对人,所以,也称为受票人。

从本段可以看出,信用证要求了汇票,则必须规定付款行;提交的汇票上显示付款行必须与信用证规定一致。

最新的国内《票据法》第4条第4款规定:
本法所称票据权利,是指持票人向票据债务人请求支付票据金额的权利,包括付款请求权和追索权。

票据法意义上,正常情况下汇票都是向汇票付款行提示付款,这是收款人或持票人的付款请求权。但是并不全是这样,特殊情况下,在汇票付款行拒付承兑或付款时,收款人或持票人则可以向出票人、背书人、保证人等提示付款,这便是付款追索权。

那么,在UCP意义上,信用证下如何规定汇票付款人,汇票是如何提示付款的呢?其付款有追索权吗?

第一,汇票付款行及汇票的提交。

在票据法意义上,汇票正常情况下必须最终提交汇票付款行请求付款。而因为汇票付款行与信用证安排下的实际承付银行不一定是同一家银行,汇票的提交对象与信用证安排下单据的提交对象也可能不是同一家银行。如果二者不同,汇票必须与单据分开寄送,汇票寄汇票付款行,单据寄收单银行。

——直接信用证下,开证行往往是汇票付款行。

——间接信用证下,如为可承付信用证,则指定银行往往是汇票付款行。如为可议付信用证,往往以开证行为付款行。因为根据本惯例第2条"议付"的定义,可议付信用证下,指定银行不可能去议付一张以其为付款行的汇票。

——有保兑行介入的信用证下,保兑行往往是汇票付款行。

——有未见单偿付条款的信用证下,偿付行往往是汇票付款行。

有人问:当一个信用证规定指定银行议付的同时,仍然规定汇票付款行为指定银行时,指定银行还可以议付吗?

ICC 曾经有明确的意见,即该信用证将被视为付款信用证,指定银行的付款,将被视为代表开证行对受益人的无追索权终结性付款。所谓的"议付",与信用证安排及 UCP 无关。R400:"The credit was stated to be available with Bank N by 'negotiation' of drafts that were to be drawn on it at sight. In effect, the credit should have been designated as being available by payment due to the drafts being drawn on Bank N." "The taking up of documents by Bank N and payment of USD 66 000 to the beneficiary constituted settlement under the credit." "Any 'negotiation' or negotiation arrangement between Bank A and the beneficiary is outside of the credit and the UCP."

第二,汇票上的追索权 vs. 信用证安排下的追索权。

信用证实务中,通常说的汇票追索权,包括两种——付款行付款后对持票人及其前手的追索权,以及持票人在遭付款人拒绝承兑或拒绝付款时,对前手的追索权。

最新的国内《票据法》规定:

第六十条　付款人依法足额付款后,全体汇票债务人的责任解除。

第六十一条　汇票到期被拒绝付款的,持票人可以对背书人、出票人以及汇票的其他债务人行使追索权。

汇票到期日前,有下列情形之一的,持票人也可以行使追索权:

(一)汇票被拒绝承兑的;

(二)承兑人或者付款人死亡、逃匿的;

(三)承兑人或者付款人被依法宣告破产的或者因违法被责令终止业务活动的。

从以上的规定可以看出,在票据法意义上,前者无追索权,后者均默认有追索权。

值得一提的是,汇票付款人在付款后对持票人及其前手无追索权并不妨碍信用证安排下开证行或保兑行的拒付不符点交单,从而追索已经偿付的款项和利息。以载有未见单偿付条款的信用证为例,汇票付款行为偿付行。偿付行,不管是开证行自身,还是另一银行,一旦在汇票下付款即无追索权。但是,只要构成不符点交单,开证行或保兑行就仍可拒付,拒付后仍可根据本惯例第 16 条 g 款的规定追索已经偿付的款项和利息。

有人问:如果受益人的汇票标明"without recourse",议付行还可以向受益人行使追索权吗?

ICC 在 R8 的决定中指出:这种情况下,"尽管银行在'without recourse'汇票下或在适用《日内瓦公约》时没有追索权,然而,在构成了汇票交易基础的跟单信用证下,议付了如此汇票的银行有追索权"。

银行委员会在 R66 的决定中指出:"应劝阻在汇票上批注'不得追索'字样的做法。"实务中,已经看不到带有如此批注的汇票了。

06—02421 付款人为申请人的汇票

在早期的信用证实务中,曾经允许信用证安排凭以申请人为汇票付款人的汇票兑用。但是，这带来了一个非常严重的后果。

众所周知，信用证付款独立于开证申请书，也独立于基础合同。当汇票开立成了申请人为付款人，如果开证行确认相符交单，根据 Article 2 信用证的定义，这已经构成了开证行的确定承付责任，所以开证行必须付款。但是此时，如果开证申请人不愿意赎单，这一汇票将得不到付款人的付款。一方面是 UCP 规定开证行必须独立付款，另一方面，是作为汇票付款人的申请人阻止其付款，这将陷开证行于左右为难的境地，从而破坏作为信用证基石的神圣的"独立性"和"抽象性"。R205 说："The obligation of the issuing bank is dictated by（注：UCP500）sub-Article 9(a). Therefore, the obligation of the issuing bank cannot be predicated upon, or be contingent on, the payment, acceptance or other action by the drawee of the draft (meaning the applicant)."

为了避免这一种可怕的情况，UCP500 时期第 9 条便作了劝阻性规定——"A credit should not be issued available by a draft drawn on the applicant."显然，这仅仅是劝阻性建议。

但是，有时这一汇票却是必需的，它的提供仅仅为了满足申请人的融资需要，却与信用证下兑用付款无关。相应地，如果信用证仍然要求凭以申请人为付款人的汇票兑用，UCP500 第 9 条则继续规定："If the Credit nevertheless calls for Draft(s) on the Applicant, banks will consider such Draft(s) as an additional document(s)."即这一汇票，仅仅是申请人要求的单据，而不是信用证兑用的工具。

在此基础上，UCP600 则更进了一步，作了禁止性的规定：

Article 6(c)：

A credit must not be issued available by a draft drawn on the applicant. 信用证不得开成凭以申请人为付款人的汇票兑用。

尽管如此，如果开证行仍然一意孤行，仍然规定了凭申请人为汇票付款人的汇票兑用呢？新的规定已经没有了 UCP500 时期的默认做法。从保护受益人的角度看，毕竟开证行违背惯例在先，似乎开证行仍应承担不可撤销的承付相符交单的责任，而无须理会受益人按此规定提交的以申请人为付款人的汇票是否获得了申请人的付款。

ICC 银行委员会在 UCP600 起草的一次会议上曾经解释：一旦由于内部融资的目的而要求信用证下汇票作成以申请人为付款人，建议将其作为一份正常单据。

ISBP 681 Para 54：

A credit may be issued requiring a draft drawn on the applicant as one of the required documents, but must not be issued available by drafts drawn on the applicant. 信用证可以要求提交以开证申请人为付款人的汇票作为单据之一，但不得开立成凭以开证申请人为付款人的汇票兑用。

所谓将其"作为单据之一"，即为本段所说的规定单据，也是本条"汇票是信用证规定的单据吗"一节解读中提到的"提交给申请人的单据而不是开证行保留的单据"。显然，此时这一汇票，不是信用证的兑用付款工具，而仅仅是信用证要求的单据的一种，须按信用证要求的单据来审核和提交。

Article 6 信用证的可兑用性——有效性

06—02422 汇票的付款期限和付款到期日

汇票的付款期限(payment tenor),最终是为了确定付款到期日(maturity date),从而约束汇票付款行的付款行为。实务中,汇票的付款期限只有四种。而信用证要求汇票时,总会规定付款期限。

值得注意的是,根据付款期限确定的付款到期日,只是付款行付款的最后期限,却并不阻止付款行的提前付款。

ISBP 681 Para 43:

The tenor must be in accordance with the terms of the credit. 票期必须与信用证条款一致。

本段的规定表明了汇票付款期限显示的一个原则。具体而言:

第1种:at sight (见票即付)。

载有第1种付款期限的汇票,便为即期汇票。实务中,此种付款期限下的到期日,与审单期限密切相关,似乎均以接受单据日起算。

第2种:at xxx days after sight (见票后定期付款)。

载有第2种付款期限的汇票,与第3种、第4种一样,都是远期汇票。

与第1种见票即付下付款到期日的确定一样,均依赖于汇票付款行的见票,从而对于出票人来说均无法事先确定。但是与第1种见票即付相比,第2种付款期限下判断汇票付款行的见票日的方法略有不同。

那么,如何判断这种付款期限下的付款行见票日呢?

ISBP 681 Para 46:

For drafts drawn 'at XXX days sight', the maturity date is established as follows:对于票期为"见票后×××日"的汇票,其到期日按如下方法确定:

a. in the case of complying documents, or in the case of non-complying documents where the drawee bank has not provided a notice of refusal, the maturity date will be XXX daysafter the date of receipt of documents by the drawee bank. 对于相符单据,或虽不相符但付款银行未曾发出拒付通知的单据,到期日为付款银行收到单据后的第×××日。

b. in the case of non-complying documents where the drawee bank has provided a notice of refusal and subsequent approval, at the latest XXX days after the date of acceptance of the draft by the drawee bank. The date of acceptance of the draft must be no later than the date the issuing bank accepts the waiver of the applicant. 对于付款银行已发过拒付通知但随后又同意接受的不符单据,到期日最迟为付款银行承兑汇票后的第×××日。该汇票的承兑日不得晚于开证行接受申请人对不符点的放弃的日期。

以上的规定尽管只是表明了第2种见票后定期付款确定到期日的方法,而没有直接规定

见票日,但从其中的逻辑过程似乎可以推断见票日的确定方法。第 1 种期限下可以参照确定。具体如下:

(1)信用证规定开证行为汇票付款行。

——对于相符的单据,或虽不相符但付款银行没有拒付的单据,以收单日为开证行的见票日。显然,见票日的确定与开证行的审单时间无关。

——对于不相符且付款银行拒付过但随后又同意接受的单据,似乎应以同意接受单据日为开证行的见票日。

(2)信用证规定指定银行为汇票付款行。

在这种情况下,如果最终由指定银行付款,则可以参照开证行作为汇票付款行的情况把握。ICC 在 R378 中指明:"信用证要求见票 120 天的汇票以保兑行为付款人,在此种情况下,到期日应确定为单据提交保兑行后 120 天。开证行有在保兑行收到单据后 120 天对其偿付的义务。"

如果指定银行未履行指定,开证行付款呢? ICC 在 R270 中指明:"L/C calls for drafts at 90 days after sight." "It is presumed that the confirming bank refused to accept the drafts due to discrepancies in the documents presented. When forwarding the documents to the issuing bank, the confirming bank should include the due date(date on which payment is due)calculate on the same basis as if the documents had been found in order upon presentation. The confirming bank should set the due date."如此看来,相符交单或虽不相符但开证行没有拒付的单据,仍以指定银行,包括保兑行收单为准。

但是,以下情况除外,保兑行拒付后受益人重开以开证行为汇票付款行的汇票。ICC 在 R270 中继续说:"The exception to this would be where the confirming bank declined to accept the draft when/if the documents were accepted and requested that a draft be drawn on the issuing bank and this draft then accompanied the documents. In this instance, 90 days would commence from the time the issuing bank accepted the bill."此时,以信用证规定开证行为汇票付款人来掌握。

(3)信用证规定偿付行为汇票付款行。由于偿付行未见单,所以上述规则似乎不适用。实务中,以本惯例第 13 条的未见单偿付规则或 ICC URR 银行间偿付规则为准。

第 3 种:at xxx days after xxx (固定日定期付款)。
第 4 种:xxx (固定日付款)。

载有以上两种付款期限的汇票,与第 2 种一样均为远期汇票。

这两种付款期限下,必须足以事先确定到期日。

ISBP 681 Para 43(a):

If a draft is drawn at a tenor other than sight, or other than a certain period after sight, it must be possible to establish the maturity date from the data in the draft itself. 如果汇票不是见票即付或见票后定期付款,则必须能够从汇票自身内容确定到期日。

ISBP 681 Para 45:

If a draft states a maturity date by using an actual date, the date must have been calculated in accordance with the requirements of the credit. 如果汇票使用实际日期表示到期日,

则该日期必须为按信用证的要求计算而得。

以上两段似乎表明：

（1）显然，这两种付款期限下汇票到期日的确定取决于固定日的确定。固定日必须固定于一个必然要发生的事件。

有人问：议付信用证下规定，付款期限为议付日后120天，是否足以确定付款到期日？R313中说："This credit was available with the confirming bank by negotiation of drafts(s) drawn 120 days from date of negotiation. The due date must therefore be set by the confirming bank and, in the absence of a request for immediate 'negotiation', be conveyed to the presenter."显然，议付只是一个偶然事件。在指定银行未议付时，这一规定不足以确定付款日，该规定将被视为信用证的模糊规定。

（2）因为汇票是自足性票据，所以，固定日的确定依据必须是汇票自身内容，而不能是其他汇票，也不能是汇票以外的单据内容，也不能是信用证或寄单面函等。另一方面，只要能够确定相同的到期日，这两种付款期限其实可以互相替换。

ISBP 681 Para 43(b)举了一个例子。如果信用证要求汇票的票期为提单日后60天，而提单日为2007年7月12日，则汇票期限可用下列五种方式任一种表明：

（1）"60 days after bill of lading date 12 July 2007"。

（2）"60 days after 12 July 2007"。

（3）"60 days after bill of lading date"and elsewhere on the face of the draft state"bill of lading date 12 July 2007"。

（4）"60 days date"on a draft dated the same day as the date of the bill of lading.

（5）"10 September 2007"，i. e. 60 days after the bill of lading date. 这是以第4种付款期限——固定日，显示付款到期日即满足信用证的要求。

注意：

——信用证要求这种付款期限时，根据ISBP 681 Para 43(c)，"以装船日为提单日，即使装船日早于或晚于提单签发日"。

——而如果实际提交的提单，在一套之内包括多个装船批注，根据ISBP 681 Para 43(e)，所有已装船批注均显示货物是从一个信用证允许的地理区域或地区内的港口装运，则将使用最早的装船批注日期计算汇票到期日。这基于一个前提，即：多个装运地，均在信用证规定范围之内。如果超出此范围不算。

——如果实际提交的提单不止一套，则根据ISBP 681 Para 43(f)，最晚的提单日将被用来计算汇票的到期日。这里的多套提单，可以是分批装运，也可以是整批装运。

——还需要注意的是，根据ISBP 681 Para 44，"上述例子中提及的尽管是提单日，但相同原则适用于所有运输单据"。

无论如何，付款必须通知付款到期日，这主要指远期。

ISBP 681 Para 47：

In all cases the drawee bank must advise the maturity date to the presenter. The calculation of tenor and maturity dates, as shown above, would also apply to credits designated as being available by deferred payment, i. e. where there is no requirement for a draft to be presented by the beneficiary. 在所有的情况下付款银行均须向交单人通知汇票到期日。上

述票期和到期日的计算也适用于延期付款信用证,即也适用于不要求受益人提交汇票的情况。

从这里可以看出:
——汇票付款行都必须直接或通过指定银行向交单人通知汇票到期日,形式不限,可以是电讯通知、信函通知,当然也包括将经承兑退回的远期汇票作为一种通知形式。
——这里的一系列规定,同样适用于未要求汇票的延期付款信用证和远期议付信用证。这是原则。

06－02423 汇票的承兑和信用证下付款

付款是汇票本质的、也是基本的功能。正因为如此,票据实务中常常说汇票是付款工具或支付工具。也正因为如此,信用证实务中的汇票,是兑用付款工具。

第一,什么是汇票的承兑?

但是,汇票毕竟是出票人对付款人的单方面委托或单方面命令,通常来说,对付款人并不具有与生俱来的当然约束力。为了让付款人明确承担汇票下的付款责任,从而促进汇票的流通,于是票据法或票据公约就有了基本相同的设计——汇票的承兑。

最新的国内《票据法》规定:
第三十八条 承兑是指汇票付款人承诺在汇票到期日支付汇票金额的票据行为。
第三十九条 定日付款或者出票后定期付款的汇票,持票人应当在汇票到期日前向付款人提示承兑。
提示承兑是指持票人向付款人出示汇票,并要求付款人承诺付款的行为。

正如前面的解读中提到的,信用证安排下的汇票因为出票背景的不同,而有其特殊性。以远期汇票承兑为例:付款行承兑时,按照国内票据法理应把已承兑的汇票退回持票人,但是实务中信用证安排下远期汇票经承兑后,付款前一般均由付款行托管。当然,如果持票人对此作出特别要求,比如要求汇票付款行按票据法要求承兑后退回持票人,此时汇票付款行仍应满足。

有人问:信用证项下的汇票是否必须进行有形承兑?
ICC 在 R256 的分析和结论中说:"开证行从议付行收到的单据符合信用证的条款,并以电子通信方式向议付行发出了承兑通知。就汇票(及单据)的承兑而言,满足了 UCP500 第 4 条,因而议付行有权在到期日得到付款。"

第二,信用证下怎样付款? 不限于以汇票为兑用付款工具。

ISBP 681 Para 48:
Payment must be available in immediately available funds on the due date at the place where the draft or documents are payable, provided such due date is a banking day in that place. If the due date is a non-banking day, payment will be due on the first banking day following the due date. Delays in the remittance of funds, such as grace days, the time it takes

Article 6 信用证的可兑用性——有效性

to remit funds, etc., must not be in addition to the stated or agreed due date as defined by the draft or documents. 款项应于到期日在汇票或单据的付款地以立即能被使用的资金支付，只要到期日是付款地的银行工作日。如果到期日不是银行工作日，则付款日为到期日后的第一个银行工作日。汇款迟延，例如宽限期、汇款过程所需时间等不得附加于汇票或单据所载明或约定的到期日之外。

从本段可以看出，一个信用证下的付款，不管是否以汇票为兑用付款工具，均必须满足如下要求：

——必须由付款行实施付款。

如有汇票，则以汇票付款行实施付款。如没有汇票，则直接以信用证规定的付款行实施付款。付款行委托另一家银行代劳，似乎不能免除其责任。

——原则上必须在到期日付款。

汇款的迟延，例如宽限期、汇款需要的时间等不能在汇票或单据所规定或同意的到期日之外。换句话说，付款银行准备款项的时间，必须是在到期日之前完成。

如果到期日不是银行工作日，付款可以顺延。开证行有通知付款到期日的义务，实务中，开证行在通知付款到期日时常常直接考虑节假日因素，不直接通知付款到期日，而是通知付款到期日顺延后的日期。根据本段的规定，这是不规范的作法。当然，顺延与否，信用证另有规定除外。如：有些大宗物品信用证会规定"Saturday will not be used to calculate the maturity day of payment, even if our bank is open"，此时，如到期日为星期六，则不适用顺延。

有人问：付款行是否可以提前付款？

回答似乎应该是：付款行提前付款，责任自负。最新的国内《票据法》第58条规定："对定日付款、出票后定期付款或者见票后定期付款的汇票，付款人在到期日前付款的，由付款人自行承担所产生的责任。"

——必须在汇票或单据的付款地付款。

信用证下汇票一般没有特别显示付款地点，所以，常以实际实施付款的汇票付款行所在地为付款地点。没有汇票的情况下，则只能以付款行所在地为付款地点。相应地，到期日的顺延，应以付款行拟实施的付款行为是否处于银行工作日而确定，不以账户行为准，也不以收款行为准。

——必须以立即能被使用的款项支付。

如：付款银行在实施付款时，不能以在账户行头寸不足为由而延迟付款。

除此之外，在信用证安排付款的实施过程中，按照收款人在面函上载明的索款指示处理，也是对付款行的基本要求。如果付款行未按照交单人的索款指示处理，责任仍应自负。

06—02424 汇票的付款金额

明确汇票的付款金额，是为了确定付款人以货币计算的责任范围。

第一，信用证安排下的汇票付款金额，必须显示信用证规定的币种，大写必须准确地反映小写金额。

金额，由币种和数值本身组成。

ISBP 681 Para 50：

The amount in words must accurately reflect the amount in figures if both are shown, and indicate the currency, as stated in the credit. 如果同时有大写和小写金额，则大写必须准确反映小写表示的金额，同时显示信用证规定的币种。

这意味着，信用证可能规定汇票金额所使用的币种，此时，汇票金额必须显示该币种。然而，实务中大部分的信用证都未特别规定汇票金额的币种，此时，则默认与信用证金额对应的币种保持一致。至于为什么不能显示其他币种，则与汇率风险有关。

汇票上显示大写金额，可以防篡改，显示小写金额则便于识别。汇票上只需显示其中一个便可以。实务中大部分汇票上会同时显示大小写金额，此时，大写金额必须反映小写金额。

第二，汇票付款金额必须与发票一致。

信用证下汇票，是以单据为出票背景。显然，汇票付款金额必须反映发票的发货金额。那么，如何反映呢？

ISBP 681 Para 51：

The amount must agree with that of the invoice, unless as a result of UCP600 sub-article 18(b). 金额必须与发票一致，除非出现 UCP600 第 18 条 b 款规定的情况。

本段表明，原则上汇票金额必须与发票保持一致，即发票必须显示一个确定的发票金额，而汇票付款金额必须与发票金额完全相同。

这种一致，当出现本惯例第 18 条 b 款时，是一个例外。该条允许不一致，但必须与 UCP 条款相一致。根据该条规定，发票金额可以超过信用证金额，而汇票付款金额未超过即可，此时汇票付款金额将与发票金额不一致。

这种一致，在信用证另有规定时又是个例外。比如：在预付款证外支付时，信用证会规定汇票付款金额为"90% of the invoice value"。此时发票金额与汇票金额并不等同一致。当然，"invoice value"并不是一个规范的表达，它到底指的是货物价值，还是发票金额？不过，这种模糊的表达是由于申请人和开证行引起的，提交的发票金额与汇票金额不等同一致，不足以成为开证行拒付的理由。在这里准确一点，应该表达为："90% of the goods value"。相应地，提交的商业发票可以规范显示为"total amount: USD 10 000.00, net amount: USD 9 000.00"；提交的汇票显示为"amount: USD 9 000.00"，从而与发票等同一致。

实务中，未要求汇票的信用证，付款时似乎同样适用。

06—0243

汇票收款人或持票人背书、签收

收款人是汇票的另一个当事人。

第一，如何显示汇票收款人？

至于汇票如何显示实际的收款人，则依出票地法律而定。在英国《票据法》下有三种选择："to or to the order of a specified person or to bearer"。ICC 的意见是：收款人是可以识别的即

可。以下几种情况,均可识别,故均可接受:
——收款人为受益人。
——收款人为寄单银行,但非指定银行,或另外一家银行。
——收款人为指定银行。
——收款人为受益人或寄单银行或另外一家银行指定的人(to order of XXX)。
——收款人为来人(to bearer)。

而收款人名称为空时,却是不可接受的,因为其不可识别。

国内实务中,大部分信用证下汇票均以寄单银行为收款人,该寄单银行可能是指定银行,也可能是非指定银行,在 UCP 框架内都是可以接受的。但是,对于向受益人交单提供融资的寄单银行,则潜藏一定的风险。香港冯敬德先生认为,如果作为出票人的受益人涉嫌信用证欺诈,由于寄单银行作为汇票收款人身份出现,在票据法意义上,便不是善意第三人,不能援引欺诈例外的法律原则来要求付款行付款,特别是在远期汇票承兑之后付款之前。

有人问:汇票收款人作成"to the nominated bank",可以接受吗?回答是否定的。为什么呢?因为在一张特定的汇票下,"nominated bank"不是一个确切的人(specified person),从而无法识别。

第二,汇票的背书及其连续性。

由于信用证下的汇票由受益人出票,并伴随商业单据一同提交。汇票的提交,意味着权利的流转。除非来人抬头,汇票权利的转让正常情况下须以背书来表示。所以,ICC 作了以下规定:

ISBP 681 Para 49:
The draft must be endorsed, if necessary. 如果必要,汇票必须背书。

那么,什么是汇票的背书?背书,是由汇票收款人或持票人在汇票背面书写法定事项的行为。根据最新的国内《票据法》第 30 条的规定,背书的作用在于"将一定的汇票权利授予他人行使"。比如:它可以用于表明委托收款,也可用于表明汇票质押,还可以表明汇票权利转让。

最新的国内《票据法》第 35 条规定:
背书记载"委托收款"字样的,被背书人有权代背书人行使被委托的汇票权利。但是,被背书人不得再以背书转让汇票权利。

汇票可以设定质押,质押时应当以背书记载"质押"字样。被背书人依法实现其质权时,可以行使汇票权利。

这里的背书,即通常意义上的背书,指的是汇票权利的转让。背书强调的是连续性,即背书行为一定要由汇票的收款人或持票人实施,他往往是唯一享有汇票权利的人,前后手之间保持逻辑上的连续性。

第三,汇票收款人或持票人提示付款时的签收,与背书不可混为一谈。

信用证实务中所要求的汇票,大部分是使用寄单银行印就格式的汇票,收款人为寄单银行本身。需要注意的是,寄单银行向开证行提示付款时,往往也要在其背面记载签收汇票款项,但这绝不等同于汇票背书。其实,这也适用于其他汇票收款人或持票人提示付款时的情况。

最新的国内《票据法》第55条规定:
持票人获得付款的,应当在汇票上签收,并将汇票交给付款人。持票人委托银行收款的,受委托的银行将代收的汇票金额转账收入持票人账户,视同签收。

信用证项下汇票在流转过程中,常常不去区分是转让汇票权利,还是签收汇票款项,其至持票人委托寄单银行收款的,背书时也不会特别注明"委托收款"字样,而是均要求收款人或持票人在汇票背面签章。实务中,这种做法也为业界所认可,并没有哪一家开证行提出疑义。

06—0244

汇票是信用证的"要求单据"吗

有人问:信用证中规定"一切单据必须标明唛头",而提交的汇票没有显示唛头,是不符点吗?业界常常为此争执不休。很明显,问题的焦点在于,确认信用证规定的"一切单据"是否包括汇票。

关于这一点,ICC在TA590 REV中有一个直接的结论:"汇票缺少信用证号码的事实不足以作为拒付的理由。汇票往往是开证行而不是申请人自己的要求,所谓'一切单据'应该与提交给申请人的单据而不是与开证行保留的单据有关。"

从这个结论,似乎隐隐约约可以看出以下几点:

第一,信用证中的汇票包括两种,都是单据。

前面的解读中提到,支付功能是汇票的基本功能和本质功能,此时汇票主要用于付款,在此基础上发生的融资则是为了解决付款时资金短缺之急。其实,随着实务的发展,有时融资也成为汇票的基本功能,比如英国融通汇票[Accommodation Bill(A/B)]和美国银行承兑汇票[U.S Banker's Acceptance(B/A)],这两种汇票纯粹出于融资目的而签发,到期的付款则是为了归还融资款,在这两种汇票下融资功能是主要的,支付功能则居于次要地位。

在信用证实务中,情况基本与此相似,同样有两种汇票:一种是作为信用证兑用付款工具,一种则纯粹作为内部融资工具。

那么,这两种汇票都是单据吗?

本惯例第1条"跟单信用证 vs. 光票信用证 vs. 备用信用证"一节的解读中提到,单据包括金融单据和商业单据,汇票是一种金融单据。

ISBP花了相当的篇幅对汇票的审核要点,与发票、运输单据、保险单据等并列作出规定。

而在备用信用证下,ISP98则明确规定"单据包括汇票"。ISP98 1.09(a):"'Document' means a draft, demand, document of title, investment security, invoice, certificate of default, or any other representation of fact, law, right, or opinion, that upon presentation (whether in a paper or electronic medium), is capable of being examined for compliance with

the terms and conditions of a standby. 单据(document)是指提示(书面形式或是电子媒介形式)的汇票、索款要求、所有权凭证、投资担保、发票、违约证明,或其他事实、法律、权利或意见的陈述,凭以审核是否与备用证的条款一致。"

很显然,在 ICC 的眼里,这两种汇票就是单据。

第二,信用证中的两种汇票,一种是信用证的"要求单据",另一种则只是"未要求单据"。

大家所关心的是,信用证实务中,作为信用证兑用付款工具的汇票和纯粹作为内部融资工具的汇票,都是信用证的要求单据吗?

ISBP 681 Para 54:

A credit may be issued requiring a draft drawn on the applicant as one of the required documents, but must not be issued available by drafts drawn on the applicant. 信用证可以要求提交以申请人为付款人的汇票作为单据之一,但是不得开立成凭以开证申请人为付款人的汇票兑用。

从本段可以看出,作为信用证兑用付款工具的汇票,与信用证的要求单据并不相同。换言之,作为信用证兑用付款工具的汇票,只是开证行自身要求并使用的单据,并不是申请人在信用证中的要求单据,也不是给申请人的单据,从而只是信用证的"未要求单据"。在 SWIFT MT700 开立的信用证中,往往会在 42C 和 42A 规定信用证凭汇票兑用的细节。这种汇票,指的便是作为兑用付款工具的汇票。此类细节,有时也会规定在"45A—description of goods and/or services and/or performances"中,有时也会规定在"46A—documents required"中,有时还会规定在"47A—additional instructions"中。

与之不同,付款人作成申请人的汇票,其实是出于内部融资目的而签发,从而是作为内部融资工具的汇票,它都会体现为申请人在信用证中的"要求单据",也是给申请人的单据,它已经成为信用证要求的商业单据的一部分了。此类细节,有时会规定在 46A 或 47A 中,但不能规定在 42C 和 42A 中。

从本段还可以看出,本惯例第 14 条 g 款中所谓的信用证的"要求单据(required documents)",仅仅局限于申请人通过信用证要求并需要提供给申请人使用的单据,而不包括开证行在信用证中要求并需要提供给开证行的单据,尽管后者也是信用证中的单据。所以,准确地说,作为信用证兑用付款工具的汇票只是信用证的"未要求单据"。

有人问:作为信用证兑用工具的汇票细节规定在 46A 中,是否因此成为信用证的"要求单据"呢?似乎也不是。因为它根本就不是申请人所要求的,也用不着提交给申请人,只是供开证行付款时使用。实务中,在混合付款时,由于内容繁杂,开证行常常需要在 46A 中规定汇票细节,此类汇票似乎并不因此成为信用证的"要求单据"。

至于在备用信用证下,ISP98 所明确规定的"单据包括汇票",似乎指的是在原信用证或托收或 T/T 下未获付款的汇票,应该不包括作为备用信用证兑用付款工具的汇票。

第三,以未见单偿付为例,信用证中作为兑用付款工具的汇票,因为不是信用证的"要求单据",根本就没有进入银行确认相符交单的审核范围。

Article 7（a）：
Provided that the stipulated documents are presented to the nominated bank or to the issuing bank and that they constitute a complying presentation … 只要规定的单据提交给指定银行或开证行，并且构成相符交单，则开证行必须承付……

从本款的规定中，可以看出：开证行对受益人的承付责任，严格局限于受益人向指定银行或开证行的相符交单；而由于作为信用证兑用工具的汇票，不是相符交单下的"要求单据"，所以，开证行对受益人的承付责任，与作为兑用工具的汇票无关。这一点，可以通过第三方银行的未见单偿付中汇票的寄送过程得到印证。

以规定第三方偿付的议付信用证为例：
开证行 BANK OF CHINA, SEOUL BRANCH；
议付行 INDUSTRIAL BANK, SHANGHAI BRANCH；
偿付行 BANK OF CHINA, NEW YORK BRANCH；
信用证要求汇票 DRAWEE:BANK OF CHINA, NEW YORK BRANCH，禁止电索。

实务中，如果议付行 INDUSTRIAL BANK, SHANGHAI BRANCH 确认交单相符，汇票需要寄偿付行 BANK OF CHINA, NEW YORK BRANCH 索偿，同时将其他单据寄送开证行 BANK OF CHINA, SEOUL BRANCH。对于开证行来说，收到单据后需要最终确认议付行的交单是否相符。如果开证行确认相符，该偿付行的偿付即意味着信用证安排付款终结。另一种情况呢，如果议付行确认交单不符，汇票则留在议付行处，其他单据寄送开证行，请求授权索偿。当开证行 BANK OF CHINA, SEOUL BRANCH 接受不符点时，则会授权议付行 INDUSTRIAL BANK, SHANGHAI BRANCH 索偿，该授权就意味着信用证安排付款终结，尽管开证行还没有实际付款。此时议付行则再寄送汇票到偿付行要求索偿。让人惊奇的是，不管是哪一种情况，开证行凭以确认相符的单据中显然并没有开证时所要求的汇票，因为汇票正在偿付行手里或仍保留在议付行手里，并没有与开证行见面。很明显，这种情况下的汇票，纯粹是作为信用证兑用工具，而不是信用证要求的单据，而开证行的偿付纯粹是以不包括该汇票的单据为依据。

而以上的判断将由本惯例第 38 条 i 款规定再一次得到了印证："如果第一受益人应提交其自己的发票和汇票（如有），但未能在收到第一次要求时照办；或第一受益人提交的发票导致了第二受益人的交单中本不存在的不符点，而其未能在收到第一次要求时予以修正，转让行有权将其从第二受益人处收到的单据照交开证行，并不再对第一受益人承担责任。"该规定中所涉及的转让行有行使其径寄单据给开证行的权利的两种情形的措辞，并不完全相同。在未及时换单下包括发票和可能的汇票，而在不符点换单下仅包括发票，显然，交单不符点仅与换发票有关，而与可能的所换汇票无关。换言之，换汇票即使有瑕疵，也不足以构成不符点。

第四，信用证中作为兑用付款工具的汇票有关细节，究其实是信用证的"非单据化条件"。

作为兑用付款工具的汇票，并不是信用证的"要求单据"。国际商会中国国家委员会在答复意见 ICCCR024 中表示："该汇票不是信用证所要求的单据。申请人不必对此作审核。即使该汇票存在不符点,也不是开证申请人审核的范围。"

那么,大家所关心的另一个问题是,既然如此,信用证中作为兑用付款工具的汇票有关细节,其性质是"非单据化条件"吗?

ICC China 在 ICCCR024 中说:"UCP500 中的单据指所有在信用证项下需要提交而开证行凭以付款的文件。信用证必须规定需要提交的单据,如果只列出某些条件但未注明需要提交何种单据以满足该条件,则银行对该条件不予理会(UCP500 第 13 条 C 款)。本案中信用证虽然在 42C 中规定了汇票须满足的条件(即期,金额为发票总额的 90%),但未规定须提交汇票(至少从转述的事实来看如此)以获得付款,所以,银行可以将该汇票条件视为未规定,并且不予审核提交的汇票。"

显然,案例中所提到的汇票没有满足信用证的"非单据化条件",不能作为开证行作出 UCP 意义上拒付的理由。

尽管如此,作为信用证条款的组成部分的有关汇票的"非单据化条件"仍应被满足。ICC China 在 ICCCR024 中继续说"虽然如此,在信用证业务中,按惯例,受益人在提交单据请求付款时,都应该以某种文件表明其要求付款的金额。如果本案中除汇票外没有其他单据(包括面函)表明索款金额,则开证行无从付款。"换句话说,如果作为信用证兑用工具的汇票存在瑕疵,开证行仍然可以拒绝付款,只是这不是 UCP 意义上的"拒付"、"拒绝承付"等。只要受益人重新提交合格的汇票,开证行便必须承付。其实,从法律的角度看,单纯基于信用证兑用工具的汇票上的不符点而拒绝付款,只是开证行对受益人交单的一种抗辩;当抗辩的理由消失,开证行便仍须付款。

需要提醒的是,有时作为信用证兑用付款工具的汇票上所载明的信息,却足以佐证相关单据的不符点,尽管它不是信用证的"要求单据"。ICC China 在 ICCCR012 中说:"本案中汇票签发日期晚于交单期,这一点足以表明晚交单。"

Case 3

韩国中小企业银行 vs. 青岛华天车辆汇票纠纷案

中华人民共和国山东省高级人民法院(2005)鲁民四终字第 71 号《民事判决书》审理,上诉人——韩国中小企业银行因与被上诉人——青岛华天车辆有限公司(以下简称华天公司)、原审被告韩国中小企业银行有限公司天津分行(以下简称天津分行)信用证项下汇票纠纷一案,摘要如下:

案情简介:2004 年 3 月 5 日,韩国中小企业银行开出的以华天公司为受益人的不可撤销跟单信用证的有效期限和地点为 2004 年 5 月 10 日中国,可由任何一家银行议付,汇票付款期限为见票后 90 天;交单期限为运输单据签发日起 10 天内但不得超过信用证有效期。

信用证要求的单据包括:商业发票一式三份、全套清洁已装船海运提单、装箱单一式三份、三份原产地证书。

2004 年 4 月 14 日,寄单行中国农业银行胶南支行(以下简称农行胶南支行)将上述信用证中要求的商业发票、装箱单、海运提单(签发日期为 2004 年 4 月 12 日)、原产地证书提交韩国中小企业银行,并提交即期汇票。2004年4月27日,韩国中小企业银行拒绝付款,理由为"汇票上的期限为见票即付,而不是见票后90天付款"。这是第一次拒付。

2004年5月10日,农行胶南支行向韩国中小企业银行寄交付款期限为见票后90天的汇票。2004年5月19日,韩国中小企业银行再次拒付,理由为"已过交单期"。这是第二次拒付。

一审法院认为:本案系开证行与受益人之间发生的信用证纠纷案件,从跟单信用证的合同成立及运作过程看,作为信用证法律关系当事人的开证行与受益人均应按信用证条款的规定履行义务,受益人通过寄单行向开证行提交单据和开证行向受益人付款的行为,均是履行信用证合同的行为。

关于第一次拒付,一审法院认为:信用证是开证行有条件的付款承诺,只要受益人提交的单据符合信用证的要求,银行即应付款。其中受益人提交与信用证要求一致的单据是开证行付款的条件,而信用证规定的汇票则是关于付款方式和期限的约定。因此汇票与信用证要求与之相符的单据是有所区别的。UCP500的"D、单据"一章中对信用证业务中的单据作了具体的规定,其中不包含汇票,因此,除非信用证条款中作出特别规定,将汇票列入其要求的单据之中,否则在通常情况下汇票不应属于信用证意义上的单据之列。但本案信用证中,虽然未将汇票列入其要求单据的专项条款中,却另外设定了有关汇票的专门条款。信用证作为开证行与受益人之间的合同,双方均受该合同条款的约束。在UCP500未作出相应规定的情况下,双方的权利义务应受《中华人民共和国合同法》的调整。按照信用证条款的规定,华天公司应当向韩国中小企业银行提交见票90天付款的汇票,也就是说合同约定的韩国中小企业银行付款期限为见票后90天,华天公司却提交了见票即付的即期汇票,致使韩国中小企业银行无法按照约定的付款方式承兑付款。作为合同相对方的韩国中小企业银行当然有权拒绝接受与合同不符的汇票。综上所述,华天公司第一次提交的汇票虽然不构成UCP500意义上的"单证不符",但却形成了其单方对合同的变更,韩国中小企业银行有权不予接受。因此,韩国中小企业银行以汇票与信用证不符为由拒付款项理由成立。

关于第二次拒付,一审法院认为:信用证第48款规定的"交单期限为运输单据签发日起10日内"约束的第46A款中列举的商业单据,既然汇票在本案中不属于信用证要求与之相符的单据,而是对付款方式、期限作出的约定,在信用证合同未作特别约定的情况下,汇票不应受到上述交单期限的限制。在信用证有效期内,应允许华天公司第二次提交与约定相符的汇票。且在本案中,华天公司第二次提交汇票的行为,并不会给开证行造成任何额外损失或增加风险,而只在客观上推迟了其履行付款义务的期限。因此,韩国中小企业银行第二次拒绝承兑付款的理由不成立。

一审败诉后,韩国中小企业银行提出上诉,称:(1)汇票是本案信用证要求的单据之一,在汇票的内容和提交期限与信用证的规定不符时,韩国中小企业银行作为开证行有权拒付。虽然汇票没有列入UCP500 D章属实,但仅凭该事实不能得出汇票不属于信用证意义上的单据这一结论。在开立远期承兑信用证时,汇票是信用证要求的必备单据之一,韩国中小企业银行在一审时提交的专家意见和权威判例也都显示,在跟单信用证下,汇票属于信用证所要求的单据之列,亦应按信用证要求提示。(2)原审判决认定"汇票不属于信用证要求与之相符的单据……不应受到上述交单期限的限制"的同时,却又认为"在信用证有效期内,应允许华天公司第二次提交与约定相符的汇票",显然自相矛盾。(3)华天公司第二次提交汇票是否给韩国中小

Article 6 信用证的可兑用性——有效性

企业银行造成额外损失或增加风险不应成为裁量韩国中小企业银行是否应承担责任的依据。在信用证业务下,韩国中小企业银行作为开证行,其义务是凭符合信用证要求的单据付款,并有权在单证不符时拒付。综上,汇票应是符合信用证要求的单据之一,韩国中小企业银行在汇票不符的情况下有权拒付。

被上诉人华天公司答辩称:(1)原审判决认定汇票不是涉案信用证规定的信用证意义上的独立单据,汇票仅为提示付款所用的付款提示,事实和法律依据充分。涉案信用证交单要求项即46A项规定:交单时要求提交的单据为三份商业发票、全套海运提单、三份装箱单和三份原产地证书,信用证未将汇票规定为交单时必须提交的独立单据。华天公司在信用证有效期,修改汇票并提交正确的付款提示,不影响韩国中小企业银行承兑付款……(2)华天公司提交汇票的行为未给韩国中小企业银行造成任何额外损失或增加风险,是事实。(3)韩国中小企业银行所举学术专著仅为一种学说,所举判例与本案情形不同,两者都不能作为定案依据。

终审法院认为:本案信用证46A交单条款要求的单据为商业发票、海运提单、装箱单及原产地证书,不包括汇票。UCP500的"D、单据"章所列明单据均为与货物相关的商业单据,也不包括汇票。本院认为,依据本案信用证的约定和UCP500的规定,汇票不是信用证项下所要求的单据,汇票为受益人向银行提示付款的单据,是受益人向付款行收取信用证款项的结算凭证。因此,本案信用证约定的交单日期不约束汇票的提交,华天公司在第一次提交汇票不符合约定的情况下,修改汇票并在信用证有效期内提交符合信用证要求汇票的行为,应是合法有效的行为。

终审判决:韩国中小企业银行再次败诉。

中国法院的这一结论,也可以从ICC的以下意见中得到印证:

ISBP 681 Para 21:

a) "shipping documents"—all documents (not only transport documents), except drafts, required by the credit. "发运单据"——指信用证要求的除汇票以外的所有单据(不限于运输单据)。

……

c) "third party documents acceptable"—all documents, excluding drafts but including invoices, may be issued by a party other than the beneficiary… "第三方单据可接受"——指所有单据,包括发票,但不包括汇票,均可由受益人之外的人出具……

以上对单据外延的规定,均排除了作为兑用工具的汇票。

尽管汇票不是信用证规定的单据,但是毕竟汇票条款是信用证的有效部分,仍应被满足。相应地,如果信用证要求"All documents must indicate contract No.",显然只是对除汇票以外的一切单据的要求,而不应包括作为信用证兑用工具的汇票。

06－025

Article 6(d)　交单的有效期限和有效地点

信用证在有效银行兑用时,受益人要求兑用付款必须以相符交单为前提。本惯例第 2 条"交单"和"相符交单"的解读中提到,交单既指所交单据,也指交单行为。就行为而言相符交单是很重要的,它必须满足以下两点:

——交单时间必须符合交单的有效期限;
——交单地点必须符合交单的有效地点。

那么,受益人应该在什么期限,什么地点向有效银行交单呢?

Article 6(d):

i. A credit must state an expiry date for presentation. An expiry date stated for honour or negotiation will be deemed to be an expiry date for presentation. 信用证必须规定一个交单的截止日。规定的承付或议付的截止日将被视为交单的截止日。

ii. The place of the bank with which the credit is available is the place for presentation. The place for presentation under a credit available with any bank is that of any bank. A place for presentation other than that of the issuing bank is in addition to the place of the issuing bank. 可在其处兑用信用证的银行所在的地点即为交单地点。可在任一银行兑用的信用证其交单地点为任一银行所在地。除规定的交单地点外,开证行所在地也是交单地点。

以上两款似乎表明:

第一,交单的有效期限和有效地点,必须指向有效银行。

信用证规定的交单有效期限和有效地点,只是一个时间范围和空间范围,实际交单时,总是指向特定的有效银行交单,且必须满足交单有效期限和有效地点。换言之,交单日期和交单地点是否合适,必须结合有效银行综合判断,而不可断章取义。

比如:国内银行对外开证,31D:date and place of expiry:20080208 USA;41A:available with …;issuing bank by payment.

美国的受益人交单时,于 2008 年 2 月 8 日通过 DHL 于美国直接寄单开证行 BANK OF CHINA, SHANGHAI,开证行于 2008 年 2 月 9 日收单。该交单是否构成了不符点——"信用证截止日后交单"呢?

其实,交单日期和交单地点,总是与有效银行相对而言。就本案例而言,交单的有效期限,是以开证行在自身所在地这一交单地点收到单据为准。所以,案例中的交单已构成了迟交单不符点。

第二,什么是交单的有效期限?

信用证必须规定交单截止日(expiry date for presentation)。在实务中,该日期常称为交单的"有效期限"。

什么是信用证的"expiry date"？《美国传统辞典》说："expiry, an expiration, especially of a contract or an agreement. 满期终止，特别是合同或协议的终止。"又说："expiration, the act of coming to a close; termination. 告终，截止的动作；终结。"

就信用证实务而言，本款表明了信用证中的"expiry date"总是用来约束交单的，归根结底似乎是因为受益人交单是实际兑用信用证的起点。换言之，信用证规定了信用证受益人交单的截止日，已经与直接规定信用证本身的截止日无异了。

然而，受益人实际兑用信用证是一个过程，而交单仅仅是其起点，直到有效银行兑用付款为止，这个过程才告终结。有些信用证不规定信用证截止日（expiry date of Credit），也不规定信用证交单截止日（expiry date of Credit for presentation），只规定信用证承付或议付截止日（expiry date of Credit for honour or negotiation），这就不合适。因为只要受益人向有效银行相符交单，信用证的兑用过程就已经启动，开证行或保兑行对受益人的承付或议付责任就已经确立。如果相符交单下由于过了信用证规定的承付或议付截止日，开证行或保兑行可以推托其对受益人的责任，显然不符合其事先在信用证安排中或保兑中对受益人的确定承诺。何况，对于受益人来说，这极其不公平，因为他只能控制自己的交单，而无法控制银行的承付或议付行为。所以，本款进一步表明，"信用证规定的承付或议付截止日，仍将被视为交单截止日。"

第三，有人问：信用证规定了最早承付或议付日，是否也可以理解为最早交单日呢？

答案是否定的。

比如：信用证在"对银行的指示"栏目中规定"议付必须在装运日7天后进行"，议付行在装运日两天后便对相符单据进行了议付并交单开证行。

开证行提出了"提前议付"的不符点并拒付单据。

议付行认为，只要单据相符，开证行就有不可撤销的付款责任。无论议付行是否执行指示，其行为均不影响受益人从开证行取得款项的权利。

ICC在R585的分析与结论中认为，受益人与议付行必须在其适用范围内遵守信用证的全部规定。装运日7天后议付的指示，虽然国际商会并不提倡，但仍应遵守。鉴于议付行接受受益人的交单，其必定已经同意了该条款。而受益人发运信用证下的货物，也表示其接受这一约定。

然而，这一条款并不能解除开证行对于受益人根据信用证条款提交相符单据付款的责任。在本信用证下，开证行有责任在装运日后的第7天付款。

第四，什么是交单的有效地点？

"A place for presentation"，准确地说，似乎翻译为"供交单地点"或"可交单地点"更合适，因为它仅仅是信用证规定的一个可能的交单地点，而不同于受益人实际兑用信用证时的"实际交单地点"。实务中，该地点常常称为"规定的交单地点"，而由于这一地点总是与有效银行联系在一起，所以也常称为交单的"有效地点"。

有时在信用证的字段78"Instructions to the Paying/Accepting/Negotiating Bank"中规定开证行的收单地点，但这只限于指定银行向其转递交单，或受益人直寄或通过非指定银行直寄单据的情况。ICC 在 TA106 中说：如果信用证注明的是"单据提交到位于××楼层的信用证部门"等，那么该部门收到单据的日期将被认为是开证行收到单据的日期。有时信用证并没有表明开证行的收单地点，实务中，往往可以通过公开的渠道（比如银行年鉴）获取有效银行的地址信息，此即为开证行交单的有效地点。其实，开证行也常常会在信用证安排中明确委托第三方银行收单并处置单据，这一家银行无论如何，它是代表着开证行行事。这种情况下，一般来说，则必须寄单该银行，该地址也算信用证规定的交单"有效地点"。

值得一提的是，在间接信用证下，受益人想通过指定银行交单，则必须先确定指定银行后向其交单，开证行在信用证字段 78 中规定的收单地点与其无关。确定时，先看 MT700 信用证文本中在字段 31D "date and place of expiry" 中规定交单有效地点的地理范围，再结合字段 41D "available with … by … " 中的指定银行确定，信用证中往往不会直接给出指定银行的具体地址。

06－026

Article 6(e)　实际交单日期与指定银行的寄单面函

上一节的解读中提到的信用证规定的交单的"有效期限"和"有效地点"，只是一个范围。受益人实际交单时，交单地点和交单日期、交单时间都将是确定的，且是唯一的。这里着重解读实际交单日期。

那么，实际交单日期如何满足信用证规定的交单"有效期限"呢？

Article 6(e)：

Except as provided in sub-article 29(a), a presentation by or on behalf of the beneficiary must be made on or before the expiry date. 除非有第 29 条 a 款规定的情形，否则受益人或代表受益人的交单应在截止日当天或之前完成。

本款表明，实际交单日期必须在交单的"有效期限"之内，即必须在交单截止日当天或之前，除非正常节假日顺延。

然而，交单日期总是基于交单行为这一事实，并没有直接体现在所交单据的表面之上。特别是当受益人的银行是指定银行时，受益人向自己银行的交单，而指定银行则需继而转交开证行或保兑行。在这个过程中，受益人向指定银行的交单行为是否在规定的交单的"有效期限"内完成，对于开证行或保兑行来说无论如何是无法作出直接的判断，因为交单是个行为，指定银行转交的单据本身不会留下任何记录。此时，对于开证行或保兑行来说，实际交单日期的判断只能依赖于指定银行的说明。

实务中，指定银行交单日期的说明，往往会直接或间接体现在给开证行或保兑行的寄单面函之上，而开证行或保兑行往往通过指定银行的寄单面函上的标注，来判断实际交单日期或实际交单日期是否满足信用证规定的交单"有效期限"。所以，业内人常说，寄单面函是实际交单日期的标志。

Article 6 信用证的可兑用性——有效性

寄单面函上常见的有关标注,包括:

(1) Date of presentation. 这直接标明了实际交单日期。开证行或保兑行可以用来直接判断是否过效期交单。

(2) Date of schedule. 这标明的是寄单日期,可用于间接判断是否过效期交单。在正常情况下寄单面函是在受益人交单之后缮制的,其上标注的寄单日期,晚于受益人向其交单的日期。只要寄单日期在交单截止日之前,实际交单日期必然不会过交单"有效期限"。于是,在正常情况下寄单日期成为交单是否过效期的当然标志。但是,在特殊情况下,这种方法并不绝对可靠,因为无法倒过来根据寄单面函标注的寄单日期晚于交单"有效期限",便断定受益人实际交单日期必然晚于交单"有效期限"。

(3) Documents are presented within the expiry of this credit. 这里直接证明了一个事实,即实际交单日期在交单"有效期限"之内。

(4) We certified that the documents presented are compliance with the credit. 这里证明了一个事实:本次交单与信用证相符,同时暗含着另一个事实:实际交单日期在交单"有效期限"之内。

Article 7

开证行的责任

a. Provided that the stipulated documents are presented to the nominated bank or to the issuing bank and that they constitute a complying presentation, the issuing bank must honour if the credit is available by 只要规定的单据提交给指定银行或开证行,并且构成相符交单,则开证行必须承付,如果信用证为以下情形之一:

i. sight payment, deferred payment or acceptance with the issuing bank;信用证规定由开证行即期付款、延期付款或承兑;

ii. sight payment with a nominated bank and that nominated bank does not pay;信用证规定由指定银行即期付款但其未付款;

iii. deferred payment with a nominated bank and that nominated bank does not incur its deferred payment undertaking or, having incurred its deferred payment undertaking, does not pay at maturity;信用证规定由指定银行延期付款但其未承诺延期付款,或虽已承诺延期付款,但未在到期日付款;

iv. acceptance with a nominated bank and that nominated bank does not accept a draft drawn on it or, having accepted a draft drawn on it, does not pay at maturity;信用证规定由指定银行承兑,但其未承兑以其为付款人的汇票,或虽承兑了汇票,但未在到期日付款;

v. negotiation with a nominated bank and that nominated bank does not negotiate. 信用证规定由指定银行议付但其未议付。

b. An issuing bank is irrevocably bound to honour as of the time it issues the credit. 开证行自开立信用证之时起即不可撤销地承担承付责任。

c. An issuing bank undertakes to reimburse a nominated bank that has honoured or negotiated a complying presentation and forwarded the documents to the issuing bank. Reimbursement for the amount of a complying presentation under a credit available by acceptance or deferred payment is due at maturity, whether or not the nominated bank prepaid or purchased before maturity. An issuing bank's undertaking to reimburse a nominated bank is independent of the issuing bank's undertaking to the beneficiary. 指定银行承付或议付相符交单并将单据转给开证行之后,开证行即承担偿付该指定银行的责任。对承兑或延期付款信用证下相符交单金额的偿付应在到期日办理,无论指定银行是否在到期日之前预付或购买了单据。开证行偿付指定银行的责任独立于开证行对受益人的责任。

Article 7　开证行的责任

【本条导读】

本条规定了信用证安排下开证行的责任。

本条的解读表明,开证行的责任包括对受益人相符交单的承付责任,和对指定银行转递的已承付或议付相符交单的偿付责任,而且偿付责任独立于承付责任。

07-027

Article 7(a) 对受益人的承付责任

本惯例第 2 条"信用证"的定义中表明,开证行承担着信用证安排下承付受益人相符交单的责任。

那么,开证行将如何承担对受益人的承付责任呢?

Article 7(a):

Provided that the stipulated documents are presented to the nominated bank or to the issuing bank and that they constitute a complying presentation, the issuing bank must honour if the credit is available by 只要规定的单据提交给指定银行或开证行,并且构成相符交单,则开证行必须承付,如果信用证为以下情形之一:

i. sight payment, deferred payment or acceptance with the issuing bank; 信用证规定由开证行即期付款、延期付款或承兑;

ii. sight payment with a nominated bank and that nominated bank does not pay; 信用证规定由指定银行即期付款但其未付款;

iii. deferred payment with a nominated bank and that nominated bank does not incur its deferred payment undertaking or, having incurred its deferred payment undertaking, does not pay at maturity; 信用证规定由指定银行延期付款但其未承诺延期付款,或虽已承诺延期付款,但未在到期日付款;

iv. acceptance with a nominated bank and that nominated bank does not accept a draft drawn on it or, having accepted a draft drawn on it, does not pay at maturity; 信用证规定由指定银行承兑,但其未承兑以其为付款人的汇票,或虽承兑了汇票,但未在到期日付款;

v. negotiation with a nominated bank and that nominated bank does not negotiate. 信用证规定由指定银行议付但其未议付。

本款说明:

第一,受益人向有效银行的相符交单是开证行承担责任的前提。

本惯例第 2 条"交单"的定义表明,受益人把规定的单据提交给"有效银行"——指定银行或开证行,便构成了 UCP 意义上的交单(presentation)。

本款只是强调了只有该交单构成了 UCP 意义上的相符交单,开证行在信用证安排下对受益人的承付责任才告成立。换言之,受益人交单到"有效银行",并不必然构成相符交单。不符点交单则并不构成开证行对受益人的承付责任。

换言之,只要开证行愿意,不符交单下开证行仍可以选择予以承付,但这是其权利,而不是其责任。R523 的结论指出:如果提交的单据有不符点,开证行对于该次交单的付款责任便不复存在,该次交单最后付款与否取决于开证行是否同意。尽管如此,一旦不符点交单被开证行接受,开证行此后的责任,已经与相符交单下无异。

显然,本款也肯定了间接信用证下受益人绕过指定银行,向开证行直交单据的情况,从而与本惯例第 6 条 a 款的规定——无论如何,信用证默认可在开证行兑用——相呼应。然而,这样交单对开证行来说,意味着风险。

ICC 在 R150 中明确:此时,只要构成相符交单,"开证行必须付款但要采取措施避免第二套单据交到指定银行的风险。"也就是说,此时可能存在受益人欺诈的情形,即货物一次发运提交两套单据,两次分别提交。其中,一套单据为真实,向开证行直交并先于另一套获得承付。另一套系伪造,向指定银行提交也已获得承付或议付,指定银行转递该套单据给开证行,开证行不能援引拒绝偿付,因为该指定银行系善意第三方,受欺诈例外的"例外"原则的保护。

那么如何采取措施呢?

R518 的结论中说:"如果单据直接交给开证行,开证行有权在办理付款之前寻求某种确认,联系指定银行以确定没有与此次直接交单相冲突的其他支款行为。如果是自由信用证,开证行应坚持要求受益人提交正本信用证,检查其背书记录,以核实本次支款的有效性。"

第二,开证行对受益人相符交单的责任是承付,包括在可议付信用证下。

在本惯例第 6 条 a 款的解读中提到,根据信用证是否有指定银行,分为直接信用证和间接信用证。

1. 直接信用证下,无论信用证兑用付款方式是什么,开证行只有承付。

直接信用证下,开证行对受益人的承付责任直接了然,也是本惯例第 2 条"信用证"定义中开证行责任的本意。

与本惯例第 2 条"议付"的定义——议付只适用于指定银行——相呼应,UCP 不允许信用证规定由开证行议付。实务中,有时会看到规定由开证行议付的信用证,可不予理会,因为开证行的承付责任是自开证之日起在 UCP 下的默认责任,并不应随着信用证的此类特别规定而有所改变或归于消灭。

2. 间接信用证下,只要指定银行未履行指定,开证行就必须承付。

在本惯例第 12 条的解读中提到,指定是开证行在信用证安排下对指定银行的代为承付或予以议付相符交单的单方面授权。然而,只要不是保兑行,指定银行是否接受授权,纯粹取决于其意愿。指定银行未按指定代为承付或议付,可能是受益人未向其交单,也可能是受益人向其交单时并未要求其代为承付或议付,还可能是指定银行不愿意代为承付或议付。

无论是哪一种情况,开证行对受益人的承付责任不会因为其对指定银行的单方面指定不被执行而免除。换句话说,当指定银行未按指定行事,作为授权人的开证行仍有不可推卸的承付责任。

3. 可议付信用证下,指定银行未议付,开证行将如何承付?

议付信用证下,指定银行未议付,开证行不可能议付,而只能承付。

那么,开证行将如何承付呢? 先看期限,再看是否带汇票。

——如果是即期议付信用证,开证行的承付即为开证行即期付款。此时,这一信用证类似于可在开证行兑用的即期付款信用证。

——如果是远期议付信用证,且带有远期汇票,开证行承兑并到期付款。此时,这一信用证类似于可在开证行兑用的承兑付款信用证。

——如果是远期议付信用证,未带有远期汇票,开证行则承诺并到期付款。此时,这一信用证类似于可在开证行兑用的延期付款信用证。

07-028

Article 7(b) 对受益人的承付责任期间

信用证定义,只是表明了开证行对受益人相符交单不可撤销的承付责任。

那么,开证行对受益人的承付责任从何时算起呢?又至何时结束呢?

Article 7(b):

An issuing bank is irrevocably bound to honour as of the time it issues the credit. 开证行自开立信用证之时起即不可撤销地承担承付责任。

本款表明:

第一,开证行对受益人的承付责任从开立信用证之时起。

这是关于信用证何时产生效力的问题。

何谓"自信用证开立之时"?

ISP98 2.03 中对此作了如下规定:"备用信用证在其脱离开证人控制之时起开立。"具体而言,即自开证行将信用证寄出或从通信工具上发出,开证行便不可撤销地受其约束,而不是信用证到达通知行或者受益人接收或接受时起才对开证行产生效力。

第二,开证行对受益人的责任至何时结束呢?

(1)信用证一经撤销,开证行对受益人的责任即告结束。本惯例第10条的解读中将提到,开证行对受益人责任之"不可撤销",并非真正不可撤销,而只是表明了信用证撤销的一种规则。但无论如何,信用证一经撤销,受益人即无法兑用信用证,开证行对受益人的责任因此结束。

(2)信用证虽未经撤销,但一经兑用,开证行对受益人的责任也自动告结束。因为信用证的余额是累计扣减的。信用证经兑用,直至余额归零,受益人自此即无法继续兑用信用证,开证行对受益人的责任也相应结束。

(3)信用证虽未经撤销,也未经兑用,但信用证过期,开证行对受益人的责任也告结束。这里所说的信用证过期,即本惯例第6条d款中所说的信用证过交单的"有效期限"。值得注意的是,这里所说的信用证过期,并不局限于开证行,而是指在所有的"有效银行"均过期。本惯例第16条第f款"无权宣称交单不符"一节的解读中将提到,由于过期,信用证便不复存在,从而也就无所谓"不符点",受益人也就无所谓"兑用"信用证了,即使按日常理解,该"交单"也将自动构成"不符点交单",开证行对受益人的责任完全取决于开证行的意愿,这意味着其对受益人的责任因此结束。

Article 7 开证行的责任

07 – 029

Article 7(c)　对指定银行的偿付责任

开证行对指定银行的偿付责任，只存在于间接信用证下。

那么，什么是偿付(reimburse)呢？

《美国传统辞典(双解)》说："reimburse, to repay(money spent); refund. 偿还(已花掉的钱)；归还。"

《美国传统辞典(双解)》说："repay, to pay back. 偿还。"

开立信用证之时，便是开证行承担承付责任的起点。开证行实施承付的前提是给指定银行或开证行相符交单。其中，相符交单给指定银行，指定银行可以按指定行事代为承付或予以议付，也可以仅仅代为收单。根据本条 a 款的规定，当指定银行未按指定行事对受益人的相符交单没有议付或最终到期付款时，开证行须实施承付。而当指定银行按指定行事对受益人的相符交单代为承付或予以议付时，开证行则须相应偿还指定银行的这一款项，这就是开证行对于指定银行的责任，即偿付责任。换言之，偿付承诺与履行指定相伴而生。

Article 7(c)：

An issuing bank undertakes to reimburse a nominated bank that has honoured or negotiated a complying presentation and forwarded the documents to the issuing bank. Reimbursement for the amount of a complying presentation under a credit available by acceptance or deferred payment is due at maturity, whether or not the nominated bank prepaid or purchased before maturity. An issuing bank's undertaking to reimburse a nominated bank is independent of the issuing bank's undertaking to the beneficiary. 指定银行承付或议付相符交单并将单据转给开证行之后，开证行即承担偿付该指定银行的责任。对承兑或延期付款信用证下相符交单金额的偿付应在到期日办理，无论指定银行是否在到期日之前预付或购买了单据。开证行偿付指定银行的责任独立于开证行对受益人的责任。

本款表明：

第一，开证行对指定银行的偿付责任，始于该指定银行承付或议付相符交单并将单据转给开证行之后。

与承付责任自开立信用证之时起不同，开证行承担偿付责任的起点，仅限于指定银行承付或议付相符交单并将单据转递开证行之时。不符点交单、相符交单下未按指定行事的指定银行、非指定银行，均无权获得开证行的偿付。

UCP500 第 10 条 D 款规定，"如开证行指定另一家银行、或允许任何银行议付、或授权、或要求另一家银行加具保兑，开证行即据此分别授权上述银行凭表面与信用证条款相符的单据办理付款、承兑汇票或者议付，并保证依照本惯例对上述银行予以偿付"。UCP600 本款的规定，增加了指定银行必须"将单据转给开证行之后"，一方面在于说明指定银行承付或议付相符交单后如何处置单据,另一方面也说明了指定银行只有将单据转给开证行之后,才有权要求开证行偿付,而开证行才因此对指定银行承担偿付责任。从而与本惯例第15条的规定相呼应。

显然,非指定银行的"局外"代为"承付"或予以"议付",无权得到开证行的偿付。ICC在Case 31中说:"如果第三家银行未经开证行授权付款、承兑或议付,该行没有权利得到偿付。"

第二,对承兑或延期付款信用证下相符交单金额的偿付应在到期日办理,无论指定银行是否在到期日之前预付或购买了单据。

然而,开证行对指定银行责任的起点,并不等同于实际偿付日期。这里的规定确立了一个原则,即到期日偿付。

即期信用证下比较容易确定,如果是未见单偿付,必须遵循本惯例第13条或URR的"见索即偿"原则。如果是见单偿付,根据本惯例第14条b款的规定,只需在开证行见单后的5个银行工作日之内偿付即可。

远期信用证下,从指定银行承兑或承诺付款至到期日是一个期间,本款只是表明开证行只负责在到期日予以偿付。至于到期日之前的预付或购买单据只是指定银行向受益人的融资。遗憾的是,本条并没有明确远期议付信用证下的具体偿付时间,操作时似乎可以参考承兑付款信用证和延期付款信用证的上述规定掌握。

第三,开证行的偿付责任独立于承付责任。

什么是独立(independent)?

《美国传统辞典(双解)》说:"be independent of:与……无关;不依赖;不取决于;不受……限制[制约]。"简言之,前者不信赖于后者。

就本款而言,即开证行对指定银行的偿付责任,不依赖于其对受益人的承付责任。比如:在无指定银行介入的情况下,开证行收到受益人交单后,发现受益人涉嫌欺诈,可以援引第4条解读中提到的欺诈例外原则,直接对抗受益人的承付请求。然而,在指定银行介入了信用证安排,指定银行代为承付或议付了受益人的相符交单后,发现受益人涉嫌欺诈,只要其为善意第三人,便有权根据欺诈例外的"例外"原则,向开证行索偿,开证行也有义务偿付指定银行,即使受益人由于涉嫌欺诈无权提出承付请求。这是对作为善意第三人的指定银行的特别保护。

显然,UCP的这一规定,直接体现了信用证的"欺诈例外的'例外'"原则。

Article 8

保兑及保兑行的责任

a. Provided that the stipulated documents are presented to the confirming bank or to any other nominated bank and that they constitute a complying presentation, the confirming bank must 只要规定的单据被提交给保兑行,或提交给其他任何指定银行,并构成相符交单,保兑行必须:

i. honour, if the credit is available by 承付,如果信用证为以下情形之一:

a. sight payment, deferred payment or acceptance with the confirming bank;信用证规定由保兑行即期付款、延期付款或承兑;

b. sight payment with another nominated bank and that nominated bank does not pay;信用证规定由另一指定银行即期付款,但其未付款;

c. deferred payment with another nominated bank and that nominated bank does not incur its deferred payment undertaking or, having incurred its deferred payment undertaking, does not pay at maturity;信用证规定由另一指定银行延期付款,但其未承诺延期付款,或虽已承诺延期付款但未在到期日付款;

d. acceptance with another nominated bank and that nominated bank does not accept a draft drawn on it or, having accepted a draft drawn on it, does not pay at maturity;信用证规定由另一指定银行承兑,但其未承兑以其为付款人的汇票,或虽已承兑汇票但未在到期日付款;

e. negotiation with another nominated bank and that nominated bank does not negotiate. 信用证规定由另一指定银行议付,但其未议付。

ii. negotiate, without recourse, if the credit is available by negotiation with the confirming bank. 无追索权地议付,如果信用证规定由保兑行议付。

b. A confirming bank is irrevocably bound to honour or negotiate as of the time it adds its confirmation to the credit. 保兑行自对信用证加具保兑之时起即不可撤销地承担承付或议付的责任。

c. A confirming bank undertakes to reimburse another nominated bank that has honoured or negotiated a complying presentation and forwarded the documents to the confirming bank. Reimbursement for the amount of a complying presentation under a credit available by acceptance or deferred payment is due at maturity, whether or not another nominated bank prepaid or purchased before maturity. A confirming bank's undertaking to reimburse another nominated bank is independent of the confirming bank's undertaking to the beneficiary. 其他指定银行承付或议付相符交单并将单据转往保兑行之后,保兑行即承担偿付该指定银行的责任。对承兑或延期付款信用证下相符交单金额的偿付应在到期日办理,无论指定银行是否在到期日之前预付或购买了单据。保兑行偿付指定银行的责任独立于保兑行对受益人的责任。

d. If a bank is authorized or requested by the issuing bank to confirm a credit but is not prepared to do so, it must inform the issuing bank without delay and may advise the credit without confirmation. 如果开证行授权或要求一银行对信用证加具保兑,而其并不准备照办,则其必须毫不延误地通知开证行,并可通知此信用证而不加保兑。

【本条导读】

本条规定了保兑行的责任,还规定了一家银行不接受开证行加保邀请时的责任。

本条的解读表明,保兑行承担着与开证行几乎相同的责任,但还是略有不同。

08－030

Article 8(a/b) 对受益人的承付或议付责任及起点

在本惯例第 2 条"保兑"的定义中提到,对于受益人而言,保兑行在保兑时对受益人的确定承诺与开证行在信用证开立时对受益人的确定承诺,没有本质的不同。但是,由于保兑行在信用证安排下和开证行的地位不同,决定其对受益人的责任与开证行相比,还是略有差异。这里的解读着重于二者的差异。

Article 8(a):

Provided that the stipulated documents are presented to the confirming bank or to any other nominated bank and that they constitute a complying presentation, the confirming bank must 只要规定的单据被提交给保兑行,或提交给其他任何指定银行,并构成相符交单,保兑行必须:

i. honour, if the credit is available by…承付,如果信用证为以下情形之一:……

ii. negotiate, without recourse, if the credit is available by negotiation with the confirming bank. 无追索权地议付,如果信用证规定由保兑行议付。

本款说明:受益人向包括保兑行本身在内的指定银行相符交单,是保兑行承担责任的前提。显然,这与确立开证行承付责任的前提略有不同。

有人问:当单据直接提交到开证行呢?

这并不构成保兑行的付款责任。值得一提的是,这种情况下,如果开证行未付款,单据可以重新提交给其他指定银行或保兑行,只要构成相符交单,就足以构成保兑行的付款责任。ICC511 中说:"直接将单据提交给开证行或绕过保兑行并不等于单据提交给保兑行和满足了保兑行担保的条件。如提交的单据绕过保兑行,保兑行在收到这类相符单据时,其保兑已逾期,保兑行不再对这种交单负偿付责任。"为使受益人或其他指定银行不致忽视保兑行而径将单据提交到开证行,致保兑行无法自行审核单据造成保兑行应否负保兑责任的困扰,开证行常常在信用证中规定该信用证可在保兑行兑用。保兑行也常常在保兑条款中加列以下文句——"We undertake to effect payment only if the docs we received are in compliance with the terms and conditions of credit." 若有关方仍漠视以上明确的保兑条款径将单据提交给开证行,则自应冒可能因违反保兑行约定而失去保兑的风险。当单据提交到其他指定银行后,可能转交保兑行,也可能转交开证行。不管是哪一种情况,只要开证行未付款,保兑行都得承担保兑责任。

实务中,还有一种情况,不符单据经由保兑行转交开证行,保兑行如未明确不承担保兑责任,则不能解除其保兑责任。ICC489 Case 178 中说:"保兑行收到远期信用证项下不符点单据一套,经受益人同意向开证行电询。开证行遂接受单据,并承兑了汇票。受益人因资金宽松未要求保兑行贴现或议付。汇票到期时,开证行倒闭,款项未付。受益人与保兑行就保兑行是否应履行保兑责任产生争议。对此银行委员会提醒银行,不符点单据由保兑行在信用证交易的架构内提交开证行请其认可,此举可视为对信用证修改的申请。一旦开证行接受了单据,不符点便不复存在,保兑行仍要承担其保兑责任。另外,国际商会专家还提醒到:保兑行对于有不符点的单据,在向开证行电提不符点前应向受益人明确是否继续承担保兑责任,以免发生开证行同意电提不符点后,保兑行不得不付款的情况。"

另外,由于一家银行是保兑行的同时,可以兼担当着纯粹指定银行的角色,相应地,其对受益人的责任,在承付的基础上增加了议付。然而,由于该银行是保兑行,所以其议付为无追索权。换言之,即使一般指定银行的议付对受益人有追索权,保兑行的议付也无追索权。这与本惯例第 2 条"保兑"的定义中所说的,保兑是开证行承诺以外的另一种确定承诺的性质息息相关。

值得一提的是,保兑定义只是表明了保兑行对受益人相符交单不可撤销的承付或议付责任,并没有明确保兑行对受益人的承付或议付责任的起点。那么,保兑行对受益人的承付或议付责任自何时起呢?

Article 8(b):
A confirming bank is irrevocably bound to honour or negotiate as of the time it adds its confirmation to the credit. 保兑行自对信用证加具保兑之时起即不可撤销地承担承付或议付的责任。

本款表明了保兑行对受益人承担承付或议付责任的起点。何谓"自对信用证加具保兑之时起",本款并没有明确。正像本条 d 款解读时将提到的,保兑行一般为通知行。如果同意保兑,通知行对信用证通知时一般会在通知面函上表明已加保兑。在信用证的通知面函上表明加保,这便应视为其对信用证加具保兑的开始。然而,实务中的通知却未必意味着必然加保。本惯例第 9 条 a 款说:"非保兑行的通知行通知信用证及修改时不承担承付或议付的责任。"

08—031

Article 8(c) 保兑行的偿付责任和索偿权利

本惯例第 2 条"保兑"的定义仅仅表明了,保兑行由于对信用证加具了保兑,而必须对受益人承担与开证行相似的责任,即不可撤销承付或无追索权地议付受益人相符交单。

然而,保兑行是否有责任向按指定行事且担当纯粹指定银行角色的其他指定银行偿付?保兑行对其他指定银行偿付之后,是否有权向开证行索偿呢?

第一,保兑行对其他指定银行的偿付责任,与开证行相似。

Article 8(c):
A confirming bank undertakes to reimburse another nominated bank that has honoured or negotiated a complying presentation and forwarded the documents to the confirming bank. Reimbursement for the amount of a complying presentation under a credit available by acceptance or deferred payment is due at maturity, whether or not another nominated bank prepaid or purchased before maturity. A confirming bank's undertaking to reimburse another

nominated bank is independent of the confirming bank's undertaking to the beneficiary. 其他指定银行承付或议付相符交单并将单据转往保兑行之后,保兑行即承担偿付该指定银行的责任。对承兑或延期付款信用证下相符交单金额的偿付应在到期日办理,无论指定银行是否在到期日之前预付或购买了单据。保兑行偿付指定银行的责任独立于保兑行对受益人的责任。

本款表明,其他指定银行承付或议付相符交单后,只有把单据转递给保兑行,才构成了保兑行的偿付责任。换言之,如果该单据直接转递给开证行,保兑行则无此责任。

第二,保兑行对开证行的索偿权利,与其他指定银行相同。

本惯例第 2 条"保兑行"定义的解读中提到了"保兑行是一家特殊的指定银行"。正是由于保兑行是一家特殊的指定银行,根据本惯例第 7 条 c 款的规定,开证行有责任偿付保兑行承付或议付之后转递给它的相符交单。

第三,有人问:保兑行偿付,必须等收到开证行款项后吗?

实务中,保兑信用证下往往只有保兑行这一指定银行,不存在其他指定银行,从而也不存在保兑行偿付其他指定银行的情况。然而,即便是有另一指定银行,保兑行也往往是自开证行收到款项后才对其偿付。

ICC 在 R534 的结论中说:如果一家银行对信用证加具了保兑,则保兑行必须准备在其向开证行和偿付行要求付款的起息日对受益人付款,而不一定要等到偿付资金到达自己的账户,否则将抵消受益人拥有保兑的好处。

第四,还有人问:保兑行对指定银行转递的前两批不符点单据付了款,却拒付了含有同样不符点的第三批单据,可以吗?

针对这一问题,ICC 在 R538 中分析认为,保兑行在已拒付了单据并且向开证行请求批准后,应该在其发给指定银行的拒付通知电中表明其对于开证行同意接受单据时是否付款的立场。保兑行在分批付款的首次付款时没有声明该付款是以其收到款项为前提的,而是仅表明其同意在规定的到期日付款。在没收到任何预先通知的情况下,指定银行在收到以前两批付款通知后有权利相信,尽管单证不符,保兑行仍愿意继续承担其保兑责任。

最后 ICC 说:对于一份未到期的信用证,如果保兑行不愿意兑付已被开证行接受的单据,其有义务通知交单人。在已支付了分批付款的首批款项后,如果保兑行未对信用证的状况作出声明,则不能随意撤销其保兑。因此,结论是保兑行应该兑付最后一批款项。

08 — 032

Article 8(d)　不保兑时通知行的责任

本惯例第 2 条"保兑行"定义一节的解读中表明,保兑行因为得到开证行邀请并实际保兑了信用证,而成其为"保兑行"。

第一，开证行对通知行的加保邀请。

实务中，被邀请加保的银行，往往是通知行。虽然这里并没有规定保兑行必须为通知行，但是实务中信用证经一家银行通知，却由另一家银行保兑的情况极为少见，因为这将给信用证的撤销及修改的保兑带来不便。

MT700 下开证行对通知行关于保兑指示在第 49 栏，共有三项选择：

——confirm：要求收报行加保；

——may add：收报行可以加保；

——without：不要求收报行加保。

SWIFT 实务中，之所以设置选项"may add"，主要与受益人并未强烈要求申请人开立保兑信用证有关。这可以算是本惯例第 8 条 d 中的加保授权吧。而选项"confirm"，则对应于加保要求。

有人问：在存在第一通知行和第二通知行的情况下，谁有权加保？

答案是只有第一通知行才在开证行邀请加保之列。根据 SWIFT 手册，在 MT700 的 49 栏的三个选项 CONFIRM、WITHOUT 和 MAY ADD，都是开证行对于收报行（RECEIVER）而不是通知行的指示。在存在第一通知行和第二通知行的情况下，开证行在此栏的选项应该都是针对第一通知行的。如果开证行意欲由第二通知行加保，正确的做法应该是在此栏选择 WITHOUT，而在 78 栏（在保兑行也是指定银行的情况下）或 47 栏等说明让第二通知行加保的意图。

第二，受邀请的通知行可以加保，也可以不加保。

在开证行在 49 栏中授权邀请加保情况下，通知行可以选择加保，一旦加保就成为保兑行。

通知行也可以选择不加保，此时该银行在通知信用证时应如何行事呢？

Article 8(d)：

If a bank is authorized or requested by the issuing bank to confirm a credit but is not prepared to do so, it must inform the issuing bank without delay and may advise the credit without confirmation. 如果开证行授权或要求一银行对信用证加具保兑，而其并不准备照办，则其必须毫不延误地通知开证行，并可通知此信用证而不加保兑。

前面的解读中提到，被邀请加保的银行往往也是被委托通知信用证的银行。然而，通知和加保二者的操作却相互独立。该银行如果加保，则成为保兑行；如果通知，则成为通知行。只要条件允许，不愿意代理通知的银行往往绝少见。只是对于该银行，必须在通知信用证时作出决定，如果不愿意加保则须告知开证行，这才可以通知信用证。至于该银行在告知开证行时，是不是必须在通知受益人时告知其未加保呢？这一点似乎则并非硬性要求，但实务中通知行往往还是会在通知面函上明确其对保兑的态度。

被邀请加保的银行一般会根据开证行的资信情况为其核定一个信用证额度，超出额度，保兑行则不予保兑，或者保兑行认为信用证含有对其不利的条款，也可以不予保兑。

Article 9

通知及通知行的责任

a. A credit and any amendment may be advised to a beneficiary through an advising bank. An advising bank that is not a confirming bank advises the credit and any amendment without any undertaking to honour or negotiate. 信用证及其任何修改可以经由通知行通知给受益人。非保兑行的通知行通知信用证及修改时不承担承付或议付的责任。

b. By advising the credit or amendment, the advising bank signifies that it has satisfied itself as to the apparent authenticity of the credit or amendment and that the advice accurately reflects the terms and conditions of the credit or amendment received. 通知行通知信用证或修改的行为表示其已确信信用证或修改的表面真实性，而且其通知准确地反映了其收到的信用证或修改的条款。

c. An advising bank may utilize the services of another bank("second advising bank")to advise the credit and any amendment to the beneficiary. By advising the credit or amendment, the second advising bank signifies that it has satisfied itself as to the apparent authenticity of the advice it has received and that the advice accurately reflects the terms and conditions of the credit or amendment received. 通知行可以利用另一家银行（"第二通知行"）向受益人通知信用证及修改。第二通知行通知信用证或修改的行为表明其已确信收到通知的表面真实性，并且其通知准确地反映了收到的信用证或修改的条款。

d. A bank utilizing the services of an advising bank or second advising bank to advise a credit must use the same bank to advise any amendment thereto. 经由通知行或第二通知行通知信用证的银行必须经由同一家银行通知其后的任何修改。

e. If a bank is requested to advise a credit or amendment but elects not to do so, it must so inform, without delay, the bank from which the credit, amendment or advice has been received. 如一银行被要求通知信用证或修改但其决定不予通知，则应毫不延误地告知自其处收到信用证、修改或通知的银行。

f. If a bank is requested to advise a credit or amendment but cannot satisfy itself as to the apparent authenticity of the credit, the amendment or the advice, it must so inform, without delay, the bank from which the instructions appear to have been received. If the advising bank or second advising bank elects nonetheless to advise the credit or amendment, it must inform the beneficiary or second advising bank that it has not been able to satisfy itself as to the apparent authenticity of the credit, the amendment or the advice. 如一银行被要求

通知信用证或修改但其不能确信信用证、修改或通知的表面真实性,则应毫不延误地通知看似从其处收到指示的银行。如果通知行或第二通知行决定仍然通知信用证或修改,则应告知受益人或第二通知行其不能确信信用证、修改或通知的表面真实性。

【本条导读】

本条规定了通知行的责任与权利。

09 – 033

Article 9(a)　通知责任不同于议付或承付责任

本惯例第 6 条 a 款"直接信用证 vs. 间接信用证"一节的解读中提到,开证行是进口方所在地银行,也是进口方的往来银行,而作为出口方的受益人往往远在另一国度,语言不通,交流也不便,所以与开证行选择指定银行同样的道理,大部分信用证下开证行都会选择一家出口方所在地与出口方有往来的银行作为通知行。而且,大部分情况下,通知行与指定银行为同一家银行,尽管角色不同。

Article 9(a):
A credit and any amendment may be advised to a beneficiary through an advising bank. An advising bank that is not a confirming bank advises the credit and any amendment without any undertaking to honour or negotiate. 信用证及其任何修改可以经由通知行通知给受益人。非保兑行的通知行通知信用证及修改时不承担承付或议付的责任。

本款表明:

第一,开证行可以将信用证直接通知受益人,但须防伪造。

由于银行间建有印鉴、密押关系,经受益人的银行通知信用证,易于核验信用证的真实性。受益人通过自己的往来银行——通知行——通知信用证,通知行不仅有责任核验本条 b、c 款规定的表面真实性和表面准确性,还能提供专业的审证服务,有利于保护受益人的利益。所以,信用证一般均由银行通知。相比之下,由开证行直接将信用证通知受益人,则不仅无此便利,且因为受益人缺少核验信用证的经验和技术手段,难免给不法商人伪造信用证以可乘之机。

对此,ICC 曾提示说:开证行直接将信用证寄给受益人是一个异常做法,对受益人而言是一个危险的信号,受益人应谨慎从事,防止上当受骗。

第二,一家银行通知信用证,并不意味着因此必须承担代为承付或予以议付的责任。

前面的解读中提到,通知与开立是信用证安排下开证行承诺行为的两个环节。本惯例第 7 条的解读中又提到,开证行的承付责任自信用证开立之时便已确立。然而,通知行通知信用证,则仅仅是转递了开证行的承付承诺,并不意味着在开证行承诺之外加入另一份承诺,因为开证行对通知行的委托授权仅限于此,而通知行所能做的也仅限于此。

有人问:如果是保兑行通知了信用证,是否就意味着其因此承担承付或议付的责任?

回答仍然应该是否定的。在实务中,这里的通知行,可能还是保兑行,也可能不是保兑行。本款强调了,只要不是保兑行,该银行通知信用证不因此承担承付或议付的责任。根据本惯例第 2 条"保兑行"的定义,保兑行的责任,纯粹基于加入保兑而发生,无论如何与通知无关。

09－034

Article 9(b)　通知行的通知责任

本惯例第 2 条"开证行和受益人"一节的解读中还提到，信用证通知给了受益人，便意味着持有正本信用证的受益人拥有了正当使用信用证的依据，以及正当使用信用证的权利。所以，从开证行，经通知行，到受益人的通知流程中，信用证和修改的表面真实性和表面准确性就显得极其重要。

Article 9(b)：

By advising the credit or amendment, the advising bank signifies that it has satisfied itself as to the apparent authenticity of the credit or amendment and that the advice accurately reflects the terms and conditions of the credit or amendment received. 通知行通知信用证或修改的行为表示其已确信信用证或修改的表面真实性，而且其通知准确地反映了其收到的信用证或修改的条款。

本款表明：

第一，通知行通知时，必须确认信用证、修改的表面真实性。注意，这里指的是从开证行处收到的信用证及修改。

对于信开信用证而言，要核对上面的印鉴；对于电开信用证而言，则要核对上面的密押。无法核对或核对不符时应妥善处理：

——印、押核对绝不能疏漏。如果通知行在通知信用证时，不核对印、押，或将不符印、押误以相符印、押通知受益人，通知行应负工作疏忽失职之责。

——通知行在核对印、押时，如发现不符，可以不通知或声明该信用证仅供参考，待与开证行交涉证实印、押相符后再正式通知受益人。如果印、押无法核对，通知行可以在通知书上做出对信用证真伪不负责任的声明，并及时告知开证行。

——当通知行未能确定表面真实性时，根据本条 f 款，其仍然可以通知信用证，但应毫不迟延地告知开证行。

第二，通知行通知时，还必须确认其通知的表面准确性。注意，这里指的是通知行向第二通知行或受益人发出的通知，即通知必须准确地反映了其收到的信用证或修改的条款，防止重复通知、遗漏通知。

重复通知可能造成重复装运，出口商受损。实践中，重复通知的原因可能由开证行引起，也可能由通知行或受益人引起，应注意防范与排查。

开证行方面，往往是重复开证引起通知行重复通知。为了防止信用证重复开出造成重复通知及装运，通知行应加强对来证的检查，如发现两张信用证金额、货物名称、合同号码等完全雷同，应及时与出口商及开证行取得联系。开证行在发现有问题时，也会立即来电或来函要求

Article 9 通知及通知行的责任

注销。通知行收到注销电、函,应征求受益人同意后,将信用证退回注销。注意,如注销通知先于信用证收到,通知行按道理也应通知受益人。

由通知行方面造成的重复通知,常见有:简电开证时,误将电报证实书另作一信用证通知;信用证开来分两次送达时,误将正本和副本各作一份信用证通知。为了防止重复通知,须建立严密的工作制度,严格登记,及时检查,在两证金额、货名、合同号完全一致时,须高度注意,必要时,可联系出口商从合同方面排查。

受益人方面的原因,是在于通知行作重复通知时,没有察觉。或者,误将简电开证和电报证实书当作两份信用证从而办理出运。为了防止重复装运的发生,受益人收到信用证后,应对照合同进行登记,及时检查是否有重复。

第三,需要留意的是,UCP600还规定了一旦实施了通知行为也意味着通知行已经确认了信用证或修改的表面真实性和通知的表面准确性。

对于第三方来说,原则上只需确认通知行已经通知了信用证或修改即可。与UCP500规定通知行必须事先审核(check)信用证表面真实性和准确性相比,这是UCP600的一大进步。换句话说,对于第三方,收到了通知行的通知、信用证及修改,如未特别说明,即意味着通知行承担着确认其表面真实性和表面准确性的责任,即便通知行因为工作疏忽漏了确认其表面真实性或表面准确性,或者确认了而未特别向第三方说明。

09—035

Article 9(c) 第二通知行

前面的解读中提到,通知行的首要责任是必须先核实收到信用证或修改的表面真实性。然而,实务中受益人的往来银行,有时并没有与开证行有直接的印押关系,从而也就无法直接作表面真实性核实。换言之,与开证行有直接印押关系的通知行,并不一定是受益人的往来银行。

那么,一家通知行可以通过另一家银行通知信用证吗?

Article 9(c):

An advising bank may utilize the services of another bank("second advising bank") to advise the credit and any amendment to the beneficiary. By advising the credit or amendment, the second advising bank signifies that it has satisfied itself as to the apparent authenticity of the advice it has received and that the advice accurately reflects the terms and conditions of the credit or amendment received. 通知行可以利用另一家银行("第二通知行")向受益人通知信用证及修改。第二通知行通知信用证或修改的行为表明其已确信收到通知的表面真实性,并且其通知准确地反映了收到的信用证或修改的条款。

这是UCP600的新规定。显然,这一规定作了肯定的回答,该另一家银行就是实务中常说的第二通知行。

本款表明,当信用证的通知行无法直接通知信用证及修改时,可以利用第二通知行转通知。然而,由于第二通知行从通知行处收到的许多时候是通知,而信用证及修改仅是通知面函的附件,所以,第二通知行的通知责任仅限于确认从第一通知行收到的通知的真实性,而不涉及信用证及修改本身的真实性。值得一提的是,在 SWIFT 开证时,第二通知行从第一通知行处收到的也有很多是 MT710 形式的通知面函,这种情况下,第二通知行的通知责任也仅限于确认从第一通知行收到的 MT710 的真实性,至于第一通知行从开证行收到的 MT700 的真实性则由第一通知行负责。

本款还表明,选择和利用第二通知行的通知服务,是通知行的权利。换言之,通知行可以自行选择第二通知行。这一点,也为本惯例第 37 条 b 款的规定——"即使银行自行选择了其他银行,如果发出指示未被执行,开证行或通知行对此亦不负责"所印证。否则,免责只需针对"开证行"即可,而无须特别涵盖"开证行或通知行"。

实务中,第二通知行也常常由开证行在信用证安排中选定,此时通知行似乎须通过第二通知行通知信用证,而不可擅自另行选择第二通知行。当然,在这种情况下,如果通知行能直接把信用证或修改通知给受益人,而不使用开证行选定的第二通知行转通知,似乎也未尝不可,因为利用第二通知行通知信用证或修改是通知行的权利。

有人问:信用证有时规定在通知行有效,即限制在通知行议付,这是指第一通知行,还是第二通知行呢?似乎第一通知行和第二通知行均可以,因为它们都是通知行。为谨慎起见,开证行应在信用证中明确规定,以避免受益人不知信用证在哪家银行有效,也避免自身因此承担指示不明之责。

09-036

Article 9(d)　信用证的通知与修改的通知

在有通知行的情况下,每一笔信用证的实际通知过程,都会从开证行到受益人之间形成一条通知路线。信用证往往因实务的需要而修改原信用证条款,而修改的通知过程,也都会形成一条通知路线。

那么,信用证的修改可以通过原证通知行或第二通知行以外的通知路线通知吗?

Article 9(d):

A bank utilizing the services of an advising bank or second advising bank to advise a credit must use the same bank to advise any amendment thereto. 经由通知行或第二通知行通知信用证的银行必须经由同一家银行通知其后的任何修改。

本款的规定,作出了否定的回答。之所以如此规定,主要基于以下原因:

——通知行:如果信用证下的修改经另一银行通知,这将给通知行通知造成记录、档案不全的困扰,从而无法掌握信用证及修改的全貌。

——出口方银行:受益人交单时,出口方银行在接收受益人交单,或作为代理受益人交单时也就难以一一核实受益人对每一个修改的态度,从而也就给申请人和受益人伪造、变造修改,实施欺诈以可乘之机。

Article 9 通知及通知行的责任

——保兑信用证下修改的通知：按照惯例，未经保兑行同意，信用证既不能修改、也不能撤销。如果一银行通知且保兑了信用证，另一银行却在保兑行不知情下通知了信用证的修改或撤销，这显然不利于保兑行对修改是否加保进行表态。

——信用证转让下修改的通知：第一受益人有权拒绝或允许转让行通知给第二受益人，如果这些修改经由另外的银行通知，将使这一规定无法执行。

至于信用证业务中其他信息在受益人和开证行之间的往来，是否也必须通过同一银行，惯例并无涉及。按照 ICC 的意思，一家银行是否愿意传递与另一家银行所通知的信用证相关的信息，取决于该银行的业务和政策，并不受本款的规定的影响。

09-037

Article 9(e/f)　不通知和无法确认表面真实性

在本惯例第 2 条"通知行"定义的解读中提到，一家银行对另一家银行的通知委托是单方面的。换言之，一家银行把一份信用证转递给另一家银行，并不因此构成被委托的银行必须把该信用证通知给受益人的义务。被委托的银行，可以选择通知信用证，也可以不通知。实务中，由于受益人不在本地无法与它取得联系的信用证，甚至第一通知行与信用证中标明的第二通知行没有代理行关系无法通知的信用证，通知行可以选择不通知，从而也就无须对其表面真实性和表面准确性负责。然而，有时被委托的银行不通知信用证，却是由于信用证的表面真实性无法确信的缘故。

第一，当被委托的银行不准备通知该信用证时，该如何处理呢？

Article 9(e)：

If a bank is requested to advise a credit or amendment but elects not to do so, it must so inform, without delay, the bank from which the credit, amendment or advice has been received. 如一银行被要求通知信用证或修改但其决定不予通知，则应毫不延误地告知自其处收到信用证、修改或通知的银行。

本款表明，当被委托银行不准备通知时，有毫不延误告知其前手的义务。

本款的措辞中除了"信用证"、"修改"，还增加了"通知（advice）"，这主要与第二通知行的存在有关。实务中，如果第一通知行直接从开证行收到信用证或修改，其 MT700 报文名称为"issuance of a documentary credit/amendment"，也就是说，开证行在报文中告知第一通知行"此为信用证的开立或修改"。若信用证或修改系经第一通知行通知，则第一通知行向第二通知行发送的 MT710 报文名称为"advice of a third bank's credit/amendment"，即第一通知行告知第二通知行"此为第三家银行信用证或修改的通知"，因此，本款中的"通知"便是针对发到第二通知行的信用证或修改。

本款的措辞中，何为"毫不延误（without delay）"，UCP 并没有明确的规定。ICC511 中解释为，"毫不延误（without delay）"，意指通知行必须通知开证行它"决定不通知"或"无法证实信用证"的时间。《美国传统辞典（双解）》说："delay, to cause to be later or slower than expected or desired. 使……延迟，使……比期望的要迟一些或慢一些。"显然，"毫不延误"与主观的预期有关，而预期总是让人捉摸不定。为此，有人曾经建议规定一个具体的通知期限。然而，一个具体通知期限可能会对当事各方造成另外的困难并且难以执行。考虑到未能于规定日期之内有所作为的情况下并不能对相关方进行惩罚，本惯例最终仍保留了"毫不延误"，且并未对其进行定义。

有人问：规定被委托通知的银行"必须(must)"如此行事，当其未照办时应该承担什么责任？

ICC511说，UCP不能制定惩罚措施，而单方面的指示并不构成被指示方执行该指示的义务，当其决定不如此办理时也无必须告知的义务。然而，有关各方对惯例的执行应该体现"诚信"、"稳妥"的精神，这是一种国际标准银行做法，若通知行不能照此办理，它应该通知开证行其不愿意参与到信用证中去，而不应对惯例的规定置之不理。

第二，当被委托的银行无法确认信用证表面真实性时，又该如何处理呢？

Article 9(f)：

If a bank is requested to advise a credit or amendment but cannot satisfy itself as to the apparent authenticity of the credit, the amendment or the advice, it must so inform, without delay, the bank from which the instructions appear to have been received. If the advising bank or second advising bank elects nonetheless to advise the credit or amendment, it must inform the beneficiary or second advising bank that it has not been able to satisfy itself as to the apparent authenticity of the credit, the amendment or the advice. 如一银行被要求通知信用证或修改但其不能确信信用证、修改或通知的表面真实性，则应毫不延误地通知看似从其处收到指示的银行。如果通知行或第二通知行决定仍然通知信用证或修改，则应告知受益人或第二通知行其不能确信信用证、修改或通知的表面真实性。

本款表明，当被委托银行无法确认收到信用证、修改的表面真实性和通知的表面准确性，无论如何，它必须毫不延误地告知其前手银行。尽管如此，UCP并不禁止通知行仍然通知该信用证、修改或通知，只是如果通知行仍然予以通知时，必须同时告知受益人表面真实性无法确认的情况。

本条b款规定了，"通知行通知信用证或修改的行为表示其已确信信用证或修改的表面真实性"。但这并不排除实务中不能核验表面真实性的可能，同时也不禁止未能核验表面真实性的情况下仍然进行通知，特别是应受益人要求时，因为未能核验表面真实性并不意味着信用证必定是假的。多数情况下，表面真实性无法确信是由于开证行与通知行，或通知行与第二通知行之间印鉴、密押过时造成的。因此，即便一时不能确认真实性，向后手并最终向受益人预先通知以供其备货制单有时是必要的。只不过本款规定了此时通知行必须如实告知受益人表面真实性无法确认的情况。

有人问：通知行收到"不完整不清楚的指示"，可以照常通知受益人吗？

UCP600没有了UCP500第12条之"不完整不清楚的指示"条款。UCP600起草小组认为，若收到的指示不清楚不完整，是否仍予以通知及如何通知，这是不同的通知行自己选择的问题，没有必要使之成为一个规定。而实际情况也确是如此，即便UCP对此不做规定，有关方如果作了通知也仍会相应地告知受益人指示所存在的问题。

Article 10

修改

a. Except as otherwise provided by article 38, a credit can neither be amended nor cancelled without the agreement of the issuing bank, the confirming bank, if any, and the beneficiary. 除第38条另有规定者外,未经开证行、保兑行(如有的话)及受益人同意,信用证既不得修改,也不能注销。

b. An issuing bank is irrevocably bound by an amendment as of the time it issues the amendment. A confirming bank may extend its confirmation to an amendment and will be irrevocably bound as of the time it advises the amendment. A confirming bank may, however, choose to advise an amendment without extending its confirmation and, if so, it must inform the issuing bank without delay and inform the beneficiary in its advice. 开证行自发出修改之时起,即不可撤销地受其约束。保兑行可将其保兑扩展至修改,并自通知该修改之时,即不可撤销地受其约束。但是,保兑行可以选择将修改通知受益人而不对其加具保兑。若然如此,其必须毫不延误地将此告知开证行,并在其给受益人的通知中告知受益人。

c. The terms and conditions of the original credit(or a credit incorporating previously accepted amendments)will remain in force for the beneficiary until the beneficiary communicates its acceptance of the amendment to the bank that advised such amendment. The beneficiary should give notification of acceptance or rejection of an amendment. If the beneficiary fails to give such notification, a presentation that complies with the credit and to any not yet accepted amendment will be deemed to be notification of acceptance by the beneficiary of such amendment. As of that moment the credit will be amended. 在受益人告知通知修改的银行其接受该修改之前,原信用证(或含有先前被接受的修改的信用证)的条款对受益人仍然有效。受益人应提供接受或拒绝修改的通知。如受益人未能给予通知,当交单与信用证以及尚未表示接受的修改的要求一致时,即视为受益人已作出接受修改的通知,并且从此时起,该信用证被修改。

d. A bank that advises an amendment should inform the bank from which it received the amendment of any notification of acceptance or rejection. 通知修改的银行应将任何接受或拒绝的通知转告发出修改的银行。

e. Partial acceptance of an amendment is not allowed and will be deemed to be notification of rejection of the amendment. 对同一修改的内容不允许部分接受,部分接受将被视为拒绝修改的通知。

f. A provision in an amendment to the effect that the amendment shall enter into force unless rejected by the beneficiary within a certain time shall be disregarded. 修改中关于除非受益人在某一时间内拒绝修改否则修改生效的规定应不予理会。

【本条导读】

本条规定了不可撤销信用证下修改的规则。

10-038

Article 10(a)　修改 vs. 不可撤销性

UCP600下,信用证默认是不可撤销的。不可撤销并非绝对,它只是表达了一种特殊的撤销规则而已。

那么,这个规则是什么呢?

Article 10(a):

Except as otherwise provided by article 38, a credit can neither be amended nor cancelled without the agreement of the issuing bank, the confirming bank, if any, and the beneficiary.

除第38条另有规定者外,未经开证行、保兑行(如有的话)及受益人同意,信用证既不得修改,也不能注销。

本款是信用证撤销的原则性规定。

本款的规定似乎表明了:

第一,在UCP600框架内,信用证撤销(revocation)行为包括信用证的修改(amendment)、注销(cancellation),也包括信用证下的转让(transfer)。

所谓修改,即通过UCP意义上的修改(amend),部分或全部改变信用证条款的内容。

这里所提及的注销,其实也是修改的一种,只是修改得彻底一点,即修改到信用证余额为零从而无法使用。在SWIFT规则的意义上,MT707具有双重功能——注销和修改。值得一提的是,这里的"cancellation"翻译为注销,仅仅为了表达方便,从而与"revocation"翻译为撤销相区别,它仍然对应于日常实务中的信用证"撤销"或"闭卷"。

第38条的解读中还将表明,信用证转让下不可能什么条款都不修改,信用证一旦转让,引入第二受益人是最基本的改变,否则,信用证转让便无从谈起。所以,信用证转让本身就是一种撤销行为。

第二,信用证撤销,必须经过信用证基本当事人——开证行和受益人——的一致同意,原因是原证是不可撤销的。

在第2条关于信用证定义的解读中提到,开证行和受益人是信用证安排的基本当事人。换句话说,在法律上信用证安排理应是开证行和受益人双方"意思表示一致"的结果。然而,根据第2条信用证的定义,在UCP意义上信用证安排只是构成了开证行对受益人的"单方面"承诺。换言之,尽管正如第7条b款所规定的"开证行自开立信用证之时起即不可撤销地承担承付责任",然而,信用证开立之时,受益人并没有参与到其中,所以对受益人并没有当然的约束力。显然,受益人使用或不使用信用证是其权利,而不是其义务。

与此同理,信用证下的修改,也只是意味着"开证行自发出修改之时起,即不可撤销地受其约束",而受益人接受或不接受修改是其权利,而不是其义务。

所以说，信用证修改或注销须经开证行和受益人一致同意。

第三，保兑行是否将保兑延展到修改是其权利。

值得一提的是，这里所说的"未经开证行、保兑行（如有的话）及受益人同意，信用证既不得修改，也不能撤销"，只是意味着，开证行、保兑行或受益人可以独立选择是否接受修改或注销，不影响其他各方的决定，也不对其他各方形成约束。

就保兑行的保兑而言，其实保兑行的责任独立于开证行的责任，它可以自由决定是否把保兑延展到修改，却不会影响该修改在开证行与受益人之间的效力，只要开证行与受益人一致同意即可。

换言之，保兑未延展时，原证仍然对保兑行产生效力。根据本惯例第7条和第8条的规定，保兑行必须承担原证下对其他指定银行和受益人的保兑责任，同时享有原证下从开证行获得偿付的权利。

第四，信用证转让下的撤销行为，这里的规则不可完全适用。

首先信用证转让行为本身就是一种撤销行为，而转让行为从可转让信用证开立之时起就意味着得到了开证行的授权。所以，信用证转让本身无须另行由开证行同意。

在信用证转让下修改与撤销的规则也与这里的规则不完全相同。比如，本惯例第38条f款规定："如果信用证被转让给数名第二受益人，其中一名或多名第二受益人对信用证修改的拒绝并不影响其他第二受益人接受修改。对于接受者而言该已转让信用证即被相应修改；而对于拒绝接受修改的第二受益人而言，该信用证未被修改。"显然，这是本款的规则所没有涉及的。

10—0381

修改与撤销的原因

信用证开出后，由于情况发生变化或其他原因，使原信用证条款不能执行时，必须对原信用证进行修改。原因很多，概括而言包括三个方面：

第一，出口商—受益人要求修改。

或者是因为出口商发现信用证内容与合同不符，提出修改，认为只有修改后才能接受。

或者是因为信用证中某些条款，受益人无法办到。如：信用证规定不允许转运，但受益人向船公司了解得知，货物须经转运才能到达目的地。

或者是因为货源或船期出了问题。有时货源不接，不能按期装运；有时船期安排不及，要求延长船期和有效期等。

第二，进口商—申请人要求修改。

或者是因为进口国政策有变化，只有修改才能进口。如政府颁发新规定，要求某进口货物必须出具某类检验等。

或者是因为国际形势发生变化。如战争爆发,进口商要求加保战争险等。

或者是因为销售情况变化。如市场情况发生变化或气候不利于仓储等,进口商要求推迟发货、减少品种或降低单价等。

第三,开证行的更正,与修改性质不完全一样,操作起来却类似修改。

银行方面,工作人员在缮制信用证时,常会错打字母或单词,受益人或申请人名称、地址有错漏等,因而要求更正。此时,开证行向通知行补发电文往往是 MT799——更正电,而不是 MT707——修改电。对于受益人而言,此类更正是原信用证或原修改的有效组成部分,按理只能随同原信用证或原修改一同接受,或一同拒绝,不可单独处置。但是,这一点对已经开始备货或备单的受益人来说可能并不公平。也有人认为,对于这种情况,虽然开证行补发电文是以 MT799 而不是以 MT707 形式发送,其本质仍应视为信用证修改,因此是否接受应由受益人决定。未见 ICC 就此发表意见,似乎应该交由法律处理。

而信用证注销的原因,相对比较简单,可能是受益人已经用完信用证额度,也可能是受益人不准备使用信用证。

10-039

Article 10(b) 修改与开证行的责任和保兑行的权利

与本条 a 款的原则性规定相呼应,这里进一步规定了信用证修改下开证行的责任和保兑行的权利。

Article 10(b):

An issuing bank is irrevocably bound by an amendment as of the time it issues the amendment. A confirming bank may extend its confirmation to an amendment and will be irrevocably bound as of the time it advises the amendment. A confirming bank may, however, choose to advise an amendment without extending its confirmation and, if so, it must inform the issuing bank without delay and inform the beneficiary in its advice. 开证行自发出修改之时起,即不可撤销地受其约束。保兑行可将其保兑扩展至修改,并自通知该修改之时,即不可撤销地受其约束。但是,保兑行可以选择将修改通知受益人而不对其加具保兑。若然如此,其必须毫不延误地将此告知开证行,并在其给受益人的通知中告知受益人。

本款表明:

第一,开证行自发出修改之时起,即不可撤销地受其约束。

与本惯例第 7 条 b 款"开证行自开立信用证之时起即不可撤销地承担承付责任"的规定相似,修改对开证行的效力也自发出修改之时起。

有人问:信用证刚刚开出而在受益人既未收到也无交单的时候,开证行又对该信用证进行修改。该修改是否必须经过受益人的同意?

ICC 在 R396 的结论中认为此修改无须得到受益人的同意。然而，一旦受益人收到了信用证，此后开证行任何修改或注销信用证的请求都取决于受益人是否同意。

似乎这里的结论是本款规定的例外。

其实，更准确地说，本款的规定只是从另外一个角度界定了何谓"发出修改之时"，从而也进一步解释了修改对开证行发挥效力的起点。

第二，保兑行有权利选择是否扩展保兑，其通知修改则似乎默认扩展保兑。

在本条 a 款规定的解读中提到，保兑是否扩展到修改，这取决于保兑行的选择，而该选择是保兑行的权利。

在实务中，保兑行往往就是通知行。

本惯例第 8 条 b 款的解读中提到，一家被邀请保兑的银行通知了信用证并不意味着其保兑了该信用证。那么，保兑信用证下，保兑行通知修改是否也仅仅是表明了其通知信用证，而不保兑该修改呢？恰恰相反，从本款"保兑行可将其保兑扩展至修改，并自通知该修改之时，即不可撤销地受其约束"的措辞来看，如果未特别说明，则似乎默认保兑行的保兑已经扩展到了修改。

当然，有的修改可能对保兑行不利，比如信用证增额已经超出了保兑行给开证行的授信额度，此时保兑行可以选择不将其保兑扩展至修改，只是根据本款的规定保兑行必须相应告知开证行和受益人。此时，其对原信用证的保兑仍然有效，并不受修改的影响。

10 – 040

Article 10(c/d/e/f) 修改与受益人的权利

与本条 a 款的原则性规定相呼应，本条 c 至 f 款则进一步规定了信用证修改下受益人的权利。

Article 10(c)：

The terms and conditions of the original credit (or a credit incorporating previously accepted amendments) will remain in force for the beneficiary until the beneficiary communicates its acceptance of the amendment to the bank that advised such amendment. The beneficiary should give notification of acceptance or rejection of an amendment. If the beneficiary fails to give such notification, a presentation that complies with the credit and to any not yet accepted amendment will be deemed to be notification of acceptance by the beneficiary of such amendment. As of that moment the credit will be amended. 在受益人表明通知修改的银行其接受该修改之前，原信用证（或含有先前被接受的修改的信用证）的条款对受益人仍然有效。受益人应提供接受或拒绝修改的告知。如受益人未能提供告知，当交单与信用证以及尚未表示接受的修改的要求一致时，即视为受益人已作出接受修改的告知，并且从此时起，该信用证被修改。

Article 10　修改

结合本条 d 款、e 款和 f 款,从本款似乎可以看出:

第一,在受益人表明其"接受修改"之前,修改未生效,从而原证仍然有效;一旦表明则修改生效,原证被修改。

接受修改与否是受益人的权利。

本款只是说明在受益人表明其接受修改之前,修改便不能生效。显然,这一含义与本条 a 款的规定——"信用证的修改和注销须经受益人同意"相呼应。这样,原证便应仍然有效。换言之,一旦受益人表示接受修改,修改就从此生效,原证的条款被修改。

这里所说的修改效力,只提及受益人"接受修改",而与受益人"拒绝修改"无关。那么,如果受益人"拒绝修改"呢?参照本条 b 款修改下开证行的责任,似乎受益人对"拒绝修改"的表态也应为自表态时起不可撤销地受其约束,未经开证行的同意反悔无效。

第二,受益人应提供接受或拒绝修改的告知,似乎只能通过通知行转达,且不得有时间限制,不得部分接受修改。

正是因为涉及修改的效力,从而间接影响到原证条款的效力,本款规定了受益人应提供接受或拒绝修改的告知。

那么,受益人应向谁告知其态度呢?最终应该是向开证行告知其态度,因为修改是由开证行发出的。然而,受益人往往与开证行不在同一国度,常常无法直接交流信息,包括告知对修改的态度。于是 UCP600 有了以下规定:

Article 10(d):

A bank that advises an amendment should inform the bank from which it received the amendment of any notification of acceptance or rejection. 通知修改的银行应将任何接受或拒绝的告知转达发出修改的银行。

这里的规定似乎表明了,受益人只能通过通知行向开证行转达其对修改的态度。

受益人告知其态度,有时间限制吗?实务中,大部分的修改是受益人与申请人双方协商的结果,从而往往会被受益人接受。然而,这并不排除个别修改仅是申请人单方面的意思。无论如何,在信用证框架内,修改都需要受益人的确认。由于国际贸易中备货是一个漫长的过程,受益人往往会由于已经提前备货,不急于表态是否接受事后收到的修改,直到交单的最后一刻。所以,这里只是要求受益人应该告知其接受或拒绝修改,并不拘泥于时间。

Article 10(f):

A provision in an amendment to the effect that the amendment shall enter into force unless rejected by the beneficiary within a certain time shall be disregarded. 修改中关于除非受益人在某一时间内拒绝修改否则修改生效的规定应被不予理会。

这是 UCP600 的新规定。显然,这一规定强化了信用证的不可撤销性。

然而,这种对受益人表态时间的宽容,常常带来问题。比如,若欲对曾经修改过的信用证再次修改,由于尚未收到单据而不知受益人是否已接受了上次修改,在两次修改有关联的情况下,就难以确定这次修改的内容。

受益人可以部分接受修改吗?需要注意的是,修改不能部分接受,也不能部分拒绝。受益人部分"接受修改",将被视为拒绝修改。

Article 10(e):

Partial acceptance of an amendment is not allowed and will be deemed to be notification of rejection of the amendment. 对同一修改的内容不允许部分接受,部分接受将被视为拒绝修改的通知。

目前电讯发达,受益人欲仅接受修改中的部分内容,应与有关方协商另行开立新的修改,以防可能造成的混淆及误解。在 UCP600 框架内,受益人对修改的部分接受,将被视为全盘拒绝。

第三,如受益人未能提供告知,当交单与信用证以及尚未表示接受的修改的要求一致时,即视为受益人已作出接受修改的告知,并且从此时起,该信用证被修改。

与 UCP500 一样,如果受益人未能提供告知,则可以实际交单来间接表示对修改的态度,即当交单与尚未表示接受的修改的要求一致,则视为受益人接受修改,从此时起,信用证被修改,并不可返回,不可撤销。

但是,ICC 的这一意见可能不是受益人的本意,需要引起受益人的特别注意,并排除其可能的负面影响。比如:原信用证为 USD 100 000 且准许分批装船;修改书将原证金额减为 USD 60 000 且禁止分批装船;受益人交单 USD 60 000,表面上其符合信用证和尚未接受的修改书,这是否表示受益人接受该修改书?

从本款的规定来看,如果受益人未另行通知其对修改的态度,则受益人的交单表明了其已接受了修改,并不可撤销。换句话说,信用证金额被修改为 USD 60 000 并一次性用完,如果受益人后续又提交了 USD 40 000 的单据,则构成不符点交单,无法得到开证行在信用证安排下确定承诺的保障。但是,在原证 USD 100 000 且准许分批装船的情况下,受益人的两次交单其实都是可以接受的。实务中,可能用足原证 USD 100 000 才是受益人的本意,而不是接受修改书。恰当的做法是,受益人不论是否接受修改,均全面关注修改的内容,如果出现本案例未能以交单反映受益人态度的情况,则在"客户交单联系单"上特别批注:不接受修改,或本次交单并不意味着对修改的接受。

有人问:如受益人未通知接受修改,第一次提交的单据与原证相符但与修改不符,受益人还能再替换单据以与修改后的信用证相符吗?根据本款的规定,这是可以接受的。该款只说,"当交单与信用证以及尚未表示接受的修改的要求一致时,即视为受益人已作出接受修改的通知,并且从此时起,该信用证被修改"。这里的意见是,该修改仍然处于"待接受"的状态,至于事后表态对该修改的态度,并没有禁止。既然是"待接受",当然事后还可以再表态,是接受还是不接受。

值得一提的是,如果以告知的方式表态,似乎只能通过通知行向开证行转达,而不能通过向其交单的银行转达。而在交单表示方式下,显然,只是针对接收交单的银行而言。有人认为:如果受益人通过通知行告知了其拒绝修改,而在向银行实际交单时又通过接收交单的有效银行表明了其接受修改,此时,交单行将在不知情的情况下承担着无法获得开证行或保兑行偿付的风险。

然而,交单表示方式有时会给银行正确审单造成困难,特别是在一份信用证经过多次修改后，开证行、保兑行、指定银行常常需要掌握受益人就每一次修改接受与否态度。为弥补交单表示方式的不足，又能准确把握受益人的态度，开证行往往会在信用证46A中加列要求改证接受/拒绝声明——"IN CASE OF AMENDMENT(S) UNDER THIS L/C, BENEFICIARY'S STATEMENT DECLARING ACCEPTANCE OR REFUSAL OF SAID AMENDMENT(S) MUST BE PRESENTED ALONG WITH OTHER DOCUMENTS."这是对受益人改证接受或拒绝的表态予以单据化。这种单据化的处理往往会产生另外的问题：如果受益人的交单接受了修改且与之相符，却未提交接受修改声明，仍算相符交单吗？这一做法，似乎改变了信用证的不可撤销性。未见ICC对此发表意见。

Article 11

信用证及修改的电讯传递和预先通知

a. An authenticated teletransmission of a credit or amendment will be deemed to be the operative credit or amendment, and any subsequent mail confirmation shall be disregarded. 以经证实的电讯方式发出的信用证或信用证修改即被视为有效的信用证或修改文据,任何后续的邮寄确认书应被不予理会。

If a teletransmission states "full details to follow" (or words of similar effect), or states that the mail confirmation is to be the operative credit or amendment, then the teletransmission will not be deemed to be the operative credit or amendment. The issuing bank must then issue the operative credit or amendment without delay in terms not inconsistent with the teletransmission. 如电讯声明"详情后告"(或类似用语)或声明以邮寄确认书为有效的信用证或修改,则该电讯不被视为有效信用证或修改。开证行必须随即毫不迟延地开立有效信用证或修改,其条款不得与该电讯矛盾。

b. A preliminary advice of the issuance of a credit or amendment ("pre-advice") shall only be sent if the issuing bank is prepared to issue the operative credit or amendment. An issuing bank that sends a pre-advice is irrevocably committed to issue the operative credit or amendment, without delay, in terms not inconsistent with the pre-advice. 开证行只有在准备开立有效信用证或作出有效修改时,才可以发出关于开立或修改信用证的初步通知(预先通知)。开证行作出该预先通知,即不可撤销地保证毫不迟延地开立或修改信用证,且其条款不能与预先通知相矛盾。

【本条导读】

本条规定了信用证开立分两步完成——先有预开,后才正式开立——的情况下,其生效的过程。信用证下修改也同样适用。

11—041

Article 11 信用证或修改的生效

大部分的信用证开立在瞬间完成。这完成之瞬间,正是其生效之时,也是开证行不可撤销地受其约束之时。

但是,仍有部分信用证开立不是在瞬间完成的。在电讯落后且电讯费用比较昂贵的早期,一个信用证的开立,往往通过两步完成:

(1)简电开证并预先通知。
(2)全文信开并正式通知。

第一步是为了尽快通知受益人备货,第二步才是正式信用证以便受益人凭以交单。随着电讯的发展及电子计算机的广泛应用,信用证的开立已经极其方便且廉价,简电开证并预先通知的情况已经很少见。现在仍然存在的少数情况,则主要与申请人的保证金未到位或外汇额度未批准但又希望让受益人备货有所依据有关。这样,信用证的开立或修改是在一个时段内完成的过程——先有预开,后才正式开立。此时,将产生两个问题:

第一,信用证的开立何时生效?

Article 11(a):

An authenticated teletransmission of a credit or amendment will be deemed to be the operative credit or amendment, and any subsequent mail confirmation shall be disregarded. 以经证实的电讯方式发出的信用证或信用证修改即被视为有效的信用证或修改文据,任何后续的邮寄确认书应被不予理会。

If a teletransmission states "full details to follow"(or words of similar effect), or states that the mail confirmation is to be the operative credit or amendment, then the teletransmission will not be deemed to be the operative credit or amendment. The issuing bank must then issue the operative credit or amendment without delay in terms not inconsistent with the teletransmission. 如电讯声明"详情后告"(或类似用语)或声明以邮寄确认书为有效的信用证或修改,则该电讯不被视为有效信用证或修改。开证行必须随即毫不迟延地开立有效信用证或修改,其条款不得与该电讯矛盾。

前面提到,信用证的开立,分信开和电开两大类。本条a款的规定,主要针对电开方式。

本款表明:

(1)如果是电开信用证,且已证实,没有其他说明,则该电开信用证默认为有效的信用证。之后,即使邮寄证实书,也不予理会。这与目前绝大部分信用证为电开的实务息息相关,从而加快了信用证业务的处理效率。

需要提醒注意的是,这里默认有效的信用证,与信用证内容在某些方面不够明确而导致的完整性不足无关。换句话说,信用证的生效与信用证内容是否明确,信用证内容是否完整无关。一份不完整的信用证,一份内容不明确的信用证,仍可能是生效的信用证,只是需要开证行与受益人事后以修改的方式澄清、细化、明确相关条款而已。

(2)如果是电开信用证,且已证实,但说明"详情后告"(或类似用语)或说明以邮寄确认书为有效的信用证或修改,则该电讯不被视为有效信用证或修改。

这种认定的前提是:或者明确说明"详情后告"(或类似用语)(full details to follow),或者说明"以邮寄确认书为有效(the mail confirmation is to be the operative credit or amendment)"。如果未明确如此说明,则不适用本条的规定。

(3)如果是电开信用证未加证实,或者是信开信用证,则不适用。不适用,则按通常的方式理解。电开信用证未加证实,须以证实为准,但一旦证实似乎仍然适用本款的上述规定。信开信用证,则似乎应在正文中说明"本证为有效信用证"等类似文句,方可使受益人在有效银行兑用时放心。

开证行之所以发出预先通知,主要是为了方便受益人提前备货。受益人考虑到该预先通知由银行开立并传递谅无问题,便放心大胆地组织货物,准备装运。但是,如果最终却不见开证行正式开出的有效的信用证文件,受益人将遭受重大经济损失。

第二,如果开证行仅仅预开信用证,却迟迟不对外正式开立呢?如果正式开立时,内容却与预开时矛盾呢?

Article 11(b):

A preliminary advice of the issuance of a credit or amendment("pre-advice") shall only be sent if the issuing bank is prepared to issue the operative credit or amendment. An issuing bank that sends a pre-advice is irrevocably committed to issue the operative credit or amendment, without delay, in terms not inconsistent with the pre-advice. 开证行只有在准备开立有效信用证或作出有效修改时,才可以发出关于开立或修改信用证的初步通知(预先通知)。开证行作出该预先通知,即不可撤销地保证毫不迟延地开立或修改信用证,且其条款不能与预先通知相矛盾。

这说明:

——预开信用证的开证行,必须毫不迟延地对外正式开立信用证。如果事后未正式开证,或者事后正式开证迟延了,则全部责任归开证行承担。至于开证行如何承担这一类的责任,这是法院的事,UCP并没有更具体的规定。

——对外正式开立的信用证内容,必须与预开时不矛盾。如果矛盾呢?似乎是以预开时为准。

以上规定,强化了信用证的不可撤销性,从而也强化了开证行在信用证下对受益人的承付承诺的确定性。

信用证的修改,也存在相似的情况。本条的规定,同样适用于信用证的修改。

Article 12

指定银行的责任和权利

a. Unless a nominated bank is the confirming bank, an authorization to honour or negotiate does not impose any obligation on that nominated bank to honour or negotiate, except when expressly agreed to by that nominated bank and so communicated to the beneficiary. 除非指定银行为保兑行,对于承付或议付的授权并不赋予指定银行承付或议付的义务,除非该指定银行明确表示同意并且向受益人表明。

b. By nominating a bank to accept a draft or incur a deferred payment undertaking, an issuing bank authorizes that nominated bank to prepay or purchase a draft accepted or a deferred payment undertaking incurred by that nominated bank. 开证行指定一银行承兑汇票或做出延期付款承诺,即为授权该指定银行预付或购买经其已承兑的汇票或已做出的延期付款的承诺。

c. Receipt or examination and forwarding of documents by a nominated bank that is not a confirming bank does not make that nominated bank liable to honour or negotiate, nor does it constitute honour or negotiation. 非保兑行的指定银行收到或审核并转递单据的行为并不使其承担承付或议付的责任,也不构成其承付或议付的行为。

【本条导读】

本条规定了指定银行的责任和权利。

本条的解读将表明,指定,是信用证安排下开证行对指定银行代为承付或允许议付相符交单的授权。指定授权是开证行的单方面行为,指定银行因此有权选择代为承付或予以议付,但它并没有必须按指定行事的责任。

本条的解读还将表明,开证行对指定银行的指定授权,在可承兑付款信用证和可延期付款信用证下,还包括到期付款前的融资。

本条的解读还将表明,指定银行收到或审核并转递了单据,也不构成其必须代为承付或予以议付的责任。

12 – 042

Article 12(a)　指定银行的责任和权利 vs. 开证行单方面指定

什么是指定（nomination）？

UCP 并没有给出定义。《美国传统辞典（双解）》说："nominate, to designate or appoint to an office, a responsibility, or an honor. 任命，委任或指派职务、责任或荣誉。"

信用证安排构成了开证行承付相符交单的确定承诺。开证行可以直接承付相符交单，也可以委托另一家银行代为承付，或允许另一家银行在开证行承付之前予以议付。从这里可以看出，开证行对第三方承付相符交单的委托授权，或者对第三方议付相符交单的许可授权，便是 UCP 意义上的指定。

第一，单方面指定授权下，指定银行的责任。

那么，仅仅是开证行的单方面指定下，指定银行对相符交单承担什么样的责任呢？

Article 12(a)：

Unless a nominated bank is the confirming bank, an authorization to honour or negotiate does not impose any obligation on that nominated bank to honour or negotiate, except when expressly agreed to by that nominated bank and so communicated to the beneficiary. 除非指定银行为保兑行，对于承付或议付的授权并不赋予指定银行承付或议付的义务，除非该指定银行明确表示同意并且向受益人表明。

本款表明，开证行的单方面指定授权下，指定银行对相符交单并不承担什么责任，包括代为承付或予以议付。但是，在指定银行为保兑行时，由于其在保兑中的表态使得开证行的指定不再是单方面行为，从而必须承担保兑中承诺的责任。与此相似，明确表示同意指定并且向受益人表明的指定银行，也同样由于其事先的表态，而构成了其必须指定行事的责任。换言之，指定银行一旦接受指定，则似乎不可反悔。

如此，明确表示接受指定的银行，就成为本惯例第 14 条 a 款、第 16 条 a 款中的银行，其拒付似乎须与开证行和保兑行一样，严格按照第 16 条的规定行事，包括拒付通知也应为正式的通知。否则，可能在与受益人的纠纷中陷入被动。

第二，单方面指定授权下，指定银行的权利。

实务中，通过规定指定银行，发挥了银行间代理行关系的优势，使贸易双方可以充分利用银行的资金和信用，反过来也促进了贸易的发展，而指定银行通过提供服务也增加了中间收入。然而，指定银行提供服务介入资金和信用的同时，也承担了必须确保相符交单的责任及承担开证行拒付、倒闭等从而无法获得偿付的风险，这就导致了有些指定银行常常不愿意按指定行事。

有意思的是，业界个别指定银行在通知出口来证时，应开证行要求发送确认电 MT730 时，往往会同时表明不接受指定。其实，这一操作是对指定性质的误解。开证行的指定，是单方面的授权。对于指定银行来说,履行指定不是一种义务,而是一种权利。既然是权利,指定银行便可视情况根据其意愿,选择接受与否,而且在开证行没有特别要求的情况下无须事先表态。如果事先表态,实际上是主动放弃了这一选择权利。

这同时会带来一个问题:应受益人要求,该银行是否可以继续履行指定?显然,因为该银行的事先表态,即便该银行愿意"承付"或"议付",似乎也只能算是局外"承付"或"议付",而不是 UCP 意义上的承付或议付了。当然,这似乎并不会影响该银行仍为有效银行,受益人向该银行提交单据,似乎仍应为 UCP 意义上的交单。

12－043

Article 12(b)　指定银行的权利,包括在可承兑付款和可延期付款信用证下的融资

在本惯例第 6 条 b 款"即期信用证 vs. 远期信用证"一节的解读中提到,远期信用证,是出口方给予进口方的一种付款让步。其实,这一让步并非出口方资金宽裕,而往往是不得已而为之。远期信用证下的绝大多数出口方都希望能够凭借信用证项下的单据得到银行融资;或者进出口双方希望利用出口国较低的利率,有意开立远期信用证,由出口方利用信用证下单据在银行先行融资,如此比进口方在自己国家融资后通过即期信用证支付出口方货款节省利息。

那么,在可承兑付款信用证和可延期付款两种信用证下,到期日前介入融资的指定银行是否有权获得偿付呢?

第一,在 UCP500 时期的可延期付款信用证下,这一回答是否定的,从而与可承兑付款信用证下不同。

因为 UCP500 框架内可延期付款信用证下开证行对指定银行的偿付责任,仅仅是指定银行对受益人的到期付款。至于到期日之前指定银行自行贴现完成了它对受益人的付款义务并且支付了贴现款给受益人,若在此之后发生诈骗行为,责任自负。在巴黎巴银行(Banque Paribas)vs. 桑塔德银行(Banco Santander)一案中英国法院的推理及结论值得一阅:

案情简介:

(1)巴黎巴银行开立信用证,金额大约为(about)18 500 000 美元,桑塔德银行保兑该证,指定桑塔德银行按照提单日期以后 180 天延期付款方式使用信用证。

(2)桑塔德银行接受金额 20 300 000 美元的单据,到期日为 1998 年 11 月 27 日。桑塔德银行根据与受益人达成的协议,转让信用证款项并贴现其延期付款承诺。

(3)贴现后不久,发现有诈。因此,到期付款时,巴黎巴银行作为开证行拒绝偿付作为保兑行的桑塔德银行所贴现的款项。

法庭首先根据 UCP500,然后按照相关法律确定和检查了延期付款信用证和承兑信用证之间的区别。根据 UCP500 第 9 条,法庭认为开证行和/或保兑行在延期付款信用证和承兑信用证下负有不同的责任。即在延期付款信用证项下负有到期付款的责任;而在承兑信用证下则负有双重责任,首先是承兑汇票,然后到期支付汇票。法庭认为 UCP500 第 10 条(d)分条

所述开证行向指定银行或保兑行授权和最后偿付的承诺仅是意指在即期付款信用证项下的即期付款和在延期付款信用证项下的到期付款。另外,根据第 14 条(a)分条"指定银行付款、承担延期付款、承兑汇票或议付后,开证行偿付指定银行",法庭认为其用意是为了确定这样一个事实,即一旦指定银行对符合信用证条款的单据进行支付,开证行(保兑行,若有)不能反对指定银行已经采取的行为——即期付款、承担延期付款责任等。法庭认为在承兑信用证下,汇票是可流通票据,"正当持票人"的权利优于前手,即使欺诈也不能废弃"正当持票人"有到期日获得付款的权利;再者诈骗不能阻止支付汇票,因此,不管汇票已被承兑人或第三者贴现,它在到期日必须付款。开证行授权保兑行承兑汇票,可以认为开证行接受这样的结果;议付信用证表示开证行已明确地授权指定银行在到期日之前付对价给受益人,因此,即使到期日之前确定了诈骗(但在议付日以后),议付行仍有资格得到偿付。

最终,作为保兑行的桑塔德银行败诉。桑塔德银行的败诉,影响极其深远,严重地阻碍了延期付款信用证下指定银行的融资。

第二,UCP600 时期,可延期付款信用证下的回答是肯定的,与可承兑付款信用证下相同。

就此,在 UCP600 时期作出了重大改进,于本惯例第 2 条"承付"定义中,修改了有关延期付款部分的措辞,把作出延期付款承诺(to incur a deferred payment undertaking)与到期付款(pay at maturity)捆绑在一起,从而与承兑付款方式几乎等同,强化了可延期付款信用证安排下开证行的责任。相应地,就指定银行在到期日前的融资也作出了以下规定:

Article 12(b):

By nominating a bank to accept a draft or incur a deferred payment undertaking, an issuing bank authorizes that nominated bank to prepay or purchase a draft accepted or a deferred payment undertaking incurred by that nominated bank. 开证行指定一银行承兑汇票或做出延期付款承诺,即为授权该指定银行预付或购买经其已承兑的汇票或已做出的延期付款的承诺。

本款是 UCP600 的新规定。

本款表明,指定银行就自身作出的可承兑付款信用证下承兑汇票或可延期付款信用证下做出延期付款承诺而叙做的融资,有权获得开证行或保兑行的到期偿付。值得注意的是,与开证行直接承兑汇票或做出延期付款承诺无关,本款的规定仅仅适用于作出承兑或延期付款承诺的指定银行。

总的来说,远期承付,不管是承兑付款还是延期付款均是一个过程。

这个过程,包括可延期付款信用证下先承诺,后到期付款;或者可承兑付款信用证下先承兑,后到期付款,各有两个动作。在到期付款之前,承诺或承兑之后的中间阶段,允许指定银行向受益人提供融资,这是开证行在允许议付之外,对指定银行的又一种融资许可授权。

这里涉及融资的措辞,分别为"预付(prepay)"与"购买(purchase)"。"购买",似乎应为全额买入汇票及/或单据。而"预付"则只是与到期付款相对而言,预付的金额比例在这里则没有限制,因为它只是与"购买"并列的一种融资行为。显然,这与本惯例第 2 条"议付"定义中的措辞并不相同。

值得注意的是,开证行的授权,以该指定银行已经就单据作出代为承兑或延期付款承诺为前提。换言之,在延期付款信用证下,在该延期付款承诺由开证行或作为另一指定银行的保兑

Article 12　指定银行的责任和权利

行作出后,指定银行以此为基础介入的融资并不适用,即此时指定银行的权利并不优于受益人,原则上指定银行并不能作为善意第三方适用于本惯例第1条"信用证的独立抽象性、欺诈例外原则和欺诈例外的'例外'原则"一节中提到的"欺诈例外的'例外'原则",因为,究其实,此时的指定银行并非按指定行事。但是,在承兑付款信用证下,则与此不同。由开证行或作为另一指定银行的保兑行承兑汇票后,指定银行予以贴现,则优先适用于票据法,此时指定银行的权利并不受前手的影响,包括受益人,而仍然适用于欺诈例外的"例外"原则。

12－044

Article 12(c)　指定银行的责任与收到或审核及转递单据无关

本条 a 款的解读中提到,指定银行的责任源于其事先承诺,而与开证行的单方面指定授权无直接关系。然而,指定银行一旦愿意承担承付或议付责任,则必须严格按指定授权行事。具体而言,开证行对指定银行的授权包括哪些内容呢？结合本惯例第7条和第8条的规定,似乎应该包括:承付或议付相符交单,并向开证行转递后有权获得偿付。换言之,指定银行在指定授权范围内行事,必然基于一个前提,即受益人向其相符交单。

那么,指定银行仅仅收到或审核并转递单据,是否就意味着它必须相应代为承付或予以议付呢？

Article 12(c):

Receipt or examination and forwarding of documents by a nominated bank that is not a confirming bank does not make that nominated bank liable to honour or negotiate, nor does it constitute honour or negotiation. 非保兑行的指定银行收到或审核并转递单据的行为并不使其承担承付或议付的责任,也不构成其承付或议付的行为。

本款表明了,只要指定银行未事先承诺,便无须因收到或审核并转递单据而代为承付或予以议付。换言之,指定银行的责任与收到或审核并转递单据无关。实务中,指定银行毕竟是信用证的有效银行,受益人向其提交单据已经构成了 UCP 意义上的交单。所以,即使指定银行未按指定行事,受益人往往仍会向其交单。

需要强调的是,开证行对指定银行的指定授权,以相符交单为前提。

有人问:指定银行在早交单不符点下的议付,是否有权获得开证行偿付？有这样一案例:可议付信用证规定:"Documents must be presented after 90 days from B/L date."实际上,受益人提前向指定银行交单,其他方面均相符。指定银行凭代理行授信,予以议付。提单日90天之后,正点寄单开证行,开证行以欺诈为由提请当地法院止付,而此时受益人消失。由于议付行是在早交单不符点下给予议付的,难免有重大过错之嫌,从而也难以认定为善意持单人,似乎无权获得开证行偿付。

值得一提的是,指定银行并不等同于"议付银行"。"议付银行",得名于指定银行实际议付行为。日常实务中,常常不管是否指定,均称寄单银行为"议付银行",寄单银行的收单行为均称为"议付",其实并不准确。

185

品读 UCP600

Article 13

银行间的未见单偿付安排

a. If a credit states that reimbursement is to be obtained by a nominated bank("claiming bank")claiming on another party("reimbursing bank"), the credit must state if the reimbursement is subject to the ICC rules for bank-to-bank reimbursements in effect on the date of issuance of the credit. 如果信用证规定指定银行("索偿行")向另一方("偿付行")获取偿付,必须同时规定该偿付是否按信用证开立时有效的 ICC 银行间偿付规则进行。

b. If a credit does not state that reimbursement is subject to the ICC rules for bank-to-bank reimbursements, the following apply 如果信用证中没有规定偿付遵守 ICC 银行间偿付规则,则按照以下规定:

i. An issuing bank must provide a reimbursing bank with a reimbursement authorization that conforms with the availability stated in the credit. The reimbursement authorization should not be subject to an expiry date. 开证行必须给予偿付行有关偿付的授权,授权应符合信用证关于兑用方式的规定,且不应设定截止日。

ii. A claiming bank shall not be required to supply a reimbursing bank with a certificate of compliance with the terms and conditions of the credit. 开证行不应要求索偿行向偿付行提供与信用证条款相符的证明。

iii. An issuing bank will be responsible for any loss of interest, together with any expenses incurred, if reimbursement is not provided on first demand by a reimbursing bank in accordance with the terms and conditions of the credit. 如果偿付行未按照信用证条款见索即偿,开证行将承担利息损失以及产生的任何其他费用。

iv. A reimbursing bank's charges are for the account of the issuing bank. However, if the charges are for the account of the beneficiary, it is the responsibility of an issuing bank to so indicate in the credit and in the reimbursement authorization. If a reimbursing bank's charges are for the account of the beneficiary, they shall be deducted from the amount due to a claiming bank when reimbursement is made. If no reimbursement is made, the reimbursing bank's charges remain the obligation of the issuing bank. 偿付行的费用应由开证行承担。然而,如果此项费用由受益人承担,开证行有责任在信用证及偿付授权中注明。如果偿付行的费用由受益人承担,该费用应在偿付时从付给索偿行的金额中扣取。如果偿付未发生,偿付行的费用仍由开证行负担。

c. An issuing bank is not relieved of any of its obligations to provide reimbursement if

Article 13　银行间的未见单偿付安排

reimbursement is not made by a reimbursing bank on first demand. 如果偿付行未能见索即偿,开证行不能免除偿付责任。

【本条导读】

本条规定了信用证安排下银行间未见单偿付及银行间未见单偿付的 ICC UCP 规则。

本条的解读中表明,偿付总是与指定相伴而生,偿付和指定总是属于银行间的事。在信用证安排中,开证行规定了指定银行,只要该指定银行按指定行事,开证行必须偿付该指定银行。至于实务中,如何偿付呢? 可以是见单偿付,也可以是未见单偿付。未见单偿付,ICC 有专门的规则——ICC URR。当信用证安排中未规定适用 ICC URR 时,默认适用本条 ICC UCP 规则。

13-045

Article 13(a)　未见单偿付及 URR 规则

与见单偿付一样,在未见单偿付的情况下,均可由开证行直接偿付指定银行,也可以由开证行委托第三方银行代为偿付指定银行。此时,不管是开证行,还是第三方银行,均称为偿付行。有人曾认为:偿付行好像不包括开证行。其实不对,在实务中广泛存在开证行未见单偿付指定银行的情况,本条的规定中尽管没有明说,但也没有禁止开证行为偿付行。

既然是未见单偿付,指定银行向偿付行的索偿与向开证行的寄单便往往是并行操作。在实务中,正是索偿与寄单的并行操作,真正体现了未见单偿付的价值。见单偿付时,指定银行首先须寄单给开证行,其次开证行须确认相符交单,再次开证行须直接偿付或指示第三方银行偿付,这一系列环节前后衔接耗时较长。未见单偿付由于是并行操作,耗时相对较短,而且开证行不见单,指定银行相对掌握主动。

二战以后,随着纽约、伦敦等国际金融中心的建立,这些国际大都市也逐渐成为世界性的外汇清算中心。为了加快资金的清算速度,保持资金的集中管理,国际化大银行开始在这些外汇清算中心设立账户,并指定一些主要清算行作为自己开立的信用证的偿付行。例如,开证行一般会指定其在美国的账户行或分支机构作为美元信用证的偿付行,而指定其在日本的账户行或分支机构作为日元信用证的偿付行。"偿付行的出现以及广泛运用使信用证的支付效率大大提高。"[①]当然,这不限于第三方银行作为偿付行提供未见单偿付,还包括开证行直接作为偿付行提供未见单偿付的情况。

然而,由于未见单偿付下索偿和寄单并行操作,偿付之时,开证行并没有最终确认相符交单,所以未见单偿付并非"终局性"付款。而当开证行最终确认为不符点交单时,还可以要求返还款项。本惯例第 16 条 g 款的规定——"当开证行拒绝承付或保兑行拒绝承付或议付,并且按照本条发出了通知后,有权要求返还已偿付的款项及利息",正印证了这一点。

归根结底,未见单偿付,其实是信用证安排下开证行向指定银行提供的一种具有追索权的融资便利。换言之,尽管偿付之时,开证行并没有见单,但是根据本惯例第 7 条 c 款的规定,开证行的偿付仍以相符交单下指定银行据以承付或议付并转递开证行为前提。

那么,银行间的未见单偿付应该遵循怎样的规则呢?

Article 13(a):

If a credit states that reimbursement is to be obtained by a nominated bank("claiming bank")claiming on another party("reimbursing bank"), the credit must state if the reimbursement is subject to the ICC rules for bank-to-bank reimbursements in effect on the date of issuance of the credit. 如果信用证规定指定银行("索偿行")向另一方("偿付行")获取偿付,必须同时规定该偿付是否按信用证开立时有效的 ICC 银行间偿付规则进行。

---

① 引自王腾:"条分缕析:偿付信用证下开证行的操作风险",《中国外汇管理》,2005.6

Article 13　银行间的未见单偿付安排

UCP 在发展过程中也催生了一些配套规则,本款提及的 URR 便是其中一例。本惯例虽然也像 UCP500 一样规定了附带的未见单偿付规则,但是由于未见单偿付十分频繁而且数额巨大,因此附带的规定就显得过于简单,使用起来常常捉襟见肘,满足不了实务的需要。在这样的背景下,国际商会银行委员会制订并于 1996 年 5 月通过了目前的 ICC URR525。如果信用证选择使用 ICC URR 作为偿付规则,MT700 40E applicable rules 便应为"UCP URR latest version"。

实务中,偿付只存在指定银行与开证行之间,而偿付行要么是开证行本身,要么则只是开证行的偿付代理。UCP600 在本款中仍然沿用过去的"另一方(another party)"指偿付行,而没有使用"another bank",这是因为开证行可能委托非银行机构,如特别基金或政府的代理机构代其向索偿行偿付。

有人认为:未按照指定代为承付或予以议付的指定银行也可以向偿付行索偿。因为本款所提及的指定银行,与是否履行指定无关。

其实这是个误会,根据本惯例第 7 条 c 款的规定,开证行只对按指定行事的指定银行负有偿付责任。而第 7 条 a 款规定了如果指定银行没有代为承付或予以议付,开证行必须承付。如此,开证行付了一笔款却能同时履行了双重责任——偿付责任和承付责任,难以想象。URR525 第 2 条 e 款:"'索偿行'是指在信用证项下作出付款、延期付款承诺、承兑汇票或议付并向偿付行提示索偿要求的银行。'索偿行'还应包括被授权代表作出付款、延期付款承诺、承兑汇票或议付的银行向偿付行提示索偿要求的银行。"

13-046

Article 13(b)　未见单偿付的 UCP 规则

ICC URR525 是跟单信用证下银行间未见单偿付的专门规则,所以,内容十分详尽、明确、严密和规范,但也不可避免地冗长与繁琐,不易理解,不便使用,因此,许多信用证规定通过第三方偿付指定银行,并不选择适用 ICC URR525。为了规范此类偿付,UCP600 仍然保留了 UCP500 的偿付规则的规定。这样,信用证下银行间未见单偿付,就有了两套规则:一是 ICC URR,二是 ICC UCP。

Article 13(b):

If a credit does not state that reimbursement is subject to the ICC rules for bank-to-bank reimbursements, the following apply … 如果信用证中没有规定偿付遵守 ICC 银行间偿付规则,则按照以下规定……

本款表明,未见单偿付的情况下,开证行可以选择适用最新的 ICC URR 规则,目前的版本编号为 ICC URR525。而在未选择时,则默认适用本条的 ICC UCP 规则。

实务中,不管是适用哪一套银行间未见单偿付规则,一个标准的偿付机制,一般包括以下三个部分:

第一,信用证中,开证行对指定银行的偿付指示。

信用证中,开证行的偿付指示,理应只针对按指定行事的指定银行,与未按指定行事的指定银行或非指定银行无关。

信用证中开证行的偿付指示,一般包括:

——直接规定偿付行:53a reimbursement bank:XXXXXX.

——禁电索 T/T:reimbursement prohibited.

——议付行议付后可以索偿:upon negotiation, the nominated bank are authorised claim reimbursement from the drawee bank of DRAFT under advice to us.

——议付行议付后可以索偿,索偿时须寄副本单据一套:after negotiation, the nominated bank are authorized claim reimbursement from the drawee bank of DRAFT, accompanied with one copy set of shipping documents.

第二,信用证外,开证行对偿付行的偿付授权。

理论上,未见单偿付的偿付行,可以是开证行自身,也可以是第三方银行,后者即为第三方银行偿付。实务中的未见单偿付,主要为第三方银行偿付,在第三方银行偿付的情况下,由于存在开证行与偿付行的委托关系,以及指定银行向偿付行的索偿方式不同,偿付机制将变得复杂。实务中的未见单偿付规则,主要为第三方偿付而设计。相对而言,开证行的直接偿付则比较简单,可以简化处理。

实务中,由于开证行向偿付行的委托偿付授权是单方面的。偿付行可以接受,也可以不接受。当偿付行不接受时,或者偿付行虽接受偿付但未见索即偿时,根据本条 c 款的规定,开证行仍不能免除其偿付责任。

在 ICC URR 下,开证行还可以授权或要求偿付行向索偿行开立偿付承诺,这一规定使得索偿行对信用证下单据的代为承付或予以议付更有信心,消除了因开证行未向偿付行授权从而导致偿付行无法偿付或延迟偿付产生的可能性。

第三,指定银行代为承付或议付时,向偿付行的索偿指示。

在未见单偿付的情况下,指定银行代为承付或议付的同时,便会向偿付行索偿。

实务中,指定银行的索偿指示,要么体现在索偿面函上,要么体现在索偿电文中,它总是与寄单面函分离。根据指定银行向偿付行发送的索偿指示是索偿面函,还是索偿电文,相应地,索偿方式细分为邮索、电索和以电代邮三大类:

(1)邮索:也称信索、信函索偿,即以邮寄索偿面函的方式向偿付行索偿。邮索情况下,指定银行需要向偿付行寄送索偿面函。如果信用证规定了以偿付行为抬头的汇票,还必须附带寄送汇票。尽管在信用证安排没有禁止电索的情况下,一般都可以电索。但是,当信用证规定索偿时须寄送副本单据时,则只能邮索,而不可电索,也不可以电代邮,因为副本单据似乎只能邮寄,电讯传递如传真或 e-mail 一般均不接受。

(2)电索:也称电讯索偿,即以发送索偿电文的方式向偿付行索偿。电索情况下,指定银行需要按照信用证要求向偿付行发送索偿电。在信用证安排没有禁止电索的情况下,都默认允许电索。由于电索可以加速收汇,指定银行索偿时,往往乐于采用这种方式。电索时,无须寄送汇票,只需在索偿电中注明有送汇票细节即可。

(3)以电代邮索偿:即索偿行以向特约银行发送索偿电文,而委托特约银行代为缮制索偿面函向偿付行正式邮索的方式索偿。在信用证安排禁止电索的情况下,一般采取邮索。有时偿付行会与一些银行签订特约偿付协议,允许这些银行代理其他银行缮制索偿面函后向其索偿。而指定银行为了加速收汇,也会与这些银行签订委托索偿协议,以便日后委托索偿。这便形成了以电代邮的索偿方式。

13—0461

偿付授权

第三方偿付下,偿付行是信用证的关系人,却不是信用证的当事人。所以,开证行在信用证安排中指示指定银行可以在代为承付或议付之后向偿付行索偿,并不因此构成偿付行必须偿付的义务。但是,偿付行一旦偿付,则必须按偿付授权行事,否则,其偿付时向指定银行付出资金后无法正常从开证行处获得补偿,显然这不符合商业规则。所以,在偿付机制中开证行向偿付行的偿付授权非常重要。

那么,开证行在偿付授权时应该遵循什么规则呢?

Article 13(b)(i):

An issuing bank must provide a reimbursing bank with a reimbursement authorization that conforms with the availability stated in the credit. The reimbursement authorization should not be subject to an expiry date. 开证行必须给予偿付行有关偿付的授权,授权应符合信用证关于兑用方式的规定,且不应设定截止日。

这是 UCP600 有关偿付授权的新规定。

本款表明了以下两个要点:

第一,偿付授权应符合信用证关于"可兑用性"的规定。

这里的信用证中"兑用方式"的规定,似乎译为"可兑用性"更贴切一点。所谓的信用证中"可兑用性"的规定,起码包括本惯例第 6 条中的有效银行、兑用付款期限等等。

有人问:非指定银行可以索偿吗? Case 17 中有一个例子:B 银行议付了一限制 A 银行议付的信用证下单据,并向偿付行 R 银行索偿。R 银行借记了开证行账户资金,予以偿付。之后,开证行因不符点拒付,要求退还从 R 银行已经索偿的款项并支付利息,B 银行拒绝了开证行的要求。由此,开证行要求 R 银行足额冲回已经借记的该笔款项。最终,ICC 专家支持了开证行的这一要求,因为开证行不存在给非指定银行偿付的义务。开证行都应该在偿付授权中说明有权获得信用证偿付的指定银行。然而,在开证行授权索偿的情况下,一家银行即便是非指定银行也将因此有权获得偿付。

第二,偿付授权不应设定索偿截止日。

值得一提的是,这里的索偿截止日,不同于第 6 条 d 款中涉及的交单截止日。信用证规定的交单截止日,约束的是受益人的交单。这里的截止日,因为是针对指定银行的索偿行为而言,所以翻译为"索偿截止日"更为贴切。

这里的规定,主要是为了防止指定银行索偿时偿付授权已经失效从而不得到偿付。实务中,索偿常常会发生在信用证规定的交单截止日之后,而且在不符单据下的授权索偿,或者远期信用证下的到期索偿,往往会变得捉摸不定。所以,UCP600作出了规定,偿付授权不应设定索偿截止日。

提请注意的是,本条仅涉及开证行给偿付行的偿付授权。然而,在实务中,极少数情况下也存在保兑行对指定银行的偿付,其偿付授权似乎可以参照掌握,并须在保兑时明确是否允许未见单偿付及其适用规则。

13—0462

偿付指示中的单证相符证明

不管是见单偿付,还是未见单偿付,根据本惯例第7条c款和第8条c款的规定,开证行和保兑行的偿付均以相符交单为前提。ICC在Case 64中继续说:"单证不符不应索偿,这是一个基本点。"

Article 13(b)(ii):
A claiming bank shall not be required to supply a reimbursing bank with a certificate of compliance with the terms and conditions of the credit. 开证行不应要求索偿行向偿付行提供与信用证条款相符的证明。

本款基本保持了UCP500的相似规定。

本款的规定表明了:银行间偿付无须见单,也没有必要提供相符交单的证明。当然,如果信用证特别要求时,该要求仍应被满足。

以前,未见单偿付的实务中都要求单证相符证明,具体必须声明信用证下相符交单已承付或议付等。二战后,国际贸易越来越多地使用美元结算货款,美国的美元偿付业务多得难以应付。为了节省时间,提高效率,更因偿付行并未见单,系"clean payment",不对单证是否相符负审核的责任。何谓"clean payment"? ICC在R19中说:"Issuing banks should give their instructions to the bank instructed to effect reimbursement in such a manner that the reimbursing bank was not concerned with the credit, but was merely making a 'clean payment'."

加之单证不符时,一些银行仍照常向偿付行索偿,并照寄单证相符证明,使得该证明成为一纸空文,于是有了以上规定。然而,实务中单证不符时仍予索偿的现象屡见不鲜,指定银行的想法是先将款项索偿到手,以此向开证行施加压力,不使其轻易拒付或者在对不符点有争议的情况下掌握主动。

尽管如此,UCP600和UCP500都只是劝阻而已,并未禁止,也并未置之不理。ICC511说:"如果开证行不愿意采纳这个建议,仍坚持要求提供单证相符证明,那么它就有责任将此要求通知指定银行和偿付行。在此约定下,如果索偿时未提供单证相符的证明,偿付行就只能拒绝,别无选择。"

Article 13　银行间的未见单偿付安排

13—0463

延迟偿付的利息和费用由开证行承担

前面的解读中提到，偿付行向指定银行的偿付须以开证行在证外的偿付授权为前提。然而，有些开证行的偿付授权，或者因为头寸不足，或者因为内部操作延误，并不能保证总是及时的。这样，就会直接导致偿付行无法及时向指定银行偿付。

那么，如果延迟偿付，谁来承担因此产生利息和费用呢？

Article 13(b)(iii):

An issuing bank will be responsible for any loss of interest, together with any expenses incurred, if reimbursement is not provided on first demand by a reimbursing bank in accordance with the terms and conditions of the credit. 如果偿付行未按照信用证条款见索即偿，开证行将承担利息损失以及产生的任何其他费用。

本款表明，作为偿付指示方的开证行必须承担延迟偿付产生的利息和费用。

实务中，确实经常有不能见索即付的情况发生，这其中有种种原因，最突出的是偿付行未收到开证行偿付授权。然而，当未能见索即付时，指定银行根据本款要求开证行支付因此产生的利息和费用时，常常遭到开证行拒绝，理由是它已指示偿付行按时偿付，而另一些开证行则闭口不言。所以，这种追索，特别是小金额的追索常常会不了了之。ICC 在 R16 中说：一旦开证行不赔付这一追索，议付行可以再转向受益人追索。另外，除非诉诸法律，或除非单据是由受益人径寄开证行，受益人直接向开证行追索的情况不应该出现。

有人问：指定银行是否可以要求开证行承担在特定起息日未获偿付而产生的延迟利息？回答是否定的。

比如，LC 规定议付行议付通知后三个工作日之内偿付。然而，起息日晚于议付行通知后五天。议付行要求开证行赔偿利息损失。开证行拒绝赔偿。

何谓"未见索即偿"？似乎应该指收到指定银行索偿后的"合理时间"之内没有给予偿付。其实，开证行的偿付指示并不必然意味开证行应按照索偿行要求的起息日支付款项。索要利息应基于偿付超过了"合理时间"，而不是索偿行在索偿电文中规定的日期。R317 的分析和结论认为：开证行在信用证偿付指示中要求议付行向其索偿并将根据议付行的指示进行偿付，这并不必然意味开证行应按照索偿行要求的起息日支付款项。索要利息（如有）应基于开证行偿付超过了"合理时间"，而不是索偿行在索偿电文中指定的日期。

13—0464

偿付行费用的承担

与信用证的其他行为一样，未见单偿付下也会发生相关的费用。

Article 13(b)(iv):

A reimbursing bank's charges are for the account of the issuing bank. However, if the charges are for the account of the beneficiary, it is the responsibility of an issuing bank to so indicate in the credit and in the reimbursement authorization. If a reimbursing bank's charges are for the account of the beneficiary, they shall be deducted from the amount due to a claiming bank when reimbursement is made. If no reimbursement is made, the reimbursing bank's charges remain the obligation of the issuing bank. 偿付行的费用应由开证行承担。然而，如果此项费用由受益人承担，开证行有责任在信用证及偿付授权中注明。如果偿付行的费用由受益人承担，该费用应在偿付时从付给索偿行的金额中扣取。如果偿付未发生，偿付行的费用仍由开证行负担。

本款的规定，基本上保持了与本惯例第37条相同的原则。

本款的规定表明了：

第一，偿付行的费用默认由偿付直接指示方——开证行——负责。

ICC在R141中指出：偿付行系开证行的代理人，开证行支付其费用是理所当然的。

第二，偿付行的费用规定由受益人承担，而受益人没有实际承担时，开证行仍应负责。

尽管原则如此，但是这并不妨碍规定偿付行的费用由受益人承担。本款的规定只是针对意欲使该费用由受益人承担的开证行，它必须在信用证内给指定银行的偿付指示，以及在证外给偿付行的偿付授权中相应注明。这样，偿付行在偿付时便有责任在向指定银行实际偿付时，扣收费用。实务中，只要偿付行实际偿付了，便能够扣收到此费用，所以，偿付行必须相应扣收。而如果偿付行实际偿付时漏了扣收，显然应该自负其责。

偿付有可能并没有发生，而偿付行的费用却实际存在，本款规定开证行仍应对此费用负责。

第三，偿付行的费用，不同于偿付费用。

有人问，如果信用证规定开证行国家以外的一切费用由受益人承担，开证行向偿付行发出偿付授权产生的费用是否包括在其中？

R316结论如下：If a credit stipulates that only charges incurred outside the country of issuance are for the beneficiary's account, the fee for making settlement of its obligation(telegraphic transfer cost) should be for the applicant's account.

13－047

Article 13(c)　未见单偿付下没有见索即偿

由于开证行向偿付行的委托偿付授权是单方面的。偿付行可以接受，也可以不接受。

Article 13 银行间的未见单偿付安排

那么,当偿付行不接受时,或者偿付行虽接受偿付但未见索即偿时,开证行可以免除其偿付责任吗?

Article 13(c):

An issuing bank is not relieved of any of its obligations to provide reimbursement if reimbursement is not made by a reimbursing bank on first demand. 如果偿付行未能见索即偿,开证行不能免除偿付责任。

尽管本款的规定,涵盖了本条 b(iii) 款的含义,但着重点有所不同,它强调了开证行的偿付责任。

其实,开证行的偿付责任系源于其对指定银行的授权,与是否通过第三方银行进行无关。委托第三方银行实施信用证偿付,并不因此改变开证行在 UCP 框架内对指定银行的偿付责任。ICC511 说:"开证行仍承担有关偿付约定的第一性责任。"

正如 ICC 在 R141 中所指出的"偿付行系开证行的代理人"。显然,开证行在信用证安排中指示指定银行向第三方偿付行索偿时,理应担保指定银行可以从第三方偿付行处获得实际偿付。换言之,一旦指定银行无法从偿付行处获得实际偿付,开证行仍有义务偿付。

有人问:在规定第三方偿付行的情况下,指定银行是否可以要求开证行指示偿付行直接偿付呢?

实务中,开证行对第三方偿付行的偿付授权,有时并不是与信用证开立同时进行,而是在收到指定银行的 MT754 "Advice of Payment/Acceptance/Negotiation" 电文之后。在单据本身存在不符点的情况下,指定银行往往会要求开证行见单后授权索偿,经特别授权后指定银行才会向偿付行索偿。但是,这其实绕了一个弯,特别是在邮索情况下,费时良多,颇为不便。其实,指定银行可以要求开证行直接指示偿付行偿付,加快收汇速度,因为开证行承担着"有关偿付约定的第一性责任"。此时,第三方偿付与直接偿付已经看不出有什么明显的不同了。

Article 14

单据审核

a. A nominated bank acting on its nomination, a confirming bank, if any, and the issuing bank must examine a presentation to determine, on the basis of the documents alone, whether or not the documents appear on their face to constitute a complying presentation. 按指定行事的指定银行、保兑行(如果有的话)及开证行须审核交单,并仅基于单据本身确定其是否在表面上构成相符交单。

b. A nominated bank acting on its nomination, a confirming bank, if any, and the issuing bank shall each have a maximum of five banking days following the day of presentation to determine if a presentation is complying. This period is not curtailed or otherwise affected by the occurrence on or after the date of presentation of any expiry date or last day for presentation. 按指定行事的指定银行、保兑行(如有的话)及开证行各有从交单次日起的至多五个银行工作日用以确定交单是否相符。这一期限不因在交单日当天或之后信用证截止日或最迟交单日届至而受到缩减或影响。

c. A presentation including one or more original transport documents subject to articles 19, 20, 21, 22, 23, 24 or 25 must be made by or on behalf of the beneficiary not later than 21 calendar days after the date of shipment as described in these rules, but in any event not later than the expiry date of the credit. 如果单据中包含一份或多份受第19条、20条、21条、22条、23条、24条或25条规定的正本运输单据,则须由受益人或其代表在不迟于本惯例所指的发运日之后的21个日历日内交单,但是在任何情况下都不得迟于信用证的截止日。

d. Data in a document, when read in context with the credit, the document itself and international standard banking practice, need not be identical to, but must not conflict with, data in that document, any other stipulated document or the credit. 单据中数据,在与信用证、单据本身以及国际标准银行实务参照解读时,无须与单据本身的数据、其他要求的单据或信用证中的数据等同一致,但不得矛盾。

e. In documents other than the commercial invoice, the description of the goods, services or performance, if stated, may be in general terms not conflicting with their description in the credit. 除商业发票外,其他单据中的货物、服务或履约行为的描述,如果有的话,可使用与信用证中的描述不矛盾的概括性用语。

f. If a credit requires presentation of a document other than a transport document, insurance document or commercial invoice, without stipulating by whom the document is to be issued or its data content, banks will accept the document as presented if its content appears to fulfil the function of the required document and otherwise complies with sub-article 14(d). 如果信用证要求提交运输单据、保险单据或者商业发票之外的单据,却未规定出单人或其数据内容,则只要提交的单据内容看似满足所要求单据的功能,且其他方面符合第 14 条 d 款,银行就应接受该单据。

g. A document presented but not required by the credit will be disregarded and may be returned to the presenter. 提交的非信用证所要求的单据将被不予理会,并可被退还给交单人。

h. If a credit contains a condition without stipulating the document to indicate compliance with the condition, banks will deem such condition as not stated and will disregard it. 如果信用证中含有一项条件,但未规定用以表明该条件得到满足的单据,银行将视为未作规定并不予理会。

i. A document may be dated prior to the issuance date of the credit, but must not be dated later than its date of presentation. 单据日期可以早于信用证的开立日期,但不得晚于交单日期。

j. When the addresses of the beneficiary and the applicant appear in any stipulated document, they need not be the same as those stated in the credit or in any other stipulated document, but must be within the same country as the respective addresses mentioned in the credit. Contact details (telefax, telephone, email and the like) stated as part of the beneficiary's and the applicant's address will be disregarded. However, when the address and contact details of the applicant appear as part of the consignee or notify party details on a transport document subject to articles 19, 20, 21, 22, 23, 24 or 25, they must be as stated in the credit. 当受益人和申请人的地址出现在任何规定的单据中时,无须与信用证或其他规定单据中所载相同,但必须与信用证中规定的相应地址同在一国。联络细节(传真、电话、电子邮箱及类似细节)作为受益人和申请人地址的一部分时将被不予理会。然而,当申请人的地址和联络细节为第 19 条、20 条、21 条、22 条、23 条、24 条或 25 条规定的运输单据上的收货人或通知方细节的一部分时,应与信用证规定的相同。

k. The shipper or consignor of the goods indicated on any document need not be the beneficiary of the credit. 在任何单据中注明的托运人或发货人无须为信用证的受益人。

l. A transport document may be issued by any party other than a carrier, owner, master or charterer provided that the transport document meets the requirements of articles 19, 20, 21, 22, 23 or 24 of these rules. 运输单据可以由任何人出具,无须为承运人、船东、船长或租船人,只要其符合第 19 条、20 条、21 条、22 条、23 条或 24 条的要求。

【本条导读】

信用证安排下银行有责任承付或议付的是相符交单。于是,审核并确认相符交单,就成为银行关注的焦点。

本条的规定系统地回答了审单中 12 个方面的常见问题——仅基于单据本身

的"表面审核"以确定是否构成相符交单、最新的"5天"审单期限、默认的"21天"交单期限、单据上数据不得矛盾、单据上的货物描述、其他单据内容必须满足功能、未要求单据、信用证的非单据化条件、单据日期、单据中的受益人和申请人地址、单据中的托运人和发货人、运输单据的出具人。

14-048

Article 14(a) 基于单据本身的"表面审核"

信用证安排下,银行承付或议付的是相符交单。换言之,对相符交单而承付或议付的银行,有责任确认是否构成相符交单。

那么,有责任审单的银行包括哪些呢?银行审单时是否有责任审核单据背后的内容呢?

Article 14(a):

A nominated bank acting on its nomination, a confirming bank, if any, and the issuing bank must examine a presentation to determine, on the basis of the documents alone, whether or not the documents appear on their face to constitute a complying presentation. 按指定行事的指定银行、保兑行(如果有的话)及开证行须审核交单,并仅基于所交单据确定其是否在表面上构成相符交单。

从本款似乎可以看出:

第一,哪些银行有审单的责任。

审核并确认相符交单,不是目的本身,它仅仅是为了在承诺范围内或授权范围内恰当地处置单据。实务中,有责任恰当地处置单据的银行,包括在信用证开立之时便作出确定承付承诺的开证行、加入保兑中形成确定承付或无追索权议付承诺的保兑行、准备按指定行事代为承付或予以议付的指定银行,这些银行就是有责任审单的银行。显然,本款的规定,进一步呼应了本惯例第2条"信用证"定义的解读中提到的一个理念——"信用证是一项银行产品"。

值得一提的是,有责任审单的银行各方,须以自己的独立判断为依据,可以参考其他有关方的判断,但不得依赖,这才体现其审单责任。ICC在R211中说:"The issuing bank must determine on its own whether the documents presented under its credit are in compliance with the terms and conditions of the credit."

开证行不能以寄单行声明的不符点作为拒付或联系申请人的基础。实务中,受益人有时会要求寄单行面提不符点——即在寄单面函上表提不符点,以提醒收单行确认,加快单据处置速度。然而对于开证行来说,在选择是否拒付之前,仍然应独立审单,包括确认寄单面提的不符点是否成立。对于寄单行来说,也没有必须提出不符点的义务,即使面提了不符点,如果所提不符点不成立,开证行不加确认,即作为拒付的理由,寄单行事后仍可以反驳。

对于信用证的另一个基本当事人——受益人来说,由于其不仅介入了信用证安排,还介入了基础合同,所以,本款的规定并不完全适用。换言之,如果抛开基础合同,受益人在信用证安排内审核单据,理应也适用于本款的规定。

第二,银行审单时,必须仅基于单据本身作"表面审核"。

这一点,承继了本惯例第2条"相符交单"定义的解读中提到的UCP500时期信用证下审单标准的十二字箴言中的"表面相符"原则。

这一点,是本惯例第5条赋予的信用证抽象性原则——"银行处理的是单据,而不是单据可能涉及的货物、服务或履约行为"——在审单中的直接体现,也是本惯例第4条赋予的信用证独立性原则在审单中的间接体现。

这一点,也与本惯例第34条赋予的银行对单据有效性免责规定相呼应。信用证业务中,银行处理单据,不过问货物,银行也不可能具备货物交易方面的专业知识。对于单据所代表的货物、交易的真实性、单据是否伪造、签字是否有效等概不负责。

ICC曾经表示:国际标准银行实务要求审核单据是否在表面上相符,不能寄希望于也不能要求审单人员成为运输或保险行业的专家。

值得一提的是,单据的表面与单据的背后总是相对的,有时ICC专家也很难取得完全一致的意见,导致许多的DOCDEX裁决决定以2:1非多数通过,而不是绝对多数通过。

第三,银行审单时,表面审核的内容包括所交单据的"正面"和"背面"。

实务中,单据总是包括"正面"与"背面",而单据的内容不是显示在"正面",就是在"背面",UCP并没有任何限制。所以,本款所说的单据表面(on its face),不能仅仅理解为单据的"正面(the front)",它还应包括单据的"背面(the back)"或"反面(the reverse)"。

ICC China在ICCCR023中说:"单据的正面和反面都是单据的一部分。由于信用证要求的单据的数据内容一般都出现在单据的正面,银行一般审核单据正面后即可判定单据是否符合信用证的要求,所以一般不审核反面的内容(一般为印就的内容,信用证对其一般不做要求),但这并不排除在特殊情况下审核单据背面的必要。"换句话说,实务中单据的反面应当和正面一样审核,只是反面的内容往往是空白或比较单一,一般没有必要审查,但如果单据反面有内容,且其内容足以影响到确认相符交单,则仍然需要关照。

对于运输单据和保险单据而言,行业习惯的做法是将UCP规定的要素显示在正面。比如签字、承运人或保险公司名称等,即便正面容纳不下,也往往是增加附页而不是显示在背面。而其背书,则往往显示在背面。

国际商会关于UCP500的第4号意见书中说:"The name of carrier must appear as such as on the front of the document.""the front of the document",即"单据的正面",意指载有货物、船名、航次详情的一面;与此相对应的是"the back of the document",即"单据的背面",意指载有承运合同、条款的一面。由于银行不审核承运条款,倘若承运人的名称未列明于提单的正面,而是包含于背面的承运条款之内,这并不符合"表面上必须显示承运人名称"的要求。

值得一提的是,这里所说的单据的表面包括正面和反面,这与UCP关于运输单据背面的承运条件和条款不予审核的规定并不矛盾。实务中,承运条件或条款常常出现在全式运输单据的背面,但是运输单据的背书并不是承运条件或条款的内容,仍应予以审核。

14-049

Article 14(b) 最新的"5天"审单期限

实务中,银行审核单据总是要花费一定的时间,所以它总是一个过程。由于单据繁杂程度不同,不同国家的银行习惯不同,法律环境有别,每一家银行每一套单据的审核时间有长有短。由于信用证业务涉及一系列环节,不同银行用时的长短,将直接影响到信用证业务的效率,从而影响信用证业务的生命力,所以,有必要统一规定审单时间的长短。这就是常说的"审单期限"了。

Article 14(b):

A nominated bank acting on its nomination, a confirming bank, if any, and the issuing bank shall each have a maximum of five banking days following the day of presentation to determine if a presentation is complying. This period is not curtailed or otherwise affected by the occurrence on or after the date of presentation of any expiry date or last day for presentation. 按指定行事的指定银行、保兑行(如有的话)及开证行各有从交单次日起的至多五个银行工作日用以确定交单是否相符。这一期限不因在交单日当天或之后信用证截止日或最迟交单日届至而受到缩减或影响。

本款的规定似乎作出了回答:银行的审单期限,自接收交单日始,至交单次日起至多五个银行工作日止。UCP600 的这一审单期限,通常简称为"5 天"的审单期限或"5 个银行工作日"的审单期限。

从本款的规定可以看出:

第一,有责任审单的银行,各有"5 天"的审单期限。

根据本条 a 款的规定,有责任审核单据的银行,包括按指定行事的指定银行、保兑行(如果有的话)及开证行,都有责任在"5 天"的审单期限内完成审单。显然,银行的审单各自独立,其审单期限也各自独立,即都独立享有"5 天"的审单期限。

第二,银行审单期限的起点和终点,均与实际交单日密切相关。

银行审单总是以接收交单为前提。不管是银行审单期限的起点——接收交单日,还是银行审单期限的终点——交单次日起至多 5 个银行工作日内,二者的确定均依赖于实际交单日的确定。

本款这一点规定,与 UCP500 时期有点不同。

如何规定审单期限的起点和终点呢?UCP500 的措辞为"从其收到单据的次日起算(following the day of receipt of the documents)",而 UCP600 在本款的措辞则为"从交单次日起(following the day of presentation)"。其实,前后含义并没有本质的区别,因为收单是交单行为的一面。正如在本惯例第 2 条"交单"定义的解读中提到的,一个完整的交单行为既包括

"交",也包括"收"。前后措辞上之所以如此改变,似乎主要与UCP600意义上的"交单(presentation)"这一概念已经有了严格的定义有直接的关系,而"收单(receipt of the documents)"不管在UCP500时期,还是UCP600时期都没有直接的定义。

有人问:实际交单日是否必须为银行工作日呢?回答是否定的。本惯例第33条关于"营业时间与时间"的解读中将提到,在营业时间之外,银行无接收交单的义务,而营业时间之外,既包括银行工作日的非营业时间,也包括非银行工作日。如此,银行在非银行工作日可以不接受交单,但是一旦接收则显然已经构成了交单,相应地,该日也由于交单成为名副其实的实际交单日。

还有人问:单据由开证行在U国的分行转寄其总行的单证中心处理,审单期限以谁收到为准?ICC在R507的结论认为:"如果银行选择将其集中到一个地点,这与UCP的条款没有任何矛盾之处。如果单据提交到U国的分行,然后再转交总行单证处理中心审单,收到单据之后不超过7个银行工作日的合理时间,将从单据在U国收到单据的那天开始计算。付款之前单据所有权属于交单人。"这里的结论,显然已经再一次印证了本惯例第3条"一家银行的分支机构"一节的解读中提到的一个观点——"同一国家的分支机构,似乎为UCP意义上的同一银行"。

第三,银行审单期限的长度为"5个银行工作日"。

本款这一点规定,与UCP500时期有很大的不同。

UCP500中规定的审单期限,涉及两个用语——"合理时间(reasonable time)"和"7个银行工作日"。后者比较客观,也容易确定,在本款中基本仍予以保留。前者带有浓重的主观色彩,与本惯例第3条"相符交单"定义一节解读中提到的"合理谨慎(reasonable care)"一词一样,已经被放弃了。理由是,这一用语不客观,银行执行时常常无所适从,如遇纠纷,只好交由法院裁决,因此将不可避免地出现法院过于频繁地干预信用证交易的情况。ICC在R270中说:"UCP500未试图给'合理时间'下定义,只是指出不超过7个银行工作日。什么是'合理时间'应根据当地习惯和具体情况来确定。"ICC在R264中又说:"7个银行工作日是审核单据的时间上限。然而,地方惯例及法律将对银行在这一总的时间限度内应该使用审单的合理时间做出裁决。"

至于UCP500关于审单期限的后一用语——"7个银行工作日",其实在本款并没有全部保留,而是已经压缩为"5个银行工作日"。随着银行信用证业务竞争的加剧,企业对银行效率要求的提高,"7个银行工作日"已经不适应信用证交易的需要,而在通信技术进步的背景下,5个银行工作日也已成为可能,于是就有了本款的规定。

值得注意的是,本款所保留的"5天"审单期限,仅仅是交单次日起"至多"5个银行工作日为止,并没有明确到底是几个银行工作日。

有人问:这是否仍为UCP600有意交由法院主观判断交单期限是否在"合理时间"之内的"暗门"呢?换言之,在UCP600项下,因为取消了"合理时间"的前提,不论单据多少均用尽5天时间都是合理的吗?

专家曾在 *DC Insight* 中回答:"不论是否合理,只有5天。如果出现争议,法官或律师会看UCP如何规定的。如果某人主张在某一具体案例中5天时间太长,他需要在当地法院及法律中寻求支持。"

第四,银行的"5 天"审单期限,不因在实际交单日当天或之后信用证交单截止日或最迟交单日届至而受到缩减或影响。

前面的解读中提到,银行的审单以接收交单为前提,银行的"5 天"审单期限自实际交单日起。然而,交单日当天可能就是信用证的交单截止日或最迟交单日,或者银行的"5 天"审单期限可能延续到信用证的交单截止日或最迟交单日之后。那么,银行的"5 天"审单期限是否就因此缩短了呢?本款作出了否定的回答。显然,这一规定呼应了本惯例第 6 条 e 款的规定——信用证的交单截止日,即交单有效期限,仅仅约束交单。换言之,它并不约束交单之后的银行审单和承付或议付。至于最迟交单日,正如本条 c 款的解读中即将提到的——它似乎是动态的信用证交单截止日或交单有效期限,同样适用。

值得一提的是,这里提及的信用证交单截止日或最迟交单日,已经考虑了顺延的因素。

有人问:审单只能在银行工作日之内吗?

本款的规定没有给出直接的答案。但是,从本惯例银行工作日的定义——"银行工作日,指银行在其履行受本惯例约束的行为的地点通常开业的一天"——似乎可以看出,在银行工作日之外,银行并没有必须审单的义务。换言之,本惯例并没有否定银行可以在银行工作日之外审单,因为似乎这是银行的一项权利。而本款规定的"5 天"审单期限的计算,只涉及银行工作日,这似乎也与银行是否在银行工作日之外审单没有直接的关系。

14-050

Article 14(c)　默认的"21 天"交单期限

实务中,对于信用证项下的交单行为,仅仅规定一个交单截止日有时是不够的。

比如:信用证要求提单,并规定"expiry date Mar 15,2007"。如果受益人向当地的指定银行很晚交单,假设在截止日"Mar 15,2007",按照信用证规定开证行仍应该接受。这种情况下,考虑单据在银行间流转的时间,开证行收到单据估计已经是 3 月底了。而如果受益人货物于 2007 年 1 月 1 日在上海装船,一个月之后(Feb 1,2007)可能已经到达目的港汉堡,比申请人见单提前了近两个月。为控制发货后交单进度,避免买方不能及时提货、报关导致货物滞港、仓储、火灾、雨淋、丢失,信用证中往往有必要规定一个货物发运日后的最迟交单日。

然而,有时因为申请人或开证行的疏忽,信用证并不规定最迟交单日。

Article 14(c):
A presentation including one or more original transport documents subject to articles 19, 20, 21, 22, 23, 24 or 25 must be made by or on behalf of the beneficiary not later than 21 calendar days after the date of shipment as described in these rules, but in any event not later

than the expiry date of the credit. 如果单据中包含一份或多份受第 19 条、20 条、21 条、22 条、23 条、24 条或 25 条规定的正本运输单据,则须由受益人或其代表在不迟于本惯例所指的发运日之后的 21 个日历日内交单,但是在任何情况下都不得迟于信用证的截止日。

本款规定,在信用证规定了正本运输单据的同时,却未规定特定交单期限的情况下,最迟交单日默认为发运日后的第 21 个日历日。该期限,通常简称为"21 天"的交单期限或"21 个日历日"的交单期限。换言之,如果信用证规定了特定的交单期限,本款的默认不适用,这起码包括本款"交单期限在信用证中的常见规定"一节的解读中将提到的四种情况。

从本款规定似乎可以看出:

第一,默认的"21 天"交单期限,仅适用于信用证未规定交单期限时。

根据本惯例第 1 条的解读,如果信用证规定了一个特定的交单期限,则应以信用证规定为准。换言之,只有在信用证未规定交单期限时,才需要默认,也才存在默认。

第二,默认的"21 天"交单期限,仅适用于信用证规定正本运输单据时。

默认的"21 天"交单期限,仅适用于信用证规定正本运输单据时,却不适用于信用证中未规定正本运输单据的情况,包括不适用于信用证只规定副本运输单据或类似 FCR 的与运输有关的单据的情况,显然,也不适用于信用证没有规定任何与运输有关的单据的情况。

比如:备用信用证未特别规定交单期限,要求以下单据:

——违约证明,声明受益人已于 2 月 2 日装运规定货物,自装船日起 120 天申请人未付应付货款;

——一份运输单据副本注明发运日期。

受益人按规定发货,在发货后 120 天申请人尚未付款。第 121 天,受益人缮制并提交了备用信用证要求的单据。开证行以晚交单拒付,理由为:根据 UCP500 第 43A 款,单据不得晚于装运日后 21 天提交。装运日期为 1994 年 2 月 2 日,而单据直到 1994 年 6 月 3 日才提交。实际上,这与备用信用证的担保性质密切相关,如果正常收汇,备用信用证将一直处于备用状态,只有在正常情况下无法收款,受益人才会使用信用证,此时的交单,基本上不可能是在发运日后 21 天之内。

鉴于这一实务情况,ICC511 说:"本条不适用于可能要求提交一份运输单据的副本以证实违约声明项下货物已出运的备用信用证。"

第三,默认的"21 天"交单期限中确定的最迟交单日,为发运日之后的 21 个日历日。

什么是发运日(date of shipment)?《美国传统辞典(双解)》说:"shipment, the act or an instance of shipping goods. 装运,装载货物的动作或事例。"顾名思义,发运日,即信用证规定货物发运的日期。

什么是日历日(calendar day)?《美国传统辞典(双解)》说:"calendar, any of various systems of reckoning time in which the beginning, length, and divisions of a year are defined. 历法,任一种用于标识时间的系统,确定了一年的开始、时长和划分。"实务中,日历日也称自然日,包括节假日和周末,只要在日历中自然存在的一天都算。与银行工作日不同,正是由于它是日历中自然存在的一天,所以,不存在被期间的节假日中断的情况,而只存在到期遇节假日而顺延的情况。

实务中,"21 天"或"21 个日历日"是对信用证下单据流转时间估算后得出的一个经验数据。所以,这只是在信用证未规定具体交单期限下的一个默认。

第四,默认的"21 天"交单期限,将因为过信用证交单截止日而缩短,即无论如何,交单不得迟于交单截止日。

信用证中约束交单的日期有两个,一个是本惯例第 6 条 d 款规定的交单截止日,另一个就是本款默认的"21 天"交单期限确定的最迟交单日。

那么,这两个日期是个什么样的关系呢?

本款的规定表明,"交单,在任何情况下都不得迟于信用证的截止日"。具体而言,包括以下三种情况:

——若默认的"21 天"交单期限确定的最迟交单日早于交单截止日,则实际交单不得晚于最迟交单日;

——若默认的"21 天"交单期限确定的最迟交单日与交单截止日为同一天,则实际交单不得晚于最迟交单日与交单截止日重合之日;

——若默认的"21 天"交单期限确定的最迟交单日晚于交单截止日,则实际交单不得晚于交单截止日,默认的"21 天"交单期限过信用证交单截止日部分已经不能使用,换言之,默认的"21 天"交单期限已经缩短了。

当然,以上交单截止日和最迟交单日的关系,不仅仅适用于 UCP 默认的"21 天"交单期限,同样也适用于信用证根据不同的基础交易特别规定的交单期限的情况。

14—0501

交单期限的确定依据及最迟交单日的性质

前面的解读中提到,信用证中往往有必要在交单截止日之外,规定一个交单期限,即在一个货物发运日后特定交单期限的最迟交单日,以约束交单。显然,一旦过了最迟交单日,信用证即告无法兑用,其效果与信用证规定的交单截止日有异曲同工之妙。

如果说本惯例第 6 条 d 款所指的信用证交单截止日,是一种绝对的信用证"有效期限"的话,那么,本款所指的交单期限或最迟交单日,似乎可以视为一种相对的信用证"有效期限"。在这个意义上,可以认为,一般信用证都规定双"有效期限"。

之所以说交单截止日是"绝对"的信用证"有效期限",原因在于本惯例第 6 条 e 款和本条 b 款均直接规定了其为信用证下交单的最后期限,除非顺延,否则不得越线。

之所以说最迟交单日是"相对"的信用证"有效期限",一方面是由于其具体的日期往往无法事先确定,而是"相对"的、动态的,即依赖于实际交单时才能确定的发运日或其他日期而确定;另一方面,则是因为其约束交单的"相对"效果,必须在交单截止日,即"绝对"的信用证"有效期限"之内,如果越过交单截止日则一切免谈,即使实际交单在最迟交单日或交单期限之内。

然而,买卖双方对发运日后特定的交单期限的意义一般不太关心,对确定这一期限长短的依据则更加认识不足。

第一,对于申请人而言,交单期限越短越好。

对申请人而言,如果运输单据代表货权,由于要凭单提货,必须承担货物先期抵港产生的滞港费用及风险;如果运输单据不代表货权,由于提货后要用装运单据办理报关,故相关单据先于货物到达对其更有利。受益人向银行交单愈早,单据到达的时间也愈早。而货物是否先于单据到达,又往往取决于货物的运输方式及航程远近。即使信用证漏规定了交单期限,也许正是出于交单与交货的匹配,从UCP500到UCP600都规定了默认的"21天"交单期限以约束受益人的交单行为,适应正常的交货,规避风险。

(1)确定交单期限时,首先要考虑运输方式。例如航空运输,货物朝发夕至,开证时应缩短交单期限。对于航空、公路及铁路运输,尽管运输单据不代表货权,收货人不用凭运输单据提货,然而由于这类运输方式下收货人提货后,仍要凭信用证项下提交的单据办理报关,所以仍有重要意义。

(2)其次,要考虑货物为远洋运输,还是近洋运输。近洋运输,比如从韩国进口,目的港为烟台,货物装运后两天左右即可到达。买方开证时应将装运后交单的期限规定得短些。若属远洋运输,比如从南美进口木材,轮船在海上的航行时间长达月余,货物装运后的交单期限便可长些。

(3)最后,还要考虑单据的流程及在途时间。尽管快递方式下单据一般在3天左右甚至更短时间内即可到达,然而按照第14条b款的规定,开证行、保兑行及指定银行各自享有五个银行工作日的审单时间。虽然一般银行不一定都将其用尽,但信用证涉及的银行越多,单据流转所用的时间便会越长。如果规定发运日后交单期限过长,即便是远洋运输,也有可能发生货物先于单据到达的情况。

第二,对于受益人而言,则是交单期限越宽松越好。

宽松的交单期限有利于受益人缮制单据,确保单据质量。并且一旦第一次交单有不符点,还可以充分利用这一交单期限修改并重新交单,不至于重新交单在规定期限后到达。若这一机动时间过短,当交单有效地在异地或者在开证行柜台时,则极容易造成晚交单这一不符点。显然,交单期限的设计,也有便于受益人改单方面的考虑。

实务中,交单期限一般应是最晚发运日到信用证交单截止日的一段时间。比如:最晚发运日为12月1日,如果交单期限为15天,则信用证交单截止日应为12月16日;反之,如果交单截止日确定为12月16日,交单期限则应为15天。而如果信用证规定的交单期限长于或短于从最晚发运日到信用证交单截止日的一段时间,则都不合适,ICC将这样的信用证称为"badly issued L/C"。因为在这种情况下,受益人无法充分利用信用证规定的交单期限所给予的交单缓冲期,缮制单据。

交单期限的通常计算起点——发运日

14—0502

实务中，交单期限在信用证中的规定，往往以发运日为计算起点，从而最迟交单日的确定，也必然依赖于发运日的确定。

第一，信用证要求正本运输单据时，不管交单期限为默认还是明示规定，发运日的确定都有直接依据。

在 UCP 意义上，只有正本运输单据上的已接管、收货、装船日期才被定义为货物发运日（date of shipment）。在 UCP600 时期，这一点在运输单据中有具体的规定。而在 UCP500 时期，除了在运输单据中提到发运日的确定外，还辟有专门的章节给出概括性的解释。

UCP500 Article 46(a)：
Unless otherwise stipulated in the Credit, the expression "shipment" used in stipulating an earliest and/or a latest date for shipment will be understood to include expressions such as, "loading on board", "dispatch", "accepted for carriage", "date of post receipt", "date of pick-up" and the like, and in the case of a credit calling for a multimodal transport document the expression "taking in charge". 除非信用证另有规定，凡用于规定最早及/或最迟装运日期的"装运"一词，其意义应理解为包括诸如"装船"、"发运"、"接收备运"、"邮政收据日期"、"取件日期"和类似表述，如信用证要求多式运输单据时，还包括"接受监管"这一含义。

ICC 在 TA557 和 TA582 中也说："The establishment of what is a transport document, and therefore identification there from of the date of shipment, is clearly linked in the UCP to an original transport document being presented."

第二，信用证未要求正本运输单据时，如何确定发运日？

副本运输单据、其他与货物运输有关的单据，由于不反映运输合同，不是 UCP 意义上的运输单据。此时，该单据上表明了一个已接管、收货、装船日期，该日期是否还是 UCP 意义上的发运日呢？似乎不是。

如果信用证的本意在于使以发运日期确定的交单期也适用于副本运输单据、非运输单据或其他单据，ICC 在 TA557 和 TA582 中建议："Reference to an invoice number that is different from that presented by the beneficiary would be inconsistent and discrepant. If a credit requires the presentation of a copy of a bill of lading (stated as being copy or non-negotiable copy), and the intention is that the documents be presented within a specific period after a date which may appear within that document, the credit must expressly request such action. For example, documents must be presented within XX days after the date of shipment as evidenced on the copy (non-negotiable copy) of the [name of transport document]."

换言之,如果此类单据上的已接管、收货、装船日期是 UCP 意义上的发运日,是没有必要这样建议的。

第三,信用证未要求正本运输单据时,发运日的确定有放松的迹象。

话虽如此,如果在某一种单据上直接显示了"date of shipment",显然已经不存在发运日的判断问题。此时,默认交单期限仍应该满足。

而在信用证规定交单期限的情况下,如果仅仅要求提交副本运输单据,该发运日的确定似乎也有放松的迹象。

有人问:副本 B/L 上的装船批注日期,可以作为交单期限的计算起点用来确定最迟交单日吗?

比如:信用证要求副本 B/L,规定装运日后 10 天交单。提交的副本 B/L 显示"ON BOARD DATE"为 5 月 1 日,5 月 15 日交单。开证行以迟期交单拒付。拒付正确吗?

阎之大提供的一则 ICC 尚未 APPROVED 的质疑中形成的观点:信用证规定了发运日后交单期限时,如果副本 B/L 上显示了"ON BOARD DATE",则该日期将作为计算最迟交单日的依据。

14—0503

交单期限在信用证中的常见规定

信用证规定的常见交单期限有以下几种:

第一种,必须在特定交单期限内交单:

——All documents must be presented within 30 days after bill of lading date. 则提单日 21 天之前或之后,但在 30 天内提交的单据,均可接受。

——All documents must be presented within 15 days after bill of lading date. 则提单日 15 天之内提交的单据才可接受,而 15 天后 21 天内仍不可接受。

——SWIFT MT700 field 48:10 days. 这指的是发运日 10 天内交单。SWIFT 手册对 MT700 field 48 的定义如下:"This field specifies the period of time after the date of shipment within which the documents must be presented for payment, acceptance or negotiation."

通常情况下,信用证规定的交单期限均指这一种,所以,在信用证未如此规定时,UCP 所默认的交单期限,也指这一种。

第二种,允许在特定交单期限后交单:

——Stale documents acceptable. 根据 ISBP 681 第 21(b)段,这指的是在发运日 21 天后提交的单据均可接受。

实务中,这种规定往往在要求提交副本运输单据或电放提单、运单类运输单据下可以看到,因为此时申请人无须凭单提货,而报关用单据往往也已在证外提交,证下单据只起纯粹的付款作用了。

第三种，必须在特定交单期限后交单：

——All documents must be presented later than 21 days after bill of lading date. 单据必须在提单日21天后提交，而在提单日21天内提交便构成不符点。ICC China 在 ICCCR035 的分析及结论中说："信用证的条款是一个整体，只要信用证被有关当事人接受，就意味着接受了其所有条款。因此，尽管其中有不合理的条款，只要不违背法律的强行规定，就必须遵守。本案中规定的最早交单期限同样也必须得到遵守。因此，早于信用证规定的最早交单期交单，将导致在该交单期前得不到开证行的付款。但是，该时限一过，这一规定即失去作用，如果单据在其他方面符合信用证的规定，开证行就有付款责任，无论此时单据是一直在开证行手中，还是被受益人重新提交。"

信用证中如此规定，显然传达的是申请人的用意。那么，这一用意是什么呢？如果仅仅为了延缓付款而对最早交单期限作出规定，在 ICC 眼里，这显然不是规范的做法。换言之，如果仅仅为了延缓付款，倒是可以在信用证中规定为特定期限后的远期付款。

第四种，必须在有效期限内交单，不管交单期限：

——SWIFT MT700 field 48：All documents must be presented within the validity of the Credit.

有人问：此时单据可以在提单日21天后提交吗？

回答似乎是肯定的。

因为根据前面引述的 SWIFT 手册中对 MT700 field 48 的定义，只要在该栏位显示了内容，即算对默认交单期限的覆盖，不管它显示的是什么内容。如此，在该栏位仅显示"All documents must be presented within the validity of the Credit"，虽然内容中未明确包括交单期限的描述，但域的名称和定义已经表明了它就是一种特定的交单期限——单据只要在有效期限内提交即可。

14－051

Article 14(d)　单据上数据之间"不得矛盾"

根据本惯例第2条的定义，交单（presentation），既指交单行为，也指所交单据。实务中，对所交单据的审核，包括对所交单据的名称、抬头部分的收件人、落款部分的出具人及出具日期、签署、内容的审核，单据上的这些部分，最终都会体现为单据上的数据。

什么是数据（data）？

数据与信息相对而言。信息的特性，是"效用"性。信息的起源与动物的诞生同步开始。生物为维护自身的生存，不断从外部环境获得有关情况，并予以识别、评价，采取行动，以适应环境。如果是食物就捕捉，如果是外敌就逃跑。因此，信息运动将出现循环：动物主体—外部客体—通知—评价—采取行动—实现"效用"—适应环境。显然，信息的"效用"，是在动物主体为实现特定目的而采取行动中实现。在动物进化的同时,信息变得复杂。进化到人类,就产生了语言和文字这一类的高级信息媒介。信息在未按照特定目的加工之前,就是数据。《辞海》说:"数据(data)是对客观事物的符号表示,是用于表示客观事物的未经加工的原始素材,如图形符号、数字、字母等。或者说,数据是通过物理观察得来的事实和概念,是关于现实世界中的地方、事件、其他对象或概念的描述……"

单据上的数据,也是这个含义。就审单实务而言,如果通俗一点说,数据即是单据上任何可以用于分析的原始数字、字母、文字、符号等。显然,数据不限于单据上的数字或数值。

那么,如何审核单据上的数据呢?

Article 14(d):

Data in a document, when read in context with the credit, the document itself and international standard banking practice, need not be identical to, but must not conflict with, data in that document, any other stipulated document or the credit. 单据中数据,在与信用证、单据本身以及国际标准银行实务参照解读时,无须与单据本身的数据、其他要求的单据或信用证中的数据等同一致,但不得矛盾。

本款的规定,在于明确单据中数据的以下审核原则:

第一,单据中的数据,并非孤立存在,必须参照解读。

与生活中不计其数的数据一样,单据中的数据,也总是存在于特定的环境之下。信用证下不同的交易,单据中的数据可能有不同的含义。所以,单据中的数据必须参照解读。

——或者与信用证参照解读。比如:信用证规定受益人 ABC co., ltd. 并要求受益人证明。提交了一份证明并由 ABC co., ltd. 签署,并未标明其受益人身份。结合信用证规定的受益人名称,该证明是可以接受的。

——或者与单据本身参照解读。比如:提交的发票显示"goods:steel sheet, quantity:10MTs, unit price:817.00, total amount:USD 8 170.00."发票显示的单价既无币别,也无单位,显然并不完整。但是,结合发票上数据及金额,足以认定发票显示的单价"unit price:817.00",就是 USD 817.00/MT。

还比如:发票上的标点方式(punctuation)互不一致。数量的表述为:A.420,671CBM, B.268,616CBM(该逗号实际上相当于小数点的作用,通常表示为 420.671 和 268.616)。而发票金额的表述则为:USD 129,976.39. ICC China 在 ICCCR040 的分析及结论为:"世界上主要存在两种不同的数字标点方法,都可以接受。如存在同一单据中,虽然会造成一些理解上的混乱,但仍可通过单价、总价、合同和报关单上的相关信息予以澄清,故不能成为不符点。"

又比如:信用证项下货物由受益人从第三方采购,并由第三方发运,所以原产地证明也是由第三方出具的,且显示了该第三方的发票号码。开证行提出不符点:原产地证明上的发票号码与其他单据上的发票号码不同。ICC 在 TA 585REV 中认为,当发货人不同于受益人时(UCP 允许),原产地证明上显示与受益人的发票号码不同的发票号码不是不合理的,只要其他方面符合信用证。如果受益人为原产地证上显示的发货人,再出现不同的发票号码将是不符点。

——或者与国际标准实务参照解读。比如:ICC489 Case 230:"根据 UCP400 第 24 条,如无特殊规定,银行接受签发日期早于信用证开立日期的单据。有人问:对检验证、质量证、卫生证之类的单据,有无限制?答:本条只是就一般而论,有无限制要取决于单据的种类和特殊情况,比如,一个几个月以前出具的健康证明是不能接受的。"

第二,单据中的数据,无须等同一致,但不得矛盾。

UCP600 制定小组曾评论,引入"数据无须等同一致"的概念,旨在对应旧惯例中的"不符",以避免对单据审核采取"镜像标准"。

国际商会银行委员会在一次会议上指出:本款旨在避免基于日期、标点等的微小差异便拒付的情况,目的是使信用证回归到付款工具的本质,从而避免国际贸易货款结算大量放弃使用信用证,而转为使用赊销(open account)。

在 UCP500 时期,单据中的数据审核时,只要不是不一致(not inconsistent)即可。而到 UCP600 时期本款对单据中的数据审核,则要求不得矛盾(not conflict)。二者的含义似乎并没有本质的差别。但显然,最新的措辞更加明确和直接了。

——与单据本身的数据不得矛盾。比如:Packing list 显示全部货物"G/W:1 000MTs",同时显示"N/W:1 020MTs"。同一批货物净重大于毛重,这是矛盾。

——与其他要求的单据不得矛盾。比如:B/L 显示 issuing date 和 on-board notation date 同为"20070320",Beneficiary's certificate 显示"1/3 original B/L have been sent directly to applicant",并显示出具日期"20070315"。显然,这是不可能的,因为 2007 年 3 月 20 日提单才出具,受益人怎么会已经于 2007 年 3 月 15 日寄送申请人呢?

还比如:实务中,单据上的数值之间常常会因为四舍五入等原因而形成差异。例如:提单毛重:44 595,其他单据显示"44 595.2"。开证行因"提单上毛重与其他单据不同"拒受单据。ICC 在 R218 中回答:"本例中毛重因为四舍五入的原因舍去尾数不能作为单据之间有抵触的根据。"这种四舍五入现象在保险单据中更为常见。然而正如阎之大所说,这一结论并不具普遍意义,在数量具有计算价值等重要意义时可能不适用。比如:单价 USD 13.5/T,写成 USD 13/T 或 USD 14/T 都是不能接受的。

——与信用证中的数据不得矛盾。比如:信用证 45A 规定"trade terms:CIF HAMBURG",并要求 B/L 全套正本,未要求在 B/L 上标注运费支付情况。如果提交的 B/L 显示"freight collect",则该 B/L 不能接受,因为信用证规定 CIF 条件即意味着运费已付,提单显示"freight collect"与之矛盾。

实务中,UCP600 的许多条款都反映了本款的规定。比如:本条第 j 款的单据上显示的申请人和受益人的地址等。

实务中,ISBP 645 及 ISBP 681,也都反映了本款的规定。比如:缩写、拼写与打字错误、单据上的详细数学计算、唛头、单据上当事人的名称等。

Case 4
检验证上显示的货物数量,是否必须与发票等同一致?

【背景】提交的发票显示货物 IC,quantity:100 PCS,提交的检验证显示货物 IC,quantity 110 PCS。

【问】这样的检验证可以接受吗?

【答】在单据之间充分联系(linkage)的前提下,单据之间的数据不得"不一致(inconsistent)",这是 ICC 的一贯意见,而在 UCP600 中,更是明确为单据之间数据不得"矛盾(conflict)"。从内涵上看,前后并无实质变化,它的极端是"等同一致(identical)",但是绝不限于此。

UCP500 Article 13(a):

Documents which appear on their face to be inconsistent with one another will be considered as not appearing on their face to be in compliance with the terms and conditions of the Credit.

ISBP 645 Para 24:

Documents presented under a credit must not appear to be inconsistent with each other. The requirement is not that the data content be identical, merely that the documents not be inconsistent.

UCP600 Article 14(d):

Data in a document, when read in context with the credit, the document itself and international standard banking practice, need not be identical to, but must not conflict with, data in that document, any other stipulated document or the credit.

那么,怎样算单据之间的数据"不矛盾(not conflict)"呢?从 UCP600 第 14 条 d 款可以知道,单据上的数据,必须置于一个特定的语境中,包括信用证上下文、单据本身、国际标准银行实务来解读,语义与别的数据没有冲突即可。

就本案例而言,单据之间的数据关系,即指检验证和发票的货物数量关系。在实务中,这种关系将表现为以下情况:

第一种情况,检验证货物数量小于发票,如检验证显示货物数量 90 PCS,而发票显示 100 PCS;显然,这是不合适的,因为根据常识即可作出判断发票显示发货 100 PCS,而检验证显示通过检验的数量仅为 90 PCS. 那么两个数量之差意味着什么?有 10 PCS 未通过检验。

第二种情况,检验证货物数量等于发票,如检验证和发票均显示货物数量 100 PCS. 这种情况下,意味着发货数量 100 PCS,已经全部通过检验。

第三种情况,检验证货物数量大于发票,如检验证显示货物数量 110 PCS,而发票显示 100 PCS. 这表明发货数量 100 PCS,均已通过检验。而数量之差,仅仅意味着另有 10 PCS 货物已经通过检验,只不过不在此发货数量之列。实际上,对于银行而言,关心的只是发货数量是否已经通过检验,而完全可以不问这 10 个 PCS 是否已经通过检验。

而从以上的分析可以看出：在国际标准银行实务中，第一种情况显示的检验证货物数量小于发票数量是不可接受的，第二种情况是等同一致，可以接受；第三种情况显示的检验证货物数量大于发票数量，虽然不是等同一致，却是不矛盾，所以，应该仍可以接受。

14—0511

"不得矛盾"vs."充分联系"

前面的解读表明，本条 d 款的规定仅仅在于确认单据中的数据之间"不得矛盾"。反之，如果数据之间矛盾则不可接受。显然，这一规定的关键在于数据之间矛盾的深层含义。

同一信用证下，单据中数据互相矛盾，这意味着什么呢？

ICC 在 R11 中说："所有单据必须明显地与同一笔交易有关，亦即每一单据从表面上与其他单据有一种联系，且各单据之间不得有矛盾。"

单据必须明显地与同一笔交易有关。换言之，如果单据中数据之间矛盾，则意味着不同的数据分属于不同的交易，从而不可接受。在这个意义上，本款的规定仅仅是体现在单据上数据之间关系的一个极其重要的推论而已。其实，也正是由于信用证下单据只需确认明显地与同一笔交易有关即可，所以，只要求单据之间"不得矛盾"即可，而没有必要要求单据上数据之间"等同一致"。实务中，ICC 的这一观点还有另一个极其重要的体现和推论，即单据之间必须以某种方式"充分联系"。如此，才会直接说明单据明显地与同一笔交易有关。

那么，有哪些方式可以用来实现单据之间的"充分联系(linkage)"呢？

R251 中说："However, a bank requires to see some form of 'linkage' between the documents presented and/or the letter of credit terms. A goods description, in full or general terms, would be one means of achieving this."货物描述，是一种联系方式。除此之外，在该案例中 ICC 还提到货物型号、商业发票号码、货物数量都可以起到在单据之间联系的作用。

比如：有一份信用证要求"Beneficiary's certificate certifying that one set of copy documents have been faxed to the applicant, and fax report to this effect must be also presented."受益人提交了单独的受益人证明和 fax report。开证行以 fax report 未显示与其他单据之间有充分联系为由拒付。

其实，fax report 上都有 fax No. 和 fax time、fax date。如果信用证或其他单据上显示了申请人的传真号码，而且该号码与 fax report 一致，则已经构成了单据之间的"充分联系"，无可挑剔。结果交单银行查阅档案发现，尽管传真报告上有传真号码，但是信用证和其他单据上均无申请人传真号码。所幸的是，该传真报告上有受益人的签章，显然，这也是 R251 所说的一种联系方式，不符点似乎不成立。当然，就本案例而言，作为信用证中的连续要求内容，在本条 f 款"单独单据和联合单据"一节的解读中将提到，受益人证明和传真报告可以视为联合的多页单据，由于受益人证明已经有了与其他单据的"充分联系"，传真报告便无须另外再与其他单据有"充分联系"，并不存在不符点。

14—0512

"不得矛盾",有时可以更宽,有时也可以更严

何谓"不得矛盾"?《美国传统辞典(双解)》说:"conflict, to be in or come into opposition; differ. 对立或形成对立;不同。"结合信用证下单据之间必须有"充分联系"的要求,"对立",即冲突,即足以导致银行误认为单据上的数据系明显地对应于不同的交易,而这就是数据之间之"不同"了,而"不得矛盾"便是要求单据上数据之间不得出现此类"对立"和此类"不同"。

根据本款前面"'不得矛盾'vs.'充分联系'"一节的解读,单据之间的"充分联系",必然会落实到单据上的共同数据项上。于是,数据之间的"不得矛盾",最终必将体现为单据上的共同数据项的数值关系。

那么,单据上的共同数据项,可以有哪几种数值关系呢?

比较容易判断的是这样一种情况,当两个共同数据项的数值交叉,即有共同的数值,也各有不同的数值,这是矛盾,不可接受。因为两个共同数据项各有不同的数值部分,已经足以构成冲突,即为矛盾,从而不可接受。比如:提单货物描述中显示"details as per P/I No. 001 and P/I No. 002". 如果提交的装箱单显示"details as per P/I No. 002 and P/I No. 003",则不可接受。P/I No. 为发票和装箱单的共同数据项,二者之间数值有交叉的部分——P/I No. 002,也各有不同的部分,发票独有 P/I No. 001,装箱单独有 P/I No. 003. 这各有不同的数值部分,已经足以让银行判断为从属于两个不同 P/I No. 下的交易了,所以,不能接受。这种情况下,矛盾之处一目了然。

然而,当两个共同数据项的数值有从属关系时,则常常比较复杂。此时,一个数据项的数值比另一个项更宽或更严,是否矛盾呢? 实务中往往需要考虑其实际的背景,具体情况具体分析,如为矛盾则不可接受,否则可以接受,而不可一概而论。

(1)比如货物数量。正如本款"Case 4 检验证上显示的货物数量,是否必须与发票等同一致"一节的解读中所提到的,检验证上显示的通过检验的货物数量,大于发票显示的实际发运的货物数量,可以接受。因为二者并没有矛盾。实务中,理应允许部分货物通过检验,而不发运的情况的存在。原产地证明也常常见到这种情况。引申开来,一个出口许可证下的配额,大于发票显示的实际发运的货物数量或货物价值,难道不能接受? 不合情理。反之,如果检验证上显示的货物数量小于发票数量,则不可接受,因为这意味着部分发运的货物,并没有经过检验,或未通过检验。

(2)还比如货物描述。本条 e 款规定商业发票以外单据上的货物描述可以使用与信用证描述不矛盾的"统称"。既然是"统称",顾名思义,自然指货物描述的范围比信用证描述更为宽泛,包括信用证没有具体描述而其他单据显示了的货物描述的情况,这是更宽的情况。与此不同,更严的情况也适用,比如信用证规定了货物描述为"stones",提交的发票显示为"'JINJIANG RED' stones". 因为"JINJIANG RED"——"晋江红"——仅是石材的品牌,这一添加,并没有改变其属性,它仍然是信用证规定的石材(stone)。然而,如果发票上添加的一些信息,足以使银行判断为不是信用证规定的货物时,则另当别论,正如"Case 6 检验证上的货物描述内容多了,可以吗"一节的解读中所提到的,如果提到的发票把"complements"（补足物或附属物）一词添加到信用证规定的描述"JUG kettle"之前，从而成为"complements JUG kettle"，则不可接受，因为这完全可能是两种不同的货物。值得注意的是，根据本惯例第17条c款的规定，发票上显示的货物描述，不应该比信用证规定的概括，否则不可接受。

14—0513

"不得矛盾"vs."等同一致"

实务中，如何确认单据上数据之间的关系，由于贸易背景的差异，单据种类的繁杂，每一个人的经验不同、阅历各异、地位不一样、价值取向也不一样，常常会引发争议。对于单据上数据的打字错误（typing error）、拼写错误（spelling error），这类与信用证规定不同，是否足以构成不符点，往往难以形成统一的看法。在一个有争议的问题上，议付行与开证行的观点，因为单据当事人利害关系的不同，往往公说公有理，婆说婆有理。

长期以来，业界判定同一信用证交易下单据中的数据关系，形成了两个所谓的"标准"，一个是"严格一致（strict consistent）"或"严格相符（strict compliant）"的"标准"，另一个是"实质一致（substantial consistent）"或"实质相符（substantial compliant）"的"标准"。

——"严格一致"的"标准"。

这个"标准"下，单据上数据之间必须"等同一致"。

所谓"严格一致"，即ICC511所说的"镜像"（mirror image）原则，主张单据与信用证规定之间要像镜子一样逐字逐词地完全相同。严格相符的经典论断可见于下列案例中：1926年Equitable Trust co., of New York v. Dawson Partners，被告申请人向卖方购买一批凡尼拉豆，为此，指示原告银行开立一以卖方为受益人的保兑信用证，规定凭提交包括一份由"专家们（by experts）"出具的品质证明书在内的单据付款。原告银行（保兑行）凭由"单个专家（by expert）"出具的证明书付了款。但卖方弄虚作假，所装货物大部分是废品，而该专家没有注意到这一欺诈行为。最高法院判决认为，原告银行无权向开证行申请请求偿付，因为它违背了被告给它的指示，只凭一个专家而不是至少两个专家出具的质量证书付了款。Summer法官在判决中阐述了严格相符的原则，"在像本案的信用证交易中，接受单据的银行只有严格遵循了所授权中规定的各项条件，才能请求获得偿付。就单据而言，并无几乎相同或能起同样作用的余地"。

然而实务中，受益人制单时总会存在偶尔的拼写或打印错误。如果一概地实行严格相符的标准，不仅有碍于国际贸易的正常进行，事实上也是无法操作的。严格一致标准下，将导致大量因轻微差异而拒付的情况，使得信用证这一付款工具变成了拒付工具。据统计，UCP500实施期间，在这种标准下，单据首次提交因不符点而被拒付的比例为70%。

国际商会在ICC511中说：正如有经验的银行业者所知，单证之间逐单词、逐字母地相符实际上是不可能的。

——"实质一致"的"标准"。

所谓"实质一致"，即允许单据有不致对申请人造成伤害的差异。最具代表性的是英国法律专家Maurice Megrahdd在其遗作 *The Law of Bankers Commercial Credits* 中的著名观点："严格相符"并不应用于信用证或单据上的"i"是一点或"t"上一横或明显的打字错误。理由是：由于单据和信用证二者语言的多样性，教条化和一概而论都是不可能的。

ICC511 表示，"相符"不是相同或一样，采取 word-by-word 或 letter-by-letter 式的镜像标准是机械的和不可取的。

有必要特别说明一下，不管是严格一致"标准"，还是实质一致"标准"，均不是 UCP 意义上的单据审核标准。严格相符"标准"，强调形式上单据中数据之间必须等同一致，如果不等同一致则有可能以讹传讹，曲解申请人或开证行原意。实质一致"标准"，强调单据中数据所反映的内容实质上体现了申请人或开证行在信用证中的要求即可，形式上单据中数据不等同一致时，只要不给申请人造成实质性伤害仍可接受。然而，怎样算不造成实质性伤害呢？这常常是一个模棱两可的问题，于是银行便不得不考虑信用证以外的安排，以及信用证背后的交易了。

总之，这两个所谓的"标准"，仅仅是 UCP 所建立的审单标准，是在审单实践中所形成的不同角度的理解。归根结底，它们必须统一到 UCP 的审单标准之中。

在具体的审单操作中，涉及单据上数据之间内容不等同一致时，倒是有必要考虑这种不等同一致对处于不同立场的不同当事人可能造成什么的影响，影响属正面的还是负面的，以及这种影响是否得到了业界的认同等等。

而对于拼写、打字错误这一类典型的单据上数据不等同一致的情况，ICC 银行委员会在 R114 曾经评论：打印错误常常发生在技术表达中，银行职员判断这种不符的重要性是不可能的，即便看起来是一个小错误。根据我们的经验，最好进行修改，以避免单据被拒的风险。

14—0514

缩写

什么是缩略语（abbreviations）？

《美国传统辞典（双解）》说："abbreviation, a shortened form of a word or phrase used chiefly in writing to represent the complete form, such as Mass. for Massachusetts or USMC for United States Marine Corps. 简写字，缩略语单词或片语缩短后的形式，主要用于在书面语中表示完整形式，如用 Mass. 替代 Massachusetts，或用 USMC 替代 United States Marine Corps."

在信用证实务中，缩略语包括两种：一种是单据中的缩略语，一种是信用证中的缩略语。这里主要指前者。至于信用证上的缩略语，似乎可以参照处理。只是后者如果使用的缩略语影响到信用证上下文语义的解读时，可能会被认定为模糊用语，根据 ISBP 681 第 2 段的规定，由申请人和开证行承担其无法执行或无法正常执行的后果。

第一，单据中使用的缩略语，是单据上数据的一种。在实务中，如何审核单据上的缩略语呢？除了适用本款的规定外，ICC 还作出了以下专门的规定。

ISBP 681 Para 6：

The use of generally accepted abbreviations, for example "Ltd." instead of "Limited",

"Int'l" instead of "International", "Co." instead of "Company", "kgs" or "kos." instead of "kilos", "Ind" instead of "Industry", "mfr" instead of "manufacturer" or "mt" instead of "metric tons"—or vice versa—does not make a document discrepant. 使用普遍认可的缩略语不导致单据不符。例如,用"Ltd."代替"Limited"(有限),用"Int'l"代替"International"(国际),用"Co."代替"Company"(公司),用"kgs"或"kos."代替"kilos"(千克),用"Ind"代替"Industry"(工业),用"mfr"代替"manufacturer"(制造商),用"mt"代替"metric tons"(公吨)。反过来,用全称代替缩略语也不导致单据不符。

本段说明:

(1)使用缩略语,未必一定导致单据不符。换句话说,使用缩略语,可能导致单据不符,也可能不导致单据不符。

(2)使用普遍承认的缩略语,不导致单据不符。这里的缩略语,仅仅局限于普遍承认的缩略语。那么,怎样算普遍承认呢?似乎必须以国际标准银行实务来衡量,即必须是国际上、银行间、标准的实务中承认的。换句话说,对于一个银行工作人员,将其放在一个特定的语境中,一眼就可以明了它的确切含义。

比如:"corporation"缩写为"Corp."意为"[律]社团、法人、公司、企业、〈美〉有限公司、(市,镇的)自治机关……"

"company"缩写为"Co."意为"公司"。

信用证规定"ABC corporation",提交的单据显示为"ABC Co."显然是不可接受的。因为,普遍承认的"corporation"的缩写是"Corp."而不是"Co.",尽管二者的含义没有本质的不同。而提交的单据显示为"ABC Corp."则是正常的,不会导致单据不符。

然而,有时候不同的缩略语却可以互换使用,不视为不符。比如:信用证中规定的"freight forwarder"名字中的"S. P. A"打为"S. R. L",由于是不同的缩写,不视为不符点。R431 说:"The freight forwarder's name was that stated in the credit. The difference being that this was followed by the inclusion of the letters 'S. R. L' whereas the credit specified 'S. P. A'. These abbreviations, whilst having the same effect as 'company' and 'limited', etc. can have a different connotation as to the standing of the issuer and the acceptability under a letter of credit."值得一提的是,实务中,这一观点未必会得到国际银行业的全面认同,特别是"company"与"limited"互换使用的情况,所以,如果是出口下单据,还是慎重掌握为妙。

(3)很显然,如果不是普遍承认的缩略语,是否导致单据不符,本段无法作出判断。

比如:有人把提单上的"on-board date:20080219"缩写为"OBD:20080219",由于不是普通承认的缩略语,第一眼看过去没人知道其含义。此时,必须按照单据上显示的数据来掌握,即根据本款的规定必须"参照解读,不得矛盾"。

第二,在实务中,斜线("/"),是一种特殊的缩略语,它可能是普遍承认的缩略语,也可能不是普遍承认的缩略语。

ISBP 681 Para 7:

Virgules(slash marks "/") may have different meanings, and unless apparent in the context used, should not be used as a substitute for a word. 斜线("/")可能有不同的含义,不应

用来替代词语,除非在上下文中可以明了其含义。

这里,斜线("/")作为缩略语,是否被普遍承认,取决于在上下文的特定环境。

当在上下文的特定环境中,可以明了斜线("/")的确切含义的时候,它是普遍承认的缩略语,可以用来替代词语。当在上下文的特定环境中,无法明了斜线("/")的确切含义的时候,它不是普遍承认的缩略语,不可以用来替代词语。

比如:信用证规定"loading on board:AUSTRALIAN main port."提交的提单显示:"port of loading:SYDNEY/MELBOURNE".由于在这里"/"并没有定义,可能代表着"or",也可能是"and",如此便意味着提单未显示确切的装运港,不可接受。然而,从提单上的装船批注则可以确定"/"的确切含义。装船批注显示:shipped on board EX SYDNEY 23/02/2005,EX MELBOURNE 26/02/2006,则已经表明了确切的装运港。尽管装船批注明确了确切的装运港,只是由于从两个港口分别装运,无法区分分别装运的货物,完全可能仍会被以不完整的装船批注为不符点拒付。

还比如:信用证规定货物描述为:"15 000 Lambskins, total invoice value:USD 123 750 CFR Xingang, China. Other details as per contract No. DG 0186 1/3."

开证行提出不符点:contract No.(DG0186/1,DG0186/2,DG0186/3)in the health cert differs from that in the credit and invoice.

由于 health cert 是针对每一个集装箱出具的,每一个集装箱涉及的是单个合同中的一部分,即 DG0186/1,DG0186/2,DG0186/3. ICC 在于 2005 年 10 月某一待讨论质疑的结论中认为,单据如此制作与信用证显示的描述并不抵触。

第三,在实务中,井号("♯")、英寸符号"″"、括号"()",也是一种特殊的缩略语。

与此类似的是井号("♯"),它也是一种特殊的缩略语。UCP600 和 ISBP 并没有明确规定,似乎可以参照斜线("/")掌握。

比如:信用证 45A 规定:S/O 20010.提交的发票显示货物描述为:♯ 20010.这显然不可接受,因为信用证规定的该号码可能是一种特定的号码,而发票显示仅仅表明其为一个号码,至于是什么号码并没有提及。

还比如:ICCCR034 举的一个例子:信用证原受益人地址为:"××××××××(地址)02－03",后经受益人要求改为"××××××××(地址)HEX02－03". ICC China 说:"单据中受益人名称和地址的其他部分都相同,唯有门牌号前的几个字母和符号不同,按常识判断,应为同一受益人。况且银行界由于其使用的电讯系统不能正常传输'♯'符号,确存在用'HEX'代替的做法。因此,以此为由拒付不充分。"

与此类似的还有英寸符号"″"。比如:信用证货物描述规定"3×2″CCS MOCVD SYSTEM",提交的空运单显示货物描述为"3×2 CCS MOCVD SYSTEM". ICC China 在 ICCCR036 中结论:"本案中空运单上反映的商品名'3×2 CCS MOCVD SYSTEM'与信用证的'3×2″CCS MOCVD SYSTEM'可能代表不同的货物,不能认为前者是后者的统称(如果前者仅为'CCS MOCVD SYSTEM',则为统称),因此,构成不符。"值得一提的是,涉及集装箱尺寸时,实务中的英寸符号"″",并不同于英尺符号"′",不可混用,否则很可能会被视为不符点。

括号"()"也算一种特殊的缩略语。ICCCR011举了一个例子:某信用证开证行提出如下不符点:"certificate of quality and origin showing '512 M/T(20 480kgs)' different from '(20 480bags;512MT)' shown in B/L."ICC China认为:"品质证、产地证中显示的512M/T(20 480kgs)自相矛盾,根据UCP500第13(a)条关于'单据之间表面互不一致,即视为表面与信用证条款不符'的规定,可以认定为不符点。"显然,在这个场合,单据上括号内外的数据被视为同一内容,至于是否反映了制单人的本意,风险由制单人自担。

14—0515

拼写与打字错误

至于拼写与打字错误,这一类典型的单据上数据不等同一致的情况,什么时候为不符点,什么时候又不是不符点呢?ICC在ISBP中有系统的意见。

ISBP 681 Para 25:

A misspelling or typing error that do not affect the meaning of a word or the sentence in which it occurs, do not make a document discrepant. For example, a description of the merchandise as "mashine" instead of "machine", "fountan pen" instead of "fountain pen" or "modle" instead of "model" would not make the document discrepant. However, a description as "model 123" instead of "model 321" would not be regarded as a typing error and would constitute a discrepancy. 如果拼写或打字错误并不影响单词或其所在句子的含义,则不导致单据不符。例如,在货物描述中用"mashine"表示"machine"(机器),用"fountan pen"表示"fountain pen"(钢笔),或用"modle"表示"model"(型号)均不导致不符。但是,将"model 321"(型号321)写成"model 123"(型号123)则不被视为打字错误,而构成不符点。

本段说明:判断是否为不符点的标准在于,拼写或打印错误是否影响了单词或其所在句子的含义。如果未影响所在句子的含义,则不构成不符点,可以接受;如果影响了所在句子的含义,则构成不符点,不可以接受。

那么,什么是影响?怎样算对所在句子含义有影响呢?

对比前后的含义没有发生变化,就是没有影响;而发生了变化,就是有影响。

这种影响,指的是实质性影响,即使用的影响。这种实质性影响必须放在一个句子中来看,而一个句子必然处于一个单据的上下文之中,还可以结合其他单据。当然,这种含义的变化,必须从普遍认同的角度来看,而不是一时一地一人的看法,这样的实务才是国际标准实务。

以下的例子,值得参考。

比如:空运单上的"Attention Party"中姓"CHAN"误为"CHAI",被视为不符点。ICC在R209中说:"A surname, with the understanding that indeed there might be someone else with exactly this name ('CHAI') even at the same address, can be deemed a reason for rejection of the AWB."因为这涉及收货的安全,存在运输部门通知CHAI而货物被冒领的可能。

比如:空运单上收货人地址中"industrial park"误为"industrial parl",却不视为不符点。ICC在R209中说:"As there is no danger of an address actually reading 'Industrial Parl', this obvious typing error should not be treated as a discrepancy and be a reason for rejection of the AWB."这也是从货物发送的实质性影响的角度考虑的,因为在一个特定的地方"industrial parl"并不存在,不存在误通知的可能。而如果此地还有一个"industrial parl"的地名,则该单据显然不可接受。

比如:一份证实一套单据直接寄给申请人的受益人证明上显示的"vessel name"打字错误,由于信用证未特别要求,也不影响证实内容的含义,不视为不符点。R408 说:"The beneficiary's certificate acts proof that it had carried out the necessary instructions conveyed in the letter of credit, in this case, confirmation that one complete set of documents including one original bill of lading had been sent to the applicant. The requirements for the completion of this document would have been to repeat the terms of the statement appearing in the credit. Information such as the name of the vessel would have been additional information over and above that required by the credit. The misspelling of vessel 'SEL-LAND Endurance 180E' instead of 'SEA-LAND Endurance 180E' is an obvious typing error and would not constitute valid grounds for refusal."R431 说:"The naming of the vessel on documents such as an invoice, packing list and beneficiary declaration would not normally be part of a letter of credit requirement. The name of the vessel being spelled differently by one letter would not constitute grounds for refusal."如果是信用证明确要求显示时,则另当别论。而如果一份装船通知上显示 vessel name 打字错误,则似乎已经构成不符点。

又比如:备用证下要求一份用于证明申请人已履行付款合约的发票,而且备用证本身未要求该发票注明备用证号,提交的该发票显示了包含打字错误的备用证号。由于该发票不是 UCP 中发票条款里的发票,且信用证未特别要求该发票显示备用证号,不视为不符点。R426 说:"The unpaid invoice was not issued subject to UCP500 in that the goods were not shipped with UCP500 principles in mind. The presentation of an unpaid invoice is merely to provide additional supporting document(s) to the statement of non-payment, i.e. to show the value of goods shipped and not paid. The absence of or quoting of a wrong L/C reference would not be grounds for refusal in this case."

Case 5

发票金额大写显示"EURO dollars",是不符点吗?

【背景】信用证金额为 EUR 10 000.00。

提交的发票显示大写金额:EURO dollars ten thousand only,同时显示小写金额:EUR 10 000.00,单价:EUR 10.00/PC。

【问】发票的大写金额币别,构成不符点吗?

【答】

(1)就本案例而言,发票大写金额显示币别为 EURO DOLLARS,应该如何解读呢?

第一种,认为 EURO 和 DOLLARS 是两种币别,然而这是错误的。从表面来看,EURO

是币别符号,而 DOLLARS 似乎是币别。如果这么解读,那么,发票大写金额中就包含了两种币别符号——EURO 和 DOLLARS,很明显,这本身就是相互矛盾,这与 UCP600 第 14 条 d 款规定的单据上数据之间"不得矛盾"相背,从而不可接受。然而,DOLLARS 本身并不是一个实际存在的币别,它只是许多种币别的统称,并不对应于一个特定的币别,比如港币:Hong Kong Dollars,美元:United States Dollars,澳大利亚元:Australian Dollars,等等。因此,将 EURO 和 DOLLARS 视为两种币别,并不合理。

第二种,认为 EURO DOLLARS 是一个整体,EURO 指的是一个地理区域,即欧洲或欧盟,DOLLARS 是许多币别的统称,那么,合而为一,EURO DOLLARS 作为一种特定币别的特定名称并不存在,这只能说明:

——要么 EURO Dollars 是一个特定币别的特定名称的打字错误;

——要么 EURO Dollars 不是特定币别的特定名称,而是非特定名称。

(2)如果是拼写错误,这明显指的是欧元,不构成不符点。

①拼写错误下,是否构成不符点,没有标准答案,须具体而论。

ISBP 681 Para 25:

A misspelling or typing error that do not affect the meaning of a word or the sentence in which it occurs, do not make a document discrepant. For example, a description of the merchandise as "mashine" instead of "machine", "fountan pen" instead of "fountain pen" or "modle" instead of "model" would not make the document discrepant. However, a description as "model 123" instead of "model 321" would not be regarded as a typing error and would constitute a discrepancy. 如果拼写或打字错误并不影响单词或其所在句子的含义,则不导致单据不符。例如,在货物描述中用"mashine"表示"machine"(机器),用"fountan pen"表示"fountain pen"(钢笔),或用"modle"表示"model"(型号)均不导致不符。但是,将"model 321"(型号 321)写成"model 123"(型号 123)则不被视为打字错误,而构成不符点。

根据本段,如果拼写错误影响了单词或其所在句子的含义,则应视为不符点,而如果并不影响单词或其所在句子的含义,则并不构成不符点。于是,问题的关键便在于确认该拼写错误是否影响了单词或其所在句子的含义。

②拼写错误下,怎样算影响了单词或其所在句子的含义呢?须参照解读,而不可孤立看待。

③拼写错误下,参照发票上的小写金额和单价解读,则很明显,这里指的是欧元,而不会是美元或港币或澳大利亚元等等。

(3)如果是非特定名称,这明显指的还是欧元,仍不构成不符点。

作为特定币别的欧元(Euro),在中国的汉语里,按照普遍承认原则的理解下有一种含义,即为欧洲或欧盟的元,译为英文,即 European Dollars,简称欧元(Euro 或 EUR)。这一点,与美元相似,即美国的元,译为英文 United States Dollars,简称美元(U.S. Dollars 或 USD)。这一点,与港币或港元相似,即香港的元,译为英文 Hong Kong Dollars,简称港币或港元(H.K. Dollars 或 HKD)。这一点,还与澳大利亚元相似,即澳大利亚的元,译为英文 Australian Dollars,简称澳元(AUD)。

实际上,欧洲或欧盟的元(European Dollars),并不是一种特定的币别名称。那么,作为一个泛泛的非特定名称,即欧洲或欧盟的元(European Dollars),除了欧元(Euro)之外,还可能是什么别的元(Dollars)了吗?最有可能的是历史上在欧洲范围内曾经过的有一种特定的币别——欧洲货币单位。然而,不管是在中国,还是在全球其他国家,欧洲货币单位这一种特定的币别,从来未曾叫做欧元(Euro),或者欧洲或欧盟的元(European Dollars)。

所以,作为非特定币别名称的欧洲或欧盟的元(European Dollars),只能解读为欧元(Euro),而并没有被解读为其他币别的可能,包括美元或港币或澳大利亚元等。

(4)结论:总而言之,发票大写金额显示的币别 EURO DOLLARS,不管是特定币别名称的拼写错误,还是非特定币别名称,均应该,也只能将其解读为欧元(Euro),从而不是不符点。

14-0516

单据上的详细数学计算

单据上的数学计算,总是以其上面的各种数值为基础,而数值其实也是一种数据形式。

ISBP 681 Para 24:

Detailed mathematical calculations in documents will not be checked by banks. Banks are only obliged to check total values against the credit and other required documents. 银行不检查单据中的数学计算细节,而只负责将总量与信用证及其他要求的单据相核对。

本段说明:

第一,这里所称"银行"适用于开证行、保兑行、指定银行。

这里的银行,显然只指有责任在信用证下审核单据的银行。

第二,银行不检查单据中的"逐条的数学计算"。

"detailed mathematical calculations"翻译成"逐条的数学计算"似乎更有操作性。《简明英汉词典》说:"detailed,adj. 详细的、逐条的。"

这里的关键首先在于确认:什么是数学计算?《美国传统辞典(双解)》说:"calculation:the act, process, or result of calculating. 计算的行为、操作或结果。"从 ICC 的以下案例中的意见来看,数学计算似乎指的是数学计算过程,而不是数学计算结果。

R308 中有一个例子,信用证规定:"The unit price set forth on the visaed document must agree with the unit price set forth on the letter of credit and any superseding amendments." 然而提交的海关发票上未显示单价,只有货物的总价值与总数量。ICC 的意见是:"Where a document, as specified above, is required to evidence the unit price as part of the content, the beneficiary must comply. It is not the duty of the issuing or nominated banks to carry out a calculation as described to determine acceptability or otherwise. It does not necessarily follow that the total value divided by the total quantity would give a unit price that is required in the context of the credit."银行无须在海关发票上显示的货物总价值与总数量之间做除法。乘法、加减法应该是一样的道理。

对于单据中逐条的数学计算,银行不检查。那对于单一的数学计算呢?似乎不在此列。ICC R391 中说:"To include a number of individual items together with unit prices and/or other costings could be classified as excessive detail. It is not the role of the banks to police the pricing of goods and the manner in which the charges or costings are levied." "Where a credit incorporates such excessive detail, the negotiating bank or the issuing bank is under no obligation to carry out detailed mathematical calculations to establish compliance. The total amounts that are shown or the totals of individual breakdowns, i.e. the FOB, freight and insurance costs—where they are quoted separately in the credit—is the degree to which banks must or must not operate. Clearly, where a credit has a one-line goods description such as that quoted in your query, it would not be unreasonable to expect the negotiating bank or issuing bank to identify an error in the calculation."而在具体操作中,两条以上的数学计算,就已经是逐条的数学计算了,似乎可以不检查。

对于明显的计算错误,也不在此列。国际商会在 R40/R102 中表达了以下观点:银行应按照统一惯例的规定合理谨慎地核验单据,但没有责任核验单据详细的算术运算,除非单据表面有明显的错误。如果银行由于疏忽而没能注意到这种错误,也许要负法律责任。

第三,银行只负责总量与信用证及/或其他要求的单据相核对。

什么是总量呢?如果与本段的其他内容一并解读,可以发现,其实总量指的是数学计算结果。至于如何核对总量,则仍然是依据本款的规定,以不矛盾为原则。

话虽如此,在核对过程中,则有直接、间接之分。可能是直接的,如比较大小即可。也可能是间接的,如信用证规定一数量,可有 5% 增减,提供的发票必须显示实际发货的数量,银行仍有必要先计算信用证规定的数量以确定信用证允许浮动的区间,再核对发票上的发货数量是否落在该区间之内。

还有一种情况是,一种单据上的总量可能对应于另一种单据上好几个量的加总。此时是否需要进行加总的计算呢?比如:提交的发票显示货物总数量为 1 000 PCS,而提交的装箱单对应为 1/2 显示分数量 200 PCS、2/2 显示分数量 810 PCS,但是并没有最后加总的数量。为了正常的单与单之间的核对,这里的规定似乎没有排除银行加总计算的责任。此时,如果不加总,核对就无从谈起。

这一点,与银行不检查单据中的逐条数学计算并没有矛盾。因为这里涉及的是单据上的总量,与信用证及/或其他要求的单据之间的核对。另外,尽管这里未涉及单据上的总量与总量之间的核对,但显然也是不得相互矛盾的。

有意思的是,这里 ICC 的意见仅仅是银行不负责单据上的详细数学计算。有人问了,如果说银行对单据上的详细数学计算审核了,发现错误呢?是否可以作为不符点提出呢?似乎不应该视之为不符点。否则,对不符点的判断就容易陷入可上可下的"骑墙"境地,这是 ICC 所不允许的,因为不符点没有限度,它要么存在,要么不存在,不应该取决于银行的主观判断。

14-0517

唛头

什么是 shipping mark(唛头)?

shipping mark 源于 mark,但与 mark 并不完全等同。

《美国传统辞典(双解)》说:"mark:a visible trace or impression, such as a line or spot. 标记,看得见的痕迹或印记,如一条线或一个点。"

实物中的标记多种多样,其中在包装物上的标记,分为内包装标记和外包装标记。内包装标记,通常称为销售标记,目的在于销售时能够识别。外包装标记,通常称为运输标记,即 shipping mark,音译称为"唛头"。所谓"唛头",指装运货物的外包装箱、袋或其他包装物上的标记,目的在于装卸、运输及存储过程中能够标识外包装箱、袋或其他包装物,从而识别货物。

需要注意的是:信用证实务中,mark 一般指的就是 shipping mark,但是 shipping mark 与 mark 并不完全等同,特别是在信用证既规定内包装标记,又规定外包装标记的时候。

第一,不管是信用证规定的唛头,还是单据上显示的唛头,仅仅是实际唛头的一种细节描述。

ICCCR037 举了个例子,提交的发票上所标明的唛头是在菱形图案中的 KM 字样,提单上注明的唛头是"KM(IN DIA)"(仅有文字,没有菱形图案)。

ICC CHINA 在分析及结论中说:"如果信用证中规定了唛头,是以图案表示的菱形中的 KM,并且含有'仅限于'或'必须包括'的限定,则所有单据上必须以图案反映该唛头。如果没有上面的限定语,或者根本没有规定唛头,则本案中的第三个不符点不成立,因为单据上的唛头是对实际唛头的描述,并不是唛头本身,只要该描述能表明实际唛头的内容和样式即可。'单单一致'指的是互不矛盾,而不是完全一样。本案中,菱形图案中的 KM 与'KM(IN DIA)'并不矛盾,因此,不构成不符。"

ICC R409 中也举了个例子,提交的提单上显示唛头:N/M & N/N;发票上显示唛头 N/M,N/N。开证行拒付理由为:"Shipping marks on the bill of lading differ from that of the invoices, i.e. the difference between '&(and)' and ','(comma) of the shipping marks."分析及结论为:"The shipment in question involved a bulk cargo of chemicals. For such a shipment there are no marks and numbers to be attributed to the cargo. A statement on the documents of N/M(no marks) N/N(no numbers) whether shown on one document as N/M & N/N and on another as N/M, N/N does not create an inconsistency of data as highlighted in (UCP500) Article 21. There is no discrepancy."作出这样的结论,显然是由于单据上载有的唛头,仅仅是真实唛头的一种描述的缘故,货物的实际装运情况就是没有唛头。

第二,实务中,有时在描述唛头时,会有变通的做法。对于同一个真实唛头,不同的描述,并不因此构成不符点。

这主要包括以下几种情况:

(1)有的信用证中规定的唛头文字排列过长,如果意思独立的文字之间有斜线"/",可以在斜线处向下错行;如果中间并无斜线,也可在适当位置将前后意思独立的文字分开,向下错行。例如来证要求唛头"IC 1 0000 PCS made in China",单据上可以显示为:

"IC

"10 000 PCS

"made in China"

(2)如果信用证中规定有两个或两个以上的唛头,单据上可以将其组合成一个唛头,这样可以少占位置或简化手续。组合时可以加斜线、加逗号或错行的办法来完成。例如:唛头"model No. 01"和"model No. 02",可以组合为下列三种形式:

"model No. 01/02"

或者"model No. 01,02"

或者"model No. 01
　　　　　　02"

(3)如果有两个或两个以上的唛头,并且部分内容相同,可用"do"、"id"等代替。例如:

"model No. 01

————————

made in China"和

"model No. 02

————————

made in China"

可以简化为:

"model No. 01

————————

made in China"和

"model No. 02

————————

—do—"

第三,信用证规定唛头细节,载有唛头的单据必须显示该细节。

换句话说,尽管信用证规定唛头细节,任何一种单据仍然可以不载有唛头,这是其一;其二,只是如果单据载有唛头,则必须显示信用证规定的细节。

ISBP 681 Para 34:

The purpose of a shipping mark is to enable identification of a box, bag or package. If a credit specifies the details of a shipping mark, the documents mentioning the marks must show these details, but additional information is acceptable provided it is not conflict with the credit terms. 使用发运唛头的目的在于对箱、包或包装提供标识。如果信用证规定了发运唛头细节,则载有唛头的单据必须显示这些细节,但额外信息可以接受,只要其与信用证的条款不相矛盾。

从本段似乎可以看出:

(1)任何一种单据,都可以不显示唛头,包括提单和装箱单。

比如:信用证47A规定:shipping mark:Shanghai, China

————————

contract No. 20070801001

此时,提交的任何一种单据,都可以不显示唛头,包括单据上有该唛头栏位或mark栏位。因为单据上的一个栏位,并不意味着必须填写,这一点可以从有关单据签署的ICC意见中得到印证。

ISBP 681 Para 38：
The fact that a document has a box or space for a signature does not necessarily mean that such box or space must be completed with a signature. ... If the content of a document indicates that its requires a signature to establish its validity(e. g. 'This document is not valid unless signed', or similar terms), it must be signed. 单据上留有专供签字的方框或空格并不意味着该方框或空格处必须载有签字……如果单据内容表明须经签字才能生效（例如，"单据非经签署无效"，或类似用语），则必须签字。

同样，如果单据表面要求填有唛头才生效，则另当别论，其实这种情况极为罕见。
但是以下情况是例外：
比如：信用证47A中还规定："All documents must indicate shipping mark."此时，所有信用证规定的单据都必须显示唛头。
还比如：大部分情况下信用证不在47A中规定唛头，而在45A中作为货物描述的一部分规定唛头细节。此时，根据UCP600 Article 18(c)，发票必须显示完整的货物描述，包括唛头细节。
（2）提交的单据如果显示唛头，此时必须包含信用证规定的唛头细节。即显示：
shipping mark：Shanghai，China

contract No. 20070801001

（3）单据唛头显示不同于信用证规定的额外信息，只要与信用证的其他条款不矛盾即可以接受。
这里的额外信息，相对于信用证规定的唛头细节而言。

第四，单据唛头有些显示不同于通常信息的额外信息，有些不显示，可以接受。

ISBP 681 Para 35：
Shipping marks contained in some documents often include information in excess of what would normally be considered "shipping marks", and could include information such as the type of goods, warnings as to the handling of fragile goods, net and/or gross weight of the goods, etc. The fact that some documents show such additional information, while others do not, is not a discrepancy. 某些单据中发运唛头所包含的信息常常超出通常意义上的唛头所包含的内容，可能包括诸如货物种类、易碎货物的警告、货物净重及/或毛重等。如果一些单据里显示了此类额外信息而其他单据没有显示，不构成不符点。

这里所谓的"非通常唛头信息"，指超出通常意义上的唛头所包含的内容。主要指以下几种：
——货物种类。比如：化学品、纺织品等。
——易碎货物的警告。类似的还有，比如：防潮、防火、防水等。
——货物净重及/或毛重等。
本段说明：一些单据可以显示此类"非通常唛头信息"，而另一些单据可以不显示。但是，如果几种单据显示了共同的某些非通常唛头信息，则仍然要保持一致。实务中，有时很难判断,哪些信息是"非通常唛头信息",而哪些又属于通常唛头信息。此时以所有单据均显示为好。

第五,集装箱运输货物的运输单据有时仅仅在"唛头"栏中显示集装箱号,可以接受。

ISBP 681 Para 36:

Transport documents covering containerized goods will sometimes only show a container number under the heading "Shipping marks". Other documents that show a detailed marking will not be considered to be in conflict for that reason. 集装箱货物的运输单据有时在"唛头"栏中仅仅显示集装箱号,其他单据则显示详细唛头,如此并不视为矛盾。

运输单据上往往有"shipping mark"栏位。这里特指集装箱运输货物的运输单据上的唛头栏位显示。

根据前面的解读,运输单据——包括集装箱运输货物的运输单据——上的唛头栏位上,不显示唛头是可以接受的。

如果运输单据显示了详细的唛头,当然也是可以接受的。

本段只是说明,如果运输单据的唛头栏位显示了集装箱号——该运输单据也因此成为集装箱运输货物的运输单据,则是可以接受的。此时对唛头的审核,似乎可以视为运输单据上的唛头栏位没有显示唛头,而显示的集装箱号只需按集装箱号掌握即可。

实务中的审核,关键在于确认运输单据上的唛头栏位显示的信息是集装箱号码。标准的做法是,运输单据上集装箱号前标有"container No."字样。如果没有"container No."字样,如果有信息判断运输单据所覆盖的是集装箱运输,如运输单据上显示"CY/CFS/FCL/LCL",或显示"total:1×40'container"字样等,似乎均可以接受。

有人问:信用证要求集装箱运输,同时规定,所有单据注明唛头。受益人所提交的运输单据中显示集装箱运输,但没有显示唛头。开证行是否可以以此为由提出拒付?这样的单据似乎是不可以接受的,因为运输单据上的集装箱号毕竟不是唛头本身。

14—0518

当事人的特定名称与非特定名称

实务中,不管是信用证条款,还是单据内容,常常会显示各种各样的当事人或关系人,包括身份或名称。就名称而言,有两种:一为特定名称,指详细而精确地指向一个具体的实体或个人的名称;二为非特定名称,指一些实体或个人的共同通用名称,它没有也不可能指向一个具体的实体或个人的名称。

那么,应该如何判断单据上当事人或关系人名称,是否与信用证规定相符呢?似乎仍按本条 d 款规定的要求,以"不得矛盾"为原则。

有人问:信用证要求提单签署人为"Maersk",提交的提单显示签署人为"Maersk line(China)co.,ltd."这样的提单可以接受吗?似乎应该给出肯定的回答。因为信用证规定中"Maersk"为马士基的非特定名称,它对应于大大小小的马士基公司,包括 Maersk line co.,ltd.,Maersk line(China)co.,ltd.,Maersk line co.,ltd.,Xiamen branch。而后者都是一个具体的实体或个人,是特定名称。提单显示签署人为"Maersk line(China)co., ltd."与信用证的要求并没有矛盾。

但是,如果信用证要求提单签署人为"Maersk line co., ltd"时,提交的提单则不可显示为"Maersk"——马士基,这是非特定名称,不是一家具体的马士基公司;也不可显示为 Maersk line (China)co., ltd.——这是另一家公司,与马士基轮船中国是子母公司的关系。值得一提的是,提交的提单似乎可以显示为"Maersk line co., ltd., Xiamen branch"——这是马士基轮船厦门分公司,它与总公司属于同一法人,正如本惯例第 28 条 a 款"保险单据的出具与签署"一节的解读中提到的,保险分公司在保单上的签署也能满足保单必须由保险公司等签署的要求。

还有人问:信用证要求原产地证明由"China Chamber of Commerce"开立,提交的原产地证明却由"China Council for the Promotion of International Trade"开立,同时附加了一个说明"that this body is China Chamber of Commerce"。可以吗？实际上,作为特定名称的中国商会并不存在,换言之,信用证的要求仅仅是作为非特定名称的中国商会。而日常中,中国国际贸易促进会履行着中国商会之责,所以,常加盖"贸促会即商会"的章。ICC 在 R405 中肯定了这一做法,它说:"It is not for banks to investigate the authority under which a specific document(s) was issued, merely that on its face the document complies with the requirements in the credit. From the text of the credit requirement and the manner in which the document was issued, it would be acceptable under the credit terms."

还有人问:发票中的受益人名称多了"National",是不符点吗？ICC 在 R213 中肯定了其为不符点,它说:"The shipper's name on the L/C was X native produce, and animal by products import and export corporation, Country A, China, but the shipper's name on the commercial invoice was X national native produce, and animal by products import and export corporation, Country A. we can find a difference in the shipper's name between the L/C and commercial invoice. 'National' was inserted between X and native on the commercial invoice. In view of UCP500 Article 13, we regard it as a discrepancy."准确地说,因为一字之差而可能是两个完全不同的公司。

还比如:信用证要求提单通知方为"The Country XX National Foreign Trade Transportation Corporation",但提单注明的被通知人为"Country XX National Foreign Trade Transportation Corporation"。因为漏掉冠词"The"开证行拒付。ICC 在 R243 的分析和结论中说:漏掉"The"字是否视为不符点要视案例的具体情况而定。本例中信用证与提单所表示的被通知人没有区别。两个名称代表的是同一个实体。银行以漏掉"The"字这一事实拒受单据,不合理,也不正确,不存在不符点。

14—0519

检验证上的货物缺陷信息未满足"不得矛盾"

有人问:信用证要求提交品质证明且没有进一步的要求,受益人提交的品质证明显示"部分货物质量存在缺陷",无其他检验结论。可以接受吗？

有人认为,根据本条 f 款的规定,单据内容"满足功能"即可,该检验证明可以接受,并认为这是 UCP600 的一大进步。深究其渊源,应该与 UCP500 时期,ICC 在 R339 的分析和结论中的意见误导有直接关系,它说:"交货证明中包含货物状态不良的文字本身并不构成拒付理由,除非信用证规定交货凭证的内容或规定这种质量是不可接受的。应按照第21条审核单据,这就意味着除非与信用证对其要求载明的内容不符,银行应予接受此单据。"

其实,这里忽视了 f 款规定中"满足功能"的一个前提,即其他方面必须符合本条 d 款的规定——单据上数据"不得矛盾"。实务中,发送的货物默认为正常的,包括商业发票、检验证、运输单据在内的所有单据上显示发送的货物有缺陷即为异常,构成矛盾。准确地说,默认发送无缺陷正常货物,似乎也可看成是信用证交易下的功能性要求,除非信用证特别授权允许发送异常货物。

在本惯例第18条c款"发票上的货物描述 vs. 信用证规定的几个经典案例"一节的解读中将提到,ICC R584 中"男用山羊皮夹克"货物描述中显示额外内容——"(仿制山羊皮附加100%聚酯针织衬里)",由于改变了货物类别或分级,不可接受;Case 265 中机械产品货物描述中显示额外内容——"货物修复如新(goods are reconditioned as new)",由于让人怀疑改变了货物状态或价值,不可接受。同样的情况显示在运输单据上,根据本惯例第27条"运输单据的清洁和不清洁"一节的解读,则构成不清洁运输单据,从而不可接受。如果按照业界许多人所理解的,显示货物存在质量缺陷的检验证可以接受,就会出现一种极其尴尬的局面,即同为货物存在质量缺陷信息,显示在发票和运输单据上不可接受,而显示在检验证上却可以接受。这是难以想象的。

(1)相符证明,不得有不相符的结论。比如,下面是一份相符证明:

Certificate of conformance indicates:

Quote

I hereby certify that all products described in the certificate have been manufactured, processed and tested to meet all of the requirements and/or applicable technical specifications and/or drawing listed or referenced in the P.O. but devices may not be in full compliance with all the requirements of MIL-PRF-38534.

Unquote

该相符证明可以接受吗?由于信用证仅要求相符证明,但却未规定证明内容如何显示相符,需要一番判断。相符证明要求证明的,是与基础合同相符,是与买方标准相符,还是与卖方标准相符,还是与国家标准相符,还是与国际标准相符?此时,不得而知。但是,无论如何不应该出现不符合某种要求、标准的信息。一旦出现,即足以让银行担忧,此时银行可以根据本惯例第14条d款单据上数据"不得矛盾"的要求视为不符点予以拒付。本案例中的检验信息显示"but devices may not be in full compliance with all the requirements of MIL-PRF-38534",似乎不可接受。

(2)曾经有一个进口食品的例子。进口食品的品质证明上,批注"不能作为人类食品消费",开证行拒付,结果是申请人告诉开证行,进口的是狗食,标注是必须的。许多业内人士就援引这一例子,说:ICC 的意见就是检验证容许有货物质量缺陷信息。

其实这是个误会。

细心琢磨一下,"不能作为人类食品消费"这一点,ICC 之所以不认为其是可以拒付的理由,不在于说这一信息表明了食品质量的缺陷。而是这一信息,仅仅是说明了特性或用途:只能狗吃,不能人吃。好比进口香烟,吸烟有害健康,只是说明香烟的特性,吸多了有害健康,并不等于质量有问题。还比如说:进口药品,提示"药品有毒",有毒也只是药品的一个特性,并不代表药品质量有问题,所谓"是药三分毒"嘛。

（3）还有就是特殊货物交易的情况。许多业内人士说,如果检验证明不允许出现货物质量缺陷信息,将可能无意中排除了基础合同中允许如陶瓷、玻璃交易等一定破损率的情况存在。

值得注意的是,在这种情况下,检验证明上常常会在显示部分货物质量缺陷的同时,有一个明确的检验结论,即"通过检验",这是可以接受的。因为检验证明上显示的"通过检验"的结论,已经排除了该缺陷信息与其他数据构成矛盾的可能。当然,如果没有另外的明确结论以表明"通过检验",则不能接受。

14－052

Article 14(e)　发票以外单据上的货物描述

在基础交易中,一般来说,货物是标的。作为基础交易的反映,信用证交易中单据内容如何显示货物等描述,无疑是至关重要的。具体在信用证交易中的一种单据,货物等描述作为单据内容的一部分,将与其他内容一起,满足单据的功能要求。

汇票是金融文据,按道理不应该有货物描述,实际上也没有货物描述,因为它只是在履行基础合同下的支付条款。

商业发票的货物描述,根据本惯例第18条c款的规定,必须与信用证规定一致,它只有显示了信用证规定的货物描述,才能全面地证明受益人履行了基础合同下的交货条款。这也体现了在发运单据中发票的中心地位。

至于商业发票以外单据上的货物描述呢？

Article 14(e)：
In documents other than the commercial invoice, the description of the goods, services or performance, if stated, may be in general terms not conflicting with their description in the credit. 除商业发票外,其他单据中的货物、服务或履约行为的描述,如果有的话,可使用与信用证中的描述不矛盾的概括性用语。

从本款似乎可以看出：

第一,商业发票,准确地说,包括商业发票的变通形式,但不包括除此之外的各种发票。

商业发票以外的单据,似乎不包括ISBP 681第57段中提到的海关发票（customs invoice）、税收发票（tax invoice）、最终发票（final invoice）、领事发票（consular invoice）等,但应包括临时发票（provisional invoice）、形式发票（pro-forma invoice）等。

ISBP 681 Para 58：
The description of the goods, services or performance in the invoice must correspond with the description in the credit. There is no requirement for a mirror image. 发票中的货物、服务或履约行为的描述必须与信用证中的一致,但并不要求如镜像般一致。例如,货物细

节可以在发票中的若干处显示,合并一起时与信用证中一致即可。

这一段的措辞,与适用于商业发票上货物描述的本惯例第18条c款一致,然而其适用范围更宽,即包括反映基础交易全貌的所有商业发票或商业发票的变通形式,而不限于本惯例提到的商业发票。本惯例第18条a款"发票的功能与名称"一节的解读中将提到,这些反映基础交易全貌的发票不过是商业发票基础上加了一些特殊要求而已,除了这些特殊要求,根据ISBP发票部分的规定,这些发票与商业发票的内容没有什么两样。所以,准确地说,这些发票可以称之为"准商业发票",如果商业发票上的货物描述是必备要素的话,对于这些准商业发票,似乎也是必备要素。

实务中,有时会看到的利息发票(interest invoice)、美国海关用的鞋类中间材料构成清单(interim footwear invoice)等,由于它们并没有反映基础交易全貌,不是准商业发票,所以这里的情况似乎不适用。

这是UCP600的模糊之处。

第二,从货物描述扩展到服务或履约行为。

与本惯例第5条的信用证抽象性的规定相呼应,本款的货物描述的标的范围涵盖了货物、服务和履约行为。不过,实务中,一般仍通称为"货物描述"。除非特别说明,本文的"货物描述",也包括服务或履约行为的描述。

值得一提的是,这里所谓货物、服务或履约行为,似乎与本惯例第5条规定中提及的货物、服务或履约行为并不完全等同。前者,只限于作为基础合同的交易标的的货物、服务或履约行为;而后者,显然已超越了交易标的的范围,正如在该条的解读中所提到的——"与以货物交易为内容的基础合同不同,单据是信用证安排的唯一标的。但是,单据总是代表着单据背后的货物,包括货物本身、货物包装状况、货物运输行为、货物运输保险行为、货物检验行为等等。"

实务中,有时商业发票的货物描述,可能是货物、服务和履行行为的混合描述。比如:信用证规定和商业发票上显示的货物描述为"FUDING BLACK 10 pcs, USD 10 000.00, Processing fees 300 M2, USD 1 500.00."前者是大理石,后者是大理石加工服务。

有人问:信用证45A显示"granite stones 100 MTs and setting fees 100 meters",装箱单(packing list)显示货物描述仅为"granite stones 100 MTs". 可以吗?

显然,这里的关键在于确认setting fees是作为货物描述一部分的货物本身,还是作为货物描述一部分的服务本身,还是一种费用。《简明英汉词典》说:"setting, n. 安置、安装、(太阳)落山、(固定东西的)框架、底座。"单纯从字义表面上看,似乎无法判断setting fees的性质,即它可能是一种货物——大理石框架或底座的费用,也可能是一种服务——大理石安装服务的费用,也可能是一种费用——发票金额以外的服务。如果是第一种情况,该装箱单不可接受,因为装箱单理应表明大理石本身的装箱情况,还要表明大理石框架或底座的装箱情况;如果是第二、三种情况,该装箱单可接受,因为不管是服务本身或服务费用,均为无形的,并不需要装箱,也不可能装箱。这样,装箱单的可接受性,就完全依赖于基础合同——大理石交易的习惯了。

第三,商业发票以外的单据原则上可以没有货物描述。

本款的措辞,使用了对于商业发票以外的单据上的货物描述——"如果有的话(if stated)"。显然,这隐含的意思是商业发票以外的单据在某种情况下可以没有货物描述,或者干脆就说原则上可以没有货物描述。

ICC 在 R364 的结论中说:"对商业发票以外的其他单据并无必须显示货物描述的特别要求。对于没有货物描述的单据,只要单据及其内容与同一交易有关联即可。"

值得注意的是,原产地证明和运输单据似乎是例外:

——原产地证明上可以没有货物描述,但是"必须看似与发送的货物相关联"。

ISBP 681 Para 183:

The certificate of origin must appear to relate to the invoiced goods. The goods description in the certificate of origin may be shown in general terms not in conflict with that stated in the credit or by any other reference indicating a relation to the goods in a required document. 原产地证明必须看似与发票所指货物相关联。原产地证明中的货物描述可以使用与信用证所载不相矛盾的统称,或通过其他援引表明其与要求的单据中的货物相关联。

这里要求原产地证明"必须看似与发送的货物相关联"。至于如何关联呢?原产地证明似乎必须显示货物描述,或者显示货物全称,或者显示货物统称,或者通过其他援引的方式表明其"表面上与其他单据上表明的货物相关联"。显然,一个受益人出具的原产地证明上,没有货物描述,而仅仅显示发票号码,或信用证号码,并没有满足本段所要求的"必须看似与发送的货物相关联"。

——运输单据不能没有货物描述。

以提单为例:

ISBP 681 Para 108:

A goods description in the bill of lading may be shown in general terms not in conflict withthat stated in the credit. 提单上的货物描述可以使用与信用证所载不相矛盾的统称。

这里要求提单可以使用货物统称,同时暗含着默认允许使用货物全称。但是,已经没有了本款规定中的"if stated"字样了,这似乎意味着提单不存在是否显示货物描述的问题。换言之,只要是提单就需要货物描述,至于是显示了货物统称,还是货物全称,则因人而异。

第四,商业发票以外单据如果有货物描述,可以使用信用证或发票描述的全称。

商业发票以外的单据如果有货物描述,可以使用信用证规定的"全称"。这比较容易理解。

有人问:商业发票以外单据上的货物描述,使用发票描述的全称,而与信用证不同。可以吗?

比如:信用证要求货物描述:"Products of consumer electronic, electronic components",提交的发票显示了信用证要求的货物描述以及具体的货物:"Products of consumer electronics, electronic components:radio, TV";提单上的货物描述仅为具体的货物:"radio, TV"。

ICC 在 R455 中说:只要商业发票上的具体货物描述是可以接受的,该提单上显示了与发票上的具体货物描述内容完全相同的货物描述便可接受。

第五,商业发票以外的单据如果有货物描述,也可以使用与信用证描述不矛盾的统称。

商业发票以外的单据如果有货物描述,也可以使用"统称",并以与信用证描述不矛盾为前提。从而,与本条 d 款的规定保持一致,因为货物描述也是单据上的一种数据。

那么,怎样算货物描述统称(in general terms)呢?《现代英汉综合大辞典》说:"general term,普遍项,通项,一般项。"本款中译为"概括性用语"。实务中,一般译为"统称"、"通称"、"概称"或"总称",为保持与日常实务一致,这里仍译为"统称"。显然,货物描述"统称",是与"全称"相对而言,它是在货物描述"全称"基础上的概括性用语。

ICC China 在 ICCCR036 中说:"根据 UCP500 的规定,除商业发票中的货物描述必须与信用证规定的货物描述一致外,其他单据可以使用货物的统称,只要与信用证规定的货物不矛盾即可,也就是说,其他单据上货物描述反映的货物的外延只要大于或等于信用证中规定的货物即可。"显然,正是因为货物描述"统称"是在内涵上对"全称"的概括,所以,从货物外延的角度看,货物描述"统称"要大于"全称"。

至于为什么允许使用货物描述"统称"呢?ICC 在 Case 43 的结论中说:货物是专业性很强的电子设备,信用证的货物描述含有 300 多个技术名词。由于受益人熟知产品的详情与特性,要求商业发票的货物描述与信用证规定相符甚至相同是合理的。而货物装在集装箱内,承运人无法看见,即使看见也无从辨认。如果要求承运人在运输单据内照抄信用证货物描述,就没什么意义了。

实务中,如何掌握货物描述的"统称"呢?对统称的掌握,往往是仅仅照抄信用证或发票中货物的总称,而舍弃对该总称之后更加详细的规格、商标、成分、花色等的进一步描述,或舍弃名称的一些修饰语,而仅仅保留货物的中心名称。这种做法是信用证业务中一直被接受的事实和标准银行实务。

值得注意的是,所谓货物描述"统称",不能简单地理解为只要是"全称"的概括性用语即可。单证业务中更常用层次最接近、包含最直接或范围最小的统称。阎之大在《UCP600 解读与例证》中举了一个例子:"拖拉机"与运输工具、"农用拖拉机"、"军用拖拉机"。实务中,通常使用"拖拉机"作为"农用拖拉机"或"军用拖拉机"的统称,而不是概括性更强的"运输工具"。当然,如果单据上,使用了运输工具作为统称,银行也没有理由视之为不符点。

Case 6

检验证上的货物描述内容多了,可以吗?

【背景】信用证和发票上显示货物描述:JUG kettle,检验证上显示货物描述:complements JUG kettle。

【问】这样的检验证可以接受吗?

【答】关于发票以外的货物描述,UCP500 及 ISBP,UCP600 均作出了规定,前后用词有一定变化，但含义没有明显不同。

UCP600 Article 14(e)：

In documents other than the commercial invoice, the description of the goods, services or performance, if stated, may be in general terms not conflicting with their description in the credit. 除商业发票外，其他单据中的货物、服务或履约行为的描述，如果有的话，可使用与信用证中的描述不矛盾的概括性用语。

从上述的规定，可以看出以下几点：

(1)发票以外的其他单据，可以没有货物描述（广义的，包括服务和履约行为，下同）；

(2)发票以外的其他单据，如果显示货物描述，可以为概括性用语，只要与信用证规定的货物描述不矛盾即可；

(3)发票以外的其他单据，如果显示货物描述，还可以与信用证一样。

就本案例而言，检验证上可以没有货物描述，或间接表述为"description of goods as per inv No. XXX."ICC明确支持这一种做法，R251说："Unless the credit states otherwise, there is no requirement that a description of goods(full or in general terms)must appear on all documents."R364说："There is no specific requirement for a goods description to appear on any document other than the commercial invoice. A bank, faced with a document with no description of goods, should be satisfied that the document and its content relate to the transaction in bank. The inclusion of the invoice number on the beneficiary's certificate would be sufficient information to relate this to the other documents."从这里可以看出，发票以外单据，原则上没有必要显示货物描述；而显示时，只需使用与信用证规定的货物描述不相抵触的货物概括性用语即可。

检验证可以显示货物描述统称"kettle"，或显示货物描述全称"JUG kettle"均可。本条的表述直接支持这两种做法。

至于检验证上，如果显示超出信用证规定的货物描述全称"complements JUG kettle"是否可以接受呢？

此时，应当进一步援引UCP600 Article 14(d)："Data in a document, when read in context with the credit, the document itself and international standard banking practice, need not be identical to, but must not conflict with, data in that document, any other stipulated document or the credit."即一个特定的数据，只要在一定的语境中解读，不矛盾即可接受。

因为检验证是单据的一种，检验证上多出来的货物描述"complements"也是数据资料的一种。如果把"complements"放在信用证、发票的上下文语境中解读，完全可能会被解读为"kettle"的补足物、附属物。这样，"complements JUG kettle"的语义，将与"kettle"大相径庭，所以，该货物描述似乎是不可接受的。

14 – 053

Article 14(f)　单据的内容"满足功能"

单据是什么？在法律意义上，证据包括三大类：人证、物证、书证。本惯例第 3 条"单据的签署"一节的解读中提到，单据是书证的一种。

在本惯例第 1 条"跟单信用证 vs. 光票信用证 vs. 备用信用证"一节的解读中提到，与信用证安排有关的文据或单据，包括金融票据和商业单据两种。这是从功能上对单据进行分类。

——金融票据，也称金融单据，如汇票，用于执行信用证安排下的支付功能。针对汇票的各个部分，在 ISBP 中已有详细的规定，具体可参阅本惯例第 6 条 c 款"汇票的性质——兑用付款工具"一节的解读。正如该节解读中提到的，大多数情况下，汇票仅仅是信用证的兑用付款工具，不是信用证要求的单据，所以，审单实务中涉及的单据，一般不包括汇票。

——商业单据，在 ISBP 681 第 21 段中通称为"装运单据"，指除汇票以外的所有单据，用于证明信用证安排下货物是否如约交付，服务是否如约提供等等。其中的发票、运输单据、保险单据是基本单据，具体也可参阅本惯例相关条款的解读。除此之外，在信用证实务中，通常称为其他单据，一般包括检验证明、装箱单、装船通知、受益人证明等。

那么，其他单据应该如何审核呢？

Article 14(f):

If a credit requires presentation of a document other than a transport document, insurance document or commercial invoice, without stipulating by whom the document is to be issued or its data content, banks will accept the document as presented if its content appears to fulfil the function of the required document and otherwise complies with sub-article 14(d).
如果信用证要求提交运输单据、保险单据或者商业发票之外的单据，却未规定出单人或其数据内容，则只要提交的单据内容看似满足所要求单据的功能，且其他方面符合第 14 条 d 款，银行将接受该单据。

本款的规定，基本承继了 UCP500 第 21 条的规定。

从本款的规定可以看出，实务中，信用证要求运输单据、保险单据、商业发票以外单据时，一般都会规定单据出具人或其数据内容，此时该规定必须满足，因为这些单据未作此类规定时，UCP 条款基本上并没有给予默认。换言之，如果没有规定单据出具人，原则上任何人出具均可。如果没有规定数据内容，原则上任何数据内容均可接受。但是，这一判断必须基于以下两个前提：

——"满足功能"，即信用证要求这些单据时，内容必须满足所要求单据的固有功能。

——"不得矛盾"，即信用证要求这些单据时，其他方面必须满足本条 d 款数据"不得矛盾"的规定。

以装箱单为例。装箱单的内容，应该满足装箱单本身所固有的表明货物装箱情况的功能，其他方面的数据"不得矛盾"。当信用证没有任何有关装箱单出具人和数据内容的规定时，任何人出具均可接受,包括受益人以外的第三方出具;原则上任何数据内容,均可接受,包括显示"packed in bulk"。但是,银行不接受没有显示任何装箱情况的装箱单,银行也不接受装箱单显示了一些与"不得矛盾"相抵触的数据,比如显示了一个与信用证不同的信用证号,或显示了一个与发票不同的发票号,尽管这些数据并非信用证所规定。

其实,以上两个前提所确立的原则,是对一种单据的基本要求,并不限于这些单据,还适用于在本惯例专门条款中规定的商业发票、运输单据、保险单据等。后一个前提的解读,参阅本条 d 款的解读。这里重点解读前一个前提——单据内容"满足功能"的规定。

有人问:当信用证规定在 47A 中规定装箱条件:"Packed in standard export packing."这是对装箱单的功能性要求吗?回答是肯定的。装箱单显示装箱条件,天经地义。信用证特别要求装箱条件时,装箱单应该满足,包括有时也在 45A 中规定装箱条件的情况。

还有人问:单据名称满足所要求单据的功能可以吗?似乎不行。因为单据内容,与单据名称一起,都只是单据中相互并列的一部分,单据名称并不是单据内容本身,而这里仅仅要求以单据内容满足功能,不包括单据名称。ICC 指出,如此规定的目的在于避免这样一种情形,即信用证要求装箱单,但提交的单据仅仅标明为装箱单而没有其他内容。

值得注意的是,以上的规定,只限于单据的功能性要求,而不涉及其他方面。比如信用证要求 pre-shipment inspection certificate 时,pre-shipment inspection 并不是检验证的功能性要求,只有通过检验并加以证明才是其固有功能。此时,提交的检验证仅在名称中显示 pre-shipment inspection,是可以接受的。ISBP 681 第 14 段中说:"如果信用证要求一份单据证明装运前发生的事件(例如装运前检验证明),则该单据必须通过名称或内容来表明该事件(例如检验)发生在装运日之前或装运日当天。"

14—0531

单据名称

单据名称,具有画龙点睛的作用,基本上都要求反映其内容和功能。

ISBP 681 Para 41:
Documents may be titled as called for in the credit, bear a similar title, or be untitled. For example, a credit requirement for a "Packing List" may also be satisfied by a document containing packing details whether titled "Packing Note", "Packing and Weight List", etc., or an untitled document. The content of a document must appear to fulfil the function of the required document. 单据可以使用信用证要求的名称或相似名称,或无名称。例如,信用证要求"装箱单"名为"装箱记录","装箱和重量单"或者无名称的载有装箱细节的单据也可满足该要求。单据内容必须看似符合所要求单据的功能。

本段强调了上一节所提到的单据内容必须"满足功能",同时,还规定了单据名称的审核方法。

从本段可以看出,一份单据的名称可以有三种显示形式:或者使用信用证规定的名称,或者使用信用证规定的相似名称,或者没有名称。例如,信用证要求"装箱单(packing list)",提交的单据可以冠名"packing list"、"packing note"、"packing and weight list",或者没有名称,均可接受。

使用信用证规定的名称,这是最常见的形式,因为最不容易引起歧义,也最为业界所认可。不使用名称,比较少见。使用信用证规定的相似名称,这也常常见到,却常常引起分歧。

那么,如何算相似(similar)呢?

《美国传统辞典(双解)》说:"similar, related in appearance or nature; alike though not identical. 相似的,与外表或性质相关的;尽管不完全相同但相像的。"结合审单实务,相似的确切含义,似乎应为相像,但以不至于引起歧义为限。

比如:信用证要求:a 'shipment confirmation' without indication as to the content". 提交了单据"approval of shipment—the document provided information to the extent that the shipment approved and confirmed",ICC 在 TA594 中认为,该单据可以接受,意在指出单据的名称与信用证要求不完全相同,这一点不重要,关键在于提交的单据上的内容已经满足了信用证要求的单据所应该具备的功能。当然,这基于二者的名称有相似之处。

还比如:信用证要求"a certified copy of the bene's fax or telex". 这实际上要求的是 fax copy,其内容即装船通知,只不过还要求加证明而已。此时,提交了一份"beneficiary's certificate certifying that a fax had been sent giving the shipment details required by the credit". ICC 在 TA594 中结论是:"The bene's certificate is not the doc called for in the credit."换言之,名称之不完全相同到足以引起歧义时便不可接受,即使受益人证明的内容已经证明了这一内容——已经通过传真通知装船细节。当然,实务中还常常见到提交内容为装船细节却命名为 beneficiary's certificate 的情况,这是否满足信用证要求的"a certified copy of the bene's fax"呢? 未见 ICC 发表直接的意见。

值得注意的是,当信用证要求"packing and weight list"时,提交的单据仅仅显示"packing list"或"weight list",实务中,似乎也并不可接受。因为后者的名称与前者之不同,也足以引起歧义,即提交的单据仅仅为装箱单或重量单,而不是信用证要求的装箱和重量单。

14—0532

单独单据或联合单据

实务中,绝大部分情况下,不同功能的单据对应的内容应作成单独单据,但有时也会出现把不同功能的单据对应的内容集合在一种单据上的情况,即为联合单据。

ISBP 681 Para 42:
Documents listed in a credit should be presented as separate documents. If a credit requires a packing list and a weight list, such requirement will be satisfied by presentation of two separate documents, or by presentation of two original copies of a combined packing and weight list, provided such document states both packing and weight details. 信用证列明的单据应作为单独单据提交。如果信用证要求装箱单和重量单,可以提交两份单独的单据,也可提交两份合并的装箱和重量单正本,只要该单据同时表明装箱和重量细节。

第一,什么是单独单据? 什么是联合单据?

单独单据和联合单据,似乎是从单据的功能和名称这两点来看。如果一个单据的功能和名称是单一的,则该单据即为单独单据;如果一个单据的功能和名称是联合的,则该单据即为联合单据。

如:一个装箱单,名称为 packing list,功能为显示 packing,则该单据为单独的装箱单;相应地,一个重量单,名称为 weight list,功能为显示 weight,则该单据为单独的重量单。

又如:一个单据,名称为 packing list and weight list,或者 packing and weight list,且功能显示了 packing 和 weight,则该单据即为装箱单和重量单的联合单据。

似乎,联合单据一定要有联合的名称。比如:一般商业发票,单据名称为 commercial invoice,有时会显示货物产地,但不能因此认为它就是商业发票与原产地证的联合单据。还比如:一般商业发票,单据名称为 commercial invoice,往往会显示货物毛净重,但不能因此认为它就是商业发票与重量单的联合单据。还比如:本条 f 款"单据名称"一节的解读中提到了,一般装箱单名称为 packing list,同时显示有货物毛净重,也不能因此认为它就是装箱单与重量单的联合单据。

第二,怎样算信用证规定且列明的单据?

通常的理解是,信用证 46A 单据要求的列表中,单独显示的单据,即为信用证列明的单据。

单独显示的标记,可以为一种单据单独一段,也可以为一种单据前加"+"、"(×)"或"1/2/3…"

如果在 46A 或 47A 中单独显示的一段,包括了两种单据,则不算信用证列明的单据。如信用证 46A 或 47A 中的一段规定:packing list in 3 originals and weight list in 3 originals. 换言之,装箱单和重量单可以作成联合单据,3 份正本提交即可。

有人问:信用证要求一寄递单据给申请人的声明及快递收据,并规定所有单据注明信用证号码。快递收据未注明信用证号码,开证行拒付。不符点成立吗?

ICC 在 TA583 REV 的结论中回答:声明和快递收据构成了同一单据要求的一部分,而这之中有一个注明信用证号码就可以了。就本例而言,提交的单据是可以接受的。显然,声明和快递收据,为列明的同一单据。

第三,信用证下列明或未列明的单据的提交:

——信用证列明的单据,可以作为单独单据提交,但不排除联合单据重复提交。如:信用证 46A 单据要求的列表中,显示一段"packing list in 3 originals",又显示一段"weight list in 3 originals",则可以提交 3 份装箱单和 3 份重量单,也可以提交 6 份装箱单与重量单的联合单据。这一点,虽然本段没有明说,但从单据的内容必须满足功能的角度看,已经满足了信用证的要求。

——信用证规定但未列明的单据,可以作为联合单据提交,也可以单独提交。

比如:信用证 46A 单据要求的列表中,显示一段"packing list in 3 originals and weight list in 3 originals",则可以提交 3 份装箱单和 3 份重量单,也可以提交 3 份装箱单与重量单的联合单据。这一点,已经由本段直接表明。

还比如:信用证 46A 单据要求的列表中,显示一段"packing list and weight list in 3 originals",则可以提交 3 份装箱单与重量单的联合单据,不过,是否可以提交 3 份装箱单和 3 份重量单？ICC没有明确的意见，根据多页单据的规定，似乎应该把3份装箱单和3份重量单，分别对应并装订在一起，以避免一部分单据被视为功能不完整，而另一部分被视为未规定单据提交。

14—0533

证明和声明

实务中，证明和声明作为文句，是单据的内容的一部分，也可能是单据的功能的一部分。

那么，什么是证明（certification）？什么是声明（declaration）？

《美国传统辞典（双解）》说："certification, the act of certifying. 证明的行为。The state of being certified. 被证实的状态。"

《美国传统辞典（双解）》说："certificate, a document testifying to the truth of something. 证明事物真实性的文件。"

显然，certification本身描述的就是一种行为，它是certify这个行为的名词形式。因而它与certificate（证明、证书、证明书）不同，后者是证明结果的一个单据。声明和声明书（declaration）是同一个单词，其含义与证明、证书、证明书不同，其适用情况，基本上可以参照证明处理。

ISBP 681 Para 8：

A certification, declaration or the like may either be a separate document or contained within another document as required by the credit. If the certification or declaration appears in another document which is signed and dated, any certification or declaration appearing on that document does not require a separate signature or date if the certification or declaration appears to have been given by the same entity that issued and signed the document. 证明或声明之类文句既可以是单独的单据，也可以在信用证要求的其他单据中载明。如果证明或声明载于另一份有签字和日期的单据里，只要该证明或声明看似由出具和签署该单据的同一人作出，则该声明或证明无须另行签字或加注日期。

本段说明：

第一，本段涉及的是证明或声明或类似文句，而不是单纯证明或声明这一行为本身。

如果信用证仅要求"certified commercial invoices"，而未要求证明文句时，本段不适用，其仅适用于本惯例第3条的解释，即只需"由单据上任何看似满足该要求的签字、标记、印戳或标签来满足"，不得在单独的证明书或声明书上为之。

第二，证明或声明或类似文句，必须满足，无论如何不是非单据化条件。

比如：信用证仅在47A中要求的："Beneficiary must certify that the copy of shipping documents have been sent to applicant immediately after shipment."此时不能按非单据化条件理解，但可以单独出具一份受益人证明，也可以反映在其他信用证要求的单据中。

第三，证明或声明类似文句，可以以单独单据来满足，也可以包含在信用证要求的其他单据内。

尽管如此，如果信用证要求"commercial invoices certifying that the goods shipped are of Chinese origin"，则只能在提交的发票上证明吗？根据本惯例第1条的规定，信用证中明确修改或排除的 UCP 条文对当事人不具有约束力，显然也适用于作为 UCP600 补充的 ISBP。此时，只能接受提交的载有该证明或声明文句的商业发票，而不能接受包含此内容的其他单据。

相应地，根据前面对 certification、certify、certificate 三个词语概念的辨析，如果信用证 46A 中单列一行，并要求："Beneficiary's certificate certify that the copy of shipping documents have been sent to applicant immediately after shipment."显然，此时也只能提交单据的受益人证明，而不是包含此内容的其他单据。

第四，其他单据下证明或声明文句的签署及加注日期。

如果该单据的出具和签署人与证明、声明文句作出人为同一人，可以不予单独签署。话说回来，如果单据本身的出具人和签署人不是同一人，或者尽管该单据的出具人和签署人为同一人，但与证明、声明文句作出人不是同一人，仍要单独签署。这里，隐含着以下含义：单据里包括的证明、声明或类似文句必须签署，这是基于证明、声明或类似文句性质的要求。

至于加注日期，却不是必需的。只是如果信用证要求加注日期的证明、声明或类似文句，如果条件许可，可以与该单据上的出具及签署日期合二为一，无须另行加注。

有人问：如果信用证 47A 中要求："Commercial invoice must contain shipper's signed certification that all goods delivered is strictly as per proforma invoice."提交的提单显示 shipper 即为受益人，提交的由受益人签署的 commercial invoice 是否还必须对该证明文句加签呢？根据本惯例第1条，在信用证另有规定的情况下，似乎还是必须针对性地满足，即予以加签并显示身份为 shipper.

第五，包括证明和声明文句的其他单据与联合单据并不等同，这主要体现在单据的名称上。

这种单据可以按照信用证对其他单据的要求，以及 UCP 及 ISBP 所允许的规则予以命名，而不理会该单据已经包含证明、声明或类似文句。

当然，也可按照该单据与证明、声明单据的联合形式来命名，因为该单据已经具备证明、声明的功能。

14-0534

商品检验证明的功能及内容

在证明类单据中，商品检验证明是最常见不过的了。

商品检验证明的功能是什么呢？《高级汉语大词典》说："检验，[test；examine；inspect] 检查并验证，检验产品。"验证，相对于特定的标准而言，如无标准就无所谓验证。结合信用证实务，商品检验证明的功能似乎是表明货物的安全、卫生、健康、品质、数量、质量、包装等方面,一定标准下通过或未通过检查,并加以证明。商品检验证明,通常称为"检验证明"或"检验证"。

我国最新的《进出口商品检验法》规定:
第七条 列入目录的进出口商品,按照国家技术规范的强制性要求进行检验;尚未制定国家技术规范的强制性要求的,应当及时制定,未制定之前,可以参照国家商检部门指定的国外有关标准进行检验。

我国最新的《进出口商品检验法实施条例》规定:
第七条 法定检验的进出口商品,由出入境检验检疫机构依照商检法第七条规定实施检验。

国家质检总局根据进出口商品检验工作的实际需要和国际标准,可以制定进出口商品检验方法的技术规范和标准。

进出口商品检验依照或者参照的技术规范、标准以及检验方法的技术规范和标准,应当至少在实施之日 6 个月前公布;在紧急情况下,应当不迟于实施之日公布。

第九条 出入境检验检疫机构对进出口商品实施检验的内容,包括是否符合安全、卫生、健康、环境保护、防止欺诈等要求以及相关的品质、数量、重量等项目。

所以,一份检验证明的内容,一般包括检验对象、过程、方法、依据、结果等。至于一份特定的检验证明上,具体显示哪些内容,则视情况而定。

笼统而言,一份检验证明的内容起码必须包括:
(1)检验对象。检验对象,通常即为货物本身,所以取名"商品检验"。
(2)检验结果,可以是一组数据,也可以是一个结论。

——检验结果,可以是一组数据。如果单纯从检验证内容来看,这是一些中性的信息。该信息是否满足信用证要求,则须对照来看。例如,出口煤的检验数据显示为:

"moisture(水分)9.74%;

"ash(灰分)7.18%;

"volatile matter(挥发物)29.52%;

"sulphur(含硫量)0.63%;

"calorific value(发热量)7 073 Kcal/kg(大卡/公斤);

"size(规格)0~50 mm 100%."

当信用证对煤的成分值作出规定时,只有检验证上显示的成分值在信用证规定的范围之内时,才可接受。超过此范围,则不可接受。

当信用证并未对煤的成分值作出规定时,则默认任何结检验结果中的成分值均可接受。

——检验结果,也可以是一个结论,可以是通过检验,也可以是未通过检验。例如:

"We hereby certify that the quality of the goods is in conformity with contract No. 111."

"We hereby certify that the goods have been random checked by us and approval for shipment. This inspection does not relieve the supplier of his responsibility of fully comply with the terms and conditions of the order and will not hold you free from any claims if arise later from buyer."

"We hereby certify that the above merchandise has been inspected and found to comply with the order No. 123."

"We hereby certify that the goods have been inspected."等等。

该结论是否可以接受，不仅取决于其是否满足该检验证明的功能，还取决于是否与单据上的其他数据"不得矛盾"。

值得一提的是，检验证上可能还带有其他的信息，只要满足"不得矛盾"的要求即可接受。比如：检验证上显示了检验人对检验报告的可靠性免责。ICC 在 R450 中说："The fact that the report included a 'waiver' clause is of no concern to the banks, as no prohibition of such wording was stipulated in the credit."

14—05341 原产地证明的功能与内容

原产地证明，究其实是商品检验证明的一种。

最新的《进出口商品检验法实施条例》规定：

第四十三条 出入境检验检疫机构依照有关法律、行政法规的规定，签发出口货物普惠制原产地证明、区域性优惠原产地证明、专用原产地证明。办理原产地证明的申请人应当依法取得出入境检验检疫机构的注册登记。

出口货物一般原产地证明的签发，依照有关法律、行政法规的规定执行。

所以，ISBP 681 在第 181 段和第 183 段中规定了原产地证明与普通检验证明几乎相同的形式要件：签署并注明出具日期、必须看似与发送的货物相关联、证明货物原产地。三个要件缺一不可。与普通证明不同，原产地证明必须注明出具日期，且必须显示货物描述或显示与发送的货物相关联。其中，证明货物原产地，是原产地证明的基本功能。

那么，什么是货物原产地？又如何证明货物原产地？

第一，原产地是货物产品的国籍。

在国际贸易中，货物的原产地，依原产地规则确定。在一国之内有自己的原产地规则，比如：我国的《中华人民共和国进出口货物原产地条例》(2005 年 1 月 1 日起实施)。在国与国之间，还有关于原产地的国际条约或协定，比如：中华人民共和国缔结或者参加的国际条约、协定中规定的原产地规则。这两种规则，各有其适用范围。

我国最新的《原产地条例》第 2 条规定：

本条例适用于实施最惠国待遇、反倾销和反补贴、保障措施、原产地标记管理、国别数量限制、关税配额等非优惠性贸易措施以及进行政府采购、贸易统计等活动对进出口货物原产地的确定。

实施优惠性贸易措施对进出口货物原产地的确定，不适用本条例。具体办法依照中华人民共和国缔结或者参加的国际条约、协定的有关规定另行制定。

从上述的规定可以看出，原产地关乎不同国家、行业的利益。

第二，货物原产地不能与货物描述混为一谈。

有时，货物描述中会夹杂货物原产地的信息，该信息在许多情况下可能只是一种品牌。

ICC R320 说："The issue is whether or not the description 'Sudan Raw Cotton' is sufficient to describe that the goods are of Sudanese origin without specific reference to that effect.""The description 'Sudan Raw Cotton' could, indeed, be a brand or trade name for a particular product. Banks are not expected to have any prior or present knowledge to that effect."

单据的货物描述，归货物描述。是否可以在货物描述中夹带产地信息，以此作为满足产地证明内容的功能要求？ICC 在这里的回答是否定的。

第三，货物原产地也不能与货物制造地混为一谈。

我国最新的《原产地条例》第 3 条规定：

完全在一个国家（地区）获得的货物，以该国（地区）为原产地；两个以上国家（地区）参与生产的货物，以最后完成实质性改变的国家（地区）为原产地。

从这里可以看出，货物制造地可以为两个以上国家（地区），但是在特定的原产地规则下货物原产地是唯一的。而且确定货物原产地的依据不完全是工业制造，而是生产或获得。

我国最新的《原产地条例》第 4 条规定：
本条例第三条所称完全在一个国家（地区）获得的货物，是指：
（一）在该国（地区）出生并饲养的活的动物；
（二）在该国（地区）野外捕捉、捕捞、搜集的动物；
（三）从该国（地区）的活的动物获得的未经加工的物品；
（四）在该国（地区）收获的植物和植物产品；
（五）在该国（地区）采掘的矿物；
（六）在该国（地区）获得的除本条第（一）项至第（五）项范围之外的其他天然生成的物品；
（七）在该国（地区）生产过程中产生的只能弃置或者回收用作材料的废碎料；
（八）在该国（地区）收集的不能修复或者修理的物品，或者从该物品中回收的零件或者材料；
（九）由合法悬挂该国旗帜的船舶从其领海以外海域获得的海洋捕捞物和其他物品；
（十）在合法悬挂该国旗帜的加工船上加工本条第（九）项所列物品获得的产品；
（十一）从该国领海以外享有专有开采权的海床或者海床底土获得的物品；
（十二）在该国（地区）完全从本条第（一）项至第（十一）项所列物品中生产的产品。

体现在单据上，如果信用证要求"description of goods:IC, origin is China."提交的发票显示"description of goods:IC, made in China."显然，这一发票是不可接受的。

第四，货物原产地不一定就是货物出口国。
比如，国内进口欧洲货物通过香港转口，此时货物原产地应为欧洲，出口地却为香港。

ISBP 681 Para 21(d)：

"exporting country"—the country where the beneficiary is domiciled, or the country of origin of the goods, or the country of receipt by the carrier or the country from which shipment or dispatch is made. "出口国"指受益人住所地国、或货物原产地国或承运人接收货物地国、或货物的发运地或发货地国。

体现在单据上，如果信用证要求"description of goods：IC, origin is China."提交的发票显示"description of goods：IC, exporting country：China."显然，这一发票也是不可接受的。

R377 中有一个例子，信用证要求"由出口国商会出具的产地证"。货物产自 G 国，从 B 国发货。B 国的商会出具产地证，证明货物原产地为 G 国。可以拒付吗？出具人合理吗？

ICC 回答：单据满足信用证要求。

深究其中原因，出口国与原产地国未必完全相同。

14—05342 原产地证明的出具人

有时候，信用证会规定原产地证明的出具人。

ISBP 681 Para 182：

A certificate of origin must be issued by the party stated in the credit. However, if a credit requires a certificate of origin to be issued by the beneficiary, the exporter or the manufacturer, a document issued by a chamber of commerce will be deemed acceptable, provided it clearly identifies the beneficiary, the exporter or the manufacturer as the case may be. If a credit does not state who is to issue the certificate, then a document issued by any party, including the beneficiary, is acceptable. 原产地证明必须由信用证规定的人出具。但是，如果信用证要求原产地证明由受益人、出口商或制造商出具，则由商会出具的单据可以接受，只要该单据根据不同情形相应地注明受益人、出口商或制造商。如果信用证没有规定由何人出具原产地证明，则由任何人包括受益人出具的单据均可接受。

本段说明：

（1）信用证规定出具人时，原则上原产地证明必须由该人出具。

（2）信用证规定受益人、出口商或制造商为出具人时，可以有例外，即提交的原产地证明，可以由规定的受益人、出口商或制造商出具，也可以由商会出具。当由商会出具时，须相应地注明受益人、出口商或厂商。当然，原产地证明上须同时注明作为出具人的商会身份。需要注意，ICC 在本段的通融，仅限于商会出具产地证的情况下。在我国产地证常常由商检局或贸促会出具，此时，产地证不可接受，包括未注明贸促会即商会的情况。如果注明了贸促会即商会则可以接受。

（3）信用证未规定出具人时，则可以由任何人出具，包括受益人。

（4）这里只指原产地证明的出具人，并未提及签署人。与其他单据一样，原产地证明也默认为出具人签署。

有人问：信用证规定产地证由 CCPIT 出具。受益人提交的是使用受益人名称格式，由 CCPIT 签章的产地证。可以接受吗？

回答是否定的，即该产地证不可接受。ICC China 在 ICCCR025 中说："例如，当信用证要求产地证由商会出具，而实际提交的单据仅由商会证实，此时如单据的内容不真实，而根据适用的法律证实人不对单据内容真实性负最终责任时,开证申请人将得不到其原本因信任商会而要求商会作为出具人出具单据的预期保护,这对申请人是不合理的。"

而 ICC 对这一问题也有类似的分析及结论如下:

"Where a credit requires that a certificate of origin be issued by a chamber of commerce, the following criteria will apply.

"(1) The condition is satisfied if the document is issued by a chamber of commerce, i. e., on its letterhead or specified form—even though the detail(s) may have been completed by the beneficiary and the chamber merely signs.

"(2) Another acceptable alternative to this would be where the document is 'neutral', i. e., it is not on headed paper, but within the body there is evidence of completion and/or signature of a chamber of commerce.

"A document issued on the letterhead of the beneficiary or any other party (one that is not a chamber of commerce) would not be seen to comply with a requirement of 'issued' by a chamber of commerce."

14-05343 原产地证明上的收货人

国际贸易中,进口货物的收货人在持有运输单据办理报关时,常常还需要同时持有原产地证明向海关申报原产地。所以,原产地证明总是与运输单据一同使用。实务中,其他检验证明可以参照掌握。

ISBP 681 Para 184:

Consignee information, if shown, must not be in conflict with the consignee information in the transport document. However, if a credit requires a transport document to be issued "to order", "to the order of shipper", "to order of the issuing bank", or "consigned to the issuing bank", the certificate of origin may show the applicant of the credit, or another party named therein, as consignee. If a credit has been transferred, the name of the first beneficiary as consignee would also be acceptable. 如果显示有收货人信息,则不得与运输单据中的收货人信息相矛盾。但是,如果信用证要求运输单据出具成空白指示、凭托运人指示、凭开证行指示或以开证行为收货人,则原产地证明可以显示信用证的申请人或信用证中指名的另外一人作为收货人。如果信用证已经转让,以第一受益人作为收货人也可接受。

本段似乎已经清楚地表明了,原产地证明上收货人信息的1个显示原则——与运输单据上的收货人信息"不得矛盾",和在这一原则之下的7种显示方法。

第一,收货人的信息可以不显示,这也算与运输单据上的收货人信息"不得矛盾"。

(1)不显示收货人信息,相当于中性收货人。从而,不存在与运输单据上的收货人信息矛盾的问题。

第二,收货人的信息,如果显示,则与运输单据中的收货人信息"不得矛盾"。

比如:如果运输单据上显示记名收货人为"to ABC co., ltd.",不管该收货人是申请人,还是任何第三方，原产地证明的收货人可以有以下两种基本的显示方法：

（2）显示与运输单据相同的收货人。这样，便与运输单据的收货人信息一样了。

有人问：提单显示收货人为"to order"，植物检疫证明显示的收货人也为"to order"，可以接受吗？ICC 在 R234 中认为这是可以接受的。

（3）显示中性收货人"to whom it may concern"，这意味着谁持有原产地证明，谁就可以使用该原产地证明。

还比如：如果运输单据上显示收货人为"to order of ABC co., ltd."，原产地证明上的收货人信息，除了照以上两种方法显示外，还可以：

（4）显示为"to ABC co., ltd."。因为原产地证明是不可流通单据。是否显示"order of"，无关紧要。如果运输单据为提单，且经过背书转让，原产地证明上收货人信息可以通过背书的连续性来建立与运输单据收货人的联系。

第三，信用证要求运输单据作成以下抬头时，原产地证明的收货人信息可以变通显示，但仍以"不得矛盾"为限。

信用证要求运输单据作成以下抬头时，原产地证明的收货人信息可以变通显示：

——"凭指示（to order）"；
——"凭托运人指示（to order of shipper）"；
——"凭开证行指示（to order of issuing bank）"；
——"货发开证行（to issuing bank）"。

此时，原产地证明还可以有以下显示方法：

（5）显示信用证的申请人。由于包括运输单据在内的信用证安排下全套单据，最终会经过申请人一手，所以原产地证明的收货人作成申请人是有道理的。当然，这是默认的一种显示方法。如果信用证有特别"指名（named）"的另外一人，则必须显示该特别"指名（named）"的人。

有人问，如果提单上显示的"notify party"为申请人以外的另外一人，产地证上的收货人是否可以显示为该另外一人呢？似乎不可以。因为，这里的规定只是允许显示为信用证的申请人，而与提单上的"notify party"无关。

（6）显示信用证中特别"指名（named）"的另外一人（another party）。"another party"是与申请人相对而言。

值得一提的是，这里的"named"译为"指名"更为贴切。因为在信用证中特别"指名"的人是信用证中特别规定的人，产地证的抬头与之吻合，这满足信用证的要求，理所当然。如果"named"译为"具名"，则显得过于宽泛，因为信用证中具名的人很多，如果只要在信用证中具名的人都可以作为产地证的收货人，有时会显得极为离谱。比如：受益人也是信用证中具名的人，但是按照实务，似乎通常情况下不应该将其用于原产地证明的收货人。

（7）如果信用证已经转让，显示为第一受益人。此时已转让证上的第一受益人，其地位相当于原可转让证上的申请人。相应地，在已转让证下，这也是默认的一种显示方法。此类原产地证明使用时，似乎必须以某种形式表明其收货人信息与运输单据上收货人的联系，比如换单后的发票。至于在原可转让证下，原产地证明收货人的审核方法，可以参照第一受益人未换单的情况掌握。当然，这里并没有排斥原产地证明上的收货人显示为信用证的申请人，只是在大多数情况下信用证的申请人并不体现在已转让证上，从而不被第二受益人知晓，也就无法显示在原产地证明上了。

Article 14　单据审核

14—0535

植物检疫证明、熏蒸证明/热处理证明

　　动植物检疫、卫生检疫和商品检验，是国际通行的出入境检验检疫的三个部分。在我国报检实务中，这三个部分的职能早期分属三个不同的部门负责，即原卫生部卫生检疫局负责出入境卫生检疫，原农业部动植物检疫局负责动植物检疫，原国家进出口商品检验局负责商品检验。1998年经过"三检合一"，2001年再经过出入境检验检疫和质量技术监督合并，组建目前国家质检总局，负责全面的质量技术监督和出入境检验检疫。

　　实务中的检验证、检验证明，指的就是商品检验证明，它对应于商品检验。卫生检疫证明比较少见。除此之外，常见的就是与动植物检疫有关的证明了，包括兽医证明、检物检疫证明、熏蒸证明、热处理证明、消毒证明等。这里的解读主要涉及与植物检疫有关的证明（phytosanitary certificate）、熏蒸证明（fumigation certificate）/热处理证明（heat-treatment certificate）。

　　什么是植物检疫（phytosanitary）？《简明英汉词典》说："phytosanitary，植物检疫的，控制植物（尤指农作物）病害的。"植物检疫，也译为"plant quarantine"。《高级汉语大词典》说："检疫，[quarantine]为防止传染病蔓延，对可能成为传染源的人员、交通工具、物资等采取的隔离观察、检查、消毒等措施。"

　　在审核与植物检疫的有关证明时，常常会遇到以下两个问题：

第一，植物检疫证明的检疫对象是货物本身，还是包装物？

　　银行人员常常不清楚一种货物进出口，需要检疫的是货物本身，还是货物的包装物。从报检实务来看，二者应该都有可能。

　　我国最新的《进出境动植物检疫法实施条例》规定：
　　第二十二条　检疫人员应当按照下列规定实施现场检疫：
　　（二）动物产品：……对易滋生植物害虫或者混藏杂草种子的动物产品，同时实施植物检疫。
　　（三）植物、植物产品：检查货物和包装物有无病虫害，并按照规定采取样品。发现病虫害并有扩散可能时，及时对该批货物、运载工具和装卸现场采取必要的防疫措施；对来自动物传染病疫区或者易带动物传染病和寄生虫病病原体并用作动物饲料的植物产品，同时实施动物检疫。
　　（四）动植物性包装物、铺垫材料：检查是否携带病虫害、混藏杂草种子、沾带土坡，并按照规定采取样品。
　　（五）其他检疫物：检查包装是否完好及是否被病虫害污染。发现破损或者被病虫害污染时，作除害处理。

　　从信用证下审单实务来看，如果仅仅要求植物检疫证明，到底应该是检验货物本身，还是货物的包装物——比如木箱（crates）呢？不得而知，似乎只能交由买卖双方自行判断。换言

之，如果信用证没有另外要求，只要货物、包装物是植物，似乎便须相应地接受并通过植物检疫。此时，只要提交了对应的植物检疫证明，便可接受，似乎这也算"普遍承认"的常识了。至于是单纯货物，还是单纯包装物，还是货物和包装物一起接受并通过植物检疫，则不可一概而论。

第二，植物检疫证明与熏蒸证明/热处理证明可以替换使用吗？

在植物检疫实务中，植物检疫证明属检疫类证明，而熏蒸证明和热处理证明属于检疫处理类证明。

熏蒸证明不同于热处理证明。熏蒸证明或热处理证明，都是针对植物检疫过程中的针对性防疫或除害处理而出具并签署的。以熏蒸证明为例，必须带有以下类似内容："装船前，上述货物已经用溴化甲烷熏蒸剂在密封条件下熏蒸 48 小时。（Prior shipment, the above mentioned goods have been fumigated by the fumigant of bromomethane under the condition of closing for 48 hours.）"具体而言，熏蒸指的是药物处理，热处理指的是高温加热处理，二者并不相同。其实，这也仅仅是防疫或除害处理的两种最常用方法。除此之外，防疫或除害处理方法还包括冷处理——低温辐射处理等。

而植物检疫证明也不完全等同于熏蒸证明/热处理证明。一般来说，只要通过了植物检疫，即发现无规定的病虫害、杂草籽，商检部门便可出具并签署植物检疫证明，而不管是否经过了防疫或除害处理，比如熏蒸或热处理。实务中，植物检疫证明必须带有以下类似内容："兹证明上述植物、植物部分、植物产品或其代表样品，经本所于××××××周密检查，未发现植检植保协定、贸易合同中规定的病、虫、杂草籽。（This is to certify that the plants, parts of plants or plant products described above or the representative samples of them were thoroughly examined on XXXXXX by this service and were found to be substantially free from disease, insect pests and weed seeds as stipulated in the agreement or plant quarantine and plant protection and trade contract.）"值得一提的是，植物检疫证明往往也会有专门的内容表明货物或包装物已经经过了熏蒸或热处理，有时也没有。

所以，由于不同内容所反映的功能不同，当信用证要求植物检疫证明时，提交熏蒸证明或热处理证明似乎不能接受；反之，而当要求熏蒸证明或热处理证明时，提交植物检疫证明似乎也不能接受，尽管植物检疫证明往往会带有熏蒸或热处理方法的说明内容。

14－054

Article 14(g)　"未要求单据"

本惯例第 5 条规定，银行处理的是单据。

而本惯例第 2 条"交单"的定义又表明，此单据仅局限于信用证要求的单据。那么，如果受益人提交了信用证未要求的单据，银行又该如何处置？

Article 14(g)：

A document presented but not required by the credit will be disregarded and may be returned to the presenter. 提交的非信用证所要求的单据将被不予理会,并可被退还给交单人。

本条说明两点:
(1)提交未要求单据本身,将不被理会。当然,也不因此构成不符点。
(2)对于银行,接收到未要求单据,可以保留,也可以退还给交单人。UCP600倾向于退还给交单人。

实务中,未规定单据上各种数据的存在,可能干扰银行对规定单据上数据是否相符的判断。比如:提交了信用证未要求的产地证上显示"部分元件来自以色列",如果进口国为阿拉伯国家,进口清关就会有问题。但是,如果交单之时便退还给交单人了,便没有这一问题。

这里的关键是:怎样判断一份特定的单据是信用证所要求的,而另一份特定的单据又不是信用证所要求的呢?

在实务中,有时难以判断实际提交的单据,何者为信用证未要求的,何者又为信用证所要求的。这种情况下,作为交单人,应主动选择不提交未要求单据;否则易引起不必要的麻烦,产生负面影响。

比如:受益人将A信用证项下装货证明误随B信用证项下单据提交。尽管B信用证未要求该证明,但申请人已与受益人达成货物装运后24小时由受益人快递装货证明给申请人的协议。而A信用证项下的证明是装货后48小时发出的。申请人收到单据后提出了异议。尽管作为开证行应按照本条的原则对未要求单据不予审核或退回交单者或照转,但对交单者来说却可能由于因此而引起的疑虑甚至纠纷影响收汇。

还比如:信用证只要求一种产地证。受益人提交了两种产地证,一种是贸促会签发的存在不符点的产地证,另一种是商检局签发的没有不符点的产地证。显然,从表面上看提交的两种单据均为信用证规定的产地证,而没有任何理由指出其中一种为信用证的规定单据,另一种为信用证的未规定单据。此时,银行的选择,将最终决定是否构成相符交单,这种情况已经构成了对信用证安排下开证行和保兑行承诺的确定性的挑战。

值得一提的是,未要求单据常常与非单据化条件相联系。二者银行均不予理会。

既然是非单据化条件,根据本条g款,银行可以不予理会。相应地,为了满足非单据化条件而提交的单据,也就成了未要求单据,银行仍可以不予理会。

比如R407中有一个例子,信用证要求一份装船前检验证,该检验证要求"issued by M/s SGS Country B Ltd/Company L or their accredited representative",实际提交的检验证显示了由M/s SGS Country I Ltd出具,同时附了一份由SGS Country B Ltd出具的独立说明函(a separate letter)表明"SGS Country I Ltd is a member of the worldwide SGS Group operating out of SGS Geneva."

ICC认为,这种身份的表述不能在该单据之外,似乎是因为该独立函是未要求单据,"The credit required a document issued by one of the three named inspection agencies or their accredited agents. This would mean that in the event of an agent acting for them the pre-shipment inspection certificate that as presented would need to indicate that they were acting as agents for the stated inspection company. The inclusion of a letter that provides such information or their association is SGS Group would not be checked under the letter of credit terms due to the stipulation in sub-Article 13(a)".

ICC 结论为:"The inclusion of a separate letter from the named inspection agency, i. e. SGS Country B would not be acceptable under the credit terms. Evidence of SGS Country I acting as agents for SGS Bangladesh would need to appear on the actual certificate itself."

换言之,如果该表明代理身份的独立说明函,能够作成装船前检验证的附件或附文的话,那么,该独立说明函就不应该算是未要求单据了,从而必须审核。比如,信用证要求商会出具的原产地证明,实际提交的原产地证明却由我国贸促会出具,如果加附页说明"贸促会即商会"或直接在原产地证明空白位置上盖了"贸促会即商会"戳,便可接受。另外,该独立说明函即使是信用证下要求单据,根据本惯例第 3 条"单据上的代理签署人"一节的解读,似乎也没有满足信用证要求的对代理身份的表述。

14—0541

多页单据和附件或附文

有时,一份单据由于内容比较多,一页无法显示,需要分别由多页显示。实务中,多页单据常常被误以为部分是未要求单据,从而不被银行理会,进而因为数据之缺漏造成不符。

那么,多页单据何时算一份单据,何时又只能判断为多份单据或部分页为未要求单据呢?又如何在同一份的多页单据上签署或背书呢?

第一,多页单据之间的联系,足以被视为一份单据时,则为一份单据。

ISBP 681 Para 26:
Unless the credit or a document provides otherwise, pages which are physically bound together, sequentially numbered or contain internal cross references, however named or entitled, are to be examined as one document, even if some of the pages are regarded as an attachment. Where a document consists of more than one page, it must be possible to determine that the pages are part of the same document. 除非信用证或单据另有规定,被装订在一起、按序编号或内部交叉援引的多页单据,无论其名称或标题如何,都应被作为一份单据来审核,即使有些页张被视为附件。当一份单据包括不止一页时,必须能够确定这些不同页同属一份单据。

从本段似乎可以看出:
(1)一份单据可以有多页,不同页可以有不同的名称。当然,一份单据包括多页,在单据名称上,必须足以判断其为一种特定的单据。
(2)多页单据,必须以物理或逻辑的联系连接在一起,而成为一份单据。多页单据成为一份单据,基于一个前提,即:单据的不同页之间必须"充分联系",而足以判断为同一份单据。
——或者是物理的联系:比如不同页装订在一起,不同页之间盖了骑缝章;
——或者是逻辑的联系:比如不同页按顺序编号,常常显示为 1/3,2/3…有时也显示为

1，2…均是可以接受的；还比如不同页之间交叉援引，常常表达为"Other details please see attachment."和"attachment to B/L No."，有时 B/L 上显示"originals issued:3/3, affix:1"。

——或者是既有物理的联系，又有逻辑的联系：贸促会在商业发票上证实，往往会加贴标签，并注明"所附商业发票号码××××××上的 ABC co., ltd. 公司的签章是真实有效的"。

（3）无论如何，这里只适用于多页单据构成一份单据时，而不适用于多页单据构成多份单据的情况。有时单据名称虽为某种单据的附页，实为一单独的单据，此时本段的结论不适用。如：信用证 46A 在要求 full set of original B/Ls 的同时，还单独规定："A separate appended declaration to B/Ls issued and signed by shipping company."此时，提单与附页声明为独立的两种单据，须单独提交，单独签署，而不能因为提单上的签署与附页声明人一致，而不另行签署。

第二，一份多页单据的签署或背书，可以在单据的任何地方。

ISBP 681 Para 27：

If a signature or endorsement is required to be on a document consisting of more than one page, the signature is normally placed on the first or last page of the document, but unless the credit or the document itself indicates where a signature or endorsement is to appear, the signature or endorsement may appear anywhere on the document. 如果要求一份多面单据载有签字或背书，签字通常在单据的首页或末页，但是除非信用证或单据自身规定签字或背书的位置，签字或背书也可以出现在单据的任何位置。

本段只是建议签署或背书在单据的第一页或最后一页。尽管如此，实务中单据的签署或背书的位置和方法，常常还是约定俗成。

——比如单据的背书时，似乎通常仍应在单据的背面，尽管哪一页的背面都可接受。因为背书的本意，即在单据的背面书写，而不是正面。

——还比如单据签署时，为慎重起见，往往也会在同一单据的多页上分别为之。ICC 建议，从承运人的利益出发，多页提单在每一页上均应加签字。ICC 在 R279 中提到一个案例，如果提单含有不止一页（附件或附录），则每页必须含有其是×××号提单的附件/或不可分割的一部分的说明（或类似措辞）。在这种情况下，第一页签字就足够了。然而为保护船公司及/或代理，使其签发的提单完整，在每页（包括附件）上签字是谨慎的做法。

有人问，船公司证明是否是提单的一部分？通常情况下，回答是否定的。

比如：受益人提供了与信用证规定相符的单据，除全套 3 份正本提单外，虽未注明正本提单的签发份数，但同时还提供了船公司证明，显示"共出具并证实了 3 份正本提单"。开证行以提单没有注明正本份数为由提出拒付。原因是，案例中的船公司证明不是提单的一部分。当然，当船公司证明是提单的附页时，或多页提单中的一页时，这是可以接受的。

14-055

Article 14(h) "非单据化条件"

信用证安排的内容由一系列的条款和条件组成。这些条款或条件，往往或体现为交单行为,或显示在单据上。但是,UCP并不排除信用证安排规定了没有明确对应单据的一些条件。实务中后者常称"非单据化条件(non-documentary conditions)"。相对而言,前者常称为"单据化条款(documentary terms)"或"单据化条件(documentary conditions)"。

Article 14(h):

If a credit contains a condition without stipulating the document to indicate compliance with the condition, banks will deem such condition as not stated and will disregard it. 如果信用证中含有一项条件,但未规定用以表明该条件得到满足的单据,银行将视为未作规定并不予理会。

本款承继了UCP500第13条c款的规定,也与本惯例第5条的抽象性原则——"银行只处理单据"——的规定相呼应。

本款表明,对"非单据化条件",银行在UCP下将视为未作规定并不予理会。换言之,由于未提供相应的单据或未在相应的单据上表明,非单据化条件没有被满足,银行也不能将其视为不符点。ICC515指出,开证行应当仔细审查申请书,以确定其中没有列入非单据化条件。否则,开证行就有责任通知申请人将这些条件必须改成清楚明确的单据要求。跟单信用证,应该总是十分明确地写明受益人必须提示以取得付款的单据。如果不是通过单据得以实现,该跟单信用证就不应该被开立。

然而UCP500实施后仍有一些银行继续开立含有"非单据化条件"的信用证及修改书,为此,ICC在关于UCP500的第3号意见书中对这种行为表示了强烈反对:"本款的目的是消除把非单据化条件列入跟单信用证的错误做法。"

值得强调的是,这里的单据,仅是提交给申请人的单据。而作为非单据化条件却不一定都显示在47A—additional conditions栏位中。如果46A及47A中并未将汇票规定为信用证要求的单据,则42A—drafts at及42C—drawn on也是非单据化条件。

值得注意的是,对"非单据化条件"可以不予理会的,仅仅指信用证交易下的银行,而与申请人或受益人无关。换言之,在从基础合同、开证申请书到信用证安排在内的一系列单据交易安排中,涉及银行以外的人时,包括申请人与受益人,仍必须视之为合同条件予以执行,而不是不予理会。在这个意义上,非单据化条件仍有存在的价值。所以,尽管如此,非单据化条件似乎仍应在适用法律下被满足。

显然,本款的规定,再一次印证了本惯例第2条"信用证"定义的解读中提到的一个理念——"信用证是一项银行产品"。

14—0551

如何判断"非单据化条件"

实务中,困难的是如何判断信用证的"非单据化条件"。

第一,"非单据化条件(non-documentary conditions)",仅限于信用证的条件(conditions),而非条款(terms)。

有人认为信用证中与单据无关的条件不能被简单地忽略。另一些人则认为不能根除此类条件,因为每份信用证中都有此类条件。他们举例说,信用证的交单期限与交单截止日就没有任何可依据的单据,但无论如何必须被满足。

国际商会在 ICC511 中说,以上争论是由误解而产生的。"条件"不能与"条款"相混淆。从相符交单的定义即可以看出,信用证的内容包括两大类规定:一为条款,二为条件。

ICC511 继续说,信用证的到期日是信用证的"条款",而不是"条件"。"条款"指一些必然要发生的事件——events that are certain to take place；而"条件"指一些未来和不确定的事件——future and uncertain events。信用证交单期、交单截止日在实务中一定要发生,因为只要时间继续下去,交单期和交单截止日必然会到来。

第二,"单据化条件"中,仍有可能包括非单据化文句,也属"非单据化条件"。

在本惯例第 3 条"迅速等词语是单据化条件吗"一节的解读中提到,"单据化条件"中,仍有可能包括非单据化文句。

比如:信用证 46A 要求"Beneficiary certified copy of fax advising shipping details to applicant fax No.1234567890 'immediately' after date of shipment."此时,则必须提交经受益人证明的 copy of fax 或 shipping advice,只需载明装船细节,却没有必要在单据上体现"advising 'immediately' after date of shipment"。因为不管是信用证要求的通知这一个动作,还是对通知这一动作的进一步要求—— immediately——都是非单据化文句,它无法在该装船通知上体现。

所以,对于银行来说,在 UCP 框架内只需确认"单据化条件"中的可单据化部分已经满足即可,至于非单据化文句,也算"非单据化条件",可以不予理会。

第三,规定了一些条件,也规定了一些单据,尽管没有以明示的方式规定该条件与该单据的联系,但如果该联系是暗含的、公认的、不言自明的时,该条件不是"非单据化条件"。

ICC511 中也说,信用证有关各方应考虑单据与信用证之间的"联系"或"一致"的可能性。如信用证明确订立了"Loading port:London, Discharge port:Hong Kong",虽然信用证并没有规定提交相应单据,但受益人仍须在运输单据上注明装货港 London,卸货港 Hong Kong,因为这个条件与运输单据有着明显的联系,对此加以反映是运输单据的必然功能。同样,由于 CIF Hong Kong 系说明货物价格的条款,因而应显示在商业发票上,这也与贸易条件为发票上货物描述的一部分的惯常做法相吻合。

鉴于实务中还是发生了许多误会,ICC 事后发布了关于 UCP500 的第 3 号意见书。它说:尽管跟单信用证内的某一条件并未要求任何单据予以证实,如果该条件能够明显地与信用证中规定的某一单据相联系,这一条件就不能被认为是"非单据化条件"。比如:信用证 47A additional conditions 中规定了一个条件"goods are to be of German origin",如果信用证未要求提交原产地证明,该条件就是非单据化条件。而如果信用证要求提交原产地证明,它应被视为"单据化条件"而与原产地证明相关联,因为显示原产地是原产地证明理当应有的功能。

ICC 的以上意见非常清楚,其所举的例子也非常明了。然而,信用证实务常变常新,在实务面前,有时 ICC 的解释也难免牵强和武断。

有人问:信用证"special conditions"下常常规定"shipment must be effected by/through

ABC, or simply:'shipment by/through ABC'",这是单据化条件吗？

业内人士一眼看过去,十有八九都会视之为"单据化条件",与信用证要求的运输单据相关联,从而必然会在运输单据上予以满足。然而,ICC 在 R411 中的结论却让大多数的业内人士大跌眼镜,它认为：根据第 13(c)条,应该视其为非单据化条件。没有任何理由。它假设了另一种情况,即信用证明确规定"Air Waybill must evidence dispatch effected by(or through) ABC or similar."此时方可视之为"单据化条件"予以满足。

第四,信用证的其他条件中涉及的单据,未必是"非单据化条件"。

实务中,常见的非单据化条件,隐藏在信用证 47A additional conditions 里。但是这不意味着在信用证 47A additional conditions 里的条件都是非单据化条件。

有人问：信用证在 special condition 部分规定"Statement of Origin issued by exporter should have the content as follows:all goods bear the country of origin on the surface of the goods."这是在要求一份原产地声明吗？

问题的关键在于确认申请人通过信用证到底要求的是什么。是要求一份出口商出具的原产地声明,同时要求反映一个事实——"规定内容必须显示在原产地声明之上",还是仅仅要求反映一个事实——"规定内容必须显示在原产地声明之上"？

如果是后者,由于事实的证明并没有对应的单据,所以无法在信用证安排下满足,该条件只能认定为"非单据化条件"。

与这一判断恰恰相反,ICC 倾向于前一种解释,它在 R321 中作出结论：这是"单据化条件",在信用证的特别条件部分规定了一份单据,并不影响该单据必须与其他规定单据一同提交。如此,信用证的这一规定,准确地说,似乎相当于"Documents required:'Statement of Origin issued by exporter should have the content as follows:all goods bear the country of origin on the surface of the goods.'"而无须理会这一规定是在信用证的"special conditions"或"additional conditions"标题之下。试想一下,如果信用证仅仅规定"exporter must issue Statement of Origin……"这还是单据化要求吗？显然不是。

14－056

Article 14(i)　单据日期 vs. 开证日期和交单日期

单据上的日期多种多样,在信用证实务中,最为常见的是单据日期,即单据注明的日期(the date on which dated),似乎即为单据出具日期(issuing date of document)。比如：汇票日期指出票日期、发票日期指发票出具日期、保单日期指保单出具日期。

那么,单据为什么要注明日期呢？

《现代英汉词典》说："date,*vt. vi*,注明日期;记日期。Don't forget to date your letters. 别忘了在你的信上写明日期。"《现代英汉综合大辞典》说："date,*vt.*,注明电讯发稿日期和地点,写上电讯电头。"结合信用证实务,单据上注明的日期,显然是单据出具人在单据缮制好之后,以标明日期用来表达出单行为的完成时间,即为单据出具日期。

Article 14 单据审核

实务中,大家首先关心的是单据日期与开证日期、交单日期的关系。

Article 14(i):

A document may be dated prior to the issuance date of the credit, but must not be dated later than its date of presentation. 单据日期可以早于信用证的开立日期,但不得晚于交单日期。

本款承继了 UCP500 第 22 条的规定——"Unless otherwise stipulated in the Credit, banks will accept a document bearing a date of issuance prior to that of the Credit, subject to such document being presented within the time limits set out in the Credit and in these Articles. 除非信用证另有相反规定,银行将接受出单日期早于信用证日期的单据,但这些单据必须在信用证和本惯例规定的期限内提交。"后者,则直接指明为单据出具日期,这又一次印证了前面解读中提到的一个观点——单据注明的日期默认即为出具日期。

从本款似乎可以看出:

第一,单据日期可以早于开证日期。

实务中,并非所有业务都是按进口方先开立信用证,之后出口方制作单据装运货物的顺序进行的。有时为了抓住稍纵即逝的商业机会,如成品油交易价格随时都在变化,可能会出现先制单发货,一旦成交便要求开立信用证的情况。有时也有因情况发生变化,为防范风险,对通常电汇、托收发运的货物要求对方补开信用证的情况。

鉴于单据日期并不必然要晚于开证日期的实务,ICC 作了本款的规定。然而,有时候单据日期早于开证日期,却不可接受。

ICC 在 Case 230 中说:"接受早于信用证开立日期的单据的规定只是一般而论,有时要取决于单据的种类和特殊情况,比如,提交一个几个月前出具的健康证明将是不可以接受的。比如:鲜活产品交易,容易腐烂,一旦过期则影响销售和消费。此时,进口方申请开证,便需要在信用证中明确规定不接受出具日期早于信用证开立日期的卫生证明,以确保产品鲜活程度。"

第二,单据日期不得晚于交单日期。

单据的提交,以单据的出具为前提。换句话说单据必定先出具,后提交。体现在单据上,便是单据出具日期,必定会早于实际交单日期,最迟也会与实际交单日期为同一天。显然,这与本条 f 款的规定——单据上数据之间"不得矛盾"相吻合。

其实,出单行为本身所对应的日期是客观的,并不会因为单据上未标明出具日期而消失,也不会因为单据上标明了出具日期而改变,特别是标明出具的日期有时并不与出单行为的日期一致时。尽管如此,一般来说,单据上标明了的日期,从形式上基本就可以认定单据的出具即为在这一天完成。而在实务中,法律或惯例往往会规定,一些特定单据上必须标明日期,该日期是该单据的成立或生效的要件。

然而,标明的日期有时可能出现打字错误。比如:一个信用证的最晚装期为 9 月 22 日,信用证效期为 10 月 2 日。9 月 28 日保兑行将单据寄往开证行。开证行拒受单据,因为发票的出具日期为 10 月 22 日,晚于信用证效期。保兑行解释说,发票的 10 月 22 日明显是一个打印错误,并不会从实质上对单据产生影响,不足以成为拒受单据的理由。ICC 回答说,统一惯例没有条款允许银行接受迟于信用证效期开立且在信用证失效日或在失效前提交的单据。然而，就所描述的案例来看，单据为9月28日邮寄的，发票上的10月22日明显是一个打印错误。

值得注意的是，这里所提及的交单日期，指实际交单日期，与本惯例第29条a款规定的信用证有效期限和交单期限顺延无关，换言之，当适用顺延时，提交的单据日期可能晚于信用证规定的未顺延之前的有效期限或交单期限，仍可接受。

第三，当提交的单据包含了一个晚于单据日期的信息时，银行须慎重处理。

有人问：信用证要求"Certificate of Quality, Quantity/Weight in 3 copies issued by an Independent Surveyor of shoretank measurement."货物于1998年1月17日装船，提交的证明注明日期"19980117"，并说明"sampled 16 January 1998"和"Report/Analysis date January 23"，最后证明"We hereby certify that the above product is tested for its quality."这一证明可以接受吗？

检验机构解释了几个日期的关系："16 January is the date when the goods that were loaded were sampled from the relevant shoretank and railwagons；17 January is the load date = date of determination(measuring)the loaded quantity(date when the certificate was issued)；23 January indicates the date when the relevant analysis of the product was completed and the subject analysis report was issued."

ICC在R449的分析和结论中说，银行没有义务审核这种日期关系，只要单据是"19980123"当天或之后提交即可。但是，提交的单据包含了一个其出具日之后的信息时，银行应该向交单人咨询原因。

14—0561

单据日期与单据

实务中，有些单据有加注日期，有些单据则没有，有些单据必须加注日期，有些单据却不必。那么，哪些单据要求加注日期？哪些又不必呢？

ISBP 681 Para 13：
Drafts, transport documents and insurance documents must be dated even if a credit does not expressly so require. A requirement that a document, other than those mentioned above, be dated, may be satisfied by reference in the document to the date of another document forming part of the same presentation(e. g. where a shipping certificate is issued which states "date as per bill of lading number xxx" or similar terms). Although it is expected that a required certificate or declaration in a separate document be dated, its compliance will depend on the type of certification or declaration that has been requested, its required wording, and the wording that appears within it. Whether other documents require dating will depend on the nature and content of the document in question. 即使信用证没有明确要求，汇票、运输单据和保险单据也必须注明日期。如果信用证要求上述单据以外的单据注明日期，该单据可以参引同批提交的其他单据的日期（例如，发运证明中声称"日期参见×××号提单"或类似用

语）。虽然要求的证明或声明在作为单独单据提交时通常应当注明日期,但其相符性取决于所要求的证明或声明的种类、所要求的措辞以及证明或声明中的实际措辞。至于其他单据是否要求注明日期则取决于单据的内容和性质。

本段说明：

第一，汇票、运输单据、保险单据必须注明日期。

本惯例第 6 条 c 款"汇票出票人、出票日期、签署及更正"一节的解读提到,之所以汇票必须注明日期,因为它是一种法定要式单据。与汇票相似,在国际公约或各国法律中,运输单据和保险单据也都是要式单据,而注明日期是其成立或生效的一个要件。于是,本段作了以上规定。

我国最新的《海商法》规定：
第七十三条　提单内容,包括下列各项：……(九)提单的签发日期、地点和份数……

与其他单据对比来看,这几种单据注明日期时,必须是直接显示在该单据上,而不得援引。这可能与实务中这些单据总是单独使用有关。换言之,如果这些单据采取援引的形式注明日期,一旦脱离了被援引的单据便无法使用。

有人问,提单未显示出具地点,是否构成不符点？答案是否定的。理由是,ICC 从来没有直接要求。尽管《海商法》有直接的规定,但那不是强制性的,因为如果提单没有表明出具地点,在法律上完全可以默认推定提单出具地点为承运人营业场所所在地。

还有人问：提单上载有装船批注日期,是否可以不显示出具日期呢？回答似乎是否定的。ICC 在 R285 的结论中说：在收妥待运提单下,总有两个日期,而已装船日期(on board date),将被视为发运日期(date of shipment)。这里的意见,从一个侧面反映了提单上必须有出具日期,否则,收妥待运提单怎么会总是有两个日期呢？不可思议。

第二，汇票、运输单据、保险单据以外的单据，是否要求注明日期，取决于信用证的要求、单据的内容和性质，注明日期时可以仅仅是援引。

如信用证无特别要求,与单据的内容和性质不矛盾,汇票、运输单据、保险单据以外的单据可以注明日期,也可以不注明日期。至于这些单据如果要注明日期,其形式比较自由,可以直接注明,也可以援引同一次提交的其他单据的日期。比如：要求提交的装运证明上可使用"日期同×××号提单(date as per bill of lading number xxx)"或类似用语。当然,被援引的单据必须为同一次交单下。

有人问：信用证规定"All documents must not indicate date earlier than B/L date."这是对单据必须注明日期的要求吗？

从语义上看,这一句话换种说法就是"All documents must indicate date later than B/L date."即：一切单据必须显示出具日期,而且晚于提单日。换句话说,如果任何单据未显示出具日期,就为不符点；而任何单据显示日期早于提单日或与提单日同一天,也是不符点。

从反面的语义反观信用证自身规定的本意,这一句似乎可以这样理解：任何在信用证自身规定的本意中的不符点,均不应在反面语义中判断为不符点；反之,任何在反面语义中的不符点,均不应在信用证规定的自身本意中判断为不符点。

所以,准确地说,信用证规定的本意似乎应为:任何单据可以显示日期,也可以不显示日期;如果显示日期,则必须不迟于提单日期。

第三,证明或声明作为单独的单据时,宜注明日期,这只属建议,却并非必需的。而注明的日期是否满足要求,也取决于所要求的证明或声明的种类、所要求的措辞以及证明或声明中的实际措辞。

证明和声明可以是单独的单据,也可以体现在相关单据中。这一说法与ISBP 681第8段的规定——"证明、声明或类似文句可以是单独的单据,也可以包含在信用证要求的其他单据内。"——相呼应。

证明或声明在作为单独单据提交时宜注明日期,然而这只属于建议,却并非必需。有些情况下证明或声明则必须注明日期,而在另一些情况下证明或声明,即使注明了日期也不能确定必定满足要求,这取决于要求的证明或声明种类、所要求的措辞以及证明或声明中的实际措辞。

比如:信用证要求船公司证明显示船龄不超过30年。此时,一般情况下必须注明日期,否则将无法判断船龄是否已经超过30年;但如果船公司证明中显示船只建造年份为1980年,只要交单之时没有过2010年都算满足要求。然而,当信用证要求船公司证明显示船只建造年份不得早于1980年时,似乎只能照抄显示一个具体的建造年份,而无须另外显示日期。即使显示了日期,船公司证明上的该日期也不应用于间接推断船只的具体建造年份。

还比如,随船证明可以不注明出具日期,也可以注明出具日期。但是无论如何,如果注明了日期,随船证明的日期不得迟于装运日期。ICC在R46中称:"除装船单据外的其他单据的开立日期可以直到且包括展延的到期日。""专家组看不出,一份单据如果表面上看来是迟于装运日开立的,如何能随同所装运的货物。"

值得一提的是,原产地证明是例外,根据ISBP 681第181段的规定,它必须注明日期。

14—0562

单据日期 vs. 装运日期和交单日期

实务中,大家还关心单据日期与装运日期、交单日期的关系。

ISBP 681 Para 14:

Any document, including a certificate of analysis, inspection certificate and pre-shipment inspection certificate, may be dated after the date of shipment. However, if a credit requires a document evidencing a pre-shipment event(e. g. pre-shipment inspection certificate), the document must, either by its title or content, indicate that the event(e. g. inspection) took place prior to or on the date of shipment. A requirement for an "inspection certificate" does not constitute a requirement to evidence a pre-shipment event. Documents must not indicate that they were issued after the date they are presented. 任何单据,包括分析证明、检验证明和发运前检验证明的日期都可以晚于发运日期。但是,如果信用证要求一份单据证明发运前发生的事件(例如发运前检验证明),则该单据必须通过标题或内容来表明该事件(例如检

验)发生在发运日之前或发运日当天。要求提交"检验证明"并不表明要求证明一件发运前发生的事件。任何单据都不得显示晚于交单日的出具日期。

本段的规定——"任何单据都不得显示其在交单日之后出具",以与本条 i 款不同的表达形式再一次强调了,单据注明的日期,即单据日期不得晚于实际交单日期。同时,这不同的表达形式中的措辞也印证了本条 i 款"单据日期 vs. 开证日期和交单日期"一节的解读中所提到的一个观点,即单据日期似乎即为单据出具日期。

本段还表明:

第一,任何单据的出具日期,可以晚于装运日期。

因为单据的缮制,与货物的装运,可以并行不悖。有些单据往往在装运前出具,如发票、装箱单、装船前通知等。有些单据,则必须在装运后出具,比如已装船通知和传真报告、已传真全套副本单据的受益人证明、已寄送全套副本单据的快邮收据等。

这里的任何单据,包括分析证明、检验证明、装运前检验证明。

检验证明一定是出具于检验之后。换言之,检验证明日期只是表明了检验证明出具的日期,它必然晚于检验完成日期。而检验可以在装运之前完成,也可以在装运之后完成。即使是装运前进行的检验,出具检验证明之日,也可能晚于装运日期。当然,如果装运后进行的检验,检验证明日期则必然于装运日期当天或之后出具。

第二,信用证要求一份单据证明装运前发生的事件,与单据日期没有直接关系,可以单据名称或内容来满足。

检验证明出具之前所实施的检验,只是一个事件。如果一份检验证明,需要证明装运前检验(pre-shipment inspection)——这一装运前发生的事件,则只是与检验证明上的数据有关,而与检验证明是否注明日期,以及注明日期的早晚没有直接的关系。

本段规定了可以采用以下几种方式满足要求:

——在检验证明的名称中表明。比如:显示名称为"pre-shipment inspection certificate"。

——在检验证明的内容中表明。比如:显示内容:"We have inspected the goods prior to the shipment that … "

值得一提的是,如果显示了检验日期与装运日期为同一天,根据本段的规定也可视之为装运前检验。换言之,如果要求装运后检验,似乎也可接受检验日期与装运日期为同一天的情况,因为同一天本身就是模糊地带。

第三,有时单据日期也足以表明一个特定事件在装运之前或之后的发生。

当然,如果检验证明日期早于装运日期,那么这已经间接表明了检验这一行为必然发生于装运之前。因为,检验日期只能早于检验证明出具日期,即检验证明日期,而检验证明日期已经早于装运日期了。

R198 中有一个例子,信用证要求"申请人发货前发出的电报通知",告知可以发货了。该通知因无日期成了是否相符的焦点。但它载有收报人(受益人)所在地电报公司的电报发送日期章,该日期远在发货日期之前。如果受益人所在地于装运前收到了电报通知,那么该通知一定是在收到日以前发出的。在此情况下,单据是可以接受的。

还比如：信用证要求"Beneficiary's certificate certifying that one copy of shipping documents have been sent to applicant within 3 working days after shipment."提交的受益人证明内容少了"within 3 working days after shipment"。然而，该证明却注有一个日期"20080228"，同时提单显示装运日"20080226"。由于受益人证明已经表明了在其出具之日副本单据已经寄送，而其出具日仍在装运日后的三个工作日之内，显然，这已经满足了信用证所要求的表明一个事件——副本单据在装运日后的三个工作日内已经发送。

14—0563

单据上的几种常见日期、不同日期表达格式

在信用证实务中，可能涉及的日期多种多样，可能涉及的日期表达格式也五花八门。

第一，单据上的几种常见日期。

几种常见日期，包括交单日期、寄单日期、开证日期、出具日期、签署日期、装运日期、检验日期、承兑日期、付款日期等。这些日期，相对于一个特定事件的发生而言。实务中，一个特定事件发生的日期，往往需要书面文据来证明，包括单据、面函、报文等。

值得一提的是，许多情况下，单据上的日期，并不真实反映特定事件的实际发生。比如：寄单面函打印于3月1日从而显示日期3月1日，而于3月5日对外寄单。此时，寄单面函注明的日期3月1日，却无法与寄单日期3月5日等同。又比如：开证报文发送于3月5日从而显示报文发送日期3月5日，而于报文中显示"31C date of issuance: Mar 1"。此时，开证报文显示的发送日期便不能与真实的开证日期等同。

还值得一提的是，许多情况下，单据上有多个日期，银行难以判断到底应该以哪一个日期来满足信用证的要求。针对这一情况，ISBP有两个相关的规定：

——如果用提单日之后×××天表示付款期限，装船日期被视为提单日期。这直接源于ISBP 681第43(c)段的规定——"If the tenor refers to xxx days after the bill of lading date, the on board date is deemed to be the bill of lading date even if the on board date is prior to or later than the date of issuance of the bill of lading. 如果用提单日期之后×××天表示付款期限，则装船日期应视为提单日期，即使装船日期早于或晚于提单出具日期。"因为，只有装船日期才真正意味着交货责任的履行，而以装船日期来控制付款到期日有促进早交货的作用，即越早交货便可越早得到信用证下款项。

——如果单据出具本身是一个过程，先有准备并带准备日期，后有签署也带签署日期，那么，将以签署日期为单据出具日期，即单据日期。这直接源于ISBP 681第15段的规定——"A document indicating a date of preparation and a later date of signing is deemed to be issued on the date of signing. 注明单据准备日期和随后的签署日期的单据应视为在签署之日出具。"因为当单据的出具包括准备和签署这两个环节时，只有单据经过签署，才意味着出具手续完成。

第二，单据上的不同日期表达格式。

信用证是国际结算的工具,由于申请人和受益人、还有不同角色的银行常常处于不同的国度、不同的地区,其习惯常常相差甚远,单据上日期可能被表达成不同的格式。

那么,单据上的不同日期格式可以接受吗?

ISBP 681 Para 18:

Dates may be expressed in different formats, e.g. the 12th of November 2007 could be expressed as 12 Nov 07, 12Nov07, 12.11.2007, 12.11.07, 2007.11.12, 11.12.07, 121107, etc. Provided that the date intended can be determined from the document or from other documents included in the presentation, any of these formats are acceptable. To avoid confusion it is recommended that the name of the month should be used instead of the number. 日期可以用不同的格式表示,例如 2007 年 11 月 12 日可以用 12 Nov 07, 12Nov07, 12.11.07, 2007.11.12, 11.12.07, 121107 等来表示,只要试图表明的日期能够从该单据或提交的其他单据中确定,上述任何形式均可接受。为避免混淆,建议使用月份的名称而不要使用数字。

如何表示日期呢?从本段可以看出:

(1)这里的日期,仅指单据上日期,不适用于信用证上的日期。信用证上的日期显示可以参考,比如:信用证上的日期也可以以不同的格式表示,而该日期只要能够从信用证本身确定其含义即可。当然如果无法确定信用证上的日期含义,可能导致无法执行,根据本惯例第 37 条 a 款的规定,其后果将由指示方负责。

(2)日期可以不同的格式表示,只要试图表明的日期能够从该单据或提交的其他单据中确定其确切的含义即可。日期的格式,包括 12 Nov 07, 12.11.2007, 12.11.07, 2007.11.12, 11.12.07, 121107, 但不限于此。日期表达有美国格式:MM/DD/YY,欧洲格式:DD/MM/YY,而我国的习惯格式则为 YY/MM/DD. 不同格式的日期混用,未必不会带来问题。ICC 在 R210 中分析说,"如果有误解的可能性,银行有责任取得证实。"换言之,即使银行无法确定其确切含义,也须慎之又慎,不得盲目拒付。

(3)建议使用月份的名称而不要使用数字。原因是月份使用英文名称后,年月日便容易分辨,从而确定其确切的含义。

14-057

Article 14(j) 受益人、申请人的地址

信用证是以单据交易的方式,完成基础合同下货物结算的。所以,信用证下单据往往会显示基础合同两个基本当事人——受益人和申请人——的地址。

那么,什么是地址(addresses)呢?

《美国传统辞典(双解)》说:"addresses, n. the location at which a particular organization or person may be found or reached. 住址,可以找到或抵达的某特定组织或个人的所在地。"显然,用于联络是地址作为一种数据的最为本质的特征。

Article 14(j):

When the addresses of the beneficiary and the applicant appear in any stipulated document, they need not be the same as those stated in the credit or in any other stipulated document, but must be within the same country as the respective addresses mentioned in the credit. Contact details (telefax, telephone, email and the like) stated as part of the beneficiary's and the applicant's address will be disregarded. However, when the address and contact details of the applicant appear as part of the consignee or notify party details on a transport document subject to articles 19, 20, 21, 22, 23, 24 or 25, they must be as stated in the credit. 当受益人和申请人的地址出现在任何规定的单据中时,无须与信用证或其他规定单据中所载相同,但必须与信用证中规定的相应地址同在一国。联络细节(传真、电话、电子邮箱及类似细节)作为受益人和申请人地址的一部分时将被不予理会。然而,当申请人的地址和联络细节为第19条、20条、21条、22条、23条、24条或25条规定的运输单据上的收货人或通知方细节的一部分时,应与信用证规定的相同。

实务中,通常单据上显示的申请人和受益人,只有识别的意义,即用于判断是申请人或受益人,而不是其他人。而对一个申请人或受益人的识别,包括身份、名称和地址三个部分。那么,问题的关键在于,如果仅仅为了识别申请人和受益人,单据需要显示到什么程度?

——仅仅显示身份显然是不够的。因为一旦单据脱离了完全附着于一份特定信用证上的申请人或受益人身份后,单据上的申请人或受益人身份便成了无本之木、无源之水,识别申请人和受益人将无从谈起。

——显示名称,这是合适的。因为信用证安排下单据的流转,总是伴随着正本信用证,而信用证本身总是有开证行和通知行。在单据上显示申请人和受益人名称,已经足以识别。

——显示地址及联络细节,常常没有必要。因为地址和联络细节,归根结底是为了通信联络之用,与识别无关。在信用证安排下,单据上没有了地址及联络细节,并不会影响银行对申请人或受益人的识别。另外,按理一国之内,不会也不应该出现不同申请人或受益人重名的情况。当然,以上的地址包括国别。

UCP制定小组专家说:"为避免基于地址的不符而导致的大量拒付,有必要建立"相符"仅限于名称,而不是地址与联络细节。"也正如阎之大先生所认为的,本款的规定,"是审核标准宽松的一种表现,或者说是ICC在对如何正确地理解UCP加以引导"。

从本款似乎可以看出:

第一,任何单据上申请人和受益人的地址都可以出现,也可以不出现。

有人问:发票上作为收件人的申请人地址,可以出现吗?回答是肯定的。ICC在R470中说:"As you will note from the extract above, sub-Article 37(a) does not impose a specific requirement for the address of the applicant to appear."

本款的措辞肯定了这一点,并扩大到所有单据上——任何单据上申请人和受益人的地址都可以出现,也可以不出现。这包括,在信用证没有特别规定的情况下,作为提单收货人和被通知人的申请人地址,也可以不出现。

第二,原则上,任何单据上申请人和受益人的地址出现时,地址中的国别必须与信用证相同,地址的其他部分可以不同。

一个申请人或受益人,多个地点办公是常有的事。加之前面提到的一国之内,不会也不应该出现申请人或受益人重名的情况,所以,本款容许单据之间、单据与信用证之间申请人或受益人地址的不同。

如果申请人或受益人名称与信用证规定相同,国别不同,则可能是不同的实体,也可能是相同的实体,这一点并不保证。而即使可能是相同的实体,由于不同国家有不同的法律环境,本款似乎默认其即为不同的实体,从而与信用证规定的申请人或受益人不同。这一点,似乎与本惯例第3条的规定——"一家银行在不同国家的分支机构被视为不同的银行",有异曲同工之妙。

第三,例外是:运输单据上申请人的地址,包括联络细节,作为收货人或通知方细节的一部分出现时,应与信用证规定的相同。

前面的解读中提到,地址最本质的特征就是用于联络。运输单据上的收货人或通知方,就是为了承运人到目的港或目的地交货联系货主提货而设计,而在信用证实务中,运输单据的收货人或通知方往往就是申请人。所以,有了本款的规定——申请人作为运输单据上收货人或通知方,出现的地址必须与信用证规定的相同。有时,提交的运输单据上显示的地址,包括联络细节,会比信用证规定的包含更多的细节,如邮编、电话、传真号码、联络人等,只要满足本条d款单据上数据"不得矛盾"的规定就仍应接受。

至于这里所说的信用证规定,具体是哪一部分没有明说。按正常,申请人地址都会显示在信用证50栏,如果显示不下,可能会显示在47A或72栏,此时提交的运输单据上显示的申请人地址均应与信用证保持一致。当然,如果信用证在46A中直接规定运输单据的收货人或通知方为申请人并带有具体地址及联络细节,提交的运输单据则应优先满足。

话说回来,只要是用于联络,这里的原则,似乎就应该扩展到寄送副本单据或装船通知的快邮收据上的申请人地址,还可以扩展到传真装船细节的申请人传真号码等。

然而,需要提请注意的是,本款规定的例外,仅限于申请人的地址,并不约束受益人的地址,以及开证行的地址,即便运输单据显示其作为收货人或通知方细节的一部分。

第四,没有特别要求,运输单据上申请人的地址,可以不出现在运输单据上的收货或通知方细节中。

比如:在信用证中,开证申请人一栏有申请人名称、详细地址、联系电话和联系人名称,信用证规定提单的通知人为开证申请人。受益人提交的提单中,在通知栏(notify party)中,有申请人名称、详细地址,但没有打印申请人联系电话和联系人姓名。

有人问:提单通知人栏未注明开证申请人联系电话和联系人姓名,是否构成与信用证不符?

ICC China 在"国商银咨复字200701号"中答复如下:"提单通知人栏未注明开证申请人联系电话和联系人姓名,不构成不符点。"

"UCP500对提单通知人栏的填写未作具体规定,信用证本身要求填为开证申请人,但未明确要求显示信用证申请人栏目中出现的所有内容。在此条件下,只要提单中通知人栏目显示的数据足以标识开证申请人即可。标识一个机构的方法,在通常情况下就是显示其法律上承认或不致引起歧义的名称,在某些特别需要区分同名机构的情况下,附加显示其地址即可,因为地址是机构法定注册细节的一部分。除此之外,诸如电话、具体联系人姓名等细节,并非标识一个机构所必需的数据。因此,可以认为本案中的提单符合信用证本身的要求。另外,从UCP的要求来看,除对运输单据、发票和保险单据的特定项目作了特别要求外,对于特别要求以外的项目以及其他单据,如果信用证本身未作特别要求,则只要与其他规定单据不矛盾即可(UCP500第21条)。本案提单通知人栏中开证申请人联系人姓名、联系电话的缺失并不与其他单据的记载相抵触。因此,不构成不符点。"

14-058

Article 14(k)　托运人或发货人 vs. 受益人

信用证单据实务中,通常会涉及一系列关系人,比如托运人、发货人、受益人等。

谁是受益人呢?它是信用证安排的两个当事人之一,它是信用证安排中的概念,与申请人相对而言。

谁是发货人(consignor)?《美国传统辞典(双解)》说:"To deliver(merchandise, for example)for custody or sale. 寄售发送(如商品)去代为保管或出售。"结合信用证实务中,它通常是贸易中货物交付的概念,与收货人(consignee)相对而言。

谁又是托运人(shipper)?它是运输实务中的概念。由于与承运人(carrier)签订了运输合同,托运人得以成其为托运人。

国内最新的《海商法》第42条(三)规定:

托运人是指:(1)本人或者委托他人以本人名义或者委托他人为本人与承运人订立海上货物运输合同的人;(2)本人或者委托他人以本人名义或者委托他人为本人将货物交给与海上货物运输合同有关的承运人的人。

托运人负有以下责任[①]:

——及时交付货物的义务;
——妥善包装货物并保证其提供的货物说明正确的义务;
——及时办理与货物运输有关的各项手续的义务;
——对危险品妥善包装和正确申报的义务;
——支付运费的义务;
——支付其他费用的义务;
——对运输活动物的特殊义务。

在以上的七种托运人责任中,均以托运人向承运人交付货物为前提。然而,运输合同意义上的托运人向承运人交货,无须亲力亲为。在运输实务中,向承运人实际交货的完全可能是另外一方所为,该方即为发货人。因此,托运人与发货人并不完全相同。此时,发货人其实是托

---

① 引自韩立新、郑蕾:"论合同托运人的权利、义务、责任",《中国海商法年刊》,2001

运人的代理人,法律上,它只对托运人负责,运输合同并不直接约束发货人。以国际海运为例,"国际货物买卖合同与国际海上货物运输合同是密不可分的。在通常情况下,买卖合同中的卖方与船公司或货运代理人订立海上货物运输合同并在装货港将货物交给承运人,然后凭承运人收到货物后签发给他的提单到银行结汇,从而完成国际货物的买卖。在上述过程中,卖方因订立海上货物运输合同而成为托运人,常见的 CIF 和 CFR 买卖即是这种情况。但是,在 FOB 买卖中,情况则有所不同。根据该贸易术语的要求,买方负责办理运输即买方负责租船订舱订立海上货物运输合同而成为托运人。"[①]而卖方则往往负责交货给承运人,从而成为发货人,与作为买方的托运人迥然有别。

其实,托运人和发货人也与受益人不同,它们分属基础合同履行过程中的不同领域,前二者属于交货领域,后者属于付款领域,尽管几个身份可能同时集于一人身上。

Article 14(k):
The shipper or consignor of the goods indicated on any document need not be the beneficiary of the credit. 在任何单据中注明的托运人或发货人无须为信用证的受益人。

本款承继了 UCP500 的规定,并有所扩展。本款的规定表明了,任何单据,包括运输单据中注明的托运人或发货人,可以不同于信用证的受益人。

总而言之,托运人和发货人,都是交货领域中的概念,二者并不相同,也不同于受益人,后者是付款领域信用证安排中的概念。

有人问:同一身份的托运人或发货人,多处出现时可以互不相同吗?

根据本条 d 款单据上数据"不得矛盾"的规定似乎不应该不同。所以,为慎重起见,在单据之间、单据与信用证之间同一身份的人应该保持一致,包括同一身份的托运人或发货人,出现在发票、运输单据、装船通知上时都必须保持一致。

14—0581

原产地证明发货人/出口方 vs. 托运人/受益人

单据上还经常出现两个关系人——出口方、贸易卖方。

谁是出口方(exporter)呢?《美国传统辞典(双解)》说:"export, to send or transport (a commodity, for example) abroad, especially for trade or sale. 出口,将(如一种商品)送到或运到国外,尤指为了贸易或出售。"

国内最新的《海关法》第 35 条规定:

进口货物应当由收货人在货物的进境地海关办理海关手续,出口货物应当由发货人在货物的出境地海关办理海关手续⋯⋯

显然,出口不只局限于贸易,出口方从而也不一定是贸易卖方(seller),而如果出口方与贸易卖方一体时则常称为"出口商"。准确地说,出口方是通关实务中的概念,因为"出口"一词

---

① 引自韩文浩、李亚:"FOB 卖方作为托运人的法律地位及其权利",《世界海运》,2002.4

中所"出"之"口",指的是"进出境口岸",或者说是"关境"。结合《海关法》的规定似乎可以知道,出口方通常兼担当发货人的角色。进一步结合本条 k 款的规定——"在任何单据中注明的托运人或发货人无须为信用证的受益人"。综合来看,发货人/出口方,可以不同于运输实务中的托运人,也可以不同于信用证安排中的受益人。

ISBP 681 Para 185:

The certificate of origin may show the consignor or exporter as a party other than the beneficiary of the credit or the shipper on the transport document. 原产地证明可以显示信用证受益人或运输单据上的托运人之外的另外一人为发货人或出口方。

本段的规定肯定了以上的观点,但只是限于原产地证明。实务中的检验检疫证明上也常会出现类似的情况,似乎也可参照掌握。

那么,谁又是贸易卖方呢?《美国传统辞典(双解)》说:"sell, to exchange or deliver for money or its equivalent. 卖,出售用钱或其相等物交换或交付。"显然,这是基础贸易合同中的概念,它与买方(buyer)相对而言。

有人问:基础合同的卖方是否也可以不同于信用证受益人?

这可能要具体分析。通常情况下,基础合同的卖方,应该是信用证受益人,因为信用证安排仅仅是货物结算工具,卖方销售货物后收款可以直接入银行账户,一般不会也没有必要另外寻找代理。所以,没有另外说明,卖方默认为信用证受益人。然而,这并不绝对。在以信用证为货物结算工具的国际贸易中,由于贸易分工的需要,或者转手贸易,卖方可能不一定自己兑用信用证,所以有时可能不是受益人。

14-059

Article 14(l)　运输单据出具人

运输实务中,运输单据的签发包括三个环节:出具、签署和发出。对应的 issue, sign 和 release 三个动词,则很完整地表述了这个签发过程。[①] 以提单签发为例:

——出具(issue):根据《海商法》,承运人应对承运的货物准备一份提单。大部分情况下,承运人对各种不同的货物使用的是统一印制的提单。这个过程就称为"to issue the bill of lading"。

——签署(sign):在承运人接受货物以后,承运人应在为该货物准备的提单上签署确认。通常,承运人、船长或其代理人都可以在提单上签署,以表示承运人已经收到所承运的货物,同时,承运人对该货物的承运、保管、照料的责任已经开始。这个过程就是"to sign the bill of lading"。

——发出(release):而"to release the bill of lading"则表示承运人因托运人的某项义务未履行,故对提单有过留置行为,当托运人的义务履行后,承运人"发出"提单。

---

① 引自钱锐:"由 issue、sign、release 三个问题所引起的法律问题浅析",《集装箱化》,2002.12

显然，运输单据的签署和发出，均以其出具为前提。这里重点解读运输单据的出具和出具人。

UCP500 Article 30：

Unless otherwise authorised in the Credit, banks will only accept a transport document issued by a freight forwarder if it appears on its face to indicate 除非信用证另有授权，否则银行仅接受运输行出具的具有注明下列内容的运输单据：

i) the name of the freight forwarder as a carrier or multimodal transport operator and to have been signed or otherwise authenticated by the freight forwarder as carrier or multimodal transport operator, or 注明作为承运人或多式运输营运人的运输行的名称，并由作为承运人或多式运输营运人的运输行签字或以其他方式证实，或

ii) the name of the carrier or multimodal transport operator and to have been signed or otherwise authenticated by the freight forwarder as a named agent for or on behalf of the carrier or multimodal transport operator. 注明承运人或多式运输营运人的名称并由作为承运人或多式运输营运人的具名代理或代表的运输行签字或以其他方式证实。

显然，在 UCP 框架内，运输单据重签署，而不重出具。值得注意的是，UCP500 时期，这里仅仅明确了货代为出具人的情况，而不及其余。到了 UCP600 时期，于是就有了以下规定：

Article 14(l)：

A transport document may be issued by any party other than a carrier, owner, master or charterer provided that the transport document meets the requirements of articles 19, 20, 21, 22, 23 or 24 of these rules. 运输单据可以由任何人出具，无须为承运人、船东、船长或租船人，只要其符合第 19 条、20 条、21 条、22 条、23 条或 24 条的要求。

本款的规定在 UCP500 的基础上前进了一大步。

那么，这是否就意味着运输单据的出具不重要了呢？其实不然。对于承运人来说，运输单据出具，仅仅意味着不同的运输单据格式，以及不同运输单据格式下的承运人与托运人之间的不同权利义务关系。由于运输行业的特殊性，在法律框架内，每个国家都会对运输单据的出具及出具格式，进行严格的监管。在我国，国际海运条件下其实不允许船公司"借签"提单，即签署时不允许使用其他公司的提单格式，而无船承运人"借签"提单，则必须在法律法规的严格规范之下，而不能恣意为之。

我国最新的《中华人民共和国国际海运条例实施细则》规定：

第十五条　无船承运业务经营者申请提单登记时，提单抬头名称应当与申请人名称相一致。

提单抬头名称与申请人名称不一致的，申请人应当提供说明该提单确实为申请人制作、使用的相关材料，并附送申请人对申请登记提单承担承运人责任的书面申明。

第十六条　无船承运业务经营者使用两种或者两种以上提单的，各种提单均应登记。

国际班轮运输经营者和无船承运业务经营者的登记提单发生变更的，应当于新的提单使用之日起 15 日前将新的提单样本格式向交通部备案。

尽管运输单据格式五花八门，但一般都在特定的法律框架内监管规范，其内容则大同小

异。而在监管当局、托运人、收货人眼里,只要承运人通过签署确认了一定提单格式下承运条款代表的承运责任,谁是运输单据出具人,使用了什么样的运输单据格式也就无关紧要了。于是,UCP600作出了不管运输单据出具人的规定。

当然,本款的规定仅仅适用于信用证没有特别要求运输单据出具人的情况。换言之,如果信用证特别要求了特定的运输单据出具人,则另当别论,即仍必须满足。

有人问:信用证中的"shipping company's bill of lading"指的是什么?ICC在R161中回答:由运输公司出具单据的要求,应视为系一由承运人或其代理人出具单据的要求。显然,ICC认为这是对提单出具人的一种要求。结合本惯例第3条"单据出具人的识别"一节的解读,似乎提交的提单必须显示函头为该shipping company,且该shipping company必须为承运人;如没有函头,则由该shipping company作为承运人直接签署,或由其代理人代为签署即可。值得一提的是,表面上看,shipping company似乎等同于承运人,但实际并不相同,所以以上ICC的意见只是将类似要求"视为(be deemed to be)"对承运人或其代理出具单据的要求,而不是完全"等同"齐观。

还有人问:信用证规定"Air Waybill must evidence dispatch effected by(or through)ABC or similar",应该如何满足?

ICC在R411做了回答,以下空运单上显示的三种情况均可接受:

——a)is issued on the letterhead of ABC(with a signature as carrier or agent of a named carrier);

——b)is issued on the letterhead of the carrier(which a signature of ABC as agent of a named carrier);

——c)bears evidence within it that dispatch has been effected through ABC,but where ABC has neither issued nor signed the document.

如果用语为"effected by",以上a)和b)可接受。如果用语为"effected through",以上a),b)or c)均可接受。

值得一提的是,如果信用证仅仅规定"shipment must be effected by(or through)ABC or similar",ICC认为这是本条h款的非单据化要求。

Case 7

如何判断提单出具人?

【背景】
信用证规定:"B/L should be issued by SDV services."
提交的提单显示:函头为"the carrier:COSCO",签署栏为"SDV services signed as agent for the carrier."
【问】这样的提单可以接受吗?
【答】
(1)实务中,运输单据本身只重签署,不重出具,这反映在UCP500和UCP600的运输条款中,均是如此,只提及签署人,未提及出具人。

另一方面,UCP600 Article 14(l)规定:"A transport document may be issued by any party other than a carrier, owner, master or charterer provided that the transport document meets the requirements of articles 19, 20, 21, 22, 23 or 24 of these rules. 运输单据可以由任何人出具,无须为承运人、船东、船长或租船人,只要其符合第19条、20条、21条、22条、23条或24条的要求。"即:如果信用证未要求,任何人出具均可接受。

有时,在中文提单实务中,不区分签署和出具,统一称为签发。而所对应的英文原文或翻译中,则或者为issue(出具),或者为sign(签署),各不相同。

如:《海牙规则》中提单签发原文为"to issued the bill of lading". 我国《海商法》中提单签发,参照《海牙规则》,译为"to issued the bill of lading"。

《汉堡规则》第14条则规定:

"(1) When the carrier or the actual carrier takes the goods in his charge, the carrier must, on demand of the shipper, issue to the shipper a bill of lading.

"(2) The bill of lading may be signed by a person having authority from the carrier. A bill of lading signed by the master of the ship carrying the goods is deemed to have been signed on behalf of the carrier.

……"

以上提单出具和签署已经有了明确地区分。

1976年的金康(GENCON)航次租船合同范本和中远(COSCO)提单范本中,提单签发参照《汉堡规则》,均译为"to sign the bill of lading"。

其实,签署和出具在提单实务中,有很明显的区别。

根据我国的《海商法》,承运人应当对承运的货物"印制"准备一份提单,事实上,承运人对不同的承运货物使用的是统一"印制"的提单,除非特定的货物。不管是提供已经"印制"的提单,还是根据特定货物另行准备的提单,这个过程,均称为"to issue the bill of lading"。

在承运人接收货物后,承运人应当对准备的提单签字确认,表示承运人已经收到承运的货物,并对货物在运输过程中的承运、照料、保管负责。这个过程,均称为"to sign the bill of lading"。

(2)但是,如果信用证有特定要求,则运输单据必须由信用证要求的人出具,且表面上须满足该要求。

那么,怎样算单据的出具? 又如何判断单据的出具人呢? 似乎可以从ISBP的"issuer of documents"的专门段落的规定中寻找答案。

ISBP 681 Para 22:

If a credit indicates that a document is to be issued by a named person or entity, this condition is satisfied if the document appears to be issued by the named person or entity. It may appear to be issued by a named person or entity by use of its letterhead, or, if there is no letterhead, the document appears to have been completed or signed by, or on behalf of, the named person or entity.

本段说明:

(1)信用证要求单据由某具名个人或单位出具,只要表面看来单据系由该具名个人或单位出具即符合信用证要求，这是原则。而且，这个原则适用所有单据，不限于汇票、发票、运输单据、保险单据以外的其他单据。

（2）单据使用印有该具名个人或单位函头的信笺，即为表面看来由该具名个人或单位出具。这是一种方法。

（3）如果未使用函头信笺，但表面看来系由该具名个人或单位，或其代理人，完成及/或签署，则即为表面看来由该具名个人或单位出具。这是另一种方法。需要提请注意的是，这两种判断方法有一定先后顺序，即第一种方法在先，第二种方法在后。只有第一种方法不适用时，才适用第二种方法，不可颠倒。

就本案例而言，提交的提单显示函头为"the carrier:COSCO"，适用第一种判断方法，即这本身就意味着提单出具人为COSCO. 显然，未满足信用证要求。

在实务中，大部分的提单都带有函头，极少数没有。这是由于每一个公司都设计有自己特定格式的提单，且都需要向有关部门备案，而每一个公司的特定格式提单，往往因此带有该公司的特定函头。如果一份信用证要求具名的个人或单位出具提单，则往往意味着对提单格式的要求，即只有具名的个人或单位设计的特定格式提单方可接受。不同的公司，提单格式也往往不同，尽管只是大同小异。但是，不同的提单格式，类似不同的格式合同可能产生不同的解释，包括承运人不同的权利义务界限。

相似的情况，可以参考一下ICC以下规定：

ISBP 681 Para 172：

An insurance document is acceptable if issued on an insurance broker's stationery, provided the insurance document has been signed by an insurance company or its agent or proxy, or by an underwriter or its agent or proxy. A broker may sign as agent for the named insurance company or named underwriter.

此时，保险单据的出具人与签署人也并不相同。

Article 15

相符交单时

a. When an issuing bank determines that a presentation is complying, it must honour. 当开证行确定交单相符时,必须承付。

b. When a confirming bank determines that a presentation is complying, it must honour or negotiate and forward the documents to the issuing bank. 当保兑行确定交单相符时,必须承付或者议付并将单据转递给开证行。

c. When a nominated bank determines that a presentation is complying and honours or negotiates, it must forward the documents to the confirming bank or issuing bank. 当指定银行确定交单相符并承付或议付时,必须将单据转递给保兑行或开证行。

【本条导读】

本惯例第14条规定了开证行、保兑行和其他按指定行事的银行有审单的责任,以确定构成相符交单。审单有两个结果,要么构成相符交单,要么构成交单不符。

本条规定了确定相符交单之时相关银行应该如何行事。

第16条则将规定确定交单不符之时相关银行又该如何行事。

15－060

Article 15(a /b /c)　确定相符交单时银行应如何行事

本惯例第 7 条 a 款确立了开证行对受益人相符交单的承付责任,不管该单据是提交给指定银行,还是给开证行。第 7 条 b 款又确立了开证行对受益人承担承付责任的起点。但是,承担承付责任,仅仅是表明了必须承付的义务,它与实际承付毕竟不同。实际上,对于见单后并确认交单相符的保兑行、指定银行来说,也有相似的问题。概括而言,UCP500 并没有明确以下两个问题:

——什么时候开证行和保兑行必须实际承付,即买入单据?

——代为承付或议付后,指定银行或保兑行如何处置已经买入的单据?

本惯例新增了本条,针对性地作出了回答。

第一,确定相符交单时,开证行应该如何行事?

Article 15:

a. When an issuing bank determines that a presentation is complying, it must honour. 当开证行确定交单相符时,必须承付。

这一规定表明了开证行的见单权利。因为,开证行确定交单相符必然要求以见单为前提,这似乎印证了本惯例第 14 条 a 款"基于单据本身的'表面审核'"一节的解读中提到的一个观点——"开证行有责任审核单据"。

这一规定还表明了开证行必须实际承付的时点——当开证行确定交单相符之时。换言之,尽管本惯例第 14 条 b 款规定了开证行有"5 天"的审单期限,但是,"5 天"仅仅是最长期限,在这"5 天"之内一旦确认相符交单,开证行便必须实际承付,而不是等到"5 天"审单期限的最后一刻。这一观点,与"5 天"审单期限的定义相一致。

值得一提的是,实际承付之时,即为单据所有权转移之时。ICC 在 R12 中说:原则上说,只要单据未获付款,所有权即是属于受益人的。显然,一旦承付,单据所有权便相应易手。对于开证行来说,一旦获得单据,至于如何进一步处置单据,这已经是开证行自己的事了。

第二,确定相符交单时,保兑行和按指定行事的指定银行又应该如何行事?

对于见单后并确定交单相符的保兑行、指定银行来说,由于二者不同的地位,其行事的内容略有不同。

Article 15:

b. When a confirming bank determines that a presentation is complying, it must honour or negotiate and forward the documents to the issuing bank. 当保兑行确定交单相符时,必须承付或者议付并将单据转递给开证行。

c. When a nominated bank determines that a presentation is complying and honours or negotiates, it must forward the documents to the confirming bank or issuing bank. 当指定银行确定交单相符并承付或议付时,必须将单据转递给保兑行或开证行。

保兑行,由于加保,承付或议付相符交单是其责任,所以,确认交单相符之时,其首先必须代为承付或予以无追索权议付,这与本惯例第8条a款的规定相呼应。而其他指定银行,除了明确承诺之外,并无代为承付或予以议付的责任。所以,这里并没有把实际代为承付或予以议付,规定为其他指定银行的行事内容,这与本惯例第12条a款的规定相呼应。

但是,一旦选择了承付或议付,保兑行和其他指定银行便拥有了单据的所有权,二者的行事内容基本相同,即作为指定银行,此时,它们必须将单据转递给开证行,以获取偿付。略有不同的是,保兑行只能将单据转递给开证行,而其他指定银行还可以将单据转递给保兑行。这与本惯例第7条和第8条c款的规定相呼应。

值得一提的是,这里仅仅规定了转递单据限于"付款之时",至于间隔时间多长,并没有具体的规定。实务中,包括保兑行在内的指定银行,一般都会按照诚信原则在代为承付或予以议付后将单据转递开证行或保兑行,以加快业务进程,这有利于申请人尽早赎单提货,也有利于指定银行尽快获得偿付。然而,这并不排除有些指定银行的异常行事。比如:为了与开证行或保兑行就不符点产生争议时掌握主动,在信用证允许电索的情况下,常常违背UCP精神,先行索偿,收到款项后才寄递单据。还比如:极端者,如果指定银行承付或议付后由于寄递延误或其他过失给保兑行或开证行或申请人造成损失,可依适用的法律对指定银行抗辩。这些异常可能导致的纠纷,似乎已经是法律框架内的问题了。然而,诚信的银行在审单完毕后应转递单据,仍应以"毫不延误"为宜。

总而言之,正像UCP制定小组的评述所说:"拟订本条旨在使相关方清楚地知道,一旦单据相符银行应该如何行事。"

品读 UCP600

Article 16

交单不符时

a. When a nominated bank acting on its nomination, a confirming bank, if any, or the issuing bank determines that a presentation does not comply, it may refuse to honour or negotiate. 当按照指定行事的指定银行、保兑行(如有)或开证行确定交单不符时,可以拒绝承付或议付。

b. When an issuing bank determines that a presentation does not comply, it may in its sole judgement approach the applicant for a waiver of the discrepancies. This does not, however, extend the period mentioned in sub-article 14(b). 当开证行确定交单不符时,可以自行决定联系申请人放弃不符点。然而这并不能延长第 14 条(b)款所指的期限。

c. When a nominated bank acting on its nomination, a confirming bank, if any, or the issuing bank decides to refuse to honour or negotiate, it must give a single notice to that effect to the presenter. 当按照指定行事的指定银行、保兑行(如有)或开证行决定拒绝承付或议付时,必须向交单人发出一份单独的拒付通知。

The notice must state 该通知必须声明:

i. that the bank is refusing to honour or negotiate; and 银行拒绝承付或议付;及

ii. each discrepancy in respect of which the bank refuses to honour or negotiate; and 银行拒绝承付或议付所依据的每一个不符点;及

iii. a) that the bank is holding the documents pending further instructions from the presenter; or 银行留存单据听候交单人进一步指示;或者

b) that the issuing bank is holding the documents until it receives a waiver from the applicant and agrees to accept it, or receives further instructions from the presenter prior to agreeing to accept a waiver; or 开证行留存单据直到其从申请人处接到放弃不符点的通知并同意接受该放弃,或者其同意接受对不符点的放弃之前从交单人处收到其进一步指示;或者

c) that the bank is returning the documents; or 银行将退回单据;或者

d) that the bank is acting in accordance with instructions previously received from the presenter. 银行将按照之前从交单人处获得的指示处理。

d. The notice required in sub-article 16(c) must be given by telecommunication or, if that is not possible, by other expeditious means no later than the close of the fifth banking day following the day of presentation. 第 16 条(c)款中要求的通知必须以电讯方式,如不可能,则以其他快捷方式,在不迟于自交单之翌日起第五个银行工作日结束前发出。

e. A nominated bank acting on its nomination, a confirming bank, if any, or the issuing bank may, after providing notice required by sub-article 16(c)(iii)(a)or(b), return the documents to the presenter at any time. 按照指定行事的指定银行、保兑行(如有)或开证行在按照第 16 条(c)款(iii)项(a)或(b)发出了通知之后,可以在任何时候将单据退还交单人。

f. If an issuing bank or a confirming bank fails to act in accordance with the provisions of this article, it shall be precluded from claiming that the documents do not constitute a complying presentation. 如果开证行或保兑行未能按照本条行事,将无权宣称交单不符。

g. When an issuing bank refuses to honour or a confirming bank refuses to honour or negotiate and has given notice to that effect in accordance with this article, it shall then be entitled to claim a refund, with interest, of any reimbursement made. 当开证行拒绝承付或保兑行拒绝承付或议付,并且按照本条发出了通知后,有权要求返还已偿付的款项及利息。

【本条导读】

交单不符时,不构成开证行、保兑行的必须承付或议付责任,也不构成其他指定银行可以代为承付或议付的权利。换言之,相关银行均可选择拒绝承付或议付。这就是通常所说的"拒付"了,或者说,它是 UCP 意义上的"抗辩"。

本条规定了确定交单不符时相关银行的"拒付"规则。

16-061

Article 16(a)　确定交单不符时的银行拒付

确定相符交单时，相关银行必须承付或议付，这是本惯例第 15 条的规定。

那么，如果确定交单不符呢？

Article 16(a)：

When a nominated bank acting on its nomination, a confirming bank, if any, or the issuing bank determines that a presentation does not comply, it may refuse to honour or negotiate. 当按照指定行事的指定银行、保兑行（如有）或开证行确定交单不符时，可以拒绝承付或议付。

从本款似乎可以看出：

第一，"拒付"是 UCP 意义上的银行抗辩。

在本款"银行的抗辩与 UCP 意义上的'拒付'"一节的解读中将提到，抗辩，即以法定事由对抗请求权，或否认对方权利。

在信用证安排下，受益人交单的最终目的是为了获得付款，所以，其交单的同时即意味着向有效银行提出了付款请求。然而，不管是负有承付或议付责任的开证行和保兑行，还是享有承付或议付权利的指定银行，其付款均以相符交单为前提。相应地，当确定交单不符时，本款便赋予了相关银行"拒付"的权利——拒付承付或议付，以对抗受益人的请求。所以说，"拒付"——即拒绝承付或议付，是 UCP 意义上的抗辩。与所有的抗辩都有法定的抗辩理由一样，UCP 意义上的抗辩（"拒付"）理由，就是本款所说的"交单不符"了。

需要提请注意的是，"交单不符"，是相关银行凭以提出"拒付"的唯一理由。在其他情况下，由于受益人或指定银行行事不当，造成开证行、保兑行、准备按指定行事的指定银行拒绝承付、议付，均不构成 UCP 意义上的抗辩——"拒付"，所有这些，都只是法律意义上的普通抗辩。比如：一个要求作为兑用付款工具的汇票的信用证，受益人提交了相符单据却未提交汇票，包括汇票要素不全、记载事项有瑕疵，开证行因此拒绝承付，这仅仅是法律意义上的普通抗辩，绝不是 UCP 意义上的"拒付"。再比如：指定银行，未按规定寄递单据，导致开证行拒绝承付或偿付，也不是 UCP 意义上的"拒付"。

第二，"拒付"是确定交单不符时银行的权利。

哪些银行呢？在信用证安排下负有承付或议付责任的银行，包括：开证行、保兑行、准备履行指定的其他指定银行。这一规定与本惯例第 14 条 a 款的规定相呼应。

——开证行，在信用证安排下负有承付相符交单的责任。

——保兑行，基于其保兑行为，负有承付或无追索权议付相符交单的责任。

——尽管开证行对其他指定银行的委托承付或允许议付的单方面授权，并不赋予非保兑行的其他指定银行必须承付或议付相符交单的义务,但是,在其他指定银行明确接受授权,同意按指定行事,并告知受益人之时起,便负有承付或议付相符交单的责任。

本惯例第 2 条"申请人"一节的解读中提到过,申请人不是信用证安排下的当事人,并不负有信用证安排下的承付或议付责任,所以,实务中申请人与开证行之间的任何抗辩,都不构成 UCP 意义上的"拒付"。开证行就不符点单据,在拒付之前往往会联系申请人,申请人仅有权坚持或放弃不符点,根据本条 b 款的规定,开证行对申请人的态度可以同意,也可以不同意。至于"拒付"与否,则是 UCP 赋予开证行独立判断的权利,不受申请人态度的影响。

第三,"拒付"权利并不等于必然实际拒付。

与相符交单下开证行或保兑行必须承付或议付不同,按照指定行事的指定银行、保兑行或开证行,确定交单不符时,可以有两种选择,可以拒付,也仍可以承付或议付。但是,是否拒付却取决于有关银行的意愿,归根结底取决于申请人这一单据最终买家的意愿。

但是,正如本惯例第 2 条"拒付率与信用证的前景"一节的解读中所提到的,实务中,大部分的信用证安排下交易,都会付款。极个别情况下,才会发生真正的拒付,许多情况下的拒付,只是开证行或申请人的策略性考虑。这一点,正符合跟单信用证作为国际贸易结算的"付款工具"的本意。

第四,"拒付"的权利,在有关银行之间互相独立,即任何一家银行的拒付,并不意味着另外一家银行也必须拒付。

值得一提的是,银行的"拒付"相互独立,并不互相影响。

ICC 在 R270 中说:"It is certainly true that the confirming bank is the agent of the issuing bank, which must ultimately take responsibility for the actions of its agents; however, this does not, in itself, preclude the issuing bank from rejecting documents for valid discrepancies, regardless of whether or not the documents had been similarly refused by the confirming bank, since the bank is exercising its right under Article 14(UCP500)."从这里可以看出,保兑行拒付之后,开证行仍然可以拒付,而反之,如果开证行愿意,也可以承付。

16—0611

银行的抗辩与 UCP 意义上的"拒付"

什么是抗辩?

抗辩是一个法律用语。所谓抗辩,即以法定事由对抗请求权,或否认对方权利。以票据抗辩权为例:

最新《中华人民共和国票据法》规定[①]：

第十三条　票据债务人不得以自己与出票人或者与持票人的前手之间的抗辩事由，对抗持票人。但是，持票人明知存在抗辩事由而取得票据的除外。

票据债务人可以对不履行约定义务的与自己有直接债权债务关系的持票人，进行抗辩。

本法所称抗辩，是指票据债务人根据本法规定对票据债权人拒绝履行义务的行为。

在法律上，抗辩又根据抗辩理由的存续时间，分两种：

——永久性抗辩。即一旦抗辩，该抗辩理由将永久存在，抗辩也相应无法解除。

——临时性抗辩。即尽管抗辩，但是其抗辩理由将随着时间的推移而消失于无形，抗辩也将相应解除，从而不复存在。

在信用证机制中，基于基础合同、开证申请书和信用证安排，可能存在申请人的抗辩、银行的抗辩和受益人的抗辩等。其实，本惯例第1条"'止付令'的三个问题"一节解读中提到的银行凭止付令拒绝对外付款就是一种抗辩。这里主要讨论信用证安排下银行，特别是开证行对受益人或指定银行的抗辩。开证行对受益人或指定银行的抗辩，根据其理由不同，又包括以下几种情况：

第一，信用证安排中的单据化条件。

本惯例第2条信用证定义中提到，信用证安排构成了开证行的有条件确定承诺，其前提条件便是相符交单。相应地，信用证安排中各种条件，便主要由单据化条件构成。而开证行基于受益人或指定银行交单，未满足信用证安排中的单据化条件而抗辩，便是平常所说的UCP意义上的"拒付"了，而该交单就是不符点交单。

换句话说，日常实务中的"拒付"，仅仅是开证行，以信用证安排中的单据化条件未满足为由，对抗指定银行或受益人请求付款的行为，它仅仅是开证行在信用证安排下的一种抗辩。

第二，信用证安排中的开证行对受益人要求的未单据化条件。

然而，信用证安排中的条件，并不全是单据化条件，其中还可能包括"非单据化条件"。按照本惯例第14条h款的规定，"非单据化条件"下，"银行将视为未作规定并不予理会"，也就是说，信用证安排中的"非单据化条件"没有被满足，银行并不能凭以"拒付"。

但是，如果"非单据化条件"，作为开证行对受益人的直接要求没有被满足，并不因此意味着开证行不可以据以抗辩。恰恰相反，在法律上，"非单据化条件"仍应该被满足，如果未被满足，仍可以成为开证行抗辩的理由，只要不伤害善意第三人。

比如：信用证规定凭受益人汇票兑用。如果该条件未满足，虽然开证行不能凭以"拒付"，但开证行仍可以以汇票未提交，或者该汇票付款期限错误，或者该汇票无出票日期，或者该汇票金额拼写错误等汇票要素或记载上的瑕疵为由，对抗受益人或指定银行的付款请求。当然，如果重新提交合格的汇票，该抗辩理由便解除，开证行仍应付款。此类抗辩，属本节前面解读

---

① 引自《中华人民共和国票据法》（1995年5月10日第八届全国人民代表大会常务委员会第十三次会议通过，根据2004年8月28日第十届全国人民代表大会常务委员会第十一次会议《关于修改〈中华人民共和国票据法〉的决定》修正）。

中提到的临时性抗辩。

第三,信用证安排中的开证行对指定银行要求的未单据化条件。

比如:开证行规定二次寄单。如果指定银行收到受益人的相符交单后,忽视了信用证的该项要求,予以一次寄单,结果寄单过程中单据丢失。

根据本惯例第 7 条 c 款的规定,对于受益人而言,其提交给指定银行,并已经构成了相符交单,便有权要求开证行承担承付责任。换句话说,开证行不能凭以该寄单条件未被满足而对受益人或指定银行"拒付"。但这并不意味着开证行不会由于指定银行未按寄单指示行事,而予以抗辩。

然而实务中,往往抗辩与"拒付"不分,此时开证行往往会拒绝向指定银行付款,发的报文也不加区分,一律均为"拒付"电——MT734—Advice of Refusal。此后,即使在指定银行提供单据副本证明相符交单的情况下,开证行对指定银行的付款往往也会大大延迟,有时会要求指定银行赔偿。这些都是抗辩的结果,而不是"拒付"引起的,因为开证行必须全额承付受益人的相符交单,并且名义上承担未及时付款的利息和损失。在法律上,指定银行可能要为其未按寄单条件行事造成的后果承担责任,分担开证行赔付的利息和损失。

16-062

Article 16(b)　拒付前联系放弃不符点

前面的解读中提到,信用证的本意在于以付款促进贸易,而不是拒付的工具。实务中,如果确定交单不符,开证行在正式对外"拒付"之前,为慎重起见,往往会征求申请人的意愿是否接受。但是,必须依规定行事。

Article 16(b):

When an issuing bank determines that a presentation does not comply, it may in its sole judgement approach the applicant for a waiver of the discrepancies. This does not, however, extend the period mentioned in sub-article 14(b). 当开证行确定交单不符时,可以自行决定联系申请人放弃不符点。然而这并不能延长第 14 条(b)款所指的期限。

开证行就不符点联系申请人,这与信用证安排的性质有关。尽管信用证安排独立于基础合同,然而信用证安排来源于基础合同,最终是为了服务基础合同,所以最后必然要回归到基础合同中去。所以,不符点下交单的交涉,尽管起因在于信用证安排,不符点接受与否最终还是要落实到申请人与受益人依据基础合同进行协商。开证行有拒付的权利,但实务中拒付前还是以联系申请人确定接受不符点为宜,因为有时申请人可能认为该不符点并不重要,或鉴于市场形势,或与受益人的业务关系的需要,比如拒绝后受益人可能不再发下批货等,申请人愿意接受。如果开证行自作主张拒付,则有可能伤害申请人的利益。于是,就有了本款的规定,正如阁之大先生所言,"如此,使开证行对受益人责任的独立性与开证行联系申请人接受不符点的习惯作法协调起来"。

结合本款的规定,似乎可以看出:

第一,联系申请人放弃不符点,是开证行的权利。

本款只是说,开证行确定交单不符时,可以联系申请人。言外之意,开证行也可以不联系申请人。既然开证行可以联系,也可不联系,这不正说明了联系申请人放弃不符点是开证行的权利?!换言之,联系申请人,并不是开证行的义务,不能强使开证行联系申请人。纵然实务中开证行的拒付通常与申请人意见有关,但并未规定开证行每次拒付都必须联系申请人。开证行可以根据自己的判断决定是否运用这一权利。

鉴于开证行系申请人的直接受托人,本款仅仅授权开证行联系申请人,似乎从而排除了保兑行及其他指定银行如此行事的可能性。其实不然,实务中,保兑行及其他指定银行,尽管没有与申请人直接联系,但完全可以采取电提不符点的方式,通过开证行间接联系申请人。

值得一提的是,由于电提不符点时,开证行没有见单,该做法实际上不完全受 UCP 的约束。开证行可以接受,也可以不接受,还可以不予答复。但是,开证行一旦向交单人发出通知接受不符点,开证行见单时不应出尔反尔就该不符点拒付,这并不妨碍开证行就其他不符点拒付。当然,在电提不符点情况下,由于没有实际见单,开证行并不受"5 天"审单期限的约束。ICC 在 R547 的结论中说:如果电提不符点被开证行确认接受,单据将被寄送给开证行,而开证行将必须按照 UCP 关于拒付的规定行事,包括在收到单据翌日后 7 个银行工作日内发送拒付通知,如果除了已被接受的不符点外又发现其他不符点的话。

有人问:电提不符点下,开证行同意申请人放弃不符点,指定银行可以承付或议付吗?ICC 曾经认为,这相当于,就本次交易而言"修改"了信用证相关条款,且已经过受益人和开证行同意,本次交单因此构成了新的相符交单,此时指定银行承付或议付,仍然在开证行的指定范围之内,有权得到开证行的偿付。其实,作为电提不符点答复电的 MT752—Authorization to Pay, Accept or Negotiate,名称即为授权付款、承兑或议付,其定义更是说了,允许接受单据,无须理会之前电提到的单据中依然存在的不符点,只要没有别的不符点。当然,这里所说的相当于"修改",仅局限于本次交易,并不完全等同于第 10 条所说的信用证修改。

第二,联系申请人放弃不符点,并不影响开证行的"拒付"权利。

开证行就不符点联系申请人,目的仅仅在于让其在开证行对外"拒付"之前有机会放弃不符点。然而,这并不影响开证行决定"拒付"的权利。ICC 在 2002 年 4 月发布的文件"Examination of Documents, Waiver of Discrepancies and Notice under UCP500"(注:以下简称《拒付文件》)中说:"申请人放弃不符点的决定对开证行并不具当然的约束力。"R267 也说:"The receipt of a waiver from the applicant, either direct or via the beneficiary, does not bind the issuing bank to accept the documents. The decision of whether or not to comply with the waiver is one for the issuing bank to decide in its sole judgement."申请人放弃不符点,并不约束开证行必须接受单据。开证行是否同意申请人的放弃不符点,取决于开证行的独立判断。

按常理,申请人放弃不符点,开证行做个顺水人情,承付受益人交单,成全一笔交易,申请人愿意,受益人愿意,何乐而不为呢?

实务中,大部分情况下开证行确实如此行事。但是,在极个别情况下,开证行仍会一反常态,置申请人与受益人的意见于不顾,毅然决然予以拒付。为什么呢?这往往和开证行对申请人资信状况的判断有一定关系。申请人向开证行申请开证时,大部分情况下不会向开证行提

供十分完美的保障。当受益人提交的单据有不符点,而申请人财务状况有恶化的可能,足以影响信用证安排下正常付款时——特别是影响远期信用证安排下正常到期付款时,开证行为了保全自己的利益,往往会选择拒付,而不管申请人是否放弃不符点。此时,将会出现申请人放弃不符点,而开证行不同意的情况。而在授信开证的情况下,开证行为保护自己的利益不受损害,还完全可能采取先行拒付,而不联系申请人的做法。

第三,联系申请人放弃不符点,并不等于单据交由其审核,也不能延长"5 天"审单期限。

本款允许开证行就不符点洽申请人,但不等于允许开证行将单据交由申请人审核。国际商会专家对信用证与贸易融资实务有关问题的意见和建议中指出:开证行不能将单据交给开证申请人审核。

而对于开证行来说,即便联系申请人接受不符点,仍必须遵守规定的"5 天"审单期限。开证行给予申请人的只是对不符点选择放弃的机会,而不是对单据的审核。因此,申请人不享受"5 天"审单期限。所以,ICC 在《拒付文件》中建议:开证行联系申请人时,最好限定申请人表态的时间,申请人则应尽快在要求的时间内作出答复,否则开证行就只有选择拒付了。

至于开证行等待申请人表态的时间,到底可以有多长呢?

2001 年 10 月,美国一法院在审理 DBJJJ INC vs. 国民银行案中判决:UCP500 第 14 条未能明确地阐述银行应该在哪一个时间点上拒绝接受单据,即是否应在其审核完单据并确定了不符点时,抑或是在其收到申请人不接受不符点的回复时。但是,既然银行有最长不超过 7 个工作日的合理时间来决定是否接受单据,那么,等待申请人作出最后决定本身并不违反 UCP 第 14 条的规定,否则该条允许开证行征求申请人接受不符点的表述就毫无意义。

显然,只要不超过本条 d 款的"5 天"拒付期限即可。值得一提的是,正如本条 d 款的解读中即将提到的,该期限与本款所提到的本惯例第 14 条 b 款中的"5 天"审单期限不完全相同,却有着严密的衔接关系。

16-063

Article 16(c)　拒付通知

正式拒付时,银行必须作出意思表示,这就是本惯例所说的拒付通知了。

Article 16(c):

When a nominated bank acting on its nomination, a confirming bank, if any, or the issuing bank decides to refuse to honour or negotiate, it must give a single notice to that effect to the presenter. 当按照指定行事的指定银行、保兑行(如有)或开证行决定拒绝承付或议付时,必须给予交单人一份单独的拒付通知。

本款规范了拒付通知的形式及其基本内容,直接目的是促使单据的所有人——交单人——尽快处置单据,包括与单据有关的货物等,最终目的则是为了促进贸易。

以上本款的前半部分表明了：拒付时，必须由银行向交单人发出一份单独的拒付通知。

第一，拒付通知必须由见单的开证行、保兑行或按指定行事的其他指定银行发出。

本条 a 款规定了开证行、保兑行或按指定行事的其他指定银行，在确定交单不符时，有拒付的权利。然而，权利仅仅是一种资格，只有实际的拒付通知才代表了相关银行拒付的真实意思表示。

有人问：按指定行事的其他指定银行，通常就是受益人的往来银行，其拒付时也往往不发书面形式通知，而只作口头通知。可以吗？

似乎可以接受。本条 d 款的规定只是要求，开证行和保兑行的拒付通知为书面形式，而未提及其他指定银行。其实，只要指定银行没有事先对受益人承诺将按指定行事，似乎不通知或不按本条通知也无关大碍，因为根据本惯例第 12 条 a 款，代为承付或予以议付不是其必须承担的责任，尽管实务中，包括按指定行事和未按指定行事的所有指定银行，都会提供专业的审单服务，及时通知不符点。

当然，对于事先明确向受益人表示接受指定的指定银行，则另当别论。

第二，拒付通知必须向交单人发出。拒付通知发给其他方，包括交单行的其他分支机构，都将导致拒付失效。

本惯例第 2 条"交单"一节的解读中提到，未付款之前单据属于交单人。银行的拒付通知，理应发给单据的所有人——交单人。

有人问：单据由 I 银行的 H 分行议付提交，开证行将不符点通知发送到 I 银行所在国家的 M 分行。可以吗？

ICC 在 R425 的结论中说："不符点通知必须在推断期限内发送给寄单银行的该分行，发送电文给交单银行的另一分支机构不一定满足 UCP 之'拒付通知必须发往自其收到单据的银行'的拒付条件，开证行必须仔细考虑这一行为的后果。"

所以，实务中发送拒付电须慎重行事，特别是在许多寄单银行未在寄单面函上直接标明 BIC code 的情况下，需要认真核实拒付电的收报银行是否就是寄单银行。

值得一提的是，这里没有明确通过其他银行转递拒付电文的事。实务中，有时寄单银行没有加入 SWIFT 或没有电传，拒付通知以电讯传递的情况下，不得不通过另一家银行转递，如此行事是有风险的。保险的做法，是同时通过快邮寄送纸质拒付通知，从而可确保万无一失。

第三，必须是一份单独的拒付通知。

关于这一点，UCP500 的措辞并没有直接明确，曾经因此产生一些误会，为此，ICC 在《拒付文件》中解释为："If the issuing bank decides to refuse the documents it must provide a notice in accordance with UCP sub-Articles 14(d)(i)and(ii). This must be a single notice."

本款的规定则吸收了这一观点，直接予以明确了。

换言之，拒付通知不能是两份以上。当然，也不能把拒付通知的内容分拆在几份之中，即不能在一份中表明银行的拒绝承付或议付，一份中列明所依据的不符点，一份中说明拒付后的单据处理方案。ICC 在 R431 中说:"保兑行只有一次给出拒付理由的机会。起初的拒付是错误的,这一事实不容许它在后来作出纠正。"

比如:TA.544 REV 中,议付行提交了一证明,开证行拒付电中称该证明未提交,后开证行又补充通知说该证明提交了,但签字不合格。尽管后来提出的这一不符点确实存在,但由于不符合单一拒付通知的规定,ICC 决定该不符点无效。

16—0631

拒付通知的内容

拒付通知的内容,规范的是银行所想要表示的意思,以避免词不达意。

Article 16(c):

The notice must state 该通知必须声明:

i. that the bank is refusing to honour or negotiate; and 银行拒绝承付或议付;及

ii. each discrepancy in respect of which the bank refuses to honour or negotiate; and 银行拒绝承付或议付所依据的每一个不符点;及

iii. a) that the bank is holding the documents pending further instructions from the presenter; or 银行留存单据听候交单人进一步指示;或者

b) that the issuing bank is holding the documents until it receives a waiver from the applicant and agrees to accept it, or receives further instructions from the presenter prior to agreeing to accept a waiver; or 开证行留存单据直到其从申请人处接到放弃不符点的通知并同意接受该放弃,或者其同意接受对不符点的放弃之前从交单人处收到其进一步指示;或者

c) that the bank is returning the documents; or 银行将退回单据;或者

d) that the bank is acting in accordance with instructions previously received from the presenter. 银行将按照之前从交单人处获得的指示处理。

这是本款的下半部分,它要求一份标准的拒付通知必须包含三项内容:表明银行拒绝承付或议付,列明银行拒付所依据的每一个不符点,选定一个标准的单据处置方案。

第一,表明银行拒绝承付或议付。

拒付通知中,必须明确说明银行拒绝承付或议付。比如:开证行不能是表明拒绝议付,因为开证行的责任只能是承付责任;可即期付款、可延期付款、可承兑付款信用证下保兑行不能表明是拒绝议付,因为它不是可议付信用证等等;也不能是拒绝接受单据,这是 UCP500 时期的措辞,也不太准确。为此,建议拒付通知时尽量使用 MT734—refuse of notice,则可以避免此类问题,因为最新的 SWIFT 定义已经反映了 UCP600 的这一内容。

而且拒付必须明示,不能默认。关于这一点,ICC China 在 ICCCR034 中的分析及结论为:"信用证拒付是一种民事法律行为。根据一般法律原则,民事法律行为必须以明示的方式作出,除非法律明确规定,否则,不能以默示或推定为意思表示。信用证的拒付并没有法律规定可以默示的方式作出,也没有规定在何种情况下可以推定为拒付,因此,只能在开证行明确自己拒付的情况下,才能认为拒付发挥效力。"

拒付上明示必须由相应的银行作出,不能代表申请人。ICC China 继续说:"在本案中,开证行仅声明'申请人拒收单据',未明确表示自己拒收单据,拒付行为不产生效力。"正如 ICC511 中所说:开证行只是作为一个独立的、受信任的主要付款人,而不是申请人拒付的代言人。所以,即使在联系申请人后未放弃不符点时,开证行对外拒付通知中,仍应明显表态系以自己的名义"拒付"——the applicant has not waived the discrepancy(ies), we refuse the documents, 而不是因为申请人未放弃不符点而拒付——the applicant refused the documents for the discrepancy(ies).

比如:1995 年的 VOEST-ALPINE 贸易公司 vs. 中国银行案。1995 年 8 月 1 日,美国 VOEST-ALPINE 贸易公司向其往来银行得克萨斯商业银行(TCB)交单,开证行(中国银行)审单后拒付,就有关事宜发了两个电文。8 月 11 日的第一个电文中提出 7 个不符点,并表明,中国银行将保留单据听候 TCB 处理,同时将联系申请人看其是否接受不符点(contacting the applicant for acceptance of the relative discrepancy)。随后,对方来电称上述不符点并不影响货物质量,该行拒付没有充分根据。8 月 19 日的第二个电文中中国银行表示,银行审核单据的原则是看单据表面是否与信用证条款一致,同时写到:"Now the discrepant documents may have us refuse to take up the documents according to UCP500 Article 14(b)."

美国南得克萨斯州立法院的受理法官认为,该行 8 月 11 日的电文中并未写明"拒付"字样,也就是说未表示要"拒付"。并且,该电文表示联系申请人,这一附加信息说明申请人有可能放弃不符点而接受单据,从而表明中国银行并未拒付单据。而 8 月 19 日的电文中,中国银行写到"Now the discrepant documents may have us refuse to take up the documents according to UCP500 Article 14(b)",这是开证行第一次拒付,且这充其量也只是尝试性的。使用"now"一词进一步表明以前在 8 月 11 日的电文中并未拒付单据。最后,法庭断定,因中国银行没有在拒付期限内正式提出拒付,该行无权宣称单据与信用证条款不符。

第二,列明银行拒付所依据的每一个不符点。

UCP500 第 14 条 d(ii)款中规定了银行拒付通知必须列明拒付所依据的"所有"不符点——Such notice must state all discrepancies in respect of which the bank refuses the documents, 然而,这一措辞并不准确。因为仅仅列明的一个有效不符点就足以作为拒付的理由,而可以不计其余。为此,本款的措辞调整为,拒付通知中必须明确列明所依据的"每一个"不符点——Each discrepancy in respect of which the bank refuses to honour or negotiate.

不符点必须是有效的。ICC 在 R271 中说:"从质疑的内容来看,进口商银行(开证行)似乎分三次将拒付内容通知了指定银行/议付行。UCP500 第 14 条 d(i)已清楚规定只能一次发出含有所有凭以拒付的不符点的通知,唯一有效的拒付是第一次,其他两次无效。只要第一次拒付所列明的不符点成立,开证行即有不付款的理由。"

有意思的是不符点描述程度不足,将导致不符点无效。比如:某开证行发往韩国寄单行拒付电中的不符点措辞为"the description of goods differ from LC stated". 韩国法院认为,UCP500 第 14 条之所以对拒付通知的操作予以规范,其目的是给寄单者在有效期限内更正单据的机会。一个拒付通知正确与否,应以是否能使寄单者立即判断出能否更正不符点作为判断尺度。该拒付电对不符点的提法明确性不足,不能视为正常的拒付通知,因此,开证行失去了拒付的权利。

还比如:某开证行拒付时提出不符点 D1——certificate of origin Form A shows content inconsistent with other documents. 经议付行反驳后,开证行就以上不符点作出解释。ICC 的决定为:如果不符点通知不具体,尽管之后开证行进行了解释,也不能使第一次发出的不清晰的拒付通知成为有效通知。有效的通知应是一个单一的通知。不符点 D1 并没有清晰地表明单据不符的具体情况,也没有指明与哪一个单据不一致,这不是一个可以接受的拒付通知。

第三,选定一个标准的拒付后单据处置方案。

拒付后,一个标准的单据处置方案,可以是以下四种之一:

a)留单听候交单人指示。

c)退单。

以上 a 方案和 c 方案,承接了 UCP500 的规定,前后没有实质的变化。

在 UCP500 时期,个别银行会在拒付通知中说明 a 方案的同时,听从于申请人的劝诱,向申请人放单。ICC 认为,其实这是不对的。ICC535 Case 8 中说:"开证行应遵循自己'代持单听候指示'的立场,对单据的任何处理都须按照寄单者的指示,对申请人的放单必须征得寄单者的同意。"开证行不能因提交的单据中无代表物权的运输单据就随意放单,也不能一边代持单一边向船公司出具提货担保使申请人提货。否则,开证行不仅失去拒付的权利,还要赔偿因此而给受益人/寄单行造成的损失。

为避免这种情况,许多银行作了变通,在拒付通知中加列条款——"收到进一步指示前保留向申请人放单并付款的权利"。ICC 专家在对于信用证、贸易融资实务有关问题的意见和建议中指出:"开证行在拒付电中增加的这一内容是不生效的,也是毫无意义的,因为这属于单方面要约,不具备法律意义……开证行要使得这一条款生效以防范此类风险,必须在开证时在信用证条款中增加这一内容。"之后,许多银行的做法便采取了这一做法。如今,为了彻底解决这一问题,本惯例干脆就将该内容单列为一种标准的单据处置方案——b 方案,供银行拒付时选择。

b)开证行留单等待申请人放弃不符点,并同意。

这是本惯例规定的新方案。其实,正如本惯例第 2 条"拒付率与信用证的前景"一节的解读中提到的,在大多数情况下,银行拒付仅仅是策略性拒付。一笔进出口业务,要经过谈判、签订合同等诸多环节,花费好多精力,而信用证下付款交单常常仅仅是一个完整采购、生产、销售计划的其中一环。所以,只要货物没有实质性问题,实务中由于交单环节中的不符点而真正拒付致交易失败的情况并不多。或者由于货物急需,或者为了避免货物抵港后的滞港费,通常是开证行和寄单行尚未就所提不符点取得共识,在尚未接到寄单行进一步指示时,申请人已向开证行表示同意接受不符点单据了。针对业务中的这一实际情况,UCP600 增加了 b 方案。

值得一提的是,b 方案仅适用于开证行。因为根据本条 b 款"拒付前联系放弃不符点"一节的解读中提到的,只有开证行才可能,也才有权同意申请人放弃不符点。而本款 b 方案的措辞——"申请人放弃不符点,须经开证行同意",也呼应了本条 b 款的规定。

d)按照之前指示处理。

这也是本惯例规定的新方案。

通常,"之前指示"指的是受益人通过寄单银行在面函上已经作出的处置单据的指示。比如,受益人就拒付后的单据处置已经作了安排,或者要求银行立即退单以便尽快转手、或已与申请人事先达成放单条件、或者要求将单据转给另一方等。相应地,只要有此类指示,银行便可依指示行事。

值得注意的是,在有"之前指示"的情况下,银行理应首先选择 d 方案。然而,由于该指示是单方面的,并不构成银行必须执行的义务,而由于单据未付款前即属于交单人,也不构成银行必须保管的义务,如果银行不愿意执行指示,也不愿意保管单据,显然仍可以选择 c 方案——退单。只是此时,银行没有理由,从而不应该也不允许选择另外的两个方案——a 方案和 b 方案。

有时,"之前指示"也会体现在开证行的原证中或转让行的已转让信用证中,比如,换单或不换单指示等。由于受益人兑用了信用证,此类指示一般来说已经类似于受益人和银行双方之间达成一致的约定了,开证银行似乎必须执行 c 方案,而不应另选其他方案。

16—0632

不符点与替换单据

信用证安排下,受益人单据经自己的往来银行审核,如果存在不符点,大部分的情况下,还是会更正或替换。有时,经开证行或保兑行审核如果发现存在不符点,受益人也仍会更正或替换单据。

有人问:声明代持单听候指示,开证行是否可以接受寄单者的指示代为更正单据呢?

ICC 在 Case 45 中回答:既然代持单听候指示,看来开证行应该听从寄单者的指示,但这是一个由法庭决定的事。换言之,只要开证行愿意,在交单人有明确的指示下,可以代为改单。

实务中,单据常常由出具人或签署人更正,但并不排除由第三方代理为之。

其实,已经寄给开证行的提单,如果漏了背书,受益人也常常通过自己的往来银行发电委托开证行处理。ICC 在 ISBP 681 第 102 段中规定:"If a bill of lading is issued to order or to order of the shipper, it must be endorsed by the shipper. An endorsement indicating that it is made for or on behalf of the shipper is acceptable. 如果提单做成指示式抬头或做成凭托运人指示式抬头,则该提单必须经托运人背书。代理人为或代表托运人所做的背书是可以接受的。"很明显,这一规定认可了实务中的这一做法,同时也印证了 ICC 在上述案例中的观点。

那么,银行应该如何看待这些已经更正或替换过的单据呢?

ICC 在 R13、R97、R241 中说:"受益人及寄单行一直有可能更正并替换单据,只要该更正在信用证效期内并在统一惯例规定的交单期内提交,且单据仍然符合信用证条款。"显然,经更正或替换后的单据,应按"新单据"重新提交、审核、处理。

具体而言,如果"新单据"中有"新不符点",仍可以提出,并凭以拒付。

ICC 在 R328 中说:"This principle applies whether the documents are a first presentation or a presentation on the basis of corrected documents. The only 'new' discrepancies that the issuing bank can identify would relate to the form or content of the re-presented documents, provided that the 'new' documents were presented within the presentation period and the expiration date of the letter of credit."

国际商会专家曾于信用证、贸易融资实务有关问题的意见和建议中谈到:"开证行审单后对外提不符点,如果交单行要求退回全套单据进行修改,那么开证行在第二次收到单据后应视作全新单据重新审核,并可提出与第一次不同的不符点;如果部分退单修改,则开证行只能审核原不符点修改之处,无权再提出新的不符点。"

鉴于拒付后有改、换单的可能,如果确实存在货物缺陷,申请人不欲接受单据,申请人往往会与开证行联系,用足"5天"审单期限和拒付时限,在最后的时间内发出拒付通知,以阻止受益人有机会在有效期限或交单期限内重新提交单据。

16—0633

不符点与二次寄单

单据寄送,有丢失的风险。从交单人向指定银行相符交单起,开证行的责任即告成立,根据本惯例第35条的规定,如果单据在从指定银行向保兑行或开证行寄送过程中丢失,保兑行或开证行必须承付或议付,此后该风险转移到申请人。尽管如此,不管是受益人,还是申请人,不管是开证行、保兑行,还是指定银行,一般情况下不会自觉而轻易地承担此类风险,后续的一系列处理,毕竟是一个繁琐的交涉过程。只要未付款,为此着急的首先是受益人和指定银行,而一旦付款,开证行、保兑行和申请人才会加以重视。于是,开证行有时会在信用证中规定二次寄单,以确保寄单安全,特别是在那些政局不稳的战乱之邦。

有人问:信用证要求二次寄单,不符点交单下,指定银行是否还需要二次寄单?

其实,这道理与相符交单下一样,指定银行不应擅自行事,改为一次寄单。二次寄单,主要是为了确保防范单据寄送丢失风险,而与相符交单或不符点交单没有直接的关系。换言之,相符单据自指定银行向开证行或保兑行寄送过程中可能丢失,不符点单据难道就不会丢失,特别是在比较动荡的国家或地区?虽然开证行和申请人承担寄送过程中的单据丢失风险以相符交单为基础,但是,在大部分情况下,只要货物没有问题,开证行并不会因为不符点而拒付不符点交单,而单据丢失情况则完全不同,常常导致想提货却无法正常提货或正常报关,此时则不得不拒付。二次寄单情况下则可在很大程度上防范这一点,毕竟两次单据都丢失的概率就很小了,其中一次寄丢了,另一次通常还会成功到达。

实务中,开证行和申请人对不符点单据丢失免责,这一点并不意味着该风险的消失,所以,总得有人为此承担直接责任,这就是受益人和指定银行了。为慎重起见,指定银行如为了替受益人着想而节省一点邮费而欲改二次寄单为一次寄单,则最好联系受益人,由单据的所有人——受益人——自行决定,以免节外生枝。

那么,二次寄单各应包括哪些单据呢?

ICC在R415中说,单据在二次寄递间的分配,以确保第一次寄递的单据使银行可以完整地审核为原则,即第一次寄单应该包括所要求单据的起码一份正本,即确保开证行相信第二次寄单仅包括第一次寄单中单据的副本或其他正本。

而对于开证行而言,二次寄单下,又将如何处理拒付呢?

ICC 在 R415 中继续说:"If an issuing bank has chosen this method for the delivery of documents, it must be prepared to provide a rejection notice in accordance with Article 14 of the UCP500 based upon the content of the first mailing. To do otherwise could give rise to an inordinate delay in reviewing the documents should the second mailing be delayed or lost in transit."即:正常情况下,第一次寄单有不符点,则必须拒付;如果第一次没有不符点,而第二次寄单延迟或丢失,则可以继续就此提出不符点并拒付。

实务中的做法是,待两次邮寄的单据全部到达时方对外提出不符点或发出拒受/接受的通知,而"5 天"审单期限和拒付时限均自收到最后寄递的单据翌日起计。如此操作,未见引起寄单行异议。然而这一做法,明显与 ICC 以上的意见相抵!

16－064

Article 16(d)　拒付通知的发出方式和时限

具备了基本内容的拒付通知,只是有了拒付的意思,要使该意思产生效力,还必须对外表示,即必须由银行向交单人发出。那么,拒付通知该以什么方式发出?又该在什么时限内发出呢?

Article 16(d):

The notice required in sub-article 16(c) must be given by telecommunication or, if that is not possible, by other expeditious means no later than the close of the fifth banking day following the day of presentation. 第 16 条(c)款中要求的通知必须以电讯方式,如不可能,则以其他快捷方式,在不迟于自交单之次日起第五个银行工作日结束前发出。

与本条 c 款规范拒付通知必须具备一定形式和基本内容的目的一样,明确拒付通知的发出方式和时限,也是为了促使交单人尽快处置单据。

本款要求:

第一,拒付通知,必须以电讯方式发送,如不可能,则以其他快捷方式发送。

目前所有通信方式中,电讯方式,如 SWIFT、电传、电报、传真等,都是最为快捷的方式,所以拒付时必须优先选择。似乎在这几种电讯方式中,并没有谁先谁后问题,只要是电讯方式即可。

值得一提的是,拒付中的电讯方式,包括电话。比如:开证行在第 5 个工作日结束前以电传方式通知拒绝接受单据,但直到 3 天以后才能发出电传,通知议付行。开证行没有使用"其他快捷方式"通知,尽管议付行面函上有电话号码。那么,开证行对议付行的拒付是否有效?

ICC 在 R262 中说:对开证行来说慎重的做法是预留足够的时间以便在最后期限内仍能改换通信方式,"在这种情况下包括电话,如有必要,以书面方式证实"。

在电讯方式不可能的情况下,必须使用其他快捷方式,包括快邮等。那么,到底怎样又算使用了其他快捷方式呢?ICC 曾在 ISP98 5.01B 中规定:"如果在发出通知所允许的时间内收到拒付通知,则视为已使用了快捷方式发出。"通俗地说,发出通知时所处的环境,允许使用多种通信方式,只要利用的这种通信方式足以使交单人在最短的时间内收到,即视为已经用了最快捷的方式。换言之,如果连快邮都不可能,则平邮应该满足了本款的要求。

这里的关键在于确认,怎样算电讯方式不可能。实务中,电讯方式不可能主要有两个原因:或者是来自通信机构的原因,或由于地震等不可抗力造成的电讯方式不可能的情况。此时,方能退而选择其他快捷方式。如果银行不以可能的电讯方式而采用其他方式通知,一旦诉诸法院,发出拒付通知的银行有义务对电讯方式的不可能作出相应的举证。显然,正如本款的解读即将提到的,这里的原因不包括银行自身所造成的情况。

比如:开证行收到单据后发现不符点。由于议付行所在地发生地震,开证行的拒付电没有发送成功。开证行便向议付行的总行发出电传,要求其通知议付行拒付事宜,同时将拒付通知的书面证书以快邮径寄议付行。可以吗?就此,ICC535 Case 12 中答复说:开证行曾试图用电讯联系议付行,但由于受环境因素的阻碍未能成功。因此,它利用了下一种快捷方式——快邮,并尽力让议付行的总行将拒付通知转递给议付行,开证行的行为符合 UCP500 第 14 条"使用其他快捷方式"的规定。

第二,拒付通知,必须在交单后五个银行工作日结束前发送。

拒付以单据的审核为前提,拒付通知的发送时限与审单期限几乎相似,即必须交单后五个银行工作日结束前发送,日常实务一般称"5 天"拒付期限,或"5 个银行工作日"拒付期限。然而,也正是由于拒付总是在审单之后,所以这里的"5 天"拒付期限,还是与本惯例第 14 条 b 款的"5 天"审单期限略有不同。

值得注意的是,这里的"5 天"拒付期限,并没有规定 5 个银行工作日结束的最后营业时间。这里只是强调拒付通知必须在 5 个银行工作日结束之前发出即可。换句话说,只要银行愿意,在最后第 5 个工作日的晚上 24 点之前发出,从时间来看发出的拒付通知都是有效的。ICC 在 R423 中说:"There is no stipulation limiting this to the stated banking hours of the issuing, confirming or nominated bank."

然而,在 5 个工作日结束前最后一刻拒付存在着巨大的风险。ICC 在 R262 中说:"开证行最后一刻利用某一通信方式试图发出拒受通知,使自己处在不能按照惯例规定时间拒付的危险之中。因为没有人能预先确知这一通信手段不出问题,开证行应争取尽量提前拟发通知,以便万一不成功时更换通信手段,且符合规定的时限,因所有通信方式(包括快递)同时出问题似乎是不可能的。"显然,如果通信失败且问题缘自第三方通信机构(比如 SWIFT 组织),开证行可以援引第 16 条保护自己。本案例未说明问题出在哪里。从所提供的事实看,本案例构成了"未能通知",开证行无权拒付。

这一案例提醒银行注意,发出拒付通知应尽量提前,以给更换通信方式留下余地,防止因发送失败而超过规定时间。如果一种方式失败,且在五个工作日结束之前未及时采取其他快捷方式,而该失败又不是通信部门或不可抗力的原因引起的,拒付行便是未遵守本款的"5 天"拒付期限的规定,该拒付无效。

16-065

Article 16(e) 拒付通知发出后的退单

在 UCP500 时期,拒付中可以选择的标准单据处置方案,只有两种,即本条 c 款的 a 方案——留单听候交单人指示和 c 方案——退单。选择了 c 方案之后,马上退单,这理所当然。如果选择 a 方案,是否可以退单呢?还有在 UCP600 时期选择了 b 方案——开证行留单等待申请人放弃不符点并同意,或者 d 方案——按照之前指示处理呢?

Article 16(e):

A nominated bank acting on its nomination, a confirming bank, if any, or the issuing bank may, after providing notice required by sub-article 16(c)(iii)(a)or(b), return the documents to the presenter at any time. 按照指定行事的指定银行、保兑行(如有)或开证行在按照第 16 条(c)款(iii)项(a)或(b)发出了通知之后,可以在任何时候将单据退还交单人。

本款回答了以上问题,在 a 方案和 b 方案的情况下,银行可以随时退单。其中理由,归根结底是未付款前单据所有权归交单人所有,而一旦拒付,银行便无代为保管单据的义务。因为保管单据的指示仅为交单人的单方面委托,银行可以执行,也可以不执行。换言之,拒付之后,是否接受委托,是否代为保管单据,是银行的权利,而不是义务。所以,在拒付通知中声明的 a 方案和 b 方案下的保留单据,仅仅相对于拒付通知发送之时而言,准确地说,它指拒付通知发送之后的一刹那单据所处的状态,至于那一刻会延续多久,则没有定义。a 方案的措辞——"that the bank is holding the documents pending further instructions from the presenter(银行留存单据听候交单人进一步指示)",和 b 方案的措辞——"that the issuing bank is holding the documents until it receives a waiver from the applicant and agrees to accept it, or receives further instructions from the presenter prior to agreeing to accept a waiver(开证行留存单据直到其从申请人处接到放弃不符点的通知并同意接受该放弃,或者其同意接受对不符点的放弃之前从交单人处收到其进一步指示)",其中所使用的将来进行时态似乎也印证了这一点。

基于相同的理由,在选择 d 方案时,只要单据在银行代保管状态下,似乎仍然可以退还,而已经按照指示处于转递状态下则银行无法控制,不在此列。

至于选择退单的银行,应如何办理退单呢?

单据应原样退回。ICC535 Case 13 中说:"开证行在声称持单听候处理后未付款,没有背书并随即将单据退给保兑行这一事实并不重要……按照银行惯例,退回带有不符点的单据时,应按收到的原样退回。不应由该银行决定怎样或是否对单据进行更改,包括改变背书。如果开证行拒受单据,则不必采取一系列辅助行动,例如提单背书、货物清关、货到后仓储及保险。因为在此方面,UCP 未对开证行规定任何义务,因此,开证行采取的行动正确"。

特别需要注意的是,退单时,收单行没有义务对以开证行指示抬头的提单加以背书。ICC 在 R214 中说:"The practice of banks when returning documents where discrepancies are found is to return the documents presented in the same manner as they were received. It is not for the issuing bank to decide how or if any changes should be made to the documents, including changes in endorsement. In the present query the issuing bank acted in accordance with the UCP."

反之,如果此时的开证行将已经背书给申请人的提单退还给交单人,则不可接受。ICC 在 R331 中说:"When rejecting the documents, the issuing bank is required to state that the documents are held at the disposal of the presenter or being returned to the issuing bank's complete discharge. If a bank has endorsed a bill of lading, presumably to the applicant, it has not held the documents at the disposal of the presenter, i. e. in the same form and substance as received."

有人问,当信用证要求 2/3 提单,而 1/3 提单由受益人在证外径寄申请人时,拒付后,证外提交的 1/3 提单是否属于应被退回的范围呢?显然也不是。开证行同样只负责原样退回收到的单据即可。而根据 Article 5——信用证抽象性的规定,银行无须理会实际货物的状态。R325 中说:"As the documents were discrepant, the issuing bank had no responsibility to the beneficiary, even though the applicant took control of the goods by virtue of them being consigned to them."

16 – 066

Article 16(f) 无权宣称交单不符

本条 a 款赋予了银行在确定交单不符时的拒付权利。然而,拒付权利并不等于拒付操作本身,拒付操作必须遵循本条 b 款至 e 款的规定。

Article 16(f):

If an issuing bank or a confirming bank fails to act in accordance with the provisions of this article, it shall be precluded from claiming that the documents do not constitute a complying presentation. 如果开证行或保兑行未能按照本条行事,将无权宣称交单不符。

本款规定了,银行未按本条规定进行拒付操作,后果之直接且严重,此时,银行拒付权利将被剥夺,即无权宣称交单不符。值得注意的是,无权宣称交单不符,与不符点交单并不等同。此时,该交单仍为不符点交单,只是有关银行无权宣称其不符而已。

本款的规定似乎表明了:

第一,行事失当,被剥夺拒付权利的银行,包括开证行和保兑行。

这里仅限于承担信用证下确定责任的开证行和保兑行,没有涉及指定银行,原因是指定银行在信用证安排下没有必须履行指定的责任。至于指定银行拒付未按照本条行事,如议付行的审单时间超出了合理时间,受益人是否可以对其采取措施?ICC 在 R270 中回答,如果该行未对信用证加具保兑,这是一个由法院决定的事。

值得一提的是,这里要求开证行和保兑行必须按本条的规定行事,与寄单行表提、寄单行与受益人之间的不符点担保约定无关,后者是寄单行与受益人之间的证外安排,从而体现了本惯例第 4 条所规定的信用证独立性原则。也正为如此,本惯例删除了 UCP500 第 14 条 f 款的规定——"如寄单行向开证行及/或保兑行(如有)指出单据中的不符点,或通知开证行或保兑行:关于该不符点,本行已经以保留追索方式或凭赔偿担保付款、承担延期付款责任、承兑汇票或议付,则开证行及/或保兑行(如有),并不因此而解除其在本条文项下的任何义务。此项保留或赔偿担保仅涉及寄单行与被保留追索的一方,或者与提供或代为提供赔偿担保一方之间的关系。"

有人问:开证行发出付款通知后,在没有付款之前又在 5 个银行工作日内发出拒付通知。可以吗?

本惯例第 10 条 b 款"修改与开证行的责任和保兑行的权利"一节的解读中提到了信用证修改下的一个相似情况,信用证刚刚开出而在受益人既未收到也无交单的时候,开证行又对该信用证进行了修改。ICC 在 R396 的结论中认为:此修改无须得到受益人的同意。然而,一旦受益人收到了信用证,此后开证行任何修改或注销信用证的请求都取决于受益人是否同意。就问题中提到的情况,似乎也可参照掌握,即只要交单人未收到此付款或付款通知,既可撤销,也允许拒付。实务中的困难在于,开证行常常无法以一种比付款通知所使用的电讯方式更快的其他方式,拦住付款通知。

第二,行事失当范围,包括本条 b 款至 e 款的规定。

本款规定中的未按照本条行事的范围有哪些呢?具体而言,似乎起码应该包括:

——b 款规定的只能就不符点联系申请人,不能交由申请人审单。

——c 款规定的必须向交单人发出拒付通知,不能向其他人发出。必须在拒付通知中表明银行拒绝承付或议付,不能不表态,不能表态为申请人拒付,开证行似乎也不能表明拒绝议付等;必须列明凭以拒付的每一个不符点,而不是没有列明,不符点必须有效等;必须选定一种标准的单据处置方案等。

——d 款规定的必须优先以电讯方式发出拒付通知,不能是可能以电讯发出时不使用电讯方式;必须在"5 天"拒付期限内发出拒付通知,不能是在"5 天"拒付期限之后发出。

——e 款规定的必须在发出拒付通知后,才可以退单,不能未拒付而退单或拒付之前退单,也不可以在拒付后擅自把单据放给申请人。

如此规定,完全是为了规范收单行的拒付行为,使得交单人能准确修改单据,并及时在信用证允许的时间内重新交单。当银行违背了本条的规定,势必会影响交单人改单的权利,从而伤害交单人的利益。

值得一提的是,如果开证行、保兑行或其他指定银行就是受益人的往来银行,其拒付时往往仅采取口头形式,没有发书面通知,从而难免挂一漏万。对于有关银行来说,需要关注此类风险,因为,如此将可能失去拒付的权利,正如阎之大先生所说的,"这一点是许多保兑行没有注意的,受益人或交单行可能利用这一规定向保兑行主张权利"。显然,这不限于保兑行,还应该包括由其直接通知信用证的开证行,还有作按指定行事承诺的其他指定银行。

第三,有人问:信用证失效后,"5 天"拒付期限内未向寄单行拒付,开证行必须承担承付责任吗?

回答是否定的。银行无须承担责任,尽管实务中,开证行还是按本条的规定行事。在一个案例中，ICC 说："从咨询者提供的信息可以看出，开证行在第 14 条规定的期限内发出了拒受单据的通知，这一做法符合了 UCP 的要求，尽管它没有义务这样做，因为信用证已经过期。"换言之，没有信用证，就谈不上什么拒付和拒付的权利，如果此时的开证行并没有拒付，或者拒付前后没有按本条的规定行事，也并不因此剥夺其所谓的"拒付"的权利。

ICC 在 R331 中还说："信用证在开证行有效，在受益人银行寄单时，信用证已过期。在这种情况下，开证行没有义务按照 UCP500 的规定审核单据，因为这一义务已经终止。"

道理与此相似，其实，信用证失效，即过信用证规定的交单"有效期限"，并不是 UCP 意义上的不符点。ICC 在 R333 的结论中也说：在这种情况下，提交单据时信用证已经不存在。交单之时信用证都已经不存在了，还跟什么相符呢？既然谈不上相符，也就无所谓不符点了。

16－067

Article 16(g)　拒付通知发出后开证行的权利

本惯例第 13 条 a 款"未见单偿付及 URR 规则"一节的解读中提到，指定银行的索偿和寄单可以并行操作，进而体现加速收汇的价值。然而，指定银行的索偿和开证行或保兑行的偿付均以相符交单为前提，进而根据本惯例第 14 条，按照指定行事的指定银行、开证行和保兑行，都有独立的审单权利，于是，就是否相符交单这一点，指定银行与开证行、保兑行便常常发生分歧。此时，开证行和保兑行往往选择拒付，偿付却往往已经发生。

Article 16(g)：

When an issuing bank refuses to honour or a confirming bank refuses to honour or negotiate and has given notice to that effect in accordance with this article, it shall then be entitled to claim a refund, with interest, of any reimbursement made. 当开证行拒绝承付或保兑行拒绝承付或议付，并且按照本条发出了通知后，有权要求返还已偿付的款项及利息。

本款的规定表明，开证行和保兑行拒付通知发出之后，有权向指定银行追索已经偿付的款项，并带有利息。偿付的前提是指定银行履行指定，确定相符交单，并代为承付或予以议付。然而如果交单不符，开证行凭以拒付成立，便说明单据所有权仍属于指定银行，并不属于开证行。自然，单据的对价——款项——应该返还。只是实务中，这一追索常常伴随着指定银行与开证行或保兑行之间漫长而艰难的交涉过程，需要经过一番唇枪舌剑式的争论，已经获得偿付的指定银行常常较为主动，而开证行或保兑行则常常陷入被动。从这里可以看出，未见单偿付，其实是基于开证行或保兑行的一种信任。

本款似乎表明了：

（1）有追索权的仅限于未见单偿付下的开证行或保兑行。在实务中，保兑行以外的其他指定银行，不存在未见单偿付的情况。因为未见单偿付是开证行或保兑行给指定银行的一种融资便利，只有在未见单偿付的情况下，开证行和保兑行的付款才可能有追索权。

注意，这项权利仅是赋予开证行和保兑行，而不是偿付行。换句话说，偿付行没有权利去追回已经偿付的款项及利息，除非错误偿付。ICC 在 Case 15 中说，没有索偿行的许可，偿付行不能擅自冲回已偿付的款项。

还需注意的是,开证行和保兑行追索的对象是指定银行,而不能向偿付行追索。因为有权利索偿的是相符交单下已经按指定行事的指定银行,而如果交单不符,相应地,其有义务返还。

(2)以开证行或保兑行拒付通知发出之后为前提。本身未构成交单不符,或虽交单不符但开证行、保兑行未按本条规定行事导致无权宣称交单不符时,开证行和保兑行便无此权利。

(3)有权要求的包括返还已偿付的款项及其所孳生的利息。因为资金的获得都有商业成本。显然,这一点与本惯例第13条(b)(iii)款的规定——"如果偿付行未按照信用证条款见索即偿,开证行将承担利息损失以及产生的任何其他费用"——相呼应。

有人问:开证行或保兑行追索时,指定银行在几天内必须将款项退还给开证行?

ICC在R341的结论中说:"对这种行为并没有时间上的限定,在不符点有效的基础上,这种行为不应有延迟,特别是在开证行已指出申请人拒绝接受不符点的情况下。"

Article 17

正本单据和副本

a. At least one original of each document stipulated in the credit must be presented. 信用证规定的每一种单据须至少提交一份正本。

b. A bank shall treat as an original any document bearing an apparently original signature, mark, stamp, or label of the issuer of the document, unless the document itself indicates that it is not an original. 银行应将任何带有看似出单人的原始签名、标记、印戳或标签的单据视为正本单据，除非单据本身表明其非正本。

c. Unless a document indicates otherwise, a bank will also accept a document as original if it 除非单据本身另有说明，在以下情况下，银行也将其视为正本单据：

i. appears to be written, typed, perforated or stamped by the document issuer's hand; or 单据看似由出单人手写、打字、穿孔或盖章；或者

ii. appears to be on the document issuer's original stationery; or 单据看似使用出单人的原始信纸出具；或者

iii. states that it is original, unless the statement appears not to apply to the document presented. 单据声明其为正本单据，除非该声明看似不适用于提交的单据。

d. If a credit requires presentation of copies of documents, presentation of either originals or copies is permitted. 如果信用证要求提交单据的副本，提交正本或副本均可。

e. If a credit requires presentation of multiple documents by using terms such as "in duplicate", "in two fold" or "in two copies", this will be satisfied by the presentation of at least one original and the remaining number in copies, except when the document itself indicates otherwise. 如果信用证使用诸如"一式两份（in duplicate）"、"两份（in two fold）"、"两套（in two copies）"等用语要求提交多份单据，则提交至少一份正本，其余使用副本即可满足要求，除非单据本身另有说明。

【本条导读】

单据有正本和副本之分，其作用也有正本和副本之别。单据正副本份数应该如何提交？单据的正副本如何判断？

本条规定了单据的正副本的审核标准。

17-068

Article 17(a)　单据正本

在诉讼上,单据是书证的一种。单据的正本(original),相对于副本(copy)而言。在法律上,单据的正副本,称为书证的原件和复制件。

——所谓"原件",是指书证的原始制作者以反映文件制作者的真实意思为目的,而对相关内容进行记载而形成的原始文本,又称原本或底本。任何书证都应该有原件,如合同、借条、信函、遗嘱、判决书及公证书等等。

——所谓"复制件",应相对于书证原件而言,是书证的复制品,如采用抄录、复印、照相和扫描等手段对书证原件所作的再体现。《美国传统辞典(双解)》说:"copy, an imitation or reproduction of an original. 复制品,原件的仿造物或翻版。"

第一,单据必须至少提交一份正本。

单据的正副本作为书证的原件和复制件,在证据效力方面,并不相同。我国最新的《民事诉讼法》第 68 条规定:"书证应当提交原件。物证应当提交原物。提交原件或者原物确有困难的,可以提交复制品、照片、副本、节录本。"2001 年最高人民法院颁布的《关于适用民事诉讼证据的若干规定》第 69 条则规定:"无法与原物原件核对的复印件、复制品,不能单独作为认定案件事实的证据。"这就是所谓的"最佳证据原则",即单据的内容发生争议时,原则上正本效力优于副本。简言之,单据正本的可信度高于副本。

所以,在跟单信用证运作中,有关当事人必须严格区分单据正副本,仔细辨别,谨慎使用。

Article 17(a):

At least one original of each document stipulated in the credit must be presented. 信用证规定的每一种单据须至少提交一份正本。

本款的规定,默认了单据必须提交至少一份正本。换言之,当信用证仅要求一种单据,未要求份数时,只要提交一份正本即可满足。然而,当信用证直接要求提交多份正本时,则必须提交相应份数的正本。

有人问:信用证规定一份单据。受益人称该单据对申请人无用,不必提交正本,便提交了副本。可以接受吗? ICC 在 Case 223 中回答:"除非信用证另有规定,否则一份单据必须是正本。一份单据是否有用不重要,这不是必须考虑的问题。"

正如阎之大先生所言,当信用证要求一份装船通知或一份寄送副本单据的快邮收据时,尽管单据本身显得不是那么重要,但受益人若提交一份副本,便不可接受。

第二,单据正副本的判断原则:依表面上确定出单人的意图而定。

到目前为止,关于单据正副本判断的最系统的阐述,体现在 UCP500 时期 ICC 银行委员会于 1999 年出台的"*The determination of an 'Original' document in the context of UCP*

sub-Article 20(b)"(《在 UCP 第 20 条(b)款项下确定"正本"单据的政策声明》)(以下简称《正本声明》)中,并相应地被吸收到 UCP600 的条款中。《正本声明》确立了单据正副本的以下判断原则:

(1)银行只负责从表面上判断单据的正副本性质,而不管单据实际上是正本还是副本,也不管提交的正本是否为唯一正本。《正本声明》说:"银行只负责从表面上确定单据是否为正本,从而与副本相区别。银行并不负责确定提交的单据正本是否为唯一正本。"这一点,与 UCP600 第 14 条 a 款的规定——银行仅基于单据本身作表面审核,相吻合。

(2)单据的正副本性质,依出单人的意图而定。怎样算单据的正本?怎样又算单据的副本?如同区分书证的原件和复制件一样,单据正副本的判断也持相似的原则。《正本声明》说:一份单据之所以为正本,"银行的判断取决于,从表面上看,单据出具人的意图在于使之成为一正本,而不是副本。"换句话说,如果出单人意在使单据成为正本,从而具有正本的功能,那么它就是正本;否则,便是副本。

17—069

Article 17(b) 单据正本的判断(一)

本条上一款"单据正本"一节的解读中提到单据正副本的判断原则——表面上确定出单人的意图。然而,出单人的意图是无形的,如果出单人愿意为单据记载的内容承担证实责任,那么,其意图便转化为有形单据的证实方式了。在法律上,一份经过出单人证实的单据正本,显然,比未经出单人证实的任何单据正本,都更能得到法庭的采信,从而也更能凸显其作为书证的证据价值。

Article 17(b):

A bank shall treat as an original any document bearing an apparently original signature, mark, stamp, or label of the issuer of the document, unless the document itself indicates that it is not an original. 银行应将任何带有看似出单人的原始签字、标记、印戳或标签的单据视为正本单据,除非单据本身显示其非正本。

本款表明了,经过出单人证实的单据,应默认为正本。比如:经签署的单据,即视为正本。《正本声明》第 3 段说:"……经手签的汇票或商业发票将被视为正本,不管单据的内容是否预先印就,还是经过复写、影印、自动、电脑处理等。"

从本款的规定可以看出:

(1)该证实仅局限于单据出具人证实,出具人以外的人证实不在此列。比如:信用证要求经商会证实的正本发票,此时提交了发票的复印件,仅有商会的标签,由没有出单的受益人来证实并没有满足本款视之为发票正本的要求。

(2)该证实,包括原始签名、标记、印戳和标签四种方式。根据 ISBP 681 第 39 段的规定,UCP 意义上的签字,专指原始签字,传真、复印签字不在此列。所以,本款所涉及的证实方式,与本惯例第 3 条"单据的'签证'等"一节的解读中提及的四种证实方式无异。

本款同时表明了一个例外,即单据本身显示其为非正本。因为出单人通过单据本身显示其为非正本时,便直接否定了使之成为正本的意图。

有人问:提单的复印件加承运人签署后,是正本吗?

根据本款的规定,如果出现这种情况,它仍为正本,只要提单本身没有显示其为非正本,但是,日常实务中不会也不应该出现这种极端的情况。本惯例第 20 条 a 款"提单的功能与名称"一节的解读中将提到,提单有三大功能——货物收据、货权凭证和合同反映。作为提单出具人的承运人,签署提单的目的的在于确认收妥货物的同时,也确认了运输合同下的承运责任,同时承诺凭单放货。但是,在实务中,承运人理应不会在正本提单的复印件上签署,从而使之成为正本,以实现提单正本的三大功能,因为对于承运人来说,此类操作风险难以有效控制。如果承运人意欲使一份提单的复印件成为正本,完全可以重新出具并签署一份提单原件。而如果承运人不想使一份提单复印件成为正本,仍然在其上予以签署,通常会批注"与原件相同"字样,这就直接否定了该提单复印件的正本性质,尽管带有承运人原始签字。准确地说,带有承运人签署,并带有"与原件相同"批注字样的提单复印件,只是证实了一个事实——与提供的提单复印件内容相同的正本已经被实际出具并签署,提单收货人或持有人持有提单正本时,承运人愿意按照提单正本记载的内容承担责任。显然,提单复印件的作用与正本并不相同。保单也可参照掌握。

17 – 070

Article 17(c) 单据正本的判断(二)

值得注意的是,体现出单人的正本意图的方法,绝不限于在单据上证实这一种。

Article 17(c):

Unless a document indicates otherwise, a bank will also accept a document as original if it 除非单据本身另有说明,在以下情况下,银行也将其视为正本单据:

i. appears to be written, typed, perforated or stamped by the document issuer's hand; or 单据看似由出单人手写、打字、穿孔或盖章;或者

ii. appears to be on the document issuer's original stationery; or 单据看似使用出单人的原始信纸出具;或者

iii. states that it is original, unless the statement appears not to apply to the document presented. 单据陈述称其为正本单据,除非该陈述看似不适用于提交的单据。

本款规定了另外三种方法,除非单据本身另有说明。

第 1 种,从单据的制作方法来看,若单据看似由出单人手写、打字、穿孔或盖章,则视为正本。

值得注意的是,这里的手写、打字、穿孔、盖章,指的是完成单据内容的方式,而不是对单据内容的证实方式,即由出单人亲手以上述方式完成(by the issuer's hand)单据的内容。

《正本声明》中说:"A person printing a document on plain paper from a text that that person created and electronically stored presumably intends to produce an original."这也是从单据的制作方法来看,在空白纸上打印一份单据,和手写一样,体现了出单人的意图在于产生一份正本,所以这些单据均为正本。

相对而言,"A person sending a telefax or making a photocopy on plain paper or pressing through carbon paper presumably intends to produce a copy."从单据的制作方法来看,传真、复印、复写,体现了出单人的意图在于产生一份副本,所以这些单据均为副本。

当然,这里仍然只是强调了表面上的单据制作方法。《正本声明》中又说:"关于确定单据在事实上是如何制作的,UCP 既不要求也不允许在单据表面之外做更多的调查,除非单据是由银行制作的。例如,银行通过传真、电传、电子邮件或其他系统打印出它所得到的信息。"

有人问:单据以本款第 1 种方法中规定的几种方式制作完成,却没有显示出具人,它还是正本吗?似乎还是正本。因为单据正本没有显示出具人,并不等于没有出具人。事实上,对于每一份单据而言,都有特定的出具人,只是根据本惯例第 14 条 f 款的规定,在单据内容"满足功能"的情况下,信用证没有特别要求时,可以不显示出具人。其实,一份没有显示出具人的单据正本,从信用证的要求本身、单据的实际制作过程,也能间接推断出实际的出具人。比如:信用证要求受益人给申请人或保险公司装船通知的传真报告,虽然由传真机直接产生,且无显示出具人,但很明显该出具人就是受益人自己了。

第 2 种,从单据的使用纸张来看,若单据看似使用出单人的原始信纸出具,则视为正本。

什么是信纸(stationery)?《美国传统辞典(双解)》解释为:"Writing paper and envelopes. 信纸、信封。"

结合单据实务,这里指的是前者,即信纸。这里的原始信纸,指的是带有出单人函头的原始信纸,包括空白的原始信纸和印就格式的原始信纸。至于原始信纸的内容以什么方法完成,则没有限制。

第 3 种,从单据的陈述内容来看,若单据陈述称其为正本单据,则视为正本,除非该陈述看似不适用于提交的单据。

值得一提的是,本款所涉及的"state/statement(声明)",仅仅是一种陈述,从而不同于 ISBP 681 第 8 段中所涉及的"declare/declaration(声明)",后者需要在陈述的基础上以签署的方式证实声明的内容。所以,准确地说,"state/statement"译为"陈述"更适合。

——常见的是在单据上盖"original"印戳。《正本声明》第 3 段说:"… Consistent with either or both of sub-paragraphs(A)and(C)(注:上述第 1 种、第 3 种情况)above, a document on which the word 'original' has been stamped is treated as an original document …"此时单据上的"original"既是第 1 种方法中的"印戳",也是第 3 种方法中的"陈述"。具体而言,比如:复印的发票上,盖有"original"的印戳,已经足以表明其为正本。而如果将盖有"original"印戳的发票拿去复印,此时未采取其他措施,则并不足以使其成为正本。

——单据以印就水印等方式显示"duplicate original",或者"third of three"字样。《正本声明》第 3 段又说:"… A statement in a document that it is a 'duplicate original' or the 'third of three' also indicates that it is original …"如果有关字样,不是以印就水印等一目了然的方式显示,则必须显示为"originals:3/3"等类似声明方式。值得一提的是,这里仅限于"duplicate original"而不是单独显示为"duplicate",二者并不等同。

——单据陈述"同一付款期限和日期的另一份单据被使用,本份单据作废(It is void if another document of the same tenor and date is used)"。《正本声明》第 3 段又说:"… Originality is also indicated by a statement in a document that it is void if another document of the same tenor and date is used …"这种声明常见于汇票上,简言之,即"付一不付二"或"付二不付一"。运输单据或保险单据往往也会有类似声明。

——单据陈述"If required by the Carrier one(1)original Bill of Lading must be surrendered duly endorsed in exchange for the Goods delivery order."类似文句在提单上都能见到,否则,就不成其为提单了。

总而言之,只要满足本惯例第 14 条 d 款"不得矛盾"的要求,本条 b 款的一种方法和以上 c 款的三种方法中,只要有一种满足了,即足以使单据成为正本。

一般来说,单据经复印后,将不被视为正本。但是经复印的单据,并不必然不是正本。

《正本声明》第 3 段说:"… If, however, a photocopy appears to have been completed by the document issuer's hand marking the photocopy, then, consistent with sub-paragraph(A)(注:即上述第 1 种方法)above, the resulting document is treated as an original document unless it indicates otherwise. If a document appears to have been produced by photocopying text onto original stationery rather than onto blank paper, then, consistent with sub-paragraph(B)(注:即上述第 2 种方法)above, it is treated as an original document unless it indicates otherwise."

这里提及的前一种情况是单据的复印件上,似乎为出单人在复印的单据上另加原始标注,可以使之成为正本;后一种情况,则是以复印的方式填写单据内容,前提是使用出单人原始信纸,也可以使之成为正本。

17-071

Article 17(d)　单据副本

有时信用证会特别要求单据的副本。

Article 17(d):

If a credit requires presentation of copies of documents, presentation of either originals or copies is permitted. 如果信用证要求提交单据的副本,提交正本或副本均可。

本款的规定表明了,当信用证特别要求提交单据副本时,正本也可接受。显然,之所以如此规定,与本条 a 款"单据正本"一节的解读中提到的原因相同,即单据正本效力优于副本。值得注意的是,如果意在要求单据的副本,信用证的措辞必须为"copies of documents"。

Article 17　正本单据和副本

ISBP 681 Para 30(c)：

"One copy of Invoice", it will be satisfied by presentation of either a copy or an original of an invoice. "一份发票副本"(One copy of Invoice)，则提交一份副本发票或一份正本发票即符合要求。

与这相似，如果信用证中的措辞为"documents in 2 copies"，则无此含义，根据本条 e 款的规定，这只是要求了两份单据，并不是要求两份副本。

然而，这一规定并不绝对，有时不得提交正本。

ISBP 681 Para 31：

Where an original would not be accepted in lieu of a copy, the credit must prohibit an original, e.g., "photocopy of invoice—original document not acceptable in lieu of photocopy", or the like. Where a credit calls for a copy of a transport document and indicates the disposal instructions for the original of that transport document, an original transport document will not be acceptable. 当不接受正本代替副本时，信用证必须规定禁止提交正本，例如，应标明"发票的复印件——不接受用正本代替复印件"，或类似措辞。当信用证要求运输单据副本，并对其正本的处置作出了指示时，提交运输单据正本将不被接受。

显然，本段的情况是本条 d 款规定的例外，这还是以"不得矛盾"为原则。包括两种情况：
(1)信用证直接规定禁止提交正本
比如：信用证要求"发票的复印件——不接受正本代替副本"。这是本段的直接规定。
(2)信用证间接规定禁止提交正本
比如：信用证要求提交运输单据副本，同时显示了对正本的另外安排，提交正本也不可接受。这也是本段的直接规定。
比如：信用证要求"certificate of origin Form A"，同时还要求"original certificate of original Form A have been sent directly to applicant"，或者要求"beneficiary's certificate certifying that original certificate of origin have been sent directly to applicant"。因为 certificate of origin Form A 的出具有严格的管理，只有一份正本，既然正本已经直寄申请人，向银行交单时怎么会有正本呢？所以，在信用证的此类要求下，只能提交副本，不能提交正本。但是，如果信用证的另外要求为普通产地证，则另当别论，因为普通产地证的出具似乎没有正本份数限制。

还比如：信用证 46A 要求"confirmation from applicant by fax before shipment"。《正本声明》第 3 段说："… A letter of credit that permits presentation by telefax waives any requirement for presentation of an original of any document presented by telefax …"此时是对单据副本的要求，而且不可以接受正本。

有人问：信用证要求副本单据，提交了正本单据，应该按正本审核，还是按副本审核呢？信用证上要求 3/3 正本和 1 份 non-negotiable copy 提单，其中 3/3 正本显示毛重 85.162 MT，1 份 non-negotiable copy 显示为 88.162 MT. 可以接受吗？

问题 1 中，似乎还是应按副本审核，根据本惯例第 14 条 d 款"不得矛盾"的要求和 f 款的

"满足功能"的原则加以审核。

ISBP 681 Para 20:

Copies of transport documents are not transport documents for the purpose of UCP600 articles 19~25 and sub-article 14(c). The UCP600 transport articles apply where there are original transport documents presented. Where a credit allows for the presentation of a copy transport document rather than an original, the credit must explicitly state the details to be shown. Where copies(non-negotiable) are presented, they need not evidence signature, dates, etc. 运输单据的副本并非 UCP600 第 19 条至第 25 条和第 14 条 c 款所指的运输单据。UCP600 的运输单据条款仅当有正本运输单据提交时适用。如果信用证允许提交副本运输单据,而不要求正本,则必须明确规定应当显示的细节。当提交副本(不可转让的)单据时,单据无须载有签字、日期等。

问题 2 中,副本提单上毛重与正本上不同,不可接受,因为同时提交的单据正副本内容必须相同。ICC 在 R337 中说:"A non-negotiable bill of lading should 'mirror' an original bill of lading to the extent of content."

ICC 在 Case 202 中也表示,按照 UCP 的规定,单据表面上互不一致将被视为与信用证条款不符。所以,如果信用证要求 5 份商业发票,正本和所有副本每一方面都应该相同,否则构成不符。

准确一点说,这并不包括运输单据副本上没有签署,以及可能的更正证实、加注日期等,这些项目在副本单据上都可以不出现。当然,一旦出现,则仍必须相同。至于运输单据以外的副本单据,似乎可以参照掌握。

17—0711

单据副本的判断

与单据正本相似,就单据副本而言,由于制作方法的不同,或者使用目的的不同,存在不同形式的副本。

信用证实务中的几种常见副本:

——复写本(carbon copy)。这种副本由复写纸套写或套打而来,一般来说,第一联即为正本,第二联、第三联等则为复写本。

——传真副本(fax copy)。这种副本由传真机接收而来,有时与复印机复印而来的复印件几乎无异。《正本声明》第 4 段说:"... appears to be produced on a telefax machine ..."传真机上接收并输出的一定是传真副本。但是需要注意的是,在传真机上输入发送的,则不一定是副本,可能是正本。比如:信用证要求"Beneficiary's certified copy of fax must be dispatched to the applicant indicating details of shipment"。如果没有特别说明,这似乎要求的是正本装船通知。

——复印件(photocopy)。这种副本由复印机复印而来。《正本声明》第 4 段说:"... appears to be a photocopy of another document which has not otherwise been completed by hand marking the photocopy or by photocopying it on what appears to be original stationery;

Article 17 正本单据和副本

..."复印机上复印出来的,一般来说就是副本了,除非前面所提到的复印件上加出单人标记,或者使用了出单人原始函头纸复印。

——不可转让副本(non-negotiable copy)。这指的是功能上不可转让的副本。比如:提单下的不可转让副本是副本,它与不可转让正本(non-negotiable original)相对而言,正如本惯例第 20 条(a)(i)款"提单的抬头和可转让性"一节的解读中将提到的,记名抬头提单即为不可转让正本提单。需要说明的是,non-negotiable sea waybill 与此不同,它仍然指的是一种特殊的运输单据——不可转让海运单的正本,而并不意味着是海运单的不可转让副本。

——载有副本陈述的单据为副本。这种副本,由单据上的陈述直接决定。《正本声明》第 4 段中说:"… states in the document that it is a true copy of another document or that another document is the sole original."单据本身声明,其为另一份单据的副本,或者声明了另一份单据为唯一正本。此时该单据一定是副本。

实务中,有时仅从单据声明难以判断一份特定单据到底是正本,还是副本。

——客户联(customer's copy)或托运人联(shipper's copy)。《正本声明》第 3 段说:"A statement in a document that it is the 'customer's copy' or 'shipper's copy' neither disclaims nor affirms its originality."此时的"copy"只是一份之意,并不一定指副本,也可能是正本。"customer's copy"指客户留存联,"shipper's copy"指发运人留存联。

——第二联(duplicate)。同样,单据上常见的"duplicate"字样,也仅仅是第二联,并不一定是副本,也不一定是正本。

ISBP 681 Para 28:

Documents issued in more than one original may be marked "Original", "Duplicate", "Triplicate", "First Original", "Second Original", etc. None of these markings will disqualify a document as an original. 单据的多份正本可标注为"正本"(original)、"第二联"(duplicate)、"第三联"(triplicate)、"第一正本"(first original)、"第二正本"(second original)等。上述任一标注均不使其丧失正本地位。

这里 ICC 的意见仅仅是,上述标注不否认为正本,也并没有肯定为副本。而该单据到底是正本,还是副本,还须根据其他的信息作出综合判断。

实务中,一式三份的正本提单,第二份常常印就"duplicate"字样的水印,结合提单上的原始签字、原始函头足以判断,这指的是第二份正本,而不是副本。同样的情况,也适用于保险单据,即满足正本保单应该具备的条件,每一份都可以索赔,都为正本。ICC 在 Case 19 中说:每一份在给予货物所有权的意义上都是正本。尽管标注有"duplicate"和"triplicate"字样,而没有"original"字样,它们看来还是满足了这一要求。这是一种公认的做法,且被银行及运输业所接受,不能以它们未加注"original"字样而认为其就是副本拒绝接受。

值得注意的是,中国人保所出具的保险单据,第二份也标明有"duplicate"字样,属于套打的复写件,且没有必要的签字,不能凭以索赔,它只是副本。

——草本(draft) 有时会提交草本提单,它只是未生效的草本。值得注意,草本既不是正本,也不是副本,除非信用证特别说明,否则不可接受。

有人问:信用证上要求" a 'copy' of a document",提交了复印件(photocopy),

可以吗？如果信用证要求"non-negotiable copy of B/L"，提交了复印件，也可以吗？

信用证业务，以谨慎为原则。一般来讲，当信用证仅要求提交副本（copy）而未明确是何种副本时，提交的任何副本均可以接受，包括复写本（carbon copy）、复印件（photocopy）、不可转让副本（non-negotiable copy）……但是，如果信用证特别要求一种特定的副本，则需要按要求提交，"想象中似无不同"，则显得不够谨慎。

ICC 在 Case 68 中回答："原则上，复印件就是副本，但是否可以接受须依具体情况而定。如果信用证要求一份单据的复印件，提交的是复写本，则不可接受。"

值得一提的是，信用证要求副本单据，并不要求所有副本均以同一种方式制作。ICC 在 R199 的结论中指出："信用证要求 6 份副本，提交的也是 6 份副本，它们可以用一种方式制作，也可由不同制作方式结合，如复写、复印或静电印刷复制。"

还值得一提的是，当信用证要求"non-negotiable copy of B/L"时，仍然只是要求了提单的副本，"non-negotiable"只是特别表明了该副本的不可转让性，其实，所有的提单副本都是不可转让的。比如：信用证对提单要求是"clean on board ocean bills of lading, 2/3 set and 2 non-negotiable copies". 受益人提交了 2/3 正本提单及 2 份正本提单影印件（two photocopies of original B/L）。ICC 在 R364 中说："不可转让的副本提单是副本而不是正本。它们既可以是提单的影印件，也可以是清楚地注有'不可转让'字样的副本。"

17-072

Article 17(e)　单据份数和单据正本份数

信用证一般只对单据份数的提交作出要求，但有时也会对单据份数的出具作出要求。大家关心的是，单据实际提交的份数和实际出具的份数如何满足信用证的要求，以及实际提交的份数与出具的份数如何保持一致。

Article 17(e):

If a credit requires presentation of multiple documents by using terms such as "in duplicate", "in two fold" or "in two copies", this will be satisfied by the presentation of at least one original and the remaining number in copies, except when the document itself indicates otherwise. 如果信用证使用诸如"一式两份（in duplicate）"、"两份（in two fold）"、"两套（in two copies）"等用语要求提交多份单据，则提交至少一份正本，其余使用副本即可满足要求，除非单据本身另有说明。

本款规定了，在信用证只要求单据份数时，（这里承接本条 a 款的规定）默认提交至少一份正本即可，这本意在于防止所有的单据份数都提交副本。

本款同时规定了其中的一个例外，即单据本身另有说明。这另有说明的内容会是什么呢？似乎仅针对单据正本出具份数。因为除了这一点，很难想象单据上的另有说明会对默认提交至少一份正本产生影响。换言之，如果单据本身说明了其正本的出具份数，则还必须按照说明

的内容提交单据正本份数。之所以如此,似乎还有另一个原因,即副本毕竟容易仿制,任何人只要持有单据,不管是正本,还是副本,均可随意复制无数份副本,而且出单人根本无法限制。

本款的规定在字里行间说明了一点——从一定意义上说,有关单据的份数,重要的是单据正本的份数。

那么,如果信用证直接要求单据正本份数,又该如何满足呢?

ISBP 681 Para 29:

The number of originals to be presented must be at least the number required by the credit, the UCP600, or, where the document itself states how many originals have been issued, the number stated on the document. 提交单据的正本数量必须至少为信用证或UCP600要求的数量,或当单据自身表明了已出具的正本数量时,至少为该单据表明的数量。

本段似乎表明:

第一,当信用证或 UCP 或 ISBP 要求提交多份正本时,则必须提交相应份数的单据正本。

此类要求,最为常见的信用证条款为"two original of invoices",或"invoices in two originals"。此时均应提交正本,不得提交副本。

值得一提的是,"当单据自身表明了已出具的正本数量时,至少为该单据表明的数量。"此类要求,UCP 和 ISBP 中集中于对运输单据和保险单据的规定,其中多种方式运输单据、港至港提单、不可转让海运单、租船合同提单、保险单据必须提交全套正本。

还值得一提的是,如果信用证要求"two original copies of invoices",或"invoices in two original copies",这也是对正本份数的要求。

有人问:信用证要求"original copy",是要求副本吗?回答是否定的。ICC 在 R319 中说:"A credit had the following wording under the clause 'additional conditions': 'shipper(beneficiary)have to ship under the applicant of purchase order(S/INSD)and require one original copies'.""Whilst not fully clear as to intent, the clause in the credit does refer to a document—purchase order—and a requirement for 'one original copies'.""Presentation would therefore have been required of a copy of the relevant purchase order in one original. The absence of this document would be considered as a discrepancy."尽管文字表达比较费劲,其实这还是对单据正本份数的要求。

第二,单据正本份数的出具和提交并不相同。

单据的出具与单据的提交不尽相同。相应地,单据的出具份数与单据的提交份数也不尽相同。信用证下的单据,不管正副本,往往根据需要出具多份。而提交给银行,可能只是其中的一部分,也可能是全部的份数。信用证中对单据份数的要求,常常是对单据提交份数的要求。但是,有时信用证或 UCP 也会对单据正本出具份数作出要求。实务中,就单据出具份数作出要求只是针对正本而言。约束副本的出具份数没有意义,因为即使信用证对单据副本的出具份数作出要求,操作起来也无法控制。

值得注意的是,提交的单据正本份数,不得与单据表明的正本出具份数相矛盾。比如:提交的提单注明正本出具份数为 2 份,实际提交时为 2 份正本即算全套。如果提交了 3 份正本,这不合情理，不能接受。

有人问：信用证要求保险单一式两份（in duplicate），受益人收到的保险单上注明正本份数为3份，则受益人应提交其中两份还是应当提交全套三份？

就这一个例子而言，综合来看，对于保单提交份数的要求，涉及两个地方，一是信用证的规定（in duplicate），一是 UCP600 第28条的要求（full set）。这里的关键是：当保单注明出具份数为3份正本时，以上对于保单提交份数的要求是否有矛盾？其实，二者并无矛盾。所以两个要求均要满足，即提交全套三份正本。

第三，当信用证或 UCP 或 ISBP 要求出具多份正本时，则必须出具相应份数的正本。

大部分情况下并不会对单据正本出具份数作出要求，但有时也会对单据正本的出具份数作出特别要求，这常常与单据的功能有直接关系。至于什么时候单据需要表明正本出具份数，则可以根据以下情况而定：

——第一种情况，UCP 或 ISBP 明确要求必须表明单据正本出具份数。ISBP 681 第70、93和117段，分别要求正本提单、租船合同提单、多式运输单据必须注明正本出具份数。而 ISBP 的这一系列解读，其实均源于本惯例的类似规定。以提单为例，本惯例第20条 a 款规定："提单，无论名称如何，必须看似：……为唯一的正本提单，或如果以多份正本出具，为提单中表明的全套正本。"隐含在这一规定背后的是对提单正本出具份数的要求。与此类似，在本惯例第21条 a 款中也有几乎相同的规定，所以，必须注明正本出具份数的要求，应该也适用于不可转让海运单。

——第二种情况，信用证要求表明单据正本出具份数。比如：信用证要求"3/3 set of bill of lading"。这要求的意思应该解读为：海运提单应该出具3份正本（对应于分子的"3"），并且提交3份正本（对应于分母的"3"）。此时，提交的提单只能注明正本出具份数为3份，如果注明正本出具份数是2份或4份，均不可接受。在出具3份正本的前提下，提交也只能为3份正本。

值得注意的是，在信用证规定中"3/3"，可能指的是要求提交3正3副，此时需要根据上下文作进一步的判断。

——第三种情况，UCP、ISBP 或信用证自身没有规定时，单据自身也会以一定的方式表明正本出具份数。比如：保单显示正本出具份数为2，提交时必须相应为2份正本。当然，如果 UCP、ISBP 或信用证没有明确要求，单据可以不表明正本出具份数。

——第四种情况，尽管单据本身没有直接标注正本出具份数，但是单据的性质及出具习惯已经间接表明了正本出具份数。比如：在 certificate of origin Form A 的实务中，如无意外，则只签发一份正本，即使产地证上未注明正本出具份数。

Article 18

商业发票

a. A commercial invoice 商业发票:

i. must appear to have been issued by the beneficiary (except as provided in article 38); 必须看似由受益人出具(第38条规定的情形除外);

ii. must be made out in the name of the applicant (except as provided in sub-article 38(g)); 必须出具成以申请人为抬头(第38条(g)款规定的情形除外);

iii. must be made out in the same currency as the credit; and 必须与信用证的货币相同;且

iv. need not be signed. 无须签名。

b. A nominated bank acting on its nomination, a confirming bank, if any, or the issuing bank may accept a commercial invoice issued for an amount in excess of the amount permitted by the credit, and its decision will be binding upon all parties, provided the bank in question has not honoured or negotiated for an amount in excess of that permitted by the credit. 按照指定行事的指定银行、保兑行(如有)或开证行可以接受金额大于信用证所允许金额的商业发票,其决定对各有关方均有约束力,只要该银行对超过信用证允许金额的部分未作承付或者议付。

c. The description of the goods, services or performance in a commercial invoice must correspond with that appearing in the credit. 商业发票上的货物、服务或履约行为的描述应该与信用证中的描述一致。

【本条导读】

本条规定了商业发票的审核标准。

尽管从UCP500到UCP600中提及的发票,仅限于商业发票,然而这些规定根据ISBP有关发票段落的措辞,似乎同样适用于以商业发票的内容为基础的其他许多正式发票。

品读 UCP600

18-073

发票的功能与名称

什么是发票(invoice)?《美国传统辞典(双解)》说:"invoice, a detailed list of goods shipped or services rendered, with an account of all costs; an itemized bill. 发货清单;发票,关于发送的货物或提供的服务的一份详细的清单,带有所有费用的记录;逐项列出的票单。"

显然,invoice 一词有两个意思:

——清单:即逐项列出的票单。比如:美国海关用的鞋类中间材料构成清单(interim footwear invoice)。

——发票:即带有价目、逐项列出的货物或服务清单。带有价目、限于交易中的货物或服务,是发票不同于一般清单的两大特征。比如:提供运输服务而产生的运费发票(freight invoice),提供融资服务而产生的利息发票(interest invoice)。

通常信用证实务中涉及的 invoice,均指后一个意思,即发票。如未特别说明,实务中的发票均指发送信用证下货物或提供信用证下服务而产生的货物发票或服务发票。实务中的发票包括正式发票(definite invoice)和非正式发票(indefinite invoice)两大类。如未特别说明,实务中的发票还均指正式发票,特别是正式发票中的商业发票。

ISBP 681 Para 57:

A credit requiring an "invoice" without further definition will be satisfied by any type of invoice presented(commercial invoice, customs invoice, tax invoice, final invoice, consular invoice, etc.). However, invoices identified as "provisional", "pro-forma", or the like are not acceptable. When a credit requires presentation of a commercial invoice, a document titled "invoice" will be acceptable. 如信用证要求"发票"而未做进一步界定,则提交任何形式的发票均可(如商业发票、海关发票、税务发票、最终发票、领事发票等)。但是,"临时发票"、"预开发票"或类似发票则不可接受。当信用证要求提交商业发票时,标为"发票"的单据可以接受。

本段似乎表明:

(1)实务中的发票默认为正式发票。当信用证要求"发票"而未做进一步定义时,默认要求正式发票。所以,提供任何类型的正式发票都可以接受。而非正式发票不可接受,除非信用证另有授权。相应地,当信用证要求"临时发票(provisional invoice)"或"形式发票(pro-forma invoice)"等非正式发票时,如无特殊情况,则提供正式发票似乎也可接受,因为正式发票的效力优于非正式发票,但是这种情况似乎不太可能。比如:信用证 46A 中单据要求"commercial invoice 3 copies",同时要求"copy of pro-forma invoice"。此时,必须提供形式发票,并且提供的商业发票内容必须与形式发票保持一致。

(2)实务中的正式发票默认为商业发票。当信用证要求提交"商业发票"时,标为"invoice"的单据是可以接受的。因为标明为"发票(invoice)"的单据,默认即为"商业发票"。相应地,当信用证要求提交海关发票时,则往往必须提供各国海关规定的相应类型的正式发票或联合格式的商业发票,而不得提供其他类型的正式发票。至于其他类型的正式发票,似乎可以参照海关发票掌握。

18—0731

正式发票和非正式发票

实务中,发票基于其内容是否确定,而分为正式发票和非正式发票两种。正如本款"发票的功能和名称"一节的解读中提到的,如未特别说明,信用证下发票均默认为正式发票。

第一,正式发票用于表明带有价目、逐项列出、实际发送的货物清单或实际提供的服务清单。

具体包括:

——商业发票:它是由卖方向买方出具的正式发票,在基础合同下它是买卖双方交接货物、结算货款必需的基本凭证。实务中,商业发票,通常都标明名称为"commercial invoice"字样。标明名称为"invoice"字样的发票,默认即为商业发票,除非该单据上另有说明。

——海关发票(customs invoice):它是由进口国海关专门制定的固定格式发票,由卖方填制,往往见之于某种特殊形式的关税优惠制的场合,或是在需要非常仔细地审查进口价格与进口商品的现行国内价值的关系的场合,供进口国海关审查使用,在非洲、美洲和大洋洲等一些国家海关均有规定。海关发票,大部分情况下是独立出具,有时也与商业发票为联合格式,无论如何,它具有商业发票的基本内容,可以称之为准商业发票或联合格式的商业发票。各国海关规定的海关发票格式中,常常会标明单据名称为"Appropriate Certified Customs Invoice"、"C. C. V. O. (Combined Certificate of Value and Origin)"、"Certified Invoice in Accordance With Xxx(注:进口国名称)Customs Regulations"、"Customs Invoice"、"Signed Certificate of Value and Origin in Appropriate Form"。

——税务发票(fax invoice):实务中,有时会看到,应该是由税务部门监制并盖有税务部门印戳的标准格式发票。税务发票,是入账和计征税款的依据。国内的税务发票一般为独立出具,有时也与商业发票二合一,无论如何,它具有商业发票的基本内容,也可以称之为准商业发票或联合格式的商业发票。

——最终发票(final invoice):它是与使用非正式发票中的临时发票或预开发票(pro-forma invoice)已经进行了临时付款相对而言,在石化或矿石交易中比较常见。实际上,最终发票似乎就是商业发票了,只是往往扣除了临时付款,显示了最终付款金额,也可以称之为准商业发票。

——领事发票(consular invoice):也称领事签证发票,它指由出口方根据进口国规定的格式填写并经进口国驻出口国的领事馆签章的发票。即有些国家法令规定,进口货物时需在货物清关之前出示进口国在出口国领事签证的发票,作为有关货物发运单据的一部分和进口报关征收进口关税的前提条件之一的特殊发票。签发领事发票的目的是证实货物的确定产地。这实际上是一项进口许可,只是得由出口商负责申请,并承担申请费用。领事发票的格式各国有不同的规定。一般规定由出口方从进口方国家的大使馆获得该国规定的领事发票的固定格式,详细填制后送大使馆或其邻近地区的领事馆签证。有的则规定由其领事在普通的商业发票上签证。有的国家甚至规定,领事不仅要签证发票,而且还要签证装运单据的一份,甚至要签证全部单据。某些南美国家和少数其他国家还需要出口方商会在领事发票上签证,证明发票的所述货物产地真实。无论如何,领事发票具有商业发票的基本内容,也可以称之为准商业发票或带有领事签证的商业发票。

第二,非正式发票用于表明带有价目、逐项列出、可能或估计发送的货物清单或实际提供的服务清单。

与正式发票相比,此类发票不管是载明的货物或服务,还是标明的价格或价值,都只是一个可能或一种估计,并不确切。此类发票可能标明为"形式发票(proforma invoice)"或"临时发票(provisional invoice)"等字样,性质并没有本质的相同,均为非正式发票。

非正式发票,经常在以下场合中使用:

——预付:即明确在装运货物前先付款,事后作最终结算,此时需开立临时发票或形式发票。

——寄售:在正式签订销售合同前,货物先行出口,交予出口方的代理人经营,非正式发票的价格可作为代理人应收取价格的指导。

——投标:形式发票用于销售合同的投标。出口方在接受投标的邀请后,可以不在形式发票上标明货物的金额,而要求未来的进口方出价或提出金额,若经出口方确认,就能成为正式的销售合同。

——申请外汇额度:进口商为了向本国贸易管理当局或外汇管理当局申请进口许可证或请求核批外汇,在未成交前,要求出口方将拟出售成交的商品名称、单价、规格等条件开立的一份非正式参考性发票。此类非正式发票,实际上是货物交易中虚盘形式的一种,并不是一种正式发票,它所列出的单价等,也仅仅是出口商根据当时情况所作的估计,对双方都无最终的约束力。更准确地说,它仅仅是一份估价单。成交后,买卖双方还需要签订正式合同,重开商业发票。

Case 8

一张 invoice 上显示 tax invoice No.,它是商业发票吗?

【背景】信用证要求"commercial invoice"。交单人提交了发票,显示名称"invoice",还显示"tax invoice G.S.T. No.10-489-814"。

【问】该发票可接受吗?

【答】涉及发票名称,UCP500 及 UCP600 中没有相关条文,ISBP 645 中却有两个段落常常用来引为依据:Para 59 和 Para 43. Para 59 专门规定发票名称,Para 43 则是针对所有单据名称的一个原则性规定。因为惯例类似于法律,根据同等层级专门法优于一般法的原则,实务中关于发票名称的判断以 Para 59 为主,以 Para 43 为辅。

ISBP 645 Para 59:

A credit requiring an "invoice" without further definition will be satisfied by any type of invoice presented (commercial invoice, customs invoice, tax invoice, final invoice, consular invoice, etc.). However, invoices identified as "provisional", "pro-forma", or the like are not acceptable unless specifically authorized in the credit. When a credit requires presentation of a commercial invoice, a document titled "invoice" will be acceptable.

实务中,发票包括正式发票和非正式发票。正式发票有 commercial invoice, customs invoice, tax invoice, final invoice, consular invoice 等;非正式发票有 provisional invoice, proforma invoice 等。

根据本段的表述,在信用证要求"commercial invoice"的情况下,如果不考虑商业发票的功能,提交的发票可以显示以下名称:

第一种,"commercial invoice",与信用证要求保持一致;

第二种,"invoice",默认即为 commercial invoice,除非发票本身特别标明它不是商业发票;

第三种,"commercial invoice and certificate of origin"或"invoice and certificate of origin",或相似名称,这是联合单据的形式,满足 Para 43 的规定。

显然,临时发票,无论从功能,还是从名称上看都是不能接受的。

Commercial invoice 以外的正式发票,只要名称显示或包含上述三种名称,功能满足要求即可接受;未显示上述名称,即使功能满足了商业发票的要求也是不可接受的。以 tax invoice 为例,在实务中,同一个货物交易安排(合同)下,同时存在 commercial invoice 和 tax invoice 是可能的,此时 tax invoice 将不被视为 commercial invoice. 当然也可能存在 commercial invoice 和 tax invoice 二合一的情况,国内可以观察到的这种发票,往往是名为"commercial invoice",却是由税务局统一提供,带有税务局预先印就的签章,由出口商统一领用,这种发票既是 commercial invoice 又是 tax invoice.

ISBP 645 Para 43:

Documents may be titled as called for in the credit, bear a similar title, or be untitled. For example, a credit requirement for a "Packing List" may also be satisfied by a document containing packing details whether titled "Packing Note", "Packing and Weight List", etc., or an untitled document. The content of a document must appear to fulfill the function of the required document.

而根据 Para 43,似乎可以接受没有名称的单据作为发票。其实结论是否定的:没有名称的发票,根据 Para 59 是不能接受的。因为 Para 59 的效力优于 Para 43。有人可能会提出说:Para 59,并没有排除这一种发票将被视为商业发票。我觉得,如果真的是这样,那么,ISBP 用不着以列举的办法,大费周章来特别显示哪些名称是可以接受的,因为根据 Para 43 的规定,只要功能满足商业发票的要求,仍然可以接受这种没有名称的发票而视为商业发票。

就本案例而言,一张名称为"invoice"的发票上显示了"tax invoice No.",且其功能满足了商业发票的要求,并不妨碍其默认为商业发票,显然是可以接受。其实,本案例中的商业发票与税务发票已经合二为一了。

18—0732

商业发票是信用证下的中心单据

本款"发票的功能与名称"一节的解读中提到,信用证实务中,如未特别说明,正式发票默认即为商业发票。那么,为什么会有如此默认呢?这似乎与商业发票在信用证运作中的作用,以及在该作用的发挥中体现出来商业发票在信用证下全套单据中所处的中心地位有着直接的关系。

基础合同下,可以没有别的单据,但是一定会有商业发票。发票的作用,具体包括以下三个方面:

第一,商业发票是实际发送的货物总清单,其他发运单据仅是商业发票的补充。

商业发票一定基于一个特定的基础交易安排。在基础交易安排下,卖方需要出具商业发票,以向买方表明交货情况,并据以支款。从基础合同履行的角度来看,发票是一笔货物交易的全面叙述,它详细列明了货物名称、数量、单价、总值、重量和规格等内容,它详细反映了基础合同下交货情况的全貌。这样,买方可据以判断和确认所发送的货物是否按照合同规定的内容和要求装运。

可以说,商业发票是实际发送的货物总清单,它全面、系统地表明了卖方履行交货义务的情况,也正是在这个意义上,商业发票常常被直观地译为"发货清单"。

需要提醒注意的是,尽管商业发票常常表明货物交易安排下货物发送的情况,但是绝不限于此,商业发票还可用于表明其他交易安排下的服务提供、履约行为实施的情况。

第二,商业发票也是实际发送的货物价目总清单,它是唯一带有价目的发运单据,它是支款的直接依据,汇票必须依据商业发票而开立。

商业发票不仅仅是要表明发货情况,它同时必须带有价目。从支款的角度看,商业发票是载有货物细节的货款价目总清单。

这样,商业发票成为卖方凭以要求买方在基础合同下付款,或者是受益人凭以要求信用证下支款的依据。发票也是销售货物的凭证,买卖双方均需根据发票的内容,逐笔登记入账。对卖方来说,通过发票可以了解销售收入。对买方来说,同样可以根据发票逐笔记账,结算货款,履行合同义务。

除此之外,在出口地和进口地,商业发票还作为报关、清关、纳税的凭证。货物装运前,出口商需向海关递交商业发票,作为报关凭证,发票中载明的价值和有关货物的说明是核定税款的依据。因此,海关可以凭借商业发票内容准确地确定应缴款,并作为验关放行的凭证之一。国外进口商同样需要向当地海关呈送出口商发票,海关凭以核定税款金额,使进口商得以迅速清关提货。

而在货物有损失的情况下,商业发票还是进出口商进行索赔、理赔以及要求运输赔偿和保险赔付的重要依据。

第三,商业发票,是卖方/受益人制作汇票和其他发运单据的依据。

信用证下其他单据的制作必须围绕发票展开。

其他发运单据,如运输单据、保险单据、包装单等都是依据商业发票的货物而开立的。商业发票必须带有详细货物描述,其他发运单据只需带有笼统的货物统称,这足以表明发票在信用证下发运单据中的中心地位。

而作为支款工具的汇票,仍以商业发票之金额作为计算基础。在不用汇票的情况下,商业发票还可代替汇票作为付款依据。

18—074

Article 18(a)　发票的出具人、抬头、货币及签署

Article 18(a):

A commercial invoice 商业发票:

i. must appear to have been issued by the beneficiary(except as provided in article 38); 必须看似由受益人出具(第38条规定的情形除外);

ii. must be made out in the name of the applicant(except as provided in sub-article 38(g));必须出具成以申请人为抬头(第38条(g)款规定的情形除外);

iii. A commercial invoice must be made out in the same currency as the credit; and 商业发票必须与信用证的货币相同;

iv. need not be signed. 无须签署。

本款表明:

第一,原则上,商业发票必须看似由受益人出具。

基础合同下的卖方,原则上对应于信用证下的受益人。相应地,作为全面反映基础合同履行情况的商业发票,必须由作为卖方的受益人出具。

这里只涉及受益人的身份,并未涉及受益人的名称、地址及其联络细节。换句话说,发票上必须显示由信用证规定的受益人出具,那么,作为受益人,在发票上应该显示到什么程度,才足以识别呢?根据本惯例第14条j款,似乎只要发票上显示的出具人名称为受益人即可,而无须理会地址及其联络细节。只是如果发票上同时还显示了受益人的地址,则国别必须与信用证一致。

这里只涉及出具人。如果一份商业发票,由受益人落款,却带有第三方函头,只能认定这是由受益人代理第三方出具。根据ISBP 681第22段的规定,一份带有第三方的函头的发票,即视为该第三方出具的发票,只是由受益人代理完成或签署而已。有业内人士认为,也应根据该落款确定单据的出具人。只是如果真是如此,在这种情况下,该单据将会有两个出具人——落款人和函头,对于银行表面来判断,将会无所适从。

其实,在实务中,由受益人落款,却带有第三方函头的发票从来就是不可接受的。比如:由

于内部整合的原因,原先以 T 公司 ABC 分部为受益人的信用证将全部改为以 T 公司为受益人。但是发票将仍然使用 ABC 分部的函头,如此是否会构成开证行拒付的理由呢？ICC 在 R291 的结论中认为,根据 UCP 关于发票出具者的规定,如果信用证的受益人是 T 公司,银行将拒绝接受以 ABC 分部名义出具的商业发票。

第二,原则上,商业发票必须以申请人为抬头。

基础合同下的买方,原则上对应于信用证下的申请人。相应地,作为全面反映基础合同履行情况的商业发票,则必须由作为卖方的受益人向作为买方的申请人出具,以向其表明自己的交货义务履行情况,从而向其要求付款。

所谓"抬头",即公文、书信中收件人的名称。《高级汉语大词典》:"抬头,[begin a new line, as a remark of respect, when mentioning the addressee in letters, etc.]:旧时书信、公文等行文中遇到对方的名称时,为表示尊敬而另起一行;[name of the buyer or payee on bills, receipts, or space for filling such a name]:发票、收据上写收件人或收款人的地方。"

这里仅涉及申请人的名称,而与申请人地址无关。换句话说,申请人地址在商业发票上可以不出现。这一点,与本惯例第 14 条 j 款中的意见直接吻合。有时会出现代开信用证的情况,信用证往往会在申请人一栏中规定"ABC co., ltd. on behalf of DEF co., ltd.",提交的商业发票上需把申请人栏位中的完整名称作为一体,作成抬头,从而与信用证规定的申请人名称保持一致。

至于在商业发票上,应该如何表明以申请人为抬头,则需要关注与申请人名称紧密相连的几个标志性字样:"to"、"messrs"、"buyer"等。这些标志,足以作为判断商业发票抬头的依据。

有时,在商业发票上使用"consignee"、"consign to"来引入抬头。这一点,并没有禁止。值得注意的是,根据本惯例第 14 条 f 款"原产地证明上的收货人"一节的解读,这必须与运输单据、原产地证明上的收货人保持一致,并不得矛盾。

第三,原则上,商业发票的货币必须与信用证相同。

这是本惯例的新增内容。商业发票的币种,必须与信用证金额的币种一致。这主要与汇率风险有关。

值得注意的是,这里虽然没有明说指的是信用证中的什么字段显示的币种,但似乎应该是信用证金额更贴切,因为发票金额最终是用于计算支款金额的,而一般来说信用证金额本身就是开证行允许在信用证下支款的最高限额。这里也并没有特别指明发票上货币,系对应于什么金额,所以,似乎发票上可能提及的金额,包括货物价值,发票金额,CIF 价下成本、运费和保费分项金额,预付款,扣费等等,它们所对应的货币都应该与信用证相同。

比如:信用证金额为 USD 100 000. 提交的发票金额显示为 RMB 710 000(美元等值为 USD 100 000),这是不能接受的。而如果发票金额显示为 USD 100 000(人民币等值为 RMB 710 000),答案是否一样？在这里括号内的人民币金额,仅仅是发票金额的一个注释,即等值 RMB 710 000,并不否定发票金额仍是 USD 100 000,因此可以接受。

实务中,有时信用证会规定信用证金额为美元,而避开制裁法案允许以欧元支款。这一点与发票无关,发票金额仍应显示为美元。这一点似乎也与汇票无关,根据本惯例第 6 条"汇票的付款金额"一节的解读,汇票金额仍默认显示为美元,除非信用证特别要求。

第四，原则上，商业发票无须签署。

商业发票并不重签署。为什么呢？这是由信用证的机制决定的。签署，是单据的一种证实方式。签署的目的，归根结底在于由一个特定实体或个人去证实单据内容，证明单据内容的真实性。而在信用证交易中，商业发票是由受益人提交的，受益人理所当然应该对由自己出具并提交的单据的真实性负责。可能有人会怀疑受益人的身份，其实，受益人在交单时已经以信用证正本表明了其身份，而通知行通知正本信用证时，核实受益人的身份也是其应尽的责任。这样，在信用证交易中，商业发票的签署，已经不太重要了。正是在这个意义上，本款规定，原则上商业发票无须签署。

话说回来，商业发票无须签署并不是绝对的。如果信用证特别要求"signed commercial invoices"，受益人必须照办。那么，问题在于此时应该由谁签署呢？如果信用证没有特别要求，根据本惯例第 3 条"单据上的签署人"一节的解读，似乎只能默认由出具人，即受益人签署，而不得由第三方代劳。而相应地，参照 beneficiary's certificate，应该由受益人出具并签署，信用证的该要求，准确一点似乎应解读为"Beneficiary signed commercial invoices"。

有人问：信用证要求"Signed invoice in one original and three copies"，副本发票要签字吗？这一要求并不明确。从语法上看，这一要求可以断为"Signed invoice in one original, and three copies"，即一份签署的正本发票，以及三份副本，此时只需正本签署，副本无须签署；也可以断为"Signed invoice, in one original, and three copies"，即经签署的发票，一份正本三份副本，此时则一正三副发票均须签署。为稳妥起见，申请人和受益人均应关注此类风险，慎重开证、慎重制单。

Case 9

发票上的抬头应该如何显示？

【背景】发票上显示"consignee: to order, notify party: ABC company（即申请人名称）"从而与提单保持一致。

【问】该发票可接受吗？

【答】有关发票的抬头的规定，从 UCP500，ISBP 645，到 UCP600 和 ISBP 681 几乎一脉相承，前后没有实质变化。

UCP500 Article 37(a)(ii)：

Unless otherwise stipulated in the Credit, commercial invoices … must be made out in the name of the Applicant(except as provided in sub-Article 48(h)).

ISBP 645 Para 61：

An invoice must be made out in the name of the applicant …

UCP600 Article 18(a)(ii)：

A commercial invoice … must be made out in the name of the applicant(except as provided in sub-article 38(g)).

概括起来，即："发票，必须出具成以申请人为抬头（第 38 条（g）款规定的情形除外）。"这一句话，包含三重意思：发票一定要有抬头；一般信用证下，发票的抬头必须作成申请人的名称；转让信用证下，发票的抬头则另当别论。

针对本案例，这里着重分析第一重意思，即：发票一定要有抬头。为什么发票要有抬头？在货物交易安排下，每一份单据都有特定的功能，每一份单据的结构都是为完成它的特定功能而设计，当然发票也不例外。一个标准的货物交易安排，都包括交货和付款两个基本内容，发票正是证明交货细节的中心单据。发票（invoice），直译应为"发货清单"，即向货物交易安排下的收货人发送货物的清单。发票的抬头，正是用于表明一个特定货物交易安排下的发货对象的一个设计。注意：这里所说的货物交易安排，指的是货物交易合同，而不是指货物运输。

一般来说，一份发票的抬头就在它的左上角，如同一封信的抬头一样。在制单实务中，发票的抬头上常常会冠以"to"、"consignee"、"consign to"、"messrs"、"buyer"等标志性字样，以表明发货对象。有时，发票的抬头上并无任何标志性字样，但是只要符合信件的书写习惯，业内人一眼即可明了，这并不影响其作为发票抬头来看待。但是，无论如何，发票上的"notify party"、"manufacturer"等字样下的当事人，却不足以表明其必然为发货对象——即发票的抬头。

由于本案例中的情况，不涉及转让信用证，根据第二重意思："一般信用证下，发票的抬头必须作成申请人的名称。"显然，该发票不可接受。

Case 10

受益人的部门，是其名称的一部分，还是地址一部分？

【背景】

信用证规定"beneficiary: ABC CORPORATION TOKQR SECTION 6－1, KITA-AOYAMA 2-CHOME, MINATO-KU, TOKYO 107－8077 JAPAN"。

提交的发票显示出具人"ABC CORPORATION 6－1, KITA-AOYAMA 2-CHOME, MINATO-KU, TOKYO 107－8077 JAPAN TOKQR SECTION"。

【问】这样的发票可以接受吗？

【答】本案例涉及受益人的名称和地址。有关发票上如何显示受益人的名称和地址，UCP500 Article 37、ISBP Para 60，直至 UCP600 Article 14(j)、Article 18(a)均有规定。

UCP500 Article 37(a)：

Unless otherwise stipulated in the Credit, commercial invoices:

i) must appear on their face to be issued by the Beneficiary named in the Credit (except as provided in Article 48)…

ISBP 645 Para 60：

An invoice must appear on its face to have been issued by the beneficiary named in the credit. Telex or fax numbers, etc., forming part of the address, need not be present, or, if stated, need not be identical to that in the credit.

UCP600 Article 14(j):

When the addresses of the beneficiary and the applicant appear in any stipulated document, they need not be the same as those stated in the credit or in any other stipulated document, but must be within the same country as the respective addresses mentioned in the credit. Contact details (telefax, telephone, email and the like) stated as part of the beneficiary's and the applicant's address will be disregarded …

UCP600 Article 18(a):

A commercial invoice:

i. must appear to have been issued by the beneficiary(except as provided in article 38)…

从以上规定可以看出,关于发票上如何显示受益人名称和地址,其实包括两个方面的内容:

(1)发票上如何显示受益人名称。这一点 ICC 的意见前后没有变化,即:发票上必须显示受益人的完整名称,且由其出具,除非另有规定。

(2)发票上如何显示受益人地址。这一点 ICC 的意见前后变化比较大,UCP600 的规定比 UCP500 和 ISBP 要宽。UCP500 不涉及如何显示受益人地址。ISBP 中不涉及受益人地址中的其他部分,只谈到了受益人地址中的联络细节,即:在发票上联络细节可以显示,也可以不显示;如果显示,也没有必要与信用证显示的相同,是否与其他单据相同也没有提及。UCP600 对发票上显示的受益人地址规定比较全面,即:在发票上受益人地址中联络细节可以不予理会,不管其如何显示;而联络细节以外的其他内容可以显示,也可以不显示;其他内容显示时,可以与信用证显示的不同,也可以与其他单据不同,但必须与信用证显示的地址同在一个国别。

从信用证的措辞来看,TOKQR SECTION 明显是受益人的一个部门。

于是,本案例的关键在于确定:tokqr section 作为 ABC 公司的一个部门,是受益人名称的一部分,还是受益人地址中的联络细节,还是受益人地址中联络细节以外的其他内容的一部分。

一个实体的名称,是一个符号,用于在众多实体中识别该特定的实体。在法律意义上,使用一个实体的名称,可以用于说明该特定实体的权利与责任。而一个实体的地址,则与此不同,它仅仅以一定的参照系确定该特定实体的联系方式,用于以一定的方式联系该实体。一般来说,一个实体的名称具有唯一性,除非重名;一个实体的联系方式,则可以多种多样,除了通常意义上的地址之外,还包括电话、传真、邮箱等等。

在现实中,一个实体可以有多个联系地址,这是因为办公的分散所致,但是同一个名称的公司并不会因为是不同的联系地址,而被认定为几个不同的公司,特别是在一个国家之内。这正是 UCP600 对受益人地址如何在发票上显示放宽限制的原因。

在现实中,一个实体的部门,却完全可能被授权代表实体从事各项商务、法律活动。国家商检局便常常代表我国政府签发 GSP Form A 产地证,各国政府也不例外。

继续来看信用证的措辞,似乎把 tokqr section 看作受益人名称更符合情理,而不是受益人地址。而从提交的发票来看,很显然 tokqr section 是受益人地址的一个部分。所以,该发票是不可接受的。

18－075

Article 18(b)　发票金额超过信用证金额

准确地说,信用证金额是信用证下可支款的最高金额。然而,发票金额不完全是信用证下的实际支款金额,它是实际支款金额计算的基础。

支款金额,也称实际支款金额,它是指信用证下受益人或指定银行实际支取的金额。实务中,支款金额分为两种:受益人的支款金额和指定银行的支款金额。二者并不完全等同,前者指受益人凭以要求开证行、保兑行承付或无追索权议付的金额;后者是指定银行凭以要求开证行、保兑行偿付的金额。中间的差别,主要与是否加计了指定银行的费用有关,但不完全是这样。比如:实务中,假远期信用证下,常常会出现"The usance drafts presented will be paid at sight, acceptance fees and discount interests are for the account of applicant."此时,受益人的支款是汇票全额,进口代付行向开证的支款,则是汇票全额加承兑费用和贴现利息。

发票金额,指发票上显示的最终金额。受益人提交的商业发票,往往都会显示金额,该金额通常情况下会等同于或小于信用证允许的最高支款金额。有时,该金额会大于信用证允许的最高支款金额。这种情况可以接受吗?

Article 18(b):

A nominated bank acting on its nomination, a confirming bank, if any, or the issuing bank may accept a commercial invoice issued for an amount in excess of the amount permitted by the credit, and its decision will be binding upon all parties, provided the bank in question has not honoured or negotiated for an amount in excess of that permitted by the credit. 按照指定行事的指定银行、保兑行(如有)或开证行可以接受金额大于信用证所允许金额的商业发票,其决定对各有关方均有约束力,只要该银行对超过信用证允许金额的部分未作承付或者议付。

本款对应于UCP500第37条b款,内容没有实质变化。

这种情况,主要产生于预付款,并且未在发票上进行相应扣除之时。为避免不必要的误会,理想的做法是在信用证中就直接反映该预付款。当然,根据ISBP 681第60段的规定,也可以在发票上直接显示该预付款扣除。ICC在R292中说:"Provided a bank operates within the scope of Sub-Article 37(b), it should accept a presentation of documents which shows a deduction for an advance payment. Ideally, reference to this prior payment should be reflected in the credit terms to avoid any unnecessary problems at the time of presentation."

本款表明:

——按指定行事的指定银行,以及保兑行、开证行,可以接受发票金额大于信用证所允许的支款金额,并不因此产生不符点。对于相关银行来说,这是一种权利。换句话说,银行没有义务必须接受发票金额大于信用证所允许的支款金额,只是一旦接受则并不因此产生不符点。

——超过信用证允许金额的部分未作承付或议付,即未超支,这是前提。

比如：信用证金额为 USD 300 000.00，提交的发票显示 USD 380 000.00，受益人出具的汇票为 USD 300 000.00.在受益人要求下，指定银行承付或议付 USD 300 000.00，这种情况可以接受。但是，如果受益人出具的汇票为 USD 380 000.00.指定银行承付或议付 USD 300 000.00.则不可接受。因为汇票是支款工具，其所显示的金额即为实际支款金额，超过了信用证所允许的支款金额，从而不可接受。

——只要构成相符交单，相关银行的接受决定对各有关方均有约束力。换言之，相关银行决定接受发票金额大于信用证金额的相符交单的约束力，并不局限于接受单据的银行与受益人之间，同时对信用证安排下的其他当事人具有约束力。

比如：按指定行事的指定银行接受单据，对保兑行和开证行均有约束力，保兑行和开证行必须相应地按承付或议付情况偿付指定银行；如果远期信用证下，按指定行事的指定银行并未到期付款，保兑行和开证行必须相应地承付或议付受益人的相符交单，并独立于其偿付责任。

18—0751

发票金额 vs.货物价值

实务中，发票金额与发票上的金额并不相同。发票上的金额形形色色，它对应于基础合同中的价值条款，具体包括贸易术语、单价、总值、费用、净值等内容。发票金额，则仅仅指发票上显示的货物价值作了加减之后的最终金额。

本条 a 款"商业发票是信用证下的中心单据"一节的解读中提到，作为基础合同下全面反映交货情况的商业发票，是卖方凭以要求基础合同下付款，或者是受益人凭以要求信用证下支款的主要依据，也是买卖双方记账，海关纳税，承运人、保险人理赔的基本依据。所以，商业发票的金额就显得格外重要。

与其他的种种金额一样，商业发票的金额由两部分构成：币种和数值。前面本条 a 款的解读中已经提到，"商业发票必须与信用证的货币相同"。至于发票金额的数值，则具体涉及其最初的来源——货物价值，以及以货物价值为基础的一系列计算过程。

那么，发票金额的数值是如何计算的呢？

ISBP 681 Para 60：

An invoice must evidence the value of the goods shipped or services or performance provided. Unit price(s), if any, and currency shown in the invoice must agree with that shown in the credit. The invoice must show any discounts or deductions required in the credit. The invoice may also show a deduction covering advance payment, discount, etc., not stated in the credit. 发票必须表明所发运货物或提供的服务或履约行为的价值。发票中显示的单价（如有的话）和币种必须与信用证中的一致。发票必须显示信用证要求的折扣或扣减。发票还可显示反映信用证未规定的预付款或折扣等的扣减额。

本段表明：

第一，商业发票必须表明实际发运货物的价值。因为实际发运货物的价值，是商业发票的金额计算的基础。

货物价值的形成过程通常有三个维度：

——货物价值＝成本＋费用。这一情况，将在本款"贸易术语 vs. 价格"一节中详细解读。

——发票的总金额＝发票1的金额＋发票2的金额。实务中，有时需要分别开发票，预付款、两种货物、免费品就可能出现这种情况。这种情况下，发票的总金额需要另外汇总，不会直接体现在发票上。这种情况仍然可以接受，因为ICC从来就没有禁止分开出具发票。

——这里主要涉及另一个维度，即货物价值＝单价×计价数量。

1. 单价是什么？

通俗一点说，即单位数量的货物价值。换句话说，商业发票上显示的单价，理应包括单位数量，以及其货物价值。然而实务中，商业发票上显示的单价，有时会省略单位数量，只要足以判断其对应的确切单位数量，或者会省略币种，只要足以判断其对应的币种，均可以接受。比如：信用证规定"IC 10 000 PCS，USD 2.00/PC"。提交的商业发票或者显示IC 10 000 PCS，在unit price 标题下显示USD 2.0 或者 2.00/PC 或者 2.00，同时显示 total amount：USD 20 000.00，在表面的计算过程中，可以明确判断该单价即为USD 2.0/PC，可以接受。

本段规定了，商业发票上必须显示信用证规定的单价。换句话说，当信用证规定单价时，商业发票必须显示信用证规定的单价，且保持一致；当信用证未规定单价时，商业发票则可以显示单价，也可以不显示单价。

实务中，有时信用证会规定部分货物免费，相当于单价为0，提交的商业发票必须满足该要求。

2. 计价数量，是用于计算货物价值的数量。

商业发票上可能会有各种各样的数量，但是如果出现了单价，则似乎通常都还要显示与单价相对应的计价数量。比如：信用证规定"IC 10 000 PCS，100 pcs packed in 1 carton，USD 200.00/carton"。则提交的商业发票不仅需要显示IC数量100 000 PCS，还需要显示计价数量100 cartons，及USD 200.00/carton。为什么呢？如果没有计价数量，那么货物价值的计算过程就显得拐弯抹角，只有计价数量与单价同时出现才能直接得出确切的货物价值。尽管ICC没有明确的意见，但如果商业发票上显示了单价，而未显示计价数量，总是缺了点什么。

第二，发票金额，由实际装运货物的价值加减计算而最后确定。

1. 货物价值的扣减。

——信用证规定的扣减，包括折扣等，商业发票必须在显示的货物价值中相应体现。这往往是申请人和受益人在基础合同中约定的扣减额，相应地体现在信用证及商业发票上。

——信用证未规定的扣减，包括预付款或折扣等，商业发票在显示的货物价值中可以体现，也可以不体现。这往往是由申请人和受益人在基础合同中约定，而未体现在信用证及修改中，基于双方的信任关系，受益人提交的商业发票往往都会体现。换句话说，即使双方没有在基础合同中约定，受益人愿意少收汇，申请人也没有理由不接受正常交单，只要前提上满足了信用证和UCP600关于支款金额的相关规定。ICC在R419中说："表明'折扣'的发票，其本身并不成为拒受单据的原因。"

2. 货物价值的附加。

货物价值的附加，包括加价和加费，显然加重了申请人的负担，如果受益人和申请人没有事先在基础合同中约定，从而体现在信用证的条款中，申请人似乎没有理由必定会接受受益人的交单。所以，货物价值的附加，一定要事先得到信用证条款的许可。本款"贸易术语 vs. 单价"一节的解读将提到，根据ISBP 681第61段的规定——"费用和成本必须包括在信用证和发票中标明的价格术语所显示的金额内,不允许任何超出该金额的费用或成本",显然,价格术语就是一种货物价值附加的许可,超出许可范围不可接受。

有时会出现一种货物价值的扣减与附加交错的情况:

比如:信用证规定:IC 10 000 PCS, USD 2.00/PC FOB Xiamen, total amount USD 20 000.00,

提交的发票显示:IC 10 000PCS, USD 2.00/PC FOB Xiamen, amount USD 20 000.00,

同时显示:discount 10% deducted:—USD 2 000.00,

packing materials fee added:+ USD 100.00,

total amount:USD 18 100.00.

本案例中,商业发票中既显示了货物价值扣减,也显示了货物价值加费,加减计算之后的总金额未超过信用证规定,似乎可以接受。其实在实务中,对商业发票中以货物价值为基础加减项目的判断,是相互独立的。商业发票上在价格术语 FOB 以外,显示了信用证未规定的附加包装费,不能接受。

18—0752

贸易术语 vs. 货物价值

在本款"发票金额 vs. 发票上的金额"一节的解读中提到,发票金额的形成过程有一个十分重要的维度,即"货物价值=成本+费用",同时还提到,货物价值的附加,包括成本和费用,与贸易术语有着直接的关系。

在国际贸易中的每一种货物,成本是其核心价值,一般均由卖方承担。但是,每一种货物,从卖方交付给买方的过程中,都会发生一系列报关、运输、保险费用等,这些费用则可能由卖方承担,也可能由买方承担,买卖双方视具体情况会在基础合同中事先约定。实际上,基础合同上的货物价值,就是由卖方承担的货物成本和费用加总而来。而在实务中,货物贸易的基础合同常常会使用贸易术语,用于概括描述买卖双方的费用、风险承担等一系列事项。换句话说,价格术语,严格界定了卖方在基础合同下理应承担的成本和费用,从而也就是严格界定了基础合同下的货物价值范围。

ISBP 681 Para 61:

If a trade term is part of the goods description in the credit, or stated in connection with the amount, the invoice must state the trade term specified, and if the description provides the source of the trade term, the same source must be identified (e. g. , a credit term "CIF Singapore Incoterms 2000" would not be satisfied by "CIF Singapore Incoterms"). Charges and costs must be included within the value shown against the stated trade term in the credit and invoice. Any charges and costs shown beyond this value are not allowed. 如果某贸易术语是信用证中货物描述的一部分,或与金额联系在一起表示,则发票必须显示信用证指明的贸易术语,而且如果货物描述提供了贸易术语的出处,则发票必须表明该出处(如信用证条款规定"CIF 新加坡 Incoterms 2000",那么"CIF 新加坡 Incoterms"即未满足信用证的要求)。费用和成本必须包括在信用证和发票中标明的贸易术语所显示的金额内,不允许任何超出该金额的费用或成本。

本段表明：

第一，如果贸易术语是信用证中货物描述的一部分，或与货物金额联系在一起表示，则发票必须显示信用证指明的贸易术语。

本款规定，贸易术语，不管是直接作为货物描述的一部分，还是与货物金额联系在一起表示，商业发票上必须显示贸易术语，并与信用证保持一致。

有人问：当信用证 47A 显示的贸易术语，既不是货物描述的一部分，也没有与货物金额联系在一起时，是否还必须显示？似乎还是要在发票上显示，因为贸易术语与货物金额关系最为密切，而发票上必须显示货物金额。ICC 515 指出：应确保跟单信用证所指的货物、价格和贸易条件的细节都包括在发票之内。ICC 在 R237 的分析中认为：不管价格术语是否为货物描述的一部分，都应该显示在发票上。

当然，并不是所有信用证都规定贸易术语。当信用证没有规定贸易术语时，提交的商业发票可以不显示，也可以显示贸易术语。因为显示贸易术语并不会导致与其他信息的矛盾。

第二，如果贸易术语来源与贸易术语本身，一同规定在信用证中，则发票必须相应地表明贸易术语来源。

原因是，不同的版本下，同一贸易术语将有不同的解释，从而具有不同的含义。

实务中，有时会出现一种情况：信用证规定贸易术语 CNF Shanghai port，提交的发票显示贸易术语：CFR Shanghai port. 众所周知，CNF 是 CFR 的另一种拼法，但是这种写法仅限于 Incoterms 1990 及以前的版本中，而在 Incoterms 2000 中已经没有这种变形的拼法。所以，信用证的这一规定本身，似乎同时也意味着对贸易术语版本的要求，提交的发票显示的贸易术语显示没有这一种含义，所以二者似乎并不一致，从而不可接受。

当然，并不是所有信用证都规定贸易术语的来源。当信用证没有规定贸易术语来源时，此时，似乎显示贸易术语来源可以接受，不显示贸易术语也可以接受。有人问：信用证规定贸易条件为 CFR Esmeraldas Ecuador，提交的发票显示 CFR Esmeraldas Ecuador, Incoterms 2000. 可以接受吗？ICC 在 TA 615 REV 中的分析与结论为：可以接受。但是，如果此时显示贸易术语版本号为 Incoterms 1990 呢？似乎不可接受。因为默认的一般为最新的版本号，如果显示旧的版本号，则为异常。

第三，费用和成本必须包括在价格术语以内，超出价格术语的费用和成本不可接受。

受益人提交的商业发票，全面表明了受益人的出口货物交付情况，包括其中一个非常重要的方面——货物价值。本段说明，货物价值包括费用或成本，超出贸易术语的范围不可接受。值得注意的是，这里的金额仅指货物价值对应的金额，而不是发票金额。

有人问：信用证金额 USD 50 000.00，并要求 IC 10 000 PCS USD 2.00/PC FOB Chinese main ports，起运港：Chinese main ports，

商业发票显示：IC 10 000 PCS, unit price：USD 2.00/PC, amount：USD 20 000.00,

freight charges from Fuzhou to Xiamen port：USD 1 000.00,

total amount：FOB Xiamen USD 21 000.00.

该发票可以接受吗？

本案例的关键在于确认，从福州到厦门港的运输费用，是否在信用证和发票显示的贸易术语的范围——FOB Xiamen——之内。价格术语理应约束货物价格。本案例中受价格术语约束的价格，是一个完整的价格——USD 2.00/PC FOB Xiamen，即从福州到厦门港的运输费用都已经包含在这个价格里了，至于从工厂、或福州、或从其他的地方运到厦门港的费用，都是卖方——即受益人的事，都已经摊在信用证和商业发票上显示的 USD 2.00/PC FOB Xiamen 所对应的货物成本中了，而与申请人无关。所以，本案例中提及的运输费用，似乎不可接受。

其实，在 FOB 条件下，还包括了出口许可费用和包装费用等，均不得超出。INCOTERMS 2000 FOB 条件中规定："The seller must obtain at his own risk and expense any export licence or other official authorization and carry out, where applicable. All customs formalities necessary for the export of the goods."

18－07521 价格术语的三个问题

第一，发票上显示的贸易术语仅显示了一个与信用证要求完全相同的港口地理范围，可以接受吗？

信用证规定：FOB Chinese main ports；

提交的提单显示：port of loading, Shanghai Port；

发票显示：FOB Chinese main ports.

由于作为广义货物描述一部分的贸易术语，并没有反映提单显示的实际装运港，接受该发票是有风险的，尽管其与信用证规定等同一致。正确的做法是，发票显示：FOB Shanghai port.

第二，发票上显示的贸易术语显示了一个港口地理范围，而信用证规定了实际港口，可以接受吗？

信用证显示贸易术语：FOB Shimonoseki（注：即下关，日本的一个港口），提交的发票显示：FOB Japan.

ICC 的结论是：可以接受。多数意见认为：There is an evidence from the bill of lading required in the credit and presented, that "Shimonoseki" is a port in Japan, as it says "Port of Loading: Shimonoseki, Japan", and that the invoice in question also names "Shimonoseki, Japan" as the place where the goods have been shipped from. 显然，这一判断与提单上显示装货港为"Shimonoseki, Japan"，和发票上同时显示了起运地为"Shimonoseki, Japan"有着直接的关系。

第三，发票上显示的贸易术语仅显示了一个实际港口，未显示信用证规定的地理范围，可以接受吗？

信用证显示贸易术语"CFR Vancouver, WA, USA port"，提交的发票显示贸易术语为"CFR Vancouver, WA".

ICC 在 R362 中说：尽管发票上的贸易术语未显示"USA Port"，但是从已经显示的"WA"字样，足以确定该港口即为美国港口，不足以构成不符点。当然，为了避免不必要的误会，发票上的贸易术语还是以完整显示为好。

18—07522 价格术语及 Incoterms 规则

什么是价格术语？

价格术语(price terms)，也称交货条件(delivery terms)，通常还称贸易术语(trade terms)，最早贸易界称"国际商业术语(international commercial terms)"，缩写为 Incoterms.

"如果买卖双方在基础合同订立中，明确地引用了其中的贸易术语，他们之间的责任划分就很简单、清晰、安全，从而可以消除任何误解以及可能产生的纠纷"。[①]

贸易术语，直译即为贸易中形成的习惯用语，其作用在于界定贸易双方的责任，具体主要体现为基础合同下贸易双方在交货和付款过程中的费用承担和风险承担。

——费用承担。由于贸易术语约束双方的报价，在买卖双方交易价格谈判时，常常围绕着贸易术语展开，所以贸易术语也常常称为报价条件(quotation terms)或价格术语。换句话说，只有在特定的价格术语下，买卖双方的责任才能界定，交易的价格才能相应确定。因此，实务中，贸易术语常常与价格并为一体，联合使用。理论上，贸易术语内的价格即为由卖方承担的成本和费用，而贸易术语外的费用，则必须由买方另行承担。这一点印证了本款"价格术语 vs.单价"一节的解读中提到的 ISBP 681 第 61 段的规定——"费用和成本必须包括在信用证和发票中标明的价格术语所显示的金额内，不允许任何超出该金额的费用或成本。"

——风险承担。由于贸易术语约束买卖双方的交货责任，所以贸易术语也常常称为交货条件。值得注意的是，交货地点不一定是作为贸易术语一部分提及的地点。该地点大部分情况下对应于交货地点，但有时却为费用分界点。比如：从上海港发运至汉堡港，使用 CFR Hamburg port。实际上，交货地点在上海港，当卖方在上海港将货交承运人装船，责任即转移到买方，而贸易术语中提及的汉堡港只是费用分界点，即运费付至汉堡港。

什么又是贸易术语解释通则？

国际贸易术语解释通则的产生，与 UCP 的原因非常相似。

国际贸易的双方一般身处两国，他们之间各有其所在国的贸易习惯，相互之间存在差异，而且双方不太了解，因此在国际贸易中就会出现许多问题。例如对合同或合同中的某一条款或某一交易习惯，双方存在着不同解释，由此可能导致国际贸易上的纠纷，引起当事人间的误会、争议和诉讼，也浪费了双方的时间和金钱。这些显然不利于国际贸易的发展。然而，另一方面，随着国际贸易的发展，逐渐地在大多数从事国际贸易的商业人员之间形成了一些习惯做法和贸易术语，由于它们被经常使用，形成了惯例。由于这些惯例的存在，使各国商人之间的交往可以按惯例进行，使得交往非常顺利，减少了他们之间的摩擦。

为了进一步减少跨国贸易的摩擦，自 20 世纪 20 年代初国际商会即开始对重要的贸易术语做统一解释的工作。1936 年便诞生了第一套解释贸易术语的国际通用的统一规则——Incoterms 1936，即国际贸易术语解释通则 1936 年版。之后，因应贸易的发展和环境的变化，国际商会进行了多次修订，先后颁布了 Incoterms 1953, Incoterms 1967, Incoterms

---

[①] 引自陈晶莹、邓旭：《〈2000 年国际贸易术语解释通则〉释解与应用》，对外经济贸易大学出版社，2000

1976，Incoterms 1980，Incoterms 1990，以及沿用至今并广为通行的 Incoterms 2000 等版本。

在业内人士熟知的 Incoterms 1990 和 Incoterms 2000 中，共有 E、F、C、D 4 组，13 个贸易术语：

E 组：启运类 1 个，

——EXW … (named place)：EX works，工厂交货，在该术语下，卖方的责任最小；

F 组：主运费未付类 3 个，

——FCA … (named place)：Free carrier，交至承运人交货，

——FAS … (named port of shipment)：Free alongside ship，船边交货，

——FOB … (named port of loading)：Free on board，装运港船上交货；

C 组：主运费已付类 4 个，

——CFR … (named port of destination)：Cost and freight，成本加运费，

——CIF … (named port of destination)：Cost, insurance and freight，成本、保险费加运费，

——CPT … (named point of destination)：Carriage paid to，运费付至，

——CIP … (named point of destination)：Carriage and insurance paid to，运费、保险费付至；

D 组：到达类 5 个，

——DAF … (named point)：Delivered at frontier，边境交货，

——DES … (named port of destination)：Delivered ex ship，目的港船上交货，

——DEQ … (named port of destination)：Delivered ex quay(duty paid)，目的港码头交货，

——DDU … (named point)：Delivery duty unpaid，未完税交货，

——DDP … (named point)：Delivery duty paid，完税后交货。

值得注意的是，在不同版本的解释通则中，所规范的贸易术语，仅仅是目前国际贸易领域中比较成熟的部分，它并不是国际货物买卖的全部，而只是涉及其中的一小部分。举个例子，各个不同版本的解释通则，均允许买卖双方可以适应交易的特殊要求对规范的贸易术语进行变形。但是，包括 Incoterms 2000 版本在内的多个修订版并没有规定如何对贸易术语进行变形，也没有规定对已经变形的价格术语如何进一步解释。

就实务而言，信用证和单据不规范使用贸易术语的情况，时有发生。

实务中，贸易术语的不规范使用时有发生。于是，经常出现纠纷，如果当事人对此没有明确的约定，双方之间又无交易习惯能够证明价格术语变形的含义所指，则可能会出现不同法院有不同解释和不同判决的现象。

有人问：信用证下货物 从 Singapore port 起运，经 any West Coast Port，USA，目的地为内陆城市 Chicago，却同时规定了贸易术语 CFR，可以吗？

ICC 在 R432 中的分析和结论中说："尽管在 CFR 条件下对应于内陆城市 Chicago 并不规范，但既然已经成为事实，该条件下的运费仍应理解为付至内陆城市 Chicago."

类似的情况，还有许多。比如：FOB 条件下要求提交空运单，此时，尽管起讫机场都不是

港口,但也只能参照掌握了。还比如:信用证规定 FOB Hong Kong 的同时,要求"Port of loading:Xiamen, Port of transhipment:Hong Kong"。显然,此时的买方并不对从厦门到香港的费用和风险负责,而应由卖方负责,尽管信用证规定从厦门港起运。

18-076

Article 18(c)　发票上的货物描述 vs. 信用证规定

本惯例第5条的抽象性原则,规定了"银行处理的是单据,而不是单据可能涉及的货物、服务或履约行为"。然而,信用证并非横空出世,其存在毕竟是以单据交易的方式实现"象征性"交货,从而完成了基础合同下的货款结算。所以,单据上,特别是作为全面反映基础合同下交货情况的发票上的货物描述,就显得极其重要。正如 ICC 在 R251 中所说的:"货物描述的重要性对受益人来说是可以证明正确的货物已出运,对银行尤其是申请人来讲则可以确定所提交的单据从表面看已代表了要求的货物。"

阎之大先生说:"对于受益人来说,只有按照信用证如实装运货物,才能通过商检与海关的检验,从而督促受益人履行合同严格装运,有助于防止以次充好,以假乱真,进而保护进口方,从一定程度上抵消信用证的独立抽象性对申请人潜在的风险。"

Article 18(c):
The description of the goods, services or performance in a commercial invoice must correspond with that appearing in the credit. 商业发票上的货物、服务或履约行为的描述应该与信用证中的描述一致。

那么,怎样算商业发票上的货物描述与信用证上的描述一致呢?

本款的规定,起码应该注意以下几点:

第一,发票上的货物描述,仅仅要求与信用证规定的一致(correspond to)即可,而不是"如镜像般一致(mirror image)"。

什么是一致(correspond to)呢?

ISBP 681 Para 58:
The description of the goods, services or performance in the invoice must correspond with the description in the credit. There is no requirement for a mirror image. For example, details of the goods may be stated in a number of areas within the invoice which, when collated together, represents a description of the goods corresponding to that in the credit. 发票中的货物、服务或履约行为的描述必须与信用证中的一致,但并不要求如镜像般一致。例如,货物细节可以在发票中的若干处显示,合并一起时与信用证中一致即可。

这是原则。所谓"如镜像般一致",其实是本惯例第14条d款"'不得矛盾'vs.'等同一致'"一节的解读中提到的"严格一致标准",它对应于"等同一致(identical to)"。该标准要求

商业发票的货物描述必须 word-by-word(逐词)、letter-by-letter(逐字)与信用证的规定一致。ICC511 说:这一限制,恐对信用证项下当事人形成不应有的负担,使不符的商业发票增多。而怎样算无须"如镜像般一致"呢?本段举了个例子:货物细节可以在发票中的若干地方表示,当合并在一起时与信用证规定一致即可。实务中,不同当事人,不同经办在描述同一货物时,由于习惯不同,货物细节比较多的时候,分开在若干地方表示,是常有的事。本段的无须"如镜像般一致"的规定,显然有助于统一对类似情况的看法,而与实务保持一致。

尽管如此,ICC 在 Case 263 中说:"一致"虽然没有必要与"等同一致"同义,但应理解为与"等同一致"的含义十分接近。

比如:如果信用证 45A 货物描述规定货物为 chairs,同时还规定细项:wood chairs 10 sets/steel chairs 10 sets/plastics chairs 10 sets,提交的发票仅显示货物描述为:wood chairs 10 sets/steel chairs 10 sets/plastics chairs 10 sets. 尽管发票上少显示了货物统称 chairs,由于银行专业人员可以一目了然地从表面上直接判断 chairs 即为货物描述的统称,从而不影响对发票上货物描述的解读。这是可接受的。但是,如果信用证 45A 货物描述规定货物为 chairs,提交的发票显示 toy chair,则不可接受。因为从常识来看,toy chair 的性质是玩具(toy),而不是普通椅子(chair)。此时提交的发票显示 toy chair 已经改变了货物的性质和类别。

第二,发票上的货物描述只需与信用证规定的"单方面"一致,而不是信用证规定的货物描述必须与发票上的一致。

值得注意的是,这里所说的"一致",仅指"单方面"的发票与信用证描述一致。所以,ICC China 在 ICCCR035 中说:"……商业发票中的货物描述可以比信用证中的更具体,或者加载一些信用证中未规定的信息,只要不与信用证规定的货物描述相矛盾,就可以接受。反过来,如果发票中的货物描述较信用证中的更抽象,则无法判定其代表的货物就是信用证规定的货物,这就是不可接受的。"

具体而言,这"单方面"一致,包括以下几种情况:

——发票必须显示信用证规定的货物描述。信用证显示了货物描述,发票不显示货物描述,便与信用证规定不一致,这理所当然。根据本惯例第 14 条 e 款的规定,其他单据可以不显示货物描述,商业发票不行。从商业发票的功能来看,不描述货物怎么可能全面反映交货情况呢?!

有人问:信用证不仅规定了货物全称,还规定了货物统称。发票上只显示货物全称,可以吗?

ICC R208 中说:信用证规定的货物描述中"Clock Movement"出现了两次,一次为货描统称,一次在货描全称中。"Description of goods in the letter of credit stipulates as follows: Clock Movement 'O. K.' BRAND QUARTZ CLOCK MOVEMENT WITH SWITCH." "However, the description of goods in the shipping documents(the invoices, the ocean Bill of Lading, the packing list) presented by the negotiating bank shows: 'O. K.' BRAND QUARTZ CLOCK MOVEMENT WITH SWITCH."ICC 的意见表明:货物描述,可以包括"general heading(统称)"和"detailed description(细节描述)"两个部分。对于发票显示的货物描述,只需有"detailed description"与信用证保持一致即可;对于发票以外的单据,只需有"general heading"与信用证保持一致即可。值得注意的是,这里所说的货物描述统称的出现,

并没有带有附加的信息。本节的解读中将提到,如果带有附加的信息,则另当别论。

——发票必须显示信用证规定的货物全称,而不是概括性用语。概括性用语,比信用证规定的更加抽象,最多只能算是信用证规定的货物描述与商业发票显示的一致,而不是商业发票显示的货物描述与信用证规定的一致。别的单据上的货物描述,可以使用概括性用语,商业发票不行。这一点,已经足以反映商业发票在信用证安排下全套单据中的中心地位。

比如:信用证 45A 货物描述规定货物为 handicrafts,同时还规定细项:chairs 10 sets/baskets 10 pieces,提交的发票仅显示货物描述:chairs 10 sets/baskets 10 pieces。尽管 handicrafts 可能是货物的统称,但这一统称与其他时候不同,它还说明了货物的性质和类别,即为工艺品(handicrafts),而不是普通的椅子(chairs)或篮子(baskets)。发票上少显示了 handicrafts,便少了一部分信息,从而比信用证规定的货物描述更为抽象。这是不可接受的。

——商业发票可以显示比信用证规定的货物全称更多的信息,但以本惯例第 14 条 d 款规定的"不得矛盾"原则为限。

比如:信用证 45A 规定货物描述"EEL"(注:烤鳗),提交的发票显示货物描述"EEL(YOKOHAMA)"[注:烤鳗(横滨)]。发票上多出来的"YOKOHAMA"字样,只是表明了烤鳗的出口区域,并不否认货物即为烤鳗本身。所以,该发票可以接受。

第三,发票不得表明超装的货物或信用证未规定的"额外货物"。

有时,发票会显示信用证没有规定的货物,大部分情况下是免费的。常见的有样品、广告材料、零部件、空箱或空袋等包装物。有时,发票还会显示货物超出信用证规定的数量,即为超装。这两种合称为"额外货物"。前者涉及货物描述,这里将重点解读;后者仅涉及货物数量,将在本惯例第 30 条 b 款"货物数量"一节详细解读。

ISBP 681 Para 64:

An invoice must not show:发票不得显示:

a)over-shipment(except as provided in UCP600 sub-article 30(b)), or 溢装(UCP600 第 30 条(b)款规定的除外)或

b)An invoice must not show merchandise not called for in the credit(including samples, advertising materials, etc.)even if stated to be free of charge. 信用证未要求的货物(包括样品、广告材料等)即使注明免费。

与发票上的货物描述显示了比信用证更多的信息不同,这里只涉及商业发票显示了超出信用证规定数量或信用证未规定的"额外货物",这种发票不能接受。值得注意的是,本段的"额外货物",仅指货物或实物,与作为基础合同中的交易标的的服务、履约行为无关。服务、履约行为,无所谓装运,所以不存在超装的问题。而根据本条 b 款"价格术语 vs.货物价值"一节的解读,如果是未规定或超出数量的免费服务、履约行为,不会在商业发票上体现出额外的成本或费用,可以接受;如果是未规定的收费服务、履约行为,则会因为在商业发票体现为额外的成本或费用,而不可接受。

ICC 在 R65 中说:之所以不得显示额外的货物,是为了防止如此做法成为迫使买方接受自己不愿意要的货物的手段。

ICC 在 Case 233 中又说:装运额外的货物可能会带来不可预测的问题,比如,由于没有订购所以没有进口许可证。如此便会造成被当局没收并进而影响信用证项下的货物。

还值得注意的是,本段"额外货物"中的未规定货物不可接受,与是否免费无关。换言之,只要是未规定货物,免费不可接受,收费也不可接受。

Case 11

发票上显示免费货物不可接受吗?

【背景】信用证 45A,只规定统称:stones USD 10 000.00.

提交的发票显示:stones

FUDING BLACK 10 pcs,USD 10 000.00

FUDING RED 1pc,free of charge.

【问】这样的发票不可以接受吗?

【答】关于发票显示的免费货物,是否可以接受,ICC 的直接规定在 ISBP 中。

ISBP 681 Para 64:

An invoice must not show:发票不得显示:

a) over-shipment(except as provided in UCP600 sub-article 30(b)), or 溢装(UCP600 第 30 条(b)款规定的除外)或

b) An invoice must not show merchandise not called for in the credit(including samples, advertising materials, etc.)even if stated to be free of charge. 信用证未要求的货物(包括样品、广告材料等)即使注明免费。

上述规定说明:

第一,发票不得表明货物溢装,也不得表明信用证未规定的货物。

第二,发票表明了信用证规定的货物,免费及收费均可接受,只要数量、单价、金额满足信用证规定即可;

第三,发票表明了信用证未规定的货物,免费及收费均不可接受,不管数量、单价、金额是否满足了信用证规定。

通俗一点说,在货物数量、单价及金额满足了信用证规定及 UCP 有关溢短装规定的前提下,发票表明的货物情况,与免费及收费货物无关,只与信用证规定的范围有关,即:只要货物在信用证规定范围以内即可接受,在信用证规定范围以外即不可接受。

就本案例而言,由于发票显示的货物"FUDING RED"在信用证规定的货物统称"stones"之内,所以可以接受,而与其是否免费无关。

18—0761

发票上的货物描述 vs. 信用证规定的经典案例

实务中,商业发票上的货物描述,往往与信用证规定的不同,或者比信用证规定得多,或者

少,或者有所变更。而这种种不同,尽管有时会导致不一致,但往往并不必然意味着不一致。商业发票上的货物描述比信用证多的情况,关键在于判断多出来的信息,是否与信用证规定的描述不矛盾。对于受益人来说,如果不能恰当地把握是否构成矛盾,最好还是以等同一致为佳,这样才不会给他人以挑剔不符点的余地。至于具体问题则须具体分析,最终还将涉及诉讼中法官的自由裁量权。

——添加品牌名称可以接受。ICC 在 R81 中说:提交的商业发票照抄了信用证的货物描述后又添加了商标名(brand name)。货物一般都有商标名,这一添加的商标名,与信用证规定的货物描述并没有矛盾,国际商会认为这是可以接受的。当然,如果信用证已经规定了商标名"brand 'A'",提交的商业发票显示了另一商标名"brand 'B'",则不可接受。

——添加品牌名称和包装情况可以接受,改变货物性质不可接受。ICC 在 R456 中说:发票在货描"SINGLE CORE COPPER CONDUCTOR PVC INSULATED CABLE 450/750 VOLTS TO BS 6004/1975"后又添加了"EUROCAB BRAND ON REELS EACH 85 YARDS"。ICC 的分析和结论中说:UCP 规定"商业发票中的货物描述必须符合信用证中的描述",但并没有要求描述必须完全一样或仅限于信用证规定的。对货物加以额外限定并不改变货物的性质,不符点不成立。显然,添加的内容仅是品牌名称和包装情况,并不改变货物的性质。

——让人怀疑改变了货物性质,不可接受。

ICC Case 262:信用证规定货物描述为:garments from sheep finished leather(leather jacket),提交的发票货物描述除与信用证描述相符外,在发票的底部又增加一证明语句:more than 90 percent of the visible outer surface area is of leather. ICC 视之为不符点。显然,这一证明语句的信息,足以让人怀疑它不是完全的皮夹克。

ICC R235:信用证货物描述为:PAKISTANESE BLUE POPPYSEED(巴基斯坦蓝色罂粟种子),提交的某一单据中货物描述显示:PAKISTANESE BLUE (COLOURED) POPPYSEED[巴基斯坦蓝色(有色的)罂粟种子]。ICC 认为添加的"coloured(有色的)"字样使得单据中的货物描述与信用证的货物描述有抵触,coloured 一词有被修饰、被人为染色的含义。《美国传统辞典(双解)》说:"color, to impart color to or change the color of. 上色,给……上色或变色。"

——让人怀疑改变了货物状态或价值,不可接受。Case 265:一商业发票在出口的机械产品的货物描述后,添加了"货物修复如新(goods are reconditioned as new)"的信息。正如 ICC515 VII 2(4)中指出的:"银行和受益人应确保发票没有额外的可能导致对(货物)状态和价值产生疑问的对货物的不利描述。"显然,这一添加是不可接受的。

——改变了货物类别或分级,不可接受。ICC R584:信用证中的货描为:"男用山羊皮夹克,原色山羊皮织物(Men's suede jackets, plain suede fabric)",提交的发票上显示的货描为"男用山羊皮夹克(仿制山羊皮附加 100%聚酯针织衬里),原色山羊皮织物[Men's suede jackets(imitation suede with 100% polyester knitted backing)plain suede fabric]"。ICC 的结论:本例中附加的文字"(仿制山羊皮附加 100%聚酯针织衬里)",并非信用证货物描述的一部分。"仿制"一词显示了货物的不同类别或分级,构成了拒付的理由,因为商业发票中货物描述与信用证中的不符。

——银行人员无法判断是否改变了货物结构,不可接受。ICC 曾提到的一个经典的例子:发票照抄了信用证对一纺织品货物的描述,在表示密度 60×60 之后又于括号中附加了与该密度含义相同的描述：经 24，纬 24（WARP:24，WEFT:24），由于附加者与货物的结构有直接关系，而从银行的角度看，附加的东西是否与 60×60 相同，是单据审核人员所不能把握的。故国际商会认为不能接受。

18—0762

发票上的货物描述 vs. 实际发运

有时候，信用证会规定多种货物，而实际发货只是其中的一种或几种。有时候，信用证规定了一定数量的货物，而实际发货只是其中部分数量。后者涉及货物数量，将在本惯例第 30 条 b 款"货物数量"一节中详细解读；前者涉及货物描述，这里将重点解读。

ISBP 681 Para 59：

The description of goods, services or performance in an invoice must reflect what has actually been shipped or provided. For example, where there are two types of goods shown in the credit, such as 10 trucks and 5 tractors, an invoice that reflects only shipment of 4 trucks would be acceptable provided the credit does not prohibit partial shipment. An invoice showing the entire goods description as stated in the credit, then stating what has actually been shipped is also acceptable. 发票中的货物、服务或履约行为的描述必须反映实际发运或提供的货物、服务或履约行为。例如，信用证的货物描述显示两种货物，如 10 辆卡车和 5 辆拖拉机，只反映发运了 4 辆卡车的发票可以接受，只要信用证不禁止部分发运。列明信用证规定的全部货物描述，然后注明实际发运的货物的发票也可接受。

本段规定了，发票上的货物、服务、履约行为描述必须如实反映实际发运的货物或实际提供的服务或履约行为。只要如实反映，以上两种情况都是可以接受的，如果允许部分发运或部分提供的话。

从表面上看，发票中的货物描述似乎确实比信用证规定的货物描述，少了一点信息。由于少了的信息，对应的是未实际发运的货物，只要信用证允许部分种类或部分数量的货物可以不一次发运，发票中显示的货物描述，就已经与信用证规定的一致了。显然，这种情况，并不是本条 c 款"发票上的货物描述，与信用证规定一致"一节的解读中提到的情况——"商业发票显示的货物描述比信用证规定的更抽象"，尽管它不足以抽象地概括信用证规定的描述。

部分发运或部分提供下，实务中，发票上的货物描述一般按以下原则把握：

——如果信用证规定了多种货物，且容易分辨，则直接列明实际发运的细项货物。比如：信用证的货物描述显示两种货物，如 10 辆卡车和 5 辆拖拉机，如果信用证不禁止分批装运，而发票表明只装运了 4 辆卡车，是可以接受的。

——如果信用证规定了多种货物，但不容易分辨，则列明信用证规定的全部货物的同时，列明实际发运的货物。比如：信用证规定"bread makers and spare parts, partial shipment allowed"。本次仅装运零部件，此时如果商业发票只显示 spare parts，这是不够的，因为这是一种比信用证规定的更为抽象的描述，是什么东西的零部件呢？没说。如果参照本段所举例子中的方法处理，则较为妥当，商业发票可显示"bread makers and spare parts"的同时，并显示实际装运的 spare parts，则天衣无缝。

有人问：信用证并没有规定具体的货物描述，商业发票是不是可以不显示货物描述呢？

回答是否定的。换言之，商业发票一定要显示货物描述，即使信用证没有规定或没有明确规定。

比如：信用证 45A 规定货物描述"goods as per contract No.123"，提交的商业发票仅仅显示"goods as per contract No.123"，这似乎是不够的。作为全面反映基础合同下交货情况的单据，商业发票怎能不显示货物描述呢？

本段的规定，言外之意，已经要求了商业发票必须显示具体的货物描述，以反映实际装运的货物。如果不显示，何以算反映了实际装运的货物？！所以，正确的做法是，在提交的发票上还显示货物描述，比如：IC,goods as per contract No.123。

18—0763

什么是货物描述

什么是货物描述(description of goods)？值得注意的是，这里对作为基础合同交易标的的货物、服务和履约行为不加区分，其描述通常均称为货物描述。

《现代英汉词典》说："description，描述；[说明]The details required to identify a given item. 为标识某一给定的项所需的详细说明。"货物描述，顾名思义，似乎便指为标识货物所需的详细说明。

SWIFT MT700 开证时，货物描述往往在 45A—description of goods and/or services and/or performance 中规定。然而，通常在该场中规定的内容，往往比较宽泛，包括货物品牌、名称、规格、质量、数量、产地、制造商、贸易术语、单价、总值、费用、净值、包装、唛头等，有时还会包括装运期、装运地、目的地等信息。

那么，这些内容都是 UCP 意义上的货物描述吗？

在本款"发票上的货物描述 vs. 信用证规定的几个经典案例"一节的解读中提到的，货物描述似乎应该包括货物品牌、名称、质量、规格等。相应地，货物描述似乎不包括货物数量、产地、制造商、单价、总值、费用、净值、包装、唛头等。至于价格术语，根据 ISBP 681 第 61 段，它可以作为货物描述的一部分，也可以与货物价值联系在一起，还可以单独出现，如果为后二者则不是货物描述的一部分。

比如：信用证在 45A 中直接对包装作出规定：goods in export standard packing，该包装条件是否属于货物描述的一部分呢？ICC489 Case 264 说："UCP 关于发票货物描述的条款只涉及货物描述，不涉及货物包装的描述，货物包装的描述必须与信用证规定的相符，其余信息只要不矛盾即可接受。"

显然，在 ICC 眼里，45A 中规定的包装条件并不是货物描述的一部分。只是信用证既然规定了包装条件，则必须予以满足。问题的关键是，在哪里满足呢？在发票上吗？还是在装箱单上呢？或只在其他单据上显示，可以吗？

根据本惯例第14条f款的规定——单据内容必须"满足功能",如果信用证要求了装箱单,则装箱单作为功能性单据必须相应显示规定的包装条件,这样,似乎便算已经满足了信用证的功能性要求。而如果信用证未要求装箱单,则发票上似乎必须相应显示。这样,也算满足了功能性要求,因为在没有提交装箱单的情况下,包装条件与发票关系最为密切,发票是中心单据,提交的装箱单究其实也只是发票内容的有效补充。换言之,在没有提交装箱单的情况下,发票似乎已经成为了包装条件的功能性单据了。至于其他单据是否显示包装条件,似乎无关紧要。

值得一提的是,在实务中,ICC的以上意见可能并没有得到许多国家委员会的认同。ICC China 在 ICCCR039 中,有一个与之截然相反的结论:"根据 UCP500 第 37 条 c 款,商业发票中的货物描述必须与信用证规定的相一致。因此,如果本案中包装情况是信用证规定的货物描述中的一部分,则发票中应反映该包装情况,否则构成不符。如信用证并未将包装情况规定为货物描述的一部分,则发票中不必反映包装情况。"如此,则当信用证在45A中规定的包装条件,既要作为货物描述的一部分显示在发票上,同时也要作为功能性要求显示在功能性单据——装箱单上。而当信用证仅在47A中规定包装条件时,则只需在装箱单上显示就可以了。当然对于受益人来说,这是安全的做法。如此掌握,在进口到单审核中,却可能导致误提不符点。

18—0764

发票上的货物数量

什么是货物数量?

货物数量,从结构上看包括两部分内容:数值和单位。比如:10 000 PCS,其中 10 000 是数值;PC 是单位,即标准量。实务中,信用证和单据中显示的货物数量,一定是数值和单位二合一的形式。

有人问:装箱单与提单仅有数字,未注明重量单位(公斤)。可以吗?ICC 在 R218 的结论中说,关于包装单与提单需按要求注明重量一事,UCP 对开证行的态度未作具体规定。除非信用证要求在该单据中注明,包装单与提单不注明重量单位,不是不符点。

实务中,信用证对货物数量的规定,通常都与货物描述并在一起。根据本款"什么是货物描述"一节的解读,货物数量不是货物描述本身。尽管如此,信用证上规定的货物数量,仍必须在发票上满足,因为发票显示货物数量,与发票显示货物描述一样,这是功能性的要求。实务中,单据上的货物数量,特别是发票上的货物数量,对应于基础合同下的数量条款,其可接受性,常常需要结合是否允许分批发运、是否允许分期发运、是否允许浮动以及允许浮动的幅度等作出综合判断。

第一,商业发票上必须显示信用证规定的货物数量,不得超装,也不得短装。

商业发票上必须显示信用证规定的货物数量。比如:信用证规定"complete bicycles 1 000 UNITS",提交的商业发票上只显示"complete bicycles 1 000 NUDES/sets/cartons",就不可接受。因为表面上来看,无法判断两种货物数量一定直接等同。

有人问：提交的发票显示货物数量为"100 meters of cloth"，符合信用证的货物描述。然而，提单却没有以"meter"反映数量，仅是显示为 cloth。可以吗？ICC 在 TA541 REV 中说，提单可以仅仅显示"cloth"而无须显示米数。

商业发票上显示的货物数量，必须与信用证规定的一致，包括两个方面：

——从数值方面看，商业发票上显示的货物数量，必须与信用证的综合规定一致，而不仅仅与信用证货物描述中规定的货物数量一致。因为信用证对货物数量的规定，往往是一个综合性规定。

ISBP 681 Para 64：

An invoice must not show：发票不得显示：

a) over-shipment (except as provided in UCP600 sub-Article 30(b))⋯溢装（UCP600 第 30 条(b)款规定的除外）或……

本段规定了，发票不得表明溢装，本惯例第 30 条 b 款 UCP 默认发运数量有 5% 的增减幅度的情况除外，当然，信用证特别规定了发运数量的增减幅度，特别是使用了本惯例第 30 条 a 款提及的常用短语修饰发运数量时也除外。当然不限于此，发票显示的货物数量满足信用证要求，还不得表明短装，特别是在不允许部分发运的情况下。

——从单位，即标准量方面看，商业发票上显示的货物数量，必须与信用证规定的直接一致，而不是经过详细计算后间接一致。比如：信用证 45A 货物描述中规定：IC 12 000 PCS，提交的商业发票上显示货物数量：IC 12 000 PCS，可以接受；而如果发票上仅仅显示货物数量 IC 1 000 DOZs，则不可接受，尽管 1 000 DOZS 与 12 000 PCS 相等。

第二，商业发票似乎必须显示货物数量，且必须反映实际装运的货物数量。

本款"发票上货物描述 vs. 实际发运"一节的解读中引到了 ISBP 681 第 59 段的规定——"发票中的货物、服务或履约行为描述必须反映实际装运的货物或实际提供的服务或履约行为。例如，信用证的货物描述显示两种货物，如 10 辆卡车和 5 辆拖拉机，如果信用证不禁止分批装运，而发票表明只装运了 4 辆卡车，是可以接受的。"

根据以上的规定，似乎可以间接看出，即使信用证没有规定数量，商业发票也必须显示数量。因为如果发票不显示数量，便无从反映实际装运的货物的全貌。

ISBP 681 Para 66：

Even when partial shipments are prohibited, a tolerance of 5% less in the credit amount is acceptable, provided that the quantity is shipped in full and that any unit price, if stated in the credit, has not been reduced. If no quantity is stated in the credit, the invoice will be considered to cover the full quantity. 即使信用证禁止部分发运，当货物数量全部发运，单价（如信用证有规定的话）也未降低时，支取金额有 5% 的减幅可以接受，如果信用证未规定货物数量，发票视为涵盖全部货物数量。

显然，以上的规定，从侧面要求了发票必须显示货物数量，在信用证未规定货物数量的情况下，发票上的数量即可视为全部货物数量。如果发票未显示货物数量，似乎则不适用。这一点，印证了发票必须显示货物数量的观点。

第三，发票上显示的货物数量，与其他单据"不得矛盾"。

实务中，发票上通常不仅显示信用证规定的货物数量，还会显示其他的货物数量。

ISBP 681 Para 63：

The quantity of merchandise, weights, and measurements shown on the invoice must be not inconsistent with the same quantities appearing on other documents. 发票显示的货物数量、重量和尺寸不得与其他单据显示的相应数值相矛盾。

本段表明了，仅仅要求同一货物数量的数值"不得矛盾"。这一规定与本惯例第 14 条 d 款的规定相吻合。至于不同货物数量的数值之间自然不会矛盾，从而不在此列。

有人问：空运单据"件数（No. of pieces）"一栏内写了一个数字，而其他单据注明数字后外加单位名称（比如"5 盒"），这是不符点吗？ICC 在 R198 中指出，像盒、包裹等包装单位即为"件"，因此与空运单上的"件"这一栏位无不符之处。这也算本段的规定中同一货物数量的数值"不得矛盾"的情况，虽然货物数量单位并不完全等同。

值得一提的是，商业发票所显示的信用证规定货物数量，是用于计价的数量，通常与运输单据上的发运数量等同，但实务中并不完全如此。

比如：商业发票显示 IC 10 000 PCS, USD 2.00/PC,

另外显示 remark：directly delivery to applicant 10 PCS, USD 2.00/PC,

total quantity：10 010 PCS.

total amount：USD 10 020.00.

提单显示 IC 10 000 PCS.

此时，商业发票显示的"remark"内容中的货物数量，并没有反映在作为运输单据的提单上，换句话说，商业发票反映的货物数量，超出了运输单据显示的实际装运的货物数量，从而不可接受。实际上，商业发票上反映的完整的货物数量是计价数量，这种不一致，就是计价数量与装运数量不一致。在信用证没有特别规定允许接受的情况下，商业发票"remark"显示的计价数量，实际上并没有按照信用证规定的运输方式装运，这将对提货的申请人造成伤害。如果实务中，确实有必要由申请人直接提货，可行的办法是在信用证中特别规定此种情况可接受。

还比如：商业发票显示"IC 10 000 PCS, USD 2.00/PC, packing：100 PCS in 1 carton. 100 cartons."

提单显示 IC 100 cartons.

此时装运数量为 100 cartons, 而计价数量为 100 000 PCS. 二者是不同的数量，却是不矛盾的。

所以，准确地说，运输单据显示的数量，才真正对应于实际发运的数量。

品读 UCP600

Article 19

多种方式运输单据

a. A transport document covering at least two different modes of transport(multimodal or combined transport document), however named, must appear to 涵盖至少两种不同运输方式的运输单据(多式或联合运输单据)，不论其名称如何，必须看似：

i. indicate the name of the carrier and be signed by 表明承运人名称并由以下人员签署：

• the carrier or a named agent for or on behalf of the carrier, or 承运人或其具名代理人，或

• the master or a named agent for or on behalf of the master. 船长或其具名代理人。

Any signature by the carrier, master or agent must be identified as that of the carrier, master or agent. 承运人、船长或代理人的任何签字，必须表明其承运人、船长或代理人的身份。

Any signature by an agent must indicate whether the agent has signed for or on behalf of the carrier or for or on behalf of the master. 代理人的签字必须表明其系代表承运人还是船长签字。

ii. indicate that the goods have been dispatched, taken in charge or shipped on board at the place stated in the credit, by 通过以下方式表明货物已经在信用证规定的地点发送、接管或已装运：

• pre-printed wording, or 事先印就的文字,或者

• a stamp or notation indicating the date on which the goods have been dispatched, taken in charge or shipped on board. 表明货物已经被发送、接管或装运日期的印戳或批注。

The date of issuance of the transport document will be deemed to be the date of dispatch, taking in charge or shipped on board, and the date of shipment. However, if the transport document indicates, by stamp or notation, a date of dispatch, taking in charge or shipped on board, this date will be deemed to be the date of shipment. 运输单据的出具日期将被视为发送、接管或装运的日期，也即发运的日期。然而如单据以印戳或批注的方式表明了发送、接管或装运日期，该日期将被视为发运日期。

iii. indicate the place of dispatch, taking in charge or shipment and the place of final destination stated in the credit, even if 表明信用证规定的发送、接管或发运地点以及最终目的地，即使：

a. the transport document states, in addition, a different place of dispatch, taking in

Article 19 多种方式运输单据

charge or shipment or place of final destination,or 该运输单据另外还载明了一个不同的发送、接管或发运地点或最终目的地,或者

b. the transport document contains the indication "intended" or similar qualification in relation to the vessel, port of loading or port of discharge. 该运输单据载有"预期的"或类似的关于船只、装货港或卸货港的限定用语。

iv. be the sole original transport document or, if issued in more than one original, be the full set as indicated on the transport document. 为唯一的正本运输单据,或者,如果出具为多份正本,则为运输单据中表明的全套单据。

v. contain terms and conditions of carriage or make reference to another source containing the terms and conditions of carriage(short form or blank back transport document). Contents of terms and conditions of carriage will not be examined. 载有承运条款和条件,或提示承运条款和条件参见别处(简式/背面空白的运输单据)。银行将不审核承运条款和条件的内容。

vi. contain no indication that it is subject to a charter party. 未表明受租船合同约束。

b. For the purpose of this article, transhipment means unloading from one means of conveyance and reloading to another means of conveyance(whether or not in different modes of transport)during the carriage from the place of dispatch, taking in charge or shipment to the place of final destination stated in the credit. 就本条款而言,转运指在从信用证中规定的发送、接管或者发运地点至最终目的地的运输过程中从某一运输工具上卸下货物并装上另一个运输工具的行为(无论其是否为不同的运输方式)。

c. i. A transport document may indicate that the goods will or may be transhipped provided that the entire carriage is covered by one and the same transport document. 运输单据可以表明货物将要或可能被转运,只要全程运输由同一运输单据涵盖。

ii. A transport document indicating that transhipment will or may take place is acceptable, even if the credit prohibits transhipment. 即使信用证禁止转运,注明将要或者可能发生转运的运输单据仍可接受。

【本条导读】

本条规定了多种方式运输单据的审核标准。

修订小组解释到,之所以将该条款调整到提单条款的前面,是考虑到现代一体化运输趋势下,此种涵盖多种运输方式的运输单据已较仅涵盖单一海运在内的单一运输方式对应的运输单据更为普遍的缘故。

本条的解读,一方面在于在介绍国际贸易下货物运输的概况的同时,说明以集装箱、多种方式联合运输、运输代理制的发展为特征的现代一体化运输趋势;另一方面则在于重点解读多种方式运输单据与提单的不同之处。相同之处,如多种方式运输单据必须提交全套正本、必须载有承运条件和条款、不得表明受租船合同约束等均可参照提单、海运单掌握,此处一一略过,不再赘述。

19—077

运输单据的分类及功能

UCP400 时期将运输单据分为三种,即一般性运输单据、海运提单、快递收据和邮政收据。UCP500 对运输单据重新分类,包括七种,即海运/远洋提单、不可转让海运单、租船合约提单、多式联运单据、空运单据、公路铁路内河运输单据、快递收据及邮政收据。

本惯例对运输单据的分类,基本继承了 UCP500,没有实质变化,只是在条款顺序及名称上略有调整,包括:

——多种方式运输单据,全称为"涵盖多种运输方式的运输单据"[transport document covering at least two different modes of transport(multimodal or combined transport document)],由多式运输单据(multimodal transport document)更名而来,这里简称"多种方式运输单据",着重强调其功能,一并涵盖了同为多种方式运输单据的联合运输单据(combined transport document)。

——多种方式运输单据顺序前移,调整为第一种。原因是,门到门承运下涵盖多种运输方式的运输单据,近年使用面非常广,比任何一种仅涵盖单一运输方式的运输单据都普遍,也都重要。

值得一提的是,多种方式运输单据与直达提单(through B/L)虽然同样涵盖多种运输方式,然而二者并不相同。正如本条 a 款"多种方式运输单据的功能与名称"一节的解读中提到的,多种方式运输单据表面上和直达提单相仿,但直达提单承运人只对自己执行的一段负责,而多种方式运输单据承运人对全程负责;直达提单通常由有船承运人或实际承运人——船公司出具,包括海洋运输区段在内的全程运输,而多式联运单据由多种方式运输单据承运人出具,也包括全程运输,但可以不包含海洋运输区段。

——提单,由海运/远洋提单更名而来。因为随着国际航运业的发展,内陆港口开辟国际航线,江海直达、海江直达的情况日益增多,内河与海运、远洋运输的界限越来越模糊。更名之后,能更加准确地反映其功能,从而避免不必要的误会。

那么,什么是运输单据呢?

ISBP 681 Para 19:
Some documents commonly used in relation to the transportation of goods, e.g., Delivery Order, Forwarder's Certificate of Receipt, Forwarder's Certificate of Shipment, Forwarder's Certificate of Transport, Forwarder's Cargo Receipt and Mate's Receipt do not reflect a contract of carriage and are not transport documents as defined in UCP600 articles 19~25… 与货物运输有关的一些常见单据,例如小提单、货代收据、货代发运证明、货代运输证明、货代货物收据和大副收据均不反映运输合同,并非 UCP600 第 19 条到第 25 条所规定的运输单据……

尽管 ICC 没有直接的意见，但结合 UCP600 第 19 条到第 25 条的运输单据条款和以上段落似乎可以间接看出，反映运输合同是运输单据的最本质功能。除此之外，值得一提的是，从运输单据条款的规定似乎可以直接看出，所有的运输单据还都必须是货物收据。

（1）运输单据来源于运输合同。运输的对象包括货物和旅客。在 UCP 中，仅指货物运输。什么是运输合同呢？简言之，运输合同，即托运人与承运人就货物接收、运送、交付等运输服务提供，运输费用支付等运输事宜达成一致的一项约定。由于适用法律的分散，这里只列举当前我国法律对运输合同的几个典型规定：

——我国最新的《合同法》[①]第 288 条规定："运输合同是承运人将旅客或者货物从起运地点运输到约定地点，旅客、托运人或者收货人支付票款或者运输费用的合同。"

——我国最新的《海商法》[②]第 41 条规定："海上货物运输合同，是指承运人收取运费，负责将托运人托运的货物经海路由一港运至另一港的合同。"

——我国最新的《铁路法》[③]第 11 条规定："铁路运输合同是明确铁路运输企业与旅客、托运人之间权利义务关系的协议。旅客车票、行李票、包裹票和货物运单是合同或者合同的组成部分。"

（2）在 UCP 意义上，运输单据本质上是对运输合同的反映。换句话说，一个单据是对运输合同的反映，即为运输单据；反之，运输单据必是对运输合同的全面反映。如果只是部分反映，或未反映运输合同，则不是运输单据。

运输单据如何反映运输合同呢？既要反映运输合同上的托运人，又要反映承运人，还要反映承运人与托运人之间达成一致的各项运输事宜，如货物接收、运送、交付、运费支付等。本惯例所规定的，第 19 条涵盖多种运输方式的运输单据至第 25 条的快递收据及邮政收据，均是运输合同的反映，为运输单据。除此之外，均不是 UCP600 意义上的运输单据。比如：

——交货单（delivery order）：只反映交货细节，并不反映运输过程。运输实务中，交货单又称"小提单"，它是收货人凭正本提单或副本提单随同有效的担保向承运人或其代理人换取的，可向港口装卸部门提取货物的凭证。发放"小提单"时应做到：(1)正本提单为合法持有人所持有；(2)提单上的非清洁批注应转上"小提单"；(3)当发生溢短残情况时，收货人有权向承运人或其代理获得相应的签证；(4)运费未付的，应在收货人付清运费及有关费用后，方可放"小提单"。

——运输行收货证明（forwarder certificate of receipt）、运输行装运证明（forwarder certificate of shipment）、运输行运输证明（forwarder certificate of transport）、运输行货物收据（forwarder cargo receipt）：只反映运输行与托运人之间的收货、装运细节，与承运人没有直接关系。

——大副收据：只反映承运人的收货细节，它是指在海运中，货物装船后，由船长或大副出具的收货单，或者说是船公司出具给托运人的表明货物已装船的临时收据，并没有反映运输

[①] 《中华人民共和国合同法》，1999 年 3 月 15 日第九届全国人民代表大会第二次会议通过，自 1999 年 10 月 1 日起施行。

[②] 《中华人民共和国海商法》，1992 年 11 月 7 日第七届全国人民代表大会常务委员会第二十八次会议通过，自 1993 年 7 月 1 日起施行。

[③] 《中华人民共和国铁路法》由中华人民共和国第七届全国人民代表大会常务委员会第十五次会议于 1990 年 9 月 7 日通过，自 1991 年 5 月 1 日起施行。

细节。

有人问：信用证要求 bill of lading，提交的却是 cargo receipt，这是否可以接受呢？

货物收据一般并没有注明承运条款。如果 cargo receipt 注明了运输条件，且按照第20条至第25条出具并签署，则没有理由不将其视为提单。如果 cargo receipt 未注明承运条款，即便其他条件按第20条至第25条出具并签署，也不能将其视为提单。其实，正如本惯例第20条 a 款"提单的功能和名称"一节的解读将提到的，在法律上提单的内容有着严格的规范，提单的格式也有着严格的监管，正常情况下不会出现名为 cargo receipt 的提单格式。

准确地说，货物收据通常是货代或买方或买方的代理人收到货物时给发运人出具的货物收据而已，它并不具有 B/L 的货权凭证和运输合同反映的功能。

（3）运输单据，仅仅是运输合同的反映，而不是运输合同本身。值得一提的是，运输单据的签发，仅在托运人要求时而签发。以国内最新的《海商法》为例，第72条规定："货物由承运人接收或者装船后，应托运人的要求，承运人应当签发提单。"

在许多情况下，可能并没有签发运输单据。实务中，在电放货物的情况下，常常没有签发运输单据。但是，没有签发运输单据绝不意味着不存在运输合同。"没有签发任何运输单证的，承运人与托运人之间仅有运输合同关系，不存在任何其他运输单证关系。这种情况下，应当严格遵循合同相对性原则，即运输合同的权利义务主体只能是承运人和托运人。"①

从这里可以看出，运输单据仅仅是运输合同的反映，而不是运输合同本身。

有人感觉 UCP600 和 UCP500 对运输单据的分类和规定，似乎是按照运输方式来划分的。

其实不然。准确地说，划分的主要依据为运输单据所反映的运输合同，以及该运输合同在实务中的使用频率和使用领域。在现代运输实务中，公认的运输方式主要包括公路、铁路、水路、航空和管道五种；水路，又包括海运和河运。② 而 UCP600 所规定的运输单据，以及所反映的运输合同，有些对应于具体的运输方式，有些则并不对应于具体的运输方式。

比如：

——多种方式运输单据，强调门到门运输或点到点运输，以及在运输过程中多种运输方式间的转换，这一般都可以从运输单据表面粗略看出；

——提单，强调海运航线上的轮船运输及提单的货权特征，对应于单一的海运方式；

——不可转让海运单，侧重强调海运单的不可转让性，除此之外与提单几乎没有本质的不同，仍然对应于单一的海运方式；

——租船合同提单，侧重强调该运输单据所反映的运输合同，已经与"租船"合同合二为一了，除此之外与普通提单几乎没有本质的不同，仍然对应于单一的海运方式；

——公路、铁路、内河运输单据，又分别对应于公路、铁路、河运三种单一的运输方式；

——快递收据和邮政收据，则强调小件物品的门到门运输，表面上也看不出到底使用什么运输方式。

所以，更准确地说，UCP600 所规定的运输单据，均各自对应于一种运输组织形式，或者称"承运方式"；而在不同的"承运方式"下，可能由单一运输方式完成，也可能由多种运输方式联

---

① 引自邹先江、陈海波："货物控制权之研究"，《中国海商法年刊》，2003，第14卷
② 引自韩彪："各种运输方式之间的发展关系分析"，《北方交通大学学报》，1994.3

合完成。相应地,上面所提到的运输合同,更准确地说,似乎应该翻译为"承运合同(carriage contract)"。

19—0771

现代"一体化运输"的趋势

回顾历史,随着轮船、汽车、火车、飞机和管道等现代运输工具的相继问世,自19世纪初,现代五种运输方式轮番登场。国际贸易货物运输,先后出现水路运输和铁路运输,而后公路运输、航空和管道运输,各种运输方式在货运市场中相互交叉,既有激烈竞争,也有分工和协作。

国际贸易中,一些内陆地区的进出口商离货运港口较远,而货物的进出口仅仅依靠海运、空运、公路、铁路、内河运输中的任何一种运输方式都很难单独完成。所以,从最初起运地(工厂或仓库)到最终目的地,通常都要经过几种不同的运输区段。在传统的承运方式下,每个运输区段分别由各自的承运人负责运输,货方需要分别与各区段承运人订立运输合同以完成全程运输,这势必给托运人造成诸多不便,几至不可能。而且每一种运输方式的承运人各负其责,一旦出问题也不便交涉。针对这一系列问题,随着国际贸易量的增长,在各种运输方式协作的基础上发展起来的"一体化运输"理念便应运而生,并日益引人关注。

"所谓'一体化运输',就是利用先进技术将各种运输方式有效地联结在一起,把多环节、多区段、跨地区、跨国界的运输生产过程有效地组织在一起使它们紧密衔接、相互协作、相互配合而进行的门到门运输。它是(运输)组合供给的高级化形式。一体化运输的实现,标志着现代运输业的发展已彻底突破了各种运输方式单一发展的传统模式,进入多种运输方式相互衔接、协作与协调发展的新时代。"[①]

具体而言,在过去的几十年间,"一体化运输"的实践,包括以下三个部分:

第一,借鉴快递和邮递的成熟做法,精明的商人们便发明了一种新的运输组织形式——涵盖多种运输方式的门到门或点到点承运。

多种方式运输下,由合同承运人与托运人签订一个运输合同,统一组织全程运输,实行运输全程"一次托运、一次收费、一张单证、一次保险、统一理赔和全程负责"。

20世纪60年代末,美国首先试办多式运输业务,受到货主的欢迎。随后,多种方式运输在北美、欧洲和远东地区开始采用。20世纪80年代,多种方式运输已逐步在发展中国家实行。目前,多种方式运输已成为一种最为重要的集装箱运输形式,受到国际航运界的普遍重视。

多种方式运输的优越性体现在以下几个方面:
——合同承运人统一出具运输单据,简化货主托运、结算及理赔手续,节省人力、物力、财力;
——合同承运人统一组织运输,保证连贯性,可以缩短货运时间、减少库存,降低货损、货差,提高货运质量,实现货运合理化,同时也降低货运成本。

---

① 引自赵锡铎:"论五种运输方式的统一管理",《综合运输》,1998.4

第二，集装箱运输的普及。

到了 20 世纪 50 年代，集装箱的普遍使用，使得箱内货物在由一种运输方式转换为另一种运输方式时，可以"很方便地将集装箱从一种运输工具搬移至另外一种运输工具，而不需要移动箱内货物，极大地简化和加快换装作业，而且由于集装箱具有坚固和密封的特点，一国海关检验加封放行后，另一国家口岸的海关只需验封，即可转关放行。这样就有可能通过制定国际公约谋求多式联运中各国法规的统一，简化过境货物的报关手续。"因此，配合多种运输方式联合起来进行运输的国际货物多式联运，发展成为现代国际货物运输的主要方式。据英国海运公司的一份报告称，1995 年世界集装箱港日吞吐量已达 1.42 亿 TEU，预测在 2000 年将达到 2.22 亿 TEU，2010 年将达到 3.91～1.65 亿 TEU。在联结北美、欧洲、远东和澳洲的航线上，集装箱运输已达 80%～90%。"集装箱运输与多式联运的发展就是一体化运输的标志，也是现代运输业发展的必然趋势。"

值得一提的是，尽管多种运输方式联合常以集装箱货物为运输对象，但是，此类承运方式并不排除非集装箱的件杂货物运输。

第三，货物运输代理制的发展。

传统的货物运输代理企业，仅仅是货方的代理，从事储货、寄存、报关、验收、收款等与运输合同有关的事。然而，由于集装箱运输方式的迅猛发展，信息化的进步，货方的需求也日新月异，迫于竞争的压力，传统的货运代理人已纷纷摆脱单纯货方代理人身份的局限性，通过经营运输设施，拓展服务内容等，从中获取"附加值"，向独立运输经营人承担承运人责任转变，从而推动传统的货运代理行业，发生了实质性的变化。现代运输中的货运代理人，既可以是货方的代理——真正意义上的货运代理人（forwarding agent），又可以是实际承运人的代理——合同承运人或实际承运人的代理人（carrier's agent），一手托两家，运用市场机制，通过企业行为将承运人与货主联结在一起。同时，它能整合各种运输方式，形成高效能的运输供给系统，提供多式联运的全程服务。因而在发达国家运输代理制和集装箱运输一起发展，并呈方兴未艾之势。"如果说集装箱运输通过运输技术领域的协调保证了一体化运输的实施，那么运输代理制的出现和发展则在经营管理方面为一体化运输提供了组织保证。"[①]

总之，涵盖两种以上运输方式的承运、集装箱运输、货运代理制的发展，相辅相成，相得益彰，已经成功地把"一体化运输"的理念变成现实。

19—0772

货运代理人与货运代理制

什么是货运代理人？

货运代理人，即 freight forwarders 或 forwarding agent，国内也译为运输行或货物运输代理人，简称"货代"。国际运输行协会联合会（FIATA）规定：货运代理人，是根据客户的指示为客户的利益而揽取货物运输的人，其本人不是承运人。货运代理人也可以依这些条件，从事与

---

① 引自吴宗祥："国际货运代理，是'货主代理'，抑或'承运人'"，《对外经贸实务》，2002.11

运送合同有关的活动,如储货(也含寄存)、报关、验收、收款。

FIATA(国际运输行协会联合会)是法文"Fédération Internationale des Assoiations de Transitaires et Assimiliés"的缩写,即International Federation of Freight Forwarders Associations. 这是一个由众多运输行组成的国际民间组织。参加这一个组织的成员一般规模较大,换句话说,在FIATA之外,仍有许许多多的中小货运代理人,它们活跃在货运代理这一古老的行业。

货运代理人,与货运代理制相伴而生,其作用也随着货运代理制的发展而发展。[①] 经过几百年的发展,货运代理已经形成了一个完整的、正当的行业,货运代理人的独特法律地位已经得到全球运输业以及相关行业的普遍认可。

第一阶段,传统意义上的货运代理阶段,收取佣金。

"国际货运代理人源于国内货运代理人跨越国界经营其业务,而国内货运代理人出现于公元10世纪,其早期的功能仅限于在自己的国家内担任通关代理人(customs broker),为进出口货物清关而履行相应的进出口手续。主要依附于货主接受收、发货人的委托办理一部分国际贸易业务和运输事宜,通过提供服务来收取佣金(或称代理费)。通过货运代理业务,承运人无须和一个个的零担货主洽谈来解决货源问题。货主也可以更好地处理运输过程中的相关事务。因此,国际货运代理人成为货主与承运人的桥梁和纽带。"

第二阶段,参与货物运输阶段,赚取运费上的差价。

"随着公共仓库在港口和城市的建立,海上贸易的扩大,货运代理业逐渐发展起来。到了16世纪,国际货运代理人不再满足仅仅从事与货物运输相关的各类辅助性工作,逐步开始进入货物运输领域直接经营运输业务。为了稳定客户,增加收入,相当数量的国际货运代理人开始签发自己的提单、运单及仓储收据,以便获得运费上的差价。18世纪,货运代理业开始把数个托运人发往同一目的地的货物集中起来向承运人托运,并为客户办理货物投保手续。此后,货运代理行业逐步发展成一个为运输关系当事人提供中间性服务的独立行业。这些中间人的特征都是在商业实践中发展起来的,它往往不符合法学理论中提出的关于代理的概念。"

第三阶段,货运代理向国际多式联运发展。

"最早出现的货运代理企业是各种运输方式独立的货运代理行业,如海运代理、铁路运输代理和公路运输代理等,主要从事区域性和国内的货运代理。随着商品市场范围的不断扩大,许多企业开始从事跨地区和跨国经营,大量的货物通过两种或两种以上的运输方式转移。同时运输市场也随之不断扩大并进一步分工,不同运输方式的企业出现了联合与协作。在发展'门到门'的运输过程中,集装箱和集装箱运输系统的发展为联运的发展奠定了物质基础。随着商品市场扩展到国际范围,开始形成区域或全球统一市场时,货运代理业的服务内容就朝着联运和国际这两个方向发展,导致了现代化国际多式联运代理业的产生和不断发展。因此,货运代理业逐步成为'运输的设计师','门到门'运输的组织者和协调者。"

---

① 引自冯惊雷:《国际货运代理企业的法律地位研究》,硕士论文,2006

第四阶段，货运代理提供现代综合物流服务。

"随着经济全球化、市场化、信息化、贸易投资自由化的飞速发展，外贸运输给国际货运代理提出了更高的要求。同时伴随着电子商务在全球贸易中确立主流地位，物流公司开始在产品的生产、运输、组织、销售以及配送等过程中扮演越来越重要的角色，已经有越来越多的货运代理企业开始向物流企业转型。作为物流服务的提供者，货运代理除安排货物运输外，还将提供其他服务，如集运、存货管理、分拨服务、加贴商标、订单实现、异地交货、分类和包装以及其他服务等。可以预见，现代综合物流服务是货运代理业未来发展趋势。"

19—0773

集装箱与集装箱运输

集装箱的出现，是"一体化运输"下现代运输技术的一项革命。集装箱运输是把散件的杂货装于集装箱内，以集装箱为单元，装于运输工具上的运输。与传统的散件的杂货运输相比，集装箱运输有利于节省商品（货物）的包装和仓储费用；减少货损、货差，提高货运质量；减轻劳动强度；提高装卸和运输效率；缩短车船在港口的停留时间；加速运输工具的周转以及便于开展多式联运。[①]

集装箱运输的产生，最早可追溯至1880年美国的实验船。而真正进入实用阶段，则是第二次世界大战时，美军为保密利用长、宽、高各8英尺的小型货柜运输军事装备。战后，这一方式被转为商业用途，且适用渐广。加之国际标准组织于1965年制定出各种货柜标准尺寸与结构，不仅使货柜本身及吊卸机具得以标准化，而且也使道路、桥梁、隧道等设施得以配合，更加速了集装箱运输的推广。集装箱运输采取了单元化装运方式，能加快装卸速度，减少货物损坏，船舶运载量大，降低运输成本，具有经济、安全、迅速等诸多优点，对传统运输而言，它是运输技术的一项革命。

集装箱运输于惯例中得以体现，最早为1974年实施的UCP290，但因为当时集装箱运输尚未完全进入商业使用阶段，所以仅于联合运输一条中提及，且并未作详细规定。随后的几年时间里，集装箱运输影响越来越大，自UCP400起，便有多个条款涉及集装箱运输。

集装箱规格有多种：

一般用于海上运输的集装箱，宽度与高度均为8英尺，而长度则有10英尺、20英尺、30英尺、40英尺等。其中，以20英尺与40英尺最为普及，分别称为TEU（twenty-foot equivalent unit，即20英尺等量单位）和FEU（forty-foot equivalent unit，即40英尺等量单位）。另外，还有一些特殊用途的集装箱，如超高箱（high cubic container）、冷藏箱（refrigerated container）、开顶集装箱（open top container）、罐装箱（tank container）等。

实务中，当信用证明确规定货物由某种规格的集装箱装运时，运输单据上要相应地正确反映。比如：信用证货物描述要求packed in 1×40′GP，提交的提单如果显示1×40′HC，则不可接受；如果显示2×20′GP，也不可接受。

---

① 引自泉水："多式联运讲座——第一讲：集装箱运输与多式联运"，《集装箱化》，2002.12

集装箱装卸站场和整箱货/拼箱货：

第一种，CY 与 FCL。FCL 即 full container load，整箱货，一般指由托运人自己负责装箱、计数、并加海关铅封的集装箱货物。承运人或其代理人在装船时则按每一集装箱为运输单位收货装船。对整箱货，承运人或其代理人仅按"外表状况良好，铅封完好"接收。在这种托运人装箱，承运人或其代理人无法或不计量货物的情况下，为了避免以后件数短少造成损失而承担责任，承运人或其代理人往往在提单上表明"said to contain"、"shipper's load and count"。根据本惯例第 26 条 b 款的规定，此类提单默认可以接受。卸货时，承运人或其代理人也只按货物原来装船的箱数以及"外表状况良好、铅封完好"的整箱交货。

CY 即 container yard，集装箱堆场。承运人或其代理人在此处接受由托运人装妥的集装箱，或在此处将集装箱交付收货人、回收空箱，或向托运人发放空箱。

第二种，LCL 与 CFS。LCL 即 less container load，拼箱货，指不满一整箱的小票货物，通常由承运人或其代理人分别揽货，在集装箱货运站集中，将不同托运人的货物整理装箱，并加海关铅封。由于拼箱货是由承运人或其代理人理货、装箱，所以在运输单据上不能表明"said to contain"、"shipper's load and count"。拼箱货拆箱、交货一般仍在目的地集装箱货运站进行。

对于这种货物，承运人要负担装箱与拆箱作业，装拆箱费用仍向货方收取。承运人对拼箱货的责任，基本上与传统件杂货运输相同。

CFS 即 container freight station，集装箱货运站。货运站一般设于港口、车站附近，承运人或其代理人在此办理：

——拼箱货的理货、检验、交接，配载、装箱、铅封，签发站场收据等；

——拼箱货的拆箱、保管、交接等。

集装箱装卸方式组合：

实务中，一般对集装箱运输装卸方式的表达，是以组合的形式出现。集装箱装卸方式的组合有下列四种[①]：

(1)CY/CY（场至场）：这种装卸方式下，装船前的装箱工作以及卸货后的拆箱工作均由货方负责进行。由于在堆场，货方与承运人或其代理人交接的均为整箱货，所以也常表示为 FCL/FCL，即整装/整交。实务中，集装箱场至场装卸方式最为普遍。

(2)CFS/CFS（站至站）：这种装卸方式下，装船前的装箱工作以及卸货后的拆箱工作均由承运人或其代理人负责进行。由于在货运站，货方与承运人或其代理人交接的均为拼箱货，所以也常表示为 LCL/LCL，即拼装/拼交。

(3)CY/CFS（场至站）：这种装卸方式下，装船前的装箱工作由货方负责，卸货后的拆箱工作由承运人或其代理人负责进行，也常表示为 FCL/LCL，即整装/拼交。

(4)CFS/CY（站至场）：这种装卸方式下，装船前的装箱工作由承运人或其代理人负责，卸货后的拆箱工作由货方负责进行，也常表示为 LCL/FCL，即拼装/整交。

有时在集装箱运输中，还会看到 D/D，H/H，P/P 等标注。D/D，即 door to door（DR-DR），门至门（工厂至工厂），指从托运人的大门至收货人的大门，这对应的是整箱装/整箱交，

---

① 引自苏宗祥：《国际结算》，中国金融出版社，1997。

与 CY/CY 的意思相同。有时也会出现 CY-DR，DR-CY，也与 CY/CY 的意思相同。H/H，即 house to house(户至户)，指从托运人的仓库至收货人的仓库，这也对应的是整箱装/整箱交，也与 CY/CY 的意思相同。P/P，即 pier to pier(码头至码头)，指从装运港的码头至卸货港的码头，对应的是拼箱装/拆箱交，与 CFS/CFS 的意思相同。

Case 11

运输单据显示部分集装箱货物 vs. CY/CY

【背景】提交的提单上显示 total quantity: part of 1×40' container，同时显示 CY/CY。

【问】这样的提单可以接受吗？

【答】

(1) 什么是 CY/CY？什么又是 CFS/CFS？

在集装箱运输下的装卸方式中，CY/CY 即整装整拆，它与 FCL/FCL 有着相同的含义，即发货人在起运地集装箱堆场(CY)将整箱货(FCL)交给承运人运输，承运人运送至目的地后在集装箱堆场(CY)又把该整箱货(FCL)转交给收货人。承运人在起运地不介入拼箱，在目的地不介入拆箱，拆拼箱均由货主完成。

CFS/CFS 情况下则不同，不管是在起运地，还是在目的地，承运人都会介入拆拼箱业务，并对之负责。

相应地，这两种方式下，承运人将按照不同的形式出具运输单据。

ICC 在 Case 中谈到 FCL 和 LCL 的区别时说：The distinction between FCL and LCL is that normally the FCL is "stuffed" by the actual shipper with the contents consigned to one consignee.

In the case of LCL, the contents indicated on the bill of lading are part of a container load which has been stuffed either by a "consolidator" or by the actual container carrier. There is normally more than one bill of lading covering the same container, each bill of lading relating to different parcels within that container for different consignees.

通常情况下，CY/CY 方式下，承运人会以箱为单位或一箱或多箱合起来出具一套运输单据，而在 CFS/CFS 下则按箱内的货物出具多套运输单据。

(2) part of 1×40' container 指的是什么？

从字面上看，part of 1×40' container，意味着提交的单一提单所代表的货物仅仅是一个集装箱中的一部分。换言之，整个集装箱的货物，便应该有多套提单与之对应。

(3) 结论：单一提单无法提货，似乎不可接受。承运人要求涵盖整箱货物的所有多套提单一并提交才可以提货。

实务中，在 CY/CY 的情况下意味着必须整箱提货，这相当于要求收货人必须提供涵盖整箱货物的多套提单一并提交。然而这可能吗？当在信用证下同一次交单下无法交全多套提单时，这种可能就变得微乎其微了。

ISBP 681 Para 114：

If a bill of lading states that the goods in a container are covered by that bill of lading plus one or more other bills of lading, and the bill of lading states that all bills of lading must be surrendered, or words of similar effect, this means that all bills of lading related to that container must be presented in order for the container to be released. Such a bill of lading is not acceptable unless all the bills of lading form part of the same presentation under the same credit. 如果提单声明某一集装箱内的货物由该提单和另外一套或数套提单一起涵盖,并声明所有提单均须提交,或有类似表述,则意味着与该集装箱有关的所有提单必须一并提交后才能领取该集装箱的货物,此类提单不可接受,除非所有此类提单系同一信用证项下单据,并属于同一批交单。

正是因为单一提单无法提货,所以,在信用证下,这种提单不可接受。

19-078

Article 19(a)　多种方式运输单据的功能与名称

国际商会于上个世纪70年代初制订了《联合运输单据统一规则》,明确了联合运输的有关定义、相关单据、联合运输单据的性质、当事人的权利与义务等。UCP400便采纳了联合运输单据(combined transport document)的说法,来概括实务中的涵盖多种运输方式的运输单据。

随着涵盖门到门运输概念的发展,涵盖多种运输方式的承运过程,已经不局限于海运方式,而是逐渐扩展到空运、公路、铁路、内河等运输方式。于是在1980年,联合国国际贸易及发展大会制订了《联合国国际货物多式运输公约》。之后,国际商会发布的INCOTERMS 1990以及联合国与国际商会共同制订的ICC 481——《多式运输单证规则》,则均采用多式运输单据(multimodal transport document)的说法,来概括实务中的涵盖多种运输方式的运输单据。相应地,UCP500也采用了这一说法。到了UCP600,则基本沿袭不变。

Article 19(a):

A transport document covering at least two different modes of transport (multimodal or combined transport document), however named ... 涵盖至少两种不同运输方式的运输单据(多式或联合运输单据),不论其名称如何……

本款规定,须注意以下几点:

第一,原则上不管运输单据名称。

在实务中,不管是早期出现的联合运输单据(combined transport document,简称CTD),还是后来出现的多式运输单据(multimodal transport document,简称MTD),两种名称均广为流传,混杂使用。为了更加准确地反映这一情况,UCP600提出了一个新的说法——涵盖两种以上运输方式的运输单据——来概括,简称"多种方式运输单据",从而与作为专用名称的联合运输单据CTD和多式运输单据MTD相区别。

实务中,由于多种方式运输单据大多数都涵盖海运方式,而且以海运为主,所以常见的名称有：
——多式运输提单（multimodal transport B/L，简称 MTB/L）；
——多式运输不可转让海运单（multimodal transport non-negotiable seaway bill）；
——联合运输提单（combined transport B/L，简称 CTB/L）；
——联合运输不可转让海运单（combined transport non-negotiable seaway bill）等。

但是 UCP600 对此类运输单据的要求，不限于这几种名称。与其他运输单据一样，UCP600 对运输单据的规定注重功能，不注重名称。换句话说，只要提交的运输单据符合本条规定，即已满足此类运输单据的功能，此时不管其如何命名，均可接受。

有人问：信用证要求 MTD，提交了 CTD，可以接受吗？

ISBP 681 Para 69：

In all places where the term "multimodal transport document" is used within this document, it also includes the term combined transport document. A document need not be titled "Multimodal transport document" or "Combined transport document" to be acceptable under UCP600 article 19, even if such expressions are used in the credit. 本文件中使用的"多式运输单据"一词也包括联合运输单据。单据不一定非使用"多式运输单据"或"联合运输单据"的名称才符合 UCP600 第 19 条的要求，即使信用证使用了上述名称。

这是新版 ISBP 的新规定，它明确了一点：信用证的要求为功能性要求，只要功能上为多种方式运输单据，就可接受，而不管单据名称。

第二，功能上，必须涵盖至少两种不同运输方式。

从 UCP400 到 UCP500、UCP600，这一类运输单据的功能并没有实质变化，即：侧重于强调门到门承运，强调在这一承运过程中多种运输方式之间的转换。

ISBP 681 Para 68：

If a credit requires presentation of a transport document covering transportation utilizing at least two modes of transport (multimodal or combined transport document), and if the transport document clearly shows that it covers a shipment from the place of taking in charge or port, airport or place of loading to the place of final destination mentioned in the credit, UCP 600 article 19 is applicable. In such circumstances, the transport document must not indicate that shipment or dispatch has been effected by only one mode of transport, but it may be silent regarding the modes of transport utilized. 如果信用证要求提交涵盖至少两种运输方式的运输单据（多式运输单据或联合运输单据），并且运输单据明确表明其涵盖自信用证规定的货物接管地或装货港、装货机场或装货地点至最终目的地的运输，则适用 UCP600 第 19 条之规定。在此情况下，运输单据不得表明运输仅由一种运输方式完成，但就采用何种运输方式可不予说明。

本段说明：

（1）信用证要求运输单据涵盖至少两种不同运输方式，才适用本条规定的此类运输单据。如果信用证未如此要求，则不适用。比如：信用证要求提单，受益人提交了一份 MTB/L，此时须按本惯例第 20 条规定的提单要求进行掌握，而不适用于本条规定，尽管实际上该运输单据使用了至少两种运输方式,也涉及了至少两种运输方式的费用和责任。

实务中,其实很多船公司的运输单据,既适用于两种以上运输方式,也适用于单一海运方式,一般提单的正面或背面也都会就此作出说明。

UCP500的ICC第4号意见书列举了两种两用运输单据:bill of lading for combined transport shipment or port-to-port shipment,这是两用提单。还比如:non-negotiable sea waybill for combined transport shipment or port-to-port shipment,这是两用不可转让海运单。

(2)信用证要求运输单据涵盖至少两种不同运输方式时,提交的单据应该如何显示呢?此类运输单据上可以说明运输方式,也可以不说明运输方式。因为涵盖多种运输方式的运输单据,强调的是门到门运输或点到点运输,可以不管运输方式的转换。如果此类运输单据上说明了运输方式,则不能表明运输仅由一种运输方式完成。因为如果表明仅由一种运输方式完成,则与此类运输单据的功能相矛盾。

1980年通过的《联合国国际货物多式联运公约》第1条规定:"国际多式联运是指按照多式联运合同,以至少两种不同的运输方式,由多式联运经营人将货物从一国境内接管货物的地点运到另一国境内指定交付货物的地点。为履行单一方式运输合同而进行的该合同所规定的货物接送业务,不应视为国际多式联运。"这是目前为止国际上有关国际多式联运最权威的定义。

尽管提交的多种方式运输单据,可以不管运输方式的转换,但是,该单据仍要以某种形式证实多种方式运输的过程,这毕竟是一种功能性要求。ICC在R353中说:多式运输的含义即信用证要求采用不止一种运输方式,即包括从出口国某一内陆地区至进口国某一卸货港的运输单据。这意味着须提交证实了运输过程的单据,比如,从内陆地点用陆运方式运到出口国某一港口,继而海运至卸货港的运输单据。实务中,多种方式运输单据上显示两种以上运输工具也为一种证实形式。

第三,有人问:直达提单(through B/L)是多种方式运输单据吗?

其实不是。这两种运输单据有共同之处,即都涵盖两种以上的运输方式。

不同之处在于,多种方式运输单据下承运人对全程承担承运责任。在本条"现代'一体化运输'的趋势"一节的解读中提到,多种方式运输下,由合同承运人与托运人签订一个运输合同,统一组织全程运输,实行运输全程,即"一次托运、一次收费、一张单证、一次保险、统一理赔和全程负责"。简言之,在多种方式运输单据下,合同承运人对托运人全程负责,各区段实际承运人分别对合同承运人负责。

而直达提单下前程运输必须为海运,并由船公司出具,而出具直达提单的船公司只对海运区段承担承运责任,不对后段运输负责。所以,直达提单究其实,是本惯例第20条规定的港至港提单。

ICC在R31与R32中谈到直达提单与多种方式运输单据的区别时说:

"The commission decided that there was a similarity between these two transport documents, but while the "through bill of lading" was a maritime bill of lading issued by a shipping company or one of its agents, the CTD was issued by a CTO who was not necessarily a shipping company.

"The through maritime bill of lading, issued by the sea carrier and covering both land

and sea transport. It was a single document for a through journey, but it was issued by the sea carrier as a principle vis-à-vis the shipper for the sea-leg only. Usually the sea carrier acted as agent of the shipper for arranging the land carriage; thus, while accepting responsibility for performing the sea carriage and accepting liability for loss or damage incurred during the sea-leg, the sea carrier normally accepted no responsibility for the land-leg. It does not, however, fully meet modern combined transport needs.

"CTD would need to be issued by one carrier, the so-called 'principle carrier' or 'combined transport operator', who, by issuing the document, would become responsible for arranging the whole 'through' transport and would also become liable for any loss or damage to the goods during such 'through' transport, regardless of the stage at which it might have occurred."

实务中，多种运输方式日渐普及，直达提单已经很少了。

从这里还可以看出，多种方式运输单据的功能，不仅仅在于涵盖两种以上运输方式，还应该包括合同承运人必须承担全程承运责任。

19—0781

多种方式运输单据的海运特征

现代五种运输方式中，属于水路运输的海运，对历史上国际贸易的发展，起到了决定性的作用，至今在国际贸易总运量中仍占有绝对的份额。据一份权威统计，目前国际贸易总运量的75%以上是利用海上运输来完成的，有的国家的对外贸易运输海运占运量的90%以上。我国进出口货运总量的80%~90%是通过海运进行的。什么原因呢？国际贸易需要在全球范围内进行商品交换，海运由于其通过能力大、运量大、运价低，以及对货物适应性强等特点，加上全球特有的地理位置和地理条件，决定了其是国际货物运输的主要手段。

正是因为海运在国际贸易中的绝对主导地位，所以，多种方式运输单据至今还是以海运为主，常见的有以下两种：

——陆桥运输（land bridge service）：利用铁路作为中间桥梁横跨大陆连接两端海洋，即海运—陆运—海运，犹如"大陆桥"而得名，比如：日本出口货物，自神户海运至连云港，经亚欧大陆桥通过铁路运至阿姆斯特丹，由阿姆斯特丹海运至伦敦。

——陆上铁路可到地点运输（OCP—overland common points）：即海运—陆运。比如：进口货物，自汉堡港海运至天津港，经铁路转运至北京。

正因为如此，在 UCP500 和 UCP600 对多种方式运输单据的相关规定中，相应地必然带有明显的海运特征。具体包括以下几个方面：

第一，船长及其代理人签署。

船长是船公司在货物承运过程中的法定代理人。国际海运与国内水运不同，一般一条船的人员众多、规模庞大、航程复杂、跨越国界，所以对船员的专业技术要求极高。加上国际海运航行周期相对较长、航行风险相对较大、涉及的环境灵活多变，这就要求作为一船之长的船长需要一定程度上独立于船公司的临机自主处事权力,而船长对船舶、船上人员、船上货物的管理一般都自成体系。所谓"将在外,君令有所不受",于是,在国际船运界曾经赋予船长极其尊崇的地位,虽然在近年随着船舶数量的增长、航运技术的普及,其地位有所下降。允许船长及代理人签署多种方式运输单据,这是国际海运中船长的一项基本权利。

当然,船长签署的多种方式运输单据,一般仅限于第一程为海运的情况。换句话说,一般在第一程为海运的情况下,才会看到船长签署的多种方式运输单据,因为如果第一程不是海运,船长基本不会介入到前程运输,也就更谈不上签署多式运输单据,证实货物已在前程运输前被接管了。这一点体现在本条 a(i) 款的规定中。

第二,装船标记。

其实,在船长签署的多种方式运输单据,最多只能证实货物已接收并装船而已,而且仍仅限于第一程为海运的情况。只是带有装船标记的多种方式运输单据,并不限于由船长或代理人签署,还可能是由承运人或其代理人签署。

有人问:多种方式运输单据在什么情况下,必须表明已装船标记?

在多种方式运输下,运输单据上加已装船批注或以印就已装船文字,本意在于以货物在装运港已经装上具名船只,来确认发运日期或运输全程的起点。换言之,只要发运日期或运输全程的起点,可以从多种方式运输单据的表面上以其他形式确定,便无须带已装船标记。

具体而言,以下两种情况必须带已装船标记:

(1) 当信用证特别要求已装船多种方式运输单据时,必须参照普通提单带已装船标记;

(2) 多种方式运输单据仅以显示已装船来表明承运责任起点时,也必须参照普通提单带已装船标记。

这一规定体现在本条 a(ii) 款的规定中。这种情况下,已装船标记必须包括显示具名船只,还必须显示规定的装货港。

值得注意的是,这里的解读仅限于明确的要求"已装船"(shipped on board a named vessel),而不仅仅是泛泛的"已装运"(shipped on board)。如为后者,根据本条 a(ii) 款"货物已接管日期"一节的解读,批注时无须表明具名船只或其他运输工具。这一点,吻合了本条 a(iii)(b) 款的规定——不管"该运输单据载有'预期的'或类似的关于船只、装货港或卸货港的限定用语"。

第三,排除租船条款及租船合同。

租船合同,是独立于多种方式运输单据之外存在于租船人和承租人之间的一个安排。在本惯例第 22 条"租船合同提单的功能"一节的解读中会提到,与班轮条件比较而言,租船情况下由于弱化了独立承运人的地位,货物承运风险较大。而对于一家银行来说,租船条款或租船合同下,万一发生租船合同纠纷,极易卷入其中,因而极不利于银行利益的保护。所以,与港至港提单、港至港海运单一样,本条 (a)(vi) 款的规定,排除了多种方式运输单据对租船合同的适用。

需要提醒的是,此类多种方式运输单据,不限于第一程是海运,只要其中有一程是海运,都可能存在这种情况,ICC 的意见是都不能有此租船条款。对于银行来说,其实也无须去理会此类多种方式运输单据是否涵盖一程海运,只需确认未显示此类条款即可。

第四,不得表明仅以风帆为动力。

当然这也是海运所特有。UCP500时期有此规定,到了UCP600时期已经删除。为什么呢?

在国际海洋运输尚不发达的早期,帆船扮演着海上货运的重要角色。但该种运输工具运量小、速度慢,抗风险能力差,货物易损坏,远不及技术先进的现代化轮船。所以,在UCP500时期,规定涉及海运的运输单据,均不得表明含有船只仅以风帆为动力,包括涵盖多种方式的运输单据、港至港提单、港至港海运单等。港至港租船合同提单是例外,这或许与租船运输的性质有关,租船合同都要约定所租赁的具名船只。

现在远洋轮船都使用机械动力,而以风帆为动力的帆船,在国际海洋运输中早已进入了历史博物馆,已经消失。相应地,涵盖海运的多种方式运输单据,再也不会出现此类条款,所以,UCP600顺应实务取消了这一规定,因为没有规定的必要。

19—0782

多种方式运输单据的物权性 vs. 可转让性

所谓运输单据的"物权性",指运输单据本身是否代表物权,直接的体现即为收货人提货时,是否必须交出提单,以换取货物。

所谓运输单据的"可转让性",指运输单据本身是否可以转让,从而转让其所代表的货权和货物。显然,运输单据的"可转让性"必须以"物权性"为前提。

有人问:多种方式运输单据是物权凭证吗? 多种方式运输单据可转让吗? 回答:可能是,也可能不是。

在本条a款"多种方式运输单据的功能和名称"一节的解读中提到,与UCP600下的大多数运输单据一样,多种方式运输单据注重功能,原则上不管名称。但是,这并不绝对。如果多种方式运输单据的名称,本身就意味着特定的功能,则该名称所对应的功能仍必须满足。

UCP500 的 ICC 第 4 号意见书中说:"Many major multimodal transport operators (MTOs) used a multi-purpose format document, titled, for example:'Bill of Lading for Combined Transport Shipment or Port-to-Port Shipment', or 'Non-Negotiable Sea Waybill for Combined Transport Shipment or Port-to-Port Shipment'. A document issued with either title above is also acceptable under Article 26, provided that the data content on the front of the document satisfies the requirement in the documentary credit for multimodal transport and for a negotiable document or for a non-negotiable document as the case may be."

从上面的描述中可以看出:

——物权性方面:如果信用证要求多种方式运输提单,则提交的运输单据,不仅须显示数据内容为UCP意义上的多种方式运输单据,还须满足法律意义上对于多种方式运输提单的"物权性"的特定功能要求。

——可转让性方面:如果信用证要求"可转让"多种方式运输单据,则必须提交"可转让"的

Article 19 多种方式运输单据

指示抬头或来人抬头多种方式运输提单,不得提交"不可转让"的记名抬头多种方式运输提单,也不得提交"不可转让"多种方式运输运单;反之亦然。

显然,如果信用证只要求多种方式运输单据,则提交的运输单据,只需显示数据内容为UCP意义上的多种方式运输单据即可,不论是带有"物权性"的多种方式运输提单,还是不带有"物权性"的多种方式运输运单,也不论是"可转让"的多种方式运输单据,还是"不可转让"的多种方式运输单据,均可接受。

UCP500 的 ICC 第 4 号意见书中又说:"A document issued with either title above is also acceptable under Article 26, provided that the data content on the front of the document satisfies the requirement in the documentary credit for multimodal transport and for a negotiable document or for a non-negotiable document as the case may be."

值得注意的是,法律意义上,多种方式运输提单与运单(way bill)的本质区别,不是"可转让性",而是"物权性"。

与本惯例第 20 条的港至港提单一样,多种方式运输提单代表货权,是货权凭证,具有"物权性"。所以,持单人可以凭单提货,承运人凭单放货。与本惯例第 20 条的港至港提单一样,需要根据其抬头来判断其可转让性,和判断其是否需要背书。而与本惯例第 23 条的港至港海运单一样,多种方式运输运单,并不代表货权,因此,不具有"物权性",持单人不可凭以提货,承运人也不凭运单放货,从而也不具有"可转让性"。其实,运单在海运、空运、陆运和铁路运输中都有广泛的应用,而提单的应用范围则相对较窄。

值得注意的是,有关多种方式运输单据的规定,常常不分提单和运单,适用时须区别对待,斟酌而定。

ISBP 681 Para 76:

If a credit requires a multimodal transport document to show that the goods are consigned to a named party, e.g., 'consigned to Bank X' (a 'straight' consignment), rather than 'to order' or 'to order of Bank X', the multimodal transport document must not contain words such as 'to order' or 'to order of' that precede the name of that named party, whether typed or pre-printed. Likewise, if a credit requires the goods to be consigned 'to order' or 'to order of' a named party, the multimodal transport document must not show that the goods are consigned straight to the named party. 如果信用证要求多式运输单据显示货物以某具名人为收货人,例如"收货人为×银行"(即记名式抬头),而不是"凭指示"或"凭×银行的指示",则多式运输单据不得在该具名人的名称前出现"凭指示"或"凭……指示"的字样,无论该字样是打印上的还是预先印就的。同样,如果信用证要求多式运输单据抬头为空白指示或凭某具名人指示,则多式运输单据不得做成以该具名人为收货人的记名式抬头。

ISBP 681 Para 77:

If a multimodal transport document is issued to order or to order of the shipper, it must be endorsed by the shipper. An endorsement indicating that it is made for or on behalf of the shipper is acceptable. 如果多式联运单据做成空白指示式抬头或做成凭托运人指示式抬头,则该单据须经托运人背书。表明由托运人的代理人所作的背书也可接受。

以上两段,其实仅适用于多种方式运输下的提单,而不适用于多种方式运输下的运单。

多种方式运输下的提单,指示性抬头和记名抬头不得串用。因为,两种抬头对应了提单的不同的"可转让性"。前者可以转让,后者不可转让。相应地,在指示性抬头的情况下,背书问题便相伴而生。因为,背书是提单所代表的货权的转让方式。尽管这两段并没有提及提单做成来人抬头的情况,但这绝不意味着多种方式运输下提单不可以做成来人抬头。显然,做成来人抬头的提单,仅凭交付即可转让,而不存在背书问题。只是由于来人抬头的风险极大,实务中极为少见。根据本惯例第20条a款"提单的抬头和可转让性"一节的解读,这一点与本惯例第20条的港至港提单相似。

多种方式运输下的运单,实务中,承运人只需核实收货人的身份,即可直接放货给收货人。因此,与其他运单一样,多种方式运输下的运单的收货人,指示性抬头和记名抬头可以串用。相应地,由于运单不代表货权,就不可转让,从而也就不存在背书问题。

总而言之,值得注意的是,法律意义上,多种方式运输提单与运单的本质区别,不在于"可转让性",而是"物权性"。因为记名抬头的多种方式运输提单,与多种方式运输下的运单一样不具有"可转让性"。

19-079

Article 19(a)(i) 签署取消多式运输经营人

与UCP500相比,UCP600已经没有了有关多式运输经营人的规定,也不再规定由多式运输经营人或其代理签署多种方式运输单据了。

那么,为什么要取消多式运输经营人呢?

作为运输合同反映的运输单据,理应由作为运输合同一方的承运人或其代理人签署,以示证实内容,承担承运责任,多种方式运输单据也不例外。值得一提的是,UCP500时期曾经还允许多式运输经营人签署多种方式运输单据,即在正面表明多式运输经营人,并由多式运输经营人或其代理人签署。事实上,多式运输经营人(MTO)就是承运人(carrier),尽管仅仅是与托运人签订运输合同的合同承运人(contractual carrier),可能实际承担运输任务,从而兼为实际承运人(actual carrier),也可能不是实际承运人。

什么是多式运输经营人呢?

我国最新的《海商法》第102条第2款规定:

前款所称多式联运经营人,是指本人或者委托他人以本人名义与托运人订立多式联运合同的人。

什么是承运人呢?承运人实务中,分为合同承运人和实际承运人。前者指与托运人签订运输合同的人,因而得名,也简称承运人;后者指实际承担运输的人,因而得名。以海上货物运输为例:

Article 19 多种方式运输单据

我国最新的《海商法》第 42 条规定：

（一）承运人，是指本人或者委托他人以本人名义与托运人订立海上货物运输合同的人。（二）实际承运人，是指接受承运人委托，从事货物运输或者部分运输的人，包括接受转委托从事此项运输的其他人。

从定义可以非常直观地看出，在多种方式运输方式下，准确地说，多式运输经营人就是指的上述的合同承运人，也称承运人。而实际承担各区段运输任务的，就是指的实际承运人。

也正因为如此，根据 International Transport Commission 的资料，实务中多式运输经营人在签署多种方式运输单据时，并不显示多式运输经营人的身份，而直接显示为承运人。于是，UCP600 第 19 条(a)(i)款中，便不再规定多式运输经营人可以签署多种方式运输单据。

承运人或合同承运人，与实际承运人到底有什么区别呢？

合同承运人与实际承运人的分离是社会分工不断深化的结果。[①] 正如当初商人和承运人的分化。最早将实际承运人的概念从承运人的概念中分离出来加以界定的是有关航空运输的《瓜达拉哈拉公约》。《瓜达拉哈拉公约》作为《华沙公约》的补充于 1961 年签订，针对《华沙公约》中相继承运人(successive carrier)的相关规定，对"合同承运人"将运输合同的一部分或全部转托给"实际承运人"的内容作了专门的规定。依据《华沙公约》，如果货方或乘客在签订合同时知道其中一部分运输将由合同承运人以外的承运人履行，那么后者就是相继承运人。每个承运人仅就自己履行运送的区段内发生的损害承担责任，即货方或乘客就所受的损害，仅能对事故或运送迟延发生区段的承运人提起诉讼，除非合同承运人明确表示对整个运输负责。《瓜达拉哈拉公约》则规定，如果货方或乘客在签订合同时没有被告知运输合同的一部分或全部将由另外的承运人履行，则通过合同承运人的授权而履行运输合同的一部分或全部的承运人就是实际承运人。无论损害或迟延发生在何处，货方或乘客都可依据合同对合同承运人提起诉讼，并且当确知损害或运送迟延发生在某一实际承运人的运送区段时，货方或乘客还可对该实际承运人提起侵权之诉。可见，《瓜达拉哈拉公约》将"实际承运人"从"合同承运人"中分离出来界定的目的，是为了更有利于保护货方或乘客的利益。

简言之，正如前面的解读中提到的，在运输实务中，承运人仅指与托运人签订运输合同的人。换句话说，一个主体是否是承运人，关键看他是否与托运人签订了运输合同，与是否拥有或经营运输工具、是否实际实施运输没有直接的关系。其实，尽管运输实务中存在合同承运人和实际承运人的分别，但对于托运人来说，无关紧要，因为他可以直接找与之签订运输合同的承运人交涉承运过程中的所有合同事项；对于实际承运人来说，由于其与托运人没有直接的合同关系，所以对于托运人的要求，常常不予理会。

---

① 引自王庆：《论实际承运人的法律制度》，硕士论文，2002

19-080

Article 19(a)(ii) 货物已接管日期

本惯例第20条a(i)款"承运人及责任"一节的解读中将提到,承运人的责任体系中,最核心的部分是管货责任。

那么,承运人管货责任的责任期间从何时开始,从哪里开始,又到哪里结束呢?实务中,后二者即为运输单据必须显示的运输全程,将在本条a(iii)款"收货地和目的地"一节中详细解读。前者即为运输单据必须显示的发运日期,这里重点解读。

Article 19(a)

ii. indicate that the goods have been dispatched, taken in charge or shipped on board at the place stated in the credit, by 通过以下方式表明货物已经在信用证规定的地点发送、接管或已装运。

• pre-printed wording, or 事先印就的文字,或者

• a stamp or notation indicating the date on which the goods have been dispatched, taken in charge or shipped on board. 表明货物已经被发送、接管或装运日期的印戳或批注。

The date of issuance of the transport document will be deemed to be the date of dispatch, taking in charge or shipped on board, and the date of shipment. However, if the transport document indicates, by stamp or notation, a date of dispatch, taking in charge or shipped on board, this date will be deemed to be the date of shipment. 运输单据的出具日期将被视为发送、接管或装运的日期,也即发运的日期。然而如单据以印戳或批注的方式表明了发送、接管或装运日期,该日期将被视为发运日期。

本款似乎表明:

第一,多种方式运输单据下,必须表明货物已经发送、接管或装运。

管货责任,顾名思义,即管理货物的责任。多种方式运输单据下,表明管货责任的起点,可以使用以下措辞:

——已经接管(taken in charge):承运人接管货物,是其承担管货责任的前提。所以,表明货物已经接管,是多种方式运输单据的一个非常重要的内容。然而,在运输实务中,由于首程运输方式的不同,多种方式运输单据上常常并不直接显示货物已接管。

——接受待运(accepted for carriage),或已经发送(dispatched):如果首程为空运,常常使用"接受待运"或"已经发送"两个词。前一词表示已有货物已经接管之意。后一词本身就意味着货物已经接管,如果未接管,如何谈得上已经发送?

——收妥待运(received for shipment),或已经装运(shipped on board):如首程为海运时,在装船前则常常显示收妥待运,在装船后则习惯于显示接受货物已装船。其中,货物收妥待运的含义与货物已接管无异;而货物已经装运与空运方式下货物已经发送一样,均以货物已

经接管为前提。

值得一提的是，根据本款"shipped on board，是已装船吗？"一节的解读，shipped on board 泛指装运，不限于首程为海运时的已装船，可以用于首程的火车、卡车、飞机、集装箱上等。与港至港提单下表明"已装运"，必须表明具"已装运"在其上的具名船只不同，多种方式运输单据下，表明"已装运"时似乎无须表明特定的运输工具。

——接受待运、待发送（accepted for shipment, dispatch or carriage）：首程为公路、铁路或河运的情况时，常常使用这些词语，其已经包括货物已经接管的含义。

与多种方式运输单据上的这一内容一样，所有运输单据都必须载有相似的内容，以表明承运人管货责任的开始，这体现了运输单据的货物收据功能。这也印证了本条"运输单据的分类及功能"一节的解读中提到的一个观点——似乎所有的运输单据还都必须同时是货物收据。

第二，多种方式运输单据上，表明货物已经发送、接管、装运，必须在规定的地点和时间完成。

与提单显示已装船，必须在规定的装货港和装运期一样，多种方式运输单据上显示的货物已经发送、接管或装运，也必须在规定的货物发送、接管或装运的地点和时间进行。前者，即为规定的收货地；后者，实务中，信用证一般规定为最迟发运日（the latest shipment date），或发运时间表（shipping schedule），这是可发运日期。而从多种方式运输单据表面上确定的收货地和发运日，分别应该称为"实际收货地"和"实际发运日"。

(1)实际发运日必须满足信用证要求。实务中，多种方式运输单据显示在规定地点发送、接管、装运货物的日期，有两种方法：

——印就：即出具时已经印就好的文字，印就日期即出具日期。除非另有印戳或批注，印就日期，即出具日期将被视为发运日期。

——印戳或批注：即带有日期的印戳或批注。值得一提的是，与提单相比，多种方式运输单据还接受印戳方式，这可能是运输习惯使然。此时，印戳的日期，与批注的日期一样，将被视为发运日期。实际发运日期，必须与规定发运日期吻合。

(2)实际收货地点必须满足信用证要求。准确地说，多种方式运输单据通过表明货物已经发送、接管、装运，必须与对应的实际收货地点和发运日期捆绑在一起，确认是否满足信用证的要求。因为，一旦与对应的实际收货地点和发运日期脱节，货物已经发送、接管或装运便毫无意义。

有人问：当多种方式运输单据上既有收货地接管日期，也有装货港装船日期时，应以何者作为发运日期呢？

似乎应以信用证规定的收货地或装货港对应的发送、接管或装船日期为准，因为这是信用证规定的承运人责任起点。当然，信用证规定的收货地，可能体现在多种方式运输单据上的place of receipt（收货地）栏位中，也可能体现在 port of loading（装货港）栏位中。通常情况下，多种方式运输下，收货会在装船之前，收货地接管日期会在装货港装运日期之前。换言之，如果信用证规定收货地，多种方式运输单据表明的在该收货地的货物发送、接管、装运日期，必须不迟于最迟发运日；如果信用证规定装货港，而未规定收货地，多种方式运输单据表明的在装货港的收妥待运日期或装船日期，不迟于最迟发运日即可。

shipped on board，是已装船吗？

长期以来，业界都在争论一个问题：shipped on board，到底是不是已装船。实务中，大多数时候看到的是 shipped on board 与提单连用，从而也与具名船只几乎形影不离。这是否就意味着 shipped on board 就是默认为已装船了呢？

ISBP 681 Para 74：

"Shipped in apparent good order"，"Laden on board"，"clean on board"or other phrases incorporating words such as "shipped" or "on board" have the same effect as "Shipped on board". "已发运且表面状况良好"（"Shipped in apparent good order"）、"已载于船"（"Laden on board"）、"清洁已装船"（"clean on board"）或其他包含"已发运"（"shipped"）或"已装船"（"on board"）之类字样的用语与"已装船发运"（"shipped on board"）具有同样效力。

UCP600 时期，也有与此完全相同的规定，对应于 ISBP 681 第 74 段。本段的规定起码表明了，shipped on board，是由 shipped 和 on board 两个词合而为一，在 UCP 意义上，分开来看的这两个词又与合在一起的一个词具有完全相同的效力。

什么是 shipped？《现代英汉综合大辞典》说："ship，装上船，用船运；用火车、公路等装运。"

什么是 on board？《美国传统辞典（双解）》说："board，to enter or go aboard(a vehicle or ship)．上车，上船，进入或登上（交通工具或船）。"

显然，shipped on board，准确的含义应该为"已装载"或"已装运"，而不仅仅是"已装船"了。正如阎之大先生所分析，在英文中，shipped 或 on board 仅仅表示"已装载"、"已发运"，可以适用于不同的运输工具，从而具有不同的含义。比如：与船只连用，则为"已装船"；与飞机连用，则为"已装飞机"；与火车或卡车连用，则为"已装车"。所以，如果不标注具名船只，单单使用 shipped 或 on board，在提单上同时显示收货地，而需要火车、卡车或支线船只将货物从收货地运往装货港的情况下，则容易产生误解为货物 shipped 或 on board（已装载）在前段运输的火车、卡车或支线船只上，而不是港至港海运阶段的主线船上。

ICC 在 R282 中说："必须牢记的是，提单上显示的内容总会反映这样一种事实，即，'已装运（shipped on board）'批注可以指已装上提单所标明的指名船只或车辆/卡车或其他自收货地驶往装运港的运输工具，所以银行有必要确认装运批注所指的是哪一个运输区段。"

至于实务中常常将"shipped on board"误解为"已装船"，除了前面提到的使用习惯，与 UCP500 和 ISBP 645 的翻译也有着直接的关系，在相关的条款中，这一词都译为"已装船"了，几十年下来影响极其深远。其实，"shipped on board"一词只有在与船只连用时，才有"已装船"的含义，但绝不限于此。甚至本惯例所涉及的 shipped on board，似乎都应该译为"已装运"或"已装载"才更为准确。

再往前追溯，更深层的原因，可能是 ICC 在 UCP400 时期发布的一个意见误导了业界的理解。Case 102 中说，loading on board 应理解为"已装船"。然而有时会出现银行由于疏忽在信用证中使用该词于海运之外运输的情况。

UCP500 时期,ICC 在多处,包括前面提到的它在 R282 中的意见,已经纠正了这一误解,表明了正确的看法。ICC 在 R280 的结论中说:"如果阅读一下提单的背面,(可以知道)'已装运(on board)'在包括已装上其他运输工具的同时,也包括装上集装箱运输车辆。"换言之,在集装箱运输实务中,只要货物装上承运人控制的集装箱,即已算"已装运(shipped on board)",此时完全可能是在远离装货港的一个内陆地点收货,托运人即可取得已装运多种方式运输单据。

曾经有人认为,多种方式运输单据涉及两种以上运输方式,中转环节较单一运输方式复杂,更兼及多种方式运输的特点,如果是一个内陆地点,第一程运输根本不是海运或河运而强令运输单据注明"shipped on board",将很难满足。至于此时信用证仍规定注明"shipped on board"者,最好对信用证进行修改,否则很难满足这一要求。如果从以上的解读来看,显然,这是徒增困扰,因为"shipped on board"不仅可以与船只连用,还可以跟火车、卡车连用,不仅适用于港口,还适用于内陆地点。

19—081

Article 19(a)(iii)　收货地和目的地

多种方式运输单据下,承运人的管货责任期间,从哪里开始,又到哪里结束呢?正如本条(a)(ii)款"货物已接管日期"一节的解读中提到的,这指的是运输全程。

Article 19(a):

iii. indicate the place of dispatch, taking in charge or shipment and the place of final destination stated in the credit, even if 表明信用证规定的发送、接管或发运地点以及最终目的地,即使:

a. the transport document states, in addition, a different place of dispatch, taking in charge or shipment or place of final destination, or 该运输单据另外还载明了一个不同的发送、接管或发运地点或最终目的地,或者

b. the transport document contains the indication "intended" or similar qualification in relation to the vessel, port of loading or port of discharge. 该运输单据载有"预期的"或类似的关于船只、装货港或卸货港的限定用语。

从本款可以看出:

第一,信用证会规定发送、接管或发运地点及最终目的地,运输单据必须相应表明。

信用证会如何规定发送、接管或发运地点及最终目的地呢?

最新的 SWIFT MT700 中调整了原 44A、44B 两个栏位的内容,增加了 44E、44F 两个栏位,并给出了这四个栏位如下定义:

——44A Place of Taking in Charge/Dispatch From/Place of Receipt——接管地/发送

地/收货地：适用于除单一海运、河运、空运外的其他运输方式。这里不包括 44E 涉及的装货港/起飞港。

——44B Place of Final Destination/For Transportation to/Place of Delivery——最终目的地/运往地/交货地：适用于除单一海运、河运、空运外的其他运输方式。这里不包括 44F 涉及的卸货港/到达港。

——44E Port of Loading/Airport of Departure——装货港/起飞港：单一海运、河运、空运，或涉及海运、河运、空运适用。

——44F Port of Discharge/Airport of Destination——卸货港/到达港：单一海运、河运、空运，或涉及海运、河运、空运适用。

正如阎之大先生所说，以上栏位的使用，信用证应根据运输首程和末程的运输方式分别确定、分别选择，而不可一概而论。

相应地，多种方式运输单据应该如何表明货物发送、接管或发运地点及最终目的地呢？

本条前面的解读中提到，实务中的多种方式运输单据，常常围绕海运展开，并常常与港至港提单或海运单共用一种格式。这种多用途的提单或海运单，常常包括涉及运输起点、终点的四个栏位和涉及运输工具的两个栏位。

——pre-carriage by——前程运输工具：用于显示前程运输中的火车、卡车、飞机或支线船；

——place of receipt——收货地：用于显示前程运输的收货地；

——vessel/voyage No.——船名及航次：用于显示海运航程的海轮及航次；

——port of loading——装货港：用于显示海运航程的装货港；

——port of discharge——卸货港：用于显示海运航程的卸货港；

——place of final destination——最终目的地：用于显示末程运输的目的地。

同样地，一般情况下，提交多种方式运输单据时，会在"place of receipt"栏位显示发送、接管或发运地点，在"place of final destination"栏位显示货物最终目的地。

ISBP 681 Para 75：

If a credit gives a geographical range for the place of taking in charge, dispatch, loading on board and destination(e. g., "Any European Port"), the multimodal transport document must indicate the actual place of taking in charge, dispatch, shipped on board and destination, which must be within the geographical area or range stated in the credit. 如果信用证给出了接管地、发送地、装货地和目的地的地理范围（如"任一欧洲港口"），则多式运输单据必须注明实际的接管地、发送地、装货地和目的地，且该地点必须在规定的地理区域或范围内。

显然，多种方式运输单据显示规定货物发送、接管或发运地点，以及规定交货地、最终目的地时，必须为确定的。如果多种方式运输单据，显示货物发送、接管或发运地点，以及交货地、最终目的地，含有"预期"字样，则使得该地点无法确定，即未满足本款要求，从而不可接受。

有人问：信用证规定了收货地（place of receipt），提交的多种方式运输单据上显示为接管地（place of taking in charge），可以吗？似乎可以接受。因为信用证对运输单据的此类要求只是功能性要求，提交的运输单据功能满足即可，无须标明相同的栏位名称。

第二，运输单据还载明了一个不同的发送、接管或发运地点或最终目的地，可

Article 19 多种方式运输单据

以接受。

多种方式运输的出现,主要是得益于集装箱运输的发展,适应了门到门承运服务的需要,即多种方式运输大多用于这样一个门到门承运过程——从生产厂家,尤其是内地生产厂家的仓库接管货物,并以陆路方式,如卡车或火车运往装货港、装货机场或装货地,待下一阶段运往卸货港、卸货机场或卸货地,并最终运往最终用户的工厂或仓库。尽管如此,信用证规定的运输全程——从货物发送、接管或发运地点至最终目的地,可能仅仅是门到门承运过程的一个区段而已。实务中,对于银行而言,只需关心多种方式运输单据显示的实际承运区段,涵盖了信用证规定的运输全程即可,规定的运输全程之外的承运区段可以不予理会。这样,在多式运输单据上完全可能显示了一个与信用证规定不同的发送、接管或发运地点或最终目的地。于是,就有了本款(a)部分的规定——可以接受多式运输单据还显示了一个不同的发送、接管或发运地点或最终目的地。

与 UCP500 相比,这一规定包含了相同的含义,措辞显得相对简洁明了。

有人问:信用证要求多种方式运输单据,并规定 44A—place of taking in charge:Hong Kong, latest date of shipment:20080315;提交的运输单据显示"received for shipment",并显示"place of receipt:Foshan Port, port of loading:Hong Kong",出具日为"20080310",无装船批注。可以接受吗?

本款没有禁止多式运输单据在规定的收货地之外,显示了不同的收货地。但是,根据本条(a)(ii)款"货物已接管日期"一节的解读,如果多种方式运输单据在显示信用证规定的收货地的同时,还显示了另一个不同的收货地,发运日期仍以规定收货地的发送、接管、装运日期为准。从表面上看,多式运输单据上的出具日期为在收货地——Foshan Port——的收妥待运日期,早于规定的最迟发运日期,却不足以判断是否满足规定船期。多式运输单据上并没有显示在香港的发送、接管或装船日期,这本身就是不可接受的。

第三,运输单据载有"预期的(intended)"或类似的关于船只、装货港或卸货港的限定用语,可以接受。

所谓"预期的"船只或装货港或卸货港,指在出具运输单据之时无法确定,所以只能为"预期的"。不像提单那样仅涉及装卸货港,多种方式运输单据可能涉及收货地(place of receipt)、装货港(port of loading)、卸货港(port of discharge)及最终目的地(final destination)。因此,多种方式运输单据出具签署之时往往不能确定收货地之后海运阶段的船名乃至装货港、卸货港。故常常以"intended(预期)"一词冠于船名或装卸货港前。所以,本款(b)部分规定,可以接受载有"预期的"或类似的关于船只、装货港或卸货港的限定用语的多种方式运输单据。

这里的类似限定用语,只在于表明船只或装卸货港的不确定性。具体包括在多式运输单据的"pre-carriage by"栏位显示了前程船,又在"vessel/voyage No."栏位显示了干线船,而无批注表明到底货装哪一条船,均可接受。

有人问,当第一程运输为海运时,信用证要求运输单据注明"shipped on board",此时,是否船名和装货港之前可以含有"intended"字样?

答案是否定的。根据本节前面的解读,此时,装货港即为收货地,必须为确切的;同时,船名也必须为确切的,否则便无从确定"已装船"于哪一条船只了。

还比如:有时候,信用证在规定了收货地和目的地的同时,直接规定了装货港,还规定了卸货港,此时提交的多种方式运输单据上不能显示"预期"装货港或"预期"卸货港,否则似乎仍为不符。相应地，至于是否为"预期"船名，则与此无关。

有时候，信用证规定的 place of receipt（收货地），提交的多种方式运输单据上显示在 port of loading（装货港）栏位中，则此时仍不能显示为"预期"装货港，否则仍为不符。

19—0811

收货地和目的地的几种变形

实务中，对于货物发送、接管或发运地点，及最终目的地，不管是在信用证中规定，还是在提交的多种方式运输单据上显示，均存在种种变形。考虑到运输起点与终点的情况相似，这里以运输起点的变形为例：

——第一种，信用证在 44A Place of Taking in Charge/Dispatch from/Place of Receipt 中规定货物发送、接管或发运地点的同时，在 44E Port of Loading/Airport of Departure 中还规定了装货港。

此时，提交的多种方式运输单据，则必须在 place of receipt/place of taking in charge 栏位显示货物发送、接管或发运地点的同时，在 port of loading 栏位显示装货港。这种情况下，似乎不能按本款(b)部分的规定显示该装货港为"预期"装货港。至于显示"预期"船名或"预期"卸货港则与此无关，须另行判断。

——第二种，信用证在 44A Place of Taking in Charge/Dispatch from/Place of Receipt 中规定货物发送、接管或发运地点为 China. 提交的多种方式运输单据 place of receipt/place of taking in charge 栏位显示为空，port of loading 栏位显示装货港 Tianjin Xingang port. 有人问：可以接受吗？

似乎可以接受。

首先港口是地点的一种。而在此种情况下，多用途提单或海运单，不管是显示已装船（shipped on board），还是仅仅显示收妥待运（received for shipment），前者算货物已发运，后者似乎应该算货物已接管，二者均应视为货物已发送、接管或发运。所以，货物已收妥待运或已装船的装货港，似乎也是货物发送、接管或发运地点的一种。

——第三种，信用证在 44A Place of Taking in Charge/Dispatch from/Place of Receipt 中规定货物发送、接管或发运地点为一个港口 Tianjin Xingang port，无 44E Port of Loading/Airport of Departure.

此时，提交的多种方式运输单据，可以在 place of receipt/place of taking in charge 栏位显示货物发送、接管或发运地点为 Tianjin Xingang port，也可以在 port of loading 栏位显示装货港 Tianjin Xingang port 或 Tianjin Xingang. 二者似乎均可以接受。

需要注意的是，如果提交的多种方式运输单据，在 place of receipt/place of taking in charge 栏位仅仅显示货物发送、接管或发运地点为 Tianjin Xingang，而无"port"（港口）字样则不可接受，因为作为货物发送、接管或发运地点的 Tianjin Xingang port 与 Tianjin Xingang 未必完全相同。

——第四种，信用证无 44A Place of Taking in Charge/Dispatch from/Place of Receipt，只在 44E Port of Loading/Airport of Departure 中规定了装货港 Tiamjin Xingang Port.

此时，提交的多种方式运输单据，可以在 port of loading 栏位显示装货港 Tianjin Xingang

port 或 Tianjin Xingang，也可以仅仅在 place of receipt/place of taking in charge 栏位显示货物发送、接管或发运地点为 Tianjin Xingang port，而 port of loading 栏位显示为空值。

有人问：信用证 46A 要求 B/L 的同时，还规定 44A Place of Taking in Charge/Dispatch from/Place of Receipt：Beijing，44E Port of Loading：Tianjing Xingang port，China. 该提单是港至港提单，还是多式运输提单？

实务中，常常见到这种情况。根据信用证的要求来看，该提单已经不仅仅必须涵盖海运区段，还必须涵盖从收货地——北京，到装货港——天津新港的陆上前程运输。所以，准确地说，该提单似乎不是本惯例第 20 条规定的港至港提单，而是本条的多式运输提单。当然，它与多式运输运单不同。这是 SWIFT 升级之后的新问题。

与这一问题有点相似，如果信用证要求 multimodal B/L，但是只规定装货港和卸货港，算要求多式运输提单吗？似乎已不是了，准确地说，这是本惯例第 20 条的规定港至港提单。

总的来看，此类问题是信用证规定不清楚所致，申请人和开证行似乎必须为可能导致受益人产生的误解承担责任。

19—0812

贸易术语与运输单据上的运输全程

值得一提的是，实务中，多种方式运输单据上显示的运输全程，与信用证规定的运输全程，以及作为基础合同的国际贸易下货物买卖合同中约定的运输全程常常不完全相同。这常常可以从贸易术语上看出。

买卖合同下所涉及的货物运输，往往仅为信用证规定和运输单据所体现的实际运输的一部分。

比如：买卖合同中约定贸易术语为：CFR Hamburg，装货港：Xingang, China.

而信用证安排下，可能会规定：

——44B Place of Final Destination/For Transportation to/Place of Delivery：Frankfurt，

——44E Port of Loading/Airport of Departure：Xingang, China，

——44F Port of Discharge/Airport of Destination：Hamburg, Germany.

卖方在 44E 装货港 Xingang 装船交货给买方，安排从 44E 装货港 Xingang 到 44F 卸货港 Hamburg 之间的运输，并负责运费。而从 44F 的 Hamburg 到 44B 的 Frankfurt 的末程运输，其实是买卖合同以外的事，是应买方的要求，由买方负责运费承担风险，卖方协助安排而已，卖方并无必须安排的义务。当然，从信用证实务的角度看，作为受益人的卖方仍必须满足。

而运输单据上，可能会显示：

——Place of Receipt：Beijing，

——Port of Loading：Xingang, China，

——Port of Discharge：Hamburg, Germany，

——Place of Final Destination：Frankfurt.

从收货地 Beijing 到装货港 Xingang, China 的首程运输，其实也是信用证安排以外的事。

这多出来的首程运输,并不是买方所要求的,常常是卖方单方面为交货方便而一并安排的,其风险和运费由卖方承担。

总的来看,买卖合同下所涉及的货物运输,往往仅为信用证规定和运输单据所体现的实际运输的一部分。

换句话说,"买卖合同所涉及的货物运输,是指卖方根据买卖合同的规定,被要求或被授权所安排的货物运输。该运输通常并非是指整个运输过程,而常常是指从装运港至目的港的远洋运输阶段。至于装运港前及目的港后的两段内陆运输则分别属于卖方和买方各自的责任,不涉及对方的利益,不属于买卖合同所涉及的运输。如三种最常见的贸易形式 FOB(装运港船上交货)、CFR(成本加运费)、CIF(成本、保险费加运费)下的买卖合同所涉及的货物运输就是指自装运港至目的港的远洋运输,不包括装前卸后的内陆运输在内。"①

在信用证实务中,作为受益人的卖方,必须关注卸货港以后的末程运输是否可以操作,如果无法协助完成则最好请买方修改信用证的运输条款。而银行和买方必须关注多种方式运输提单上的装货港是否显示了规定的装货港,卸货港是否显示了规定的卸货港,最终目的地是否显示了规定的最终目的地,无须理会在装货港之前是否还有首程运输。

因此,在 FOB、CFR、CIF 的情况下,卖方把货物交给承运人,常常并不意味着其在买卖合同下交货责任的完成。

比如:基础合同规定了 FOB、CFR、CIF 条件。实际运输时,卖方可能会在收货地 Beijing 就把货物交给了承运人,而承运人在装货港 Xingang, China 装船,并在卸货港 Hamburg 卸货后通过卡车或火车转运至最终目的地 Frankfurt,交货给买方。此时装货港装船之前的首程运输风险由卖方承担,卸货港卸货之后的末程运输风险由买方承担,而装货港到卸货港之间的运输风险及运输费用,则根据买卖合同的贸易术语规定由买方或卖方酌情承担。

这种承运起点与交货地点的不同,常常引发一些问题:在 UCP 意义上,到底什么时候算交货?

最新的 INCOTERMS 2000 中给出了回答:

"近年来,随着集装箱运输和多式联运的发展,在 FOB 基础上发展起来的 FCA 术语正被日益广泛应用,FOB 与 FCA 的区别在于:(1)适用的运输方式不同。FOB 仅适用于海运和内河运输,而 FCA 适用于包括多式联运在内的各种运输方式。(2)交货和风险转移的地点不同。FOB 的交货地点为装运港船舷,风险在装运港超过船舷时从出卖人转移至买受人;而 FCA 的交货地点,视不同的运输方式和不同的约定而定,至于货物或损坏的风险则于出卖人将货物交由承运人接管时,自出卖人转移至买受人。(3)运输单据不同。FOB 下出卖人一般应向买受人提交已装船清洁提单,而 FCA 下出卖人提交的运输单据根据不同的运输方式而有所不同,可能是可转让的提单,也可以是不可转让的海运单、内河运单、铁路运单、公路运单、航空运单或多式联运单。

"从国际贸易的发展而言,随着运输方式的改变以及运输服务的延伸,FOB 术语的适用范围将越来越小。《2000 年国际贸易术语解释通则》修订过程中,各方对是否保留 FOB 术语中风险转移以超过船舷为界,争论异常激烈。虽然最终保留了该规定,但我们需要注意的是,在

---

① 引自侯淑波:"承运人的确定及对贸易双方的影响",《世界海运》,1996.4

不是装船才完成交付的情形下,不要使用 FOB 术语。对于内陆各进出口企业而言,在出口中尽量不要使用 FOB 术语,而应使用 FCA 术语。

"FOB 术语下,出卖人不负责订立运输合同,而由买受人负责安排运输,支付运费。本术语下,买卖双方均无订立保险合同的义务。但是由于运输的风险在越过船舷时由出卖人转移给买受人,所以通常情况下,出卖人会出于自身利益的考虑办理货物越过船舷前的货运保险,买受人也会办理货物越过船舷之后的货物保险。FOB 术语下,买受人可要求出卖人提供办理保险所需要的资料,出卖人也必须及时发出装船通知以便买受人投保。"①

本条值得注意的问题有:

"(1)在实际业务中,FOB 术语下的出卖人并非一律不能替买受人承办租船订舱的手续。一般地,在整船运输和大批货物运输中,采用的是租船方式,买受人往往自行租船,不会要求出卖人协助办理。而在班轮运输中,由于运费费率固定,因此由出卖人协助办理租船订舱的工作与买受人自己办理无甚差别。而且,在装运港办理此类手续,出卖人常常比买受人更为方便。因此,在买受人的要求下,出卖人可以在由买受人承担风险和费用的条件下,协助办理此类工作。但是,必须注意的是,出卖人并没有义务这样做,他只是基于良好的交易关系才这样做的,他的拒绝协助并不构成违约。并且在出卖人愿意如此行为时,所有的风险以及办理不能成功或错误的法律后果首先应当由买受人承担。除非出卖人在办理这些手续时存在过错,否则,出卖人不承担任何责任。

"(2)在 FOB 条件下,虽然出卖人在有关的运输站点已经将货物交付给承运人进行运输,但他仍可能对其后产生的风险承担责任,因为货物还没有在装运港越过船舷。而且,虽然有时候买受人可能已对货物进行了'仓至仓'的投保,但保险公司不会向出卖人承担责任,因为出卖人不是投保人,而同时,保险公司不会向买受人支付保险金,因为买受人在货物在装运港越过船舷之前没有保险利益。因此,在出卖人不是在装运港将货物越过船舷交给承运人的情况下(即使在此前已交付运输),最好不要用 FOB 术语,而应当采用 FCA 术语。"

19－082

Article 19(b/c)　转运必然发生

什么是转运?

Article 19(b):

For the purpose of this article, transhipment means unloading from one means of conveyance and reloading to another means of conveyance(whether or not in different modes of transport)during the carriage from the place of dispatch, taking in charge or shipment to the place of final destination stated in the credit. 就本条款而言,转运指在从信用证中规定的发送、接管或者发运地点至最终目的地的运输过程中从某一运输工具上卸下货物并装上另一个

---

① 引自陈晶莹、邓旭:《〈2000 年国际贸易术语解释通则〉释解与应用》,对外经济贸易大学出版社,2000

运输工具的行为(无论其是否为不同的运输方式)。

这是ICC给出的关于转运(transhipment)的标准的定义,不仅适用于多种方式运输,也适用于单一方式运输。多种方式运输单据下,这是UCP600的新条款。从这个定义可以看出：

——转运的本质在于,货物在不同运输工具之间的转换。

——转运仅限于在信用证规定的承运过程中,货物在不同运输工具之间的转换。信用证安排来源于基础合同,同时也反映了基础合同,包括其中的运输条款。买卖双方在基础合同中对货物运输起讫全程的要求,也需要相应地体现在信用证条款中。而对于规定的承运过程之外的运输区段,基础合同不关心,从而也就无关紧要。规定承运过程之前的运输区段,是卖方的事,与买方无关；规定承运过程之后的运输区段,是买方的事,与卖方无关。

——在多种方式运输中,转运不仅包括货物在同一种运输方式(transport mode)的不同运输工具(means of conveyance)之间的转换,而且包括货物从一种运输方式的运输工具到另一种运输方式的运输工具转换。显然,后者为多种方式运输所独有。由于UCP500时期并没有针对多种方式运输单据给出一个定义,造成了误会——以为多种方式运输涉及的转运仅为同一种运输方式下的转换,而与不同运输方式下的转换无关。如今,本款的定义澄清了这一点。

转运的风险。

转运常常是由承运组织形式、运输条件、气候或地理原因引起。以海运为例,"由于受到运输条件的限制,比如有无直达目的港的航线、航班或目的港是否在班轮航线上或货物是否属于联运货物等,卖方往往希望买卖合同规定'允许转船'(Transhipment to be allowed),以方便安排运输。但由于货物在中途港被转船,极有可能产生货损货差、延长运输时间以及增加转船和装船附加费用等损失,按国际商会《1990年国际贸易术语解释通则》(Incoterms 1990)对FOB,CFR及CIF这三种常见的装运港交货术语的解释,货物自装运港越过船舷时起,一切责任、费用及风险均应由买方承担,所以,买方往往不希望转船运输,并尽可能在买卖合同中作出'禁止转船'(Transhipment not to be allowed)的规定。"[①]

简而言之,转运会延误运输时间,增加运输费用,产生额外的运输风险。

然而,多种方式运输下,转运是必然要发生的。

前面提到,多种方式运输,强调门到门、点到点承运,在承运过程中必须会转换运输方式。由于运输方式的变化,决定了转换运输工具必然会发生。

Article 19(c)：

i. A transport document may indicate that the goods will or may be transhipped provided that the entire carriage is covered by one and the same transport document. 运输单据可以表明货物将要或可能被转运,只要全程运输由同一运输单据涵盖。

ii. A transport document indicating that transhipment will or may take place is acceptable, even if the credit prohibits transhipment. 即使信用证禁止转运,注明将要或者可能发生转运的运输单据仍可接受。

---

① 引自张建华："论转船运输及有关规定",《中国海商法年刊》,1998

Article 19 多种方式运输单据

本款的规定尊重了实务,即信用证要求的多种方式运输单据,不管是否转运,不管转运是否禁止,均可接受。

本款表明:

——运输全程须由同一套运输单据涵盖。换句话说,如果全程运输,由多套以上的运输单据覆盖,则不适用。这意味着,同一承运人对承运全程负责,方便货方在运输合同下的统一交涉,而无须面对规定承运全程的不同运输区段,可能远在他乡不同国度的不同实际承运人的种种不便。正如阎之大先生所说,如此,才能体现多种方式运输的连贯性。这一点,也从侧面印证了本条 a 款"多种方式运输单据的功能和名称"一节的解读中提到的观点——直达提单不是多种方式运输单据,因为直达提单下承运人不对运输全程负责。

——多种方式运输单据,须为信用证所要求。如果信用证要求提交提单,受益人提交的运输单据本身,有时可能包括不同的收货地、装运港、卸货港、最终目的地。从表面来看,提交的运输单据确实为多种方式运输单据,但它不是信用证要求的,它涵盖的运输全程超出了信用证规定的运输全程。信用证要求提单时,银行只负责按照提单来审核该运输单据即可,即只需关注装运港与卸货港之间的运输区段是否为信用证所要求,而无须理会收货地到装货港的首程运输和卸货港到最终目的地的末程运输之内是否发生了转运,也无须理会首程运输和海运过程之间、海运过程和末程运输之间的转换是否发生了转运。

——多式运输单据注明转运将要发生或可能发生,可以接受。转运可能发生,比较好理解。有人认为,转运将要发生不等于转运必然发生。换言之,如果多式运输单据明确注明转运,则仍不可接受。

其实,这是个误会。

这里的措辞,使用了转运可能或将要发生,只是相对于多式运输单据出具之时来说,因为转运是未来之事,尚未成为事实。其实,多式运输单据上注明转运,仍只是意味着转运将要发生,而不是转运已经实际发生。所以,注明转运的多种方式运输单据,仍可接受。

Article 20

港至港提单

a. A bill of lading, however named, must appear to 提单，无论名称如何，必须看似：

i. indicate the name of the carrier and be signed by 表明承运人名称，并由下列人员签署：

• the carrier or a named agent for or on behalf of the carrier, or 承运人或其具名代理人，或者

• the master or a named agent for or on behalf of the master. 船长或其具名代理人。

Any signature by the carrier, master or agent must be identified as that of the carrier, master or agent. 承运人、船长或代理人的任何签字必须表明其承运人、船长或代理人的身份。

Any signature by an agent must indicate whether the agent has signed for or on behalf of the carrier or for or on behalf of the master. 代理人的任何签字必须标明其系代表承运人还是船长签字。

ii. indicate that the goods have been shipped on board a named vessel at the port of loading stated in the credit by 通过以下方式表明货物已在信用证规定的装货港装上具名船只：

• pre-printed wording, or 预先印就的文字，或

• an on board notation indicating the date on which the goods have been shipped on board. 注明货物的装运日期的已装船批注。

The date of issuance of the bill of lading will be deemed to be the date of shipment unless the bill of lading contains an on board notation indicating the date of shipment, in which case the date stated in the on board notation will be deemed to be the date of shipment. 提单的出具日期将被视为发运日期，除非提单载有表明发运日期的已装船批注，此时已装船批注中显示的日期将被视为发运日期。

If the bill of lading contains the indication "intended vessel" or similar qualification in relation to the name of the vessel, an on board notation indicating the date of shipment and the name of the actual vessel is required. 如果提单载有"预期船只"或类似的关于船名的限定语，则需以已装船批注明确发运日期以及实际船名。

iii. indicate shipment from the port of loading to the port of discharge stated in the credit. 表明货物从信用证规定的装货港发运至卸货港。

If the bill of lading does not indicate the port of loading stated in the credit as the port of loading, or if it contains the indication "intended" or similar qualification in relation to the port of loading, an on board notation indicating the port of loading as stated in the credit, the date of shipment and the name of the vessel is required. This provision applies even when loading on board or shipment on a named vessel is indicated by pre-printed wording on the bill of lading. 如果提单没有表明信用证规定的装货港作为装货港,或者其载有"预期的"或类似的关于装货港的限定语,则需以已装船批注表明信用证规定的装货港、发运日期以及实际船名。即使提单以事先印就的文字表明了货物已装载或装运于具名船只,本规定仍适用。

  iv. be the sole original bill of lading or, if issued in more than one original, be the full set as indicated on the bill of lading. 为唯一的正本提单,或如果以多份正本出具,为提单中表明的全套正本。

  v. contain terms and conditions of carriage or make reference to another source containing the terms and conditions of carriage(short form or blank back bill of lading). Contents of terms and conditions of carriage will not be examined. 载有承运条款和条件,或提示承运条款和条件参见别处(简式/背面空白的提单)。银行将不审核承运条款和条件的内容。

  vi. contain no indication that it is subject to a charter party. 未表明受租船合同约束。

  b. For the purpose of this article, transhipment means unloading from one vessel and reloading to another vessel during the carriage from the port of loading to the port of discharge stated in the credit. 就本条而言,转运系指在信用证规定的装货港到卸货港之间的运输过程中,将货物从一船卸下再装上另一船的行为。

  c. i. A bill of lading may indicate that the goods will or may be transhipped provided that the entire carriage is covered by one and the same bill of lading. 提单可以表明货物将要或可能被转运,只要全程运输由同一提单涵盖。

  ii. A bill of lading indicating that transhipment will or may take place is acceptable, even if the credit prohibits transhipment, if the goods have been shipped in a container, trailer or LASH barge as evidenced by the bill of lading. 即使信用证禁止转运,注明将要或可能发生转运的提单仍可接受,只要其表明货物由集装箱、拖船或子船运输。

  d. Clauses in a bill of lading stating that the carrier reserves the right to tranship will be disregarded. 提单中声明承运人保留转运权利的条款将被不予理会。

【本条导读】

  本条规定了港至港提单的审核标准。

  本条的解读,全面阐述了港至港提单实务背景,并突出了提单的"货权凭证"功能。

  值得一提的是,广义的提单,包括本条的港至港提单、第19条的多种方式运输提单和第22条的港至港租船合同提单。所以,本条的名称,准确地说,应为"港至港提单"。

20-083

Article 20(a) 提单的功能与名称

什么是提单?

阎之大先生《UCP600解读与例证》一书中引用了ICC给提单下的一个定义:Put simply, a bill of lading can be defined as a transport document which is signed by the shipowner or his agent acknowledging that goods have been received for shipment to a particular destination and setting the terms on which the goods are to be carried. In addition to evidencing receipt of the goods and the contract of carriage the maritime bill of lading is also a document of title. The carrier will only release the cargo in exchange for the surrender of the original bill of lading.

我国最新的《海商法》第71条规定:

提单,是指用以证明海上货物运输合同和货物已经由承运人接收或者装船,以及承运人保证据以交付货物的单证。提单中载明的向记名人交付货物,或者按照指示人的指示交付货物,或者向提单持有人交付货物的条款,构成承运人据以交付货物的保证。

从以上的定义,可以看出:运输合同的反映、货物收据和货权凭证,构成了提单功能的全部。根据本惯例第19条"运输单据的分类及功能"一节的解读可以知道,前两种功能,与其他运输单据没有本质的不同。一般来说,提单的独特之处则在于默认其具有最后一种功能,即"货权凭证"。

需要注意的是,《海商法》意义上的提单,不限于本惯例第20条中对应的港至港提单,还包括第19条中的多种方式运输提单和第22条中的租船合同提单。就本惯例第20条中的港至港提单而言,它与第19条中的多种方式运输提单的不同在于,前者仅涵盖《海商法》意义上的单一"海运",而后者涵盖了"海运"和其他至少一种运输方式,从而构成多种方式运输。而就本惯例第20条中的港至港提单而言,它与第22条中的租船合同提单的不同在于,前者仅适用于班轮运输,而后者仅适用于租船运输。

那么,实务中信用证将会如何要求港至港提单?提交了怎样的运输单据才算是港至港提单呢?

Article 20(a):

A bill of lading, however named, must appear to:…… 提单,无论名称如何,必须看似……

第一,信用证将会如何要求港至港提单呢?

——UCP400时期,对提单的描述为"海运"提单(marine bill of lading),这一描述已经基本揭示了信用证的本质要求,即涵盖单一"海运"的普通提单。如果不是"海运",比如内河水运

Article 20 港至港提单

或沿海水运便不适用；如果不是提单，比如运单，也不可接受；如果不是普通提单，而标明受租船合同约束，根据本条 a(vi)款的规定，仍不可接受。

——UCP500 时期，对提单的描述则为"港至港"提单(a bill of lading covering port-to-port shipment)。既然为"海运"，则必为"港至港"，当然此港默认为《海商法》意义上的海港，即具有海运航线，才会有"港至港"之间的"海运"。

——到了如今的 UCP600 时期，则直接描述为提单。有人问：这是否意味着，本惯例的提单不是涵盖单一"海运"的普通提单了？回答是否定的。

为什么呢？

早期 UCP290 实施阶段，实务中其他几种运输单据也叫 bill of lading，如：railway 或 inland waterway bill of lading 和 the truck company bill of lading。Case 85 中说：在 bill of lading 前面冠以 ocean，目的在于与 inland waterway bill of lading 相区别，但增加该词并不是海运业的惯例。所以，在后来的运输实务和信用证中，bill of lading 已经默认即为涵盖单一"海运"的普通提单，其他运输单据要么叫做 waybill，要么在 bill of lading 之前加修饰语，比如多式运输提单(multimodal transport B/L)和租船合同提单(charter party bill of lading)。

ISBP 681 Para 91：

If a credit requires presentation of a bill of lading("marine","ocean"or"port-to-port"or similar)covering sea shipment only, UCP600 article 20 is applicable. 如果信用证要求提交只涵盖海洋运输的单据("海洋"或"港至港"之类)，则适用 UCP600 第 20 条。

从本段可以看出，本惯例要求的仍是涵盖单一"海运"的普通提单，即 a bill of lading("marine","ocean"or"port-to-port"or similar)covering sea shipment only。这里的"海运(sea shipment)"是个泛称，与传统的作为专门术语的"海运(marine)"相比，外延更宽，它包括了传统的"海运(marine)"，还包括了"海洋运输(ocean)"和"港至港(port-to-port)"运输，但绝不限于这些专门的用语。

有人问：为配合 UCP600 而实施 SWIFT 升级以来，MT700 在 46A 中要求海运提单时，往往会在规定 44E 装货港和 44F 卸货港的同时还规定了 44A 收货地或 44B 最终目的地，此时该提单还是第 20 条的海运提单吗？

答案似乎是否定的。根据本惯例第 19 条"收货地和目的地的几种变形"一节的解读，信用证的要求已经不是本条涵盖 UCP 意义上的港至港单一海运的普通提单了。准确地说，信用证要求的是多种方式运输提单。

第二，提交了怎样的运输单据算是港至港提单呢？

港至港提单注重功能，不管名称，即 UCP 意义上的提单，无论如何命名，意在强调前面的解读中所提到的提单的功能，即合同证明、货物收据和货权凭证。值得一提的是，提单可以不管其名称，这是 UCP400 以来 ICC 的一贯意见，也是 UCP 对几乎所有运输单据的相同规定。

ISBP 681 Para 92：

To comply with UCP600 article 20, a bill of lading must appear to cover a port-to-port shipment but need not be titled"marine bill of lading","ocean bill of lading","port-to-port bill of lading"or similar. 提单必须看似涵盖港至港运输，才符合 UCP600 第 20 条的要求，但不一定要使用"海运提单"或"港至港提单"之类的名称。

与信用证的要求相似,提交的运输单据是否为本条的提单,只需确认该运输单据,是否为单一"海运"普通提单即可。

——须为提单,不可为运单。实务中,提单之所以为提单,在于其为"货权凭证",持单人可以凭单提货,承运人必须凭单放货。运单则不同,持单并不能凭以提货,承运人也无须凭单放货,只需确认收货人的身份无误即可放货。换言之,信用证实务中,提单上似乎仍应该含有反映"货权凭证"这一提单特有功能所要求凭单交货的类似条款,常见的比如:If two(2) or more original K B/L(s)have been issued and either one(1)has been surrendered, all the other(s)shall be null and void. If required by the Carrier one(1)duly endorsed original K B/L must be surrendered in exchange for the Goods or delivery order. 否则似乎仍构成不符。

有人问:现在一些承运人签发的提单正面可能含有如下类似语句之一,此类提单是可以接受的吗?

(1)Goods will be released without necessarily requiring surrender of an original B/L.

(2)The carrier may deliver goods to the named consignee upon reasonable proof of identity without surrender of an original B/L.

阎之大先生说,根据国际商会最新意见,上述提单不可以接受。

——须为涵盖单一"海运"的普通提单。在运输实务中,提单仅适用于《海商法》意义上的海洋运输或者涵盖海洋运输之时,其他运输方式下不存在提单,所以,承运人也不可能出具提单。换句话说,提交的提单必与"海运"有关,或者对应于单一"海运",或者对应于涵盖"海运"的多种方式运输的情况。前面的解读中提到,《海商法》意义上的提单,包括第19条中可能涉及的多种方式运输提单,本条的提单和第22条中的租船合同提单。

目前实务中,由于集装箱运输方式的发展,常见的提单,其实大多为《海商法》意义上的多种方式运输提单,即从收货地开始承运,而不限于装货港承运。只是就信用证实务而言,这里所说的单一"海运",理应只局限于信用证规定的"港至港"这一承运区段——即规定的装货港至卸货港之间,银行无须理会这一承运区段之外的运输方式。

而本条 a(vi)款"默认不接受租船合同提单"一节的解读中将提到,本条的提单仅限于普通提单,而不得表明受租船合同约束。

第三,提交的提单,真的可以随意命名吗?

实务中,提单常常带有名称,常见的有:

——Bill of lading;

——Ocean bill of lading;

——Marine bill of lading;

——Bill of lading direct or with transhipment;

——Combined transport document;

——Through bill of lading;

——Port-to-port or combined transport bill of lading;

——Combined transport bill of lading or port-to-port bill of lading;

——Multimodal transport document.

本款规定,提交的提单,可以无论名称如何。这是否真的可以随意命名呢?回答是否定的。无论如何命名,绝不意味着可以离题万里。根据 ISBP 681 第41段规定的——"单据可以使用信用证规定的名称或相似名称,或不使用名称",这类似名称指的是 ICC 一贯坚持的"任何有类似意义或效果的名称(a title of similar intent and effect)",而不得毫不相干。其实,一个带有与提单功能风马牛不相及的名称,直接的后果就是导致了单据上数据矛盾,从而违背了本惯例第 14 条 d 款所谓的"单据上数据之间'不得矛盾'"的要求。

有人问:UCP600 中,第 20 条提单与第 21 条不可转让海运单,除了运输单据的名字不一样之外,内容几乎完全相同,而关于二者的名字均适用相同的规则——"however named(无论名称如何)"。这是否意味着如果信用证要求提单,可以提交名为"不可转让海运单"的运输单据,反之亦然?

回答是否定的。二者的差别就在于该单据是否是"货权凭证"。实务中的所有运单,包括公路运单、水路运单、铁路运单、航空运单均无此功能。阎之大先生说,以 sea waybill 取代 bill of lading 不可取,这一观点得到了 UCP600 制定小组专家的认同。

尽管如此,第 20 条关于提单"无论如何命名"的规定肯定或多或少会造成不同程度的误会。至于为什么 UCP 仍然作出如此规定,似乎不可理喻。究其原因,似乎与提单的监管规则有关,以我国的提单监管为例,提单格式必须经过法定备案。

最新的《国际海运条例实施细则》[①]规定:

第五条 在中国境内设立企业经营国际船舶运输业务,或者中国企业法人申请经营国际船舶运输业务,申请人应当向交通部提出申请,报送相关材料,并应同时将申请材料抄报企业所在地的省、自治区、直辖市人民政府交通主管部门。申请材料应当包括:

……(五)提单、客票或者多式联运单证样本……

第十一条 申请办理无船承运业务经营者提单登记的,应当向交通部提出提单登记申请,报送相关材料,并应当同时将申请材料抄报企业所在地或者外国无船承运业务经营者指定的联络机构所在地的省、自治区、直辖市人民政府交通主管部门。申请材料应当包括:

……(四)提单格式样本……

第十六条 无船承运业务经营者使用两种或者两种以上提单的,各种提单均应登记。

国际班轮运输经营者和无船承运业务经营者的登记提单发生变更的,应当于新的提单使用之日起 15 日前将新的提单样本格式向交通部备案。

第二十六条 任何单位和个人不得擅自使用国际班轮运输经营者和无船承运业务经营者已经登记的提单。

既然各国都会对提单格式加以严格的监管,UCP 是否对提单的"货权凭证"功能加以直接规定,也就无足轻重了。换言之,正是由于法律赋予提单天生具有"货权凭证"功能,所以才有必要进行如此严格的监管,也正是提单格式已经接受了严格监管,从而确保了提单的"货权凭证"功能。

---

① 引自《中华人民共和国国际海运条例实施细则》,该细则于 2002 年 12 月 25 日经第 14 次部务会议通过,自 2003 年 3 月 1 日起施行。

提单的抬头和可转让性

本条 a 款"提单的功能和名称"一节的解读中提到,一般来说,提单的独特之处在于默认其具有"货权凭证"功能。这意味着提单代表货权(document of title),具有物权性。值得注意的是,物权性绝不等同于可转让性(negotiability)。

物权性,指的是提单代表货权,提单的转移即意味着其所代表货物(货权)的转移,提单的价值对应于其所代表货物的价值。所以,谁合法持有提单,谁就合法成为持单人,谁就可以凭单提货,而承运人须凭单向其放货,即"见单不见人"。可转让性,则指作为提单上载明的收货人或托运人,从承运人处获得提单并成为第一手持单人,通过合法手续可以提单转让的方式把货权转让给第二手持单人,或者第二手持单人继续转让第三手、第四手……如果说承运人出具并签署提单,收货人或托运人从承运人处获得提单,从而成为第一手持单人,以及最后一手持单人凭单向承运人提货,是一级市场的话,那么,提单的转让对应的前手持单人向后手持单人的换手,则纯粹是二级市场的事了。

尽管同为货权凭证,但是,实务中并不是所有的提单都可以转让。这主要与提单的抬头有着直接的关系。

我国最新的《海商法》规定:
第七十九条 提单的转让,依照下列规定执行:
(一)记名提单:不得转让;
(二)指示提单:经过记名背书或者空白背书转让;
(三)不记名提单:无需背书,即可转让。

从以上规定可以看出,三种不同抬头的提单具有不同的可转让性和不同的转让形式。
(1)记名提单:即记名抬头人提单,因其必须显示特定的抬头人名称而得名。信用证实务中,此种提单往往作成申请人抬头,或者申请人在信用证中特别指定的人抬头,比如开证行等。此种提单不可转让,但提货时,仍须交出提单换取货物,并证明其身份。
(2)指示提单:即指示抬头人提单,因其抬头人须载有"指示(order)"字样而得名。信用证实务中,指示提单常常做成以下三种指示性抬头[①]:
——以开证行的指示人为抬头人(unto order of issuing bank)。此种提单必须经开证行背书转让给申请人后,申请人才可凭以向船公司提货。在整个信用证交易过程中,开证行可以完全掌握货权。
——以申请人的指示人为抬头人(unto order of applicant)。此种提单经申请人背书后才能提货,因开证行无法完全掌握货权,常常不乐意接受。

---

① 引自苏宗祥:《国际结算》,中国金融出版社,1997

——以空白指示人或托运人的指示人为抬头人(unto order)或者(unto order of shipper)。前者是以托运人的指示为抬头人的一种变形,因为所有提单的抬头,归根结底,均源于托运人的最初指示,提单上的指示抬头也只是托运人最初指示下的一种抬头而已。换言之,此种情况下托运人是第一持单人。而在托运人是受益人的情况下,此种提单经受益人背书后,包括开证行在内的银行可以完全掌握货权,以及货权的流转,所以乐于为相关银行所接受,比较方便于进出口双方的融资。

总而言之,指示提单须以背书方式转让。持单人提货时,除了交出提单外,须根据背书的形式判断,如需则还要证明其身份。

(3)不记名提单:也称来人抬头提单,因其抬头人显示"来人(bear)"字样而得名。此种提单无须背书,仅凭交付方式转让。如果遗失,则很难保全对货物的权利,所以,现在极少见到。

值得一提的是,尽管以上三种提单的可转让性各不相同,但在国内提单实务中,不管是记名提单,还是指示提单,均需要收货人或持有人的严格签收方可提货。如为前者,即记名提单下收货人应有与提单收货人一致的公章真迹背书方可提货;后者,即指示提单下,则持单人应有提单持有人的公章真迹背书方可提货。

正是记名提单与指示提单的区别,所以才有了以下规定:

ISBP 681 Para 101:

If a credit requires a bill of lading to show that the goods are consigned to a named party, e.g. , "consigned to Bank X"(a "straight" bill of lading), rather than "to order" or "to order of Bank X", the bill of lading must not contain words such as "to order" or "to order of" that precede the name of that named party, whether typed or pre-printed. Likewise, if a credit requires the goods to be consigned "to order" or "to order of" a named party, the bill of lading must not show that the goods are consigned straight to the named party. 如果信用证要求提单显示货物以某具名人为收货人,例如"收货人为×银行(即记名抬头)",而不是"凭指示"或"凭×银行的指示",则提单不得在该具名人的名称前出现"凭指示"或"凭×××指示"的字样,无论该字样是打印上的还是预先印就的。同样,如果信用证要求提单抬头为空白指示或凭某具名人指示,则提单不得做成以该具名人为收货人的记名式抬头。

本段说明,提单上的指示抬头人和记名抬头人不得串用。因为,两种抬头对应了提单不同的"可转让性"。

另外,在运输实务中,为了方便货到目的港通知收货人提货,提单往往还需要显示到货被通知人(notify party),特别是在指示提单和不记名提单下,根据 ISBP 681 第 103 段的规定——"如果信用证未规定到货被通知人,则提单中的相关栏位可以空白,或以任何方式填写"。相应地,承运人需承担货到通知的责任。值得注意的是,被通知人只是收货人的联系人,并不是收货人本身。

还值得注意的是,提单的转让性是不完全的。

实务中,包括提单在内的可转让证券,其转让有三种形式[①]:

(1)过户转让(assignment):采用过户转让的证券,有股票(share certificate)、人寿保单

---

① 引自苏宗祥:《国际结算》,中国金融出版社,1997

(life policy)、政府债券(certificate of government stock)、债券(debenture)等，它们不是完全可流通的证券。过户转让方式，具有以下特点：

①写出转让书的书面形式，表示转让行为并由转让人签名。

②在债务人那里登记过户，或书面通知原债务人，它不因债权人更换而解除其债务。

③受让人获得权利要受到转让人权利缺陷的影响。

④它是在三个当事人之间，即债权转让人、债权受让人以及原债务人之间完成转让行为。

（2）流通转让(negotiation)：采用流通转让的证券，有汇票、本票、支票、国库券、大额定期存单(certificate of deposit)、不记名债券(bearer security)等。它们是完全可流通证券(negotiable instrument)。流通转让方式，具有以下特点：

①转让人经过单纯交付或背书交付票据给受益人，受让人善意地支付对价取得证券，不必通知原债务人。

②受让人取得证券，即取得它的全部权利，他可以用自己的名义对证券上的所有当事人起诉。

③受让人获得的证券权利优于他的前手权利，即受让人的权利不受转让人权利缺陷的影响。

④它是在两个当事人，即转让人和受让人之间的双边转让。

（3）交付转让(transfer)：采用交付转让的证券，有仓单(warehouse receipt)、栈单(dock warrants)、写明"不可流通"字样的画线支票(non-negotiable crossed cheque)或即期不可转让银行汇票(non-negotiable demand draft)等，它们是准流通证券(quasi-negotiable instrument)或半流通证券(semi-negotiable instrument)。交付转让方式，具有以下特点：

①通过单纯交付或背书交付而转让的证券，不必通知原债务人。

②受让人取得它的全部权利，他可以用自己的名义，对证券上的所有当事人起诉。

③受让人获得证券权利，并不优于前手，而是继承前手权利，还要受到前手权利缺陷的影响。

④它是在两个当事人，即转让人和受人之间的双边转让。

提单的转让便属于这第三种的交付转让。一般认为，提单的可转让性是不完全的，提单的转让是准转让(quasi-negotiable)，或半转让(semi-negotiable)，它是准流通证券，或准票据(quasi-bill)。提单的转让具有以下特点：

①提单转让中后手的权利并不优于前手。这一点与《票据法》意义上的票据转让不同。票据转让，只要是善意第三人，受让人的权利就优于前手的权利，且不受前手权利缺陷的影响。提单转让，即使是善意第三人，受让人也仅仅是继承前手的权利，并不优于前手，前手权利的缺陷将直接影响受让人。比如：提单丢失，拾者伪造托运人背书，将其转让给第三人，托运人可以通知承运人保全货物，此时，受让人即第三人，作为持单人不得以其正当持有提单主张物权。所以，提单转让过程中，受让人应关注前手提单的来源、权利是否存在缺陷，以避免风险。

②提单的转让，仅限于货物在途期间。当货物到达目的地，承运人开始交货时，提单就不能转让了，所以，提单的可转让性的时效是很短的。

20—0832

提单的背书

本款"提单的抬头和可转让性"一节的解读中提到,在指示提单下,必须凭背书转让,提单背书代表了货权的转让。该节还提到,提单是准票据,所以,一般地说,提单背书可以参照《票据法》意义上的票据背书掌握。

什么是背书(endorse)?

《美国传统辞典(双解)》说:"endorse, to write one's signature on the back of(a check, for example) as evidence of the legal transfer of its ownership, especially in return for the cash or credit indicated on its face.(支票等的)背书,签名于(支票的)背面以作为合法转让其所有权的证据,尤其是作为对标于其正面的现金或信用卡的交换。"

英国法律规定:Endorsement:the act of a person who is the holder of a negotiable instrument in signing his or her name on the back of that instrument, thereby transferring title or ownership. An endorsement may be made in favour of another individual or legal entity, resulting in a transfer of the property to that other individual or legal entity.

最新的国内《票据法》规定:

第二十七条 持票人可以将汇票权利转让给他人或者将一定的汇票权利授予他人行使。

出票人在汇票上记载"不得转让"字样的,汇票不得转让。

持票人行使第一款规定的权利时,应当背书并交付汇票。

背书是指在票据背面或者粘单上记载有关事项并签章的票据行为。

以上规定似乎表明了:

第一,提单的转让必须背书,其背书必须在提单的背面。

背书,在中文里,顾名思义,即在提单背面书写。在英文里,其有另外的含义,比如签注(文件)、认可,但是,根据前面的规定这似乎不适用于可转让证券。

实务中,与票据背书一样,参照本惯例第 6 条 c 款"汇票收款人或持票人背书、签收"一节的解读中提到的,提单背书还需要注意以下两点:

(1)其实,背书的用途绝不限于转让,还存在质押背书和委托背书。质押背书,在信用证结算实务中比较少见,在信用证融资实务中应该可以看到,即收货人收到提单后,货未到港先用于质押向银行申请融资。委托背书也比较少见,因为根据下面的解读中即将提到的 ISBP 681 第 102 段的规定,代理人代为背书,只要在背书时同时在表面上表明其代理关系即可,而代理人与持单人或收货人之间的委托授权或代理协议可以在信用证以外和提单外体现。

(2)背书与持单人签收不同。提单持单人提货时,必须在提单上签收并交出提单。实务中,持单人签收往往也在提单背面。换言之,从表面上看,在提单背面的签署,常常难以分辨出是提货时的签收,还是转让时的背书。但无论如何,这二者并不相同。与背书必须在提单背面不同,持单人签收可以在背面,也可以在正面。比如:旅行支票上正面往往有两个签字,第一次在旅行支票购买之时作出,第二次则必须在银行柜台兑付之时于银行工作人员面前面签,第二次的签样与第一次签样必须一致方可予以兑付。究其实,这旅行支票正面上的第二次面签,就是持票人签收了。

第二,信用证实务中,提单背书的必要和背书人。

尽管指示提单的转让必须背书,但是,在信用证实务中,受益人交单未必都必须加背书。为什么呢?这与背书人的资格有关。R521 的分析与结论中说:在对提单背书时,唯一的要求是,背书应由提单表面显示为"指示方"或者前一个背书指定的"指示方"来完成。换言之,只有正当持有提单的指示方才需要背书,受益人交单时,如果他不是指示方就没有必要背书。

ISBP 681 Para 102:

If a bill of lading is issued to order or to order of the shipper, it must be endorsed by the shipper. An endorsement indicating that it is made for or on behalf of the shipper is acceptable. 如果提单做成空白指示式抬头或做成凭托运人指示式抬头,则该单据须经托运人背书。表明由托运人的代理人所为的背书也可接受。

本段规定了,以空白指示人或托运人的指示人为抬头人(to order 或者 to order of shipper)的提单,才需要背书。通常情况下,托运人是受益人,如果不是受益人,则往往为接受受益人委托的一个人。受益人或该第三人,作为托运人,也是提单的指示方,便是提单的正当持单人,他控制着货权,如果在交单时不加以背书,货权在提单的转递过程中就无法正常转让给申请人,所以必须以背书来表明货权的转让。

但是,这有一个例外。许多情况下,提单托运人既不是受益人,也不是接受受益人委托的一个人,而是申请人在信用证安排中指名的一个人,比如,为开证行或申请人本身,极少数情况下,还可能为申请人指名的一个第三方。一般来说,这些情况下,受益人交单时,无须背书,因为受益人在交单之时也就意味着他让渡了货权。

有人问:信用证要求可转让租船合同提单作成空白抬头,但未要求空白背书,托运人为申请人。提交的提单需要背书吗? ICC 在 R593 的结论中说:正常情况下,托运人(shipper)应该将提单空白背书或背书给一指定人,以便物权能在卸货港得以确定。然而,本例中托运人系信用证中的具名申请人,信用证条款也未有提单空白背书或背书给凭具名人指示的要求,就本具体案例的事实而言,不得因提单没有经申请人背书而提出不符点。一旦开证行接受提单并释放给申请人,申请人便可据以背书。

话说回来,如果信用证直接规定"B/L made out to applicant blank endorsed",按照 ICC 的上述意见则申请人仍然必须在受益人交单时予以背书。只是信用证的这种规定常常是误申请所致,而不是申请人的本意。

值得一提的是,提单背书可以由代理人为之。代理人代为背书时,只需显示其代理关系为"made for or on behalf of the shipper"即可,而无须进一步显示为"as agent"等。这一点很有用,受益人在交单时漏背书的情况下,单已到开证行,完全可以通过寄单银行委托开证行加以背书。而在已转让信用证下,托运人按要求作成第一受益人,凭托运人指示的提单,完全可以同时规定在第一受益人不换单时将由开证行代为背书。

除此之外,提单背书还常常碰到以下问题:

1. 记名被背书人的提单,还需要背书吗?

值得注意的是,国内最新的《票据法》不存在指示抬头人票据和来人抬头票据,只有记名抬头票据,而背书时也相应地只存在记名背书,且在记名背书下只要没有禁止转让被背书人仍可进行背书转让。

与此不同,信用证交易中的汇票和提单,则有三种抬头,其中只有指示性抬头人的情况才能也才必须以背书方式转让。相应地,由于被背书人不同,背书形式也分成三种:

——记名背书。此后,持单人不可以继续背书。这是问题中提到的情况。

——指示背书。此后,持单人可以继续背书转让。

——空白背书。此后,持单人可以凭交付转让,也可以继续背书转让。

2. 全套提单提交到开证行,只有 2/3 正本经过了背书,可以吗?

ICC 在 R470 的结论中说:如果只有 2/3 提单背书,即使所有的正本单据都由开证行持有,也可视为不符点。

究其原因,则可能是由于这一缘故,即本条 a(iv) 款"正本及份数"一节的解读中提到的如果持单人不在装货港提货,承运人常常要求提交全套正本提单。准确地说,在提单实务中,三份正本都必须经过完整背书,才可提货。

3. 提单的抬头为"to order",发货人为"A 公司代表 B 公司",A 与 B 谁应背书及如何背书呢?

ICC 在 R491 的结论中说:提单的背书可由 A 公司(作为 B 公司的代理)或由 B 公司完成。

4. 信用证要求提单 endorsed in favour of issuing bank,指的是什么?

ICC 在 Case 241 中回答:It requires the presentation of bills of lading issued to the order of the shipper and endorsed by the shipper to the order of the issuing bank. The expression "in favour of" should be taken to be synonymous with "to the order of".

20 — 084

Article 20(a)(i)　承运人及签署

本惯例第 3 条第(3)款"单据的签署"一节的解读中提到,签署是证实的一种形式。第 19 条(a)(i)款"取消多式运输经营人"一节的解读中又提到,承运人在运输单据上签署,是证实运输单据内容,并就运输单据的内容承担承运责任的一种表示。与此相似,提单也不例外。其实,承运人签署提单,是法定的义务。

我国最新的《海商法》规定:

第七十二条　货物由承运人接收或者装船后,应托运人的要求,承运人应当签发提单。

提单可以由承运人授权的人签发,提单由载货船舶的船长签发的,视为代表承运人签发。

显然,这里的规定并没有明确区分提单的出具和签署。结合本惯例第 14 条 1 款"运输单据出具人"一节的解读,这里的签发,似乎理解为"签署"更准确一些,而不管谁为出具人均可接受。

那么,提单上的承运人应该如何签署呢?

Article 20(a):

i. indicate the name of the carrier and be signed by:表明承运人名称,并由下列人员签署:

• the carrier or a named agent for or on behalf of the carrier, or 承运人或其具名代理人,或者

• the master or a named agent for or on behalf of the master. 船长或其具名代理人。

Any signature by the carrier, master or agent must be identified as that of the carrier, master or agent. 承运人、船长或代理人的任何签字必须表明其承运人、船长或代理人的身份。

Any signature by an agent must indicate whether the agent has signed for or on behalf of the carrier or for or on behalf of the master. 代理人的任何签字必须标明其系代表承运人还是船长签字。

与UCP500强调多种证实方法不同,UCP600仅允许以签署方式证实,即承运人必须以签署表明其认可承运责任。

本款规定了承运人在签署时,应注意:

第一,必须表明承运人。

因为承运人是承运责任的主体,只有表明了承运人,托运人才可据以追溯责任的主体。

如何表明承运人?一言以蔽之,必须在提单正面表明承运人,既包括确切的承运人身份,又包括确切的承运人名称,以及身份与名称之间的确切联系。

——必须在提单正面表明承运人。本款与UCP500一样,规定提单必须看来显示承运人名称(appear to indicate the name of the carrier),但UCP500时期的措辞为"appear on its face to indicate the name of the carrier",明确表明了承运人必须在提单表面。UCP500的第4号意见书说:on its face指标明货物、船名、航次等细节的提单正面,而the back of the document指提单显示承运条款细节的一面,但银行不审核承运条款。所以,提单未在正面标明承运人名称即为不符,即使提单的背面确认了谁是承运人。

尽管UCP600未在此强调"表面上(on its face)"显示承运人名称,也未强调不得在提单的背面显示,但仍要符合上述意见,因为根据本条第(a)(v)款的规定,银行仍然不审核背面的承运条款,而根据本惯例第5条a款的规定银行仍然仅限于对单据作表面(on their face)审核。

实务中,出具运输单据并对其内容负责的公司通常在运输单据正面(多于上方或右上方),并有"承运人"(the carrier 或 as carrier)字样与名称相联系。这种情况下,即是表面上表明了承运人。

值得注意的是,除了承运条款和条件通常都显示在提单背面、背书必须显示在提单背面外,对提单要求的大部分内容都应该在提单正面显示。这是信用证业务的习惯作法,否则难免授人以柄。

——必须表明确切的承运人身份。银行无义务通过另外的途径判断其身份,包括运输合同、运输单据函头特征、承运条件和条款本身。

Article 20　港至港提单

有人问：提单显示了船东名称，且由船长签署，还需要显示承运人名称吗？ICC 在 R565 的结论中说：UCP 关于表明承运人名称的立场是很清楚的。为了在所有情况下提单都符合 UCP 的规定，承运人的名称必须显示在提单的正面并且被注明身份。正如阎之大先生所言："显示承运人的目的是为了知道谁对运输负责。既然显示了船东的名字，由船长签字，是否显示承运人名称，对货方的权益不应该造成损害。然而，实务中有时船东将船舶租给其他承运人承运，而船东并不总是承运人……"

有时可能没有"承运人"一词与该名称直接联系起来，但在运输单据正面对收到货物时的表面状况、数量、包装等声明的小字承运条款中已显示"承运人"（carrier 或 the carrier），比如 "Received by the carrier from the shipper in apparent good order and condition. "因此曾经有人认为，这已经间接表明了提单函头（letterhead）中印就的公司名称即为承运人，此种情况似乎也是表面上表明了承运人的身份。其实，这一判断并不可靠。在"借签"提单的情况下，事实将会完全出乎以上的判断。比如：无船承运人 ABC 公司，使用 COSCO 公司的提单格式时，提单信头显示为 COSCO 公司的名称，如果按上述逻辑判断 COSCO 即为承运人（carrier），而 ABC 公司在签署栏也表明其为承运人（as carrier），如此，则将会出现两个完全不同的承运人，那么，谁将承担最终的承运责任呢？难以自圆其说。

——必须表明确切的承运人名称。比如：提交的运输单据签署栏显示"ABC co., ltd. as agent for the carrier. "如果运输单据的函头显示一家公司"carrier: DEF co., ltd. "，而在货描空白处又显示另一家公司"carrier: GHK co., ltd. "，则仍为不可接受。

还比如：提交的运输单据签署栏显示"ABC co., ltd. as agent for the above mentioned company. "如果运输单据的函头显示一家公司 DEF co., ltd., 而在货描空白处又显示另一家公司 GHK co., ltd., 则该运输单据不可接受。与之相似的一种情况却可以接受：提交的运输单据签署栏显示"ABC co., ltd. as agent for the above titled company. "因为作为运输单据函头的公司是唯一的。

有人问：承运人的代理人签发了提单，并加盖了"as agent for the carrier named above"的章，该提单的"以上"部分仅印有 A 船公司，这样的提单可以接受吗？

ICC 在 R345 中回答："注明承运人的方式可以是在提单上专门注明承运人的名称，也可以是通过签署单据的方式注明。这就包括质疑人在咨询中提到的情况，即'作为以上具名承运人的代理'签署，只要在提单内仅仅有一家船公司的名称，而这家船公司是在签名栏的以上部分。"

——必须表明承运人身份与名称之间的确切关系。有时会看到这样的运输单据，在签署栏显示"ABC co., ltd. as agent for the carrier"，同时显示"for DEF co., ltd. "二者空间上靠得很近，似乎就表明了 DEF co., ltd. 即为承运人。其实，这种做法有很大的缺陷。但是根据逻辑判断，却很难得出上述的结论，类似于这样一个表述：张三代表经理去开会，张三也代表李四去开会，很可能经理是王五。也就是说，这种表述下，承运人可能不是 DEF co., ltd., 而是另有其人。

第二，必须由承运人或其代理人签署。船长或其代理人签署，视同承运人的代理人签署。

承运人签署提单时，可以由承运人直接签署，也可以由承运人的一般代理人或者承运人的法定代理人——船长或者船长代理人代为签署。这里的重点，在于结合本惯例第 3 条"单据上的代理签署人"一节解读代理签署。

——船长签署或船长代理人签署,无须显示船长名称。

本惯例第 19 条的解读中提到,船长是船公司的特定船只在货物承运过程中的法定职务代理人。所以,根据本惯例第 3 条"单据上的代理签署人"一节的解读,船长签署时无须显示船长名称,因为进一步根据本条 a(ii)款的规定,提单均必须显示确切的船名。

与 UCP500 相比,UCP600 放宽了对船长代理人在提单上签署时显示船长名称的规定,根据 ISBP 681 Para 94,此时无须特别显示船长名称,只需显示船长身份即可。

至于为何代理人代理船长签署时无须再表明船长的名称呢?

DC Insight 2006 年 7—9 月份的一篇文章中说:"在欧洲到远东的航线上,由于海运市场的激烈竞争,中小型承运人为了节省人力资源成本,在运输业务淡季时辞退船长、船员等,需要时则临时聘用。如果开船前船长尚未到位,代理人签署提单时便不知道船长的名字。"

总之,船长签署或船长代理人签署时,无须显示船长名称。

——船长签署或船长代理人签署,必须显示船长身份,且仅限于 master 和 captain.

从 ISBP 681 Para 94 来看,UCP 意义上的船长身份仅限于 master 和 captain 两个,其余则不在此列。实务中,船长也常常以 president 身份签署,这一类提单似乎不可接受,因为在 UCP 意义上,president 似乎另有含义。

如何表明船长的身份呢?

(1)提单上显示为两条船时,船长或船长代理人签署似乎还必须显示与船长身份相关联的船名。如果提单上只有一条船,则默认为该船的船长。但如为两条船,则似乎不适用默认。因为船长只能对应于一船之长,两只船必定有各自对应的两个船长。

(2)除了通常看到的方法外,提单上"船长的签名"栏目也是一种可取的方法。ICC 在 R472 中说:提单可以由船长签字。提单上有预先印就的"船长的签名"栏目,而且此栏目上加盖了船只的印章并有签名。签名应该被视为是船长的签名,没有不符点。

显然,在表明承运人身份中,提单上的"承运人的签名"栏目也可以参照。比如:栏目名称 "signed for the carrier",同时在此处盖了一个印章,内容为:

"ABC co., ltd.

(王五)".

此时,ABC 公司可以视为承运人,因为该栏位名称即为"signed for the carrier",而王五作为 ABC 公司的职务代理人签署。

然而,以下情况则不可以接受。比如:栏目名称为空,盖了一个印章,内容为:

"ABC co., ltd.

(王五)

signed for the carrier".

此时,无法判断谁是承运人。

(3)有人问:船长亲自签署时,显示"for master",可以吗?本条(a)(i)款"Case 12 怎样算海运提单的代理签署"一节中将提到,2004 年 ICC DOCDEX 的案例"Whether someone signing a master's receipt 'for' the master constitutes a discrepancy"中结论为:"一个人亲自签署时,不会显示 'for himself',所以,如此显示只能解释为该签署只是第三方代船长所为。"

——代理人代理承运人或船长签署时,必须有代理人的签字,代理人必须具名,代理身份仅限于"agent",且必须有明确的代理指向。

这里指的是承运人或船长的委托代理人。

(1) 必须有代理人的签字。正如阎之大先生所说,不论是什么形式或形态的签字,它必须是明显由签字者所唯一控制、他人不易仿冒的,或者对其仿冒为法律所禁止的,并且是为证实的目的而有意为之。

(2) 代理人必须具名。有人问:个人作为代理人签署提单可以吗?在 UCP 框架内,只要个人的名称可以识别,没什么不可以的。只是在法律意义上,根据我国最新的《国际海运条例》,似乎个人难以取得国际船舶运输经营者、无船承运业务经营者、国际船舶代理经营者资格,不免让人起疑。

(3) 代理身份仅限于"agent"。实务中,代理人的身份,可以多种多样,其法律上代理的责任范围也各不相同。UCP 仅允许承运人的外部代理人以 agent 身份签署,不得以其他代理身份签署。有人问:代理人签署提单时仅显示"for and on behalf"、"for"、"on behalf",可以吗?回答是否定的。实际上,本款的关于代理人签署规定的措辞——"a named agent for or on behalf of",这是一个整体。"agent"字样是中心词,它表明了代理人的身份。而"for or on behalf of"也有"代理"之义,由于过于宽泛,在这里仅仅用于引出代理指向的被代理人。

(4) 必须有明确的代理指向。代理人签署时,缺少被代理一方身份的说明,是不可取的。ICC 在 R286 的结论中说:"对被代理人一方的身份缺少说明,至少是含混不清的,可以构成不符点。"

有人问:代理人签字时表明"for the master/for the carrier",可以吗?提交的单据不符合 UCP 的规定。ICC 在 R354 中说:"应删除其中之一,因为代理人代何人签署是不清楚的。"

Case 12

怎样算海运提单的代理签署?

【背景】一份海运提单签署栏如下显示:

签署栏:

Signed for the carrier:

(手写签字)

CHINA SHIPPING CONTAINER LINES(HONG KONG)CO., LTD.

【问】这样的提单签署是否合格?

【答】本案例涉及提单的代理签署问题。有关提单的代理签署,UCP500 Article 23、ISBP 645 Para 76、ICC position paper No. 4 on UCP500,直至 UCP600 Article 20 均有规定。

UCP 600 Article 20(a)(i):

A bill of lading, however named, must appear to:

i. indicate the name of the carrier and be signed by:

the carrier or a named agent for or on behalf of the carrier, or

the master or a named agent for or on behalf of the master.

...

Any signature by an agent must indicate whether the agent has signed for or on behalf of the carrier or for or on behalf of the master.

...

ICC paper No. 4 for Article 23 and 24：

3. Where the documents is signed by an agent for(or "on behalf of")the carrier, the agent must be named and must indicate the principal for(or "on behalf of") whom he is signing, in one of the following ways：...

4. ... when the document is signed by an agent for(or "on behalf of")whom he is signing ...

ISBP 645 Para 76：

Original bills of lading must bear a signature in the form described in UCP sub-Article 20(b)and the name of the carrier must appear on the face of the bill of lading, identified as the carrier.

a)If an agent signs a bill of lading on behalf of a carrier, the agent must be identified as agent, and must identify the carrier on whose behalf it is signing, unless the carrier has been identified elsewhere on the face of the bill of lading.

b)If the master(captain)signs the bill of lading, the signature of the master(captain) must be identified as "master"("captain"). In this event, the name of the master(captain) need not be stated.

c)If an agent signs the bill of lading on behalf of the master(captain), the agent must be identified as agent and the name of the master(captain)on whose behalf it is signing must be stated.

从以上规定可以看出，在 UCP 意义上，提单代理人签署的提单只有两种：或者是承运人的具名代理人，或者是船长的具名代理人。结合本案例的情况，显然，在实务中的提单签署如何表明其为具名代理人，就成为这个案例的关键。

中文词语"代理人"，本是个法律用词。在英文用词里它有好几个对应词语"agent"、"deputy"、"proxy"、"representative"、"as agent for"、"on behalf of"、"for"、"authorized signature"等等。从以上规定似乎可以看出，提单签署时只有表明其为"agent"或"as agent for"时，方可视为 UCP Article 20(a)意义上的提单代理人签署。

尽管如此，使用如"deputy"、"proxy"、"representative"、"on behalf of"、"for"、"authorized signature"等等其他词语时，不会被视为 UCP 意义上的提单代理人签署，但是完全会被视为其他人签署，2004 年 ICC DOCDEX 的案例"Whether someone signing a master's receipt 'for' the master constitutes a discrepancy"可以作为参考：

"The document was signed in the following way：A round stamp stating the name of the vessel in the centre and the name SHIPPER S in the circumference.

"Under the stamp was typed：FOR THE MASTER OF 'VESSEL V'

"Underneath that was a handwritten signature."

ICC 专家的结论为：

It is the opinion of the experts that according to any practice, national or international, a person signing for himself would not write that he was signing "For" himself—a person signing "For" someone is not that someone himself.

In the Transport Articles of the UCP(Article 23—29)there are numerous examples of the use of the word "For" in connection with signatures, as for example in Article 23 an agent may sign "for" a carrier if the agent states in which capacity he is signing(as agent), i.e. the carrier and the agent are two different persons.

In November 1998 the Banking Commission agreed on a case very similar to the one discussed here that a document signed "for the master" was not signed by the ship's master. This was published as an *Opinion of the ICC Banking Commission*(No. 470/T.A.122)on 17 February 1998.

In consideration of the above stated the unanimous decision of the experts is that the Master's Receipt presented under this DOCDEX case did not appear to have been signed by the master.

只是在实务中，银行人员在操作时会对法律意义上代理签署，与 UCP 意义上代理签署作个"普遍承认"的区分。

法律意义上签署代理人，包括内部代理和外部代理。

内部代理，也称职务代理，指的是实体所雇佣的工作人员在实体所在营业场所所做的签署。而对于第三人来讲，只要是实体的工作人员，只要于实体所在工作场所发生的签署，除非另外说明，均默认为职务代理或内部代理。与此相对应，在 UCP 意义上，提单承运人的工作人员签署时，均视为承运人签署，表现在提单上往往是工作人员的手写签字与承运人名称或身份紧密相邻，而不管是否有"deputy"、"proxy"、"representative"、"on behalf of"、"for"、"authorized signature"等字样。当然，此时，不能出现"agent"或"as agent for"。

外部代理，也称非职务代理，指的是实体委托工作人员在营业场所以外，或委托外部人员，或委托其他实体，或者个人委托其他人或实体所做的签署。而对于第三人来讲，必须验证其与该实体间的代理关系后，方可认定其为外部代理。与此相对应，在 UCP 意义上，提单承运人或船长的外部代理人签署均视为代理人签署，表现在提单上必须是代理人的签字与承运人或船长名称或身份之间，带有"agent"或"as agent for"字样。

就本案例而言，一个手写签字与承运人的名称及身份紧密相邻，应为视为职务代理签署，即为 UCP 意义上的承运人签署，可以接受。

Case *13*

提单上两个签署人？

【背景】提单签署栏上方显示：
signed for the carrier A.P. Moller - Maersk A/S trading as Maersk Line；
下方右侧显示：as agent for the carrier，并印就公章"Maersk(China)shipping co., ltd 马

士基（中国）航运有限公司"并有自然人手写签字。

下方左侧，另盖有公章"Maersk(China)shipping co.，ltd Tianjin Branch 马士基（中国）航运有限公司天津分公司"并有另一自然人手写签字。

【问】这样的提单签署可以接受吗？

【答】提单上出现两个代理人，UCP 并没有禁止。这一点，在关于提单更正证实的 ICC 意见中有所反映：

ISBP 645 Para 94：

Corrections and alterations on a bill of lading must be authenticated. Such authentication must appear to have been made by the carrier, master(captain), or any of their agents (who may be different from the agent that may have issued or signed it), provided they are identified as an agent of the carrier or the master(captain).

关键是能够分辨有关提单行为的确切责任人。如果分辨不清，只要二者承担着连带责任，也无不可。

就本案例而言，提单下方右侧显示的签署，已经满足了 UCP600 Article 20(a)(i) 的要求。也就是说，从提单表面可以很清楚地判断马士基（中国）航运有限公司是作为承运人代理签署，承担确切的承运代理人责任。至于提单下方左侧的签署，有无、是谁、以什么身份，都已经无关紧要。

另外，由于包括 UCP 在内的 ICC 出版物，从来就没有禁止这多余的签署，只要该多余的签署不构成对提单上原有签署，以及其他内容的伤害。而显然，这一点对本案例不适用。

所以，该提单是可以接受的。

Case 14

承运人代理自己签署可以吗？

【背景】"国商银咨复字 200701 号"：一信用证下提交的提单，显示提单函头为"CMS LOGISTICS GROUP CO., LTD"，提单签章处印有"signed as agent for the Carrier"，同时打印有"AS AGENT FOR THE CARRIER CMS LOGISTICS GROUP CO., LTD"，提单签章为：

"中宇物流集团有限公司

"CMS LOGISTICS GROUP CO., LTD

"薛源

"AUTHORIZED SIGNATURE".

【问】提单签署处打印的"AS AGENT FOR THE CARRIER CMS LOGISTICS GROUP CO. LTD"和签章本身内容是否构成了签章人双重身份？开证行的拒付理由为："B/L SHOWING DIFFERENT CAPACITY OF SIGNING PARTY(AS AGENT AND AS CARRIER)"，开证行的拒付理由能否成立？

【ICC China 答复】如下：

"提单签署处打印的'AS AGENT FOR THE CARRIER CMS LOGISTICS GROUP CO. LTD'和其签章不构成不符点。

"提单签署处打印的'AS AGENT FOR THE CARRIER CMS LOGISTICS GROUP CO. LTD'字样显示承运人为'CMS LOGISTICS GROUP CO. LTD.',而下面的签章处又显示作为承运人代理人签署的公司(CMS LOGISTICS GROUP CO. LTD)章及个人姓名(薛源)和个人签字。将公司名称和公司代表人个人签名同时用图章加盖在单据的签字栏处是一种运输行业内的常见做法,其他行业也常见,其意义是该个人代表图章中同时显示其名称的公司签署,在本案中也即意味着薛源代表 CMS LOGISTICS GROUP CO. LTD. 签署提单,而在签章处上方有'signed as agent for the Carrier'字样,联系起来可理解为薛源代表的 CMS LOGISTICS GROUP CO. LTD.公司系作为承运人代理人身份签署提单。

"以上的签字方式表面上显示 CMS LOGISTICS GROUP CO. LTD. 既为承运人,又为承运人的代理人。这一情形虽显得有些奇怪,但并不违背 UCP500 的要求,因为 UCP500 对提单签署方式的规定重点在于要求明确承运人以及提单签署人本人的身份,而这两点在本案的提单中都是明确的,即承运人是 CMS LOGISTICS GROUP CO. LTD.,而签署人也是该公司,是以代理人身份签署的。同一公司作为其本身的代理人签署单据虽显得多此一举,但并不违反代理的本质,即法律后果由本人承担。因此,本案中的提单签署方式不违反 UCP500 关于提单签署方式的规定,不影响对责任人的确定,不影响权利人的任何权利,因而不构成不符点。"

从 ICC China 的以上分析,可以确认,似乎应该接受具名承运人以 agent of the carrier 身份签署的提单。但是,这毕竟不是 ICC 的直接意见,国外代理行也常视之为不符点提出,并引发不必要的代理行之间的唇枪舌剑,且浪费时间和精力。为此,建议提单具名承运人还是直接以 carrier(承运人)身份签署为佳,而具名承运人代理自己签署也显得多此一举,尽管与 UCP500 和 UCP600 的规定并不抵触。

20—0841

货代提单——FBL

本惯例第 19 条"货运代理人与货运代理制"一节的解读中提到,在现代"一体化运输"的趋势下,产生了货运代理制和货代,即货方代理人。具有货代资格的一家公司,因此而得名"货代公司"。实务中,经常会见到货代提单——FBL,即 forwarder's bill of lading 或称 house bill of lading,和货代收据——FCR,即 forwarder's cargo receipt 或称 house cargo receipt。

那么,货代提单和货物收据是怎么产生的?货代提单是提单吗?货代提单又该如何掌握呢?

第一,货代提单和货代收据是怎么产生的?

在国际海运实务中,介于船公司(vessel carrier)——有船承运人和货方(customer)——托运人或收货人的货代公司,常常会同时具有货代(forwarder/forwarder agent)、无船承运

(non-vessel carrier)、船代或无船承运人代理(carrier's agent)三种资格,通常在不同的情况下或者交叉扮演,或者独立扮演对应的三种不同角色,从而具有三种不同的身份,承担三种不同身份下的责任:

——货代公司扮演货代角色时:当货代公司,作为货方——收货人或买方、发货人或托运人或卖方——的代理人时,它一方面要与货方签订分货运代理合同;另一方面,要以货方的名义,或自己的名义,与船公司签订总运输合同。在集装箱运输下,货代公司常常将多个发货人发运的零星货物按照它们的流向及特点集中在一起,以自己的名义,即作为托运人,向船公司办理托运,船公司签署一套主提单(master B/L,简称 MBL)。由于 MBL 只有一套,各个发货人不能分别取得分提单,只好由货代公司向各个发货人分别签署货代收据(FCR)。

——货代公司扮演无船承运人角色时:当货代公司作为独立经营人时,它是无船承运人,它一方面可以与货方直接签订分运输合同,承担承运责任;另一方面,要以自己的名义,作为托运人,与船公司签订另一份总运输合同。此时,货代公司,作为无船承运人可以直接向分运输合同下的托运人分别签署分提单,即为货代提单(Forwarder's B/L 或 house B/L,简称 FBL/HBL)。

——货代公司扮演船代或无船承运人代理角色时:当货代公司,作为船公司代理时,它一方面可以以承运人代理名义为船公司或无船承运人与货方签订运输合同,承担承运人代理责任,另一方面它必须与船公司或无船承运人签订承运人代理协议。此时,货代公司,作为承运人代理,可以向托运人代为签署提单,即为 B/L。

第二,货代提单是提单吗?

从货代提单的产生过程来看,货代提单与船公司提单一样,都是由承运人签署的,前者为无船承运人,后者为有船承运人,它们与托运人签订的都是运输合同,承担的是承运责任,向托运人收的都是运费。所以,毫无疑义,货代提单是运输单据,它具有提单的三大功能中的两个——运输合同反映、货物收据。

有人问:货代提单还具有提单的"货权凭证"功能吗?

回答应该是肯定的。

尽管 UCP 没有对此作出直接的规定,但从 ISBP 681 第 95 段"货代提单的可接受性"的规定中提到货代提单与其他提单的区别时,只关注提单签署人,而不及其余。从这一点,似乎已经足以看出,除了提单签署人之外,货代提单与其他提单不应该有什么不同,当然包括默认具有"货权凭证"功能。其实,所有提单的"货权凭证"功能,UCP 本身也都没有直接涉及,而是交由各国法律或提单公约规范,正如本条 a 款"提单的功能与名称"一节的解读中提到的,这已经落实在各国的严格提单格式监管之中。

在回答"一份规定提交运输行提单的信用证下,运输行提单的签发人是否负责将货物完好地运往最终目的地"这一问题时,ICC 在 R343 中说:"你称的单据符合 UCP500 第 23 条和第 30 条的规定。如果信用证要求运输行提单,它可以自己的名义签署。如果以这种方式签署的话,运输行就应该已经与实际承运人就实际装运及交付的责任订立合同。根据你所咨询的情况,运输行或者以承运人的名义(承担承运人的全部责任)或者以具名承运人的代理人(承运人承担装运及交货责任)的名义签署。直到将货交给指定的收货人、提单的被背书人或空白背书提单的持有人以前,运输行对装运都负有责任。"显然,这已经表明了运输行提单也是提单的一种,从而理所当然地具有与生俱来的"货权凭证"功能。

Article 20 港至港提单

只是据了解,目前世界上只有美国和中国两个国家已经有明文的无船承运人法律概念。大多数国家的货代公司在签署货代提单之时,仍以货代身份出具,这是用"货代"之名,行"无船承运人"之实。在我国,2002年《国际海运条例》实施之前,由于无船承运人的法律概念尚未明文确立,货代公司出具提单,也以货代身份为之。换言之,2002年之后,货代公司,在目前我国的提单监管框架之内,如果不具备无船承运人资格,已经不可能签署货代提单了。

"在确立了无船承运人的概念以后,情况就发生了变化,首先,把以承运人身份从事海上运输的无船承运人界定为承运经营者的范畴,即可以自己的名义接受货物、完成运输,并以承运人的身份承担法律责任。这样的概念与过去的一些既不签单,又不组织货物装卸,一手抓船、一手抓货,不尽义务、坐享其成,待责任发生便溜之大吉的所谓货运代理人,有着本质的区别。《国际海运条例》出台之后,为那些虽不拥有船舶但却有经验、有条件、有经济能力并能承担法律责任的人确定了无船承运经营者的概念,并规定了从事此种行业的资格、条件和行为规范,赋予了他们应有的法律地位,同时,把那些不具备条件的人员从承运经营者的队伍中剥离出来,使之不再具有鱼目混珠的机会和条件。在将来,这类货运代理人即便再从事货运代理业务,也只能限于报送、联系装卸、安排仓储等纯代理费或佣金的形式,而不能再赚取运费或运费的差价,因为,按照《国际海运条例》的规定,他们已不具备运输经营者的民事行为能力和民事权利能力。"[①]

值得注意的是,对于货方而言,货代提单有着特殊的风险。

一般来说,货代公司以无船承运人身份,或者名义上以货代身份行"无船承运人"之实而签署的货代提单,可信度比船公司签署的提单要低。对于货方而言,货代提单有着特殊的风险。这与货代公司在签署货代提单时的无船承运人身份有着直接的关系。

无船承运人是与有船承运人即船公司相对而言。虽然同为《海商法》意义上的承运人,但是二者的资信常常有天壤之别,前者的资信仅以最低人民币80万元的保证金来保证,后者的资信则由船舶资产来保障。换句话说,一旦出险,在货代提单下,货方常常只能向资信比较低的货代公司索赔,而无法直接向资信比较可靠的实际承运人即船公司主张权利,因为货代提单没有直接约束实际承运人即船公司。这是其一。

货代公司在以"无船承运人"身份出具货代提单时,常常同时兼着"货代"身份。而既然为"货代",则要么由买方(常常为托运人)指定,要么由卖方(常常为收货人)指定,于是,货代公司常常不得不听从作为委托人的买方或卖方的单方面指示,很难作为独立第三方,在买卖双方之间保持应有的公正,严重者与其中一方合谋,坑害另一方。如此,对于另一方,不管是买方,还是卖方而言,利益则将无法得到充分保障,风险较大。这是其二。

第三,货代提单——FBL,什么情况下可以接受?

正是由于货代提单有着特殊的风险特征,所以买方或卖方常常不接受。但是,在 UCP 意义上这并不绝对。具体而言,货代提单的可接受性,须根据货代公司签署时的身份和信用证的要求两个因素综合判断。

ISBP 681 Para 95:

If a credit states "Freight Forwarder's Bill of Lading is acceptable" or uses a similar

---

① 引自佟黎明:"无船承运经营者制度与货运代理制度",《世界海运》,2004.12

phrase, then the bill of lading may be signed by a freight forwarder in the capacity of a freight forwarder, without the need to identify itself as carrier or agent for the named carrier. In this event, it is not necessary to show the name of the carrier. 如果信用证规定"货代提单可接受"或使用了类似用语,则提单可由货运代理人以该身份签署,而无须注明其为承运人或具名承运人的代理人。在此情况下,不必显示承运人名称。

从本段可以看出：
(1)UCP意义上的货代提单,仅指货代公司以"货代"身份签署的提单,不包括货代公司以"无船承运人"身份签署的提单。前者默认不可接受,后者可接受。

前面的解读中提到,法律上,货代提单指货代公司以"货代"身份行"无船承运人"之实而签署,或直接以"无船承运人"身份签署的提单。

前者,即为UCP意义上的货代提单,默认不可接受。

后者,在UCP框架内仅作表面审核,无法与有船承运人,即船公司签署的提单明显区分,在UCP框架内仍可接受。

(2)UCP意义上的货代提单,在信用证特别要求或特别授权下方可接受。

在信用证特别要求货代提单时,似乎只能接受货代公司以"货代"身份签署的货代提单。实际上,该货代提单上的货代公司就是"无船承运人"了,尽管没有表明其"无船承运人"身份。

本款规定,此时不必显示承运人名称。显然,这里指的是实际承运人,即船公司。因为有了"无船承运人"承担承运人责任,是否显示实际承运人或船公司名称已经无关紧要。

值得一提的是,这种情况下,银行似乎只能接受货代公司以"货代"身份签署的货代提单,而不可接受船公司提单,因为该货代公司可能与买方或收货人在信用证以外有着特殊的利益安排。当然,如果为信用证特别授权时,则另当别论。

(3)UCP意义上的货代提单,仅指货代公司以"货代"身份直接签署的提单。

UCP意义上的货代提单,仅指货代公司以"货代"身份,行无船承运人之实而签署的提单,它不包括货代公司以"货代"身份代理承运人签署的提单。实际上,当货代公司代理承运人签署提单时,已经成为承运人代理了,或者为船公司代理,或者为无船承运人代理。

20—0842

承运人及责任

本惯例第19条"运输单据的分类及功能"一节的解读中提到,运输合同是托运人与承运人就运输服务和运输费用达成一致的一项约定。值得注意的是,与传统合同不同,运输合同基本上不是承运人和托运人自由协商的结果。

传统的合同,是由法律地位相同的合同双方自由协商而产生。运输资源的公共性和独占性决定了运输行业的特殊性,这样,"传统的合同自由原则,在运输合同领域中从来就没有普遍实行过,尤其是铁路运输业和航空运输业发达以后,在相关运输合同中受到很大限制。"[①]所以,实际上,运输合同基本都是适用于法定合同原则,"主要表现在:第一,国家强制订立某些运

---

① 引自孟宝森:"论运输合同的法律性质及其特征",《北京交通管理干部学院学报》,1997.2

输合同,限制或剥夺合同一方或双方的合同自由。这一表现,在战时的军事运输中特别突出。第二,法律规定强制性合同条款,当事人不得排除其适用。第三,法律对承运人资格和运输营业进行严格规定和限制。第四,法律指定或设立专门机构对运输业务和运输合同进行严格监督、管理和控制。"

从这里可以看出:尽管承运人和托运人是运输合同下的两个基本当事人,然而由于运输行业和运输合同的特殊性,承运人的责任从来就是运输合同的核心,承运条款和承运人资格历来必须接受各国法律和海运当局的严格监管。①

"规范海上货物运输的关键正是规范承运人责任。海上承运人责任是指承运人违反海上货物运输合同的约定,造成承运货物灭失、损害或迟延交付时所应承担的赔偿责任。从国内立法来看,从1893年美国'哈特法'中的限制承运人滥用'契约自由'原则,到目前,包括中国在内的发达国家与发展中国家的海商立法中都以规范承运人责任为主要内容;在国际公约方面,上述三个并列调整海上货运合同的国际公约均以规范承运人责任为其核心内容。我国吸收了国际海上货物运输立法的成果,在《海商法》第四章即'海上货物运输合同'一章中设专节规定了承运人责任,建立了一套结构完整、自成体系与国际接轨的中国海上承运人责任制度。"②

运输单据强调的是承运人的承运责任。

那么,什么是承运人?承运人,指的是与托运人签订运输合同的人。相应地,承运人责任,是相对于托运人的权利而言,它是运输合同下承运人对托运人承担的全部责任。UCP要求运输单据必须表明具名承运人,其本意就在于以此确定承运责任的担当人,进而追溯运输合同的承运责任。

"汉堡规则"是至今最完善最通行的国际海运公约之一,对国际贸易和国际海运影响极大,国际贸易公约、惯例,以及我国最新的《海商法》对承运人的承运责任的规定都原原本本借鉴了"汉堡规则",几乎只字未改。

国内最新的《海商法》规定:

第六十条 承运人将货物运输或者部分运输委托给实际承运人履行的,承运人仍然应当依照本章规定对全部运输负责。对实际承运人承担的运输,承运人应当对实际承运人的行为或者实际承运人的受雇人、代理人在受雇或者受委托的范围内的行为负责。

从以上的规定可以看出,航运业界强调的是运输合同下承运人的责任。签订了运输合同,承运人便必须提供运输服务,承担运输责任,而成其为承运人。换句话说,承运人之所以成为承运人,仅与签订运输合同直接相关,而与是否经营或拥有运输工具无关,与是否实际参与运输无关。

实务中,在运输单据的背面常常印就运输合同的详细条款,其中的主要内容就是运输合同下承运人责任,即承运条款和条件。只是根据本条a(v)款的规定,承运条款和条件银行不负责审核。

---

① 引自王中华:"CMI海上货物运输法建议稿承运人责任制度评述",硕士论文,2002
② 引自李微:"论我国海上承运人责任制度",《中国水运》,2007.1

那么,承运人的承运责任包括哪些内容呢?

以《汉堡规则》和我国的《海商法》的规定为例,运输合同下承运人的责任,体现为基本责任,辅之以免责事项。概括而言,运输合同下承运人的基本责任和免责事项包括:

(1)适航和适货责任。

国内最新的《海商法》规定:
第四十七条　承运人在船舶开航前和开航当时,应当谨慎处理,使船舶处于适航状态,妥善配备船员、装备船舶和配备供应品,并使货舱、冷藏舱、冷气舱和其他载货处所适于并能安全收受、载运和保管货物。

所谓"适航",指承运人提供的船舶必须在设计、结构、条件和设备方面经受得起海运航程中的一般风险。它不要求船舶能够抵御航次中出现的一切风险。"适航",还要求适当地配备船员、设备和供应品。船员不仅数量上要充足,素质上也要合格。如果数量上不够,就会使船员超负荷工作,容易发生海损事故。而如果船员素质不高,身体不健康或缺乏应有知识与技能,不能胜任其工作,就更易引发事故。在设备方面,船舶应装备可靠的雷达、罗经、锚、缆绳等导航和系泊设备,以及海图、航路指南等航行资料。在供应品方面,要准备充足的燃料、淡水以及食品,以使船舶能够顺利、安全地航行到下一个停靠港。

所谓"适货",指承运人提供的船舶的船舱等载货处所适于接受、保管和运送货物。例如,货舱应适当清扫,使之清洁、干燥、无味、无虫、无鼠,通风筒畅通,舱盖水密良好。如装运冷藏货物,冷藏设备应运转良好等。

(2)管货责任:信用证实务中通常说的承运责任,主要就是指管货责任。

国内最新的《海商法》规定:
第四十八条　承运人应当妥善地、谨慎地装载、搬移、积载、运输、保管、照料和卸载所运货物。

那么,承运人的管货责任从何时起,从哪里开始,又到哪里为止呢?

国内最新的《海商法》规定:
第四十六条　承运人对集装箱装运的货物的责任期间,是指从装货港接收货物时起至卸货港交付货物时止,货物处于承运人掌管之下的全部期间。承运人对非集装箱装运的货物的责任期间,是指从货物装上船时起至卸下船时止,货物处于承运人掌管之下的全部期间。在承运人的责任期间,货物发生灭失或者损坏,除本节另有规定外,承运人应当负赔偿责任。

前款规定,不影响承运人就非集装箱装运的货物,在装船前和卸船后所承担的责任,达成任何协议。

显然,这里的规定,与本条 a(ii)/(iii)款的规定相吻合。

(3)免责事项。这里所指的另有规定,指免责事项,包括 2 项承运人过失免责事项和 10 项承运人无过失免责事项:

Article 20　港至港提单

2项过失免责事项,具体指:航行过失——船长、船员、引水员或承运人所雇用的其他人员在驾驶或管理船舶上的疏忽或过失;火灾过失——船舶发生火灾的原因是多方面的,包括由于船长、船员的疏忽而引起的火灾,由于货物的自然特性而引起的火灾,或由于雷击等其他原因所引起的火灾。对于这些火灾所引起的货物损失,以及因扑灭火灾而造成的货物损失,承运人可以免除责任。但是,如果火灾是由于承运人本人的实际过失或参与所引起的,承运人不能免责。

10项无过失免责事项,具体指:天灾、战争行为、公敌行为、暴动和骚乱、包装不固等。对于因此而引起的货损,承运人并无过失,当然不负赔偿责任。

20－085

Article 20(a)(ii)　货物已装船日期

与多种方式运输单据一样,提单也必须显示发运日期,以作为确定承运人管货责任期间的时间起点。

Article 20(a):

ii. indicate that the goods have been shipped on board a named vessel at the port of loading stated in the credit by 通过以下方式表明货物已在信用证规定的装货港装上具名船只:

pre-printed wording, or 预先印就的文字,或

an on board notation indicating the date on which the goods have been shipped on board. 已装船批注注明货物的装运日期。

The date of issuance of the bill of lading will be deemed to be the date of shipment unless the bill of lading contains an on board notation indicating the date of shipment, in which case the date stated in the on board notation will be deemed to be the date of shipment. 提单的出具日期将被视为发运日期,除非提单载有表明发运日期的已装船批注,此时已装船批注中显示的日期将被视为发运日期。

If the bill of lading contains the indication "intended vessel" or similar qualification in relation to the name of the vessel, an on board notation indicating the date of shipment and the name of the actual vessel is required. 如果提单载有"预期船只"或类似的关于船名的限定语,则需以已装船批注明确发运日期以及实际船名。

本款说明:

第一,提单必须表明货物已经装船。

由于提单只涉及海运,而海运习惯于接受货物"已装船"作为承运人承运责任的起点,所以,海运提单都默认要求货物已在装货港装上具名船只。

那么,为什么是以"装船"为界呢?

Incoterms 1990 中说,"'装船'两字意味着:(1)'装船'是买卖双方之间的风险转移点。只

有货物装上了船舶,卖方才算交货,才有权利收取货款;(2)'装船'是承运人对货物负责的起点。海运承运人是钩至钩责任,承运人在货物上'钩'时验货。如果发现问题,可以在提单上加批注修改托运人申报的内容。因此,只有货物装上了船,提单上注明了'装船'字样,承运人才对提单上的货物描述负责,收货人也才能收到与提单上描述一致的货物。"

提单如何表明货物"已装船"呢?

(1)必须表明已装运(shipped on board)字样:

ISBP 681 Para 97:

"shipped in apparent good order", "laden on board", "clean on board" or other phrases incorporating words such as "shipped" or "on board" have the same effect as "shipped on board". "已装运表面状况良好"、"已装载"、"清洁已装运"或其他包含"shipped"或"on board"之类用语的措辞与"shipped on board"具有同样效力。

本段表明,"shipped"和"on board"是货物已装载的标志性字样。换句话说,只有提单上含有该字样,才算满足了在装货港的具名船只上货物已装载的要求。其他字样则不在此列。比如不能以"loaded"字样,代替"laden on board",因为二者含义并不相同。

有人问:信用证下提交的检验证显示"loading period 27th January till 28th January 2007",提交的提单显示"shipped on board 29th January 2007",可接受吗?

ICC在TA622的分析及结论中回答:"The period of loading should not be later than the on board date. Whilst it is expected that goods will be shipped as soon as loading has been completed, there is no requirement in this respect in the UCP nor, it would seem, from the terms of the credit in question."

(2)必须表明已装运的具名船只(named vessel):

——已装船必须是装上具名船只,而不是装上集装箱等。比如:提单显示 shipped on board container/train/truck,不可作为"已装船"批注接受。

——具名船只,只限于船名本身,与航次无关。比如:提单上的船名为 M. V. Iran Shojaat V. PJL－1318,发票和重量证明上船名仅为 M. V. Iran Shojaat. ICC 在 R474 的分析与结论中指出,在提单上加载航程号是一些船运公司的特殊做法,航程号并不改变船名。在发票和重量证明上显示的船名与提单上是一致的。基于提供的信息,不符点不成立。

——具名船只,不能是"预期船(intended vessel)"。当提单含有 intended vessel(预期船)字样或类似有关限定船只的用语时,提单需要装船批注。因为这种含有预期船字样的提单,实际上还是一种并未装船的备运提单。由于预期船是一种不确定的船只,为了明确所装具名船只,减少争议,批注中除"已装运"字样及日期外,还要包括货物实际所装船名,即便货物已装载于所称"预期船"。按ICC511说,让银行确定在此种情况下的装船批注是指把货物装上"预期船",还是装上可把货物从装货港运往卸货港的实际船只是不正确的。

——具名船只下,可以有"替代船(substitute vessel)"条款,它不同于"预期船"。R349 中引用了 ICC 海运委员会的意见说:"替代船条款完全不同。……由于班轮运输中船只特征不如在租船运输中那么重要,因此实务中船主经常有权用另一艘船替代班轮提单中的具名船只。然而,有必要指出的是,在双方已同意某一具名船只的情况下,如承运人想用其他的船只替代,其替代权利必须明示约定……此点涉及下列事实,即仅有替代船条款并不会使银行产生诸如'预期船'带来的风险,只要替代权未行使且船只已在提单上确定。具名船只因此是确定的船

Article 20 港至港提单

只,将替代船条款与'预期船'等同起来是不合适的。"最后,ICC 银行委员会结论为:"根据上述阐述,我方确认在提单中如预先印就的格式中,包含'或替代船只'的词语,并不属于(UCP500)第 23 条 a(ii)款规定的与'预期船'类似的词语。此意见取代第 470/TA18 文件的意见及 ICC596 R283 的意见……此案及今后的类似问题中,凡提单中使用'或替代船只'或'或任何替代船只',根据第 23 条 a(ii)款,不构成不符点。"

第二,提单表明货物已经装船,必须在规定的装货港和装船期完成。

提单上显示的货物已经装船,必定在具体的时间和空间展开。相应地,信用证在要求提单时,也会规定装货港和装船期。前者,即为规定地点;后者,实务中,信用证一般规定为最迟发运日(the latest shipment date),或发运时间表(shipping schedule),这是可发运日期或称装船期。而从提单表面上确定的装货港和发运日,分别应该称为"实际装货港"和"实际发运日"。

(1)实际发运日,必须满足信用证规定的装船期。那么,提单如何显示货物在规定装货港已装船的日期呢? 实务中,可以有以下两种方法:

——印就:提单上事先印就的文字表明了货物已装船。所谓"印就文字(pre-printed wording)",指提单上一般在右上角表示货物收到状况的小字(small print or fine print)中印就的"shipped in apparent good order and condition"等类似语句。此时,提单的出具日期将被视为已装船日期,也即发运的日期。"received in apparent good order and condition"则是货物收到时状况良好;"received for shipment"则是收妥待运提单的标志。在提单上以事先印就文字表明货物已装船的情况下,提单的出具日期将被视为已装船日期,也即发运的日期。

值得一提的是,这里提到的提单上的印就文字是一个整体,其内容往往五花八门,其含义必须结合提单上印就的其他内容一并解读,而不可断章取义。比如:信用证要求提单时规定了装货港和卸货港,银行只需确认自装货港至卸货港之间的运输全程满足信用证要求即可,但是,当提交的提单同时还显示了收货地和目的地时,实际上,提单上印就文字显示的承运人责任,是从收货地到目的地为止,它不仅涵盖了信用证规定的港至港运输,还包括了装货港之前的首程运输和目的地之后的末程运输。

——批注:提单上另加货物已装船日期的批注。此时,批注的日期,将被视为发运日期。一个标准的装船批注,应该包括前面的解读中提到的"已装船"内容,还必须有批注日期。如果没有"已装船"内容,便谈不上为装船批注;如果没有批注日期,装船批注则显得不完整,因为批注日期即为货物发运日期,没有了批注日期,便无法确定发运日期,与无批注没什么两样。比如:在使用收妥待运提单格式时,因为装船日期与出具日期相同,有的船公司只在签署栏加盖带有日期的 shipped on board 章,以一当二,则有以无出具日期或无装船日期为不符点被拒付的风险。ICC 在 R346 中说:已装船批注需单独注明日期,尽管该批注位于出具日期栏目旁边。当然,装船批注上还可以载有额外信息。

如果提单既有事先印就的文字表明了货物已装船,又有带日期的已装船批注,根据本段的规定,此时适用于视批注日期为发运日期。

为什么呢? 归根结底,批注文字效力优于印就文字效力。而提单上的批注,也不限于装船批注一种,实务中还常常见到运费批注、清洁批注等等,它们都与已装船批注有着相似的效力。

(2)实际装货港必须满足信用证规定的装货港。准确地说,提单通过表明货物已装船,必须与对应的实际装货港和发运日捆绑在一起,确认是否满足信用证的要求。因为,一旦与对应的实际装货港和发运日脱节,货物已经装船便毫无意义。

有人问：在 UCP500 时期，信用证要求提单，当装货港与收货地、接管地、装运地不同时，需要加装船批注，而 UCP600 已经取消了这一规定，这是否意味着此种情况下已经无须批注了呢？

回答似乎是否定的。本惯例第 19 条 a(ii) 款 "shipped on board，是已装船吗？" 一节的解读中提到，不管是印就 "shipped on board" 字样，还是批注 "shipped on board" 字样，可以是已装船，也可以是已装上火车或卡车、飞机。本节前面的解读中还提到，提单上印就的文字是一个整体，必须从上下文综合解读。如果提单显示了一个与装运港不同的收货地，那么，提单上的 "shipped on board" 字样只能理解为货物已经在提单显示的最早运输起点——收货地——装上前程运输工具，而与装货港和海轮无关。这显然不是 ICC 的本意。所以，UCP600 时期，当提单上显示了一个与装货港不同的收货地时，似乎还是需要加 "已装船" 批注，要素除了 "shipped on board" 字样和日期之外，还需包括实际装运港和实际装船船名。

阎之大先生曾经就此咨询 UCP600 制定小组成员 Gary Collyer 先生，他表示这种情况仍应按照 UCP500 规定的那样作批注。

又有人问：两只船对应于一个装货港应该如何作 "已装船" 批注？

信用证规定装货港为青岛，提交的提单显示：

——前程船：X 船；

——海轮：Y 船；

——收货地：空白；

——装货港：青岛；

——卸货港：孟加拉吉大港。

提单作了 "已装船" 批注，但没有船名。可以接受吗？回答是否定的。ICC 在 R453 的分析和结论中说：由于显示了两条船，提单不符合 UCP 关于海运提单中条款要求的必须显示 "具名船只(named vessel)" 的要求。装船批注必须显示其所指船只的名称。就本案例而言，显然，关键是无法确认到底是哪一条船离开了装货港青岛。通常提单上显示的海轮默认与装货港相对应，而在收货地为空的情况下只能理解为货装前程船——X 船，在某个转运港转运海轮——Y 船，最终到卸货港，事实上也是如此，二者互相冲突。只是觉得，当提单上所作 "已装船" 批注似乎也只能带前程船时，方可接受；如果带的是海轮，则将无法解释前程船存在的意义。

还有人问：UCP500 第 23 条之在提单显示收货地与装货港不同的情况下，装货港栏位显示了信用证规定的装货港时，如果 "前程运输工具" 栏位载有支线船只名称，"已装船" 批注中注明的 "具名船只" 应为 "支线船只" 还是 "海轮" 呢？

ICC 在 R350 的结论中说，"具名船只" 必须是驶离起运港的船只，而非任何显示在 "前程运输工具" 栏位中的船只(支线船)。ICC 在 R352 的分析中又说，注明已装船或已装具名船只限于海轮，不包括主运输前的支线运输船只。不管提单是收妥待运类型，还是预先印就的 "已装船" 类型，都应在装船批注中清楚地注明海轮的船名。

显然，关键在于确定信用证规定的装货港，以及货物从装货港装上的具名船只。就提单上表明收货地与装货港不同，port of loading 栏位显示实际装货港的情况下，在 "pre-carriage" 栏位又表明了前程运输支线船时，只有 "ocean vessel" 栏位表明海运航程的海轮，才是驶离实际装货港的船只，而 "已装船" 批注只能包括实际装货港、与实际装货港对应的海轮，该批注日期才是发运日期。

货物已装船日期的几个问题

第一，有人问：装船批注是否必须加签名或小签？

除"已装船"字样、装船日期外，UCP400还规定装船批注需要由承运人或其代理人签署或小签（signed or initialed by the carrier or his agent）。UCP500之所以将其删除，按照ICC511的说法，银行无法核验该签字的真实性、有效性及与其他签字的相符性。如果说检查提单签署的字迹可以确定签字是否一致，但有时提单上带有一授权人员的签字或小签，而装船批注上带有另一授权人员的签字或小签，银行不可能掌握这些有效签字人的签字或小签的预留印鉴。即便不符，银行是否有权拒受单据呢？另外，要求在装船批注上签字或小签的做法，并不能向有关各方提供额外的保障。让银行来证实该签字或小签的规定与统一惯例之银行对单据效力的免责条款不相统一。再者，提单上的其他批注如"freight prepaid"等并未要求签字或小签。凡此种种，都是UCP500取消装船批注中要求签字或小签的原因。

正如ICC511中统一惯例工作组所说：申请人仍可要求对装船批注签字或小签，而受益人仍要照此办理，但除另有约定，银行没有核验这种签字或小签的有效性或真实性的义务。

这里所说的是装船批注签字或小签的必要性，不要与本惯例第3条"单据上更正的签署证实"一节提到的"运输单据上的修正或变更必须证实"混为一谈。

另外，ICC511的以上分析还表明，提单上的批注不限于装船批注，而与装船批注一样，提单上的其他批注也无须证实。

第二，实务中，有时会出现预借提单与倒签提单。

倒签提单（anti-dated B/L or pre-dated B/L）：指承运人或其代理人，在货物装船后出具提单时，应托运人的要求，将提单记载的已装船日期提前，以符合信用证规定的最迟装运日的要求，从而得名倒签提单。在提单实务中，倒签提单通常是托运人为了满足基础合同或信用证对发运日期的要求，而由承运人出具。

预借提单（advanced B/L）：指在货物尚未全部装船，或货物虽已由承运人接管，但尚未开始装船的情况下出具的已装船提单。此种提单通常是在信用证规定的最迟装船日期或交单期即将届满时，或托运人希望提前得到已装船提单以向银行申请议付货款时，应托运人要求而出具。

倒签提单与预借提单，都是将提单的已装船日期提前，因而使得实际装船日期与提单记载不符。所以，法律上，对这两种行为一般作类似处理。目前普遍的做法是：一方面从保护善意第三人的利益出发，承认提单仍然有效；另一方面，把承运人的这种不实记载行为视为违法行为，要求承运人对由此产生的损害负责，同时免除承运人享受免责的权利。对于提单持有人而言，一旦发现这一现象，则有权拒绝收货，并可就造成的损失向承运人索赔。

第三，一套提单上有多个已装船批注，如何确定实际发运日期？

同一套提单上，由于分次装船的原因，可能有多个"已装船"批注，从而往往对应于两个以上的发运日。此时应如何确定发运日呢？

——发运日和以发运日为计算基础的交单期限的确定，似乎可以参照本惯例第31条中的规定——"未构成分批发运的多套提单，将以最迟的发运日视为提单发运日"。

——以发运日为计算基础的付款期限，则根据ISBP 681第43段v(e)分段的规定，将以最早的发运日起算。

只是需要注意的是，多个装船批注必定对应于不同的特定货物和不同的实际装货港，并似乎必须在提单上相应表明。这似乎是货物在装货港"已装船"的应有之义，因为只有确定了特定的货物才能明确承运人的责任和买卖双方风险转移分界点。否则，似乎不可接受。

Case 15

提单上的 shipped on board 栏位，是装船批注吗？

【背景】一份收妥待运提单上显示两个装船日期，一个货描栏位的空白处显示"on board 20061214"，一个为 shipped on board date 栏位显示"20061216"。

【问】此提单可接受吗？

【答】本案例涉及的是一个单据内数据关系的审核，UCP500、ISBP没有明确的规定，UCP600已有明确的规定，即UCP600 Article 14(d)。但在国际标准银行实务中，前后却保持一致，即不得"conflict（矛盾）"。请注意，这个不得"conflict（矛盾）"须放在信用证上下文、单据本身、国际标准银行实务中解读。

就本案例而言，两个装船日期，又将如何解读呢？

先看第一个装船日期，即一个货描栏位的空白处显示"on board 20061214"，显然，这是装船批注。就这一问题，ICC在R349的分析和结论中说："预先印就的'已装船'文字并非UCP500第23条(a)(ii)款所提到的已装船，而只是海运公司作出上述第2段规定的已装船批注的一种形式。当提单注明'已装运且表面状况良好……'时，上述条款的'已装船或已装运具名船只可由提单上印就的词语表示……'才适用。"

UCP600 20(a)(ii)：

… The date of issuance of the bill of lading will be deemed to be the date of shipment unless the bill of lading contains an on board notation indicating the date of shipment, in which case the date stated in the on board notation will be deemed to be the date of shipment …

如此，根据以上条款，在一般情况下，该日期将被视为装船日期。

再看第二个装船日期，即在 shipped on board date 栏位显示的"20061216"，这是否是装船批注呢？还是什么别的日期？在实务中，它其实总是被视为装船批注。试想如果提单上只有一个这样的装船日期时，银行人员会怎么样？结论是我们都会毫不犹豫地视其为装船批注的装船日期。

这样，本案例的问题，就归结为两个有效的装船批注上的日期不一样时，是否可以视为矛盾？

ISBP 645 Para 45(e):

If a bill of lading showing more than one on board notation is presented under a credit which requires drafts to be drawn, for example, at 60 days after or from bill of lading date, and the goods according to both or all on board notations were shipped from ports within a permitted geographical area or region, the earliest of these on board dates will be used for calculation of the maturity date. Example: the credit requires shipment from European port and the bill of lading evidences on board vessel "A" from Dublin August 16, and on board vessel "B" from Rotterdam August 18. The draft should reflect 60 days from the earliest on board date in a European port, i.e. August 16.

ISBP 的上述内容从一个侧面表明：一个提单上包括多个装船批注，是可以接受的。但是，这似乎需要明确，哪一些货物是前一次装船，哪一些货物是后续装船。如果单据上没有别的信息供参照解读，比如两次装船，又无法明确两次装船的货物等信息的话，完全有理由将其视为"矛盾"，因为特定的一个包装单位的货物，不可能分两次装在同一条船上。

20—086

Article 20(a)(iii)　从装货港到卸货港

根据本条 a 款"提单的功能与名称"一节的解读，提单只涉及海运，相应地，信用证规定的提单下承运人责任所涉及的运输全程，仅限于港至港。

Article 20(a):

iii. indicate shipment from the port of loading to the port of discharge stated in the credit. 表明货物从信用证规定的装货港发运至卸货港。

If the bill of lading does not indicate the port of loading stated in the credit as the port of loading, or if it contains the indication "intended" or similar qualification in relation to the port of loading, an on board notation indicating the port of loading as stated in the credit, the date of shipment and the name of the vessel is required. This provision applies even when loading on board or shipment on a named vessel is indicated by pre-printed wording on the bill of lading. 如果提单没有表明信用证规定的装货港作为装货港，或者其载有'预期的'或类似的关于装货港的限定语，则需以已装船批注表明信用证规定的装货港、发运日期以及实际船名。即使提单以事先印就的文字表明了货物已装载或装运于具名船只，本规定仍适用。

本款表明：

第一，信用证会规定从装货港至卸货港的运输全程。

与本惯例第 19 条 a(iii)款规定的多种方式运输单据下仅强调运输全程的起点和终点的措辞略有不同，本款规定提单下不仅强调作为运输全程起点的装货港和终点的卸货港，还强调了从装货港至卸货港的运输过程。究其实，是在强调单一海运的运输方式。换言之，表面上看，信用证要求提单时,仅仅是在相关栏位规定了装、卸货港,但要求提单本身就意味着必须是港至港的单一海运过程,这个过程中不得出现另外的运输方式。

在早期 SWIFT MT700 中规定运输全程的栏位,只有两个:

——44A Loading on Board/Dispatch/Taking in Charge at/from——装运/发送/收货/起运地:适用于所有运输方式;

——44B For Transportation to——运至地:适用于所有运输方式。

提单实务中,由于以上两个栏位适用的运输方式不分,经常出现一些不必要的误会。

(1)有人问:信用证要求海运提单,同时规定 44A:佛山。提交的提单显示收货地佛山。可以吗?

就类似的一个情况,ICC 在 R452 中说:"44A 这个栏位已经涵盖了所有运输方式下起运地的组合,判断它到底适用于 UCP 的哪一个运输条款对应的运输单据,除了信用证规定的运输路线外,还应结合规定中涉及的实际运输单据所具有的名称。"结论是,在信用证要求海运提单的情况下,"44A:佛山"应指装货港,提交的提单不可接受。

为了避免以上误会,相关栏位已经重新设置,重新定义。

(2)信用证会如何规定提单的装货港和卸货港呢?

最新的 SWIFT MT700 中调整了原 44A、44B 两个栏位的内容,增加了 44E、44F 两个栏位,专门用于描述海运、河运和空运可能涉及的港口,而保留下来的 44A 和 44B 专门用于规定收货地和目的地。

——44E Port of Loading/Airport of Departure——装货港/起飞港:单一海运、河运、空运,或涉及海运、河运、空运适用;

——44F Port of Discharge/Airport of Destination——卸货港/到达港:适用于单一海运、河运、空运,或涉及海运、河运、空运适用。

值得一提的是,SWIFT 升级之后,许多申请人和开证行,还是习惯于按照原来的做法,在信用证要求海运提单时把装货港填写在 44A,把卸货港填写在 44B。

——44A Place of Taking in Charge/Dispatch from/Place of Receipt——接管地/发送地/收货地:适用于除单一海运、河运、空运外的其他运输方式。这里不包括 44E 涉及的装货港/起飞港;

——44B Place of Final Destination/For Transportation to/Place of Delivery——最终目的地/运往地/交货地:适用于除单一海运、河运、空运外的其他运输方式。这里不包括 44F 涉及的卸货港/到达港。

这种情况下,应该仍根据本节前面的解读中提到的 ICC R452 的意见,视 44A 和 44B 栏位中的内容为提单下的装货港和卸货港,而不是一般的收货地和目的地。因为尽管单列出来的 44E 和 44F 专门用于描述海运、河运、空运方式下的装货港/起飞港和卸货港/到达港,但并没有禁止在保留下来的 44A 和 44B 栏位中显示港口。只是根据本惯例第 19 条 a(iii)款"收货地和目的地的几种变形"一节的解读,既然信用证要求了海运提单,就不应该另外在 44E 或 44F 显示另一港口了,否则,完全可能被理解为是要求多种方式运输提单,而不是本条的港至港提单。

第二,提单必须表明信用证规定范围内的从实际装货港至实际卸货港的运输全程。

如何表明呢？

本惯例第 19 条 a(iii)款"收货地和目的地"一节的解读中提到，实务中，港至港提单常常与多种方式运输提单共用一种格式。这种多用途的提单，常常涉及运输起点、终点的四个栏位和涉及运输工具的两个栏位。

——pre-carriage by——前程运输工具：用于显示前程运输中的火车、卡车、飞机或支线船；

——place of receipt——收货地：用于显示前程运输的收货地；

——vessel/voyage No.——船名及航次：用于显示海运航程的海轮及航次；

——port of loading——装货港：用于显示海运航程的装货港；

——port of discharge——卸货港：用于显示海运航程的卸货港；

——place of delivery——最终目的地：用于显示末程运输的目的地。

一般情况下，提交港至港提单时，会在"port of loading"栏位显示装货港，在"port of discharge"栏位显示卸货港。

(1)值得一提的是，提单显示的装、卸货港必须为信用证规定范围内的实际港口。

ISBP 681 Para 100：

If a credit gives a geographical area or range of ports of loading or discharge(e.g., "Any European Port"), the bill of lading must indicate the actual port of loading or discharge, which must be within the geographical area or range stated in the credit. 如果信用证规定了装货港或卸货港的地理区域范围(如"任一欧洲港口")，则提单必须表明实际的装货港或卸货港，而且该港口必须位于信用证规定的地理区域或范围之内。

本段表明：

——提单显示的港口不能超过信用证规定的港口范围。比如：信用证要求运至亚历山大港(保税区)，提交的 B/L 上卸货港栏位显示为亚历山大。ICC 在 TA549 的结论中说：信用证要求运至 Alexandria(free zone)。保税区是港口的特殊部分，此处进口税和相关费用比港口主要区域低。提单描述已装运货物引用"CFR Alexandria Free Zone"的事实不能据此推断运输至保税区。提单有不符点。

实务中，有时提单上显示的港口，无法判断是否在信用证的规定范围之内。比如：信用证要求 port of loading：Fuzhou Port，提交的提单显示 port of loading：Fuzhou Mawei Port，China，这可以接受。因为日常中业界默认福州港即为马尾港。但如果提单显示 port of loading：Fuzhou jiangyin Port，China，似乎可以拒付。因为规定的福州港不是一个港口地理范围，而是一个特定港口的名称，如此福州港则与江阴港相距甚远。在提单实务中，FUZHOU 与 JIANGYIN 其实是两个不同港口，如果是 JIANGYIN PORT 的话，要求在 B/L POL 处必须体现"JIANGYIN OR FUZHOU"字样以示区别，特别值得一提的是，如果提单显示"FUQING"往往也可接受。

——提单不能显示实际并不存在的港口。就"开证行有权调查港口的真实性吗？"这一问题，ICC 在 R261 答复如下：信用证规定货物由任何一美国港口装运至进口国一特定港口(实际提交的提单显示货物由 DARROW，LOUISIANA 装运，DARROW 并不是一个港口)。被指定银行和/或开证行有权确定在提单上"装运港"和"卸货港"栏中提到的港口，要么是信用证中特别指出的港口，要么是位于信用证规定的国家或地区内的港口。如在调查中发现上述其中一个或两个港口都不是实际港口,那么被指定银行和/或开证行有权提出该异常为不符点。

实务中,常见的是另外一种情况。比如:信用证规定 China main port,提交的提单不应该一字不变原本照抄显示港口为 China main port,而应该显示为一个特定的港口,比如 Shanghai port. 前者是一个泛泛的地理范围,后者才是一个实际的特定港口。

(2)有人问:提单在"place of receipt"栏位显示信用证规定的装货港,或者在"place of final destination"栏位显示信用证规定的卸货港,可以吗?或者提单显示"预期"装货港或卸货港呢?

ISBP 681 Para 98:

While the named port of loading, as required by the credit, should appear in the port of loading field within the bill of lading, it may instead be stated in the field headed "Place of receipt" or the like, if it is clear that the goods were transported from that place of receipt by vessel, and provided there is an on board notation evidencing that the goods were loaded on that vessel at the port stated under "Place of receipt" or like term. 信用证要求的指名装货港一般应显示在提单的装货港栏位。但如果单据清楚地表明货物是由船只从收货地运输,且有已装船批注表明货物在"收货地"或类似栏位显示的港口装上该船只,则也可显示在"收货地"或类似栏位。

本款和以上段落的规定回答了问题中显示装货港的做法。这基于两个前提:
——提单表明货物从"place of receipt"栏位显示的装货港由船只运输;
——提单带有"已装船"批注,表明货物在"place of receipt"栏位显示的装货港已装上该具名船只。

实务中,提单上"pre-carriage by"栏位显示的火车、卡车、飞机或支线船等前程运输工具,往往与"place of receipt"栏位显示的前程运输起点——收货地——连用。按理,如果提单在"place of receipt"栏位显示信用证规定的装货港,就只能在"pre-carriage by"栏位显示支线船,而不可显示其他运输工具。否则,便不符合常识。而提单上的"已装船"批注,也只能显示在收货地栏位的装货港装上该支线船只。

提单在"place of final destination"栏位显示信用证规定的卸货港情况与此相似。

ISBP 681 Para 99:

While the named port of discharge, as required by the credit, should appear in the port of discharge field within the bill of lading, it may be stated in the field headed "Place of final destination" or the like if it is clear that the goods were to be transported to that place of final destination by vessel, and provided there is a notation evidencing that the port of discharge is that stated under "Place of final destination" or like term. 信用证要求的卸货港名称应在提单的卸货港栏中表明。如果很清楚货物将由船只运送到该最终目的地,且有批注表明卸货港就是"最终目的地"或类似栏名下显示的港口,也可在"最终目的地"或类似栏名下表明。

本段的规定还是表明了,卸货港的情况与问题中装货港的情况略有不同,即此时所需的提单批注不必是"已装船"批注,只要一般批注即可了。比如:信用证要求卸货港为 Port Z,提交的提单显示卸货港:Port S,最终目的地:Port Z,需要批注吗?ICC 在 TA 541 REV 的结论中说:由于 Port Z 系信用证及 UCP 要求的卸货港,为使 B/L 在信用证项下可以接受,应在批注中显示"Port of discharge:Port Z". 实际上,此时提单上显示的卸货港 Port S 可能是中途转运港,也可能是中途停靠港。

本款的规定确认了可以接受提单显示"预期"装货港或卸货港的情况,与此相似,可以参照处理。由于揽货、靠港等不确定因素,代理收货时常常只能预计装货港或卸货港,此即预期装货港(intended port of loading)和预期卸货港(port of discharge)。而提单上带有"intended"(预期)字样的装、卸货港,便意味着承运人保留改变装卸港的权利,这明显不符合海运提单港至港(port-to-port)运输的本意。所以,必须相应地以"已装船"批注或一般批注另外表明确定的装货港或卸货港,如果是预期装货港,"已装船"批注还必须表明在装货港装货的具名船只。

Case 16

提单上的港口是海港吗?

【背景】信用证要求 port of loading:any port in CHINA,及 full set of original B/Ls;而提交的提单显示 port of loading:CHONGQING,CHINA.

【问】该提单可接受吗?

【答】从地理位置来看,重庆港属于内河港口,而不是沿海港口。显然,本案例的关键在于确认,作为内河港口的重庆港,是否可以成为提单上的港口。

(一)法律意义上提单的港口,必须拥有国际海运航线。

在 UCP500 时期,规定提单的第 23 条名称即为"Article 23. Marine/Ocean Bill of Lading"。而平时实务中所常提到的提单,一般也都称之为海运提单。那么,这是否意味着提单上的港口就是海港呢?答案是否定的。

最新的《海商法》第 2 条规定:"本法所称海上运输,是指海上货物运输和海上旅客运输,包括海江之间、江海之间的直达运输。"在海江之间、江海之间的直达运输,必然基于一个前提,地理上的内河港口拥有国际海运航线。所以,UCP500 中所提及的海运提单,与其说是针对海港,不如说是针对拥有国际海运航线的所有港口。

也正是在这个意义上,UCP600 时期,规定提单的第 20 条名称已经改为"Article 20. Bill of Lading",已经没有了"Marine/Ocean"字样。

尽管如此,信用证实务中,对于提单港口的掌握,只需确认其为实际存在的港口即可,而无须理会其是否拥有国际海运航线,因为提单的出具默认适用当地的法律。按理,在一个没有国际海运航线的港口装船,托运人是无法取得包括提单在内的海运单据的。至于如果提单上显示的港口并不拥有海运航线时如何处理,这已经是 UCP 之外的事了。

(二)重庆港拥有国际海运航线,从而可以成为提单上的港口。

从地理位置来看,重庆港属于内河港口,而不是沿海港口。但是,这并不妨碍重庆港拥有国际海运航线。实际上,重庆港也正因为是国际海运航线的一个港口,而承担着中国西南部货物进出口国门的重担。在这个意义上,作为实际存在的重庆港显然可以出现在提单上。

相似的情况，包括提单上常见的汉堡港。比如汉堡（HAMBURG），沿易北河深入德国腹地长达100多公里，但不妨碍其成为世界上最大的海港之一。

（三）提单上显示了一个并不存在的港口，不可接受。

R454 说："According to sub-Article 23(a)(iii), where a credit requires the presentation of marine bill of lading covering a port-to-port shipment, the ports of loading and discharge shown on the bills of lading must be those that are shown in the letter of credit.

If in the situation where a credit requires the presentation of a marine or ocean bill of lading and either the port of loading or discharge, as specified in the credit, are not actual ports, an amendment should be obtained so as to call for a multimodal transport document."

这意味着，银行有调查提单上显示的港口是否存在的义务。

（四）实务中的海港（sea port）和 ocean freight 如何掌握？

有时，信用证会规定起运港为：main sea port in China. 此时，提交的提单上显示为重庆港，仍然可以接受吗？

包括 UCP 在内的 ICC 意见里，似乎并没有对 sea port 为何物作出定义。换个角度看，与其说实务中提到的 sea port 是个海港，还不如说这只是关于港口的一个模糊用语。

ISBP 681 Para 2：

The applicant bears the risk of any ambiguity in its instructions to issue or amend a credit. Unless expressly stated otherwise, a request to issue or amend a credit authorizes an issuing bank to supplement or develop the terms in a manner necessary or desirable to permit the use of the credit. 开证申请人承担其有关开立或修改信用证的指示不明确所导致的风险。除非另有明确规定，开立或修改信用证的申请即意味着授权开证行以必要或适宜的方式补充或细化信用证的条款，以使信用证得以使用。

当然，sea port 也可以理解为海运航线上的一个港口，只要提交了提单则默认可以接受。

只要信用证没有作出明确的定义，可以不予理会提交的提单上显示的港口是否为"sea port"，而风险由开证行及开证申请人承担。

有时，信用证会规定提单上显示"freight prepaid/collect"，此时，提交的提单上则常常会看到"ocean freight prepaid/collect"字样。这样可以接受吗？

似乎仍可以接受。因为"ocean freight"也可以理解为货物在海运航线上的运输费用。

20—087

Article 20(a)(iv)　正本及份数

在本惯例第 17 条 a 款"单据正本"一节的解读中提到，判断一份单据是否是正本，在于确认单据出具人的意图，是否在于使之具有正本的效力。换句话说，只要一份单据是正本，理应具有正本的效力。

就本款而言,什么是正本提单的效力呢?

对于持单人来说,正本提单的效力在于提单权利。

这与提单的性质有关,即在本条 a 款提到的只有正本提单才具有以下三个功能:合同反映、货物收据、货权凭证。这三个功能,均为副本提单所没有。那么,很自然地,谁正当持有正本提单,就可以正当享有以上三个功能所释放的提单权利。这些提单权利包括:

——合同反映功能,赋予提单持有人要求承运人履行适航、适货、管货、不得绕航、按时交货等各项义务,以及要求承运人承担违约赔偿责任的权利。

——货物收据功能,赋予提单持有人要求承运人按照提单表明的货物情况交付货物的权利。

国内最新的《海商法》规定:

第七十七条 除依照本法第七十五条的规定作出保留外,承运人或者代其签发提单的人签发的提单,是承运人已经按照提单所载状况收到货物或者货物已经装船的初步证据;承运人向善意受让提单的包括收货人在内的第三人提出的与提单所载状况不同的证据,不予承认。

——货权凭证功能,赋予提单持有人在提货之前转让货物、要求承运人凭单交货的权利。本条 a 款"提单的背书"一节的解读中提到的背书,就是直接基于这一个前提,即提单"物权性"所对应的货权凭证功能,以及由货权凭证功能所释放的"可转让性"。

值得一提的是,实务中提单权利体现得比较明显的是最后一个功能,即提单代表货权。但这绝不意味着,提单作为运输合同的反映和货物收据功能,所赋予提单正当持有人的权利不存在。这一点,在并不具备货权凭证功能的港至港海运单上将得到更为直接的体现。

提单正本的出具份数与提交份数。

一般来说,正是提单代表着货权,谁持有提单就代表着谁拥有货物,所以,信用证安排下作为进口商的申请人在付款赎单时,总是想控制全套提单以控制货物的所有权。

Article 20(a)(iv):

be the sole original bill of lading or, if issued in more than one original, be the full set as indicated on the bill of lading. 为唯一的正本提单,或如果以多份正本出具,为提单中表明的全套正本。

承运人出具提单的情况下,持单人需要交付提单凭以换取货物。在海运过程中,为了避免正本提单在转递中遗失,致使收货人不能在港口凭提单提货,及便于发货人通过各种方式向收货人传递正本单据,信用证通常要求全套正本,这也是承运人的惯常作法。正本提单出具时一套一般为一式三份(3/3),每份正本提单的效力是相同的,即其中一份凭以提货,其余各份均告失效。实务中,即使持单人不在目的港提货,船公司常常也会要求他提供全套正本提单。

那么,怎样判断受益人提交的提单为全套正本呢?

ISBP 681 Para 93:

A UCP600 article 20 transport document must indicate the number of originals that have been issued. Transport documents marked "First Original", "Second Original", "Third Original", "Original", "Duplicate", "Triplicate", etc., or similar expressions are all originals. Bills of lading need not be marked "original" to be acceptable as an original bill of lading. 适用 UCP600 第 20 条的运输单据必须注明所出具的正本份数。注明"第一正本"、"第二正本"、"第三正本"、"正本"、"第二联"、"第三联"等字样的运输单据均为正本。提单不一定非要注明"正本"字样方为正本。

本段表明,显然,如果在提交的提单上没有显示出具的正本份数,这是一件极其困难的事情。换言之,这需要结合提单显示的出具份数和实际提交的份数综合判断。为防止货方投机、欺诈,利用数份正本提单进行一物两卖,ICC 便明确要求提单上必须注明正本出具份数。

至于一份提单如何注明正本出具份数,常见的有以下几种:

——提单常常设有一个栏位用以表明出具的正本份数。"3/3"的另外一个意思,即 3 份正本,此为第 3 份。

——有时正本份数出现于提单的声明之中,如"In witness of three(3)originals bill of lading have been signed, one of which being accomplished, the other(s) to be void."

有人问:提单未标明正本份数,但船公司出具的一关于正本提单为几份的证明。可以接受吗? 通常不可接受,因为该证明将被视为未规定单据,而不予理会。当然,也有例外情况,ICC 在 R351 中说:如果提交此类证明,该证明应该由承运人出具,且是提单的正式附件,即标明该单据系××号××日期提单的组成部分。

20—0871

1/3 提单

本条 a 款"提单的功能与名称"一节的解读中提到,提单是物权凭证,提单的交付,就意味着货物的交付。但是,运输实务中,承运人常常只对表面负责。特别是在集装箱运输广为普及的今天,许多集装箱的装箱都是由托运人在仓库自行办理,承运人的责任仅仅是确认集装箱的铅封完好,至于提单上所列的货物品名、数量都是根据托运人申报,而承运人相应地在提单上批注"发货人已装载、计数并封口"或"据托运人报称"类似承运人不知条款,即可免责。此时,容易出现一种情况,提单表面上代表了所列明的货物,但是提单上所列明的货物未必就是实际所装的货物。实际所装究竟为何物,只有收货人提货后才能最终确认。然而,提单是货权凭证,买方必须递交提单才能换取货物。这种情况下,买方在不知实际货物为何物的情况下,便不得不先行向开证行付款赎单,以便提货,确认货物真实与否。

于是,不法商人便可利用提单的这一特性实施欺诈。所谓"进口洋垃圾"就是一个典型的例子,一般过程包括:卖方把废弃物装入集装箱,谎称装运了信用证规定的货物,要求承运人出具合格提单,并向银行交单;开证行收到相符单据后,买方作为申请人付款赎单,凭提单向承运人换取货物时,发觉上当受骗,可是货款已经支付,为时已晚。

第一,买方作为申请人可能为了规避欺诈风险和滞港风险,要求 1/3 提单证外提交。

为了避免欺诈,在近洋运输中,买方便常常要求 2/3 提单在信用证下提交银行,1/3 提单径寄买方,以便买方在支付信用证下货款之前凭 1/3 提单先行提前验货,以确认提单上所载货物是否就是信用证规定货物。一旦确认出现严重以次充好,或完全不是单据所代表的货物,不论收到的单据是否构成相符交单,买方作申请人均可援引欺诈例外原则要求银行拒付或要求法院下达止付令,从而保护自身利益。

另外,在近洋运输中,单据流转的时间较长,而货物运输时间较短。此时,经常会出现船至目的港后买方却还没有收到提单,从而无法提货,即"货等单"的情况,这样就会产生额外的货物滞港费用。为避免这一情况,信用证也往往要求 1/3 提单由卖方即受益人径寄买方,即申请人。

第二,1/3 提单证外提交下,卖方作为受益人将因此得不到信用证安排下开证行确定承诺的付款保证。

实务中,尽管提单需要出具全套正本,然而在 1/3 提单证外提交的情况下,进口商收到 1/3 提单就已经足以凭以提取货物。

此时,通过银行渠道提交的信用证安排下 2/3 提单,就显得不那么重要了。如果开证行或买方信誉不好,卖方的收款将因此失去保障。如果提交的单据有不符点,开证行拒付,买方作为申请人也不付款赎单,作为受益人的卖方将陷入货已被提走,收款却无望的境地。如果提交的单据没有不符点,申请人有时会怂恿开证行挑剔不符点,受益人即使最终收款,也必将面临被动,不得不与开证行展开漫长的一轮又一轮的磋商,常常会延迟收款。

曾经有人认为,尽管信用证规定 1/3 提单证外提交,而买方一旦接受了证外提交的 1/3 提单,便意味着也必须接受信用证安排下的全套单据,开证行便不得拒付。其实不对。因为证外提交的 1/3 提单不是信用证要求的单据,开证行所作付款承诺的依据是规定的单据,仅包括证内提交的 2/3 提单,而与证外提交的 1/3 提单无关。

ICC 459 Case 55 说:一个信用证规定一份正本提单径寄申请人,或交由船长代转,以使申请人在信用证付款前得到货物,如果受益人接受这样的信用证,风险自担。

第三,1/3 提单证外提交下,开证行和指定银行的风险。

开证行如何控制货权?对于开证行来说,由于不能掌握全套货权凭证,在 1/3 提单由受益人径寄申请人的信用证时,授信应该更为谨慎。而存在善意第三人的情况下,即使提单显示的货物不实,开证行也不能拒付,法院也不会下达止付令。有时,开证行为了控制货权的需要,往往要求把开证行作成提单收货人,这样即使 1/3 提单通过证外寄送,买方想提货也得先行经过开证行作转让背书或委托背书。

不过,如此操作,开证行一旦背书便已经卷入了贸易纠纷之中,尽管如果事后发现信用证下提交的单据存在不符点仍可在 UCP 框架内予以拒付。ICC 在 R413 的结论中认为,当信用证要求受益人寄递 1/3 正本提单给申请人,开证行应只在申请人同意信用证项下的单据只要提交申请人就将接受的情况下,才同意在提单上背书。因为开证行的背书会阻碍申请人在开证行拒受单据的情况下得到货物的权利。

指定银行的融资又将会面临怎样的风险?比如:自由议付信用证规定 2/3 提单作成以申请人为收货人,1/3 提单由受益人径寄申请人。受益人交单,指定银行作了议付。开证行收到单据后,发现单据存在不符点而拒付。此时,如果受益人由于财务状况恶化而倒闭,而申请人又凭在证外收到的 1/3 提单提货，议付行追索无望，提货不着，最终将钱货两空。ICC 在 R252 的结论中说：问题的答案在于单据必须符合信用证条款这一事实，而不在于正本提单是否已经寄申请人或第三方，开证行只有在收到相符的单据时才有付款责任。

当然，此种情况下，指定银行仍然可以要求信用证开成 2/3 提单作成以开证行为收货人，通过开证行间接控制货权，开证行一旦背书便不得不向指定银行偿付，从而规避以上风险。

值得一提的是，如果货物不实，申请人不会拿着提单要求开证行背书，在单据存在不符点的情况下，开证行对于指定银行的责任便不复存在。指定银行仍必须就此承担后果。

20—0872

电放提单

本条 a 款"提单的抬头和可转让性"一节的解读中提到，提单代表着货权，持单人可以凭单提货，承运人必须凭单放货，即"见单不见人"。相应地，在提单上，承运人也会作出类似的承诺："If required by the Carrier one(1) duly endorsed original B/L must be surrendered in exchange for the Goods or delivery order."

但是，这并不绝对。本条 a(iv) 款"1/3 提单"一节的解读中还提到，在收货人收到提单之前船已到港，为避免"货等单"所产生的滞港费用，信用证往往会要求 1/3 提单由卖方径寄买方。话虽如此，货物的运输和单据的流转常常难以事先预料，如果信用证开立之时并未作如此要求，这是否就意味着收货人一定得无奈地坐等提单到手方可提货呢？所幸的是，买卖双方之间总是可以，也常常能另寻办法。

解决"货等单"问题的三种办法：

一种办法是提货担保，即在没有提交正本提单的情况下，由收货人向银行申请提货担保，银行向船公司出具有格式的提货担保函，收货人凭提单副本和银行的提货担保函向船公司提货。实务中，提货担保属于提单实务中的"无单放货"范围。然而，包括提货担保在内的许许多多的"无单放货"行为本身有着无法克服的缺陷，即"船公司不能以保证书对抗第三人（持有提单的真正的收货人），因为提单是承运人保证据以交付货物的单证。提单中载明的向记名人交付货物，或者按照指示人的指示交付货物，或者向提单持有人交付货物的条款，构成承运人据以交付货物的保证。"[①]

为了克服提货担保的缺陷，实务中有时采用的另一种方法，就是放弃提单，代之以本惯例第 21 条的港至港不可转让海运单，适用于 1990 年国际海事委员会制订的《海运单统一规则》。因为海运单不是货权凭证，提货时"见人不见单"即可。

克服提货担保缺陷的又一种方法，是"电放提单"。实务中，常常不使用规范的海运单，而是在提单的基础上加以变通，并批注"电放"字样，这就是介于提货担保和海运单之间的又一种比较流行的做法，即"电放货物"下的"电放提单"。"在我国的国际集装箱班轮近洋航线上，于 1993 年初出现了'电放提单'的现象，至今已有十多年时间，据统计，目前中日航线集装箱班轮

---

① 引自汪明霞、王学锋："论'电放'与'海运单'的选择"，《集装箱化》，2002.1

所使用的单证,传统提单仍高达 90% 左右,但'电放提单'也占了 8% 左右。'电放提单'是以传统提单为基础的一种变通做法,目前有关的国际公约、各国的法律中均无'电放提单'的定义……"①在提单实务中,一般要求只有记名提单才可以电放,指示提单是不允许的。从某种意义上说,"电放提单"的风险比提货担保要小。

那么,什么是"电放提单"呢?

"电放提单",得名于在正本提单或副本上加注的"电放"字样,即"telexed released","released by telegraph"等。它常常是由托运人在异地交出全套正本提单,承运人加盖"电放"印戳后退回一份给托运人,或者承运人干脆就不出具正本提单只出具盖有"电放"印戳的提单副本,承运人同时电讯通知目的地船代直接向具名收货人放货。

何谓"电放"? 提单实务中,中文"电放"一词,它是由"telexed released"或"released by telegraph"一词直译而来,顾名思义,即承运人凭电讯指示放货,简称"电放",它是与凭单放货相对而言。

有时,"电放提单"也标注"surrendered"一词,这也是"电放提单"的一个标志。"surrendered"一词,准确地说,它是"surrendered bill of lading"这一短语的简写,直译即"正本提单已经交出过",结合前面提到的承运人在提单下凭单放货的承诺文句,电放的目的就是为了提货,"in exchange for the Goods or delivery order"。与正常的正本提单由持单人在目的地交出,同时在目的地放货略有不同,标注"surrendered"的"电放提单"下,是由托运人在发货地交出正本提单后,承运人电讯指示目的地代理向收货人直接放货。

有人问:"电放提单"是正本提单,还是副本?

实务中,"电放货物"有两种情况,一种是在正本提单已经出具之后,另一种是根本就没有出具正本提单。

如果是前者,办理"电放货物"时,托运人须把正本提单交给承运人,承运人在正本提单上标注"telexed released","released by telegraph","surrendered"字样,或者退回一份正本提单给托运人,或者另外出具一份提单副本加标注"telexed released","released by telegraph","surrendered"字样后交给托运人。如果是后者,承运人往往向托运人直接出具一份加标注"telexed released","released by telegraph"字样的提单副本。值得一提的是,这种情况下,提单副本上不会加标注"surrendered"字样。

显然,日常实务中所谓的"电放提单",可能是仅加标注"telexed released","released by telegraph"字样的提单副本。这种副本与其他副本提单一样,不具有提单的三大功能,根据本条 a(iv)款"提单副本"一节的解读,它不适用于本条港至港提单的规定。"电放提单"也可能是加标注"telexed released","released by telegraph","surrendered"字样的提单正本。

那么,"电放提单"正本,与其他正本提单有什么区别呢?

表面上看,"电放提单"正本,比一般正本提单多出了"电放"标注,这就意味着不需要凭正本提单放货。换言之,除了"电放"标注可能产生的实际效果外,"电放提单"正本,不应该与一

---

① 引自徐仲建:"'电放提单'相关法律问题探讨",《浙江万里学院学报》,2007.5

般正本提单有什么别的不同。就一般正本提单所具有的三大功能来说,"电放"标注的实际效果是取消了提单的"货权凭证"功能。至于另外的两项功能,即"运输合同反映"和"货物收据"功能,"电放提单"正本仍应具备。

"承运人签发的尽管是'电放提单',也仅仅表明放货方式跟传统提单有所不同,在'电放提单'存在背面条款情况下,背面条款仍是承运人单方面制定的,并能约束承、托双方当事人,除非违反有关法律的强制性规定或者与海上货物运输合同本身规定不同。"[①]

"由于'电放提单'是在承运人收货后或装船后签发的,因此其具备收货收据的功能,将是承运人收到货物的初步证据,除非承运人有确凿的反证,否则托运人手中的'电放提单'即表示承运人已经收到其上所记载的货物。"

概而言之,"电放提单"正本的性质仍应为提单,准确地说,它只是功能不全的异常提单。

这样,在 UCP 意义上,当信用证要求提单却未特别说明时,实际提交"电放提单"正本,显然不可接受;而当信用证要求或允许提交"电放提单"却未进一步说明时,实际只能提交"电放提单"正本,除了"电放"标注和凭单放货的内容外,其他方面似乎均应适用本条港至港提单的各项规定,提交"电放提单"副本,似乎不可接受。其实,UCP 本身对所有提单的"物权性"都没有作出规定,正如本条 a 款"提单的功能和名称"一节的解读中提到的,提单的"货权凭证"功能是法定功能,所以 UCP 没有规定提单的"物权性"的必要。

有人问:信用证要求提单,提交的提单上显示"Please do not deliver goods without agreement of the consignor by telex."可以接受吗? ICC 在 Case 93 中认为,该文句与提单作为流通工具的功能不相符,这种阻止释放货物的限制与空白背书的可流通单据是完全抵触的,银行拒绝这样的单据是完全正确的。

20—0873

提单副本

实务中,常常会看到提单副本,有时要求与提单正本一同提交,有时则要求单独提交。那么,提单副本的内容必须与提单正本完全一致吗? 提单副本是运输单据吗?

ISBP 681 Para 20:

Copies of transport documents are not transport documents for the purpose of UCP600 articles 19~25 and sub-article 14(c). The UCP600 transport articles apply where there are original transport documents presented. Where a credit allows for the presentation of a copy transport document rather than an original, the credit must explicitly state the details to be shown. Where copies(non-negotiable) are presented, they need not evidence signature, dates, etc. 运输单据的副本并非 UCP600 第 19 条至第 25 条和第 14(c)条所指的运输单据。UCP600 的运输单据条款仅当有正本运输单据提交时适用。如果信用证允许提交副本运输单据,而不要求正本,则必须明确规定应当显示的细节。当提交副本(不可转让的)单据时,单据无须载有签字、日期等。

---

① 引自徐仲建:"'电放提单'相关法律问题探讨",《浙江万里学院学报》,2007.5

本段的规定表明：

第一，提单副本不是 UCP 意义上的运输单据。

这样，当信用证单独要求或允许提交提单副本时，根据以上规定，必须规定应当显示的细节，否则，提交的提单副本只要满足本惯例第 14 条 d 款数据"不得矛盾"和本惯例第 14 条 f 款内容"满足功能"的要求即可，包括本段所表明的不显示签字和日期。

比如：信用证要求提单副本，不能提交 cargo receipt，也不能提交 sea waybill。

还比如：信用证要求提单副本，可以不显示装船日期，如果显示则不得与信用证最迟发运期限的规定矛盾。

第二，提单副本与提单正本一同提交时，原则上数据还必须与提单正本保持严格一致。

这里的保持严格一致，不仅仅是不得矛盾，而是提单正本有的数据，原则上提单副本都应该有，还不得矛盾。

ICC 在 R337 的结论中说："副本提单必须与提单正本保持严格一致，包括更正。只是提单正本必须签署或小签时，提单副本没有必要。"当然，这前提是信用证既要求正本，还要求副本的情况。

这里的例外，包括本段所提到的提单本身的签字、更正证实中的签字或小签和日期。如此，提单正本上的"已装船"批注内容必须同时在提单副本上显示，不包括日期；提单正本上的承运人名称必须同时显示在提单副本上，不包括签字本身。

第三，有人问：信用证要求提单的 non-negotiable copy，但受益人提交的却是 photocopy，可以吗？

ICC 在 R364 中回答："不可转让的副本提单是副本而不是正本。它们既可以是提单的影印件，也可以是清楚地注有不可转让字样的副本。"

本惯例第 17 条 d 款"单据副本的判断"一节的解读中提到，其实，提单的 non-negotiable copy，指的是提单副本与正本在功能上有所不同，即它是不可转让的，包括所有提单副本在这一点上并没有什么两样；而提单的影印件、复写件等，指的是提单副本的不同制作方法。本段的措辞和案例中 ICC 的意见，似乎都确认了一点，即任何方法制作的提单副本，功能上均为 non-negotiable copy，从而均可以接受的。

20-088

Article 20(a)(v) 承运条款和条件

与其他运输单据一样，提单的承运条款和条件，体现在运输合同中。这些条款和条件一般包括：

——对承运人、托运人、收货人、提单持有人,以及货物等的定义。

——管辖权条款。规定运输合同下的纠纷,由哪个法院依照哪国法律审理。

——承运人责任条款,亦称首要条款(paramount clause)。规定提单适用于何种国际公约,它实际决定了承运人的责任范围。

——承运人责任期间条款。

——承运人责任限额条款,即承运人无法履行或完全履行运输合同时的赔偿限额。

——转运或绕航条款,规定承运人在必要时有权以其他运输工具,甚至其他运输方式转运货物到目的地。

——包装标志条款,要求托运人对货物提供妥善包装和正确清晰的标志。由于标志不清或包装不良所产生的风险,承运人免责等。

——运费和其他费用。

那么,作为运输合同的反映,提单上的承运条款和条件,应该如何把握呢?

Article 19(a):

v). contain terms and conditions of carriage or make reference to another source containing the terms and conditions of carriage (short form or blank back transport document). Contents of terms and conditions of carriage will not be examined. 载有承运条款和条件,或提示承运条款和条件参见别处(简式/背面空白的运输单据)。银行将不审核承运条款和条件的内容。

本款说明:

第一,提单应该如何显示承运条款和条件。

一份提单根据其显示的承运条款和条件是否完整,分为以下两类:

——全式提单或长式提单(long term B/L):此类提单往往会在背面载有详细的承运条款和条件,完整地规定了承运人和托运人、收货人或持单人的权利和义务。这些条款和条件,往往直接对应于详细的运输合同条款和条件,内容较多,故常常用较小的字体印刷于提单的背面,所以这些条款又称为(small print)或(minute print)。

值得一提的是,本款规定的全式提单措辞为"contain terms and conditions of carriage(载有承运条款和条件)",与 UCP500 第 23 条 a(v)中"contain all of the terms and conditions of carriage(含有全部承运条件)"相比,略有不同。UCP600 时期,不强调确认提单含有全部承运条款和条件,而只需确认提单已含有承运条款和条件,哪怕一丁点即可。因为前者是一个提单专业判断,银行人员作为非专业人员不太适合,后者则只是一个非专业人员的常识性判断,这是 UCP 赋予银行人员的责任。这一规定也与本款"银行将不审核承运条款和条件的内容"的规定相呼应。既然银行不审核承运条款和条件的内容,怎么能够确认提单已经包含了所有承运条款和条件呢? 显然,这不太现实。

——简式提单(short term B/L)或背面空白提单(blank endorsed B/L):此类提单会提示承运条款和条件参见别处。简式提单,因显示的承运条款和条件比全式提单要简略而得名;背面空白提单,则因与全式提单不一样,背面无承运条款和条件,一片空白而得名。看来,实务中二者还是略有区别,二者的共同之处是这两种提单都有专门的"提示"出处,从而与全式提单不同。

实际上，简式或背面空白提单上所对应的承运条款和条件，常常可以从其提示的出处，如承运人的营业场所、运输工具、公开网站查阅。也正因为如此，尽管简式/背面空白运输单据没有载详细的承运条款和条件，但是其效力与全式提单相同，均受完整的承运条款和条件约束。所以，本款规定可默认接受此类提单。

尽管简式/背面空白提单的功能、效力与全式提单相同，一旦出现索赔等意外，对船货双方责任与权利的认定，仍需要参照提示承运条款和条件的出处。此时，简式/背面空白提单的使用，显然不如全式提单便捷，所以，实务中提交的提单，多为全式提单。同样的，也正是基于这种考虑，有些信用证规定不接受简式或背面空白提单，此时简式/背面空白提单便不可接受。

第二，银行将不审核提单上承运条款和条件的内容。

与本节前面的解读中提到的一样，由于提单承运条款的专业性、复杂性，提单承运条款的审核和判断是一个专业判断，更是为了与本惯例第 4 条和第 5 条规定的信用证独立抽象性原则，及第 34 条规定的银行免责条款的保持统一，本条进一步地规定了，银行并不审核提单上承运条款和条件的内容。如此，方能真正避免银行曲解文意，卷入到船货双方的提单纠纷之中。

值得注意的是，本款只是强调了银行人员无须审核承运条款和条件，由于主要的承运条款和条件通常都显示在提单背面，所以，这通常指的是银行不审核提单背面而已，包括提单正面常常印就的"商户注意，本次承运受本提单背面所引承运条款（1～26 款）规定之权利、抗辩、规定、条件、例外、限制及自由处置权的约束"类似措辞中提及的背面承运条款。ICC 在 R575 的分析与结论中说："银行的责任是从表面上审核单据，确定是否符合信用证条款。以编号或其他方式提及背面的条款，并不能迫使银行审核这些条款来确定单据是否与信用证条款相符。"

有人问：提单正面的承运条款和条件是否需要审核呢？

回答是肯定的。

ICC 在 R576 中说："所谓"含有全部承运条款或部分承运条款须参阅提单以外的某一出处"，该款未区分承运条款出现在单据的正面还是背面。大多数海运公司目前将这一类信息放在提单的背面，因此使银行不审核这些条款的声明显得顺理成章。"

ICC 继续说："假如承运条款出现在提单正面，这一问题会使人感到有些疑惑。银行必须审核提单整个正面以确定诸如货物明细、航程、当事人及有关日期等信息。除非提单版面设计显示得很清晰，否则银行在审核时很难对信用证的要求与承运条款加以区分。承运条款的内容与信用证的要求不相符的情况并不少见，因此弄清银行对于正面条款的责任是十分重要的。"

20 — 089

Article 20(a)(vi)　未表明受租船合同约束

本条 a 款"提单的功能与名称"一节的解读中提到，提单默认即为港至港之间的"单一海运"。然而，海运航线上的港至港运输，有两种运营方式，即班轮运输和租船运输。

那么，本条的提单，包括租船运输吗？

Article 20（a）：

vi). contain no indication that it is subject to a charter party. 未表明受租船合同约束。

本款的规定作了否定的回答。

本条的提单不得表明受租船合同约束，意味着，信用证要求提单时在没有特别说明的情况下，默认不接受租船运输下的租船合同提单，而默认只接受班轮运输下的普通提单。显然，本款的这一规定与本惯例第 22 条港至港租船合同提单的规定相呼应。

为什么默认不接受租船合同提单呢？

在本惯例第 22 条的解读中将提到，与其他的运输单据一样，租船合同提单也是运输合同的反映。只是与班轮运输合同不同，租船合同提单所反映的运输合同，并不是以经过监管当局备案审查过的承运人或航运组织的格式条款出现，而是船东和租船人依据"合同自由"原则，一对一自由协商的结果，所以，对于未参与合同签订的第三方持单人来说，其公平性难免令人怀疑。即便持有租船提单，持单人也常常对租船合同中权利和责任的内容并不知情，这样，持单人仅仅凭持有租船合同提单，向船东主张权利，显然不像普通提单下那样方便。

最重要的一点是，在租船运输过程中，作为实际承运人的船东，必须听命于租船人，常常即为托运人，而租船运输大多涉及大宗物品，货物数量、金额都比较大，所以，租船合同提单下发生海事欺诈的可能性要比普通提单下大得多。

正是租船合同提单的上述固有特点，导致收货人即使在信用证安排下付款赎单，也未必能确保收货安全。所以，对于银行来说，尽管租船合同提单与普通提单一样代表货权，却默认不为银行所接受。

当然事情并不绝对。在国际贸易中大宗货物的交易，使用租船运输，要求租船合同提单，却是行业习惯。换句话说，许多情况下，还是不得不接受租船合同提单。此时，信用证均会明确要求或允许提交租船合同提单。无论如何，对于买卖双方而言，均须慎重行事，不仅应考虑由谁租船，还要考虑租船合同的内容，还要了解船公司的资信和船舶的适航性，以防不测。

那么，怎样算提单上未表明受租船合同约束呢？

提单上不得表明受租船合同约束，包括不得提及租船合同。

比如："The credit calls for a Bill of Lading. The title of the presented B/L(Congenbill, Edition 1978) reads in print in two lines:'Bill of Lading', 'To be used with charter parties.' The second line appears to be deleted by letters xxx and bears a correction stamp. The printed box in the body of the document reserved for the date of a charter party has no date … "显然，船公司意欲使该提单不受租船合同约束，然而在提单正文中的印就内容中提及了租船合同，尽管并没有在租船合同的日期栏位填写内容。这样的提单，是本条规定的提单吗？

ICC 在 TA608 中的结论如下：

"The requirement under Article 23(UCP500) is that the bill of lading 'contains no indication that it is subject to a charter party'. The fact that the heading has been amended to remove reference to applicability of use with charter parties does not make the document acceptable under Article 23 due to the further reference to a charter party date. The UCP draws no distinction as to the manner in which 'no indication' is to be applied and therefore any reference, including that stated in the Query, would make the document discrepant. The document must fully comply with the provisions of Article 23 to be acceptable."

有人问:信用证要求提单,提交的提单上显示"the vessel is chartered",是否可以接受?似乎不可以。该文句所提及的"船只已被包租(the vessel is chartered)",应为"本提单上显示的具名船只已经被包租了(the named vessel indicated on this B/L is chartered by one party)"。这不正表明提单下的运输系租船运输吗?如此,似乎这也算类似于表明了该提单系租船合同提单了。

20-090

Article 20(b/c/d) 转运

在港至港提单实务中,什么是转运?

Article 20(b):

For the purpose of this article, transhipment means unloading from one vessel and reloading to another vessel during the carriage from the port of loading to the port of discharge stated in the credit. 就本条而言,转运系指在信用证规定的装货港到卸货港之间的运输过程中,将货物从一船卸下再装上另一船的行为。

与本惯例第19条多种方式运输单据下的转运基本相似,提单下的转运特指货物在信用证规定的承运过程中的在不同运输工具间的转换。只是,在本条的提单下,不同运输工具仅仅指同为海运下的不同船舶。也正因为这一点,提单下的转运,常常还称之为"转船"。

提单上的转运标志。

转运标志,指提单上显示的足以判断发生转运的特征。比如:信用证规定 port of loading: Tianjin Xingang, port of discharge: Hamburg。以下提单,均表明其在 Hong Kong 转运:

——port of loading: Tianjin Xingang, port of transhipment: Hong Kong, port of discharge: Hamburg.

——port of loading: Tianjin Xingang, port of discharge: Hamburg W/T Hong Kong.

——port of loading: Tianjin Xingang in transit to Hong Kong, port of discharge: Hamburg.

实务中,这些转运标志,可能出现在运输起点和终点栏位中,也可能出现在货物描述中,也可能出现在唛头中,也可能出现在批注中。出现以上任何一种情况,均构成转运。

有人问:"via"是否为转船的标志?例如,提单显示"port of loading: Tianjin Xingang, port of discharge: Hamburg via Hong Kong."值得注意的是,"via"未必是转船。ICC 在 R220 的分析中表示,将"via"一词与特定港口连用以表示将在所述地点转船,看来已是习惯做法。然而,"via"一词也表示船舶挂靠某港,以卸载货物或装载货物,并不必然意味着要对正承运的某批货物进行转运。如果船舶确实是仅仅挂靠装卸其他货物而不是转运提单显示的货物,若因提单标志"via XX port"而拒付,有可能引起争议,甚至存在被法院判决败诉的可能,因为它毕竟不像 W/T(with transhipment at XX)那样含义确定。

值得一提的是,转运时提单不需要注明二程船名。

比如:信用证规定:Loading port:Iceland port; For transport to Manila port; Transhipment allowed.

提交的提单显示:Port of loading:Reyjavik(注:冰岛的一个港口);Ocean vessel:Vessel H; Port of discharge:Rotterdam; Place of delivery:Manila port; 同时显示 On board notation:"shipped on board Vessel H 01. 06. 2006 for shipment to Manila port, port of discharge."

IC 在 TA613 的结论中说:"There is no requirement for the bill of lading to indicate the name of the vessel onto which the goods will be transhipped at Rotterdam. The bill of lading is acceptable."

提单表明转运将默认接受。即便信用证明确禁止转运,提单表明集装箱、拖船或子船运输下的转运仍可接受。

与本惯例第 19 条 c 款多种方式运输单据下的情况相似,默认接受表明转运的同一提单。

Article 20(c):

i. A bill of lading may indicate that the goods will or may be transhipped provided that the entire carriage is covered by one and the same bill of lading. 提单可以表明货物将要或可能被转运,只要全程运输由同一提单涵盖。

ii. A bill of lading indicating that transhipment will or may take place is acceptable, even if the credit prohibits transhipment, if the goods have been shipped in a container, trailer or LASH barge as evidenced by the bill of lading. 即使信用证禁止转运,注明将要或可能发生转运的提单仍可接受,只要其表明货物由集装箱、拖船或子船运输。

一般情况下,船只欲在港口装船或卸货,驶进该港即可从事装卸作业。然而,多数情况下,或者港口窄浅,或者货源不足,船舶没有直达航线,没有或无法停靠港口,此时便需要转船。但是,并不是信用证禁止转运,所有显示转运的提单均不可接受。以下情况便是例外:

——拖船(trailer)和子船(LASH)运输时。"LASH"是 lighter aboard ship 的缩写。子船(LASH barge)的船底与四壁紧密接合,既可防水,又可漂浮于水面,相当于一个漂浮式集装箱。装卸货物时找开顶盖,运送途中则为紧闭状态。它既可以装载于母船之上,又可以自行漂浮在海面上。有的带动力装置可独立航行,有的无运输装置,需由一具有动力装置的拖船拖动,从而接驳于船舶与船舶、船舶与港口之间。通常,一只母船可装载十几只至数百只不等的 LASH barge。

——集装箱(container)运输时。更大量的货物,往往装运于集装箱内。航行于主要港口间的现代化集装箱巨型货轮,装载量有时多达 5 000 只 20′的标准集装箱。据了解,MAERSK 拥有一艘装载 10 000 个 TUE 的货轮"EMMA",目前是全球最大的集装箱运输船。在该船舶不靠港时,船公司就要使用支线船(feeder 或 feeder vessel),接驳于干线船与港口,或大港口与小港口之间。

实务中,之所以有大量的信用证规定不允许转运,主要是因为转运会延误运输时间、增加额外费用等。特别是在散装货的卸下与重装不仅耗费时间,还可能产生很大的损失。但港与港之间不一定直接通航,以及大型船舶不一定能靠港的实际,使得某些情况下不得不转运。Container、trailer、LASH barge 属单元化运输,具有安全、快速、占用码头面积小,甚至不必停靠码头也能装卸的特点。单元化运输与接驳,加上先进的装卸方式,很大程度上缓解了不得不转运可能带来的时间延误和货物损失。所以,有了本款规定。

尽管如此,container、trailer、LASH barge 一类的单元化运输并没有,也不能完全消除转运情况下可能带来的时间延误或货物损失。所以,实务中,如果申请人为了加快运输进度,避免转运风险,有时可能会在信用证中加列如下条款:"Transhipment is not allowed even if the goods is shipped in container(s), trailer(s), and/or LASH barge(s)."

这一做法也得到了 ICC511 的认同。此时,提交的提单仍应满足,不得表明货物将要转运或可能转运。

提单上声明的承运人保留转运权利的条款,并不等同于转运,将被不予理会。

本条 a(i)款"承运人及责任"一节的解读中提到,提单承运人承担适货、适航、管货责任的同时,还享有一系列免责权利。

Article 20(d):

Clauses in a bill of lading stating that the carrier reserves the right to tranship will be disregarded. 提单中声明承运人保留转运权利的条款将被不予理会。

当海上航行中遇有遇险的人、物,其他船只发生故障,海啸、冰冻等不可抗力、战争行为、公敌行为等,承运人有救助或合理绕航的权利。如有必要,承运人可以将货物用其他船只运输,即将货物转运,或卸货陆地暂时保存,或用其他运输方式将货物运达目的地。

为了避免上述意外情况发生时承担责任,航运界的惯常做法是在提单和运输合同中声明,承运人保留转运权利并因此免责。相应地,从 UCP500 到 UCP600,均作出了规定,默认接受此类条款,而不作为转运将要发生或可能发生的标志。其实,由于承运人的此类条款往往也属于承运条款的一部分,而不被银行理会,这样就保持了 UCP600 前后规定的一致。

Article 21

港至港海运单

a. A non-negotiable sea waybill, however named, must appear to 不可转让的海运单,无论名称如何,必须看似:

i. indicate the name of the carrier and be signed by 表明承运人名称并由下列人员签署:

• the carrier or a named agent for or on behalf of the carrier, or 承运人或其具名代理人,或者

• the master or a named agent for or on behalf of the master. 船长或其具名代理人。

Any signature by the carrier, master or agent must be identified as that of the carrier, master or agent. 承运人、船长或代理人的任何签字必须标明其承运人、船长或代理人的身份。

Any signature by an agent must indicate whether the agent has signed for or on behalf of the carrier or for or on behalf of the master. 代理签字必须标明其系代表承运人还是船长签字。

ii. indicate that the goods have been shipped on board a named vessel at the port of loading stated in the credit by 通过以下方式表明货物已在信用证规定的装货港装上具名船只:

• pre-printed wording, or 预先印就的文字,或者

• an on board notation indicating the date on which the goods have been shipped on board. 已装船批注表明货物的装运日期。

The date of issuance of the non-negotiable sea waybill will be deemed to be the date of shipment unless the non-negotiable sea waybill contains an on board notation indicating the date of shipment, in which case the date stated in the on board notation will be deemed to be the date of shipment. 不可转让海运单的出具日期将被视为发运日期,除非其上带有已装船批注注明发运日期,此时已装船批注注明的日期将被视为发运日期。

If the non-negotiable sea waybill contains the indication "intended vessel" or similar qualification in relation to the name of the vessel, an on board notation indicating the date of shipment and the name of the actual vessel is required. 如果不可转让海运单载有"预期船只"或类似的关于船名的限定语,则需以已装船批注表明发运日期和实际船名。

iii. indicate shipment from the port of loading to the port of discharge stated in the credit. 表明货物从信用证规定的装货港发运至卸货港。

If the non-negotiable sea waybill does not indicate the port of loading stated in the credit as the port of loading, or if it contains the indication"intended"or similar qualification in relation to the port of loading, an on board notation indicating the port of loading as stated in the credit, the date of shipment and the name of the vessel is required. This provision applies even when loading on board or shipment on a named vessel is indicated by pre-printed wording on the non-negotiable sea waybill. 如果不可转让海运单未以信用证规定的装货港为装货港，或者如果其载有"预期的"或类似的关于装货港的限定语，则需要以已装船批注标明信用证规定的装货港、发运日期和船名。即使不可转让海运单以预先印就的文字表明货物已由具名船只装载或装运，本规定也适用。

iv. be the sole original non-negotiable sea waybill or, if issued in more than one original, be the full set as indicated on the non-negotiable sea waybill. 为唯一的正本不可转让海运单，或如果以多份正本出具，为海运单上注明的全套正本。

v. contain terms and conditions of carriage or make reference to another source containing the terms and conditions of carriage(short form or blank back non-negotiable sea waybill). Contents of terms and conditions of carriage will not be examined. 载有承运条款和条件，或提示承运条款和条件参见别处（简式/背面空白的海运单）。银行将不审核承运条款和条件的内容。

vi. contain no indication that it is subject to a charter party. 未注明受租船合同约束。

b. For the purpose of this article, transhipment means unloading from one vessel and reloading to another vessel during the carriage from the port of loading to the port of discharge stated in the credit. 就本条而言，转运系指在信用证规定的装货港到卸货港之间的运输过程中，将货物由一船卸下并装上另一船的行为。

c. i. A non-negotiable sea waybill may indicate that the goods will or may be transhipped provided that the entire carriage is covered by one and the same non-negotiable sea waybill. 不可转让海运单可以注明货物将要或可能被转运，只要全程运输由同一海运单涵盖。

ii. A non-negotiable sea waybill indicating that transhipment will or may take place is acceptable, even if the credit prohibits transhipment, if the goods have been shipped in a container, trailer or LASH barge as evidenced by the non-negotiable sea waybill. 即使信用证禁止转运，注明转运将要或可能发生的不可转让的海运单仍可接受，只要其表明货物装于集装箱、拖船或子船中运输。

d. Clauses in a non-negotiable sea waybill stating that the carrier reserves the right to tranship will be disregarded. 不可转让海运单中声明承运人保留转运权利的条款将被不予理会。

【本条导读】

本条规定了不可转让海运单的审核标准。

本条的重点在于解读海运单非"货权凭证"的性质，从而与提单相区别。其余相同之处，则一一略过。

值得一提的是，广义的海运单，包括本条的港至港海运单、第19条的多种方式运输海运单和UCP并没有规定的港至港租船合同下海运单。所以，本条的名称，准确地说，应为狭义的"港至港海运单"。

21-091

海运单的功能

什么是海运单？

海运单(sea waybill)是证明国际海上货物运输合同和货物由承运人接管或装船，以及承运人保证将货物交给指定的收货人的一种不可流通的(non-negotiable)单证。[①]

从这个定义似乎可以看出，与提单相比，海运单具有合同证明和货物收据功能，却不具有货权凭证功能。

我国最新的《海商法》规定：

第八十条 承运人签发提单以外的单证用以证明收到待运货物的，此项单证即为订立海上货物运输合同和承运人接收该单证中所列货物的初步证据。

承运人签发的此类单证不得转让。

显然，此类运输单据，包括不可转让海运单。

——海运单是合同证明。

众所周知，提单是海上运输合同的证明。但是，海上运输合同并不限于由提单来反映，在某些情况下也可以由其他运输单据来反映。话说回来，海运单正是因为反映了海上运输合同的内容，而成为 UCP 意义上的一种运输单据。

就合同证明这一功能而言，其实几乎所有海运单都采用了与提单下类似的承运条款，并遵守提单公约。在简式/背面空白海运单中，则常常会在其正面或背面载有一个所谓的参照条款(reference clause)，即规定海运单项下的货物运输适用承运人的普通提单下承运条款的规定。

——海运单是货物收据。

"海运单和提单一样是货物收据，是在承运人或其代理人接管货物或将货物装船后，应托运人的要求而签发的，用以证明承运人收到海运单所列货物以及用来确认承运人为托运人和收货人利益占有货物。如提单一样，海运单也是对装船、货物数量或其表面状况良好等事实的书面承认。如果承运人收到货物时发现货物的实际状况与托运人申报的情况不符，应该及时地加以批注。"[②]

如出现货损，对于收货人来说，正本海运单似乎是凭以向承运人索赔的唯一依据。

——海运单不是"货权凭证"。

正是由于海运单不是"货权凭证"，其具有天生的不可转让性。本惯例第 20 条 a 款"提单的抬头和可转让性"一节的解读中提到，物权性绝不等同于可转让性(negotiability)。因此，海运单与提单同为海洋运输下的运输单据，海运单与提单最大的不同在于海运单不是"货权凭

[①] 引自曲建忠："海运单与电放提单"，《对外经贸实务》，2001.8

[②] 引自张建丽：《海运单法律问题研究》，硕士论文，2005

证",而不在于"可转让性"。

如果说,提单下提货是"见单不见人",海运单就是"见人不见单",即收货人提货时无须出示海运单,只要证明身份即可。

海运单不是"货权凭证"的特点,同时也决定了收货人只能记名抬头,不应该做成指示抬头或不记名抬头,当然,信用证要求指示抬头或不记名抬头,提交的海运单仍如此显示也应该接受。这一点,与同为运单的空运单相似,具体可参照本惯例第23条"空运单的抬头和不可转让性"一节的解读。

有人问:为什么海运单仍然要求全套正本?

Article 21(a)(iv):

be the sole original non-negotiable sea waybill or, if issued in more than one original, be the full set as indicated on the non-negotiable sea waybill. 为唯一的正本不可转让海运单,或如果以多份正本出具,为海运单上注明的全套正本。

本款的要求表明:

(1)必须提交正本海运单。正如本节前面的解读中提到的,对于收货人来说,如出现货损,正本海运单似乎是凭以向承运人索赔的唯一依据。在运输实务中,waybill通常只出具一份。

(2)必须提交全套正本海运单。之所以如此,似乎与本惯例第23条(v)款"正本"一节提到的空运单的情况类似,即托运人行使停运权必须交出正本海运单。否则,承运人必须承担责任。而一旦取得了全套正本海运单,便可以阻止托运人行使停运权,确保正本海运单上显示的收货人能正常收货。

21—0911

海运单是如何产生的?

海运单产生于提单危机。海运单与提单都适用于港至港海洋运输,它的产生弥补了提单功能的不足。

提单有一个与其他运输单据不同的功能,即提单是"货权凭证"。提单代表了货权,提单的流转代表着货物的流转,谁持有提单谁就控制着货物。人所共知,这一个功能是提单的优点,便于在目的港提货前随时转让提单从而转让货物,同时便于以提单作为质押向银行申请融资。但是,事物往往具有两面性,也正是这一个固有的功能决定了提单的先天不足。

"提单的存在有一个基本前提,即提单的流转速度比船速快,即提单总是先于船上的货物到达目的港,使得收货人能及时从承运人处提货。"[①]然而,提单的流转总是要耗费时日。在信用证安排下,提单的流转涉及出口方、寄单行、开证行和进口方多个环节,每家银行都需要有一定的审单时间,不同环节间也都需要有一定的寄单时间。这是一方面。另一方面,在海运业迅猛发展下,船速提高很快。上个世纪80年代以来,集装箱运输的日益普及,造船技术及通信设备的日益完善,使得在船速加快的同时,装卸效率也大幅提高。

因此,与以往相比,在许多时候"船总能较快地到达目的港,而提单的流转速度却没能赶上

---

① 引自李春楠:《海运单证法律问题研究》,硕士论文,2003

船速的变化。"特别是航程较短的近洋运输中,常常出现在目的港"货等单"的现象。本惯例第20条a(iv)款"电放提单"一节的解读中提到,此时为了避免昂贵的滞港费,或者由进口方向承运人担保提货,或者由出口方指示承运人电放货物。但是,如此一来,进口方将增加额外的费用,出口方须自行承担收汇风险,承运人也得冒无单放货的风险。另外,"由于提单法律制度的不完善,使得提单欺诈问题频繁发生",这也是形成提单功能不足的重要原因。

"自从1500年提单问世之后,海运中货物所有权的转移就一直通过提单的转让来实现。提单成了国际海运的唯一凭媒。但是,近500年的实践足以将使用提单在目的港交货的不便全部表露:如按正本提单放货,当货到而提单未到收货地或收货人还未经承兑或付款取得正本时,就会出现货等提单而延迟卸货或码头拥挤现象。"①

正是在提单危机下,国际航运界开始寻求新的运输单证,将运单的成熟做法运用于海上运输,便诞生了不可转让海运单,而提单不足所造成的一系列问题也将迎刃而解。尽管目前中国对外贸易中使用不可转让海运单的情况比较少见,但是,在欧洲和北美一些地区使用不可转让海运单的情况则有日益增多的趋势。为规范不可转让海运单的运作,1990年,国际海事委员会制订了《海运单统一规则》。

---

① 引自杨长春:"海运单与海运单统一规则",《国际经贸问题》,1995.7

Article 22 港至港租船合同提单

a. A bill of lading, however named, containing an indication that it is subject to a charter party(charter party bill of lading), must appear to 表明其受租船合同约束的提单(租船合同提单),无论名称如何,必须看似：

　　i. be signed by 由以下人员签署：

　　• the master or a named agent for or on behalf of the master, or 船长或其具名代理人,或

　　• the owner or a named agent for or on behalf of the owner, or 船东或其具名代理人,或

　　• the charterer or a named agent for or on behalf of the charterer. 租船人或其具名代理人。

Any signature by the master, owner, charterer or agent must be identified as that of the master, owner, charterer or agent. 船长、船东、租船人或代理人的任何签字必须标明其船长、船东、租船人或代理人的身份。

Any signature by an agent must indicate whether the agent has signed for or on behalf of the master, owner or charterer. 代理人签字必须表明其系代表船长、船东还是租船人签字。

An agent signing for or on behalf of the owner or charterer must indicate the name of the owner or charterer. 代理人代表船东或租船人签字时必须注明船东或租船人的名称。

　　ii. indicate that the goods have been shipped on board a named vessel at the port of loading stated in the credit by 通过以下方式表明货物已在信用证规定的装货港装上具名船只：

　　• pre-printed wording, or 预先印就的文字,或

　　• an on board notation indicating the date on which the goods have been shipped on board. 已装船批注注明货物的装运日期。

The date of issuance of the charter party bill of lading will be deemed to be the date of shipment unless the charter party bill of lading contains an on board notation indicating the date of shipment, in which case the date stated in the on board notation will be deemed to be the date of shipment. 租船合同提单的出具日期将被视为发运日期,除非租船合同提单载有已装船批注注明发运日期,此时已装船批注上注明的日期将被视为发运日期。

　　iii. indicate shipment from the port of loading to the port of discharge stated in the credit. The port of discharge may also be shown as a range of ports or a geographical area, as stated in the credit. 表明货物从信用证规定的装货港发运至卸货港。卸货港也可显示为信用

证规定的港口范围或地理区域。

   iv. be the sole original charter party bill of lading or, if issued in more than one original, be the full set as indicated on the charter party bill of lading. 为唯一的正本租船合同提单，或如以多份正本出具，为租船合同提单注明的全套正本。

   b. A bank will not examine charter party contracts, even if they are required to be presented by the terms of the credit. 银行将不审核租船合同，即使信用证要求提交租船合同。

【本条导读】

本条规定了租船合同提单的审核标准。

本条重点解读了租船合同提单所对应的租船运输，从而在签署、卸货港显示、承运条款和条件、转运等方面与普通提单相区别。其余相同之处，则一一略过。

值得一提的是，广义的租船运输不仅包括适用于本条的租船合同提单，也适用于 UCP 并没有规定的，受租船合同约束的不可转让海运单和多种方式运输单据。所以，准确地说，本条的名称应为"港至港租船合同提单"。

22 — 092

Article 22(a/b) 租船合同提单的特点

什么是租船合同提单?

Article 22(a):

A bill of lading, however named, containing an indication that it is subject to a charter party(charter party bill of lading)… 表明其受租船合同约束的提单(租船合同提单),无论名称如何……

本款的规定与本惯例第 20 条 a(vi)款的规定相呼应,即:信用证安排下默认不接受租船合同提单;而当信用证明确允许时,才可以提交租船合同提单;当信用证明确要求时,则只能提交租船合同提单。后两种情况下才适用本条的港至港租船合同提单的规定。

从本款可以知道:

(1)租船合同提单,首先是提单。换句话说,租船合同提单与普通提单一样,具有三个功能,即合同证明、货物收据和货权凭证。

就合同证明这一功能而言,租船合同提单必定是运输合同的反映。需要注意的是,这基于一个前提,即该提单由租船合同租船人以外的第三人持有。[①] 因为由租船人持有提单时,其权利和义务优先适用租船合同,从而租船合同提单反映运输合同这一功能,并不存在。其实,在信用证实务中,租船合同提单总是处于流转途中,从而总是要反映运输合同。

(2)租船合同提单必须是表明受租船合同约束的提单。表明受租船合同约束的提单,为租船合同提单;反之,租船合同提单必须表明受租船合同约束。

在运输实务中,租船合同提单上的"表明受租船合同约束"这一条款,通常称为"并入"租船合同条款,简称"并入"条款。

(3)租船合同提单,不管其如何命名。与本惯例第 20 条的港至港提单一样,租船合同提单不重名称,只重功能。

租船合同提单一般使用的是专门设计的格式,印就"并入"条款;极少数也使用普通提单格式,另行批注"并入"条款。

租船合同提单上"并入"条款的由来。

与班轮运输一样,租船运输时一般也签发提单。下面以船公司签发提单为例。

当租船运输下的提单由船公司签发给租船人,并由租船人持有时,由于租船人是租船合同当事人,此时,船公司与租船人的权利义务关系优先适用租船合同的规定,提单上的规定仅仅是租船合同的补充。此时,租船合同的承运条款和提单一起构成一个完整的货物运输合同,提单并不是运输合同的完全证明和完全反映,尽管它仍然是货物收据和货权凭证。

---

① 引自王霞峰:《租约提单中的并入条款》,硕士论文,2002

当租船运输下的提单由船公司签发给租船人,却由租船人手里流转给第三人,或者货物由第三人托运,提单由船公司直接签发给该第三人时,由于该第三人不是租船合同的当事人,该提单具有完整的功能,船公司与持有提单的第三人之间的权利义务以该提单为准,受提单公约或有关国内法的约束。一般地,该第三人不受租船合同的约束,即使他知道租船合同的存在。

此时,船公司将会面临一种尴尬的情况。对于船公司而言,一方面在作为提单托运人或持有人的第三人眼里,它是提单的承运人,因而受提单约束;另一方面在租船人眼里,它又是船东,因而受租船合同约束。换句话说,船东具有双重身份,同时受两份合同的约束。然而,这两份合同的规定,常常会互相冲突。当作为提单托运人或持有人的第三人,不受租船合同中与提单冲突或与适用的提单法或国内法的条款,如留置权、其他请求及豁免等条款的约束时,船公司根据提单对货物的灭失、损害所承担的责任,就可能超过租船合同中的相应规定,使自己承担额外的风险。因而,为规避风险,保护利益,船公司在签发租船运输下提单时往往加上:"租船合同中的所有术语、条款、条件和免责事项,均适用于提单,并视为并入本提单。(All the terms, conditions, clauses and exceptions contained in the said charter-party shall apply to this bill of lading are deemed to be incorporated therein.)"

正是因为租船运输下提单常常载有这样的条款,以"并入"租船合同的效力,所以,运输实务中此类条款称为"并入条款(incorporation clause)",相应地,载有"并入"条款的提单便称为租船合同提单。

租船合同提单上的"并入"条款有什么作用?

一般来说,提单上的并入条款至少有如下作用[①]:

——使船东或二船东避免在提单关系中承担的责任超过其在租船合同中承担的责任。这是并入条款最重要的作用,也是在提单中订立并入条款的主要目的所在。

——减少订立合同的磋商时间,从而节约成本。

——避免在提单中逐字逐句地重写租船合同条款,进而避免在提单中以无法阅读的细小印刷字体重新印制相关的租船合同条款。

——提单加上并入条款的一个重要目的就是企图使非租船合同当事人的提单持有人受租船合同的约束。因为当提单持有人接受此类提单时,也就意味着接受了提单中的"并入"条款,从而接受了租船合同的约束。

值得注意的是,租船合同提单上的"并入"条款,也仅仅对租船人以外的第三人发挥效力。对于租船人来说,则直接受租船合同的约束。

我国最新的《海商法》第95条规定:"对按照航次租船合同运输的货物签发的提单,提单持有人不是承租人的,承运人与该提单持有人之间的权利、义务关系适用提单的约定。但是,提单中载明适用航次租船合同条款的,适用该航次租船合同的条款。"当然,租船合同提单并不限于航次租船合同下。

Mustill 大法官在 The "Miramar"(1984)2 Lloyd's Rep. 129 案例中说:"... It is only in a minority of cases that cargo belongs to the charterer himself throughout the transit, and it follows that if the clause is to be useful it must be understood as creating rights against third

---

[①] 引自王能强:《提单并入条款若干法律问题研究》,硕士论文,2005

parties. A clause in the charter cannot do this directly, and it must therefore have been intended that the clause would operate by way of incorporation."货物在全程运输中一直属于租船人本人,这种情况很少见。如果"并入"条款是有意义的,那么它必须被理解为针对第三方(收货人/提单持有人)产生了权利。

常见的租船合同提单上的"并入"条款。

实务中,租船合同提单上印就或显示的"并入"条款,常见的有:

——subject to charter party;

——subject to charter party No. ... dated ... between ... and ...

——all terms, conditions and exceptions as per charter party dated ...

——all terms, conditions, rights and exceptions of charter party are incorporated herewith;

——this B/L is issued pursuant to the terms of charter party dated ...

有时在提单的名称中或关于运费的批注中声明受租船合同约束,也是"并入"条款的形式。比如:

——freight and all other conditions and expenses as per charter dated ...

——freight payable as per charter party dated ...

——issued pursuant to charter party dated ... and freight payable in accordance therewith.

"并入"条款的存在,决定了租船合同提单必定不是全式提单。

在第 21 条的解读中提到,普通提单根据其上是否载有承运条款,载明的承运条款是否完整,分为三种:全式提单、简式提单、背面空白提单。

那么,租船合同提单,是否也有这三种呢?答案是否定的。由于租船合同提单带有固有的"并入"条款,所以,提单上显示的承运条款总是不完整的,或者干脆就没有。换句话说,租船提单不可能是全式提单。

有人问:信用证要求提单,同时规定"简式提单不可接受"和"租船合同提单可接受"。提交租船合同提单可以吗?

ICC 在 R577 的结论中说:信用证规定简式提单不可接受,提交租船合同提单从表面上是不一致的,因为租船合同提单并不包含所有承运条款。但这要联系信用证的上下文来考虑。信用证如此规定,指的是"在提交一般海运提单时,简式提单不可接受"。如果提交租船合同提单,信用证规定的"简式提单不可接受"对其没有约束力。只有信用证仅仅要求提交租船合同提单时,如果同时规定"简式提单不可接受",两者才会构成矛盾。

还有人问:如果在提交租船合同提单的同时,还提交了租船合同本身,这是否意味着租船合同作为租船合同提单的附页,而使得该提单成为全式提单呢?

似乎可以这么认为,因为有了附页的租船合同提单已经包括了全部的承运条款。

提交信用证要求的租船合同,银行也不予审核。

值得注意的是,该租船合同与承运条款一样,银行将不予审核,即使是在信用证要求的情况下提交。

Article 22(b):

A bank will not examine charter party contracts, even if they are required to be presented by the terms of the credit. 银行将不审核租船合同，即使信用证要求提交租船合同。

与普通提单上的承运条款一样，租船合同条款也是专业性、复杂性很强的一个文件，银行一般不具备理解或审核这些条款的专门知识，所以，本条如此规定，免去银行的审核责任，即便信用证要求提交租船合同。只有这样，才能与信用证独立性、抽象性及银行免责规定相呼应，从而避免银行曲解文意，卷入船货双方的租船合同纠纷之中。

22—0921

租船运输 vs. 班轮运输

一般而言，船舶的最终用途，无非就是运输。这里仅涉及货物运输。

"现代运输的特点是，船舶的所有权与经营权相分离，船东常常将自己的船舶租赁出去，收取固定的租金，这样可以降低船舶经营的风险，船公司也愿意租进船舶经营，这样使经营更加灵活，无须船舶购建的巨大投资。"①

我国最新的《海商法》规定：

第一百四十四条　光船租赁合同，是指船舶出租人向承租人提供不配备船员的船舶，在约定的期间内由承租人占有、使用和营运，并向出租人支付租金的合同。

这里的光船租赁，简称"光租"，对应于光船租赁合同。"光船租赁方式是船东和租船人出于特殊目的而形成，首先船东的目的是仅把船舶作为投资对象，它们本身不是一般常规的航运公司，没有一套经营管理人员——它们造船的目的不是进行营运，而是把造好的船长期光租给航运公司，收取固定的租金确保投资回收和赚取利润；一些航运公司，也有可能将船舶以光船租赁方式出租给其他航运公司。"

对于船公司来说，不管是自己拥有的船舶，还是光租经营的船舶，总是自己配备船员，用于对外提供运输服务。根据不同货物和不同交易对运输的不同需要，船公司对外提供的运输服务包括两种，即班轮运输和租船运输。

第一，班轮运输，对应于班轮运输合同。

班轮运输属定期船运输（regular ship shipping），指固定的船舶按固定的航线、班期、沿途停泊港口、公布的固定运价从事航线上各港口间的货物运输。船公司作为承运人通常都负责装卸和转运。班轮运输主要用于小额成交的小批量件杂货物运输。件杂货物通常不足整船或整箱，所以，不得不与其他货物拼箱或拼船。20世纪60年代后半期，随着集装箱运输的迅猛

---

① 引自刘小统：《租约提单法律研究》，硕士论文，2002

发展,班轮运输又进一步分化为传统的件杂货班轮运输(即散货轮)和集装箱班轮运输[①]。相应地,班轮运输合同,通常又称为件杂货运输合同或集装箱运输合同。

班轮运输中,承运人要和为数众多的托运人分别签订运输合同,所以一般采用承运人或航运组织的格式条款,并把它印刷在提单上,即所谓提单条款,也就是通常列印在提单背面的承运条款。正是由于作为约束承运人与托运人和收货人关系的提单条款,是由承运人单方面事先拟定的,这就可能使得其中的权利、义务规定失之公允,为此便产生了约束提单承运人权利的国际公约,比如《海牙规则》、《海牙—维斯比规则》和《汉堡规则》。各国根据有关国际公约精神制定的国内法,比如我国最新的《海商法》,均规定承运人不得凭借提单条款推卸或减轻所应承担的责任和义务。

第二,租船运输,对应于租船运输合同。

租船运输属不定期船运输(tramp ship shipping)。租船运输下航线、沿途停泊港口、运费或租金都不固定。租船运输下货物的装卸也不固定,按照约定或者由船东负责,或者由租船人负责。租船运输主要用于大宗物品运输。大宗物品通常整船,或接近整船,习惯以租赁船舶或舱位方式运输。长期的租船运输实务中,形成了不同的租船运输方式,包括:

——航次租船:简称"程租",对应于航次租船合同。

我国最新的《海商法》规定:

第九十二条　航次租船合同,是指船舶出租人向承租人提供船舶或者船舶的部分舱位,装运约定的货物,从一港运至另一港,由承租人支付约定运费的合同。

——定期租船:简称"期租",对应于定期租船合同。

我国最新的《海商法》规定:

第一百二十九条　定期租船合同,是指船舶出租人向承租人提供约定的由出租人配备船员的船舶,由承租人在约定的期间内按照约定的用途使用,并支付租金的合同。

与班轮运输合同不同,签订租船合同时,船东与租船人常常以国际上有关的航运组织或货主组织制定的合同范本为基础,结合不同航线、不同货物、不同的租船方式,完全遵循"合同自由"原则,进行适当地修改、补充,拟定承运条款和租船条款,一对一签订租船合同。由于承运条款和租船条款常常变化,所以,根据租船合同签发的租船合同提单,一般并不像普通提单那样在背面载有承运条款,而是仅仅在正面载有"并入"条款以并入租船合同中的承运条款,即提单上托运人、承运人、收货人的权利和义务均以该租船合同为准。

---

① 引自刘伟军:《THC法律问题研究》,硕士论文,2003

租船合同提单的几个问题

第一,租船运输下,船东和租船人是共同承运人。

与班轮运输下的普通提单不同,租船合同提单无须注明承运人。

在租船运输下,承运人的责任分散在船东和租船人之间,并由租船合同约定,很难说清楚谁是真正的承运人。准确地说,租船合同上的船东和租船人似乎是租船运输下的共同承运人。

而租船合同提单上的"并入"条款的存在,已经意味着租船合同提单必须与租船合同一起使用,从而很自然地暗含了承运人,所以,租船合同提单本身没有另外显示承运人的必要。ICC 在 R119 中说:实务中在多数情况下,租船合同提单并不注明承运人名称。

第二,租船合同提单,可以由哪些人签署?

租船合同中,往往会规定由合同双方中的特定一方或船长代表共同承运人向托运人签署租船合同提单。

相应地,本条规定允许租船合同提单由船东、租船人或船长,或其代理签署,归根结底,他们代表了租船合同中约定的共同承运人。

由于租船人常常为受益人,所以 ICC 在 TA581 rev 中说:"Whilst it is not common for the carrier to be the beneficiary, it is not unusual for certain beneficiaries to utilize their own vessels, aircraft or vehicles to transport goods to their destination. None of the Articles mentioned above imply that the carrier must be a party other than the beneficiary."

第三,租船合同提单的卸货港,可以是信用证规定的一个地理范围。

根据本惯例第 20 条 a(iii)款的解读,班轮运输下,普通提单的装、卸货港,都必须是实际港口或地点。然而,租船运输下,涉及的是大宗货物,如煤炭、矿砂、石油等。签署租船合同提单之时,货物具体要销售到哪里常常无法事先确定。

Article 22(a):

iii. indicate shipment from the port of loading to the port of discharge stated in the credit. The port of discharge may also be shown as a range of ports or a geographical area, as stated in the credit. 表明货物从信用证规定的装货港发运至卸货港。卸货港也可显示为信用证规定的港口范围或地理区域。

本款的规定,允许租船合同提单显示卸货港为信用证规定的港口范围或地理区域。

第四,租船合约提单没有转运问题。

由于租船运输的是大宗物品,所以,通常情况下租船运输下并不存在转运,即货物从一条船卸下,再换装上另一条船的情况。相应地,本条有关租船合同提单的规定也没有转运的内容。这一点与普通提单不同。

Article 23

空运单据

a. An air transport document, however named, must appear to 空运单据,无论名称如何,必须看似:

i. indicate the name of the carrier and be signed by 表明承运人名称,并由以下人员签署:

- the carrier, or 承运人,或
- a named agent for or on behalf of the carrier. 承运人的具名代理人。

Any signature by the carrier or agent must be identified as that of the carrier or agent. 承运人或其代理人的任何签字必须标明其承运人或代理人的身份。

Any signature by an agent must indicate that the agent has signed for or on behalf of the carrier. 代理人的签字必须表明其系代表承运人签字。

ii. indicate that the goods have been accepted for carriage. 表明货物已被收妥待运。

iii. indicate the date of issuance. This date will be deemed to be the date of shipment unless the air transport document contains a specific notation of the actual date of shipment, in which case the date stated in the notation will be deemed to be the date of shipment. 表明出具日期。该日期将被视为发运日期,除非空运单据载有专门批注注明实际发运日期,此时批注中的日期将被视为发运日期。

Any other information appearing on the air transport document relative to the flight number and date will not be considered in determining the date of shipment. 空运单据中其他与航班号和航班日期相关的信息将不被用来确定发运日期。

iv. indicate the airport of departure and the airport of destination stated in the credit. 表明信用证规定的起飞机场和目的地机场。

v. be the original for consignor or shipper, even if the credit stipulates a full set of originals. 为开给发货人或托运人的正本,即使信用证规定提交全套正本。

vi. contain terms and conditions of carriage or make reference to another source containing the terms and conditions of carriage. Contents of terms and conditions of carriage will not be examined. 载有承运条款和条件,或提示条款和条件参见别处。银行将不审核承运条款和条件的内容。

b. For the purpose of this article, transhipment means unloading from one aircraft and reloading to another aircraft during the carriage from the airport of departure to the airport of destination stated in the credit. 就本条而言,转运是指在信用证规定的起飞机场到目的地机

场的运输过程中,将货物从一飞机卸下再装上另一飞机的行为。

  c. i. An air transport document may indicate that the goods will or may be transhipped, provided that the entire carriage is covered by one and the same air transport document. 空运单据可以注明货物将要或可能转运,只要全程运输由同一空运单据涵盖。

  ii. An air transport document indicating that transhipment will or may take place is acceptable, even if the credit prohibits transhipment. 即使信用证禁止转运,注明将要或可能发生转运的空运单据仍可接受。

【本条导读】

  本条规定了空运单据的审核标准。

  与海运单据不同,空运单据比较单一。实务中,不存在类似提单代表货权性质的空运单据,也不存在类似租船提单反映飞机租赁性质的空运单据。所以,空运单据,其实就只有空运单一种,尽管名称可能各种各样。

  本条的解读重点在于,对照海运单分析空运单的特点,比如不存在船长签署、货物已接受待运日期为发运日期、空港及IATA代码显示、正本份数和正本联、禁止转运无效等,这些方面与海运单相区别。其余如不管单据名称、承运条款等相似之处,则一一略过,具体可参照海运单掌握。

23-093

Article 20(a)　空运单的功能

空运与水运、陆运相比，速度是最快的，迢迢千万里，瞬息之间近在眼前。只是其运载量有限、运费相对高昂。1998年美国联邦快递公司的统计资料表明：虽然以重量计，全球货运中只有2%是采取空运方式运输的，但以价值计算，它却占了40%。究其原因，主要是航空运输货物多为高价值、高附加值的产品及鲜活产品，如计算机芯片、珠宝等。

现行的空运法律制度主要是由1929年的《华沙公约》（1955年《海牙议定书》对公约进行了全面修订）、1961年通过作为《华沙公约》的补充案的《瓜达拉哈拉公约》、1966年的《蒙特利尔议定书》、1971年的《危地马拉议定书》及1975年的蒙特利尔四个附加议定书所确立的。其中，尤以1955年《海牙议定书》对公约进行的修订和补充最为重要，当前大多数国家都采用了这个经过修订的《华沙公约》。

什么是空运单？

《统一国际航空运输某些规则的公约》（即《华沙公约》）第11条第1款规定："在无相反证据的情况下，空运单是托运人、承运人订立运输合同，接受货物和运输条件的证明"。

我国最新的《民航法》第118条也规定："航空货运单是航空货物运输合同订立和运输条件以及承运人接受货物的初步证据。"

显然，与海运单相似，空运单也只具有运输合同的反映和货物收据两个功能。

空运单仍是注重功能，不管名称。

ISBP 681 Para 134：

If a credit requires presentation of an air transport document covering an airport-to-airport shipment, UCP600 article 23 is applicable. 如果信用证要求提交涵盖机场至机场运输的空运单据，则适用UCP600第23条。

ISBP 681 Para 135：

If a credit requires presentation of an "air waybill", "air consignment note" or similar, UCP600 article 23 applies. To comply with UCP600 article 23, an air transport document must appear to cover an airport-to-airport shipment but need not be titled "air waybill", "air consignment note" or similar. 如果信用证要求提交"航空运单"或"航空托运单"之类单据，则适用UCP600第23条，要符合UCP600第23条，空运单据必须看似涵盖机场到机场的运输，但不一定非要使用"航空运单"或"航空托运单"之类的名称。

从以上两段可以看出：空运单对应的是空港到空港的运输。如果在空港之外另有收货地或目的地，则属于多种方式运输。

实务中，名称上要求空运单时常常显示"air waybill"，"air consignment"等，均应满足。航空货运单（air consignment note，缩写为ACN）是1929年《华沙公约》的称谓，1955年的《海牙议定书》称为空运单(air waybill,缩写为 AWB)。这两种称谓具有同等意义,所以中国对外贸易运输总公司在制订的航空货运单上注明的英文名称是"air waybill",又在其下标明"air consignment note"。

23—0931

空运单的抬头和不可转让性

与海运单相似,空运单抬头可以怎么做呢?

《华沙公约》第 8 条对航空货运单收货人的填写作了如下规定:"必要时可写明收货人的姓名和住址。"该公约第 12 条第 2 款又规定:"如果托运人的指示不能执行,承运人应该立即通知托运人。"航空货运单背面条款通常也会规定,除非有特殊约定,托运人应在收货人栏内写明收货人的姓名和住址。

以上规定表明两层意思:一,通常空运单必须作成记名抬头;二,有时空运单也可作成指示抬头或没有抬头。只是后者比较少见,没有抬头的情况几乎很难看到,但是,这并不妨碍它们的出现,并得到法律的肯定。

记名抬头比较常见。

正如本条 a 款"空运单的功能"一节提到的,与海运单一样,空运单不是货权凭证,从而凭空运单不能提货,也不能转让。所以,空运单的抬头往往做成记名收货人。收货人只需凭身份,就可以从承运人处直接提货。

正由于这一点,为了控制货权,在授信开证情况下,开证行常常规定把空运单抬头做成开证行自己(consigned to the issuing bank)。对于申请人来说,在申请人未付款赎单的情况下,开证行可以控制住货权;对于受益人来说,也比较放心,因为开证行一旦委托申请人提货,便不得拒付。

指示抬头有时仍会见到。

然而,实务中,有时仍然会见到要求空运单做成指示性抬头的情况。

ISBP 681 Para 143:

An air transport document should not be issued "to order" or "to order of" a named party, because it is not a document of title. Even if a credit calls for an air transport document made out "to order" or "to order of" a named party, a document presented showing goods consigned to that party, without mention of "to order" or "to order of", is acceptable. 空运单据不是物权凭证,因此不应出具成空白指示抬头或凭某具名人指示式抬头。即使信用证要求空运单据出具成空白指示抬头或凭某具名人指示式抬头,提交的单据如显示以该具名人为收货人,尽管没有"凭指示"或"凭……指示"字样,也可接受。

本段说明:

(1)信用证要求指示抬头时,提交的空运单可以做成记名抬头。这里的规定,只是允许该指示抬头可以做成对应的记名抬头,不得做成其他对应的抬头。

比如：信用证要求空运单抬头为"to order"，实际提交的空运单可以做成"to ABC"（注：即空运单显示的 shipper）；或者要求"to order of XYZ"，提交时可作成"to XYZ"，如果作成"to DEF"，这不是信用证要求的指示抬头的一方，而是另外一方，不可接受。

（2）信用证要求指示抬头时，提交的空运单仍可以做成指示抬头。实务中，指示抬头有两种：凭空白指示或凭托运人指示，凭特定人指示。二者有着相似的含义。

"凭指示有两层含义：一是收货人的姓名和住址要凭指示，二是何时交货也要凭指示。在凭指示交货的情况下，只要托运人没发出指示，向谁交货、何时交货、是否交货都是未知数。他可以指示原货运回，也可指示在中途交货，这都是法律允许的。"[①]

"从法律关系的角度来分析，托运人与承运人通过签订运输合同而建立了法律关系，而法律关系的内容就是民事权利与义务。作为承运人在享受相应权利的同时必然要尽相应的义务，托运人要求航空运单填写为凭出口商的指示或凭开证行的指示，就是要求承运人按照出口商的指示或者开证行的指示来交货，并不是要求承运人凭航空运单放货，这也是承运人应尽的义务，这并不与航空运单不是提货凭证相矛盾，相反这种做法一定程度上解决了由于航空运单不是提货凭证而带来的问题，一定程度上解决了保证空运这种运输方式的优势与保障出口商利益和信用证支付方式下的开证行利益之间的矛盾。"[②]

23—0932

空运单的几个问题

第一，house air waybill 与 freight forwarder's air waybill 同义。

ISBP 681 Para 138：

If a credit states "House air waybill is acceptable" or "Freight Forwarder's air waybill is acceptable" or uses a similar phrase, then the air transport document may be signed by a freight forwarder in the capacity of a freight forwarder without the need to identify itself as a carrier or agent for a named carrier. In this event, it is not necessary to show the name of the carrier. 如果信用证规定"航空分运单可接受"或"货代航空运单可接受"或使用了类似用语，则空运单据可由货运代理人以该身份签署，而无须注明其为承运人或具名承运人的代理人，在此情况下，无须显示承运人名称。

货物由托运人直接委托航空公司运输，由航空公司以承运人身份签发的空运单，便是平时所说的 air waybill。当然，在许多情况下，托运人并不直接委托航空公司运输货物，而是由货代，即运输行作为中介安排运输。货代揽收货物后常常作为合同承运人向托运人签署 house air waybill（简称 HAWB，即航空分运单，或 FCR），即货代收据。而货代将揽收后经拼装的货物交航空公司，该航空公司签发给货代的运输单据就是 master air waybill（简称 MAWB），即航空主运单。

---

① 引自宋春林、吕益宽："从一起国际航空指示货运单诉讼案谈承运人的义务"，《烟台大学学报》（哲学社会科学版），1995.3

② 引自施强："对外贸航空运单收货人填写的探讨"，《江西大学学报（人文社会科学版）》，2004.12

值得一提的是,实务中货代空运单常常表示为 house air waybill,它与 forwarder's air waybill 有着相同的含义。

第二,空运单上注明 MAWB No. 或 HAWB No. 可以接受吗?

ICC 在 R221 的结论中说,注明 HAWB 号或 MAWB 号不视为与要求承运人型单据有抵触。

第三,起飞机场和目的地机场,可以用 IATA 代码表示。

ISBP 681 Para 141:

An air transport document must indicate the airport of departure and airport of destination as stated in the credit. The identification of airports by the use of IATA codes instead of writing out the name in full(e. g. , LHR instead of London Heathrow)is not a discrepancy. 空运单据必须显示信用证规定的出发机场和目的机场。用 IATA 代码而非机场全称(例如用 LHR 来代表伦敦西思罗机场)表明机场名称不构成不符点。

正如阎之大先生所说,如此可能给单据审核带来问题,因为银行并不了解所显示的 IATA 代码是否代表信用证规定的机场。

第四,空运单不管转运。

与港至港海运单的情况相似,空运下转运即为货物从一部飞机卸下,重新装上另一部飞机。

贸易运输中,国际空运的航程往往比较远,不一定有直达飞机,所以,通常都需要中途换机。换句话说,国际空运下通常不得不转运。于是本条 c 款规定空运单下一概接受转运,即使转运被禁止。

23-094

Article 20(a)(ii/iii) 货物已接受待运日期

为了表明货物已发运,海运单上必须注明货物已装船,空运单会如何表明货物已发运呢? 在海运情况下,必须确保货物已经装船,收货人才能预计货物到港时间。若只是满足于收妥货物,则在货量较大时,尤其是散装时,有可能单据到达好长时间而货物尚未装船,或在装船,或在运输途中,所以,海运单必须注明已装船,以表示货物已发运。此时,海运单上的货物已装船日期即为发运日期。

空运单呢?

第一,空运单必须表明货物已接受待运。

Article 23(a)(ii)：

indicate that the goods have been accepted for carriage. 表明货物已被收妥待运。

本款如此措辞，主要有以下原因：

（1）空运方式下，飞机适载有比较严格的要求。它并不适用于所有货物的运输，只有适宜运输的货物承运人才会接受待运。所以按本款规定，则只需注明货物已被接受待运（the goods have been accepted for carriage）。换言之，如果货物无法接受，则无法进行空运。

（2）空运单没有以注明"已装机"来表示货物已发运的必要。货物接受待运后，由于飞机极易受天气等不可抗力影响，可能随时取消航班，航空公司收货后不能保证立即装载，即使装载也无法立即发运。然而，由于空运货物一般运量较小，装载快，飞机航班比海运多，而最大的特点就是速度快，即使签发的空运单仅仅注明接受待运，该单据尚在银行间流转之时，货物往往已先期到达目的地机场了。

实务中，空运单通常是航空公司或其代理人在接受货物而不是装运货物后签发的，运输行所签署的HAWB更是如此。值得一提的是，有时，运输行签发的HAWB上并无收妥待运（the goods have been accepted for carriage）字样。此时便不可接受。

第二，空运单上表明的货物已接受待运日期，即为发运日期。

Article 23(a)(iii)：

indicate the date of issuance. This date will be deemed to be the date of shipment unless the air transport document contains a specific notation of the actual date of shipment, in which case the date stated in the notation will be deemed to be the date of shipment. 表明出具日期。该日期将被视为发运日期，除非空运单据载有专门批注注明实际发运日期，此时批注中的日期将被视为发运日期。

Any other information appearing on the air transport document relative to the flight number and date will not be considered in determining the date of shipment. 空运单据中其他与航班号和航班日期相关的信息将不被用来确定发运日期。

本款的规定，是对UCP500时期的相关规定的重大修订。

经修订之后，对空运单上发运日期的判断，已经与海运单上基本相似，即无"已发运"批注时，出具日期即为接受待运日期，将视为发运日期；有"已发运"批注时，批注日期即为发运日期。

值得一提的是，本款的"已发运"批注使用的措辞，不限于专门批注显示的实际发运日期，还包括实务中通常显示的实际起飞日期（actual flight date 或 actual dispatch date）。

然而，"已发运"批注，并不包括承运人内部使用而显示在空运单上的实际发运日期。空运单的中部一般印就一个关于航班号及起飞日期的栏位，标明"仅供承运人使用（for carrier use only）"字样。该栏位系承运人内部记载货物预定装载班次及日期之用，对外并无实际意义。ICC511说，这些信息并不能修正或改变单据上既有的内容，故不能将该栏位视为或代替信用证要求的实际发运日期的专项批注。尽管本款的措辞中，不像UCP500时期直接明确为此类信息"仅供承运人使用（for carrier use only）"或类似用途，而只是说"any other information"，但含义似乎没有改变。

有人问：信用证要求空运单显示"actual flight date"，应该如何满足？似乎只能用空运单上的实际起飞日期专项批注方可满足。如果空运单没有专项批注,空运单的出具日期,只是被视为发运日期的接受待运的日期,与实际起飞日期还不完全相同。而如果空运单显示实际发运日期的专项批注,也并没有清楚地表明起飞日期,似乎不可接受。根据本条(a)(iii)款的规定,空运单上的实际起飞日期,将被视为发运日期,然而二者毕竟不完全等同。实务中,空运单的发运日期大部分情况下对应的是接受待运日期,而不是实际起飞日期。

23-095

Article 20(a)(v)　正本

目前经营国际货物运输的航空公司一般采用 IATA 统一格式的空运单,一式 12 联,其中 1~3 联都是正本,4~6 为一般副本,其余为另外副本。

——4~6 联一般副本为:

for airport of destination——目的地机场留存联;

delivery receipt——交货收据联;

for second carrier——第二航空公司联。

——1~3 联正本为:

original 1(for issuing carrier)——出具航空公司留存联;

original 2(for consignee)——由航空公司随机交收货人联;

original 3(for shipper/consignor)——交托运人或发运人联。

《华沙公约》第 5 条规定,航空货运单是由托运人填写的货运单据一式三份。其中一份应注明"交承运人",由托运人签字;第二份应注明"交收货人",由托运人和承运人签字;第三份由承运人在接受货物后签字,交给托运人。三份航空货运单的内容必须一样,如果由于填写错误而造成承运人损失,托运人应负赔偿责任。

所以,空运单中只有三份正本,背面载有承运条款。货物发出后,托运人得到的只是蓝色的 original 3(for shipper/consignor)——交托运人或发运人联。所以,本款作出了以下规定:

Article 23(a)(v):

be the original for consignor or shipper, even if the credit stipulates a full set of originals. 为开给发货人或托运人的正本,即使信用证规定提交全套正本。

本段表明:(1)只接受给发货人或托运人的正本空运单。有时会误交其他正本,不可接受;有时会没有注明开给托运人或发运人联,仍不可接受。(2)信用证规定提交全套空运单时,可不予理会,因为航空公司不会给发货人或托运人全套正本,受益人交单时,也交不出全套正本。

有人问:收货人为什么要取得正本空运单呢?

《华沙公约》第 12 条第 3 款规定:"承运人如依照托运人指示处置货物而未要求缴回托运人或发货人联空运单,承运人对因此而造成的损害对该单据的合法持有人负赔偿之责。"换句话说,托运人/发运人一旦取得空运单 original 3(for shipper/consignor)——交托运人或发运人联,即可以行使停运权,包括指示货物交付他人。但是,依据以上规定,托运人行使停运权时,承运人应收回该正本。

显然,在信用证安排下受益人提交了 original 3(for shipper/consignor)——交托运人或发运人联,目的在于确保收货人正常收货。

还有人问:空运单上,承运人代理的签字显示在"signature of shipper or his agent"栏目,可以吗?

本节前面的解读中提到,空运单正本一式三联,由托运人填写并签署后交承运人,第一联承运人留存,第二联承运人加签署后随货交收货人,第三联承运人加签署后退给托运人。于是,为了便于签署,空运单右下角往往有两个签字栏,靠上方的为"signature of shipper or his agent"栏目,靠下方的为"signature of carrier or his agent"栏目。承运人或代理实际签署时,往往会严重错位,签字显示在靠下方的"signature of shipper or his agent"栏目。ICC 在某一个案例的结论中说:"It is not for the bank to make a judgment as to whether a signature appearing in the box designated 'signature of shipper or his agent' may be intended to be that of the issuing carrier or his agent. The document does not evidence that it has been signed by the carrier or his agent and is therefore discrepant."

似乎根本的原因在于,这两个签署栏有着不同的用途,张冠李戴将产生不同的含义,从而不可接受。

Article 24

公路、铁路或内陆水运单据

a. A road, rail or inland waterway transport document, however named, must appear to 公路、铁路或内陆水运单据，无论名称如何，必须看似：

i. indicate the name of the carrier and 表明承运人名称，并且

• be signed by the carrier or a named agent for or on behalf of the carrier, or 由承运人或其具名代理人签署，或者

• indicate receipt of the goods by signature, stamp or notation by the carrier or a named agent for or on behalf of the carrier. 由承运人或其具名代理人以签字、印戳或批注表明货物收讫。

Any signature, stamp or notation of receipt of the goods by the carrier or agent must be identified as that of the carrier or agent. 承运人或其具名代理人的收货签字、印戳或批注必须标明其承运人或代理人的身份。

Any signature, stamp or notation of receipt of the goods by the agent must indicate that the agent has signed or acted for or on behalf of the carrier. 代理人的收货签字、印戳或批注必须标明代理人系代表承运人签字或行事。

If a rail transport document does not identify the carrier, any signature or stamp of the railway company will be accepted as evidence of the document being signed by the carrier. 如果铁路运输单据没有指明承运人，可以接受铁路运输公司的任何签字或印戳作为承运人签署单据的证据。

ii. indicate the date of shipment or the date the goods have been received for shipment, dispatch or carriage at the place stated in the credit. Unless the transport document contains a dated reception stamp, an indication of the date of receipt or a date of shipment, the date of issuance of the transport document will be deemed to be the date of shipment. 表明货物在信用证规定地点的发运日期，或者收讫待运或待发送的日期。运输单据的出具日期将被视为发运日期，除非运输单据上盖有带日期的收货印戳，或注明了收货日期或发运日期。

iii. indicate the place of shipment and the place of destination stated in the credit. 表明信用证规定的发运地及目的地。

b. i. A road transport document must appear to be the original for consignor or shipper or bear no marking indicating for whom the document has been prepared. 公路运输单据必须看似为开给发货人或托运人的正本，或没有任何标记表明单据开给何人。

Article 24 公路、铁路或内陆水运单据

ii. A rail transport document marked "duplicate" will be accepted as an original. 注明"第二联"的铁路运输单据将被作为正本接受。

iii. A rail or inland waterway transport document will be accepted as an original whether marked as an original or not. 无论是否注明正本字样,铁路或内陆水运单据都被作为正本接受。

c. In the absence of an indication on the transport document as to the number of originals issued, the number presented will be deemed to constitute a full set. 如运输单据上未注明出具的正本数量,提交的份数即视为全套正本。

d. For the purpose of this article, transhipment means unloading from one means of conveyance and reloading to another means of conveyance, within the same mode of transport, during the carriage from the place of shipment, dispatch or carriage to the place of destination stated in the credit. 就本条而言,转运是指在信用证规定的发运、发送或运送的地点到目的地之间的运输过程中,在同一运输方式中从一运输工具卸下再装上另一运输工具的行为。

e. i. A road, rail or inland waterway transport document may indicate that the goods will or may be transhipped provided that the entire carriage is covered by one and the same transport document. 只要全程运输由同一运输单据涵盖,公路、铁路或内陆水运单据可以注明货物将要或可能被转运。

ii. A road, rail or inland waterway transport document indicating that transhipment will or may take place is acceptable, even if the credit prohibits transhipment. 即使信用证禁止转运,注明将要或可能发生转运的公路、铁路或内陆水运单据仍可接受。

【本条导读】

本条规定了公路、铁路或内陆水运单据的审核标准。

公路、铁路或内陆水运单据均属运单,与第 21 条海运单、第 23 条空运单相似。

本条的解读重点在于,对照空运单,分析公路、铁路或内陆水运单据的特点,比如承运人证实方式、货物已发运或已收讫待运日期、正本份数和正本联、无须表明承运条款等方面与空运单相区别。其余如不管单据名称、禁止转运无效等相似之处,则一一略过,具体可参照空运单掌握。

24-096

公路等运单的特点

在国际贸易实务中，随着集装箱运输的出现，带动了跨国公路、铁路及内陆水运的发展。然而，这三种运输方式所对应的三种运输单据所占比重仍然极低，不像海运单据、空运单据那么普及。由于三种运输单据类似，均为运单，所以在本条合并规定，即 one article for three mode. 只是在实际运用时，仍须针对特定的运输方式分别适用。

公路等运单，和海运单、空运单一样，都属于运单，只具有运输合同的反映和货物收据两个功能，所以，大多数方面都极为相似。与空运单相比，公路等运单在以下方面有所不同：

第一，承运人及证实方式。

空运单证实方式，只有签署一种。公路等运单有两种，即或者签署，或者"以签字、印戳或批注表明货物收讫"。表明货物收讫的签字、印戳或批注本身，通常都含有货物"已接收"字样、已接收日期、接收人的名称和签署等内容。这种方式下，似乎是泛指公路等运单上可以有货物已收讫批注，这种批注可以是包含在签字里，也可以由印戳或打印或手写完成，只要该批注已经由承运人或代理人签署了，就可以视为对公路等运单全部内容的签署证实，公路等运单本身从而就没有另行证实的必要。

空运单证实时必须表明承运人。公路等运单，原则上也必须表明承运人，但铁路运单是个例外，即"如果铁路运输单据没有指明承运人，可以接受铁路运输公司的任何签字或印戳作为承运人签署单据的证据"。这主要与铁路运输所具有的特殊垄断性有关，即铁路运输公司默认就是铁路运单的实际承运人了，在没有转运的情况下，它是唯一的实际承运人。

在铁路运单上可能出现一个不同于铁路运输公司的合同承运人，但是，只要铁路运单没有另外注明该合同承运人，铁路运输公司就兼有合同承运人和实际承运人双重身份，铁路运单由铁路运输公司签署，就已经满足了本条必须表明承运人的要求了。当然，铁路运输公司的证实方式也不限于签署一种，还可以是前面提到的"以签字、印戳或批注表明货物收讫"。

实务中，火车站往往是属于铁路运输公司经营的站点，也可能是独立的公司。不管是前者，还是后者，火车站在铁路运单上的签署或盖章，似乎均默认为代理铁路运输公司行事。此时，可能铁路运单上连铁路运输公司的名称都不知道，考虑到铁路运输经营的特殊垄断性，确认谁是该铁路运单的承运人，或者说谁是该铁路运输公司也不是什么难事。

第二，货物在规定发运地点已发运或已收讫待运日期。

与所有的其他运输单据一样，公路等运单也必须表明发运日期和运输全程。具体来看，这一方面的规定，倒是与多种方式运输单据几乎相同。

第三，正本及正本份数。

如何判断公路等运单的正本性呢？这似乎仍然与公路等运输的习惯有关。

Article 24　公路、铁路或内陆水运单据

Article 24(b)：

i. A road transport document must appear to be the original for consignor or shipper or bear no marking indicating for whom the document has been prepared. 公路运输单据必须看似为开给发货人或托运人的正本，或没有任何标记表明单据开给何人。

ii. A rail transport document marked "duplicate" will be accepted as an original. 注明"第二联"的铁路运输单据将被作为正本接受。

iii. A rail or inland waterway transport document will be accepted as an original whether marked as an original or not. 无论是否注明正本字样，铁路或内陆水运单据都被作为正本接受。

从本款的规定来看：公路运单与空运单最为相似了，不同之处仅在于它可以没有任何标记表明单据开给何人。铁路运单和内陆水路运单通常都不会表明开给何人，如果信用证要求铁路运单或内陆水路运单显示开给发货人或托运人，显然，似乎也必须参照满足，而不可视而不见，置若罔闻。

铁路运单习惯上在给托运人一联上注明"duplicate"字样，或者铁路或内陆水路运单不注明"original"字样，结合本惯例第17条b款、c款"单据正本的判断"两节和d款"单据副本的判断"一节的解读，这些都不妨碍它们成为正本。值得注意的是，如果注明"copy"字样，则只能视之为副本了。这一点，对于公路运单似乎也适用。

如何满足全套正本的要求呢？

Ariticle 24(c)：

In the absence of an indication on the transport document as to the number of originals issued, the number presented will be deemed to constitute a full set. 如运输单据上未注明出具的正本数量，提交的份数即视为全套正本。

本款表明了，公路等运单可以不注明出具份数，此时提交的份数将视为全套正本。换言之，如果公路等运单注明了出具份数，则理应提交全部份数才算全套。

此时，可能会与本条b款公路运单的规定有冲突。比如：信用证要求全套公路运单，实际提交时只能为b款规定的给发货人或托运人的正本，如果该正本只有一联，交一联即可；该正本多联，则多联全部提交即可。至于给其他人的正本联是否提交，可以不予理会。

第四，无须表明承运条款或出处。

这一方面的规定，可能与公路等运单往往默认为受同一国际公约或国际惯例约束有直接的关系。如此，便没有另外表明承运条款或出处的必要了。

公路运输往往签署的是CMR组织的标准公路运单。CMR为国际公路运输中签发的标准运输单据，即法语"Convention Relative au contrat de Transport Internationale de Merchandises par Route"的缩写。

铁路运输往往签署的是CIR组织的标准铁路运单。CIM为国际铁路运输中签发的标准运输单据，即法语"Convention Internationale Concernant le Transport de Merchandises par Chemin de Fer"的缩写。

至于内陆水运，国内实务中则很少见到，标准的内陆水路运单就不得而知了。

第五,禁止转运无效。

这一规定,仍然与公路等运输的特点有关。ICC511 说:在这种运输方式下,从发货地到目的地采用同种运输方式的过程中,货物需要间接运送。例如,用卡车将货物从一个国家运往另一个国家的过程中,进口国可能会禁止来自出口国装载货物的卡车过境,这就需要将货物卸下再装到该国的卡车上继续运输。铁路运输过程中则可能出现过境时两个国家的铁道轨距不一致,货物不得不从一火车卸下装上另一火车的情况。

内陆水运的情况应该基本相似。

Article 25

快递收据、邮政收据或投邮证明

a. A courier receipt, however named, evidencing receipt of goods for transport, must appear to 证明货物收讫待运的快递收据，无论名称如何，必须看似：

i. indicate the name of the courier service and be stamped or signed by the named courier service at the place from which the credit states the goods are to be shipped; and 表明快递机构的名称，并在信用证规定的货物发运地点由该具名快递机构盖章或签署；并且

ii. indicate a date of pick-up or of receipt or wording to this effect. This date will be deemed to be the date of shipment. 表明取件或收件的日期或类似词语。该日期将被视为发运日期。

b. A requirement that courier charges are to be paid or prepaid may be satisfied by a transport document issued by a courier service evidencing that courier charges are for the account of a party other than the consignee. 如果要求显示快递费用付讫或预付，快递机构出具的表明快递费由收货人以外的一方支付的运输单据可以满足该项要求。

c. A post receipt or certificate of posting, however named, evidencing receipt of goods for transport, must appear to be stamped or signed and dated at the place from which the credit states the goods are to be shipped. This date will be deemed to be the date of shipment. 证明货物收讫待运的邮政收据或投邮证明，无论名称如何，必须看似在信用证规定的货物发运地点盖章或签署并注明日期。该日期将被视为发运日期。

【本条导读】

本条规定了快递收据、邮政收据或投邮证明的审核标准。

实务中，以邮递单据作为信用证要求的运输单据的情况极为罕见。

25-097

邮递的特点

对于小件物品,如微型配件等货物,一般选择邮递,本条所规定的快递收据、邮政收据或投邮证明,便是邮递方式下的三种运输单据,或称"邮递单据"。

严格地说,邮递是一种运输经营方式,它并不对应于一种特定的运输方式。正是因为这一特点,决定了邮递方式下的快递收据、邮政收据或投邮证明别具一格,与众不同。但是,无论如何,本条所涉及的邮递单据,仍然是 UCP 意义上的运输单据,因为它们仍然是运输合同的反映。

本条的规定,概括而言,有以下看点:

第一,快递收据、邮政收据或投邮证明,注重其功能,不管名称。

在 UCP500 时期,曾经有人误认为快递收据应该也适用于寄送单据或样品。如今已经直接明确了快递收据、邮政收据或投邮证明,只用于证明信用证安排对应的基础交易下的货物收讫待运。

与其他运输单据一样,邮递单据注重功能,不管名称。实务中,邮递单据的名称多种多样,如 DHL 快递收据可能是"forwarder airbill"或"shipment air waybill",EMS 快递收据则可能是以"express mail service"的缩写"EMS"冠名,邮递收据可能是"post receipt",投邮证明可能是"post certificate"等。

第二,邮递机构默认即为承运人。证实方式包括盖章或签署。证实必须在信用证规定的发运地点。

邮递单据中的邮递机构,其实就是承运人。

在快递收据上,必须表明快递机构名称,并由该快递机构盖章或签署。

在邮政收据或投邮证明上,通常在盖章或签署时也连带地表明了邮政机构名称。值得注意的是,这里并未硬性规定由谁盖章或签署。ICC411 说:相信原因仍是考虑到一些国家的邮政法规定邮寄人(sender)是有权签发及证实投邮证明的。如果是这样,邮寄人的证实其实是代表邮政机构行事而已。

尽管信用证不会规定目的地,但是,它一般都会规定发运地。提交的邮递单据,盖章或签署时必须表明信用证规定的发运地点。

第三,发运日期。

快递收据,须表明取件或收件的日期或类似词语。该日期将被视为发运日期。

邮政收据或投邮证明,则须在规定的发运地点盖章或签署时加注日期。该日期将被视为发运日期。邮局都会以邮戳证实,邮戳中通常含有地名、邮局名称、邮寄日期等。显然,该邮戳

Article 25　快递收据、邮政收据或投邮证明

显示的地名应与信用证规定的货物发运地点一致。

第四，无须表明目的地。

邮递下的运输，均为门到门运输。通常只会规定收件人及收件人地址，所以，没有必要另行规定目的地。

第五，快递费用的显示，可以显示由收货人以外一方承担。邮政收据或投邮证明，似乎可以参照掌握。

Article 25（b）：

A requirement that courier charges are to be paid or prepaid may be satisfied by a transport document issued by a courier service evidencing that courier charges are for the account of a party other than the consignee. 如果要求显示快递费用付讫或预付，快递机构出具的表明快递费由收货人以外的一方支付的运输单据可以满足该项要求。

从本款的规定可以看出，快递收据上的快递费用，通常按照信用证规定的方式显示。可以有一个例外，即当在信用证要求快递费用付讫或预付时，还可以显示本款所规定的"由收货人以外的一方支付"。

之所以如此规定，主要与快递费用的支付习惯有关。在办理快递时，托运人常常与快递机构签订快递费用支付协议，约定快递费用的支付方式，包括定期付费。所以，只要注明快递费用由收货人以外的一方支付，即满足了快递费用已付的要求。其实更重要的原因是，这种做法并不影响收货人收货。ICC511说：快递单据没有必要载有传统的"运费已付"标注。

第六，转运、承运条款、正本等。

不存在转运。因为邮递本身不是运输方式。

无须表明承运条款。这可能是邮递下的承运，都有法定的标准化承运条款的缘故。

不另外强调正本。只要有正本就行，或许这也是由邮递的习惯所致。

Article 26

运输单据上的三种标注

a. A transport document must not indicate that the goods are or will be loaded on deck. A clause on a transport document stating that the goods may be loaded on deck is acceptable. 运输单据不得表明货物装于或者将装于舱面。声明货物可能被装于舱面的运输单据条款可以接受。

b. A transport document bearing a clause such as "shipper's load and count" and "said by shipper to contain" is acceptable. 载有诸如"托运人装载和计数"或"内容据托运人报称"条款的运输单据可以接受。

c. A transport document may bear a reference, by stamp or otherwise, to charges additional to the freight. 运输单据上可以以印戳或其他方式提及运费之外的费用。

【本条导读】

本条规定了运输单据上的三种常见标注——"货装舱面"、"托运人装载和计数"或"内容据托运人报称"及运费以外的费用的审核标准。

Article 26　运输单据上的三种标注

26 – 098

Article 26(a)　默认不接受"货装舱面"标注

在涉及海运或内陆水运下,货物装载于船只上,可以分为置于舱面(loaded on deck)和置于舱内(loaded under deck)与舱面下的货物相比,舱面上的货物容易遭受风吹、水打或雨淋或卷入海中,而在船舶出险时,首先抛弃的往往也是舱面货物。所以,一般的托运人都不愿意将货物置于舱面。

我国最新的《海商法》第53条规定:

承运人在舱面上装载货物,应当同托运人达成协议,或者符合航运惯例,或者符合有关法律、行政法规的规定。

承运人依照前款规定将货物装载在舱面上,对由于此种装载的特殊风险造成的货物灭失或者损坏,不负赔偿责任。

承运人违反本条第一款规定将货物装载在舱面上,致使货物遭受灭失或者损坏的,应当负赔偿责任。

以上的规定表明,只有两种情况允许货装舱面,否则,承运人责任自负。其一,经托运人主动同意;其二,符合航运惯例或符合法律法规,托运人不得不同意。有时一些特定货物不得不装载于舱面上,如危险品、木材、活牲畜或大型车辆、价值低廉的废旧物品等。

Article 26(a):

A transport document must not indicate that the goods are or will be loaded on deck. A clause on a transport document stating that the goods may be loaded on deck is acceptable.

运输单据不得表明货物装于或者将装于舱面。声明货物可能被装于舱面的运输单据条款可以接受。

从本段可以看出,在信用证安排下,前一种情况必须经过特别的授权,否则不可接受;后一种情况,要么经过特别授权,要么就显示为不确定的"可能"货装舱面条款,否则仍不可接受。

总之,运输单据不得显示确定的货装舱面条款,即银行默认不接受的运输单据,仅限于明确表明货物"已装舱面"或"将装舱面"的运输单据。如果在运输单据上,比如提单的正面有时印就有"货物可能装载于舱面(goods may be carried on deck)",则可以接受。这是针对所有货物承运人保留的一项免责权利,以防在某些情况下不得以将货物装载于舱面。

运输实务中,件杂物品大部分以集装箱运输,有时会装载在舱面上,但在运输单据上不会作"货装舱面"标注,此时仍可接受。

值得注意的是,与UCP500相比,本款的规定,已经不局限于涉及海运的运输单据了,因为内陆水运也可能涉及此类"货装舱面"标注。

26-099

Article 26(b) 默认接受"内容不知"标注

在运输实务中,运输单据上载有的"托运人装载和计数(shipper's load and count)"或"内容据托运人报称(said by shipper to contain)"一类条款,往往称为集装箱货物内容承运人不知条款,简称"内容不知(said to content)"或"内容不知(S.T.C.)"条款。

在集装箱运输下,往往由承运人提供集装箱,由发货人自行装箱、计数,并加海关铅封。此时,承运人对集装箱内货物内容并不知情。但是,运输单据显示货物内容却是法定要件,不得缺失。显然,对于承运人而言,最好的折中办法就是在显示货物内容时,同时批注对集装箱内的货物内容不知情,以示免责。这种做法,也为各国法律和国际公约所普遍认可。

国内最新的《海商法》规定:

第七十五条 承运人或者代其签发提单的人,知道或者有合理的根据怀疑提单记载的货物的品名、标志、包数或者件数、重量或者体积与实际接收的货物不符,在签发已装船提单的情况下怀疑与已装船的货物不符,或者没有适当的方法核对提单记载的,可以在提单上批注,说明不符之处、怀疑的根据或者说明无法核对。

第七十六条 承运人或者代其签发提单的人未在提单上批注货物表面状况的,视为货物的表面状况良好。

第七十七条 除依照本法第七十五条的规定作出保留外,承运人或者代其签发提单的人签发的提单,是承运人已经按照提单所载状况收到货物或者货物已经装船的初步证据;承运人向善意受让提单的包括收货人在内的第三人提出的与提单所载状况不同的证据,不予承认。

实务中,常见的类似"内容不知"条款还有:

——shipper's load, count and sealed;

——shipper's load stow and count;

——contents unknown 等。

Article 26(b):

A transport document bearing a clause such as "shipper's load and count" and "said by shipper to contain" is acceptable. 载有诸如"托运人装载和计数"或"内容据托运人报称"条款的运输单据可以接受。

本款的规定,默认接受载有"内容不知"标注的运输单据。

但是,这对于收货人收货,便意味着不可预料的风险。运输单据一旦载有"内容不知"标注,承运人就可以不对货物的内容负责。换句话说,接受表面并无瑕疵但载有"内容不知"批注的运输单据,并不意味着收货人就一定可以收到状况完好、数量完整的对应货物。因为发货人的装货及计数,仅仅是单方面行为,并未经过作为第三方且有公信力的承运人的检验。

Article 26 运输单据上的三种标注

对于介入贸易融资的银行,同样也意味着风险。不管是对申请人,还是受益人,银行所提供的融资,均是以单据,特别是运输单据所对应的货物作为还款保障。但是,载有"内容不知"标注的运输单据所对应的货物,可能只是画在墙上的大饼,徒有其表,名不符实,这将直接导致贸易融资的还款保障落空。

26 – 100

Article 26(c) 默认接受运费以外费用标注

实务中,运费以外的费用(charge additional to freight),通常称"附加费(surcharge)"。什么是附加费?附加费,通俗地说,是指在规定的基本费用之外加收的费用。在国际海运班轮运输中,是指除费率表中的基本运费外,向托运人加收的费用。[①] 产生附加费的原因主要有:(1)因货物本身运输、装卸积载中的特殊需要或特殊设备而计收,如超重附加费(heavy lift surcharge or over weight surcharge)、超长附加费(long length surcharge or over length surcharge)、变更卸货港附加费(optional fees)和选货附加费。(2)因在非基本港卸货或发生特殊情况而计收,如直航附加费(DDC)、转船附加费(transhipment surcharge)、港口拥挤附加费(port congestion surcharge)、港口附加费和冰冻附加费(ice surcharge)等。(3)因承运人骤然增加了营运费用而计收,如燃油附加费(BAF)、绕航附加费(deviation surcharge)和货币贬值附加费(CAF)等。正如阎之大先生所言,运输单据上的附加费用,主要是承运人为弥补由于船舶、货物、港口及其他方面的种种原因,在运输货物时可能增加的费用开支或蒙受的经济损失,而在运费之外收取的。租船运输和其他运输方式下,情况与此相似。

与运费的显示不同,附加费的名目繁多且金额大小不一,其收取有很大的随意性,常常超出货方预期之外,而这些附加费的发生,又是运输行业的惯例。

那么,运输单据上的附加费可以接受吗?

Article 26(c):

A transport document may bear a reference, by stamp or otherwise, to charges additional to the freight. 运输单据上可以以印戳或其他方式提及运费之外的费用。

本款的规定做了回答,默认接受运输单据上的附加费。换言之,只有信用证规定运输单据上不得显示附加费时,显示附加费的运输单据才不可接受。

ISBP 681 Para 113:

If a credit states that costs additional to freight are not acceptable, a bill of lading must not indicate that costs additional to the freight have been or will be incurred. Such indication may be by express reference to additional costs or by the use of shipment terms which refer to costs associated with the loading or unloading of goods, such as Free In(FI), Free Out (FO), Free In and Out(FIO) and Free In and Out Stowed(FIOS). A reference in the trans-

---

① 引自王岱岳:"关于THC法律性质的几点探讨",《大连海事大学学报(社会科学版)》,2004.12

port document to costs which may be levied as a result of a delay in unloading the goods or after the goods have been unloaded, e.g., costs covering the late return of containers, is not considered to be an indication of additional costs in this context. 如果信用证规定运费之外的额外费用不可接受,则提单不得表示运费之外的其他费用已产生或将要产生。此类表示可以通过明确额外费用或使用与货物装卸费用有关的货运术语表达,例如"船方不管装货"[Free In(FI)]、"船方不管卸货"[Free Out(FO)]、"船方不管装卸货"[Free In and Out(FIO)]及"船方不管装卸货及积载"[Free In and Out Stowed(FIOS)]。运输单据上提到由于卸货延误或卸货后的延误可能加收的费用,如迟还集装箱的费用,不属于此处所指的额外费用。

显然实务中,更重要的是区分运费、附加费和其他费用。

本段的规定表明了:

(1)附加费可以在运输单据上明确提及,也可以使用与货物装卸费有关的装运术语表达。以装运术语"船方不管装运"[Free In(FI)]为例:船方不管装运,这首先指的是装货费不在预付或到付的运费之内,需要另行加收。那么,对该附加的装货费负责的就只能是货方了,不是托运人,就是收货人。一般来说,如托运人已经支付了该费用,则没有另行加注的必要。换言之,既然运输单据上显示了"Free In",便意味着承运人只能向收货人收取,即在收货人向其支付附加的装货费之前,承运人便没有交货的义务。

值得一提的是,实务中,有时"Free In"会与贸易术语连用从而显示在发票的货描中,这似乎是对标准贸易术语的变通。尽管不适用于本段,但根据本惯例第 18 条 b 款"贸易术语 vs. 货物价值"一节的解读,似乎仍不可接受。

(2)附加费不包括由于延迟卸货或货物卸载之后的延迟可能产生的费用。延迟卸货或货物卸载之后的延迟,比如收货人不及时提货等造成的滞港费等,可能是承运人的原因,也可能是收货人的原因。对于前者,除了免责事项外,收货人可以向承运人要求赔偿。但是,如果是收货人自己造成的,承运人不负责。

国内最新的《海商法》规定:

第八十二条　承运人自向收货人交付货物的次日起连续六十日内,未收到收货人就货物因迟延交付造成经济损失而提交的书面通知的,不负赔偿责任。

对于后者,正如阎之大先生所言,以上所提及的其他费用,是属于收货人本身的延误造成的,如果不允许运输单据提及,即意味着由托运人承担,如此对托运人是不公平的。比如,在信用证规定运输单据上的附加费不可接受时,如果运输单据上显示了集装箱归还宽限期以及超过宽限期的费用,则仍可以接受。

(3)运费、附加费和其他费用,其实是个宽泛而且模糊的概念,判断时需要具体分析,综合判断,不可一概而论。

以国际海运中的 THC 为例。[①] 集装箱运输出现之后而盛行的 THC,即码头作业费(terminal handling charges),实际上,无论是传统件杂货运输,还是集装箱运输,还是租船运输中,"由第三方提供的货物码头作业始终存在,相关费用也就一直客观、现实地发生,其费率水

---

① 引自王岱岳:"关于 THC 法律性质的几点探讨",《大连海事大学学报(社会科学版)》,2004.12

Article 26　运输单据上的三种标注

平主要由提供服务的第三方控制。……对于这部分费用的分担方式,只要承托双方洽商一致,就完全可以约定由船方或者货方全部承担或者按比例分担,体现在运输合同中即为装卸费分担条款,比如,班轮条款、FIO、FO、FI、FIOS等条款即表示了不同的分担方式。"

比如:在班轮运输条件下,船方默认承担装卸费用。此时,装卸费用是运费的一部分,而不是附加费用。当然,如果班轮运输条件下,规定贸易条件"CFR Free In Shanghai port,China",此时运费并不包括上海港的装运费,该装运费就是运费以外的附加费用了。

值得一提的是,"在传统班轮运输方式下,装卸费用分担应由船货双方在运输合同中协议确定,在没有另外约定的情况下默示适用班轮条款。"然而,即使在约定的班轮条款,也并非全部由船方负责安排装卸。"以广州远洋运输公司和中远航运有限公司的实际操作情况来看,船公司即使接受班轮条款负责安排装卸,也仅仅承担船舱到船边的装卸费用,其余码头作业(船边到库、场之作业)由货主自行安排并支付费用,或者由船公司代为安排作业之后按照实际发生费用(发票金额)或按码头、装卸公司公布标准计算的费用在运输合同确定的运费之外向货主另行收取。"概而言之,在班轮条款下,只有船方负责船舱到船边或船边到船舱的装卸费用的这一块才计入运费,而船边到库、场站或库、场站到船边的装卸费用,其实是附加费用。而如果涉及卸货延迟,则可能还包含了一部分其他费用。

26—1001

运输单据上的运费

什么是运费(freight)?《美国传统辞典(双解)》说:"freight, the charge for transporting goods. 运费,运输货物所支付的费用。"通俗地说,运输单据上的运费,是承运人提供运输服务的对价。

在信用证实务中,可能涉及两个不同运费概念,即规定的运费和实际显示的运费。前者指信用证规定的运输全程对应的运费,后者指提交的运输单据上实际显示的运输全程对应的运费。比如:信用证要求港至港提单,内陆运费是在规定运费之外,可以不予考虑,除非明确禁止,提单上怎么显示都可以;而如果信用证要求多式运输单据"运费预付",那么,根据本节后面的解读,提交的多式运输单据上必须相应显示"运费预付",而且该运费已经包括了规定运输全程内的内陆运费,而不得显示"inland freight/charges are borne by consignee"。

根据贸易条件的不同,实务中形成了两种标准的运费支付方式,一种是"运费预付(freight prepaid)",另一种是"运费待付(freight payable at destination/freight collect)"。以国际海运为例:"一般而言,运费预付要求托运人在签发提单之前支付运费,运费到付要求收货人在货物交付之前支付运费。"也就是说,在实务中提单签发或货物交付,将以运费的支付为条件。

"不过,法律上并没有强制规定预付和到付的时间界点。也就是说,只要经双方协商一致,即便规定运费预付,也可在签发提单之后甚至船舶开航后一段时间内支付;对于运费到付,也不排除存在运费在货物交付之后支付的约定。实际上,提单上记载'运费预付'或'运费到付',最关键的不在于运费何时支付,而是明确了运费的支付主体。"[①]

---

① 引自陈亚:《海运承运人运费请求权研究》,硕士论文,2006年

"在每笔特定的交易中,选择的贸易术语或是 CFR,CIF 或是 FOB,二者(两类)必居其一;以订约托运人付运费为前提,且贸易与航运惯例产生的行业术语,这两种简洁表述其内涵和法律意义是特定的。因而'预付'和'到付'记载不必载明支付债务人,亦不会产生纠纷,凡是业内人士均十分清楚和熟悉这两种表示运费债务主体、支付时间、地点的特定含义和效力。"①

ISBP 681 Para 111:

If a credit requires that a bill of lading show that freight has been paid or is payable at destination, the bill of lading must be marked accordingly. 如果信用证要求提单显示运费已付或到目的地支付,则提单必须有相应标注。

ISBP 681 Para 112:

Applicants and issuing banks should be specific in stating the requirements of documents to show whether freight is to be prepaid or collected. 开证申请人和开证行应明确要求单据注明运费是预付还是到付。

以上两段表明,信用证应该明确地表明提单上的运费支付方式,而提交的提单必须相应显示。同时,需要注意以下几点:

(1)信用证规定快递收据显示"freight prepaid"时是个例外。根据本惯例第25条b款的规定,提交的快递收据上显示运费由收货人以外的一方支付可以接受。

(2)信用证规定"freight collect",运输单据上可以照要求显示,也可显示为"freight payable at destination"。反之,亦然。《美国传统辞典(双解)》说:"collect, with payment to be made by the receiver. 对方付款的,由收到者付款的。"而承运人总是在运输单据上显示的目的地交货给收货人的,所以,二者同义。

值得一提的是,此时如果运输单据显示运费由运输全程中的一个中间地点或运输全程以外的一个地点支付,则似乎不可接受。比如:信用证规定提单上显示"freight collect",同时显示从 Shanghai Port 起运到 Hamburg Port,提交的提单显示"Freight payable in Hong Kong",似乎不可以接受,因为香港不是目的地,而且该措辞并没有标准的含义,即还无法确定谁在什么时间有义务在香港支付运费。

(3)信用证未规定时,运输单据上显示运费支付方式必须与贸易条件相匹配。以常用的 FOB、CFR 和 CIF 价为例。

当信用证规定 CFR 或 CIF 价时,根据 Incoterms 规则,运输单据似乎必须相应地显示"freight prepaid"。

当信用证规定 FOB 时,运输单据通常也必须相应地显示"freight payable at destination"。值得一提的是,这并不意味着此时的运输单据显示"freight prepaid"也不可接受。ICC 在 R126 中说:"运输公司常常要求提前支付运费,FOB 价格下卖方代买方付讫运费就成了一个惯常做法。从不伤害承运人或另一方的立场出发,在平等自愿、照顾惯例的合理基础上,银行委员会同意,除非信用证条款有相反规定,在一个标明按 FOB 交货的信用证下,显示'freight prepaid'的运输单据是可以接受的。"

(4)信用证规定"freight payable as per charter party"时,必须提交租船合同提单,而且提单必须相应显示规定的运费支付方式。

---

① 引自辛玉兴、刘鑫:"提单运费条款表述方式及其法效分析",《对外经贸实务》,2002.12

Article 27

清洁运输单据

A bank will only accept a clean transport document. A clean transport document is one bearing no clause or notation expressly declaring a defective condition of the goods or their packaging. The word "clean" need not appear on a transport document, even if a credit has a requirement for that transport document to be "clean on board". 银行只接受清洁运输单据。清洁运输单据指未载有明确宣称货物或包装有缺陷的条款或批注的运输单据。"清洁"一词并不需要在运输单据上出现,即使信用证要求运输单据为"清洁已装船"的。

【本条导读】

本条规定了清洁运输单据的审核标准。

27—101

运输单据的清洁与不清洁

与所有的交易一样,国际贸易的对象,以无缺陷货物为正常,以有缺陷货物为反常。体现在基础合同中,默认交易对象为无缺陷正常货物;如果本意在于交易残次品、废品等有缺陷货物,属异常情况,必须特别说明。相应地,信用证安排中描述的货物,默认为无缺陷正常货物;如果本意在于交易有缺陷货物,属于异常情况,必须经过特别授权,否则不可接受。所以,通常情况下,尽管根据本惯例第 34 条的规定,银行对单据有效性免责,但是银行有义务通过单据上对货物情况的描述来确定是否为默认的正常无缺陷货物,包括本惯例第 18 条 c 款"发票上的货物描述 vs. 信用证规定的经典案例"一节的解读中提到发票上货物描述不得附加缺陷信息,以及本惯例第 14 条 d 款"检验证上的货物缺陷信息未满足'不得矛盾'"一节的解读中提到的检验证上不得显示货物缺陷信息,否则均不可接受。

运输单据上的货物缺陷信息呢?答案是一样的。

Article 27:

A bank will only accept a clean transport document. A clean transport document is one bearing no clause or notation expressly declaring a defective condition of the goods or their packaging. The word"clean"need not appear on a transport document, even if a credit has a requirement for that transport document to be"clean on board". 银行只接受清洁运输单据。清洁运输单据指未载有明确宣称货物或包装有缺陷的条款或批注的运输单据。"清洁"一词并不需要在运输单据上出现,即使信用证要求运输单据为"清洁已装船"的。

本款规定,银行只接受清洁运输单据。

那么,什么是 UCP 意义上的清洁运输单据(clean transport documents)?指未载有明确宣称货物或包装有缺陷的条款或批注的运输单据。换言之,明确宣称货物或包装有缺陷的条款或批注,将使运输单据不清洁,而成为不清洁运输单据。显然,所谓的"清洁运输单据"是形象的说法,而不是日常生活中所言的"表面清洁无污渍"的运输单据。准确地说,银行只接受清洁运输单据,是 UCP 意义上对运输单据的一种功能性要求。

值得一提的是,运输单据清洁与否不仅与货物本身的情况有关,还与货物包装有关。因为货物包装有缺陷,在运输过程中将直接导致货物本身的缺陷,所以,UCP 意义上运输单据显示的货物本身缺陷和货物包装缺陷,均视为不清洁。实务中,承运人在运输过程中负有管货责任,承运人有按照运输单据载明的表面状况向收货人交货的义务,当货物本身有缺陷或货物包装存在缺陷时,承运人都会在接管货物时向托运人签署的运输单据上作相应批注,这样,承运人在交付货物时便可对此免责。

实务中,关于货物的常见不清洁条款或批注有:

——two bags broken;

——wrappers torn, contents exposed;

Article 27 清洁运输单据

——goods damaged/scratched;
——goods chafed/deformed/torn;
——damaged by rat/vermins;
——mouldered;
——five steel tubes bent;
——paint on surface slightly scratched;
——content leaking.

关于包装的常见不清洁条款或批注有:
——packing soiled by contents;
——packaging broken/holed/torn/damaged;
——packaging contaminated;
——packaging badly denied;
——packaging damaged and contents exposed;
——insufficient packaging(insecurely packed)for ocean voyage;
——one box crashed and contents exposed;
——3 packages in damaged condition;
——2 cases sustained water stain;
——ironstrap loose or missing.

ISBP 681 Para 106:

Clauses or notations on bills of lading which expressly declare a defective condition of the goods or packaging are not acceptable. Clauses or notations which do not expressly declare a defective condition of the goods or packaging(e. g. ,"packaging may not be sufficient for the sea journey")do not constitute a discrepancy. A statement that the packaging"is not sufficient for the sea journey"would not be acceptable. 载有明确声明货物或包装状况有缺陷的条款或批注的提单不可接受。未明确声明货物或包装状况有缺陷的条款或批注(如"包装可能无法满足海运航程"),不构成不符点。而声明包装"无法满足海运航程"的条款则不可接受。

本段的规定从相反的角度进一步诠释了 ICC 的以上意见。结合本段的规定,可以看出:

第一,运输单据的不清洁文句,仅限于明确宣称货物或包装有缺陷,未明确则不构成不清洁。

比如:运输单据上显示"包装状况'可能'无法满足海运航程",由于仅仅是表明货物包装情况存在缺陷的一种可能,并不确定,所以,不构成不清洁,可以接受。

还比如:运输单据上显示"包装状况无法满足海运航程",由于明确了货物包装存在缺陷,已经构成了不清洁,不可接受。

有时,会看到一些带有额外条款的运输单据(claused transport documents),其条款的含义常常使人质疑单据"清洁"与否。ICC473 说:"承运人可以在运输单据上的货物描述部分加列对运输单据的评论,或手写,或盖章,或以其他方式。然而,根据 UCP400 第 34 条,在决定运输单据清洁与否的时候,需要考虑的仅仅是那些明确宣称货物及/或其包装有缺陷的条文或标注,所以与货物及/或其包装的缺陷无关的条款或标注将不能使运输单据不清洁。"

第二,"清洁"一词并不需要在运输单据上出现,即使信用证要求运输单据为"清洁已装船"的。

有人曾经问:信用证 46A 中常常要求"clean on board bill of lading",提交的提单上没有显示"clean"字样,可以吗?

其实,正如前面的解读中提到的,在 UCP 意义上对清洁运输单据的要求,仅仅是一种功能性要求,与是否显示"clean"字样无关。当然,如果运输单据上显示"clean"字样,这本身已经表明该提单为清洁运输单据,此时运输单据上不应该同时显示不清洁批注,否则不仅构成矛盾,同时也未满足清洁运输单据的要求。

ICC511 说,正是为了反对某些地区持续地在信用证中规定运输单据必须载有一条"清洁已装船"批注的陋习(continuing bad practice),本条基本上仍采用 UCP400 第 34 条 c 款,规定"信用证要求运输单据注明'清洁已装船'时,如运输单据符合本条文及第 23、24、25、26、27、28 或 30 条的要求,则银行将认为信用证的要求已经符合。"

Article 28

保险单据

a. An insurance document, such as an insurance policy, an insurance certificate or a declaration under an open cover, must appear to be issued and signed by an insurance company, an underwriter or their agents or their proxies. 保险单据,例如保险单或预约保险项下的保险证明书或者声明书,必须看似由保险公司或承保人或其代理人或代表出具并签署。

Any signature by an agent or proxy must indicate whether the agent or proxy has signed for or on behalf of the insurance company or underwriter. 代理人或代表的签字必须标明其系代表保险公司或承保人签字。

b. When the insurance document indicates that it has been issued in more than one original, all originals must be presented. 如果保险单据表明其以多份正本出具,所有正本均须提交。

c. Cover notes will not be accepted. 暂保单将不被接受。

d. An insurance policy is acceptable in lieu of an insurance certificate or a declaration under an open cover. 可以接受保险单代替预约保险项下的保险证明书或声明书。

e. The date of the insurance document must be no later than the date of shipment, unless it appears from the insurance document that the cover is effective from a date not later than the date of shipment. 保险单据日期不得晚于发运日期,除非保险单据表明保险责任不迟于发运日生效。

f. i. The insurance document must indicate the amount of insurance coverage and be in the same currency as the credit. 保险单据必须表明投保金额并以与信用证相同的货币表示。

ii. A requirement in the credit for insurance coverage to be for a percentage of the value of the goods, of the invoice value or similar is deemed to be the minimum amount of coverage required. 信用证对于投保金额为货物价值、发票金额或类似金额的某一比例的要求,将被视为对最低保额的要求。

If there is no indication in the credit of the insurance coverage required, the amount of insurance coverage must be at least 110% of the CIF or CIP value of the goods. 如果信用证对投保金额未作规定,投保金额须至少为货物的 CIF 或 CIP 价格的 110%。

When the CIF or CIP value cannot be determined from the documents, the amount of insurance coverage must be calculated on the basis of the amount for which honour or negotiation is requested or the gross value of the goods as shown on the invoice, whichever is greater. 如果从单据中不能确定 CIF 或者 CIP 价格,投保金额必须基于要求承付或议付的金额,或者基于发票上显示的货物总值来计算,两者之中取金额较高者。

  iii. The insurance document must indicate that risks are covered at least between the place of taking in charge or shipment and the place of discharge or final destination as stated in the credit. 保险单据须表明承保的风险区间至少涵盖从信用证规定的货物监管地或发运地开始到卸货地或最终目的地为止。

  g. A credit should state the type of insurance required and, if any, the additional risks to be covered. An insurance document will be accepted without regard to any risks that are not covered if the credit uses imprecise terms such as "usual risks" or "customary risks". 信用证应规定所需投保的险别及附加险(如有的话)。如果信用证使用诸如"通常风险"或"惯常风险"等含义不确切的用语,则无论是否有漏保之风险,保险单据都将被照样接受。

  h. When a credit requires insurance against "all risks" and an insurance document is presented containing any "all risks" notation or clause, whether or not bearing the heading "all risks", the insurance document will be accepted without regard to any risks stated to be excluded. 当信用证规定投保"一切险"时,如保险单据载有任何"一切险"批注或条款,无论是否有"一切险"标题,均将被接受,即使其声明任何风险除外。

  i. An insurance document may contain reference to any exclusion clause. 保险单据可以援引任何除外条款。

  j. An insurance document may indicate that the cover is subject to a franchise or excess (deductible). 保险单据可以注明受免赔率或免赔额(减除额)约束。

【本条导读】

  本条规定了保险单据的审核标准。

  涉及保险单据的条款,在 UCP500 时期有三条,如今的 UCP600 已经浓缩为一条,显得集中而精炼。

28 – 102

保险单据的功能

什么是保险?

我国最新的《保险法》规定:
第二条 本法所称保险,是指投保人根据合同约定,向保险人支付保险费,保险人对于合同约定的可能发生的事故因其发生所造成的财产损失承担赔偿保险金责任,或者当被保险人死亡、伤残、疾病或者达到合同约定的年龄、期限时承担给付保险金责任的商业保险行为。

信用证实务中的保险,指的是货物运输保险,它以运输中的货物作为保险标的,它是一种流动的财产保险。就货物运输保险来说,保险源于财产损失的可能,损失源于事故的发生,事故源于风险的存在。究其实,保险实务基本上就是围绕着风险、可能造成的损失及费用,以及根据可能造成的损失及费用而针对性地设计的险别展开。

什么是保险合同?

我国最新的《保险法》规定:
第十条 保险合同是投保人与保险人约定保险权利义务关系的协议。
投保人是指与保险人订立保险合同,并按照保险合同负有支付保险费义务的人。
保险人是指与投保人订立保险合同,并承担赔偿或者给付保险金责任的保险公司。
第十九条 保险合同应当包括下列事项:
(一)保险人名称和住所;
(二)投保人、被保险人名称和住所,以及人身保险的受益人的名称和住所;
(三)保险标的;
(四)保险责任和责任免除;
(五)保险期间和保险责任开始时间;
(六)保险价值;
(七)保险金额;
(八)保险费以及支付办法;
(九)保险金赔偿或者给付办法;
(十)违约责任和争议处理;
(十一)订立合同的年、月、日。
第二十二条 被保险人是指其财产或者人身受保险合同保障,享有保险金请求权的人,投保人可以为被保险人。
受益人是指人身保险合同中由被保险人或者投保人指定的享有保险金请求权的人,投保人、被保险人可以为受益人。

货物运输保险下，投保人类似于运输中的托运人，但是与托运人常常出现在运输单据上不同，投保人通常不会出现在保险单据上；而承担承保责任的保险人（insurer），必须出现在保险单据上，通常也称"承保人"，类似于运输中承担承运责任的"承运人"；通常在运输单据上还会显示被保险人，类似于运输中的收货人。以国际海运为例：

我国最新的《海商法》规定：

第二百一十六条 海上保险合同，是指保险人按照约定，对被保险人遭受保险事故造成保险标的的损失和产生的责任负责赔偿，而由被保险人支付保险费的合同。

前款所称保险事故，是指保险人与被保险人约定的任何海上事故，包括与海上航行有关的发生于内河或者陆上的事故。

第二百一十七条 海上保险合同的内容，主要包括下列各项：

（一）保险人名称；
（二）被保险人名称；
（三）保险标的；
（四）保险价值；
（五）保险金额；
（六）保险责任和除外责任；
（七）保险期间；
（八）保险费。

值得一提的是，国内最新的《海商法》发布于 1992 年，早于 1995 年发布、2002 年修订的国内最新《保险法》，后者新于前者，所以，相比之下《保险法》的措辞应该更为准确而周全。所谓"准确"，比如：被保险人有别于投保人，而在货物运输保险中不应该出现受益人。海上保险合同的约定双方理应为承保人/保险人和投保人，而不是承保人/保险人和被保险人，因为参与保险合同签订的是有义务支付保费的投保人，而不是被保险人。举一个例子，信用证有时会要求保单显示被保险人为申请人，而投保方却为受益人，此时难道作为被保险人的申请人在持有保单之后还要向承保人支付保险费吗？显然这是不可能的，实务中投保人未付保费，基本上无法取得保险单据，这一点与运输单据不同，后者可以有"预付运费"和"到付运费"两种选择。所谓"周全"，比如：《保险法》对保险合同要素的规定，比《海商法》多了三个，其中保险合同日期，基本上等同于保险单据日期，从而也基本上等同于保险的生效日期，这是 UCP 框架内的必备要素。

那么，什么是保险单据？

我国最新的《保险法》规定：

第十三条 投保人提出保险要求，经保险人同意承保，并就合同的条款达成协议，保险合同成立。保险人应当及时向投保人签发保险单或者其他保险凭证，并在保险单或者其他保险凭证中载明当事人双方约定的合同内容。

经投保人和保险人协商同意，也可以采取前款规定以外的其他书面协议形式订立保险合同。

Article 28 保险单据

我国最新的《海商法》规定：

第二百二十一条 被保险人提出保险要求，经保险人同意承保，并就海上保险合同的条款达成协议后，合同成立。保险人应当及时向被保险人签发保险单或者其他保险单证，并在保险单或者其他单证中载明当事人双方约定的合同内容。

同样的道理，《海商法》中提到的承保人/保险人签发保险单据的对象，正确地说应是投保人，而不是被保险人。

更重要的是，从《保险法》和《海商法》以上规定可以看出，它们的共同本意在于表明了一点，即与运输单据的本质功能是运输合同的反映相似，保险单据的本质功能也是保险合同的反映。

除此之外，从本条"保险单据的被保险人、可转让性和背书"一节的解读中可以间接看出，保险单据还应当是保险索赔权凭证，即与提单下必须凭单提货相似，保险单据下必须凭单索赔，否则，保险单据与生俱来的"可转让性"从何而来？因为"可转让性"须以"物权性"为前提，而保险索赔权是基础合同交易下货物"物权性"的一个极其重要的内容。

28—1021

保险单据的被保险人、可转让性和背书

法律意义上，货物运输保险单据具有与生俱来的"可转让性"。

我国最新的《海商法》规定：

第二百二十九条 海上货物运输保险合同可以由被保险人背书或者以其他方式转让，合同的权利、义务随之转移。合同转让时尚未支付保险费的，被保险人和合同受让人负连带支付责任。

准确地说，以上的规定不仅指的是货物运输保险合同的转让，还指作为保险合同反映的保险单据的转让，而所涉及的具体转让方式则似乎主要是指保险单据方面。值得注意的是，这里的规定很清楚地确认了两点：一，不管被保险人以什么形式出现，货物运输保险单据均默认可以转让，这一点与提单不同；二，至于转让方式，则依保险单据上显示的被保险人的形式而定，这一点又与提单相似。

那么，信用证实务中，保险单据的被保险人都可以显示为哪几种？相应地，应该如何转让呢？

ISBP 681 Para 179：
An insurance document must be in the form as required by the credit and, where necessary, be endorsed by the party to whose order claims are payable. A document issued to bearer is acceptable where the credit requires an insurance document endorsed in blank and vice versa. 保险单据必须按信用证要求的形式出具，并且，如有必要，经有权索赔人背书。如

果信用证要求空白背书式的保险单据,则保险单据也可开立成来人式,反之亦然。

ISBP 681 Para 180:

If a credit is silent as to the insured party, an insurance document evidencing that claims are payable to the order of the shipper or beneficiary would not be acceptable unless endorsed. An insurance document should be issued or endorsed so that the right to receive payment under it passes upon, or prior to, the release of the documents. 如果信用证对被保险人未做规定,则表明保险金的赔付将按托运人或受益人的指示的保险单据不可接受,除非经过背书。保险单据应出具或背书成使保险单据项下的索赔权利在放单之时或之前得以转让。

以上两段规定所要求的"保险单据应开立成或背书成使保险单据项下的索赔权利在放单之时或之前得以转让",再一次印证了本节前面提出的一个观点,即货物运输单据具有天生的"可转让性"。

以上两段的规定,似乎还暗示了保险单据所代表的索赔权,必须与提单所代表的货权同步转让,而保险索赔权其实是货权的有效补充,它们是基础交易下货物的"物权性"中物权的主要部分。正如阎之大先生所言,"一般说来,保险单据的背书应与提单的背书保持一致,且通过背书保险单据的转让范围应等于或大于提单的转让范围。从保险单据的背书与海运提单的背书的区别和联系看,提单的背书关系到货物所有权的归属,而保险单据的背书关系到被保货物出险后对保险公司及其代理人的索赔权和补偿权。所以在货物出险后只有在掌握了提单的同时又掌握了保险单据的情况下,才是真正地掌握了货权。"

有人问:议付行议付了单据,是否有必要对保险单据进行背书？ICC 在 R417 的结论中说:只有保险单据在出具时或者凭借受益人的背书做成议付行为被保险人时,议付行才需要背书保险单据。这一结论似乎也适用于提单。需要特别说明一点,ICC 只是说议付行可以不背书,但不反对议付行仍予以背书。

参照本惯例第 20 条 a 款"提单的抬头和可转让性"一节的解读,从以上两段的规定似乎还可以看出:

(1)信用证要求记名被保险人,则提交的保险单据只能做成记名保险单据。如该记名被保险人为投保人,则只能由该记名被保险人,即投保人背书转让。通常情况下,信用证既然要求了保险单据,投保人就常常是信用证的受益人,实际上,就是由受益人背书了。这是信用证实务中最为常见的一种被保险人和转让方式。

值得一提的是,在信用证规定"Loss, if any, pay to XXX co., ltd"时,这其实指的就是记名被保险人。因为根据本条"保险单据的功能"一节的解读,被保险人就是"享有保险金请求权的人",即有权索赔并获得赔付之人。

(2)信用证要求指示被保险人,则提交的保险单据也只能做成指示保险单据。

——以开证行的指示人为被保险人(unto order of issuing bank)。此种保险单据必须经开证行确定承付后才能背书转让给申请人。

——以申请人的指示人为被保险人(unto order of applicant)。此种保险单据经申请人背书后才能索赔。

——以受益人的指示人为被保险人(unto order of beneficiary)。此种保险单据提交时必须经受益人背书转让。

——以空白指示人为被保险人(to order)。这其实指的是以投保人的指示为抬头人,因为与提单的抬头相似,归根结底,所有保险单据上的被保险人均源于投保人的最初指示。此种保险单据提交时必须由投保人,通常即为受益人背书,否则不可接受。

(3)信用证要求来人为被保险人(to bearer)时,实务中称"来人式",可以有以下两种选择:

——提交的保险单据被保险人也作成来人,即"来人式",此时仅凭交付即可转让,无须背书。

——提交的保险单据被保险人也可以作成记名受益人或投保人、记名受益人指示或投保人指示、空白指示,此时须由受益人或投保人空白背书方可转让。这三种,实务中通称为"空白背书式"。

反之,若信用证要求空白背书式,可以以空白背书式或来人式被保险人来满足。

为什么呢? ICC 在 R322 中说:"A document issued to 'bearer' has the same effect as transfer of title by endorsement as the holder(presenter of the document to the claims settling agent would be classified as the assured party)."ICC 的解释,显然是从功能的角度出发的,由于功能相同所以可以接受。

28 — 103

Article 28(a)　保险单据的出具与签署

与运输单据一样,保险单据既存在出具人,也存在签署人。

Article 28(a):

An insurance document, such as an insurance policy, an insurance certificate or a declaration under an open cover, must appear to be issued and signed by an insurance company, an underwriter or their agents or their proxies. 保险单据,例如保险单或预约保险项下的保险证明书或者声明书,必须看似由保险公司或保险商或其代理人或代表出具并签署。

Any signature by an agent or proxy must indicate whether the agent or proxy has signed for or on behalf of the insurance company or underwriter. 代理人或代表的签字必须标明其系代表保险公司或保险商签字。

ISBP 681 Para 171:

Insurance documents must appear to have been issued and signed by insurance companies or underwriters or their agents or proxies. If required by the insurance document or in accordance with the credit terms, all originals must appear to have been countersigned. 保险单据必须看似由保险公司或承保人或其代理人或代表出具并签署。如保险单据或信用证条款要求,所有正本必须看似已被副签。

以上规定表明:

第一,保险单据必须由保险公司、承保人,及其代理人或代表签署。

与运输单据必须由承运人签署以示承担承运责任一样,保险单据也必须由保险人/承保人签署,以示承担承保责任。实务中,保险人有两种,即保险公司(insurance company)和保险商(underwriter)。

什么是保险公司?指根据国家法律注册成立的经营保险业务的公司。在保险单据上签署时,它的身份通常可以从名字中直接识别,无须另外表明。这一点与运输单据上的承运人签署略有不同,因为承运人只是纯粹的身份,从名称上难以直接识别。当然,有时候保险公司的身份无法从显示的名称中直接识别,此时必须另外表明其身份。

实务中,与保险公司类似的一个概念,应该是运输公司(shipping company),只是根据本惯例第14条1款"运输单据出具人"一节的解读,ICC并没有赋予后者当然的承运人身份或资格。

什么是保险商?指英国保险法下,劳合社(Lloyd's Institute)的成员以个人名义经营保险业务的个体经营者。由于保险商通常在保险文件下方签字,在保险条款中自称"underwriter",因此得名,它为英国保险法所特有。在保险单据上签署时,保险商理应显示其身份和名称。这一点与运输单据上的承运人签署基本相同。

什么是保险公司或保险商代理人(agent)和代表(proxy)?保险人/承保人不可能到处设立机构。在国际货物运输保险中,为争揽业务,保险人/承保人常常与海外机构签订代理协议,请其从事代办签发、批改保单、调查或理赔等业务。这就是代理人。代理签署人实际签署时,其具体要素与运输单据的承运人代理签署基本一样,可参照掌握,即必须包括以下四个要素:代理人名称、身份及签字、代理指向的确定的被代理的具名保险人/承保人等。比如:保单显示"XXX insurance agency co., ltd. signed for the ABC insurance co., ltd",似乎不可接受,因为有代理之名不一定行代理之实。

实务中,有一种特殊的保险代理人,它是保险人/承保人常驻在投保人处代表其行事的代表。它可以代表保险人/承保人签署保险单据,签署时不是以agent身份出现,而是以proxy身份出现,这就是保险代表(insurance proxy)。允许保险代表代为签署,这是UCP600新增的规定。

有人认为,保险公司或保险商代理人代为签署时,无须表明其代理身份,或为agent,或为proxy。似乎这是不可接受的,因为如果没有这么表明,可能连其签署时到底是以代理人,还是代表身份行事都不清楚。如果不需要这么表明,那本款还用得着区分两种代理身份分别规定吗?

第二,保险单据可由谁出具呢?

与运输单据不同,保险单据不仅注重签署,还注重出具。本款的措辞似乎还强调了保险单据的出具人身份,它可以为保险公司或保险商或其代理人或代表。由于通常在保险实务中,保险单据都会使用函头信笺,所以,根据本惯例第3条"单据出具人的识别"一节的解读,这就意味着保险单据原则上必须使用保险公司或保险商或其代理人或代表的函头信笺格式。

有人问:保险单据可以使用保险公司或保险商的函头信笺,却由保险公司或保险商代理人或代表签署,或者使用保险代理人或代表的函头信笺,却由保险公司或保险商签署吗?似乎是可以的。本款的措辞容易给人一个误会,即保险单据出具人和签署人必须为同一人,其实不然。前者应该理解为保险代理人或代表代为签署,归根结底还是由被代理的保险公司或保险商承担承保责任。实务中,由于大额保险,往往由多家保险公司联合承保,签署时通常只委托一家公司代为签署,并表明被代理的保险公司名称及承保比例,此时,往往使用代理人函头格式的保单。

有人问：保险分公司在保险公司的函头保单上签署，还算保险公司出具并签署吗？似乎是可以的，这应该与保险公司的资格管理机制有关。因为保险公司作为一种身份或资格，习惯中天然地包括它的分支机构，这同样体现在保险公司分支机构的名称之中，无须另外的说明。这一点与运输单据下的承运人不同，在承运人的资格管理机制中，总公司是承运人，它的分支机构未必也都是承运人。比如：通过交通部网站上查询，中集集团里只有三家公司有承运人身份，一个是中集总公司（China shipping container lines co.,ltd），一是其香港分公司［China shipping container lines(Hong Kong)co.,ltd］，一是其亚洲分公司［China shipping container lines(Asia)co.,ltd］。其余国内分公司如深圳、青岛等都只是货代或船代。

还有人问：保险单据使用保险经纪人的函头信笺，可以吗？回答仍然是可以的。

ISBP 681 Para 172：

An insurance document is acceptable if issued on an insurance broker's stationery, provided the insurance document has been signed by an insurance company or its agent or proxy, or by an underwriter or its agent or proxy. A broker may sign as agent for the named insurance company or named underwriter. 在保险经纪人的信笺上出具的保险单据可以接受，但须经保险公司或其代理人或代表，或由承保人或其代理人或代表签署。保险经纪人可以作为具名保险公司或具名承保人的代理人身份签署。

本段的规定似乎是在 a 款规定之外的一个变通，即保险单据在保险经纪人的信笺上出具时，更注重的是签署。而在特殊情况下，保险经纪人可以作为保险公司或保险商的代理人来签署，此时，已经类似于前面的解读中提到的使用保险代理人或代表函头信笺格式的情况。这是对 a 款规定的补充。

值得注意的是，这种情况仅限于保险经纪人作为保险公司或保险商的代理人而实施的签署，而没有涉及代表这一身份。

还值得注意的是，在保险实务中，保险经纪人在本质上是基于投保人的利益，为投保人与保险人订立保险合同提供中介服务，并依法收取佣金的单位，它是代表被保险人在保险市场上选择保险人或保险人组合，同保险人洽谈保险合同条款并代办保险手续以及提供相关服务的中间人。

28-104

Article 28(b)　正本

与本惯例第 20 条 a(iv)款的解读中提到的提单正本效力来源于提单的三个功能相似，保险单据正本有两个功能——保险合同反映和保险索赔权凭证，从而也具有这两个功能所释放的正本效力，而为副本保险单据所没有。相应地，谁正当持有正本保险单据，谁就可以正当享有以上两个功能所释放的保险单据权利。这些保险单据权利包括：

——保险合同反映功能，赋予被保险人索赔的权利，即有权要求保险人/承保人在运输中的货物发生保险事故后及时赔偿损失；

——保险索赔权凭证功能，赋予被保险人凭单索赔的权利。本条"保险单据的被保险人、可转让性、背书"一节的解读中提到的保险单据背书，就是直接基于这一个前提，即保险单据所具有的"物权性"所对应的保险索赔权凭证功能，以及由该功能所释放的"可转让性"。

值得一提的是，实务中保险单据权利体现得比较明显的是最后一个功能，即保险索赔权凭证。

保险单据正本应该如何出具并提交呢？

Article 28(b)：

When the insurance document indicates that it has been issued in more than one original, all originals must be presented. 如果保险单据表明其以多份正本出具，则所有正本均须提交。

本款的规定与本惯例第 20 条 a(iv)款中有关提单正本份数的措辞不同。

本款的规定，言外之意，可以不显示保险单据正本的出具份数。当提交的保险单据正本未显示正本出具份数时，则至少提交一份正本即可；当提交的保险单据正本显示了正本出具份数为一份时，只需也只能提交一份；当提交的保险单据正本显示了正本出具份数为多份时，同样地，只需也只能提交所有正本。

换句话说，提单必须注明出具份数，而且默认必须提交全套；而保险单据也默认必须提交全套，但无须注明出具份数。如果提交的保险单据确实也未注明出具份数，并不因此构成不符，而提交任何数量的正本保险单据，均可以视为全套接受。如果提交的保险单据确实注明了出具份数，则必须提交相应份数的全套正本保险单据。当然，如果提交的保险单据注明了正本出具份数为 2 份，理应提交 2 份正本保险单据，此时提交 3 份正本保险单据仍为不符。

28 — 105

Article 28(c/d) 保险单据的种类

UCP 意义上，作为保险合同反映的保险单据只有三种，即保险单、保险证明书、保险声明书。"cover notes"由于不反映保险合同，所以不是保险单据。

ISBP 681 Para 170：

If a credit requires presentation of an insurance document such as an insurance policy, insurance certificate or declaration under an open cover, UCP600 article 28 is applicable. 如果信用证要求提交诸如保险单或者预约保险项下的保险证明书或保险声明书之类的保险单据，则适用 UCP600 第 28 条。

Article 28：

c. Cover notes will not be accepted. 暂保单将不被接受。

d. An insurance policy is acceptable in lieu of an insurance certificate or a declaration under an open cover. 可以接受保险单代替预约保险项下的保险证明书或声明书。

以上规定必须关注以下几点：

第一，什么是保险单(insurance policy)

保险单全面反映了投保人与保险人/承保人签订的保险合同，是用于索赔的完整独立的文件。所以，信用证要求保险单据时，保险单可以优先接受。

保险单正面通常载明保险人/承保人名称、被保险人的名称、货物名称、数量或重量、唛头、运输工具、保险的起讫地点、发运日、承保险别、保险金额、保险日期、签署、索赔币别、索赔地点等内容。

保险单背面通常列明保险人/承保人的责任范围、承保人/保险人与被保险人各自的权利、义务等内容。

第二，可以接受保险单代替预约保险项下的保险证明或声明。

什么是预约保险(open cover)？什么是预约保险单(open policy)？

我国最新的《海商法》规定：

第二百三十一条　被保险人在一定期间分批装运或者接受货物的，可以与保险人订立预约保险合同。预约保险合同应当由保险人签发预约保险单证加以确认。

在国际贸易运输中，进出口方常常频繁投保，投保手续常常又十分繁琐。为简化投保手续，进出口方常常会在正式投保前，先与保险人/承保人签订一个长期性的预约保险合同。预约保险合同中规定的承保范围是总承保范围，由于它只是涵盖实际投保前的预约承保范围，也称预约保险。预约保险合同上规定的预约保险，具体包括货物种类、总保险限额、运输方式、运输区域、运输工具、承保险别、保险费率、保险期限、投保人与承保人的权利和义务等。相应地，预约保险合同下，保险人/承保人签发预约保险单予以反映。值得注意的是，预约保险单并没有货物实际发运细节，所以，不是一个独立的文件，不可作为独立的保险单据使用，不可接受。

什么是预约保险项下的保险证明(insurance certificate)和保险声明(insurance declaration)？

实际出货时，投保人只需在每批货物发运前，填制发运通知，列明该批发运的货物、价值、包装、数量、起讫地、运输工具名称、发运日期等细节，通知保险人/承保人签发保险证明或保险声明即可，即为预约保险下的保险证明或保险声明。在投保人延迟或因疏忽而遗漏通知时，需要补办发运通知。即使补办时货物已经出险，承保人也必须负责。当然，如果货物安全抵达目的地，投保人也必须交纳保险费。"保险公司可以经常查核投保单位的账目，一旦发现漏保或未投保的货物，不论是否发生保险事故，即使货物已经安全运抵，都会要求补办投保并交纳保险费。尽管预约保险合同的定义存在不同的版本，但可以肯定被保险人青睐于预约保险的根本原因就是'货物一经起运，即自动按照预约保险单所列条件承保'"。[①]

[①] 引自初北平："海上货物预约保险合同条款的合理性阐释"，《理论界》，2006.6

我国最新的《海商法》规定：

第二百三十二条　应被保险人要求,保险人应当对依据预约保险合同分批装运的货物分别签发保险单证。

保险人分别签发的保险单证的内容与预约保险单证的内容不一致的,以分别签发的保险单证为准。

第二百三十三条　被保险人知道经预约保险合同保险的货物已经装运或者到达的情况时,应当立即通知保险人。通知的内容包括装运货物的船名、航线、货物价值和保险金额。

保险证明或保险声明由于其据以签发的预约保险单已详细列明承保人与投保人之间的权利义务关系,便不再印就完整的承保条款,而往往仅注明"承保货物按照正式保险单所载合意条款及本保险证明/声明上所有的条款办理,两者有抵触,以本保险证明/声明上的特定条款为准"。换句话说,保险证明/保险声明与保险单具有一样的效力,出险时被保险人可据以向承保人索赔。值得注意的是,保险证明或保险声明一定是基于一份预约保险之下,如果提交的保险证明或保险声明并没有表明其所依据的一份特定预约保险单,则仍不可接受,因为保险证明和保险声明本身也不是独立的保险文件,尽管它们是反映保险合同的保险单据。

实务中,由于事先出具了预约保险单,所以保险证明与保险声明的出具流程极为简单。通常在预约保险单出具之后,保险人/承保人或其代理人就将预先印就带有其预先签字(pre-signature),并声明在某个预约保险单项下的保险证明/保险声明格式,交由投保人。每一次发运时,投保人根据对应的运输单据,自行填写发运细节即可。

预约保险合同,可以简化手续,可以防止漏保,而且通常都享受保险费率优惠。所以,进出口方一般都与保险人/承保人签订长期的预约保险合同。相应地,对于保险人来说,预约保险合同则可以带来稳定的保费收入。

如果说保险单类似于全式提单的话,预约保险下的保险证明或声明则类似于简式/背面空白提单。

尽管预约保险项下的保险证明和保险声明与保险单均反映保险合同,同为保险单据,但是保险证明和保险声明上直接反映的保险条款是不完整的。所以,本条 d 款规定优先接受保险单,即使信用证要求保险证明或保险声明,反之,如果信用证要求保险单,则不可提交保险证明或保险声明。

正如 ICC511 所说:"保险单是一种比保险证明或保险声明更好、更完整的保险文件。"

第三,暂保单将不被接受。

什么是"cover notes"?《英汉综合大辞典》:"note,[常用复]草稿,原稿"。顾名思义,cover notes 即承保草稿、原稿,俗称"暂保单"。

在保险实务中,保险经纪人(broker)接受投保人的委托后,会为投保人的利益而与保险人/承保人签订保险合同。而在签订保险合同之前,保险经纪人往往会在接受投保人的委托的时候,向投保人签发暂保单。保险经纪人不是保险人/承保人,暂保单只是代投保人办理保险的投保约定,并不反映保险合同,也不约束保险人/承保人。所以,它不是保险单据。暂保单的出具往往是基于不明确的货物运输工具和发运日等,待到情况明了,须用暂保单从保险人/承保人处换取保险单据。

与 UCP500 第 34 条 c 款的规定——"除非信用证有特别授权,否则银行不接受由保险经纪人签发的暂保单"相比,UCP600 中已经取消了对暂保单出具人的限制,即任何人出具的暂保单均不可接受。UCP600 制定小组说,如此扩大了暂保单的不可接受性。

实务中,暂保单除了由保险经纪人出具外,还可以由保险公司和保险商出具。有时在投保人与保险人签订保险合同之前,在还有一些条件尚未确定,或保险人需要办理复杂的内部审批手续时,投保人希望获得临时性的保障,往往会要求保险人先出具暂保单。

以日常生活中的车险暂保单为例,"平安保险公司的人士解释,中国人民银行为了解决在新车移动过程中,保险单尚未生效时发生交通事故的损险和第三者责任险而推出车险暂保单。大家都知道,即便是在买车的同时就上保险,保单生效也是在车辆有了牌照号码之后。如果在此期间发生什么问题,保险公司是不负任何责任的。"①"'暂保单'虽然不能列明所有保险条款,但毕竟已是一大进步。"在国际贸易中的货物运输保险,也存在同样的情况。

"另外还有一种暂保单,即劳合社承保人的国外代理人在收到被保险人的投保单(要约)之后,在劳合社承保人正式签发保险单接受承保之前,代表劳合社承保人接受承保(承诺)时,向被保险人签发的暂保单。这种暂保单是保险合同成立的证明,虽然在其有效期内可以约束承保人,但是倘若承保人在签发正式保险单之前,根据风险评估情况决定不予承保,则可以随时将暂保单撤销。"②

显然,这两种暂保单下保险人/承保人的承保责任是不完全的或不确定的。相应地,对于被保险人来说,暂保单下的保障就不可靠。或许这就是本惯例 c 款作出扩大暂保单不可接受性的原因。

28 – 106

Article 28(e) 生效日期 vs. 发运日期

与运输单据必须表明运输责任的生效日期——发运日期——相似,保险单据必须显示保险责任的生效日期,该日期不得晚于发运日期,因为 UCP 意义上的保险归根结底是货物运输保险,保的是运输中的货物。

Article 28(e):

The date of the insurance document must be no later than the date of shipment, unless it appears from the insurance document that the cover is effective from a date not later than the date of shipment. 保险单据日期不得晚于发运日期,除非保险单据表明保险责任不迟于发运日生效。

本款说明:

(1)保险单据所表明的保险责任的生效日期,不得晚于发运日期。

---

① 引自王雨竹:"新车为什么要办理暂保单",《交通与运输》,2007.6
② 引自程军:"UCP600 对保险单据的规定",《中国外汇管理》,2007.12

就保险单而言，这比较容易理解。UCP意义上的保险，系国际货物运输保险。所以，保险责任的生效日期，必须不晚于货物发运日期。落实到保险单上，即保险单上显示的保险责任的生效时间，不得晚于运输单据显示的发运日期。否则，便会出现部分运输时段的货物并没有由保险单覆盖，一旦出险，就无法向保险人索赔的情况。

至于预约保险下保险证明或保险声明的情况，则不容易明白。预约保险具有"自动承保"的作用，实际发运日期迟报或漏报发运细节，保险人照样负有保险责任，投保人仍要承担保险费，只要预约保险单日期不迟于发运日期。但是，由于银行要求保险单据时，只针对预约保险下的保险证明或保险声明，并不要求，也不审核预约保险单。所以，提交的预约保险下的保险证明或保险声明，其所表明的保险责任的生效日期，也不得晚于发运日期。

（2）保险单据日期，即出具日期，默认为保险单据下保险责任的生效日期。

这种默认，与大部分运输单据的出具日期，默认为运输单据下承运责任的生效日期相似。但是，如果保险单据上表明了保险责任的生效日期，则以该日期为保险责任的生效日期。

有人问：提单显示装船日为1997年4月4日，提交的保险单据的出具日期为1997年4月23日，同时注明的船舶起运日（sailing/dispatch date）为1997年4月4日。可以接受吗？ICC在R290的结论中认为：保险单据中包含承保的航程细节是保险单据的惯常做法，所包含的起运日期并不足以证明该保险单据从那时起生效。因此，该保险单据应该被拒绝接受。

通常情况下，保险单据只显示保险责任的生效日期，而不会提及有效期限。那么，如果保险单据显示了有效期限，可以接受吗？

ISBP 681 Para 175：

An insurance document that incorporates an expiry date must clearly indicate that such expiry date relates to the latest date that loading on board or dispatch or taking in charge of the goods(as applicable)is to occur, as opposed to an expiry date for the presentation of any claims thereunder. 载有截止日期的保险单据必须清楚地表明该截止日期系指货物装船、发运或接管（视情形适用）的最迟日期，而不是在保险单据项下提出索赔的期限。

本段的规定表明，默认不可接受，除非提交的保险单据上还表明了该有效期限只针对运输单据表明的货物发运日期，而不针对保险单据下的索赔日期。

28 — 107

Article 28(f)(i/ii)　保险币别和金额

什么是保险金额呢？

我国最新的《保险法》规定：
第二十四条　保险金额是指保险人承担赔偿或者给付保险金责任的最高限额。

给付保险金，属于人身保险范围，这里只涉及财产保险范围内的货物运输保险。换句话说,在被保险人眼里,保险金额是被保险人向保险人索赔的最高限额。在实务中,保险金额也称为"承保金额"或"投保金额"。换言之,保险金额是货物运输保险单据上的必备事项,否则便无以索赔。所以,保险单据上必须显示保险金额。

Article 28(f)(i):

The insurance document must indicate the amount of insurance coverage and be in the same currency as the credit. 保险单据必须表明投保金额并以与信用证相同的货币表示。

与其他金额一样,保险金额也由两部分构成:币种和数值。

本款的规定还表明,就币种而言,与商业发票的规定相似,保险单据上的保险金额,必须与信用证金额的币种一致,这主要是出于索赔时规避汇率风险考虑,因为实务中默认以保险金额显示的币种来赔付。换言之,即使保险单据上的币种与信用证一致,但显示将以另一种币种赔付则仍不可接受。

除了币种之外,保险单据显示保险金额,最为关键的在于确定保险金额的数值。

Article 28(f):

ii. A requirement in the credit for insurance coverage to be for a percentage of the value of the goods, of the invoice value or similar is deemed to be the minimum amount of coverage required. 信用证对于投保金额为货物价值、发票金额或类似金额的某一比例的要求,将被视为对最低保额的要求。

If there is no indication in the credit of the insurance coverage required, the amount of insurance coverage must be at least 110% of the CIF or CIP value of the goods. 如果信用证对投保金额未作规定,投保金额须至少为货物的 CIF 或 CIP 价格的 110%。

When the CIF or CIP value cannot be determined from the documents, the amount of insurance coverage must be calculated on the basis of the amount for which honour or negotiation is requested or the gross value of the goods as shown on the invoice, whichever is greater. 如果从单据中不能确定 CIF 或者 CIP 价格,投保金额必须基于要求承付或议付的金额,或者基于发票上显示的货物总值来计算,两者之中取金额较高者。

本款的规定表明了:

第一,当信用证直接规定保险金额的计算比例时,这只是对最低比例的要求。

ISBP 681 Para 176:

An insurance document must be issued in the currency of and, as a minimum, for the amount required by the credit. The UCP does not provide for any maximum percentage of insurance coverage. 保险单据必须以信用证的币种,至少按信用证要求的金额出具。UCP600 并未规定任何投保的最高比例。

这是 UCP600 在 ISBP 645 基础上对 UCP500 的明确。

之前,曾经有人问:保险单据金额高于信用证规定的金额是否可以接受?按照本款的规定,显然可以接受。

本节前面的解读中提到,保险金额是被保险人可以索赔的最高限额。如果信用证规定了一个保险比例,而提交的保险单据显示了一个比它更大的投保比例,这意味着,被保险人可以在出险时从保险人处获得比预想更多的赔偿,这对作为买方的申请人有什么不好呢?从不伤害买方的利益的角度来看,显然这是可以接受的。

第二,保险金额,原则上至少须以货物的 CIF 或 CIP 价值 110% 为计算基础。

货物运输保险的目的主要在于补偿出险时的货物价值。货物的价值是保险价值的计算基础,从而也是确定保险金额的计算基础。

国内最新的《保险法》规定:

第四十条 保险标的的保险价值,可以由投保人和保险人约定并在合同中载明,也可以按照保险事故发生时保险标的的实际价值确定。

保险金额不得超过保险价值;超过保险价值的,超过的部分无效。

保险金额低于保险价值的,除合同另有约定外,保险人按照保险金额与保险价值的比例承担赔偿责任。

在国际贸易运输保险下,运输途中的货物就是保险标的。但是,保险价值不仅仅是货物价值。对于买方来说,保险价值必须基于货物的成本,同时还得考虑该基础上买方出售货物的预期利润。

前者即为货物的 CIF 或 CIP 价值。值得注意的是,这里所说的货物价值,并不等同于发票金额。本惯例第 18 条 b 款"发票金额 vs. 货物价值"一节的解读中提到,发票金额是在货物价值基础上加减而来,尽管通常情况下货物价值与发票金额相同。

后者即"投保加成",至少为货物 CIF 或 CIP 价值的 10%. 换言之,可以更高,但至少为 CIF 或 CIP 价值的 10%. 如此,一旦出险,买方凭单索赔的金额将和未出险时正常销售的平均利润水平一样,从而便能更好地保护买方的利益。

有人问:当信用证规定投保金额为 120% CIF value max 时,提交的保险单据显示投保金额仅为 CIF 价值的 100%,可以接受吗?似乎不可接受。因为 120% CIF value max,并不能排除本款至少为 110% CIF value 的适用。

第三,货物的 CIF 或 CIP 价值无法确定时,保险金额须以要求承付或议付的金额,或者基于发票上显示的货物总值,两者之中取金额较高者为计算基础。

在许多情况下,从提交的单据表面无法判断货物的 CIF 或 CIP 价值,特别是在部分支款时,或在不完全以 CIF 或 CIP 为贸易条件时。这种情况下,或者以要求付款金额,或者以发票上显示的货物总值,二者较高者为计算基础。如此规定,显然也是为了最大限度地保护买方的利益。确定保险金额时,包括以下两种情形:

——当付款金额大于货物总值时,以付款金额为保险金额的计算基础。通常,这是货物总值加计费用或款项的缘故。

——当货物总值大于付款金额时,以货物总值为保险金额的计算基础。通常,这是扣减款项或费用的缘故。

ISBP 681 Para 178:

If it is apparent from the credit or from the documents that the final invoice amount only represents a certain part of the gross value of the goods(e. g. , due to discounts, pre-payments or the like, or because part of the value of the goods is to be paid at a later date), the calculation of insurance cover must be based on the full gross value of the goods. 如果从信用证或单据中可以得知最后的发票金额仅仅是货物总价值的一部分(例如由于折扣、预付或类似情况,或由于货物的部分价款将晚些支付),必须以货物的总价值为基础来计算应投保金额。

那么,什么是货物总价值呢?《美国传统辞典(双解)》说:"gross, exclusive of deductions; total:总的,不从中扣除的;总的。"显然,这是指发票上未作款项或费用扣减之前的货物价值。

值得注意的是,由货物总价值到发票金额的计算过程中,可能既有扣减,又有加计,此时须详加甄别后确定保险金额。

28 — 108

Article 28(f)(iii)　保险区间 vs. 运输全程

与运输单据必须表明信用证规定的运输全程相似,保险单据必须显示保险区间,而基于货物运输保险的功能性要求,该区间必须涵盖信用证规定的运输全程。

Article 28(f):

iii. The insurance document must indicate that risks are covered at least between the place of taking in charge or shipment and the place of discharge or final destination as stated in the credit. 保险单据须表明承保的风险区间至少涵盖从信用证规定的货物监管地或发运地开始到卸货地或最终目的地为止。

准确地说,本款所规定的保险区间所涵盖的运输全程,应该为运输单据上显示的运输全程中满足信用证规定的那一部分,而不是单纯信用证规定的运输全程。实务中,信用证规定的运输全程常常比较宽泛。相比之下,运输单据上显示的与信用证规定的运输全程则具体得多。这里只是要求运输单据上显示的实际运输全程中满足信用证规定部分的货物才值得投保。至于超出信用证规定的首程运输和末程运输部分,则可以与信用证要求的保险单据没有任何关系。

另外,从本款的规定来看,保险单据所显示的承保期间,可以不管运输工具,即可以显示运输工具、运输路线,也可以不显示运输工具、运输路线。只是如果保险单据显示了运输工具、运输路线,则不得与包括运输单据在内的其他单据矛盾。

有人问:保险单据上的保险区间起讫地点,可以是一个地理范围吗?比如:信用证规定 43E port of loading:Tianjin Xingang,并要求提单。提交的保险单据上显示 place of taking in charge:China,似乎可以接受。因为作为货物接管地的中国,外延比天津新港要宽。

还有人问:提交的港至港提单上显示了规定的装货港 Shanghai Port 和卸货港 Hamburg Port;保险单据上显示 shipment from Wuhan to Hamburg Port,可以吗?回答似乎是否定的,因为保单上显示的运输路线可能根本就没有经过上海港,这不算已经涵盖了规定的运输全程。

但是，如果信用证规定 43A place of receipt：Beijing，43E port of loading：Tianjin Xingang，并要求提单。提交的保险单据上显示 place of taking in charge：Beijing，可以接受。因为从收货地 Beijing 到目的地承保期间，涵盖了经装货港天津新港海运到目的地的运输路线，也涵盖了未经天津新港到目的地的其他运输路线。

还有人问：以下保单可以接受吗？

比如：信用证要求多式运输单据，并规定：

Loading on board/dispatch/taking in charge/from：USA；

For transportation to：Sovetskaya Gavan，Russia.

提交的多式运输单据显示：

Place of receipt：Piscataway，NJ；

Port of loading：New York USA；

Port of discharge：Sovetskaya Gavan，Russia.

提交的保险单据显示：

Insured goods shipped from New York USA to Sovetskaya Gavan，Russia.

ICC 在 TA610 的结论中说："The insurance document is not acceptable because it only provides coverage from New York to Sovetskaya Gavan and not from the place of receipt Piscataway，NJ."

细分析，案例中的关键在于，确认多式运输单据显示的收货地和装货港之间，哪一个地点是信用证规定的收货地。就 ICC 的结论和所看到的资料似乎可以推测出，实际上，既然要求的是多式运输单据，那么，信用证所要求的运输全程就不能是从 Port of loading：New York USA 至 Port of discharge：Sovetskaya Gavan，Russia 的港至港运输区段，而还应该包括从 Place of receipt：Piscataway，NJ 至 Port of loading：New York USA 的首程运输。显然，该多式运输单据显示的收货地"Piscataway，NJ"已经被视为规定收货地，该地点同时也被用于确定发运日期。此时提交的保险单据未满足要求。换言之，如果装货港 New York USA，被用来确定为规定收货地以及发运日期，则对应的将是港至港提单，而不会是本案例所要求的多式运输提单，这本身就是一个不符点了。

28—109

Article 28(g/h/i) 险别

在国际货物运输保险中，险别是针对不同的运输方式、不同的风险，以及不同风险可能造成的不同损失而设计的。相应地，对于保险人而言，保险人将根据不同的投保险别对被保险人承担保险责任，赔偿损失。对于被保险人而言，也只有在投保险别范围内产生的损失，才能索赔。于是，买卖双方如何确定投保险别，就显得极其重要。

那么，如何确定投保险别呢？

ISBP 681 Para 173：

An insurance document must cover the risks defined in the credit. Even though a credit may be explicit with regard to risks to be covered, there may be reference to exclusion clauses in the document. If a credit requires "all risks" coverage, this is satisfied by the presentation of an insurance document evidencing any "all risks" clause or notation, even if it is stated that certain risks are excluded. An insurance document indicating that it covers Institute Cargo Clauses(A) satisfies a condition in a credit calling for an "all risks" clause or notation. 保险单据必须涵盖信用证规定的风险。即使信用证明确列明应投保的风险，保险单据也可以援引除外条款。如果信用证要求投保"一切险"，提交载有"一切险"条款或批注的保险单据即满足要求，即使该单据声明某些风险除外。如果保险单据标明投保（伦敦保险）协会货物保险条款（A），也符合信用证关于"一切险"条款或批注的要求。

结合本段的规定，必须注意以下几点：

第一，必须确定投保险别适用中国保险条款 CIC，还是适用协会保险条款 ICC。

不同的险别，总是适用于不同的保险规则。而在不同的保险规则下，类似险别之间的承保责任大体相当，但还是略有不同。我国企业按 CIF 或 CIP 条件出口时，一般按中国保险条款（China insurance clauses, CIC）投保，但如果国外客户要求按协会货物条款（institute cargo clause, ICC）投保，也可接受。

如果信用证选择适用于中国保险条款 CIC，则保险单据上必须显示适用于 CIC，而不得显示适用其他规则。反之，如果如果信用证选择适用于协会保险条款 ICC，则保险单据上必须显示适用于 ICC，而不得显示适用其他规则。

有人问：如果信用证规定了险别，但没有规定适用规则，保险单据上是否可以显示一个特定的适用规则呢？似乎可以接受。在我国对外贸易实务中，中国保险条款 CIC 和协会保险条款 ICC 是并行不悖的规则。

第二，必须确定在不同的运输方式下不同的基本险和附加险。

不管是适用中国保险条款 CIC，还是适用协会货物条款 ICC，不管是海上运输，还是航空运输、陆上运输、邮寄，投保险别均包括两个部分：基本险和附加险。

Article 28(g):

A credit should state the type of insurance required and, if any, the additional risks to be covered. An insurance document will be accepted without regard to any risks that are not covered if the credit uses imprecise terms such as "usual risks" or "customary risks". 信用证应规定所需投保的险别及附加险（如有的话）。如果信用证使用诸如"通常风险"或"惯常风险"等含义不确切的用语，则无论是否有漏保之风险，保险单据都将被照样接受。

本款只是说明，信用证应该明确规定投保的基础险别和附加险。如果未规定投保险别，或者规定了投保险别但措辞含糊，则将不予理会。比如：信用证要求"insurance policy covering all risks/W.A/F.A"。显然，这是对基本险的规定，但是究竟需要投保哪些基本险，显然不太明确，从措辞来看，似乎"/"只是三者选一的含义。换句话，上述三种基本险别，选择任何一种加以投保均可接受。如此看来，这与没有规定又有什么区别呢？因为原则上，基本险是必须单独投保，附加险只有投了基本险之后才能投保。

值得一提的是,保险单据也必须显示确切的险别。否则,与没有投保又有何异?

有人问,如果在保险单据上也相应地显示了"covering all risks/W. A/F. A",是否可以接受? 显然,这是不确切的险别,似乎不能接受。

第三,投保"一切险"的特别之处。

在中国保险条款 CIC 和早期的协会货物条款 ICC 中,"一切险"是基本险的一个险别。"一切险"下所承保的范围并不能想当然认为是一切风险,以海上运输为例,其实,它仅仅涵盖海上风险和一般外来风险所造成的损失和费用,却并不涉及如战争、罢工、管制等特殊风险引发的损失和费用;换句话说,一切险只是在平安险、水渍险的基础上增加了一般附加险而已,而与如战争险、民变险等特殊附加险无关。所以,平日所言的"一切险",名实并不完全相符。以中国保险条款 CIC 为例,其在责任范围部分第一(三)点规定:"一切险,除包括上列平安险和水渍险的各项责任外,本保险还负责被保险货物在运输途中由于外来原因所致的全部或部分损失。"同时,在除外责任部分,还详细规定了一系列除外责任。

为此,最新的协会货物条款 ICC 中,干脆舍弃"一切险"这一术语不用,代之以"ICC Cargo clause (A)",显得更为贴切。在 institute cargo clauses(A)的"risks covered"部分,第1点说:"This insurance covers all risks of loss of or damage to the subject matter-insured except as provided in Clause 4, 5, 6 and 7 below."显然,最新的协会货物条款 ICC A 的内容,与中国保险条款 CIC all risks 极其相似,即均有 all risks 字样,同时声明除外风险。

有人问:信用证规定投保 all risks,提交的保险单据显示投保了 ICC A,可以接受吗? 本段的规定作了肯定的回答。因为 ICC A 在其规定的承保范围内已经带有 all risks 字样。

与之相适应,从 UCP500 到 UCP600,均作出了相似的规定:

Article 28(h):

When a credit requires insurance against "all risks" and an insurance document is presented containing any "all risks" notation or clause, whether or not bearing the heading "all risks", the insurance document will be accepted without regard to any risks stated to be excluded. 当信用证规定投保"一切险"时,如保险单据载有任何"一切险"批注或条款,无论是否有"一切险"标题,均将被接受,即使其声明任何风险除外。

本款只是说明,日常实务中所言的"一切险"只是一种功能性要求,声明特定的一种或几种风险除外,是保险行业的习惯,可以接受。

有人问:既然允许声明任何风险除外,是否就意味着保险单据所投保的"一切险",可能什么风险都没有保呢? 其实,这是一个误会。表面上看,UCP 允许在投保"一切险"时,可以排除任何风险,包括"一切险"所对应的所有风险。但是,这种情况在保险公约或各国的保险法律里,是绝对不会允许的,在这些框架内仍然必须满足其为"一切险"的本质功能。换句话说,在保险公约或各国的保险法律里,所谓允许排除的"任何"风险,是有严格限制的,否则,可能不成其为"一切险"。而 UCP 在这里所做的规定,只是表明了一点,即到底可以排除多少风险,什么风险,还是交给法律去处理吧。

但不管怎么样,保险单据必须投保信用证规定的风险。根据本条 g 款的规定,在 UCP 框架内,如果信用证明确列明应投保的风险,则保险单据对上述风险必须不做任何排除,否则,便违背了本惯例第 14 条的"单据上数据之间'不得矛盾'"原则。

第四,需要注意的是,保险单据可以援引任何除外条款(exclusion clauses)。

Article 28(i):

An insurance document may contain reference to any exclusion clause. 保险单据可以援引任何除外条款。

本款是 UCP600 的新规定。

本款只是说明,在保险单据上只显示了除外责任条款,而没有明确是针对哪个信用证规定险种的除外责任条款,将不能以此为由拒付。之所以如此规定,与本条 h 款下允许投保"一切险"同时声明排除任何风险的原因一样,在保险实务中,基本险和附加险几乎毫无例外都包含除外责任条款。

第五,同一投保险别,一定条件下可由多份保险单据覆盖。

实务中,有时会看到同一投保险别由多份保险单据覆盖。可以接受吗?

ISBP 681 Para 174:

Insurance covering the same risk for the same shipment must be covered under one document unless the insurance documents for partial cover each clearly reflect, by percentage or otherwise, the value of each insurer's cover and that each insurer will bear its share of the liability severally and without pre-conditions relating to any other insurance cover that may have been effected for that shipment. 对同一运输的同一风险的保险必须由同一保险单据涵盖,除非每一份涵盖部分保险的保险单据以百分比或其他方式明确反映每一保险人负责的保险金额,并且每一保险人将各自分别承担自己的责任份额,不受其他保险人可能已承保的该次运输的保险责任的影响。

本段表明,满足以下条件的多份保险单据可以接受:

(1)明确的保险价值分割:进行部分保险的多份保险单据通过百分比或其他方式明确反映每一保险人承保的保险价值。需要特别注意的是,这里指的是保险价值,而不是保险金额。

(2)独立的保险责任承担:每一承保人将各自分别承担自己的责任份额,不受同一运输可能已经办理的其他保险的影响。显然,这是出于被保险人的索赔利益考虑。

值得一提的是,本段并款涉及不同险别的情况。换言之,似乎默认接受分别覆盖不同险别的多份保险单据。

28—1091

风险、损失及费用

国际货物运输路途长、环节多,运输过程中会遇到各种风险而造成货物损失。进出口商人通过投保货物运输险,将不定的损失变为固定的费用。投保后,万一货物在运输过程中发生约定范围内的损失,可从保险公司得到经济上的补偿。货物在运输过程中可能遭受的风险和损失是多种多样的。为了明确责任,保险公司在其保险险别条款中,对不同险别所承保的风险和损失都做了规定。①

在国际货物贸易中，海上运输占了特别重要的比重。这里的介绍，主要以海上货物运输及海上货物运输保险为例。

什么是风险？

什么是风险？《美国传统辞典（双解）》说："risk, the possibility of suffering harm or loss; danger. 危险，风险，遭受损害或损失的可能性。"风险是造成损失的原因，但却未必一定会造成损失，它仅仅是造成损失的可能性。

保险业把海上货物运输的风险分成海上风险和外来风险。

——海上风险。海上风险包括自然灾害和意外事故。

自然灾害，仅指恶劣气候、雷电、洪水、流冰、地震、海啸以及其他人力不可抗拒的灾害，而不是指一般自然力所造成的灾害。

意外事故，主要包括船舶搁浅、触礁、沉没、碰撞、失火、爆炸以及失踪等具有明显海洋特征的重大意外事故。

——外来风险。外来风险是指海上风险以外的各种风险，分为一般外来风险和特殊外来风险。

一般外来风险，指偷窃、破碎、渗漏、玷污、受潮受热、串味、生锈、钩损、短量、淡水雨淋等。

特殊外来风险，主要是指由于军事、政治及行政法令等原因造成的风险，从而引起货物损失。如战争、罢工、交货不到、拒收等。

海上风险可能造成的损失。

仍以海上货物运输为例，海上货物运输的损失又称海损（average），指货物在海运过程中由于海上风险而造成的损失，海损也包括与海运相连的陆运和内河运输过程中的货物损失。

海上损失按损失的程度可以分成全部损失和部分损失。

——全部损失（total loss），又称全损，指被保险货物的全部遭受损失，有实际全损和推定全损之分。

实际全损（actual loss），是指货物全部灭失或全部变质而不再有任何商业价值。

推定全损（constructive total loss），是指货物遭受风险后受损，尽管未达实际全损的程度，但实际全损已不可避免，或者为避免实际全损所支付的费用和继续将货物运抵目的地的费用之和超过了保险价值。推定全损需经保险人核查后认定。

——部分损失（partial loss）。不属于实际全损和推定全损的损失，为部分损失。按照造成损失的原因可分为共同海损和单独海损。

共同海损（general average），指在海洋运输途中，船舶、货物或其他财产遭遇共同危险，为了解除共同危险，有意采取合理的救难措施所直接造成的特殊牺牲和支付的特殊费用。在船舶发生共同海损后，凡属共同海损范围内的牺牲和费用，均可通过共同海损清算，由有关获救受益方（即船方、货方和运费收入方）根据获救价值按比例分摊，然后再向各自的保险人索赔。共同海损分摊涉及的因素比较复杂，一般均由专门的海损理算机构进行理算（adjustment）。

---

① 引自中国制造网 http://cn.made-in-china.com

单独海损(particular average),指不具有共同海损性质,尚未达到全损程度的损失,该损失仅涉及船舶或货物所有人单方面的利益损失。

按照保险条例,不论担保何种险种,由于海上风险而造成的全部损失和共同海损均属保险人的承保范围。对于推定全损的情况,由于货物并未全部灭失,被保险人可以选择按全损或按部分损失索赔。倘若按全损处理,则被保险人应向保险人提交"委付通知",即把残余标的物的所有权交付保险人,经保险人接受后,可按全损得到赔偿。

海上风险形成的相关规避费用。

海上风险还会造成费用支出,主要有施救费用和救助费用。所谓施救费用是指被保险货物在遭受承保责任范围内的灾害事故时,被保险人或其代理人或保险单受让人,为了避免或减少损失,采取各种措施而支出的合理费用。所谓救助费用是指保险人或被保险人以外的第三者采取了有效的救助措施之后,由被救方付给的报酬。

保险人对上述费用都负责赔偿,但以总和不超过保险金额为限。

外来风险可能造成的损失。

外来风险可能造成的损失,指除海上风险以外的其他风险所造成的损失。这类损失,不按损失的程度区分成全损和部分损失,而是按造成损失的原因分类作为保险公司承保的依据,具体分成一般外来风险所造成的损失和特殊外来风险所造成的损失。

28—1092

中国保险条款 CIC

我国现行的货物运输保险条款是中国人民保险公司(The People's Insurance Company of China,简称 PICC),于 1981 年 1 月 1 日修订的货物运输保险条款,即中国保险条款,简称 CIC。中国保险条款 CIC 的国际货物运输保险险别,包括基本险和附加险。

基本险可以单独投保,被保险人投保时,必须选择也只需选择一种基本险投保。在不同的运输方式或运输经营方式下,有不同的基本险。

附加险不能单独投保,可在投保一种基本险的基础上,根据货运需要加保其中的一种或若干种。投保了一切险后,因一切险中已包括了所有一般附加险的责任范围,所以只需在特殊附加险中选择加保。与基本险不同,同一附加险适用于不同的运输方式或运输经营方式。

海上运输基本险(ocean marine cargo clauses)。

海洋货运保险的基本险包括平安险、水渍险和一切险。

——平安险(free from particular average,即 FPA)。平安险系惯常说法,并不是这一险别负责货物平安到达目的地。与其他基本险相比,它的责任范围最小。平安险的承保范围,包括除了由自然灾害造成的单独海损以外的海上风险所造成的一切损失和费用,并因而得名"free from particular average"。具体包括:

在运输过程中,由于自然灾害造成被保险货物的实际全损或推定全损。

由于运输工具遭遇搁浅、触礁、沉没、互撞与流冰或其他物体碰撞以及失火、爆炸等意外事故造成被保险货物的全部或部分损失。

只要运输工具曾经发生搁浅、触礁、沉没、焚毁等意外事故,不论这意外事故发生之前或者以后曾在海上遭遇恶劣气候、雷电、海啸等自然灾害造成的被保险货物的部分损失。

在装卸转船过程中,被保险货物一件或数件、整件落海所造成的全部损失或部分损失。

被保险人对遭受承保责任内危险的货物采取抢救、防止或减少货损措施支付的合理费用,但以不超过该批被救货物的保险金额为限。

运输工具遭遇自然灾害或者意外事故,需要在中途的港口或者在避难港口停靠,因而引起的卸货、装货、存仓以及运送货物所产生的特别费用。

共同海损的牺牲、分摊和救助费用。

运输契约订有"船舶互撞责任"条款,按该条款规定应由货方偿还船方的损失。

——水渍险(with particular average,即 WPA 或 with average,即 WA)。水渍险的承保范围,包括海上风险所造成的一切损失和费用。水渍险,是在平安险的基础上,加上自然灾害造成的单独海损,并因而得名"with particular average". 此种损失主要由海水入舱浸泡货物,货物上有水渍而得名"水渍险"。

——一切险(all risks,即 AR)。一切险的承保范围,包括水渍险的所有责任,还包括由一般外来风险所造成的损失。目前国际海上货物运输一般都投保一切险。

仓至仓条款(warehouse to warehouse clause)。根据保险条款规定,上述基本险承保责任的起讫,采用国际保险业通用的"仓至仓条款"。该条款规定,保险人的保险责任自被保险货物运离保险单所载明的起运地仓库或储存处所开始运输时生效,直到该项货物到达保险单所载明目的地收货人的最后仓库或储存处所或被保险人用作分配、分派或非正常运输的其他储存处为止。如未抵达上述目的地,则到货物于最后卸载港全部卸离海轮后 60 天为止。在上述 60 天内如再需转运,则开始转运时保险责任终止。

基本险的除外责任(exclusions)。上述基本险还规定了下列除外责任:(1)被保险人的故意行为或过失所造成的损失;(2)属于发货人责任引起的损失;(3)在保险责任开始前,被保险货物已存在的品质不良或数量短差所造成的损失;(4)被保险货物的自然损耗、本质缺陷、特性以及市价跌落、运输延迟所造成的损失和费用;(5)属于海洋运输货物战争险条款和货物运输罢工险条款规定的责任范围和除外责任。

航空运输基本险(air transportation risks)。

——航空运输险(air transportation risks)。该险别与海上运输基本险的水渍险责任范围相当。

——航空运输一切险(air transportation all risks)。该险别与海上运输基本险的一切险责任范围相当。

陆上运输基本险(overland transportation risks)。

——陆上运输险(overland transportation risks)。该险别与海上运输基本险的水渍险责任范围相当。

——陆上运输一切险(overland transportation all risks)。该险别与海上运输基本险的一切险责任范围相当。

邮包保险基本险(parcel post insurance clauses)。

——邮包险(parcel post risks)。该险别与海上运输基本险的水渍险责任范围相当。

——邮包一切险(parcel post all risks)。该险别与海上运输基本险的一切险责任范围相当。

附加险(additional risk)。

附加险承保由外来风险所造成的损失,可分成一般附加险和特殊附加险(包括特定附加险),分别对应于一般外来风险和特殊外来风险。

——一般附加险(general additional risk),包括:偷窃提货不着险(theft, pilferage and non-delivery,简称 TPND)、淡水雨淋险(rain fresh water damage,简称 RFWD)、渗漏险(risk of leakage)、短量险(shortage)、钩损险(hook damage)、破碎碰损险(risk of clashing and breakage)、锈损险(risk of rusting)、混杂玷污险(intermixture and contamination)、串味险(risk of odour)、受潮受热险(damage caused by sweating and/or heating)、包装破裂险(loss and/or damage caused by breakage of packing)等 11 种。

——特殊附加险(special additional risk)(包括特定附加险 specific additional risk),主要有战争险(war risk)、民变险(risk of strike, riots and civil commotions,简称 SRCC)、舱面险(on deck)、拒收险(rejection)、交货不到险(failure to deliver)、黄曲霉素险(aflatoxin)、进口关税险(import duty)以及货物出口到港澳地区的存仓火险责任扩展条款(fire risk extention clause)等 8 种。

其中,特定附加险(specific additional risk),只包括战争险和民变险两种。加保战争险,保险人要加收保费,已保战争险后另加保民变险不另收费,如单保民变险,仍按战争险费率加收保费。战争险、民变险的费率视某一地区战争、民变形势的变化随时调整,且保险人对战争、民变高风险国家或地区可能不予承保。战争险、民变险的责任起讫不是"仓至仓",保险人只负水面责任。

28-1093

协会货物条款 ICC

在国际保险市场上,各国保险组织都制定有自己的保险条款。目前在世界保险界和贸易界最为普遍接受的是,英国伦敦保险业协会所制定的 Institute Cargo Clause,即协会货物条款,简称 ICC.

该协会 1965 年制定的海上货物运输条款,包含三个基本险别,即平安险、水渍险和一切险,与中国保险条款 CIC 的基本险别名称相似。这里的"一切险",并不表示承担一切风险造成的损失的责任范围,为了避免误会,1982 年 1 月 1 日修订公布了最新的协会货物条款,仍然包括三个基本险别:

——协会货物条款(A)[institute cargo clauses(A),简称 ICC(A)];
——协会货物条款(B)[institute cargo clauses(B),简称 ICC(B)];
——协会货物条款(C)[institute cargo clauses(C),简称 ICC(C)]。

其中,(A)险相当于中国保险条款中的一切险,其责任范围更为广泛,故采用承保"除外责任"之外的一切风险的方式表明其承保范围。(B)险大体上相当于水渍险。(C)险相当于平安险,但承保范围较小些。(B)险和(C)险都采用列明风险的方式表示其承保范围。

在航空运输下,基本险别则包括协会货物保险航空险[institute cargo clauses(air)(excluding sending by post)]。

在陆上运输下,基本险别则包括协会货物保险陆上险[institute cargo clauses(land)]。

在邮寄下,基本险别则包括协会货物邮包险[institute cargo clauses(post)]。

除了几种不同运输或运输经营方式对应的基本险外,协会货物条款还包括附加险。与中国保险条款 CIC 一样,附加险分为一般附加险和特殊附加险。恶意损害险是新增的险种,属于一般附加险,不能单独投保。战争险和罢工险属于特殊附加险,必要时,在征得保险人同意后,也可作为独立的险别进行投保。

28-110

Article 28(j)　免赔率或免赔额

对于易破碎和易短量的货物损失,保险界往往会提高投保门槛,以确保保险利润。如何提高投保门槛? 保险人往往规定微量损害达不到一定比例或金额时不予赔偿,限制频繁的小额索赔,避免得不偿失。前者即为规定免赔率,后者即为规定免赔额。显然,注明受免赔率或免赔额(减除额)约束的保险单据,对于被保险人而言,是对其索赔权利的一种限制。

所谓免赔率,指货物遭受损失的程度超过规定的百分比时保险人才予赔偿。这个百分比就是免赔率(franchise)。货物损失超过免赔率后,保险人赔偿全部损失的,称为相对免赔率(non-deductible franchise);货物损失超过免赔率后,保险人只赔偿超过免赔率部分的损失者,称为绝对免赔率(deductible franchise)。

所谓免赔额,指货物遭受损失的程度超过规定金额时保险人才予赔偿,这个限额就是免赔额[excess(deductible)]。

Article 28(j):

An insurance document may indicate that the cover is subject to a franchise or excess (deductible). 保险单据可以注明受免赔率或免赔额(减除额)约束。

本款说明,保险单据默认接受注明受免赔率或免赔额(减除额)约束。

ISBP 681 Para 177:

If a credit requires the insurance cover to be irrespective of percentage, the insurance document must not contain a clause stating that the insurance cover is subject to a franchise or an excess deductible. 如果信用证要求保险责任不计比例,则保险单据不得含有表明保险责任受免赔率或免赔额约束的条款。

实务中,有时信用证会规定不接受免赔率或免赔额条款或批注,即"不计免赔率(irrespective of percentage)"条款,简称 IOP,译为"不论损失百分比均须赔偿"。如何满足呢? 本段的规定做了回答,即保险单据上未显示免赔率或免赔额就可以了,无须特别显示 IOP 条款。换言之,信用证的规定只是一个功能性要求,没有表明免赔条款的保险单据就已经满足了功能性要求,至于是否显示不计免赔率则无关紧要。

值得注意的是,免赔率或免赔额条款,不是独立的险别,而是某些险别赔偿的补充。

品读 **UCP600**

Article 29

有效期限和交单期限的顺延

a. If the expiry date of a credit or the last day for presentation falls on a day when the bank to which presentation is to be made is closed for reasons other than those referred to in article 36, the expiry date or the last day for presentation, as the case may be, will be extended to the first following banking day. 如果信用证的截止日或最迟交单日适逢接受交单的银行非因第36条所述原因而歇业,则截止日或最迟交单日,视何者适用,将顺延至其重新开业的第一个银行工作日。

b. If presentation is made on the first following banking day, a nominated bank must provide the issuing bank or confirming bank with a statement on its covering schedule that the presentation was made within the time limits extended in accordance with sub-article 29 (a). 如果在顺延后的第一个银行工作日交单,指定银行必须在其致开证行或保兑行的面函中声明交单是在根据第29条a款顺延的期限内提交的。

c. The latest date for shipment will not be extended as a result of sub-article 29(a). 最迟发运日不因第29条a款规定的原因而顺延。

【本条导读】

本条规定了信用证规定的交单截止日或最迟交单日顺延的审核标准。

Article 29 有效期限和交单期限的顺延

29—111

Article 28(a/c) 顺延的适用

银行节假日不营业,几乎成为国际银行业的惯例。但是,各个国家、各个地区的节假日,常常各不相同。实务中,包括受益人在内的交单人,常常无法全面把握各国及地区有权接收单据的银行,会在哪一天营业,而在哪一天又不营业。为了平衡受益人的利益,UCP 默认允许交单截止日及最迟交单日顺延。

Article 29:

a. If the expiry date of a credit or the last day for presentation falls on a day when the bank to which presentation is to be made is closed for reasons other than those referred to in article 36, the expiry date or the last day for presentation, as the case may be, will be extended to the first following banking day. 如果信用证的截止日或最迟交单日适逢接受交单的银行非因第 36 条所述原因而歇业,则截止日或最迟交单日,视何者适用,将顺延至其重新开业的第一个银行工作日。

c. The latest date for shipment will not be extended as a result of sub-article 29(a). 最迟发运日不因第 29 条 a 款规定的原因而顺延。

以上两款的规定与本惯例第 6 条 d 款的规定相呼应。

以上两款的规定表明,顺延仅适用于信用证规定的有效期限和交单期限,不适用于发运日期;仅适用于非不可抗力的原因,不适用于不可抗力原因;仅适用于接受交单的有效银行,不适用于非指定银行。

(1)顺延仅适用于信用证规定的有效期限和交单期限,不适用于发运日期。

交单不是交单人的单方面行为,如果有效银行适逢节假日等不营业,就无法接收单据,从而也就谈不上交单。所以,本条 a 款规定了信用证交单有效期限和交单期限的顺延。

但是,根据本条 c 款规定,顺延却不适用于最迟发运日。这主要与货物运输的行业习惯有关,各国的交通运输机构在节假日往往都照常上班。

(2)顺延仅适用于正常的银行节假日等,不可抗力下不适用。

不可抗力下导致有效银行营业中断,纯属天灾意外,不适用顺延,有效银行从而也就无须承担由此产生的信用证下的责任。这一点,与本惯例第 36 条关于银行不可抗力下免责的规定保持一致,前后呼应。

(3)顺延仅适用于信用证下的有效银行,非指定银行不适用。

在信用证安排下,只有指定银行和开证行,才有权接受受益人的交单,并据以判断是否构成相符交单。换句话说,该顺延仅与有效交单有关。所以,有关交单截止日及最迟交单日的顺延,仅适用于接受交单的指定银行和开证行。

相应地,本款的规定就确认了,只要是合理顺延后的第一个银行工作日,有效银行便有接受交单的义务。而对于交单人来说,则可以在顺延后的第一个银行工作日及之前的任何一天提交，只要与信用证的其他规定不冲突。

以信用证规定的交单截止日为例，不考虑最迟交单日。例如，一笔香港开来的出口信用证规定：任何银行议付，有效地"China"，有效期"20071005"。10月1日至7日为中华人民共和国国庆节，银行不营业。根据本款及本惯例第33条的规定，受益人向国内任何一家银行交单，可以在顺延后的第一个银行工作日——10月8日（含）之前的任何一天，包括银行放假期间的10月1日至7日之间的任何一天，只要银行愿意签收。

对于非指定银行来说，它仅仅是包括受益人在内的交单人的寄单代理，顺延没有任何意义。

29－112

Article 28(b)　顺延时的面函声明和倒签

交单截止日及最迟交单日的顺延，可以是在交单人向其交单的开证行，也可以是在交单人向其交单的指定银行。前者比较单一，不涉及按指定行事的指定银行，开证行可以直接判断是否适用于顺延。后者则比较复杂，不仅涉及按指定行事的指定银行，还涉及指定银行向其转递单据的开证行或保兑行。由于交单人向指定银行提交单据，已经构成了UCP意义上的交单，其顺延只有接收交单的指定银行清楚，所以，接收转递单据的开证行或保兑行无法直接作出判断，而只能完全依赖于指定银行的告知。

那么，指定银行应该如何告知向其转递单据的开证行或保兑行呢？

UCP500时期，关于顺延仅仅规定了指定银行必须声明，却没有规定声明必须以何种形式作出。

Article 29(b)：

If presentation is made on the first following banking day, a nominated bank must provide the issuing bank or confirming bank with a statement on its covering schedule that the presentation was made within the time limits extended in accordance with sub-article 29(a).

如果在顺延后的第一个银行工作日交单，指定银行必须在其致开证行或保兑行的面函中声明交单是在根据第29条a款顺延的期限内提交的。

本款的规定表明了，顺延时，指定银行必须在寄单面函上相应声明。显然，这是UCP600的一个进步。

实务中，此类声明常见的类似文句有：

——"We certified that the documents presented are compliance with the credit."既然声明构成相符交单，当然包括了在可能的顺延期限内提交了。

——"Documents are presented within the expiry of this credit."这是声明了在信用证有效期限内交单，应该也包括经延期的效期了。

值得一提的是，在不存在顺延的情况下，根据本惯例第14条b款的规定，指定银行也享有"5天"的审单期限。比如单据在效期内提交，但指定银行寄单却在效期之后，这样寄单面函日期常常晚于效期。此时,指定银行似乎仍可参照本条规定在寄单面函上相应声明。当然,指定银行在寄单面函上的单方面声明,实际上是 UCP 赋予其的一项权利,该权利常常成为其为交单人"倒签"单据的方便之门,即在交单人,特别是受益人实际迟交单的情况下,指定银行仍然出于维护受益人的利益考虑单方面在寄单面函上向开证行或保兑行确认"在效期或交单期内交单",以满足信用证下相符交单的要求。只是"倒签"单据对指定银行来说是有风险的,毕竟它违背了事实。

实务中,指定银行在"5 天"审单期限下,寄单面函及汇票日期均迟于交单期限或有效期限,面函上同时声明单证相符。ICC 在 R373 中说:"在寄单面函日期迟于最迟交单期及/或效期的情况下,单证相符的声明足以证明单据是在效期及/或最迟交单期内提交的。如果单据日期迟于效期,则肯定认为是迟交单,因此,是不符点。"换言之,该面函上的单证相符声明还必须基于汇票出具日不晚于效期及/或交单期。但是,如此一来,则可能与本惯例第 6 条 c 款"汇票是信用证的'要求单据'吗"一节的解读中提到的 ICC 观点——汇票上的不符点不足以构成开证行拒付的理由相悖。是否可以设想为汇票是单独提交的,或者汇票是由银行代为制作的?该案例中就是后一种情况。

有人问:寄单面函未声明顺延时开证行可以拒付吗?

实务中,交单人,特别是受益人的实际交单,事实上在信用证规定的有效期限或交单期限,或顺延后的有效期限或交单期限之内,但是,指定银行有时会由于工作疏忽而漏在寄单面函上相应声明。

此时,开证行可以拒付吗?

根据本惯例第 2 条"交单"定义一节的解读中提到,受益人向指定银行提交单据已经构成了交单,这样,指定银行向开证行或保兑行转递单据,以及指定银行转递时的寄单面函仅仅是指定银行向开证行的指示工具,是银行之间的事,它并不构成交单人交单的要素。ICC 在 Case 278 中说:"被指定银行的面函日期晚于信用证效期几天,并不能说明开证行可以认为单据并没有在信用证效期内提交。如果开证行有所怀疑,该问题应在两个银行之间解决。"ICC 在 R480 中又说:"如果议付行没有在面函中提供这样的声明,开证行可以提出信用证过期或晚交单的不符点。然而,只要议付行再发来一份函电,确认单据符合信用证关于日期的规定,没有如此声明完全是议付行的疏忽,开证行即应接受单据……在没有指定银行的有关声明的情况下,受益人向指定银行的正点相符交单已经构成了开证行的付款责任,不论该指定银行是否在事后补充提交了有关声明。"

然而,根据本惯例第 6 条 e 款"实际交单日期与指定银行的寄单面函"一节的解读中提到的,通常情况下,开证行还是首先以寄单面函的日期来确定受益人的交单时间,迟于信用证规定日期的面函至少会因开证行的疑虑或询问而延误付款时间,所以,指定银行应尽早寄单并正确声明,以便尽快得到偿付。

品读 UCP600

Article 30

信用证金额、数量与单价的浮动

a. The words "about" or "approximately" used in connection with the amount of the credit or the quantity or the unit price stated in the credit are to be construed as allowing a tolerance not to exceed 10% more or 10% less than the amount, the quantity or the unit price to which they refer. "约"或"大约"用于信用证金额或信用证规定的数量或单价时,应解释为允许有关金额或数量或单价有不超过10%的增减幅度。

b. A tolerance not to exceed 5% more or 5% less than the quantity of the goods is allowed, provided the credit does not state the quantity in terms of a stipulated number of packing units or individual items and the total amount of the drawings does not exceed the amount of the credit. 在信用证未以包装单位件数或货物自身件数的方式规定货物数量时,货物数量允许有5%的增减幅度,只要总支取金额不超过信用证金额。

c. Even when partial shipments are not allowed, a tolerance not to exceed 5% less than the amount of the credit is allowed, provided that the quantity of the goods, if stated in the credit, is shipped in full and a unit price, if stated in the credit, is not reduced or that sub-article 30(b) is not applicable. This tolerance does not apply when the credit stipulates a specific tolerance or uses the expressions referred to in sub-article 30(a). 如果信用证规定了货物数量,而该数量已全部发运,及如果信用证规定了单价,而该单价又未降低,或当第30条b款不适用时,则即使不允许部分装运,也允许支取的金额有5%的减幅。若信用证规定有特定的增减幅度或使用第30条a款提到的用语限定数量,则该减幅不适用。

【本条导读】

本条规定了信用证金额、数量与单价浮动伸缩度的审核标准。

本条的解读,还将揭示UCP默认的支取金额伸缩度与发运数量伸缩度之间的联动关系,也就是默认的支款浮动与发运浮动之间的联动关系。

30 — 113

Article 30(a) 信用证规定的伸缩度

实务中,信用证金额、数量或单价,特别是数量常常无法精确,买卖双方因此往往会要求在信用证中规定浮动的伸缩度,或者以百分比的形式,或者使用一个语句等。

——以百分比的形式表达伸缩度。比如:信用证规定"39A—Percentage Credit Amount Tolerance:5/10"。这意味着信用证金额可以有5%的增幅和10%的减幅。

——使用语句表达伸缩度。比如:信用证47A中规定"both quantity and amount 10 percent more or less acceptable"。这指的是信用证所提及的货物发运数量、货物发运金额、发票金额及信用证金额都可以有10%的增减幅度。

除此之外,实务中经常出现使用短语表达伸缩度。比如,"up to","to the extent of","not exceeding"等常用短语用于表达数量、单价或信用证金额的上限,而下限可以很小且没有任何约束。经"up to"类似用语修饰货物数量时,ICC 489 Case 270 说:"根据'up to'一词的词义,可减至任何数量,并不受5%最低限额规定的限制。"这里的5%最低限额指的是本条b款的默认发运数量减幅。显然,"up to"等类似用语修饰单价或金额时,似乎也应该有相似的含义。

实务中,还使用"about"及"approximately"等常用短语表达伸缩度。那么,这些常用短语都将作何标准解释呢?

Article 30(a):

The words "about" or "approximately" used in connection with the amount of the credit or the quantity or the unit price stated in the credit are to be construed as allowing a tolerance not to exceed 10% more or 10% less than the amount, the quantity or the unit price to which they refer. "约"或"大约"用于信用证金额或信用证规定的数量或单价时,应解释为允许有关金额或数量或单价有不超过10%的增减幅度。

本款的规定只是说明了,"约(about)"及"大约(approximately)"这两个常用短语在修饰"信用证金额"或"信用证规定的数量"或"信用证规定的单价"时,有一个标准的解释,即有关金额或数量或单价的增减幅度为10%.

本款的规定必须注意以下几点:

(1)这两个短语只限于被修饰的金额或数量或单价有10%的增减幅度。换句话说,尽管金额与数量、单价可能存在联动关系,但这种用语的修饰并不一定作用于所有因素。如果买卖双方意欲使该用语对所有因素都起作用,则必须分别加以修饰。否则,可能难免事与愿违。

ICC 在 R365 的分析和结论中说:"UCP500 第 39 条 a 款中,规定的凡'约(about)','大约(approximately)'……或类似的词语,用于信用证金额、数量或单价时,应解释为有关金额、数量或单价不超过10%的增减幅度。"

(2)本款规定的伸缩度只限于两个常用短语——"约(about)"及"大约(approximately)"。

这一点与 UCP500 时期不同,平时常见的"circa"、"roughly"、"nearly close to"、"around"均已经没有了标准的解释。

(3)实务中信用证规定伸缩度的同时,理应规定与之相关联的数量、单价和金额,但这并不绝对。换言之,三者之间的浮动并没有必然的联动关系。以货物数量为例,有时会出现一种比较奇怪的现象,信用证只规定货物数量浮动的伸缩度,却没有规定货物数量本身。这需要分别以下两种情况处理:

比如:信用证 45A 中只规定货物描述并未规定数量,47A 中规定"amount and quantity 3 percent more or less allowed"。此时,可以将该浮动视为未单据化条件而不予理会。

还比如:信用证 45A 中在规定货物描述的同时,还规定"amount and quantity 3 percent more or less allowed"。此时,则应该将该浮动文句视为货物描述的一部分在发票的货物描述部分予以体现。

有人问:信用证规定的货物数量比例,可以随数量伸缩而伸缩吗?

比如:信用证规定的货物描述为:"Fresh cut Okoume logs. Origin:Gabon. Grade:CI 40 pct, CE 50 pct, CS 10 pct."

申请人提了个不符点:"实际计算的装箱单上显示的三种规格木材比例与信用证规定的比例不一致。""信用证将三种规格的木材比重表述为'GRADE:CI∶CE∶CS 是 40%∶50%∶10%',发票完全按信用证要求表述,而装箱单只表明了三种木材各自的立方数和总立方数,没有表述各自的比例,在经过简单计算后发现占比分别为 38.64%、51.13%、10.23%。"

ICC China 在 ICCCR004 中的分析及结论中说:"关于货物比例问题,如信用证关于木材比例的要求在'货物描述'一项,则受益人提交的发票满足信用证要求即可,开证行不必计算装箱单中货物的比例(除非信用证对装箱单的要求有此规定)。如果信用证有关要求未体现在货物描述,也未体现在对其他单据的要求中,则应视为非单据条款,开证行可不予置理。即使对装箱单也有规定,信用证既然允许分批装运及 10% 的数量增减,而未规定一批货物中不同规格货物的占比不得增减,应视为允许不同规格货物的占比在该幅度内增减。"

30 — 114

Article 30(b) UCP 默认发运数量有 5% 增减幅度

商业交易习惯上,有时实际发运数量与基础合同中约定的数量间难免会出现差异。此时,即使信用证没有直接规定浮动的伸缩度,UCP 也允许特定情况下实际发运数量有一定的伸缩度。

Article 30(b):

A tolerance not to exceed 5% more or 5% less than the quantity of the goods is allowed, provided the credit does not state the quantity in terms of a stipulated number of packing units or individual items and the total amount of the drawings does not exceed the amount of the credit. 在信用证未以包装单位件数或货物自身件数的方式规定货物数量时,货物数量允许有5%的增减幅度,只要总支取金额不超过信用证金额。

ISBP 681 Para 65:

The quantity of the goods required in the credit may vary within a tolerance of +/−5%. This does not apply if a credit states that the quantity must not be exceeded or reduced, or if a credit states the quantity in terms of a stipulated number of packing units or individual items. A variance of up to +5% in the goods quantity does not allow the amount of the drawing to exceed the amount of the credit. 信用证要求的货物数量可以有5%的溢短装幅度。但如果信用证规定货物数量不得超量或减少,或信用证规定的货物数量是以包装单位或商品件数计量,则此规定不适用。货物数量在5%幅度内的溢装并不意味着允许支取的金额超过信用证金额。

以上的规定表明了,本款规定了以非计数单位规定发运数量时,UCP默认发运数量有5%增减幅度。

第一,什么是未以包装单位件数(packing units)及货物自身件数(individual items)等计数单位规定发运数量?

实务中,货物的发运数量可以以不连续的计数单位来计量,也可以以连续的非计数单位来计量。以case为例,实务中存在1 case,2 cases,3 cases,但绝不会存在1.1 case,1.2 case,所以case是不连续的计数单位。再以ton为例,实务中存在1 ton,2 tons,3 tons,同时也存在1.1 ton,1.2 ton,还存在1.11 ton,1.12 ton,所以ton就是连续的非计数单位。

什么是包装单位件数(packing units)或货物自身件数(individual items)呢?ICC 459 Case 138说:

"packing unit, covers such modes of packaging as cases, boxes, drums;

"individual item, refers to pieces, 'kgs' or 'metric tons' are not packing units."

准确地说,本款所提及的包装单位件数及货物自身件数本身就是一种不连续的计数单位,它已经涵盖了信用证实务中所有可能的计数单位,即有包装的情况下,以包装单位件数计量,没有包装或裸装的情况下,以货物自身件数计量。相应地,本款似乎可以理解为适用于所有未以计数单位表示的发运数量。

比如:信用证规定"thread 500 bales"。如果在允许部分发运的情况下,提交的单据显示发运"62.5 bales",可以接受吗?《美国传统辞典(双解)》说:"bale, a large package of raw or finished material tightly bound with twine or wire and often wrapped. 大包,大捆,用线或绳缠绕包裹的原料或成品的大包,经常被包扎起来。"bale,其实就是包装单位件数,所以无法接受。ICC在R273中说:由于信用证明确规定包装单位为"捆(bale)",关于货物可有5%溢短装的规定不适用。如果信用证禁止分批发运,这将是短装不符点(short shipment),不论短装多么小。

还比如:信用证规定"thread 500 bales in 5×20′ container"。如果在允许部分发运的情况下,提交的单据显示"150 bales in 1×20′ container and part of 1×20′ container",也是不符点,因为container也可以看作为大的包装单位。部分集装箱算什么呢?没有定数。

第二，发运数量默认有5%的增减幅度。

UCP默认发运数量有5%的增减幅度，即UCP默认发运数量，可以围绕信用证允许的可发运数量的上下5%范围内浮动，但不能超过信用证允许的可发运数量的105%，也不能少于信用证允许的可发运数量的95%。这基于以下两个前提：

——发运数量未以计数单位规定。换言之，发货数量以包装单位件数或货物自身件数规定时，那是计数单位，则无此默认。

——发运数量没有另行规定伸缩度，包括适用a款的常用短语修饰规定的发运数量。值得注意的是，与UCP500不同，UCP600取消了信用证未规定货物数量不得增减的规定。这并不意味着执行本款的规定，可以不理会信用证对货物数量浮动伸缩度的另外规定，而是优先适用后者。

值得一提的是，本款不仅适用于不允许部分发运的情况，也适用于允许部分发运时的全部发运情况。

第三，同时本款强调了，支款金额必须满足信用证要求。

其实，这是多余的话。本款所提及的支款金额未超过信用证金额，这是天经地义而又不言自明的事。准确地说，这指的是支款金额必须满足信用证要求。信用证的要求，包括信用证另行规定了支款金额的伸缩度，以及本条a款的常用短语修饰规定信用证金额的情况。否则，支款金额未满足要求，这本身就是不符点。

实务中，支款金额与发运数量、单价具有天然的联动关系，但是这种联动关系并不直接。

在本惯例第18条b款"发票金额 vs. 货物价值"一节的解读中提到，支款金额以发票金额为基础，但不等同于发票金额。而发票金额，由实际发运货物的价值加减计算而最后确定，货物价值又由计价的货物数量而来。用算式表达如下：

支款金额≤发票金额

发票金额＝货物价值±费用或款项

货物价值＝单价×计价的发运数量

在大多数情况下，支款金额、发票金额、货物价值三者相同，从而形成支款金额与发运数量以单价为比例的直接联动。于是，既然货物数量有5%的增减幅度，支款金额似乎也应允许有5%的增减幅度。值得一提的是，这一种联动关系并不直接，本款只是允许支款金额不超过信用证金额，并没有允许支款金额可以超过信用证金额，也并没有规定支款金额的最低限额。前者可能主要与开证行的承付责任有关。就一笔交易而言，申请人交纳的保证金、开证行的授信额度，以及开证行向偿付行的偿付授权，总是与信用证允许支取的最高限额直接相关，而不会依赖于货物数量的增减幅度。后者则常常引起争议，这或许是本款特别强调支款金额不超过信用证金额的原因。

有人问：如果货物数量按5%的减幅发运，是否允许支款的金额也只限于5%的减幅呢？答案是否定的。本款只是规定了支款金额的最高限额，并没有禁止支款的金额低于5%的减幅，即低于95%，这是其一；其二，与之相呼应，本条c款所允许支款金额的5%减幅，明确了不适用于本款的规定。之所以如此规定，可能还是与支款金额并不等同于发票金额、货物价值有关。正如本条a款"信用证规定的伸缩度"一节的解读中提到的，ICC在Case 270中说，经"up to"类似用语修饰货物数量时，根据"up to"一词的字义，可减至任何数量，并不受5%最低限额规定的限制。显然，本款使用的"未超过（not exceed）"这一常用短语来修饰信用证金额，

Article 30 信用证金额、数量与单价的浮动

也应有相同的意思。

30—115

Article 30(c)　UCP默认支款金额有5%的减幅

与本条 b 款的规定相似,UCP 是否也允许实际支款金额可以有一定的伸缩度呢?

在 UCP400 时期,ICC 曾经在 R44 中认为,如果信用证金额前没有"up to"或类似意思的字样修饰,且禁止分批发运,提交的发票金额小于信用证金额是不能被接受的。然而,这一种规定与实务并不吻合。

ICC 在 R367 中说,这主要涉及两种情况,一种是报价由于商业原因被取整,比发运数量与单价的乘积略大;另一种是在 CFR 或 CIF 条件下,保险费及/或运费是软报价,实际体现在单据中的保险费及/或运费比报价时低。这两种情况下支款金额事先无法完全确定,但又不能让它毫无节制地变化。

Article 30(c):

Even when partial shipments are not allowed, a tolerance not to exceed 5% less than the amount of the credit is allowed, provided that the quantity of the goods, if stated in the credit, is shipped in full and a unit price, if stated in the credit, is not reduced or that sub-article 30(b) is not applicable. This tolerance does not apply when the credit stipulates a specific tolerance or uses the expressions referred to in sub-article 30(a). 如果信用证规定了货物数量,而该数量已全部发运,及如果信用证规定了单价,而该单价又未降低,或当第 30 条 b 款不适用时,则即使不允许部分发运,也允许支取的金额有 5% 的减幅。若信用证规定有特定的增减幅度或使用第 30 条 a 款提到的用语限定支款金额时,则该减幅不适用。

ISBP 681 Para 66:

Even when partial shipments are prohibited, a tolerance of 5% less in the credit amount is acceptable, provided that the quantity is shipped in full and that any unit price, if stated in the credit, has not been reduced. If no quantity is stated in the credit, the invoice will be considered to cover the full quantity. 即使信用证禁止部分发运,当货物数量全部发运,单价(如信用证有规定的话)也未降低时,支款金额有 5% 的减幅也可以接受,如果信用证未规定货物数量,发票视为涵盖全部货物数量。

以上的规定,几乎完全承继了 UCP500 及 ISBP 645 的规定。

ICC511 说,有时信用证金额会因为商业原因被取整,或者在 CFR 或 CIF 下,报价是基于假定的或大致的保险费和运费估算出来的,在提交单据时,受益人按实际的保险费和运费出具发票,如果实际的运费和保险费比估算的低,就有可能出现发票金额低于信用证金额的情况,所以,在货物全部发运时,5% 的减额有其合理性而能被接受。基于上述考虑,UCP500 增加了类似的规定。

概而言之,在出现报价取整数或软报价的情况下,UCP 默认支款金额有 5% 的减幅。

值得一提的是，默认支款金额有5%的减幅，不适用于信用证另行规定支款金额的伸缩度的情况，包括使用本条a款提到的常用短语。因为信用证对支款金额的伸缩度另有规定时，则理应优先适用。

从以上的规定，似乎还可以看出：

第一，两个前提：发运数量已经全部发运，单价未降低。

本条b款"UCP默认发运数量有5%的增减幅度"一节的解读中提到，实务中，货物价值、发票金额和支款金额往往是相同的，而其金额的大小总是由发运数量和单价的乘积而定。只是对于本款而言，UCP默认支款金额有5%的减幅，必须基于以下两个前提：

(1)发运数量已经全部发运。

如果信用证没有规定发运数量，则显示的所有数量都算满足已经全部发运的要求。

如果信用证规定了发运数量，则该数量照要求显示，即为全部发运。只是当信用证规定发运数量时，有些情况下还会使用本条a款的常用短语修饰发运数量从而规定发运数量的伸缩度，或者如果信用证没有规定其伸缩度但本条b款默认有发运数量的伸缩度时，本款就不适用了。因为这两种情况下，既不是单纯的报价商业取整，也不是单纯的软报价了，如果适用本款，就可能限制了支款金额的伸缩度范围，从而和实务背离。

值得一提的是，本款所指的全部发运，不仅适用于不允许部分发运/部分支款的情况，也适用于允许部分支款/部分发运时的全部发运/全部支款的情况，即只要当货物已经全部发运时，支款金额便不得低于信用证规定金额的95%。

(2)单价未降低。

如果信用证没有规定单价，则显示的所有单价都算满足单价未降低的要求。

如果信用证规定了单价，则该单价照要求显示，即为单价未降低。只是当信用证规定单价时，极个别情况下还会使用本条a款的常用短语修饰单价从而规定单价的伸缩度，则本款也不适用。原因与前面提到的发运数量下的情况相似。

其实，在信用证规定了单价的情况下，提交的发票上必须显示相应的单价，不得不显示，也不得另外显示，否则便为不符点。而在信用证未规定单价的情况下，发票可以不显示单价。

第二，有人问：支款金额低于信用证规定金额的95%，可以吗？

表面上看，回答似乎是否定的。但是，实际上并不完全如此。

在本条b款"Case 17 什么是发票金额"一节的解读中提到，信用证金额仅仅是可支款的金额，它不同于实际支款金额，也不同于发票金额或货物价值。就本款UCP默认支款金额有5%的减幅的两个原因——报价取整和软报价——来看，支款金额指的是信用证下实际支取的款项金额，报价则不同，它指的似乎就是货物价值，显然，二者似乎在本款的适用范围内已经等同了，即本款所指的实际支款金额等同于发票金额或货物价值。实际上，从货物价值到发票金额、实际支款金额之间，个别时候还有扣减或附加，从而造成三者之间的差异。而就本款的规定而言，似乎就是不考虑个别时候货物价值的扣减或附加的情况。换言之，当存在货物价值的扣减或附加时，本款似乎并不适用，准确地说，这里的"支款金额"，似乎应该理解为"货物价值"。

在本惯例第18条b款"发票金额 vs. 货物价值"一节的解读中提到，货物价值的附加必须事先经过信用证的特别允许，而货物价值的扣减，则只需受益人单方面决定就可以了。换言之,只要信用证没有禁止,受益人似乎可以单方面决定货物价值的扣减,极端者该扣减可以与货物价值相同,此时,发票金额为零。相应地,实际支付金额也就只能为零了。这意味着实际支付金额已经远远低于信用证规定金额的95%。显然,此时本款也不可能适用。只是关于这一点,未见ICC发表直接的意见。

Case 17

货物价值是支付金额的一种,还是发运数量的一种,还是其他?

【背景】信用证显示：

32B Currency Code and Amount: USD 200.00；

39A Percentage Credit Amount Tolerance: 5/5；

45A 货物描述中显示：

货物1, quantity: 100 MTS, USD 1.00/M, amount: USD 100.00.

货物2, quantity: 100 MTS, USD 1.00/M, amount: USD 100.00.

47A 未另外显示溢短支和溢短装条款。

提交的发票显示：

货物1, quantity: 105 MTS, USD 1.00/M, amount: USD 105.00.

货物2, quantity: 95 MTS, USD 1.00/M, amount: USD 95.00.

Total amount: USD 200.00.

【问】该发票是否可以接受？

【答】从表面来看,信用证45A中货物分项数量的浮动幅度满足了本条b款的规定；货物分项价值的浮动幅度,一个为增幅5%,另一个为减幅5%。所以,本案例的关键在于确认：信用证上45A中显示的分项货物价值,是不是也是UCP500 Article 39 及 UCP600 Article 30(b)、(c)所说的支付金额和信用证金额的一种,从而适用39A中的溢短支幅度；或者说,分项货物价值本身是发运数量的一种,适用于UCP600 Article 30(b)中的发运数量默认有5%增减幅度？

(1) 在信用证实务中,如果不考虑费用,UCP600中提及的金额包括以几种：

①相符交单金额(the amount of a complying presentation),引自UCP600 Article 7(c)/8(c)。

Article 7(c)：

… Reimbursement for the amount of a complying presentation under a credit available by acceptance or deferred payment is due at maturity, whether or not the nominated bank prepaid or purchased before maturity …

这里的相符交单金额,指的是相符交单下指定银行的索偿金额,如果是议付信用证下指定银行100%议付,则即为受益人的支付金额。

②付给索偿行的金额(the amount due to a claiming bank),引自UCP600 Article 13(b)(iv)。这个金额,指的也是索偿金额。与第1种金额相同。

③商业发票金额(a commercial invoice issued for an amount)、信用证允许的金额(the amount permitted by the credit)、承付或议付金额(honoured or negotiated for an amount),引自 UCP600 Article 18(b)。商业发票金额,指的是发票净额,它是受益人支款金额的计算依据,但与支款金额可能不同,比如在 90% 支款的情况下。信用证允许的金额,指的信用证金额,也即允许受益人向开证行或保兑行支款的金额。承付或议付金额,指的是指定银行对受益人的实际付款金额,它对应于向开证行、保兑行或索偿行的索偿金额,同时也对应于受益人的实际支款金额。

④保险金额(the amount of insurance coverage)、货物价值(the value of goods),引自 UCP600 Article 28(f)。货物装运的情况下,才有货物,才谈得上货物价值,才需要投保货物运输保险,才有保险金额。货物价值,显示在发票中,基本上对应于发票毛额。而保险金额,是在这个基础上计算出来参加保险的金额。

⑤支款金额(amount of the drawings)、信用证金额(amount of the credit),引自 UCP600 Article 30(b)。

Article 30(b):

A tolerance not to exceed 5% more or 5% less than the quantity of the goods is allowed, provided the credit does not state the quantity in terms of a stipulated number of packing units or individual items and the total amount of the drawings does not exceed the amount of the credit.

Article 30(c):

Even when partial shipments are not allowed, a tolerance not to exceed 5% less than the amount of the credit is allowed, provided that the quantity of the goods, if stated in the credit, is shipped in full and a unit price, if stated in the credit, is not reduced or that sub-article 30(b) is not applicable. This tolerance does not apply when the credit stipulates a specific tolerance or uses the expressions referred to in sub-article 30(a).

支款金额,即实际支款金额,指的是受益人在信用证下向开证行、保兑行实际支款的金额。信用证金额,即信用证规定的允许受益人支款的总金额。

UCP600 没有提及,而实务中常涉及的还有:

⑥汇票金额(amount of draft),即受益人以汇票作为兑用付款工具向开证行、保兑行或其他指定银行支款的金额。

⑦装运金额(shipping amount),即装运货物的金额,即货物价值。

⑧合同金额(contract amount),有时指买卖双方签订的货物价值和货款金额,有时指合同对价的金额。

货物描述中显示的金额,是信用证允许的货物价值,而不直接是 Article 30(b)、(c)中的信用证金额,即信用证允许的支款金额。所以,货物价值不适用于信用证 39A 中所规定的溢短支幅度。

(2)货物价值不是发运数量,不适用于发运数量的默认 5% 增减幅度,但必须随发运数量和单价的浮动而浮动。

发运数量本身是对作为基础交易的标的,即对象范围内的货物的一种描述。谈到发运数量,不得不涉及发运,而谈到发运,根据其定义则总是与运输连在一起,换言之,与运输直接相

Article 30　信用证金额、数量与单价的浮动

关的发运数量总是物理的东西，要看得见又摸得着才行。UCP 意义上的部分发运或全部发运，指的就是发运数量，比如本惯例第 30 条 c 款中的规定——"Provided that the quantity of the goods, if stated in the credit, is shipped in full and a unit price, if stated in the credit, is not reduced or that sub-article 30(b) is not applicable."这里还提到了单价。

货物价值本身则是对作为基础交易的对价的一种描述。与发运数量相比，货物价值是逻辑的东西，看不见又摸不着，它只存在于人们的逻辑世界里，而不存在于物理的世界，从而是无法运输的，也就与发运、部分发运、全部发运没有直接的关系。在逻辑的世界里，通常情况下，货物价值总是以发运数量乘以单价而得来，换言之，没有单价就没有货物价值。

既然货物价值不是发运数量，顺理成章地，就无法适用本条 b 款默认的发运数量的 5% 增减幅度。

但是，在信用证实务中，部分发运下普遍接受发票只显示部分发运数量的同时，必须显示与之相应的货物价值，而无须显示信用证规定的货物价值的事实。这似乎意味着发票上的货物价值并不适用于本条 a 至 c 各款有关浮动幅度的规定，而只需显示其随发运数量和单价的浮动而浮动即可。

（3）结论：本案例中的货物价值，包括分项货物价值，虽然既不是发运数量，也不是支款金额，但其已经显示了随发运数量和单价的浮动而浮动，满足了其与发运数量和单价之间的逻辑关系，似乎可以接受。

值得一提的是，类似的原则，应该也适用于信用证规定了货物数量的同时，还规定了货物比例的规定。因为货物比例也不是发运数量本身。

Article 31

部分支款或部分发运

a. Partial drawings or shipments are allowed. 允许部分支款或部分发运。

b. A presentation consisting of more than one set of transport documents evidencing shipment commencing on the same means of conveyance and for the same journey, provided they indicate the same destination, will not be regarded as covering a partial shipment, even if they indicate different dates of shipment or different ports of loading, places of taking in charge or dispatch. If the presentation consists of more than one set of transport documents, the latest date of shipment as evidenced on any of the sets of transport documents will be regarded as the date of shipment. 表明使用同一运输工具并经由同次航程运输的数套运输单据在同一次提交时，只要显示相同目的地，将不视为部分发运，即使运输单据上标明的发运日期不同或装货港、接管地或发送地点不同。如果交单由数套运输单据构成，其中最晚的一个发运日将被视为发运日。

A presentation consisting of one or more sets of transport documents evidencing shipment on more than one means of conveyance within the same mode of transport will be regarded as covering a partial shipment, even if the means of conveyance leave on the same day for the same destination. 含有一套或数套运输单据的交单，如果表明在同一种运输方式下经由数件运输工具运输，即使运输工具在同一天出发运往同一目的地，仍将被视为部分发运。

c. A presentation consisting of more than one courier receipt, post receipt or certificate of posting will not be regarded as a partial shipment if the courier receipts, post receipts or certificates of posting appear to have been stamped or signed by the same courier or postal service at the same place and date and for the same destination. 含有一份以上快递收据、邮政收据或投邮证明的交单，如果单据看似由同一快递或邮政机构在同一地点和日期加盖印戳或签字并且表明同一目的地，将不视为部分发运。

【本条导读】

本条规定了部分支款和部分发运的审核标准。

本条的解读，还将揭示部分支款/部分发运下发运数量和支款金额之间的关系。

Article 31　部分支款或部分发运

31—116

Article 31(a)　UCP 默认允许部分发运和部分支款

什么是发运(shipment)？狭义上，指装上船。《美国传统辞典(双解)》说："ship,【航海】to place or receive on board a ship. 使上船，把……放在船上或……接上船。"本惯例第 19 至第 25 条的运输单据条款中使用的是广义的发运一词，参照而言，似乎指将信用证规定的货物装上运输工具并运送。显然，发运必与特定的运输工具联系在一起，而密不可分。值得一提的是，本惯例运输单据条款中，常常是"视为发运(deem to be shipment)"，而不是发运本身。

什么是支款(drawing)？直译即支取信用证下款项。

显然，支款与发运并不相同，前者相对于货款而言，后者相对于货物而言。正是支款与发运一起，构成了以信用证为支付工具的基础合同下"款货对流"的全部。实务中，发运可能允许部分发运，也可能不允许部分发运；支款可能允许部分支款，也可能不允许部分支款。

Article 31(a)：

Partial drawings or shipments are allowed. 允许部分支款或部分发运。

本款的规定表明了，UCP 默认允许部分发运，也默认允许部分支款。

第一，UCP 默认允许部分发运，同时这也意味着 UCP 默认允许在信用证安排下最终只发运部分货物。

UCP 既然默认允许部分发运，对于受益人而言，自然可以将信用证规定的货物分多次发运，每一次发运一部分，也可以一次性全部发运信用证规定的所有货物。换言之，受益人便因此掌握着货物发运数量及次数的主动权，具体发运时，可视货源的紧缺或充裕、行情的波动、订舱的情况、买方付款动态而定，甚至于受益人可以仅仅发运部分货物，而不继续发运剩余货物。

有人问：信用证允许部分发运，并规定货物描述为"frozen chicken leg quarters and sub-products"。提交的发票显示货物描述仅为"frozen chicken leg quarters"，尚有货物"sub-products"，金额 USD 0.41 未发运。可以吗？ICC 在 R477 的分析及结论中认为：允许部分发运，并不意味着受益人在发运了部分货物后，有继续发运的义务，包括受益人已经发运了绝大部分货物，而仅剩下"USD 0.41 for the sub-products"未发运。

实务中，尽管 UCP 默认允许部分发运，申请人和开证行通常仍然会在信用证的"43P partial shipment"栏位中特别表明"partial shipment：allowed"。

显然，允许部分发运是申请人给予受益人的一种便利。当然，申请人也可以不给受益人提供部分发运的便利，还可以在给受益人提供部分发运便利的同时，加以一定的约束。此时，信用证则必须明确规定。实务中，即便是 UCP 默认允许部分发运，信用证中通常也会特别规定"partial shipment：allowed"。

比如：信用证不允许部分发运时，"43P partial shipment"栏位中需要表明"partial shipment：not allowed"。这样，受益人则必须一次性发运全部货物。

还比如：信用证可以规定："partial shipment in two lots"。受益人实际发运时，必须部分发运，且须发运两次。值得注意的是，此时如果提交的单据表明一次性发运全部货物，则仍将被视为不符。

还比如：信用证规定"partial shipment: allowed, but partial shipment within one purchase order not allowed"。即允许部分发运，但只限于不同的订单下货物，同一订单只能一次性发运。

第二，UCP默认允许部分支款，这主要为了与本款的默认允许部分发运相呼应，因为支款与发运之间总是存在着确定的联动关系。

与默认允许部分发运一样，UCP还默认允许部分支款，这似乎是申请人给受益人提供的另一种便利。只是信用证下支款总是与发运相匹配，支款金额总是与货物发运数量直接匹配。所以，本款关于默认允许部分支款的规定，似乎主要是为了与部分发运相呼应。换句话说，在信用证允许部分发运时，便同时允许也默认必须相应地部分支款，而在信用证没有另行规定的情况下似乎不能等到全部发运结束后一次性支款。

有人问：信用证不允许部分发运时，受益人等到全部发运后部分支款。可以吗？比如：信用证允许部分发运，要求货物100吨，金额1 000美元；受益人提交的发票显示发运了100吨，发票金额为1 000美元，支款的汇票或交单面函却显示支款500美元。许多业内人士认为，这是不符点从而不可接受，因为部分支款必须与部分发运相匹配，信用证仅仅规定"partial shipment not allowed"就足够了。其实，根据本惯例第6条c款"汇票是信用证的'要求单据'吗"一节的解读，作为兑用工具的汇票，并不是信用证规定的单据，并不能因为汇票上显示的支款金额与发运情况不匹配，而视为不符点。对照本惯例第15条，有效银行对相符交单的付款，也只是规定了有效银行的一种义务，相对而言，受益人则有支款的选择权。至于支款的时间上，则默认必须与交单同步，除非另有规定。比如交单的同时默认已经表明了支款请求，开证行或保兑行不能说受益人交单时没有明示要求支款就可以无故不付款或延时付款。就本案例中提到的情况，受益人在提交了不足额汇票经确认这是其本意后而开证行相应付款，其似乎就不应该于事后再提出剩余款的支款请求，当然，归根结底，此类问题可能更多的是涉及当地法律了。通常情况下，应该不会出现本案中的情况，因为在信用证实务中，受益人总是会在允许支款的金额范围内尽可能全数在第一时间支取，而不会出现上述案例中能全数支款而不支款的情况。

与部分发运不同，在信用证中一般不对部分支款作出规定，所以，也没有专门规定"partial drawing: allowed or not allowed"的栏位。只是当支款与发运并不直接匹配时，则需要在信用证中特别表明，这往往与基础合同的贸易背景有关。

比如：预付款10%证外支付，90%货款证内支付时，信用证往往会在"42C drafts at"规定："… for 90 pct of the invoice value … "此时，受益人便不能按100%的发运货物价值支款。

还比如：资本物品、大宗物品贸易信用证往往规定货物一次性发运，货款多次支取，尾款支取必须凭最终确认报告（final acceptance report）。

而在服务或履约行为交易的情况下，特别是为借款、履行提供担保的备用信用证下，根本就不存在直接的货物发运，但是信用证支款行为仍会发生，此时，信用证必须也必定会就如何支款作出特别的规定。

如何判断"部分发运"和"部分支款"

什么是"部分发运(partial shipment)"?

在运输意义上,这似乎指的是信用证规定的货物装上不同的运输工具,并由不同的运输工具分开或并行运送,而不同的运输工具只发运一部分货物,故得名"部分发运"。相应地,如果货物通过同一运输工具分开或并行运送,则并不构成"部分发运"。

在 UCP 意义上则略有不同。不管是一套运输单据,还是多套运输单据,如果货物通过不同的运输工具运送,毫无疑义,这构成了"部分发运"。如果货物通过同一运输工具运送,而又由一套运输单据涵盖,一般情况下似乎不应该也不会构成"部分发运"。但是,如果是由多套运输单据涵盖,则通常仍会构成"部分发运",而不构成"部分发运"仅仅是例外。这个例外的情况,就是适用于本条 b 款和 c 款规定的极其严格的条件下的多套运输单据了。

概括而言,运输意义上的"部分发运",是以货物是否分批由发货人发运来判断。而"UCP 下判断是否部分发运的标准不是取决于货物是否分批启运,而是取决于货物是否被收货人分批收到。"[①] 显然,二者的不同,主要体现在多套运输单据的情况。换句话说,在 UCP 意义上,多套运输单据下只要收货人收货时与一次收货时的处理没有区别,即"不被视为部分发运",反之,则必须视之为"部分发运"。当然,由于在信用证安排下只处理单据交易,而每一次交单又相对独立,所以以上的判断还必须严格局限于同一次交单之下,而在不同次交单下这一判断已经不适用了。

什么又是"部分支款(partial drawing)"?

相应地,指信用证项下款项分多次支取,每一次只支取一部分款项,故得名"部分支款"。

大家最为关心的是,从单据上应该如何把握"部分发运"和"部分支款"呢?

实务中,不管是"部分发运",还是"部分支款",通常都会直接或间接反映在单据上,或者说反映在交单上。

本条 a 款"UCP 默认允许部分发运和部分支款"一节的解读中提到,发运对应于货物。以此类推,"部分发运"便对应于部分货物的发运,显然,这首先将体现为信用证规定的货物或数量没有被全部发运的情况,换言之,本次交单仅仅表明发运了一部分货物:或者是一部分类别的货物,或者是一部分数量的货物。此时,只需通过核验发票上显示的货物类别和货物数量是否符合信用证规定的货物和数量,就可以直接判断是否构成"部分发运"。而货物数量,也因此常常称为货物的"发运数量"。

但是,并不完全如此,本次交单下的发票即便表明了全部货物均已经发运,在无法满足本条 b 款或 c 款规定条件下提交了多套运输单据,仍将被视为"部分发运"。这一点,与本节前面的解读相呼应。

---

① 引自程军、贾浩:《UCP600 实务精解》,中国民主法制出版社,2007

本条 a 款"UCP 默认允许部分发运和部分支款"一节的解读中还提到,支款对应于货款。当然,这只是在通常意义上如此,因为支款时所直接支之"款",并不是货款,即货物价值,而是信用证金额。以此类推,"部分支款"通常便对应于部分信用证金额的支取,显然,这将直接体现为信用证规定的金额没有被全部支取的情况,准确地说,应该是信用证规定的金额没有被全部一次性支取的情况。换言之,本次交单仅仅对应于支取了一部分信用证金额,或者本次交单本身可能对应于多次支取信用证金额的情况。此时,如果信用证要求了汇票,则通过核验提交的汇票及汇票上显示的金额是否符合信用证规定的金额,就可以直接判断是否构成"部分支款";而在没有汇票的情况下,通常必须通过发票上显示的发票金额来判断是否构成"部分支款"。然而,后者并不完全准确。因为尽管发票金额和信用证金额、货物价值三者之间通常数值上等同一致,其含义则各有不同,这一点在本惯例第 30 条 b 款"UCP 默认发运数量有 5% 的增减幅度"一节中已有详细解读。

31 – 117

Article 31(b)　多套运输单据 vs. 部分发运 1

本条 a 款"UCP 默认允许部分发运和部分支款"一节的解读中提到,货物发运总是由运输工具完成。部分发运下,每一次只发运信用证规定货物的一部分,一般情况下只对应于一套运输单据,这样,全部货物发运结束,就有了多套运输单据。部分发运下,作为买方的申请人需要多次提货、多次报关,不便于其安排生产或销售。而大多数情况下,多套运输单据便意味着申请人的多次提货、多次报关,从而对应于部分发运。

那么,多套运输单据是否必然意味着部分发运呢?

Article 31:

b. A presentation consisting of more than one set of transport documents evidencing shipment commencing on the same means of conveyance and for the same journey, provided they indicate the same destination, will not be regarded as covering a partial shipment, even if they indicate different dates of shipment or different ports of loading, places of taking in charge or dispatch. If the presentation consists of more than one set of transport documents, the latest date of shipment as evidenced on any of the sets of transport documents will be regarded as the date of shipment. 表明使用同一运输工具并经由同次航程运输的数套运输单据在同一次提交时,只要显示相同目的地,将不视为部分发运,即使运输单据上标明的发运日期不同或装货港、接管地或发送地点不同。如果交单由数套运输单据构成,其中最晚的一个发运日将被视为发运日。

A presentation consisting of one or more sets of transport documents evidencing shipment on more than one means of conveyance within the same mode of transport will be regarded as covering a partial shipment, even if the means of conveyance leave on the same day for the same destination. 含有一套或数套运输单据的交单,如果表明在同一种运输方式下经由数件运输工具运输,即使运输工具在同一天出发运往同一目的地,仍将被视为部分发运。

本款的规定表明了:

第一,多套运输单据,什么情况下不被视为部分发运。

此时,对于申请人收货来说,只需一次提货一次报关,从而不会造成额外的不便,这种多套运输单据与一套运输单据已经没有太大的区别。

这种多套运输单据,必须同时满足以下条件:

——须为同一次交单(a presentation)。本惯例第 2 条交单的定义"同一信用证下的交单支款互相独立"一节的解读中提到,同一次交单对应于同一个交单面函,但是同一个交单面函下则可能对应着多次交单。如果同一时间在不同面函下分别提交了多套单据,那么,即使多套单据对应的运输单据表明使用了同一运输工具下经同一运输路程运送货物至同一目的地,则仍为部分发运。此时,受益人享受不到 UCP 赋予全部发运的诸多便利,比如发运日期的确定等。换言之,如果受益人欲使之成为全部发运,则完全可以合并在一个面函下交单。

——须表明使用同一运输工具(the same means of conveyance)。反之,如果使用不同运输工具,则构成部分发运,因为不同运输工具下的多套运输单据必然意味着分批收货。本条 c 款的规定确认了这一情况,同时也印证了本条 a 款"UCP 默认允许部分发运和部分支款"一节中提到的,发运通常总是与运输工具紧密相连。ICC 曾经举了一个例子:同一次交单项下提交三套公路运单,显示货物通过三辆卡车运输,装卸地点、运输路线及出发日期均相同。申请人提货时,被告知第三辆卡车由于交通事故而损毁。因此,货物由三辆卡车运输,它们之间没有联系,诸如在装运、实际路线及到达时间与到达地点等方面可能各不相同。这就很自然地视其为部分发运。

值得注意的是,ICC 在 R369 中提到的同一列火车上的不同车厢,以及 R478 中提到的卡车与其拖车,均属同一运输工具。

——须表明经同一运输过程(the same journey)。何谓同一运输过程?这既指时间也指路线。比如:信用证要求提单,装货港为中国主要港口。受益人货源分散在两个地方,一部分先在北京收货,由天津新港装船,承运人签发一套提单;船到青岛港后,将另一部分在济南接收的货物装船后承运人签发了另一套提单,最终驶往同一目的港汉堡。显然,天津新港、青岛港直至汉堡港都在同一条运输路线上。当然,同一条船可能会在同一运输路线上多次航行。所以,本款所指的同一运输过程,既指同一运输路线,也指同一次航行的运输路线。

——须表明到达同一目的地(the same destination)。一般运输单据上必须表明实际目的地,如果信用证规定了装货地理范围,该实际目的地须落入该装货地理范围。需要注意的是,本款所要求表明的同一目的地,原则上须为同一实际目的地。当然,对于租船提单来说,表明了一个相同的目的地地理范围也可以接受。反之,如果目的地不同,申请人不可能一次性提货,也不可能一次性报关,从而也就顺理成章地构成了部分发运。

值得一提的是,这种不被视为部分发运的多套运输单据,可以不管该单据上显示了货物在不同发运日期、不同装货港、接管地或发送地点发运。因为货物经过多次接管、装船或发运,常常会存在多个不同的发运日期,而货物分散的情况下发运,则必然会在不同的装货港、接管地或发送地点。

第二,不被视为部分发运的多套运输单据下,发运日应如何确定。

多套运输单据,往往分别对应于两个以上的发运日。这就涉及如何满足规定的最迟发运日，以及如何计算以发运日为起点的付款到期日和最迟交单日。

本款明确了——"如果交单由数套运输单据构成，其中最晚的一个发运日将被视为发运日"。换言之，在不被视为部分发运的多套运输单据下，最晚的一个发运日，将被用来确定满足信用证最迟发运日的规定，也将被用来计算付款到期日和最迟交单日。这是 UCP600 的新规定。

比如，信用证规定：交单期为发运日后 10 天，付款到期日为发运日后 60 天。同一交单项下提交了两套运输单据，未分批发运。第一套的装运日为 5 月 1 日，第二套的装运日为 5 月 5 日。那么，最晚的装运日 5 月 5 日将视为此次交单的装运日期，最迟交单日便为从 5 月 5 日起算的 5 月 15 日；付款到期日也同样从 5 月 5 日起算，为 7 月 5 日。

值得注意的是，本款措辞中的多套运输单据，尽管未直接提及"不被视为部分发运"的前提，但是，从同一款的明文规定"不被视为部分发运"的多套运输单据的构成要件来看，足以确定这里隐含了一个前提——"不被视为部分发运"。换言之，构成部分发运的情况下，本款确定发运日的规定并不适用。

有人问：多套运输单据视为部分发运时，是否仍将最晚的一个发运日期视为发运日期呢？

就用于确定交单期而言，各个部分发运对应的运输单据，应分别单独考虑。这一点与"不被视为部分发运"的情况不同。比如：信用证允许分批，并要求受益人在发运日后 21 天内提交单据。受益人一次提交两套单据，单据显示事实为两批货物；其中一批货是在交单前 23 天发出，另一批货是交单前 10 天发出。这种情况下，是否可以适用本条 b 款的规定，按照后一批的发货时间计算交单期从而不存在不符点？ICC 在 R255"多套提单下分批装运，交单期应以较早一份提单日期起算"案例的分析及结论中认为，在构成部分发运的多套提单下，交单期将从显示的最早的一个发运日起算。

就用于确定是否满足信用证规定的最迟发运日而言，似乎可参照 ICC 的以上意见掌握，即各个部分发运对应的运输单据，须分别单独考虑。这一点也与"不被视为部分发运"的情况下不同。

而在确定付款到期日时，根据 ISBP 681 第 43(f) 段的规定，则仍以多套运输单据中最晚的一个发运日期视为该次交单的发运日期。显然，这一点与"不被视为部分发运"的情况相同。

31－118

Article 31(c)　多套运输单据 vs. 部分发运 2

值得一提的是，本条 b 款所指的不构成部分发运的多套运输单据，仅涉及载明运输工具、运输日程、目的地的 Article 19～24 中的运输单据，从而与 Article 25 中的快邮收据、邮政收据或投邮证明无关。

诸如电子产品、配件、样品等精细轻巧货物，常以邮寄或快递运送。然而，邮寄包裹的大小及重量往往有所限制，而快递邮件则容量更小。因此，一次发货往往需要不止一个包裹或邮件，从而得到多套快邮收据、邮政收据或投邮证明。

那么，多套邮寄单据什么情况下不构成部分发运呢？

Article 31(c):

A presentation consisting of more than one courier receipt, post receipt or certificate of posting will not be regarded as a partial shipment if the courier receipts, post receipts or certificates of posting appear to have been stamped or signed by the same courier or postal service at the same place and date and for the same destination. 含有一份以上快递收据、邮政收据或投邮证明的交单，如果单据看似由同一快递或邮政机构在同一地点和日期加盖印戳或签字并且表明同一目的地，将不视为部分发运。

与UCP500相比，本款的规定有了比较大的改进，更为充分地参照了适用于本条b款的规定——该款直接对应于各种运输方式的多套运输单据。本款的规定与b款相似，但略有不同。

本款和b款，都采用了以收货人是否分批收到货物来判断多套邮寄单据是否构成了部分发运。

本款规定了"不被视为部分发运"的多套邮寄单据，必须同时满足以下条件：

——须为同一次交单。这一点与b款相同，完全承继了UCP500的规定。

——须由同一快递或邮政机构在同一地点和日期加盖印戳或签字。同一机构盖戳或签字，这是UCP600的新规定，因为不同机构证实的邮寄单据，必定意味着收货人分批收货。同一地点和同一日期证实，可能与邮寄方式的特点有关，它往往适用于轻巧货物，无须由同一机构在不同地点发运。另外，同一日期证实，因此就不存在另行确定一次交单的发运日期的问题。

——须表明到达同一目的地。这一点与b款相同，也是UCP600的新规定。因为如果邮寄往不同的目的地，收货人必定为分批收货，从而自然构成部分发运。

品读 UCP600

Article 32

分期支款或分期发运

If a drawing or shipment by instalments within given periods is stipulated in the credit and any instalment is not drawn or shipped within the period allowed for that instalment, the credit ceases to be available for that and any subsequent instalment. 如信用证规定在指定的时间段内分期支款或分期发运,任何一期未按信用证规定期限支取或发运时,信用证对该期及以后各期均告失效。

【本条导读】

本条规定了分期支款和分期发运的审核标准。

本条的解读,还将揭示分期支款/分期发运下发运数量和支款金额之间的关系。

32 — 119

Article 32　分期发运/支款与信用证的可兑用性

实务中，不仅会大量存在部分发运/支款的情况，常常还会见到分期发运/支款的情况。

什么是分期发运/支款？《美国传统辞典（双解）》说："installment, one of a number of successive payments in settlement of a debt. 分期付款，清偿债务时分成连续几次付款中的一次。"显然，分期（installment）的关键在于表明，分成属于不同时间表中的几次。就信用证实务而言，分期发运/支款（instalment shipments/drawings）的关键则在于表明分成属于不同时间表中的几次发运或支款，而实际发运或支款时只是特定时间表中的一次。

Article 32：

If a drawing or shipment by instalments within given periods is stipulated in the credit and any instalment is not drawn or shipped within the period allowed for that instalment, the credit ceases to be available for that and any subsequent instalment. 如信用证规定在指定的时间段内分期支款或分期发运，任何一期未按信用证规定期限支取或发运时，信用证对该期及以后各期均告失效。

本条的规定似乎表明：

第一，分期发运时间表，准确地说，是收货人分期收货时间表。

与部分发运其实对应于收货人的部分收货相似，在收货人眼里，信用证规定分期发运时间表的目的在于按时间表收货。所以，准确地说，分期发运时间表，是收货人分期收货时间表。

比如，信用证规定了下列细节：

货物 A，500 公吨，2 月 1 日至 2 月 20 日期间从 I 国运往 E 国；

货物 B，500 公吨，3 月 1 日至 3 月 20 日期间从 I 国运往 E 国；

货物 C，500 公吨，4 月 1 日至 4 月 20 日期间从 I 国运往 E 国。

信用证的受益人为同一人，但货物不同，并将由不同的制造商/贸易商使用。信用证没有直接提及分期装运或装运时间表。

ICC 在 R479 结论中认为，没有要求信用证要特别使用"分期装运"（instalment shipment）和"装运时间表"（shipment schedule）的字样才受本条的约束。本案中信用证的规定为，在不同期间由不同的制造商使用三种货物。如果信用证具体指明了这些不同的制造商，表明单据作成以不同的制造商为抬头人，那么，每一批货物都与其他货物独立，不能算作分期装运。没有这一信息，则要适用关于分期装运的条款。

这一结论下，如果信用证未表明不同制造商也未要求单据作成不同抬头人，那么，对于信用证申请人来说，其收货必定意味着一定的时间顺序，这就是分期发运了；而如果信用证表明了不同制造商或单据作成不同抬头人，对于这些制造商来说，由于各自都只有一次发货，无所谓时间先后顺序了，所以，这不算分期发运。

第二，分期发运下，必须按时间表发运，否则信用证便停止兑用。

实务中，买方的用货可能是周期性的，从而会要求开证行在信用证中规定一个发运时间表，要求卖方，即受益人按时间表发货。

ISBP 681 Para 67：

If a credit calls for instalment shipments, each shipment must be in accordance with the instalment schedule. 如果信用证要求分期装运，则每批装运必须与分期装运计划一致。

本段的规定，要求该发运时间表必须被满足。本条的规定则表明，当该发运时间表未被满足时，该信用证将停止兑用，即此时，只要其中一期不按时间表发运，该信用证便停止兑用。即使受益人在余下的期限内能按信用证的规定装运，也无补于事。

有人问：如此一来，前一期交单的迟发运不符将决定了该期及以后各期的交单都自动构成不符，这岂不是意味着同一信用证下每一次交单就不独立了？回答是否定的。本惯例第 2 条交单的定义"同一信用证下交单/支款相互独立"一节的解读，每笔信用证业务之间都是相互独立的，其中一笔业务的纠纷、拒付或接受不符点不构成任何其他信用证业务的拒付或不能拒付的理由。这一原则在本条的分期发运/支款下仍然适用。其实，本款规定，一期迟发运直接的效果是信用证因此失效，而与前后期的交单没有直接关系。换言之，前一期交单的迟发运不符，直接导致了信用证因此失效，而该失效才像多米诺骨牌一样连锁地导致以后各期自动构成不符。或许这是 UCP 规则的严谨之处。

还有人问：分期发运表下，如果货物晚发运，却早交单，这是否构成了未按时间表发运的不符点呢？发运是基础合同下的事，而交单时常常难以把握。实务中困难的是，银行人员审核后发运先提交的单据时，无法确知本应早发运的货物，是否已经发运了，是否还会被发运。实际上，如果单纯从案例中的情况来看，完全可能就是早交单对应于晚一点的发运，而后交单反而对应于早一点的发运，两次交单综合来看，根本就不存在未按发运时间表发运这一不符点了。那么，这是否就意味着后发运先交单已经完全满足了本条的要求呢？其实未必。正如本本惯例第 2 条"相符交单"一节的解读中引用 ICC 在 R213 中的意见——"单据不符没有'限度'。单据不是相符就是不符。"这一意见同样适用于本案例中的情况。就本案例的情况来看，正是因为后发运先交单无法让银行确信未发运而本该早发运的货物已经按规定的发运时间表发运了，这已经构成了不符。这或许就是 ISBP 681 第 67 段从正面补充本条作出规定——"每批装运必须与分期装运计划一致"——的缘故。换言之，信用证规定了分期发运时间表，其中已经暗含了默认先发运必须先交单的交单顺序，否则便不可接受。

第三，分期支款下，也必须按时间表支款，否则信用证便停止兑用。但实务中这种情况基本不会发生。

实务中，信用证中一般不会特别规定分期支款时间表。在信用证规定分期装运的同时，自然已经默认了一个与之相匹配的分期支款时间表。比如，信用证金额为 120 美元，货物数量为 120 吨，单价为 1 美元。在这样的情况下，仅仅规定每月装运 10 吨即可，无须特别规定每月装运 10 吨并支款 10 美元。

有时分期支款与分期发运并不匹配，这样信用证需要特别规定分期支款时间表。而有时只有分期支款，却根本就没有对应的分期发运，这样信用证也需要特别规定分期支款时间表。比如，信用证规定，上半年内出口方向进口方供给 600 万美元货物。下半年内每月向开证行支取 100 万美元。

本条的规定还表明了,如果受益人未按信用证规定支取,则应支取当期及之后各期均告失效。当然,相对于分期装运来说,受益人不按照规定期限分期支款的情况极少发生。值得一提的是,支款往往对应于一个提示付款行为,所以,是否提示付款,提示付款的时间是否满足信用证规定的支款时间表,银行可以直接判断。

第四,上一期未支款/发运,开证行接受了下一期的支款/发运,信用证恢复可兑用。

比如:信用证规定货物分三期发运,每月一期。由于货源紧张,受益人第一个月没有发运,但第二个月发运了,开证行接受单据并付款。当受益人第三个月发运后向开证行交单时,开证行以第一期没有装运为由而拒付,并援引本条的规定作为依据。

对此,ICC 在 R196 的结论中认为:当一期货未发运,开证行同意了后一期发运时,除非开证行另有说明,可以推定该证对以后应发各期已恢复生效。如果不想使该证对以后各期生效,开证行应告知交单者对该期装运的认可仅适用于该期,而不是该证已整体恢复生效。

第五,分期发运下,不影响部分发运。换言之,信用证同时规定了分期发运和部分发运,这指的是每一期都允许部分发运。

实务中,经常会发生每个装运期内出现分批装运(partial shipments within instalments)的情况。

具体而言,即信用证允许部分发运,同时规定了一个分期装运时间表,这指每一期应装货物必须一次装齐吗?

比如,信用证规定 3、4、5 每月装运 50 000 件,共 150 000 件。4 月初由于某种原因受益人只装运了 20 000 件,那么,该信用证对该期剩余部分或最后一期装运是否仍然有效呢?ICC 在 R45 的结论为:就本案例而言,尽管允许分期之内可以分批发运,由于信用证并未规定上期余额可以累计到下一期,在 4 月份没有按规定装运 50 000 件的情况下,5 月份也不能装运了。

显然,ICC 的意见作出了否定的回答,即既然允许分批,每一期应装货物便没有必要一定要一次装齐。

这一意见也反映了信用证同时规定分期发运与部分发运时所指的含义,即整体上来看,货物必须分期发运;而就每一期来看,货物在期内可以部分发运。相应地,如果信用证规定了分期发运的同时,还规定了不允许部分发运,这指的是,整体上来看,仍然是货物必须分期发运;而就每一期来看,相应地,货物必须在期内一次性发运,不允许部分发运。

品读 **UCP600**

Article 33

营业时间与交单

A bank has no obligation to accept a presentation outside of its banking hours. 银行在其营业时间外无接受交单的义务。

【本条导读】
本条规定了交单时间的审核标准。

Article 33　交单时间

什么是营业时间(banking hours)？

在本惯例第 2 条"银行工作日"的定义中提到,银行工作日是银行信用证部门对外正常营业的一天,即不是节假日或周末。但是,在银行工作日,银行信用证部门通常并不全天候 24 小时连轴转,而仅仅营业一段时间,这就是营业时间,或者称银行工作日的营业时间。银行信用证部门的营业,便不仅有银行工作日和非银行工作日之分,还有银行工作日内的营业时间和非营业时间之分。

大家经常关心的是,营业时间与交单有着怎样的关系。本惯例第 6 条 d 款规定了信用证下交单的"有效期限",第 14 条 c 款则规定了信用证下交单的"交单期限",然而,不管是"有效期限",还是"交单期限",二者均没有明确实际交单日期中的具体交单时间。本条又涉及了与提交单据有关的营业时间。如此一来,营业时间与交单的关系,归根结底,就是营业时间与交单时间的关系了。

那么,交单时间,可以是在营业时间之外吗？

Article 34：

A bank has no obligation to accept a presentation outside of its banking hours. 银行在其营业时间外无接受交单的义务。

本条的规定并没有作出直接的回答。

而从本条的规定可以看出：

第一,银行在其营业时间之外无接受交单的义务。

本惯例第 2 条"交单人"定义的解读中提到——"交单,一定有人交,有人收"。这收单之处,即为收单行。准确地说,UCP 意义上的收单行,仅指本惯例第 6 条 a 款的解读中提到的"有效银行",包括开证行和指定银行。换言之,本条规定中所指的银行,即为信用证下有权接受交单的"有效银行"。

显然,本条的规定旨在免除银行的一种责任,或说赋予银行一种权利,即营业时间之外有权不接受交单。虽然本惯例对"营业时间"没有定义,参照本惯例第 2 条"银行工作日(banking day)"的定义,似乎可以确定,"营业时间"即是银行在工作日的一天中对外营业的时间。比如朝九晚五工作制下的从上午 9:00 至下午 17:00 算营业时间。而营业结束后银行进行内部账务处理的时间,则不应作为 UCP 意义上的营业时间。

值得一提的是,营业时间结束的早晚不仅可能决定受益人在最后一天交单的成败,有时还会影响到"5 天"审单期限的起算日期的确定,对拒付通知的效力可能会有决定性的意义。

第二,然而,如果银行愿意在其营业时间之外接受交单,则交单应该是有效

的,银行收到单据的时间便应从这一天起算。

本条只是说,银行在其营业时间以外无接受交单的义务。至于在营业时间之外是否接受交单,则是银行的权利。既然是权利,则可以行使,也可以不行使。比如:节假日或周末,或银行工作日当天营业时间已经结束,信用证部门在加班时间仍然签收了信用证项下交单,这便应视为收到了单据,"5天"审单期限便应从下一个银行工作日开始。

ICC在R265中说:"(UCP500)第45条允许银行拒绝接受工作时间结束之后提交的单据。而正常工作时间之外接受单据,就本例而言,意味着星期六将作为收到单据的日期计算在内。"显然,尽管是在营业时间之外,只要是信用证未另有规定,银行的任何接受交单的行为,都构成了有效交单。

值得一提的是,实务中,签收信用证项下交单的银行部门,并不限于信用证部门,往往还包括收发部门。

ICC596中说:"只要信用证未另有规定,收发部门的签收即意味着该银行对单据的收到。"ICC在R265中又说:"唯一的例外是,若信用证明确要求单据提交到信用证部门而不仅仅是提交开证行,如此,7个银行工作日的时间应以自信用证部门收到时为准。"

为了避免上述情况,一些银行在信用证中除注明了"有效期限"和"交单期限"之外,还会规定接受交单的截止时间(expiry hour for presentation of documents),比如限定从9:00到17:00的营业时间,而营业时间之外即使签收了交单也视为下一个营业日交单。同时,信用证中还会将地点限定在信用证部门。如此,便能有效避免收发部门甚至信用证部门营业时间之外签收单据带来的是否为银行接受了交单的争议。

第三,银行在营业时间之内有必须接受交单的义务吗?

值得注意的是,不能从本条"银行在其营业时间之外无接受交单的义务"的规定,推断"银行在其营业时间之内有必须接受交单的义务"。实务中,有效银行在银行工作日的营业时间之内,并不必然地必须接受交单。这主要与有效银行的付款责任有关。具体而言:

——未加保兑的被指定银行并无必须接受指定的责任,从而也就没有必须接受交单的义务。

——但保兑行与开证行在信用证下有必须承付或议付的责任,从而有义务在营业时间之内接受交单,对于受益人及其代理人或邮寄部门的交单不得拒收,即使受益人交单延迟甚至超过"交单期限"或"有效期限"。

Article 34 单据有效性的免责

A bank assumes no liability or responsibility for the form, sufficiency, accuracy, genuineness, falsification or legal effect of any document, or for the general or particular conditions stipulated in a document or superimposed thereon; nor does it assume any liability or responsibility for the description, quantity, weight, quality, condition, packing, delivery, value or existence of the goods, services or other performance represented by any document, or for the good faith or acts or omissions, solvency, performance or standing of the consignor, the carrier, the forwarder, the consignee or the insurer of the goods or any other person.

银行对任何单据的形式、充分性、准确性、内容真实性、虚假性或法律效力，或对单据中规定或添加的一般或特殊条件，概不负责；银行对任何单据所代表的货物、服务或其他履约行为的描述、数量、重量、品质、状况、包装、交付、价值或其存在与否，或对发货人、承运人、货运代理人、收货人、货物的承保人或其他任何人的诚信与否，作为或不作为、清偿能力、履约或资信状况，也概不负责。

【本条导读】

本惯例第5条规定了信用证交易的抽象性。

第14条从正面承继这一规定，指出银行"仅基于单据本身确定其是否在表面上构成相符交单"。

本条则从侧面承继了这一规定，指出银行对单据背后的有效性免责。

34 — 121

Article 34 谁应该对单据有效性免责

单据是信用证交易的标的。一般来说,单据证明了货物的交付情况,从而实现了在信用证交易下的交单,便代表了基础合同下的交货。于是,单据的有效性,包括单据能否证明货物的交付情况,能在多大程度上证明货物的交付情况,就变得极其重要。

那么,银行对单据有效性应该承担什么样的责任呢?

本条的规定表明了:

第一,银行对单据有效性免责,即银行对单据本身或背后的有效性不负责任。

对照UCP500来看,银行对单据有效性免责,前后没有实质变化,均包括两个方面的内容:

(1)单据本身的有效性,如形式、充分性、准确性、内容真实性、虚假性或法律效力等。银行对此免责。

(2)单据背后的有效性,如单据所代表的货物,以及与货物有关的当事人行为是否可靠等。银行对此也免责。

在UCP框架内,银行只负责对受益人提交的单据本身进行表面审核。在对受益人正常付款之后,即便单据事后证明系伪造,或者不具法律效力,或者单据所代表的货物描述、数量、质量、包装不真实或不存在等,银行概不负责。但是事情并未因此结束,一旦伪造的单据从受益人手里流转出去,便意味着其他当事人的损失。既成损失,总得有人对此负责。

那么,谁应该对此损失负责呢?

根据本惯例第37条被指示方行为免责的规定,单据有效性出现瑕疵时,显然,作为信用证安排下最初指示方的申请人理应对此负责。

比如:单据经审核表面相符,款项由信用证中规定的偿付行支付,之后发现单据系伪造。在上述欺诈情形下,付出去的款项应由开证行承担还是由申请人承担呢?应由谁负责向受益人或者索偿行进行追索呢?ICC在R341中表示,如提交了伪造单据,开证申请人应通过其所在国的法律证明单据是伪造的。而根据UCP的规定,银行仅有义务审核单据表面的可接受性,对单据的真实性、是否伪造等不负责任。如发现伪造时已经付款,银行可能无法向受益人索回款项。言外之意,只要开证行尽到了自己合理谨慎的审单责任,不参与,不知情,欺诈的后果自然应由申请人承担。

有人曾认为,如此多的免责对银行过于保护,显得对申请人并不公平。其实,银行在信用证交易中仅仅是提供信用或服务的中介,它既不了解信用证凭以开立的基础合同,更不具备了解信用证项下各种商品交易的专业人员及专业知识,银行根本就没有能力透过逼真的单据,看明白表面下眼花缭乱的货物交易。ICC说,专家们经历过很多单据伪造案例,只有很少的几例中单据经检验令人怀疑。

Article 34　单据有效性的免责

第二,但是,银行不能对自己的过错免责。

银行只负责审核单据表面,而对单据有效性免责,这是信用证交易独立性下对立统一的两面。但是,单据的表面及有效性,二者有时则交织在一起,难分彼此。尽管如此,只要银行在审核单据中有过错,不管是故意,还是过失,都不能因此免责。

比如,单据从表面上看有明显的伪造痕迹,或明知货物有严重欺诈仍照常议付或承付,银行无权援引本条声称免责。ICC459 Case 49 中的指出,如果银行行为疏忽,则法院将裁定该银行必须为此负责。但是如果单据上的伪造不明显,虽经合理谨慎仍未能发现,即便最终证明系伪造,银行也不负任何责任。换句话说,虽然本条规定银行对单据的真伪与法律效力等不负责,但并不是规定银行无须对单据进行审核。只是虽经审核但没有发现问题,银行并不负责而已。

有人问:银行有义务确定单据的签字的形式或法律效力吗?

实务中,单据的真伪与效力往往表现在单据的签字上。因此,签字的形式或法律效力就显得极其重要。对此,ICC 在 Case 218 中关于提单的签字所给出的意见可供参考:跟单信用证下审核单据的银行应该知道自己国家而不是其他国家对于提单上签字形式的法律要求。所以,核验单据的银行确实有责任证实在自己国家出具的提单以合法有效的形式签署。

由此可知,银行有义务审核,也只能在当地法律的框架内审核出口项下的单据的签字及形式,以确定单据的真伪与效力。对于进口项下单据,银行仅能从表面上审核单据的签字是否与 UCP 的规定相符,但很难确定其真伪或法律效力。即便其签字或形式不符合自己国家的法律规定,也不能因此否定其与出具国法律的相符性。

品读 **UCP600**

Article 35

信息传递和条款翻译、解释免责

A bank assumes no liability or responsibility for the consequences arising out of delay, loss in transit, mutilation or other errors arising in the transmission of any messages or delivery of letters or documents, when such messages, letters or documents are transmitted or sent according to the requirements stated in the credit, or when the bank may have taken the initiative in the choice of the delivery service in the absence of such instructions in the credit. 当报文、信件或单据按照信用证的要求传输或发送时,或当信用证未作指示,银行自行选择传送服务时,银行对报文传输或信件或单据的递送过程中发生的延误、中途遗失、残缺或其他错误产生的后果,概不负责。

If a nominated bank determines that a presentation is complying and forwards the documents to the issuing bank or confirming bank, whether or not the nominated bank has honoured or negotiated, an issuing bank or confirming bank must honour or negotiate, or reimburse that nominated bank, even when the documents have been lost in transit between the nominated bank and the issuing bank or confirming bank, or between the confirming bank and the issuing bank. 如果指定银行确定交单相符并将单据发往开证行或保兑行。无论指定的银行是否已经承付或议付,开证行或保兑行必须承付或议付,或偿付指定银行,即使单据在指定银行送往开证行或保兑行的途中,或保兑行送往开证行的途中丢失。

A bank assumes no liability or responsibility for errors in translation or interpretation of technical terms and may transmit credit terms without translating them. 银行对技术术语的翻译或解释上的错误,不负责任,并可不加翻译地传送信用证条款。

【本条导读】

本条规定了对信息传递、翻译和解释银行免责的审核标准。

35—122

Article 35(1) 银行对信息传递免责

信用证业务的开展,涉及多个当事人和多个关系人。于是,在不同的当事人不同的关系人之间的信息传递,就显得极其重要。

那么,在信用证业务的信息传递过程中,银行应该承担什么样的责任呢?

Article 35(1):

A bank assumes no liability or responsibility for the consequences arising out of delay, loss in transit, mutilation or other errors arising in the transmission of any messages or delivery of letters or documents, when such messages, letters or documents are transmitted or sent according to the requirements stated in the credit, or when the bank may have taken the initiative in the choice of the delivery service in the absence of such instructions in the credit.

当报文、信件或单据按照信用证的要求传输或发送时,或当信用证未作指示,银行自行选择传送服务时,银行对报文传输或信件或单据的递送过程中发生的延误、中途遗失、残缺或其他错误产生的后果,概不负责。

本款的规定表明:

第一,银行对使用传送服务时信息传递的错误免责。

银行对信息传递免责的范围,包括:

——从传递方式来看,银行对报文传送(transmission of any messages)和信件或单据传送(delivery of letters or documents)传递中的错误(errors)均免责。前者,是电讯传送;后者,是邮寄传送。

——从错误的类型来看,银行对信息传递中延误、中途遗失、残缺或其他错误均免责。

——从信用证的指示来看,当信用证有指示时,银行必须按照指示传递信息;当信用证没有指示时,银行自行选择传送服务传递信息,银行均免责。这是UCP600新增的内容。换言之,如果银行未照信用证的规定办理,不得免责。

值得一提的是,适用信息传送服务免责的银行,似乎应包括信用证业务下所有的银行。ICC在R272说:"这里所谓'银行',不限于开证行,也指通知行、转让行或指定银行,这些银行均可寻求本条免责的保护。"除此之外,似乎还应包括作为受益人代理的寄单银行,以及作为开证行代理的偿付行等,因为它们也是信用证交易的关系人。

银行免责下,谁应该对信息传递错误负责呢?与单据有效性下的责任归属逻辑相同,信息传递最初指示方应对此承担最后的责任,这可能是申请人,也可能是受益人。ICC535 Case 5有一个案例:开证行开立了信用证,货物描述为2 200件,金额66 000美元。由于电讯传递的原因,通知行收到的信用证货物描述为220件。受益人按220件发货,发票金额为66 000美元。通知行议付了受益人提交的单据。待问题澄清后,受益人已倒闭。由于受益人提交的单据与其所接到的信用证相符,开证行履行了信用证项下付款责任,最终因银行的免责,开证行借记申请人账 66 000 美元,申请人承担了电讯残缺的后果。

第二,银行对因自身过错而造成的信息传递错误,不得免责。

实务中,不可避免地会发生电讯、信函、单据传递的延误,甚至残缺、遗失或误寄等,这大部分是由于电信设备或邮寄出现问题。但有些却是银行自身的差错、过失或疏忽造成的,这种情况下银行并不能免责。

比如:英国某行由于人员交接班原因,重复开出一申请书项下信用证。受益人发货交单议付,最后开证行陷于求助客户转售货物的窘境。

还比如:指定银行误寄或漏寄受益人提交的单据,致开证行或保兑行拒付,指定银行不得援引本款的规定据以免责。

有人问:开证行在 5 个工作日的最后一刻通过电传发出了拒付通知,但直到 3 天后才发通电传。那么,开证行是否可以援引对信息传递免责的规定,声称对议付行的拒付有效呢?

以往信用证交易中,电讯传递通过专业的电讯部门,若发生延误、残缺或遗失,不是银行所能左右的,银行自应免责。现在银行大都建立了自己的电讯设施,如电传或 SWIFT 终端等,电讯的发送或接收已由过去专门的外部电讯服务部门转到了银行柜台。

ICC 在 R262 的分析及结论认为:"开证行如能证明其电讯系统在发报时正常,在此后的电讯传递过程中因信息传递中介(如 SWIFT 组织)的原因导致报文无法传递,则开证行仍能寻求本款的规定保护自己。"言外之意,如果拒付电发送失败是由于开证行自己电讯设备出现问题,比如维护不当出现病毒等,只要不属于不可抗力所致,开证行便很难援引本款寻求免责。

35 — 123

Article 35(2)　单据邮寄途中遗失,开证行和保兑行的责任

从本条第(1)款"银行对信息传递免责"一节的解读中可以知道,银行对信息传递免责,包括单据在邮寄途中遗失。

提请注意的是,本惯例所谓的银行免责,仅仅是在最终的责任归属意义上来说。然而,责任归属总是一个过程。从信用证业务的责任归属过程来看,银行常常是责任链条的一环,银行常常需要承担过渡性的责任。

那么,单据在邮寄途中遗失时,责任归属过程将会是什么样?与寄单过程有关的银行,特别是各自承担着信用证安排下第一性付款责任的开证行和保兑行,将承担什么样的过渡性责任呢?

Article 35(2):
If a nominated bank determines that a presentation is complying and forwards the documents to the issuing bank or confirming bank, whether or not the nominated bank has honoured or negotiated, an issuing bank or confirming bank must honour or negotiate, or reimburse that nominated bank, even when the documents have been lost in transit between the

nominated bank and the issuing bank or confirming bank, or between the confirming bank and the issuing bank. 如果指定银行确定交单相符并将单据发往开证行或保兑行，无论指定的银行是否已经承付或议付，开证行或保兑行必须承付或议付，或偿付指定银行，即使单据在指定银行送往开证行或保兑行的途中，或保兑行送往开证行的途中丢失。

本款的规定，与本惯例第 7 条有关开证行责任和第 8 条有关保兑行责任的规定，遥相呼应。

本款表明：

第一，开证行和保兑行对相符交单的承付、议付或偿付责任，与单据邮寄途中遗失无关。

在 UCP500 时期，曾经有一个案例：受益人出口花生，金额 200 万美元。单证相符，议付行按照信用证的规定将单据寄往开证行。单据在邮寄途中遗失，开证行拒绝付款。理由是：

(1) 根据 UCP500 第 16 条，单据在传递过程中丢失银行免责；

(2) 开证行的付款是以单证相符为条件的，单据丢失，开证行无法确定单据是否相符。

开证行如此主张，显然与 UCP500 规定的不清晰也有关系，因为 UCP500 时期第 16 条未专门提及寄单遗失的情况，而仅仅简单而泛泛地规定——"银行对由于任何文电、信函或单据在传递中发生延误及/或遗失所造成的后果，或对于任何电讯在传递过程中发生的延误、残缺或其他差错，概不负责。"

为弥补这一不足，UCP600 于本款明确了单据遗失时开证行和保兑行的付款责任。有人问：开证行承付或偿付之后，应该由谁来承担单据寄单过程中遗失的最终责任呢？ICC 在 R146 中说，自相符单据由被指定银行接受，单据丢失的风险自受益人转移到开证行。在 R175 中又说，相符单据提交到被指定银行，单据丢失的风险由受益人转移到申请人。如此看来，本案例中的申请人才是单据丢失的最终责任人，而开证行承担的仅仅是过渡性责任，但是在信用证安排下开证行必须首先承担该过渡性责任，因为申请人毕竟不是信用证的当事人，在 UCP 框架内，指定银行无法越过开证行直接要求申请人付款。

至于案例中开证行提出的"单据丢失无法审核以确定是否相符"，这不是理由。开证行承付或偿付时的依据，为议付行确定的相符交单。实务中，议付行的面函留底、审单记录以及单据副本留存，均是直接证据。

除此之外，开证行或保兑行必须承付、议付或偿付相符交单，还需注意以下两点：

——无论指定的银行是否已经承付或议付。在本惯例第 12 条的解读中提到，代为接收单据，本身就是开证行指定的授权内容之一。单据邮寄途中丢失的责任，并不是只有指定银行接受了开证行指定予以承付或议付时才转移。换句话说，只要指定银行接受了交单，而该交单构成了相符交单，开证行或保兑行仍然必须承付、议付或偿付。

——单据必须在指定银行送往开证行或保兑行的途中，或保兑行送往开证行的途中丢失。所谓寄单"途中"，包括保兑行在内的指定银行必须完全遵照信用证的规定，内容涉及寄单次数、方式，以及寄单地址。

总的来看，正如 ICC 在 R207 的分析中所说，在信用证规定的期限内，将相符单据向被指定银行提交，开证行及保兑行的确定承诺即生效。一旦受益人履行了他被要求做的事，即将相符单据及时向指定银行提示，他对其后单据的遗失不再负责。指定银行代开证行行事，只要指定银行遵守了信用证中如何寄单的要求，单据遗失风险就转移到开证行。而开证行又是按申请人的要求行事,该风险又从开证行转移到了申请人。

第二,指定银行向其转递相符交单,是开证行或保兑行承担单据遗失责任的前提。

如果破坏了这个前提,开证行或保兑行不承担付款责任。具体包括以下情况:

——相符单据由受益人径寄开证行,或通过非指定银行寄开证行过程中遗失时,开证行或保兑行免责。

当信用证仅在开证行兑用时,相符单据送达开证行之前并不构成开证行的承付责任,自然,开证行无须对单据遗失负责。此时,不管单据是否通过寄单银行送达,是否按照信用证规定的寄单方式、次数,以及寄单地址寄送,都与开证行无关。那么如果通过寄单银行送达,单据遗失责任是否由寄单银行承担呢?根据本条第(1)款"银行对信息传递免责"的规定,回答似乎还是否定的。

当信用证可在指定银行兑用时,相符单据可能绕过指定银行径寄开证行,此时相当于信用证仅在开证行兑用。

另外,如果相符单据在受益人或交单行与指定银行之间丢失,相当于受益人没有交单,开证行或保兑行不承担付款责任。

值得一提的是,相符单据包括申请人已经放弃不符点的单据。而相符单据在开证行与申请人之间丢失,仅涉及开证行与申请人之间的约定,即开证申请书的约定,并不影响开证行在相符交单下对受益人和指定银行的付款责任。

——相符单据由受益人通过指定银行寄开证行过程中遗失,且未按信用证寄单指示执行时,开证行或保兑行似乎不能完全免责。

根据本惯例第 7 条及第 8 条的规定,开证行及保兑行对受益人的责任自相符交单于指定银行处开始,与指定银行如何寄送单据无关;而开证行及保兑行对指定银行的责任则自相符交单经代为承付或议付,并向开证行或保兑行转递时起,似乎与指定银行如何寄送单据有一定关系,因为指定银行未遵循信用证寄单指示可能会影响到单据的转递过程。

有人问:如果指定银行误寄单据导致单据遗失,开证行或保兑行是否也可以不付款了呢?如果单据遗失,开证行按理首先必须在 UCP 框架内承担对受益人的责任,至于开证行对已经代为承付或议付的指定银行的偿付责任,似乎应该在法律框架内根据指定银行过错的后果来确定。但是在实务中,不管是哪一种情况,开证行或保兑行因为没有见到信用证规定的单据,往往都不会主动向受益人或指定银行承担责任,而是拖延时日,最终往往得交由买卖双方协商或交由法庭裁决。

除非指定银行的寄单系按受益人指示办理,否则指定银行因自行其是致单据丢失,使进口方不能按时提货,产生港口费用,指定银行似乎应承担责任。ICC 在 R429 中说:"Article 16 of the UCP offers the same protection to that referred to in your question under UCP400. If the bank which sends conforming documents to the issuing bank is a nominated bank, then the issuing bank is liable to pay if documents are lost in transit. This would be subject to the documents being sent in the manner prescribed in the credit, i. e. where the credit states Registered mail, the documents are to be sent by that means and not by courier. The risks of sending the documents by a method not requested by the credit rests with the nominated bank and not the beneficiary."

值得一提的是,如果指定银行虽未按信用证规定寄单,但开证行却按时收到了规定单据,开证行不得将其视为不符点拒付。

有人问:信用证要求以快递寄单,寄单行却使用了航空邮寄是否构成不符点呢? ICC 在 Case 219 中肯定了这不是不符点:"单据的传递指示是开证行向付款行、承兑行或议付行发出的,是银行间的事(bank-to-bank matter)。因此,如果寄单行没有按照信用证中对它的要求去做,这与受益人无关,不是一个不符点。"

——不符单据无论是否通过指定银行寄单遗失,开证行和保兑行均免责。

由于不符单据不论提交到开证行还是提交到指定银行,不论是受益人自己提交,还是通过指定银行或非指定银行,均不构成开证行的付款承诺。因此,不论单据是否按照信用证规定的方式提交,单据在邮寄途中遗失的风险均由受益人自己承担。ICC 在 R173 中说:"此时指定银行有权不按开证行关于寄单的指示办,而可以通过与受益人协商的合适方式寄单。"

相应地,如果不符单据在受益人寄往指定银行或非指定银行的途中遗失,单据遗失的风险自然由受益人承担。

35 — 124

Article 35(3)　银行对专业条款的翻译及解释免责

全世界的银行差不多一样,一般都无偿地为客户翻译或解释信用证条款。那么,银行在其中又将承担什么样的责任呢?

Article 35(3):
A bank assumes no liability or responsibility for errors in translation or interpretation of technical terms and may transmit credit terms without translating them. 银行对技术条款的翻译或解释上的错误,不负责任,并可不加翻译地传送信用证条款。

本款表明:

第一,银行对信用证领域以外的技术条款的翻译或解释上的错误免责。

信用证中的技术条款,与一般条款相对而言。

什么是"technical terms"呢?《美国传统辞典(双解)》说:"technical,used in or peculiar to a specific field or profession; specialized…在特定的领域或职业中使用或独具的;专门化的……"而参照本款下文中提到的"credit terms"(信用证条款),"terms"似乎译为"条款"更恰当。合而为一,technical terms,准确一点地说,似乎应该译为"技术条款",即带有特定领域"技术性"、"专门化"、"专业化"特征的条款,从而与信用证条款(credit terms)、一般条款(general terms)保持一致,从而便于理解。

信用证交易背景的复杂性,意味着它所涉及的专业知识必定包罗万象,银行对于有关交易背景的技术术语(technical terms),常常是门外汉。银行在传送信用证条款时,涉及信用证上或单据上的技术条款的判断时,常常是无能为力,勉强为之。换句话说,此时银行附带提供的无偿的翻译或解释服务,并不能保证翻译或解释的正确无误。对于客户而言,银行附带提供的无偿服务,只能作为参考,不能想当然地代替自身的独立判断,照此操作,后果自负,与银行无关。

第二,银行对信用证领域的技术条款和一般条款的翻译或解释上的错误似乎应承担责任。

信用证实务中,可能涉及技术条款,也可能包括大量的一般条款。技术条款,又区分为信用证领域的技术条款和信用证领域以外的技术条款。值得注意的是,银行免责,似乎只针对信用证领域以外的技术条款,它不适用于信用证领域以内的技术条款,也不适用于一般条款。

——信用证领域的技术条款,银行不能免责。如果没有语言障碍,信用证领域的技术条款银行应该准确翻译和解释,如 SWIFT 格式中的一些"栏位"(field)及"编码"(code),还比如付款期限及兑用付款方式等。这些信用证领域以内的技术条款,是银行所熟知并有义务向客户予以翻译和解释的内容,并不适用于免责,因为银行提供的就是信用证专业服务。

——一般条款,银行也不能免责。而对于一般条款,如果因银行的翻译或解释错误而导致受益人或申请人遭受损失,似乎也很难引用本款据以免责。因为既然是一般条款,银行人员理应具有与普通人一样的知识和判断能力。

第三,银行可以不加翻译地传送信用证条款。

本节前面的解读提到,银行必须对一般条款和信用证领域以内的技术条款的翻译错误负责,而对信用证领域以外的技术条款的翻译错误免责。但这并不意味着,银行有必须翻译信用证条款的义务。本款规定了,对于信用证领域以外的技术条款,银行无翻译的义务。

为避免误导客户,银行一般也不愿意就非信用证领域的技术条款,加以翻译后转递给客户。对于一般条款或信用证领域的技术条款,有时信用证的语言也是银行不熟悉的,即便是普通语言,信用证条款一经翻译,也常常会词不达意,离题万里。

鉴于翻译会引起困难与歧义及增加银行的负担,本款赋予了银行将信用证条款照转而不翻译的权利,比如通知行通知信用证时,可以原文照转而不加翻译。此时,申请人与受益人均不应强求银行将信用证翻译为自己所熟悉的文字。换句话说,银行在转递信用证时,可以翻译也可以不加翻译,但是一经翻译了则可能为此承担责任。

值得一提的是,这里仅限于无翻译义务,而不适用于解释。换言之,只要客户要求,银行似乎就必须对信用证领域的技术条款和一般条款加以解释,且必须对可能的解释错误承担责任。

35—1241

单据的语言

本条第(3)款提及的翻译问题,似乎仅限于信用证条款的语言。但是,信用证实务中的翻译问题,并不限于信用证条款,实务中还常常涉及单据上内容的语言显示。

比如:单据上的内容有时会显示为信用证所使用语言以外的一种语言,可以吗?还比如:信用证规定"一切单据用英语"时单据上的内容应该如何显示呢?

Article 35 信息传递和条款翻译、解释免责

ISBP 681 Para 23：

Under international standard banking practice, it is expected that documents issued by the beneficiary will be in the language of the credit. When a credit states that documents in two or more languages are acceptable, a nominated bank may, in its advice of the credit, limit the number of acceptable languages as a condition of its engagement in the credit. 在国际标准银行实务下,受益人出具的单据应使用信用证所使用的语言。如果信用证规定可以接受使用两种或更多语言的单据,指定银行在通知该信用证时,可限制单据使用语种的数量,作为对该信用证承担责任的条件。

根据本段的规定,似乎应该注意以下几点:

第一,在信用证未规定语言的前提下,国际标准银行实务的做法,是建议受益人出具的单据使用信用证所使用的语言。但如果使用了其他语言,只要满足信用证要求,且满足"不得矛盾"的原则,仍应接受。

需要提请注意的是,这里仅仅是建议,并没有实质的约束力。比如:国内往日本出口石材,来证是英文,提交的装箱单常常用中文或日文显示货物描述和数量,由于翻译的缘故,银行无法判断装箱单显示的货物描述和数量是否满足信用证要求,却不能以"装箱单未使用信用证所使用的语言"、或"装箱单未以英文出具"、或"装箱单货物描述与信用证不同"为不符点而拒付,尽管该装箱单常常由受益人出具。

而如果是非受益人出具的单据,特别是官方出具的单据,有时会使用另一种语言,这是不可避免的事。比如:中俄铁路上常常见到以俄文出具的铁路运单。

有人问:信用证要求注明运费预付的铁路运单副本,对单据语言并无特别要求。提交的铁路运单副本上,标明"Franco de Port(目的地)"。可以吗?

ICC 在 R467 的分析和结论中说:"各种词典均将'Franco'解释成邮费付讫、运费已付等,该单据可以接受。"尽管铁路运单使用了与信用证不同的语言,只要信用证没有禁止,只要含义相同,该铁路运单仍为可接受的。换言之,这种情况下,开证行有义务确认二者含义是否相同。另外值得一提的是,正如阎之大先生所言,本案例中的"此做法开了引述词典以证实单证相符的先河"。

还有人问:信用证用英语开立,但未限定单据语言,银行有义务审核公司名称中的中文名称吗?比如:信用证用英语开立。提交的单据用英语显示出具者为 A 公司,但又加盖了一枚中文的"日照天林贸易有限公司"章,由 A 公司授权代理签字。而汉语的意思是另一家公司——B 公司——的名称。

开证行以"单据显示了两个出具者"为不符点拒付。议付行称:我们没有义务翻译汉语章,也没有义务对其与英语显示者加以区别。汉语的目的看来是对签字人的证实,我们只能理解和核验英语出具者是 A 公司并由其授权代表签字。

ICC 于 2006 年通过的结论中说,The document clearly indicated in English it was issued and signed by "A 公司". As far as its status is concerned, it complies on its face with the L/C terms. The fact that the authenticity of the document was indicated by a stamp showing "日照天林贸易有限公司" which is said to be "B 公司" is beyond the scope of review by the negotiating bank and does not detract from the acceptability of the document.

第二,如果信用证规定特定语言,则应该满足。指定银行在通知时,可以限定使用语言的数量,作为履行指定责任的条件,这一点也适用信用证未规定特定语言的情况下。

实务中,有时信用证会限定单据内容必须以特定语言显示,这包括受益人出具的单据,也包括官方出具的单据。ICCCR049 中有一个例子:信用证要求所有产地证为工商会出具,但来单中的产地证由德国"Industrie und Handelskammer zu Düesseldorf"出具(注:此机构即是德国的工商会),并要求"all documents must be issued in English"。ICC China 在分析及结论中说:"关于产地证的出单人:如果信用证要求单据以英文出具,而产地证的出单人名称为德文,致使开证行无法从单据表面判断出单人身份是否为信用证规定的出单人,则该单据构成不符。但是,在德文单据中同时用英文注明出单人身份及其他内容的,开证行应予接受。"

信用证规定语言,最终的目的是为了方便审单。如何满足信用证对语言的规定,则以开证行能够理解为限。ICC China 在 ICCCR023 中说:"信用证要求所有单据必须用英语,我们认为不能简单地理解为单据上出现的所有符号都为英语,事实上这是没有必要也经常是不可能的。对这一点 UCP500 中并没有明确规定,因此,只能按照该行业及信用证要求该单据的目的等方面去解释该项要求。我们认为,只要信用证要求的数据内容为英语,并且通过该单据的形式或某项银行能理解的声明或其他方式,使银行从单据表面(包括正面和反面)能合理地判定该数据内容的性质,并能判定其符合信用证对该单据数据内容的要求,即可接受。"

值得一提的是,信用证规定或允许有一种或多种语言,只是表达了开证行的要求。对于指定银行而言,本款规定可以在开证行在信用证安排规定语言数量之内限定单据的使用语言,作为履行指定的条件,以规避语言方面导致的风险。当然,指定银行的这一限定,独立于信用证安排之外,只约束受益人与指定银行双方。类似地,指定银行在承诺履行责任时还可以限定其他条件,只要与信用证规定的不矛盾即可。

第三,"一切单据用英语"下,该如何把握?

信用证实务中,常常要求"一切单据用英语"。值得注意的是,这并不意味着"一切单据"上的所有内容都使用英语,也不意味着提交的单据在使用英语的同时,就不能同时出现另一种语言,这还不意味着单据盖章中的名称也使用英语。

——"一切单据用英语"下,仅限于信用证要求的数据,而不涉及附加数据,且可以包括英语在内的多种语言。ICC 在 R451 中说:"A requirement for a document to be issued in a specific language does not prohibit other languages or dual languages being used, provided the information requested by the credit is clearly indicated in the requested language."

有人问:信用证要求"一切单据用英语"。提交的租船合同提单的左下角标明的租船合约的日期未使用英语"Charter Party Dated 12. Mrz. 2000",可以吗? ICC 在 R420 的分析和结论中说,租船合同提单上的租船合同日期并不是信用证要求的信息,不存在不符点。

——"一切单据用英语"下,不涉及单据盖章中的名称。

比如:信用证要求正本提单,同时要求"一切单据用英语"。提交的提单由俄罗斯船运公司以英文出具,公司签署(signed)并加盖俄文公司章。

ICC 在 TA552 结论中说:"Given that a Russian shipping line issued the bill of lading, it would not be unreasonable to expect that the evidence of the name of the company, by stamp, would be in Russian. Provided the document otherwise complied with the terms of the credit and Article 23 in the completion of the bill of lading, there would be no discrepancy."

试想,如果提交的提单以俄文显示"承运人"身份,则似乎仍应视该提单为未完全以英文出具。因为仅仅通过英文,银行无法判断该承运人即为"承运人"。

Article 36

不可抗力免责

A bank assumes no liability or responsibility for the consequences arising out of the interruption of its business by Acts of God, riots, civil commotions, insurrections, wars, acts of terrorism, or by any strikes or lockouts or any other causes beyond its control. 银行对由于天灾、暴动、骚乱、叛乱、战争、恐怖主义行为或任何罢工、停工或其他无法控制的任何其他原因导致的营业中断的后果,概不负责。

A bank will not, upon resumption of its business, honour or negotiate under a credit that expired during such interruption of its business. 银行恢复营业时,对于在营业中断期间已逾期的信用证,不再进行承付或议付。

【本条导读】

本条规定了不可抗力免责的审核标准。

36 — 125

Article 36(1)　银行对不可抗力免责

不可抗力(force majeure)免责是国际公约的通例,跟单信用证统一惯例也不例外。

Article 36(1):

A bank assumes no liability or responsibility for the consequences arising out of the interruption of its business by Acts of God, riots, civil commotions, insurrections, wars, acts of terrorism, or by any strikes or lockouts or any other causes beyond its control. 银行对由于天灾、暴动、骚乱、叛乱、战争、恐怖主义行为或任何罢工、停工或其他无法控制的任何其他原因导致的营业中断的后果,概不负责。

第一,什么是不可抗力?

不可抗力,顾名思义,即不可抗拒的力量。《美国传统辞典(双解)》说:"force majeure, unexpected or uncontrollable event. 不可抗力,一次出乎意料或无法控制的事件。"显然,出乎意外及无法控制,是不可抗力事件的基本特征。

那么,信用证实务中,不可抗力事件包括哪些呢?

——自然的破坏力量:表面看只有天灾(acts of God)一种。《美国传统辞典(双解)》说:"acts of God, an unusual, extraordinary, or unforeseeable manifestation of the forces of nature beyond the powers of human intervention, such as a tornado or a bolt of lightning. 一种不寻常的、异常的或无法预见的自然力量的显示,超出人类干预能力之外的,如旋风或闪电。"与其他不可抗力事件不同,天灾仅指自然的破坏力量。

——人为的破坏力量:除天灾以外的其余不可抗力事件似乎均可归为人为的破坏力量,具体包括暴动、骚乱、叛乱、战争、恐怖主义行为、任何罢工、停工或其他无法控制的原因。

值得一提的是,与UCP500相比,UCP600增加了"acts of terrorism"(恐怖主义行为),作为人为不可抗力的一种,显然,这与世纪之初的美国"9·11事件"有着直接的关系。

第二,不可抗力导致营业中断的后果及银行免责的性质。

实务中,不管是天灾,还是人祸,不可抗力事件均可能导致银行信用证业务的营业中断。业内关心的是,营业中断后可能带来什么后果?营业恢复后,银行又该承担怎样的责任?

——信用证逾期。信用证生效是信用证业务的源头。信用证逾期,意味着开证行承诺的终结,也意味着信用证安排可兑用性的终结,归根结底,即意味着信用证生命的终结。所以,信用证逾期,是银行营业中断带来的最大后果。而针对这一后果,本条的第2款已经清楚地规定了营业恢复后银行不再对营业中断期间逾期的信用证承担承付或议付责任,即信用证逾期等同于信用证可兑用性从此终结。

——单据的未达和信息的不通。与信用证逾期相比,单据传递和信息交流,仅仅是信用证执行兑用层面的事。所以,不可抗力造成的单据传递和信息交流延误、错漏,银行为此免责,必须基于 ICC 对信用证逾期责任在银行间的归属逻辑来看。本条第 2 款,从侧面同时也表明了只要信用证未逾期,营业恢复后银行仍要承担承付、议付责任。换句话说,在信用证有效的情况下,营业中断只能直接导致承付、议付和交单行为的中止,并不能导致信用证安排可兑用性的终结,只有这样,一旦恢复营业银行才能继续履行承付或议付责任。

从这里可以看出,ICC 对营业中断期间的单据未达和信息不通,表达了与信用证逾期完全相反的态度。通俗而言,不可抗力下,前者是银行永久性免责,后者只是银行间断性免责。

36 – 126

Article 36(2)　不可抗力下,银行将承担什么样的过渡性的责任

值得一提的是,与对单据有效性、信息传递、专业条款翻译与解释免责一样,银行对不可抗力免责仅仅是从最终的责任归属意义上来说。而责任归属的过程中,银行常常需要承担过渡性的责任。

那么,对不可抗力,银行将承担什么样的过渡性责任呢?

Article 36(2):

A bank will not, upon resumption of its business, honour or negotiate under a credit that expired during such interruption of its business. 银行恢复营业时,对于在营业中断期间已逾期的信用证,不再进行承付或议付。

从本款似乎可以看出:

第一,在营业中断期间已经逾期的信用证,银行在恢复营业后不再承付或议付。

假设信用证安排下,出口商在未交单之时,突然间爆发了不可抗力事件。不可抗力事件既成事实,而其持续时间可能很长,不知道什么时候会结束,也不知道不可抗力事件会造成多么严重的负面影响,包括银行可能歇业很长时间,或者经营状况恶化,乃至破产。这种情况下,作为出口商的受益人保障自身利益的最好办法就是暂不交单而冷静观察事态的发展,同时另寻良策以保全货物的价值。

不可抗力事件过后,银行恢复营业,如果信用证未逾期,只要受益人愿意,仍可正常交单,银行正常承付或议付。

但是,如果信用证已经逾期,根据 ICC 本款意见则银行不再承付或议付。为什么呢?因为只有这样,才能最大限度保全货物的价值,从而保障受益人和开证行双方的利益。未交单之时,ICC 本款的意见给了受益人明确的预期,即受益人已经明确知道通过信用证已经无法正常收汇,所以,他一定会主动想方设法,采取措施规避风险,减少损失,从而保全乃至实现货物价值。反之,如果 ICC 规定银行在恢复营业后仍应承付或议付,那么设想一下极端的情况,受益人可能会无视已经发生的不可抗力事件可能对银行造成的极端影响,而是干巴巴地傻等,直至

很久之后，比如一年之后银行恢复营业，履行承付或议付责任。此时，货物可能已经滞港一年之久，即使银行承付或议付相符交单之后，货物可能已经严重贬值，乃至毫无价值可言，开证行将因不可抗力事件承担一切后果，而无法从货物价值上得到任何补偿。

或许，正是基于对货物价值的最佳保全方案，从而最大限度平衡信用证受益人和银行的利益考虑，ICC 作出了本款的规定。

第二，营业中断期间过最迟交单日的信用证下交单，开证行和保兑行在恢复营业后似乎也不再承付或议付。

本款仅仅规定营业中断期间若信用证过期，恢复营业之后银行不再承付或议付。至于不可抗力导致营业中断，而其间信用证没有过期，但却超过了最迟交单日，银行恢复营业后是否也不再承付或议付？

比如：信用证效期为 2007 年 12 月 31 日，交单期限为发运日后 10 天，可在保兑行议付。受益人 2007 年 9 月 1 日发运。受益人于 9 月 2 日欲向保兑行交单之时，正值保兑行因不可抗力歇业。保兑行于 10 月 15 日恢复营业时，仍在信用证效期之内，受益人向其正式交单，但已经超过了最迟交单日 2007 年 9 月 11 日。

显然，这里的规定并没有给出直接的答案。

Article 29(a)：

If the expiry date of a credit or the last day for presentation falls on a day when the bank to which presentation is to be made is closed for reasons other than those referred to in article 36, the expiry date or the last day for presentation, as the case may be, will be extended to the first following banking day. 如果信用证的截止日或最迟交单日适逢接受交单的银行非因第 36 条所述原因而歇业，则截止日或最迟交单日，视何者适用，将顺延至其重新开业的第一个银行工作日。

所幸的是，如果结合以上的规定，似乎可以看出：既然不可抗力原因不适用于信用证安排下交单截止日的顺延，也不适用于最迟交单日的顺延，那么，言外之意，营业中断期间过了最迟交单日就是永久性过了交单期，而银行营业恢复后便没有理由为此承担承付或议付责任。这一结论，也从一个侧面印证了本惯例第 14 条 c 款解读中提到的一个观点：信用证的最迟交单日，归根结底，似乎是交单截止日这一绝对"有效期限"之外的一种相对"有效期限"。

第三，营业中断前的相符交单，开证行和保兑行在恢复营业后必须承付或议付；这似乎也包括不符点交单，开证行或保兑行因营业中断未能及时拒付的情况。

营业中断前，受益人已经向开证行和保兑行，还有指定银行相符交单，通常情况下，这意味着受益人已经失去了对单据的控制，从而也失去了对货物的控制，此时欲通过控制货物的办法从而保全货物的价值，几乎不可能。所以，在恢复营业后，开证行和保兑行必须承付或议付。

比如：受益人将相符单据提交保兑行，该行尚未议付时，由于不可抗力而停业。恢复营业后信用证已经过期，这种情况下保兑行的责任是什么？ICC 在 Case 61 中回答：如果相符单据是在营业中断之前向保兑行提交的，由于营业中断而未能付款，保兑行恢复营业后，即使信用证在停业期间已经过期，保兑行应仍受其付款承诺的约束。当然，最好的方式是受益人直接向开证行交单，但这是不可能的，因为受益人已经没法掌握单据了。

这一点应该同样适用于向开证行的交单。

对于未加保兑的指定银行似乎仍然应该适用,即不论指定银行是否接受指定,只要相符单据在规定时间提交到指定银行,即使该行营业中断导致向开证行或保兑行寄单前信用证失效,似乎也不能影响开证行或保兑行的付款责任。但是,这里似乎不包括指定银行在开证行或保兑行营业中断之后接受了交单的情况,就此 ICC 没有针对性的意见。

尽管营业中断起因于不可抗力事件,但是营业中断与不可抗力事件,比如战争,可能并不同时发生。值得注意的是,本款的规定从一个侧面反映了银行对相符交单的责任,只针对营业中断之前而言,而不管不可抗力发生之后多长时间银行营业才因此中断,事实上不可抗力的发生并不必然造成银行营业中断。

有人可能问,不可抗力下造成营业中断,如果未构成相符交单,银行又未能及时拒付,是否仍需承担承付或议付责任呢?未能及时拒付造成的延迟利息,又该由谁承担呢?比如:开证行收到单据,发现有不符点而准备拒付时,由于战争致使开证行电讯设备瘫痪,开证行工作全面停顿,拒付通知未能发出。三个月后恢复营业,向议付行发出拒付通知,说明战争致停业原因,并要求议付行退回已经索偿的款项及利息。议付行称拒付已经超过 5 个银行工作日,拒绝退款。最终开证行援引本款,借记申请人账。至于在此期间产生的迟付利息开证行或保兑行是否仍应支付,UCP 并未说明,但按常理应由开证行或保兑行承担,因为在此期间他们无偿占用了信用证项下的资金。

Article 37 被指示银行免责

被指示银行免责

a. A bank utilizing the services of another bank for the purpose of giving effect to the instructions of the applicant does so for the account and at the risk of the applicant. 为了执行申请人的指示,银行利用其他银行的服务,其费用和风险由申请人承担。

b. An issuing bank or advising bank assumes no liability or responsibility should the instructions it transmits to another bank not be carried out, even if it has taken the initiative in the choice of that other bank. 即使银行自行选择了其他银行,如果发出指示未被执行,开证行或通知行对此亦不负责。

c. A bank instructing another bank to perform services is liable for any commissions, fees, costs or expenses("charges")incurred by that bank in connection with its instructions. 指示另一银行提供服务的银行有责任负担被指示方因执行指示而发生的任何佣金、手续费、成本或开支("费用")。

If a credit states that charges are for the account of the beneficiary and charges cannot be collected or deducted from proceeds, the issuing bank remains liable for payment of charges. 如果信用证规定费用由受益人负担,而该费用未能收取或从信用证款项中扣除,开证行依然承担支付此费用的责任。

A credit or amendment should not stipulate that the advising to a beneficiary is conditional upon the receipt by the advising bank or second advising bank of its charges. 信用证或其修改不应规定向受益人的通知以通知行或第二通知行收到其费用为条件。

d. The applicant shall be bound by and liable to indemnify a bank against all obligations and responsibilities imposed by foreign laws and usages. 外国法律和惯例加诸银行的一切义务和责任,申请人应受其约束,并就此对银行负补偿之责。

【本条导读】

本条规定了被指示银行免责的审核标准。

本条的解读将表明,所谓的"指示方",包括信用证安排的最初指示方——申请人,也包括信用证安排下的指示另一方银行的指示银行。在被指示银行免责的情形下,归根结底,指示银行必须承担过渡性责任,而申请人应该承担最后的责任,包括风险和费用。

37 — 127

Article 37(a)　执行申请人指示银行免责

信用证安排是开证行在申请人要求下对受益人作出的单方面付款承诺,所以,只有申请人才是信用证安排的最初指示方,而作为信用证安排的当事人,包括开证行、通知行等银行,都仅仅是依照最初指示方——申请人——的直接或间接指示行事。

那么,谁应该对执行申请人指示的费用和风险负责呢?

Article 37(a):

A bank utilizing the services of another bank for the purpose of giving effect to the instructions of the applicant does so for the account and at the risk of the applicant. 为了执行申请人的指示,银行利用其他银行的服务,其费用和风险由申请人承担。

本款的规定似乎表明:

第一,为了执行申请人的指示,银行利用其他银行的服务,银行免责,即其费用和风险由申请人承担。

信用证实务中,为执行申请人的指示,开证行除了自身提供开证服务外,常常利用其他银行的服务,比如通知、偿付、收单、代为承付或允许议付、转让、保兑、代付等。利用其他银行的服务,一方面会产生费用,另一方面还存在通知延误、通知不到、偿付不及时、寄递丢失、不愿意代为承付或允许议付、保兑未实现、代付失败等风险。由于申请人是信用证的最初发起者,开证行以外的其他银行,都是在根据申请人通过开证行传递的委托行事,此时理应由申请人承担费用和最终的风险。

这里之所以措词为"银行利用其他银行的服务"而不是"开证行利用其他银行的服务",因为实务中存在受开证行委托的一家银行,继续利用另一家银行提供的服务。比如:作为开证行代理的通知行,可能与受益人不在同一个城市,往往需要通过第二通知行对信用证进行通知,这种通知是通知行利用另一银行的服务,而第二通知行的费用及通知中的风险同样也应由申请人承担。

第二,为了执行申请人的指示,开证行利用自身的服务时似乎不能免责,须依其与申请人之间的约定分别承担责任。

值得一提的是,本款的规定似乎仅限于一家银行利用另一家银行的服务时免责。

那么,如果一家银行利用自身的服务是否也一样免责呢?当然,这里的一家银行似乎是指开证行,因为只有开证行才是唯一一家从申请人处直接受指示的银行,其他银行都只是开证行的代理,接受开证行的指示而行事。

比如:开证行利用加押电通过通知行通知信用证。受益人向议付行交单议付,并通过偿付行得到偿付。开证行收到单据后提出装运不足的不符点,因为信用证规定货物为 2 200 件,

60 000美元。而受益人提交的价值60 000美元的单据仅装运了220件。最后确认电讯出现问题,通知行收到的电传货物描述只有220件。此时受益人已经倒闭。由于UCP规定银行对电讯传递出现的残缺免责,开证行可否对信用证项下已支付的款项向申请人行使追索权?

ICC535 Case 5中回答:开证行对申请人有进行追索的权利。问题的关键是要依据申请人与开证行之间为开立信用证所签订的合同,比如开证申请书或偿付协议,而这种协议与UCP是不相干的。

显然,在开证行利用自身的服务时,似乎不能免责,须依其与申请人之间的约定分别承担责任。因为开证行为执行申请人指示而提供相应的服务,是其理所当然的职责,且收取了相应的费用。准确地说,开证行利用自身服务时不能免责指的是风险方面,而费用则似乎仍应由申请人承担。

37 — 128

Article 37(b)　申请人指示未执行银行免责

实务中,提供服务的其他银行,可能是该银行自行选择的另一家银行,也可能是由开证行选择的另一家银行,还可能是申请人在开证申请书中明确选择的另一家银行。如果是后者,风险和费用由申请人承担比较直观,银行免责。

那么,如果是前二者,产生的风险和费用也由申请人承担吗?

Article 37(b):

An issuing bank or advising bank assumes no liability or responsibility should the instructions it transmits to another bank not be carried out, even if it has taken the initiative in the choice of that other bank. 即使银行自行选择了其他银行,如果发出指示未被执行,开证行或通知行对此亦不负责。

本款的规定作出了回答,银行自行选择了其他银行的服务免责,即无须为此承担指示未被执行的风险。

本款免责的银行限定为开证行与通知行。因为在实务中,似乎并不存在除开证行和通知行以外的银行自行选择其他银行提供服务的情况。

本款免责的内容则是"如果发出指示未被执行"。因为开证行或通知行对后手的行为无法预见,也无法把握,他并不能控制诸如其他银行未能适当地通知等所带来的风险,而他们所收取的少许的费用也不足以使其承担过多的风险。比如,开证行按照申请书的要求将信用证传递到通知行,或者通知行通过第二通知行通知信用证,不论通知行或第二通知行是申请人在开证申请书中指明的,还是由开证行或第一通知行自行选择的,如果信用证未被通知或未被保兑,开证行或通知行并不因此承担责任。

不过,根据ICC411,这一免责并不适用于开证行本身的疏忽。比如,开证行由于疏忽,开立的信用证中漏了申请书中列明的受益人的详细地址及电话,致通知行未能及时通知信用证,不论该通知行是申请人提供的,还是开证行自己选择的,由此造成的后果都应由开证行而不是由申请人承担。显然,这一意见从某种意义上平衡了本款对开证行和通知行的"过于保护"。

37—129

Article 37(c)　信用证下的银行费用

　　什么是银行费用(banking charges)? 在信用证下,银行提供服务,势必会产生费用,即为银行费用,它的本质为银行提供服务的对价。这一观点得到了本条 b(1)款的间接印证。换句话说,有多少服务,就会对应于多少的银行费用;反之,没有提供银行服务,就没有相应的费用。

　　比如:受益人向开证行直寄单据下,通过其收汇的出口方银行可以收取议付费吗? 回答是否定的,直寄单据下根本就不存在议付,从而也就不存在议付费了。ICC 在 R316 中说:"Where a presentation is made directly to the issuing bank(as allowed in UCP), the nominated bank would not be entitled to deduct any negotiation commission, since no checking of the documents or negotiation occurred at its counters."

　　具体而言,银行费用包括了本条 b(1)款中提到的四种类型:佣金(commissions)、手续费(fees)、成本(costs)和开支(expenses)。

　　——佣金。《美国传统辞典(双解)》说:"commission, a fee or percentage allowed to a sales representative or an agent for services rendered. 佣金,同意给予提供服务的销售代表或代理人的酬金或百分比。"比如:指定银行通过邮局或邮递公司代寄单据产生的邮费。

　　——手续费。《美国传统辞典(双解)》说:"fee, a charge for professional services. 业务报酬,对职业性的服务所支付的报酬。"比如:通知信用证产生的通知费、审核单据产生的审单费、议付时的议付手续费、代为承付时的承付手续费、保兑费、不符点处理费等。

　　——成本。《美国传统辞典(双解)》说:"cost, the expenditure of something, such as time or labor, necessary for the attainment of a goal. 成本,某物的花费,例如时间或劳动,是为达到某一目的而必需的。"比如:议付时的资金成本——利息等。

　　——开支。《美国传统辞典(双解)》说:"expense, charges incurred by an employee in the performance of work. 业务费用,经费,雇员在履行工作中所带来的花费。"比如:电话费、人工费等。

不符点处理费的由来和收取。

有人问:

(1)为什么开证行强行收取不符点费?

(2)收取不符点费的原则是什么?

(3)谁有权收取该费用,开证行还是申请人?

(4)有关于收取不符点费的规定吗? 这是银行惯例吗?

(5)为什么受益人要为申请人早已接受的不符点付费?

ICC 在 R307 中回答:

(1)收取不符点费用的理由是用来补偿处理不符点单据的额外支出。

Article 37 被指示银行免责

(2)管理费用(电话费、单据的保管、跟踪申请人对受益人或开证行已通知的不符点的态度等等)。

(3)开证行或其指定银行。

(4)个别的银行政策。

(5)为了从申请人处获得放弃不符点的回答,银行需要花费一定的时间(有时是相当多的)。

ICC 在分析中说,在过去的数年中,很多银行在收取常规费用以外选择了收取不符点费来弥补由于处理不符点单据而产生的额外费用。这种费用的费率不等,且多数由受益人承担,因为只有受益人可以控制提交单据的形式和准确度。

那么,不符点费应该如何收取呢?

ICC 在 R441 的结论中说:"如果开证行打算扣减不符点费用,信用证文本中应当提及并注明费用金额。"值得一提的是,如今的实务中,似乎开证行收取不符点处理费已经成为了一种惯例,许多的信用证并没有提及不符点处理费,开证行在接受不符点予以付款时仍可照收不符点处理费,只要不符点确实存在,未见受益人有异议的。

37—1291

银行费用在银行间的归属

实务中,信用证下的银行费用承担,首先需要在申请人和受益人之间的银行间归属。

Article 37(c)(1):

A bank instructing another bank to perform services is liable for any commissions, fees, costs or expenses("charges")incurred by that bank in connection with its instructions. 指示另一银行提供服务的银行有责任负担被指示方因执行指示而发生的任何佣金、手续费、成本或开支("费用")。

本款的规定表明:指示方银行必须承担被指示银行的银行费用。

正如阎之大先生所言,"如此明确具有十分重要的意义"。因为实务中形成的习惯看法为:开证行一端的银行费用由申请人承担,通知行一端的费用由受益人承担。但是,有时通知行提供了通知、保兑等服务,受益人却因为不兑用信用证或到其他银行交单兑用而不向通知行支付费用。如此,通知行的服务已经提供,但其向受益人收取银行费用的打算就会落空。于是,就有了本款的规定,即尽管服务是向受益人提供的,然而,由于该服务的提供是基于开证行的指示行事,所以,开证行仍要承担通知行为执行指示而产生的银行费用。显然,这一点呼应了本条 a 款规定——"为了执行申请人的指示,银行利用其他银行的服务,其费用和风险由申请人承担",开证行承担起通知行的银行费用之后,便可以顺理成章地转嫁给申请人。只是,无论如何,开证行必须首先对通知行承担起过渡性的责任,因为开证行是通知行提供通知、保兑服务的直接指示方。

受开证行委托提供未见单偿付服务,而实际又未发生偿付的第三方偿付行也是同样的情况。

值得一提的是,本款的规定不仅仅适用于开证行指示其他银行的情况,还适用于出口方银行受受益人委托指示另一银行的情况。比如：由于信封地址打错，出口方银行指示收件的银行退回单据，出口方银行作为指示方银行理应承担收件的银行——被指示银行——的费用，并最终转嫁给受益人。

有人问：保兑行在按照谁的指示行事，其费用由谁承担？

比如：保兑行保兑了信用证。由于受益人没有兑用信用证，保兑行最终未能从受益人处收取保兑费。保兑行转向开证行收取，开证行借记了申请人的账户。

申请人称，该笔费用不应由自己承担。尽管开证行开立保兑信用证是基于申请人的申请，但保兑信用证实际是为了满足受益人的需要，以利于其融资及得到开证行之外的付款保障。由于保兑与申请人并无直接关系，所以要求申请人承担是不合理的。

根据本款的规定，保兑费应由开证行支付，因为保兑行的加保是应开证行的直接指示行事，尽管它是为了满足受益人的需要。进而，根据本条 a 款的规定，开证行可以转向申请人收取保兑费。ICC 在 R273 的结论中说：如果申请人不欲承担保兑费，或担心保兑行不能从受益人处收取时向其追索，可以要求开证行在信用证中规定："Please do not confirm the credit unless your confirmation charges collected from the beneficiary."或者"The credit may only be confirmed once the confirming bank has received its confirmation fee from the beneficiary."

值得一提的是，不应在信用证中加列"不支付保兑费不要通知信用证"的条款，因为国际商会一向不支持这种做法。

由于沉默保兑系应受益人的请求所加具，与开证行及申请人无关，所以保兑费应由受益人支付，而 ICC 也多次表示，加具沉默保兑的银行自担风险。

37—1292

银行费用规定由受益人承担

实务中，信用证的银行费用常常会直接规定由受益人承担。那么，如此规定下的银行费用，一定会由受益人承担吗？

Article 37(c)(2)：
If a credit states that charges are for the account of the beneficiary and charges cannot be collected or deducted from proceeds, the issuing bank remains liable for payment of charges. 如果信用证规定费用由受益人负担，而该费用未能收取或从信用证款项中扣除，开证行依然承担支付此费用的责任。

本款承继了本条 c(1) 款的规定，在规定费用由受益人承担的信用证下，实际未能收取或扣除时，开证行必须承担该银行费用。因为，即便信用证如此规定，也是在按开证行的指示行事。换言之，开证行作为指示方银行必须承担被指示方银行无法收费时的银行费用。

值得注意的是，与本条 c(1) 款的规定不同，本款的适用必须基于一个前提，即在规定费用由受益人承担的信用证下，该费用未能收取或从信用证款项中扣除。换言之，如果该费用能收取而不收取或能从信用证款项中扣除而不扣除，则开证行似乎免责。比如：受益人在提供服务的银行开立账户，该银行理应从其账户直接扣划银行费用，而不可一味地指望开证行承担规定由受益人承担的费用。还比如：偿付行费用应在实际偿付时，从信用证款项中扣收，如果漏扣了，似乎就没有理由要求开证行承担该费用；议付行费用的承担也是类似情况。

当然，根据本条 a 款的规定，开证行承担支付此银行费用的情况下，最终将转嫁由申请人承担。

正像 UCP600 制定小组所说，这种费用倒收的情况往往出现在自由信用证项下。如果申请人申请开立此类信用证，开证行应该向其指出，在通知行并非指定银行的情况下，通知费用有可能反过来向开证行收取并进而向申请人追索。

实务中，SWIFT MT700 开证以专门的银行费用栏目来表达银行费用承担方。SWIFT 手册 MT700 格式 71B—charges（费用）栏目的说明为："该栏目表示费用由受益人承担。如果报文未出现该栏目，或者该栏目空白，则表示除议付费、转让费外，其他费用均由申请人承担。"

有人问："开证行以外费用由受益人承担"下，开证行付款时，可以扣减偿付费用吗？

比如：信用证规定"开证行以外费用由受益人承担"。实际支付时，开证行从中扣减了一定金额，作为指示在美国的账户行向交单行划拨款项的电报费，即偿付费用（reimbursement charges），理由是信用证规定"开证行以外费用由受益人承担"。受益人对此提出异议，理由是偿付电报费用不是开证行以外费用。这一问题，交单行及受益人经常会遇到。

ICC 在 R316 的结论中认为：如果信用证规定"受益人只承担开证行所在国以外发生的费用"，则开证行履行其结算义务的费用（电汇费用）应由申请人承担。

还有人问："规定由受益人承担的滞港费"，开证行付款时可以扣减滞港费吗？

比如：信用证规定 "Demurrage for goods shipped prior to L/C issuance are for beneficiary's account."

准确地说，滞港费不是银行费用，不适用于本条，也不适用于本款。

ICC 在 R326 中说："该条款是非单据化条件。（The statement 'Demurrage for goods shipped prior to L/C issuance are for beneficiary's account' should be considered as a non-documentary condition, as it does not specify whether such costs are to be borne from the credit proceeds or whether the beneficiary would have to settle outside of the credit terms. The credit should have specified that the demurrage charge (if applicable) would be deducted from the proceeds.)"

37—1293

银行费用规定由申请人承担

实务中，信用证的银行费用个别情况下会直接规定由申请人承担。那么，如此规定下的银行费用，开证行是否必须承担过渡性的责任？

ICC 在 2001 年 *DC Insight* 刊登的一则咨询中指出，信用证规定所有费用由申请人承担，这也包括指定银行的费用。开证行有责任就该费用支付指定银行，不论是否从申请人处收取。

有人问："规定一切银行费用由申请人承担"，包括议付费和议付利息吗？

尽管从表面看来，指定银行在向受益人提供融资或付款，与申请人并无关联，但实际上指定银行是开证行在信用证中指定的，开证行指示或请求其对受益人付款、承兑或议付，又往往是基于申请人在开证申请书中的指示，以便满足受益人融资的需求，进而促进双方的贸易进程。所以，指定银行的代为承付或议付也应视为本条 a 款所说的"为了执行申请人的指示，银行利用其他银行的服务"。换言之，指定银行的议付，也是在开证行的指示下向受益人提供的一种银行服务，其所产生的费用，理应为银行费用。

那么，这是怎样的银行费用呢？

议付时，产生的费用有两种：一种即为平时所说的议付费，对应于本惯例第 2 条"议付"的定义中的不管是预付款项，还是同意预付款项，都需要一系列的议付操作手续，它应该是一种手续费；另一种为平时所说的议付利息，对应于本惯例第 2 条"议付"的定义中的预付款项，此时需要立即提供资金，它应该是资金的成本。

如此一来，"规定一切银行费用由申请人承担"的信用证下，显然，申请人也应该承担指定银行的议付费和议付利息。

实务中，申请人如果不想承担议付费或利息，需要在信用证中增加类似语句：开证行之外的一切银行费用（包括利息）由受益人承担。（All banking charges which comprise interest outside the issuing bank are for the beneficiary's account.）

值得一提的是，本惯例第 12 条 b 款允许指定银行对承兑付款及延期付款信用证进行融资，如此产生的利息金额更大，情况则与议付利息类似，即它们都是银行费用。而承兑费或承诺延期付款费，则与议付费类似。

37—1294

信用证下的通知费收取不应成为通知条件

银行要对信用证进行通知，并需要核验信用证的表面真实性，理应收取相应的费用，这就是信用证通知费。

通常情况下，信用证的通知费都规定由受益人承担。然而，正如本条前面几节中多次提到的，受益人可能收到信用证后不兑用，或不到通知行交单，这样就会使得由受益人承担通知费的打算落空，最终根据本条 c(1) 和 c(2) 款的规定，开证行作为指示方银行，必须承担通知行的通知费，并根据本条 a 款最终转嫁由申请人承担。

为了避免这一情况，实务中，有些开证行与申请人便在信用证或修改中加进类似语句：在向受益人通知前应预先收取通知费。（The credit can only be advised upon receiving your advising commissions.）

然而，这种做法历来为 ICC 所反对。

Article 37(c)(3):

A credit or amendment should not stipulate that the advising to a beneficiary is condi-

Article 37 被指示银行免责

tional upon the receipt by the advising bank or second advising bank of its charges. 信用证或其修改不应规定向受益人的通知以通知行或第二通知行收到其费用为条件。

为什么呢？ICC 在 470/TA.574 的结论表示：银行委员会不支持也不希望这种情况继续，收取这一费用会导致额外的信用证通知的管理成本和延误风险，产生本不该产生的额外费用。

值得一提的是，本款的措词为"should not"而不是"must not"，不具有强制力。ICC 在 470/TA.574 的结论中继续说，ICC 没有权力制止银行在信用证中加列先收费后通知的条件，因为本惯例第 1 条（注：指 UCP500）允许信用证另有规定。然而，通知银行可以拒绝通知含有此类条件的信用证。

实务中，这另有规定的情况，可以在信用证中声明不适用本款，更有甚者，一些信用证中加列"受益人支付通知费之前信用证不生效"的条件，尽管这些都不为 ICC 所鼓励。

37—130

Article 37(d) 外国法律和惯例下银行免责

本条 a 款"执行申请人指示银行免责"一节的解读中提到，"为了执行申请人的指示，开证行利用自身的服务时似乎不能免责，须依其与申请人之间的约定分别承担责任"。然而，信用证交易往往远跨重洋，不同国度又有不同的法律和适用惯例，即便是开证行利用自身的服务，也必然暴露在外国法律和惯例风险之下。

那么，开证行是否还要承担责任呢？

Article 37(d)：

The applicant shall be bound by and liable to indemnify a bank against all obligations and responsibilities imposed by foreign laws and usages. 外国法律和惯例加诸银行的一切义务和责任，申请人应受其约束，并就此对银行负补偿之责。

本款的规定表明了，外国法律和惯例下银行免责，归根结底，就是开证行免责，并最终由申请人承担责任。

至于申请人如何受外国法律和惯例的约束，外国的法律和惯例如何加诸银行"义务和责任"，未见国际商会有何论述。阎之大先生举了一个假设例子，也许能解释这一规定：

信用证中的进口货物开证行并不熟悉，它是受益人国家法律禁止出口的核武器，因此开证行被受益人国家惩罚。申请人应承担开证行被罚的损失，并受受益人国家法律的制约，即不能进口被禁止的核武器。

本款的规定还间接表明了，在本国的法律和惯例下，银行不适用于免责。ICC511 在解释本款时说，"由于银行熟悉本国情况，因此这一规定不适用于银行所在国的法律和惯例，而只适用于银行营业地以外另一国家的法律和惯例。"比如，开证行的开证虽是为申请人提供服务，但若因其提供该项服务而必须承担本国法律或惯例强加的义务或费用，申请人并不对此负赔偿之责，因为开证行开证前应了解这些法律或惯例及自己承担的义务，并为此做出必要的准备，将应支付的费用核算到成本之内。

Article 38

信用证转让

a. A bank is under no obligation to transfer a credit except to the extent and in the manner expressly consented to by that bank. 银行无办理信用证转让的义务,除非其明确同意。

b. For the purpose of this article 就本条而言:

Transferable credit means a credit that specifically states it is "transferable". A transferable credit may be made available in whole or in part to another beneficiary ("second beneficiary") at the request of the beneficiary ("first beneficiary"). 可转让信用证系指特别注明"可转让(transferable)"字样的信用证。可转让信用证可应受益人(第一受益人)的要求转为全部或部分由另一受益人(第二受益人)兑用。

Transferring bank means a nominated bank that transfers the credit or, in a credit available with any bank, a bank that is specifically authorized by the issuing bank to transfer and that transfers the credit. An issuing bank may be a transferring bank. 转让行系指办理信用证转让的指定银行,或当信用证规定可在任一银行兑用时,指开证行特别如此授权并实际办理转让的银行。开证行也可担任转让行。

Transferred credit means a credit that has been made available by the transferring bank to a second beneficiary. 已转让信用证指已由转让行转为可由第二受益人兑用的信用证。

c. Unless otherwise agreed at the time of transfer, all charges (such as commissions, fees, costs or expenses) incurred in respect of a transfer must be paid by the first beneficiary. 除非转让时另有约定,有关转让的所有费用(诸如佣金、手续费、成本或开支)必须由第一受益人支付。

d. A credit may be transferred in part to more than one second beneficiary provided partial drawings or shipments are allowed. 只要信用证允许部分支款或部分发运,信用证可以被分部分地转让给数名第二受益人。

A transferred credit cannot be transferred at the request of a second beneficiary to any subsequent beneficiary. The first beneficiary is not considered to be a subsequent beneficiary. 已转让的信用证不得应第二受益人的要求转让给任何其后受益人。第一受益人不视为其后受益人。

e. Any request for transfer must indicate if and under what conditions amendments may be advised to the second beneficiary. The transferred credit must clearly indicate those conditions. 任何转让要求都须说明是否允许及在何条件下允许将修改通知第二受益人。已转让信

Article 38 信用证转让

用证须明确说明该项条件。

f. If a credit is transferred to more than one second beneficiary, rejection of an amendment by one or more second beneficiary does not invalidate the acceptance by any other second beneficiary, with respect to which the transferred credit will be amended accordingly. For any second beneficiary that rejected the amendment, the transferred credit will remain unamended. 如果信用证被转让给数名第二受益人，其中一名或多名第二受益人对信用证修改的拒绝并不影响其他第二受益人接受修改。对于接受者而言，该已转让信用证即被相应修改；而对于拒绝接受修改的第二受益人而言，该信用证未被修改。

g. The transferred credit must accurately reflect the terms and conditions of the credit, including confirmation, if any, with the exception of 已转让信用证须准确转载原证条款，包括保兑（如有），但下列项目除外：

— the amount of the credit 信用证金额，
— any unit price stated therein 规定的任何单价，
— the expiry date 截止日，
— the period for presentation, or 交单期限，或
— the latest shipment date or given period for shipment，最迟发运日或发运期间。

any or all of which may be reduced or curtailed. 以上任何一项或全部均可减少或缩短。

The percentage for which insurance cover must be effected may be increased to provide the amount of cover stipulated in the credit or these articles. 必须投保的保险比例可以提高，以达到原信用证或本惯例规定的保险金额。

The name of the first beneficiary may be substituted for that of the applicant in the credit. 可以用第一受益人的名称替换原证中的开证申请人的名称。

If the name of the applicant is specifically required by the credit to appear in any document other than the invoice, such requirement must be reflected in the transferred credit. 如果原证特别要求开证申请人名称应在除发票以外的任何单据中出现，则已转让信用证必须反映该项要求。

h. The first beneficiary has the right to substitute its own invoice and draft, if any, for those of a second beneficiary for an amount not in excess of that stipulated in the credit, and upon such substitution the first beneficiary can draw under the credit for the difference, if any, between its invoice and the invoice of a second beneficiary. 第一受益人有权以自己的发票和汇票（如有），替换第二受益人的发票和汇票（如有），其金额不得超过原信用证的金额。经过替换后，第一受益人可在原信用证项下支取自己发票与第二受益人发票间产生的差价（如有）。

i. If the first beneficiary is to present its own invoice and draft, if any, but fails to do so on first demand, or if the invoices presented by the first beneficiary create discrepancies that did not exist in the presentation made by the second beneficiary and the first beneficiary fails to correct them on first demand, the transferring bank has the right to present the documents as received from the second beneficiary to the issuing bank, without further responsibility to the first beneficiary. 如果第一受益人应提交其自己的发票和汇票（如有），但未能在收到第一次要求时照办；或第一受益人提交的发票导致了第二受益人的交单中本不存在的不

符点,而其未能在收到第一次要求时予以修正,转让行有权将其从第二受益人处收到的单据照交开证行,并不再对第一受益人承担责任。

j. The first beneficiary may, in its request for transfer, indicate that honour or negotiation is to be effected to a second beneficiary at the place to which the credit has been transferred, up to and including the expiry date of the credit. This is without prejudice to the right of the first beneficiary in accordance with sub-article 38(h). 在要求转让时,第一受益人可以要求在信用证转让后的兑用地点,在原信用证的截止日之前(包括截止日),对第二受益人承付或议付。本规定并不损害第一受益人在第38条(h)款下的权利。

k. Presentation of documents by or on behalf of a second beneficiary must be made to the transferring bank. 由第二受益人或代表第二受益人提交的单据必须交给转让行。

【本条导读】

本条专门规定了信用证转让的审核标准,内容涉及了信用证转让下与众不同的概念定义、费用承担、修改通知和接受、转让时条款的转载和变动、换单等。

本条的解读将表明,转让是在指定基础上,开证行对指定银行的又一重授权。当然,与信用证与生俱来地在开证行处可兑用一样,可转让信用证也与生俱来地可由开证行转让。

本条的解读还将表明,信用证可转让性一定程度上破坏了信用证的不可撤销性。

Article 38　信用证转让

38 — 131

信用证转让的由来

　　国际贸易中,实际用货方和实际供货方常常并不直接联系,也没有生意往来,因而常常通过中间商来完成交易。中间商为避免泄露商业机密,影响自己赚取差价,总是极力阻止实际用货方与实际供货方的直接接触,成交订约。这样,在中间商介入的交易全过程中,常常就会出现两个基础合同:一个由中间商与实际用货方签订,一个则由中间商与实际供货方签订。二者前后衔接,丝丝入扣。

　　显然,在传统的一个信用证对应一个基础合同的信用证机制下,完成交易全程需要两个信用证。前一个信用证为原证(original credit),以实际用货方为申请人,以中间商为受益人;后一个信用证为以中间商为申请人,实际供货方为受益人,由于此证的申请人与原证的受益人为同一人即中间人,因此得名背对背信用证(back-to-back credit)。然而,根据下面的解读将会知道,背对背信用证与原证相互独立,无法充分利用两个基础合同在交货付款上的衔接关系给中间商带来的诸多便利。

　　于是,有人就问:一个信用证安排,能否同时覆盖前后衔接的两个基础合同呢?

　　通过银行家们的精巧构思而诞生的信用证转让机制,给出了肯定的回答。操作上,中间商可以首先要求实际用货方开立以自己为第一受益人的可转让信用证(transferable credit),即母证(master credit)。以此为基础,中间商进而可以要求转让行将母证下装运货物及交单取款的权利转让给实际供货方。经过转让之后,给实际供货方兑用的信用证,即已转让信用证(transferred credit),也称为子证(baby credit)。

　　比如,进口商给中间商开来的可转让信用证金额为10 000美元,购买一台机器,供货方可以是第三方。中间商作为第一受益人要求转让行转让给实际供货方,将金额减小为9 000美元。供货方作为第二受益人将9 000美元的单据交给转让行后,第一受益人用10 000美元的发票及/或汇票替换第二受益人提交的9 000美元的发票及/或汇票,并向开证行寄单索汇,如此,中间商赚取了1 000美元的差价。

　　那么,信用证转让机制下会如何兼顾中间商、实际用货方、实际供货方的利益呢?

　　——对于中间商而言,具有"免交保证金"、"不立即付款"、"赚取差价"和"保守秘密"四个好处。采用信用证转让方式,可免去中间商的开证程序,节省一笔开证费用,不占用中间商的信用额度,无须另行交纳保证金。相应地,信用证转让时往往加列有待开证行付款后方向第二受益人付款的条件。这是背对背信用证下所没有的好处。

　　另外,信用证转让下中间商在赚取差价的同时,还可以通过信用证转让切断供求双方的联系,保守商业机密。这两个好处,其实与背对背信用证下没有什么两样。

　　——对于实际供货方而言,具有"辗转收款"的风险和"扩大客源"的好处。已转让信用证提供给实际供货方交货付款的保证,使其放心生产、办理交货,但同时,也把开证行拒付、倒闭等风险转嫁给了实际供货方,即实际供货方必须同意承担已转让信用证项下辗转收款的风险。从这点看,对于作为第二受益人的供货方来说,由于得不到充分的付款保障,利用转让信用证便没有背对背信用证有利。另一方面,对于实际供货方而言,已转让信用证尽管不如实际用货方直接开立给自己的信用证环节少、利润高、风险小,但却解决了自己缺少客户资源及货物销路不畅的难处。

——对于实际用货方而言,具有"辗转供货和交单"的风险和"扩大货源"的好处。实际用货方向银行要求开出可转让信用证,意味着其同意中间商的交货及交单可以由另外一方即第二受益人,也就是实际供货方执行,从而必须相应地承担辗转供货和交单的风险。值得提醒的是,信用证的转让并不等同于基础合同的转让。在作为第二受益人的实际供货方不能交货,货不对路或单据有问题等情况下,第一受益人即中间商仍要对实际用货方承担基础合同上的卖方责任。因此,对第一受益人来说,选择有履约能力及单据处理能力的第二受益人即实际供货方至关重要。当然,信用证转让下,扩大了实际用货方的采购渠道,扩大了货物供应范围。

实务中,信用证转让机制在诞生之后其用途已经大大扩展,它不仅广泛应用于中间商介入下的三方贸易,还大量用于集团企业统一对外签约,分散供货的情况。

38—1311

背对背信用证

本条"信用证转让的由来"一节的解读中提到,背对背信用证是在中间商介入的交易全程中结算货款的一种设计。国际贸易中,中间商为防止实际用货方与实际供货方直接成交订约,泄露商业机密,影响自己赚取差价,采取的方法之一就是开立背对背信用证。即实际购货方开立一个信用证给中间商,中间商以这个信用证为蓝本另开立一个信用证给实际供货方。如此尽管能切断供求双方的联系,保守住商业机密,但对中间商来说,一是要向开证行提供开证担保、交纳保证金或占用信用额度,同时还要承担一个独立开证申请人的付款责任和一个独立受益人可能面对的开证行拒付的风险。

背对背信用证(back-to-back L/C)与信用证转让都是中间商用来既赚取差价又切断实际供货方与实际进口方联系的信用证结算方式。尽管两种信用证机制,都是由实际供货方向实际用货方装运货物,缮制单据,通过中间商的银行转交单据,中间商替换单据可以支取差价,但信用证转让下可转让信用证是转让行对原信用证的某些条款加以改变,使之产生一个关联度极高的子证通知给第二受益人使用。中间商无须占用资金或授信额度,转让行与中间商无须承担必须付款的风险,此种信用证对实际供货方保障性较弱,因为转让行对其没有直接付款的责任,往往是规定从开证行收到款项后才支付供货方。而背对背信用证则是中间商以实际进口方开来的信用证为依据,要求自己的银行(往往是通知行)向实际供货方另行开立一个信用证,该信用证的开证行对供货方承担独立的付款责任,只要单证相符,开证行必须付款,实际进口方开立给中间商的信用证项下是否付款与该信用证没有关系。但此种信用证需要中间商独立申请,向开证行缴纳保证金或占用授信额度。所以,中间商往往争取信用证转让,而供货方则常常争取背对背信用证。

体现在 UCP600 规则中,本惯例制定了本条关于信用证转让的规定,但没有涉及背对背信用证,按照 R488 所言,"Back-to-back L/Cs are not covered by the UCP."因此,本条并不适用于背对背信用证。但是，并不是说背对背信用证没有规则可依。由于该信用证是依据前证开立的独立信用证，所以，像前证一样，该背对背信用证也可以按照 UCP600 开立，从而各自独立地受 UCP600 约束，只是背对背信用证与原证之间的衔接关系，并没有也无法得到 UCP600 的约束。

38—132

Article 38(a) 谁是转让行

信用证转让，尽管是基于第一受益人的请求，但最终必须由银行来完成。显然，应受益人的委托而转让信用证的转让行，在可转让母证与已转让子证之间起到承上启下的桥梁作用。

那么，到底谁是转让行呢？

Article 38(b)(2)：

Transferring bank means a nominated bank that transfers the credit or, in a credit available with any bank, a bank that is specifically authorized by the issuing bank to transfer and that transfers the credit. An issuing bank may be a transferring bank. 转让行系指办理信用证转让的指定银行，或当信用证规定可在任一银行兑用时，指开证行特别如此授权并实际办理转让的银行。开证行也可担任转让行。

本款表明了，获得授权并实际转让了信用证的银行，才因此成为转让行。

第一，哪些银行算已经获得了开证行的转让授权呢？

——可在其处兑用的银行，包括开证行，原则上均默认有权转让信用证。

与 UCP500 一样，UCP600 时期原则上默认指定银行有权转让信用证。因为指定银行往往是中间商即第一受益人的往来银行，有转让操作的便利。

与 UCP500 不同，UCP600 时期还默认开证行可以转让自己开立的信用证。以往惯例，一直没有明确开证行是否可以转让自己开立的信用证，但实务中确有这样的需求。比如，实际用货方、实际供货方及中间商都在香港当地，开证行为香港汇丰银行，信用证规定仅可在开证行兑用。这种当地信用证，往往没有必要也不存在指定银行。这种当地信用证可以由开证行转让吗？UCP500 并没有给出明确的答案，ICC 在发布的多个案例中也仅仅或零星或侧面提到。现在，UCP600 则给出了系统而直接的肯定回答。

——自由信用证下指定银行的转让，必须获得开证行的特别授权。

然而，上一点解读中提到的默认并不适用于自由信用证。当信用证为可在任何银行兑用的自由信用证时，必须特别授权一家指定银行转让信用证，虽然自由信用证下任何银行都是指定银行。另外，从本款的措辞来看，无论如何开证行均与生俱来地有权转让信用证。

实务中，自由信用证下的转让，常常由通知行完成。所以，进出口企业往往误认为通知行就是转让行。对此，ICC 在 R246 中强调：自由议付信用证下，开证行必须指明转让行，通过一银行通知的事实并不暗示该行就是被授权转让信用证的银行。

——获授权转让的非指定银行,应当拒绝转让。

有人问:信用证指定 A 银行承付或议付,却授权 B 银行转让信用证。B 银行应该如何办理?

回答是拒绝转让。很明显,这一问题产生于开证行漠视 UCP 规定的不规范做法。ICC 在 R207 的结论中说:"按 UCP 办事的情况下,被要求转让信用证的非指定银行应拒绝转让。"因为转让行的不规范转让行为,无法得到 UCP 的直接保护,从而也就意味着风险。比如:指定银行转让信用证,可以确认第二受益人向其交单是否过信用证截止日或交单期。而非指定银行转让情况下信用证交单地往往在开证行,也就无法确定是否逾期交单,此时,如果非指定银行介入融资,无法获得善意第三方的地位。究其实,ICC 的这一意见,也印证了本条 i 款"第一受益人换单,转让行的权利"一节的解读中提到的一个观点,即第二受益人向转让行提交单据,已经构成了 UCP 意义上的交单,只要是相符交单,开证行便必须承担不可撤销的承付责任,不管第一受益人是否换单,是否不符点换单,因为在转让行的换单,以及转让行到开证行之间转递单据,只是银行之间的事,与第二受益人无关。如果授权转让的银行不是指定银行,显然严重损害了第二受益人的利益,如果该银行仍一意孤行予以转让,可能将因此对第二受益人承担责任。

第二,获得授权转让的银行没有义务转让,但是一旦转让则必须按照 UCP 行事。

如同开证行要求承付或议付的单方面指示对指定银行没有约束力一样,银行获得信用证转让授权,仅仅意味着其拥有了一项权利,而不是一项义务。正因为转让是一项权利,所以,在受益人要求转让的情况下,银行可以选择转让,也可以选择不转让。

但是,与开证行有义务必须承付相符交单不同,受益人要求开证行转让的情况下,开证行似乎仍然没有必须转让的义务,而仍是有权不予转让。对此,ICC 在 R456 的回答中指出,当可转让母证要求一些条件必须由第一受益人完成而不得由可能存在的第二受益人来满足时,转让行觉得如果一经转让第二受益人将难以独立满足已转让子证的要求而不愿意转让,这是它的权利。《美国统一商法典》也认为,即使信用证规定自身为可转让的,开证人仍可以拒绝承认或执行一项转让,如果转让将违反所适用的法律,或者转让人或受让人未能遵守信用证列明的任何要求,或者开证人作出的与转让有关的任何其他要求,只要该要求在第 5-108 条(E)款所指的标准实务范围之内或属其他合理情况。

Article 38(a):

A bank is under no obligation to transfer a credit except to the extent and in the manner expressly consented to by that bank. 银行无办理信用证转让的义务,除非其明确同意。

本款的规定,比 UCP500 时期更为宽泛。UCP500 第 48 条 c 款的规定为:"A Transferring Bank shall be under no obligation to effect such transfer except to the extent and in the manner expressly consented to by such bank. 除非经转让银行明确同意转让范围和转让方式,否则它无义务办理转让。"而在 UCP600 时期,受益人要求银行转让时,须经银行同意的内容和方式,已经不限于转让范围和转让方式了,甚至如阎之大先生所言,在银行不愿意转让时,可以不说明任何理由。

尽管银行不愿意转让可以不说明理由,但是如果确定转让则必须按 UCP 规定行事,否则,转让行必须对不规范操作的后果负责。

比如:德国某银行开立一可转让信用证,适用 UCP500。转让行为某外资银行上海分行。第二受益人为深圳某股份有限公司。信用证要求的单据之一为信用证申请人 MTL 公司出具的证明函,对申请人收到的货物数量及质量表示确认,证明函必须按照所附样本出具。

第一受益人称自己会从 MTL 公司得到该单据,故要求转让行转证时不向第二受益人要求该单据。转让行照此办理了转让,但加入了"收到开证行款项后付款"的条件。后第一受益人因与 MTL 公司产生了纠纷,MTL 公司未出具该单据。

第二受益人交单符合已转让信用证的要求,但第一受益人未能提交 MTL 公司的证明,转让行将单据寄开证行。开证行因缺少该单据拒付,致使第二受益人 180 万美元未能收汇。

第二受益人起诉转让行,要求其承担该拒付款项及利息。

转让行败诉,法院判决其赔偿第二受益人上述损失及利息。判决理由为:UCP500 第 48 条 h 款允许改变的内容不包括删除该证明函。转让行没有按照规定履行义务,致使第二受益人失去提交原证规定单据的可能性。转让行的行为明显不符合国际惯例,存在过错,且成为第二受益人无法获得款项的唯一障碍,其行为与第二受益人未能获得信用证项下款项之间具有直接因果关系。

第三,受益人要求未获授权转让的一家银行转让信用证。

信用证的有效银行为开证行和指定银行。而开证行或指定银行不在受益人当地时,受益人为了方便,往往要求非指定银行转让信用证,非指定银行应该如何办理呢?

UCP600 明确规定只有获得授权的指定银行或开证行能够转让信用证。反之,ICC 在 R246 中强调:"未被授权的银行无权转让信用证,任何由未被授权的银行的转让将被视为无效。"

所谓"转让将被视为无效",意味着开证行将按照信用证未被转让处理单据,而"转让行"仅仅对母证的受益人("第一受益人")负责,而不对子证下的受益人("第二受益人")负责。比如:当"第一受益人"未更换单据而直接转交"第二受益人"的单据时,开证行将认为"汇票或发票由第三方出具"而提出拒付。不仅如此,实际上信用证转让的非指定银行同样有风险,即一旦"第一受益人"遭受不测,该"转让行"可能会因为越权行事而被要求承担责任。

从这里可以看出,未经授权的转让,近似于未经指定的非指定银行代理承付或议付属于"局外承付"或"局外议付",可以称之为"局外转让",从而不受 UCP600 的保护。

38 — 133

Article 38(b) 可转让母证与已转让子证

与 UCP500 不同,UCP600 新增了前面解读中提到的转让行(transferring bank)的定义,还新增了将在本节解读的可转让信用证(transferable credit)和已转让信用证(transferred credit)的定义。

第一，什么是可转让信用证？实务中，也称为"母证"，这里合称"可转让母证"。

一个信用证如何表达才是可转让的？

Article 38(b)(1)：

Transferable credit means a credit that specifically states it is "transferable". 可转让信用证系指特别注明"可转让(transferable)"字样的信用证。

本款直接明确了只有信用证注明"可转让(transferrable)"字样时方可转让。

为什么呢？

"这主要因为，英美法认为，跟单信用证一经开立，在开证行与受益人之间就存在信赖利益，为保护开证行对指定受益人的信赖利益，传统上信用证法律禁止受益人把自己在信用证下的提款权或命令支付的权利出让给第二受益人。另一方面，笔者认为，如果承认信用证转让是权利与义务的转让，那么按照法律，义务的转让必须取得债务人的同意。所以信用证的转让须以其明确规定可转让为前提。"[①]换言之，可转让信用证必须经过债务人即开证行的事先同意，而信用证上载明"可转让"字样，就是这样一种同意方式。

本款的规定排除了任何其他措辞使信用证具有"可转让"的可能性。早期UCP版本中，信用证"可转让"对应的英文"transferable"与"assignable"两词是并行使用的。为了避免信用证转让与信用证下款项让渡混淆，UCP500时期作出规定，"divisible(可分割)"、"fractionable(可分开)"、"assignable(可让渡)"和"transmissible(可转移)"等字样并不能使信用证可转让。如今，UCP实施几十年来，只有注明"transferable(可转让)"字样的信用证，才是可转让信用证，这一观念已经深入人心，所以UCP600在本款就不再罗列并排除其他措辞，从而显得直观而又简洁。但这绝不意味着注明其他字样的信用证，可以具有"可转让"性。

第二，什么又是已转让信用证？实务中，也称为"子证"，这里合称"已转让子证"。

Article 38(b)(3)：

Transferred credit means a credit that has been made available by the transferring bank to a second beneficiary. 已转让信用证指已由转让行转为可由第二受益人兑用的信用证。

显然，可由第二受益人兑用是已转证信用证的唯一特征。值得一提的是，已转让信用证不是一个独立的信用证，它仅仅是可转让母证经过条款变动，加上分拆后而转让交由第二受益人兑用的一个附属信用证。

有人问，到底信用证转让了什么？

对照转让之前的母证(可转让信用证)与转让之后的子证(已转让信用证)的条款，以及本款给出的已转让信用证的定义，似乎可以给出回答。其实，信用证转让过程中，转让的是受益人兑用信用证的权利，即经过转让，可转让母证下第一受益人兑用信用证的权利便完整或不完整地转让给了第二受益人。

通常情况下，信用证只能由受益人兑用。而可转让信用证下，开证行允许把受益人兑用信

[①] 引自仲昕："从民法债权转让看信用证转让的相关问题"，《中国外汇管理》，2003.3

用证的权利转让给第三方——第二受益人,相应地,原受益人即成为第一受益人。对于第二受益人而言,持有已转让信用证,即意味着获得了兑用已转让子证的权利,从而也就间接获得了兑用可转让母证的权利,尽管该权利与第一受益人直接兑用母证的权利相比,在完整转让情况下可能是完整的,而在不完整转让情况下可能并不完整。

38—134

Article 38(c) 转让费用默认由第一受益人承担

关于信用证实务中发生的银行费用承担,本惯例第37条确定了一个总的原则——指示方银行承担被指示银行因执行指示而产生的费用。利用另一银行的服务执行申请人的指示,其费用由申请人承担。一家银行利用自身的服务执行申请指示,其费用似乎也由申请人承担。

那么,信用证转让产生的转让费用还默认由申请人承担吗?

Article 38(c):

Unless otherwise agreed at the time of transfer, all charges(such as commissions, fees, costs or expenses)incurred in respect of a transfer must be paid by the first beneficiary. 除非转让时另有约定,有关转让的所有费用(诸如佣金、手续费、成本或开支)必须由第一受益人支付。

本款的规定表明了:

第一,有关转让的所有费用默认由第一受益人承担,而不是申请人。

实务中,信用证的转让往往与申请人无直接关系,仅仅有利于受益人,尤其是第一受益人。所以,尽管转让行都是应开证行的指示,最终是应申请人的指示行事,但实际是否会发生转让,则完全取决于受益人(第一受益人)的直接指示,而第一受益人也是在信用证转让中能够最为直接地获得好处的人。相应地,银行费用的承担,理应也由第一受益人承担。

这样,与本惯例第37条(b)(2)款的规定——"如果信用证规定费用由受益人负担,而该费用未能收取或从信用证款项中扣除,开证行依然承担支付此费用的责任"类似,如果转让费用在规定由第二受益人承担下未能收取或从信用证款项中扣除,则仍然必须由第一受益人承担支付此费用的责任。相应地,根据本款的规定,不得要求开证行承担此类费用,从而通过开证行转嫁到申请人头上。

第二,什么是"除非转让时另有约定"?

所谓"除非转让时另有约定",一般指第一受益人可与第二受益人协商,规定转让费用由第二受益人承担。比如开证行偿付后,由转让行在支付给第二受益人的款项中扣除。值得注意的是,这里的约定仅限于转让时,而不管转让之前的可转让母证的规定。正因为如此,准确地说,这里的约定其效力似乎只限作用于已转让子证之上。

有人问:是否会存在约定转让费用由申请人承担的情况?

这与可转让母证的费用承担规定有关。

如果可转让母证规定"银行费用由申请人承担",这似乎已经包括了可以预见的转让时必将产生的转让费用了。在已转让子证下对于转让费用的另行约定,只是继承并重复了可转让母证的规定而已,并没有新意。

如果可转让母证规定"银行费用由受益人承担",按理已转让子证上不应该另外出现"转让费用由申请人承担"的约定。因为在已转让子证下,由于有了这一约定,第二受益人可以顺理成章地推托而不承担转让费用;而在可转让母证下,由于没有这一规定,开证行,最终是申请人肯定不会承担转让费用。这样一来,转让费的承担只能由第一受益人承担了。只是需要注意的是,转让行如果觉得向第一受益人收取费用有困难,可以对信用证不予转让。

还值得一提的是,除第一受益人承担转让费用的规定外,UCP500还明确"在付清此类费用之前,转让行没有办理转让的义务"。实际上,这一内容已经体现在本条a款赋予转让行是否予以转让的选择权上,即"银行无办理信用证转让的义务,除非其明确同意",这样,此处便无特别规定的必要了。

38 — 135

Article 38(d)　部分转让和垂直转让

在本条b款"可转让信用证与已转让信用证"一节的解读中提到,信用证转让,归根结底,即第一受益人兑用信用证的权利完整或不完整地转让给了第二受益人。

有人问:信用证是否可以仅把一部分兑用信用证的权利转让给第二受益人?是否可以转让给多个第二受益人?第二受益人,是否可以把兑用信用证的权利继续转让给第三受益人?

前两项内容,涉及"部分转让(partial transfer)"。后一项内容,ICC在R56中将这种应第二受益人要求再度转让给第三受益人的转让称之为"垂直转让(vertical transfer)"。

第一,允许部分转让。

转让信用证,最早起因于中间商介入国际贸易。进出口实务中,通常货物都由第二受益人(实际供货方)提供给申请人(实际用货方),而有时中间商作为第一受益人也可能自己提供信用证项下的部分货物。基于此,如果第一受益人不提供货物,便往往可以将信用证全部转让给第二受益人,而如果第一受益人自己提供部分货物,便往往把信用证的剩余部分转让给第二受益人。显然,本条b款"可转让信用证"的定义——"可转让信用证可应受益人(第一受益人)的要求转为全部或部分由另一受益人(第二受益人)兑用",已经表明了实务中确实存在这么一种情况。

然而,这里没有明说,是否可以有多个第二受益人。

Article 38(d)(1):

A credit may be transferred in part to more than one second beneficiary provided partial drawings or shipments are allowed. 只要信用证允许部分支款或部分发运,信用证可以被分部

分地转让给数名第二受益人。

本款的规定,基于这样一个事实,即在国际贸易中,信用证转让下货物的提供有时常常由多个实际供货方来完成。这样,就会出现多个子证——已转让信用证,从而存在多个第二受益人。信用证转让下,由于只有第一受益人——中间商——全面掌握贸易背景,且信用证系按照他的需要开立的,所以,尽管信用证注明了可转让,而实际是否转让,以及转让给哪个或哪几个第二受益人,只能应第一受益人的要求,根据第一受益人的安排而定。

本款还表明,信用证可以分部分转让给数名第二受益人,但信用证应该允许部分装运或部分支款。换言之,如果信用证不允许部分发运或部分支款,那么,便不应该转让给多个第二受益人兑用。因为所有第二受益人不易做到将货物装载于同一个运输工具上运往信用证规定的同一个目的地或卸货港。与此同理,对于只有一个第二受益人的信用证转让而言,如果是部分转让,部分货物由第一受益人提供,部分由第二受益人提供,也不易做到全部发运,所以,在信用证禁止部分发运或部分支款的情况下不得转让,包括禁止部分发运或部分支款下的分期发运或分期支款信用证。换言之,如果第一受益人和转让行一意孤行,仍予以转让则必须对第二受益人承担相应的风险。

值得一提的是,本款似乎还表明了,所谓"全部"或"部分"转让,准确地说,指的是信用证下第一受益人发运或支款从而兑用信用证的权利,"全部"或"部分"地转让给了第二受益人。显然,这与平常业内人士所理解的与信用证金额直接相关的"全额"或"差额"转让并不相同,特别是存在换单和有差价的情况下。简言之,在"全部"转让的情况下,也可能存在不换单的"全额"转让和换单的"差额"转让,当然,有时"全额"转让也涉及换单,这主要与阻断秘密的目的有关。

第二,禁止垂直转让。

Article 38(d)(2):
A transferred credit cannot be transferred at the request of a second beneficiary to any subsequent beneficiary. The first beneficiary is not considered to be a subsequent beneficiary. 已转让的信用证不得应第二受益人的要求转让给任何其后受益人。第一受益人不视为其后受益人。

本款表明:

——已转让信用证不得应第二受益人的要求继续转让给其后的受益人,其实就是指第三受益人。这是不允许的。

前面的解读中提到,中间商介入国际贸易直接催生了信用证转让。对于申请人(实际用货方)来说,也因此承担了额外的风险。由于第一受益人(中间商)不能全部直接提供货物,使得全部或部分货物不得不由第二受益人(实际供货方)提供,从而信用证不得不转让,申请人(实际用货方)也不得不通过开证行开出可转让信用证。信用证转让下,申请人(实际用货方)并不了解和熟悉第二受益人(实际供货方)的资信和实力,而其愿意通过开证行开出可转让信用证完全是出于对第一受益人(中间商)按时保质保量组织供货能力的信任。信用证转让下,如果第二受益人自身无法实际供货,从而造成供货链条无限延长,难以有效控制,势必大大降低中间商组织供货能力的可信任度。这意味着垂直转让下申请人面临着巨大风险,从而为本款所禁止。

如此一来,实务中,申请人或开证行如发现信用证被垂直转让,完全可以拒付,以保障其权益。这意味着,再次转让的信用证对第二、第三受益人的收汇也潜藏着巨大的风险。

——第一受益人不是其后的受益人,从而已转让信用证可以回转给第一受益人。这是允许的。

第一受益人是中间商,为申请人所了解和信赖,允许已转让信用证回转给第一受益人。实务中,将已转让信用证再回转给第一受益人的目的主要有两个,一是第一受益人可以自己兑用,二是第一受益人可以将信用证再转让给另外的第二受益人由其兑用。

按照ICC511所说,当第二受益人不接受已转让的信用证并通知了转让行,则第一受益人立即自动再次拥有该信用证的权利,并仍可要求转让行将信用证转让给另外的第二受益人。

另外,根据R207,如信用证转让后到期未被使用,只要原证没有过期,第一受益人就可以要求转让行将该转让信用证或未用部分转让给新的第二受益人,但转让行必须从原第二受益人处取得明确确认,证实他未曾也将不使用该转让信用证或未用余额,或者他们没有凭此信用证做任何其他融资安排及没有其他未了结的业务,并要求将转让信用证的原始通知退回。

当然,正如R486结论所强调,新的转让也要符合UCP关于转让条款的规定。

38—1351

对多个第二受益人支款应该如何监管

本条前面"信用证转让的由来"一节的解读中提到,信用证转让意味着实际用货方——申请人,必须承担辗转供货和辗转交单的风险。而本条d(2)款虽然禁止了垂直转让,但仍然允许特定条件下的部分转让,包括并行转让给多个受益人。

这样,对于未与第二受益人直接见面的申请人和开证行,就产生了如何监管多个受益人支款的问题。加上有些第二受益人直交单据,有些第二受益人通过转让行转递单据;通过转让行转递单据的情况下,有些第一受益人需要换单,有些第一受益人不需要换单,这样,问题就复杂起来了。

比如:转让信用证金额为20 000美元,根据第一受益人C的转让指示,转让行将9 000美元和9 500美元分别转让给了A公司和B公司。已转让给A的信用证规定,单据必须交给转让行以便第一受益人C换单,而已转让给B的信用证中则规定,第一受益人C不更换单据。转让行转让信用证时将受让人名称、对不同受让人的转让金额通知了开证行。

信用证支款情况为:第一次支款:B公司超支500美元,即将10 000美元的单据通过自己的银行(非转让行)提交到开证行。第二次支款:A公司将9 000美元的单据提交给转让行,替换单据后转让行将10 500美元的单据提交给开证行,1 500美元为第一受益人的利润。

问题:

(1)谁有责任监管B公司的支款,开证行、转让行还是交单行?

(2)对于第一次支款,开证行能够以超支拒绝B公司的单据吗,尽管原信用证金额尚充足?

(3)如果对第2个问题的答案是否定的,原始信用证由于第二次的支款将超支,此时,谁对支款符合已转让信用证的A公司的付款负责?

根据质疑,不要求B公司的单据通过转让行提交到开证行,如此便使得第一受益人、转让行没有责任监管转让信用证项下的支款。

如果原始信用证要求将如此转让的情况通知了开证行,开证行有权利就B公司的超支提出不符点。如果这不是原始信用证的要求,而通知仅仅是一般性的信息,则开证行就是否超支没有义务审核,因为原始信用证的最高金额并没有超支。

开证行付款相符的单据不是没有道理的,尽管汇票和发票的出具人系受益人之外的某一方。然而,尽管不是义务,在开证行收到的单据不是以原始信用证的受益人的名义出具时,建议其在付款之前向转让行查询。

对于第一受益人来说,其将单据更换为10 500美元不是没有道理的,因为其不知道B公司的支款金额。同样,除非开证行通知,转让行也不知道直接寄往开证行的单据的支款情况以及开证行对该支款的付款对A公司交单支款的影响。

就上述情况,ICC在470/TA. 573中得出了大致如下结论:

开证行的最大支款及开证行在信用证项下对第一受益人的责任限于20 000美元,所以交单的累计金额不得超过这一价值,不管是否替换单据。

对B公司支款监管的责任如下:

开证行:原始信用证应要求向开证行通知任一第二受益人的名称和转让金额。

转让行:要使各受让人的金额互相之间不受影响及不受第一受益人换单金额的影响。在本例这种情况下,谨慎的做法是所有转让证下交单均通过转让行,尽管有的可能不替换单据。

交单行:他们仅担任collecting bank的角色,没有被指定承担信用证项下承付或议付的责任,因此不承担任何监管责任。

第一受益人也承担一定的责任。尽管B公司不受换单制约且可直接寄单开证行,第一受益人要求B公司将装运细节进行通知以便达到监管目的是谨慎的。提前知悉超装将使其有时间联系申请人同意付款或相应地增加金额,从而避免存在的问题。

基于原始信用证要求将装运细节通知开证行的规定,开证行可以拒付B公司提交的单据。据此,之后信用证对A公司的单据的付款余额将保持10 500美元。

如果开证行已经兑付B公司,则第一受益人只有降低差价金额500美元了,而A公司有权收到自己的9 000美元。

转让行负责有效地转让信用证,而开证行则有义务兑付相符单据,第一受益人负责监管装运情况,即使不换单,尤其是在最后的交单中有差价的情况下。

在不能对信用证做增额修改致使第一受益人需要降低自己发票金额的情况下,第一受益人可以在证外寻求申请人的赔偿。

38 — 136

Article 38(e)　信用证转让下修改的通知

本惯例第10条a款——"除第38条另有规定者外,未经开证行、保兑行(如有的话)及受益人同意,信用证既不得修改,也不能撤销",它规定了不可撤销信用证的不可撤销性在修改方面的演绎规则。在信用证转让下,由于信用证仍为不可撤销,这一规则似乎并没有实质性改变。

至于为什么该款要排除本条的另有规定者呢？这似乎与 UCP 默认开证行在可转让信用证中的授权有关，即开证行默认同意在转让时变动本条 g 款和 h 款下的部分条款，而无须开证行、保兑行的另行同意。准确地说，正是由于 UCP 在本条的默认，这里的另有规定，仅仅是排除了信用证修改和撤销需要开证行、保兑行另行同意的情况。换言之，信用证的修改和撤销仍须受益人的同意。然而，在信用证已经转让下，受益人不止一个，既有第一受益人，也有第二受益人，乃至数位第二受益人，相应地，信用证转让下修改和撤销也不仅须征得第一受益人的同意，还须征得第二受益人的同意。

那么，可转让母证修改下，第一受益人和第二受益人之间，将如何分别支配修改呢？

第一受益人可以直接接受修改，也可以直接拒绝修改，还可以把接受修改的权利转让给第二受益人。

第一受益人通过转让行把修改通知给第二受益人意味着什么？似乎与信用证转让下把信用证通知给第二受益人的道理一样，均为转让了一种权利，只是此时转让的是支配修改的权利。

Article 38(e)：

Any request for transfer must indicate if and under what conditions amendments may be advised to the second beneficiary. The transferred credit must clearly indicate those conditions. 任何转让要求须说明是否允许及在何条件下允许将修改通知第二受益人。已转让信用证须明确说明该项条件。

与 UCP500 相比，UCP600 本款的含义并没有实质变化，表达却更清晰了。

本款表明：

——第一受益人的转让要求，必须说明是否允许通知修改，如果允许通知修改，必须同时说明通知的条件。

与信用证转让下的通知一样，按理，修改必定会先通知给第一受益人，后通知给第二受益人。如果第一受益人不允许通知修改给第二受益人，而由其直接支配修改，对修改的接受与拒绝则完全取决于第一受益人的态度。他可以通过更换单据来配合对修改的接受与拒绝，比如信用证增额或减额，同时他也享有通过交单来表示对修改的接受与拒绝的权利。如果第一受益人把修改通知给第二受益人，则意味着其支配修改的权利转让给了第二受益人，由第二受益人代其决定是否接受修改。换句话说，此时，第二受益人对修改的态度，就是第一受益人的态度。

——已转让子证上必须相应地说明通知修改的条件，不管条件如何。

就一个特定的修改来说，第一受益人未允许通知第二受益人，并不意味着该修改与有关第二受益人无关。当修改可能损害有关第二受益人的利益时，对于第二受益人来说，事先知悉第一受益人对修改通知的态度就显得非常有必要。于是就有了本款的规定。如此，第二受益人就可以事先意识到此类转让证的风险，从而事先决定是否兑用该转让信用证，必要时向第一受益人主张利益。

值得注意的是，本款只是要求在已转让子证上明确说明第一受益人允许通知修改时的条件。换言之，如果第一受益人不允许通知修改则无须说明此条件，但此时仍须说明其对修改是否通知第二受益人的态度。

Article 38 信用证转让

然而,第一受益人不允许通知修改,并不影响事后第一受益人通知给有关第二受益人。此时,转让行完全应该努力说服第一受益人把该修改通知第二受益人。ICC 在 R485 的结论中说:"第一受益人保留不将修改通知第二受益人的权利,并不限制其在晚些时候要求将修改再通知第二受益人,也就是使修改针对已转让信用证。"

就此,转让证通常使用以下条款:

(1) We have instructions from our customer that they wish to retain the right to refuse to allow subsequent amendments under the master letter of credit to be advised to the above transferee.

(2) Any amendments to this transfer will be advised to you only.

(3) The said first beneficiary does not retain the rights to refuse to allow our bank to advise you any subsequent amendments to the said letter of credit.

(4) The beneficiary waives his right to refuse to allow the transferring bank to advise amendments made under the original credit to the transferee.

(5) The transferor retains the right to refuse or to allow the transferring bank to advise amendment(s) to you. In other words, whether all subsequent amendment(s) to the master L/C could be advised to you or not is subject to the transferor's consent.

(6) Please be noted that the transferor instructed us only amendment(s) about documents presentation period or credit expiry date will be advised to you.

38-137

Article 38(f)　信用证转让下修改的接受

麻烦的是,信用证转让下修改,多个第二受益人如何协调各自对同一个修改的支配态度呢?

Article 38(f):

If a credit is transferred to more than one second beneficiary, rejection of an amendment by one or more second beneficiary does not invalidate the acceptance by any other second beneficiary, with respect to which the transferred credit will be amended accordingly. For any second beneficiary that rejected the amendment, the transferred credit will remain unamended. 如果信用证被转让给数名第二受益人,其中一名或多名第二受益人对信用证修改的拒绝并不影响其他第二受益人接受修改。对于接受者而言,该已转让信用证即被相应修改;而对于拒绝接受修改的第二受益人而言,该信用证未被修改。

本款只是表明:

——第二受益人收到修改均有独立表示接受的权利,即每个第二受益人均有权接受或拒绝某一修改,而一个第二受益人对一修改的拒绝不影响另外的第二受益人对同一修改的接受。

——对接受者来说,该证已作修改。对拒绝接受者来说,该证未被修改。这似乎印证了本条 e 款解读中的一个观点,即第二受益人对修改的态度就意味着,可转让母证中的对应的支款部分中第一受益人对修改的态度,因为只有二者态度等同,修改才会有这里所描述的效力。换句话说,一旦第一受益人同意将修改通知给第二受益人,第二受益人对于修改的态度对第一受益人似乎应该具有约束力。比如,改变货物的型号或增加货物的数量,一旦第二受益人接受,便等于第一受益人接受。

有人认为,第二受益人未接受修改,可能并不意味着第一受益人也未接受修改,因为第一受益人有可能在替换单据的同时替换了第二受益人的意思。比如,修改的内容为发票必须经过领事馆签证,即使第二受益人不接受这一修改,第一受益人通过更换单据也可以提交经过领事馆签证的发票,从而接受该修改。这似乎不是 ICC 的本意,因为此种情况下第一受益人可以不把修改通知给第二受益人,而由第一受益人自行支配修改。

开证行应该如何控制转让证下的修改?

尽管通常对信用证的修改是受益人与申请人事先商议的结果,第一受益人和第二受益人均接受修改应该没有问题,但毕竟 UCP 赋予了受益人可以凭交单表示接受或拒受修改的权利,也赋予数名第二受益人独立决定是否接受修改的权利,从而使得申请人可能难以判断哪一些受益人接受了修改,哪一些又没有接受修改,也就难以准确判断日后各个受益人对货物的发运情况。

ICC 曾经提到,如果开证行及保兑行不希望出现几个第二受益人在是否接受修改的问题上各行其是的局面,他们有责任在信用证中清楚地规定如何处理修改。故此,开证行除应要求通知行务必将受益人是否接受修改尽快通知,还应建议申请人禁止可转让信用证分批装运,或规定信用证不得转让给多个第二受益人,也可在信用证中规定转让行必须将转让的有关情况立刻通知它。例如:

The transferring bank must advise the issuing bank of the following details on the day of transfer:

(1) Name of the second beneficiary(ies);

(2) Whether the first beneficiary has retained the right to refuse to allow the transferring bank to advise amendments to the second beneficiary(ies);

(3) Whether the transfer is subject to the substitution of the first beneficiary's invoice(s) and draft(s).

除了开证行可以利用上述方式避免发货交单的混乱之外,实务中转让行往往也会采取一些主动措施防止第二受益人的过于自由造成的交单换单的不确定性。比如,转让行在向开证行发出接受修改的通知之前,先与第一受益人协商,然后落实每个第二受益人是否接受修改,有的甚至让第二受益人提交保证函,确定第二受益人全部接受修改之后,第一受益人再向开证行发出接受修改的通知,如此能够避免出现多个第二受益人各行其是交单混乱的情况。

有人问:第一受益人直接接受修改,而修改将损害第二受益人的利益时,修改可以生效吗?

在第一受益人不允许将修改通知第二受益人的情况下,如果开证行发过来的修改严重不利于第二受益人,比如,信用证金额大幅度减少,或信用证被撤销,而如果第一受益人仍然坚持自己独立接受减额或撤证的修改,禁止将修改通知给第二受益人,转让行是否可以向开证行通知接受该修改,而使其生效呢?答案是否定的。转让信用证下的利害关系人是第二受益人,如果仅仅支取差价的第一受益人轻易同意信用证的撤销而影响为执行信用证而购买原料、制造并装运货物的第二受益人,显然是不利于信用证技术的运用。

那么,此时转让行应该如何恰当行事呢?

ICC在R485中说:"如果收到撤销信用证或减少信用证金额的请求,而影响到被转让信用证的金额,在没有收到第二受益人的同意之前,第一受益人的同意不可执行。"所谓"如果没有收到第二受益人的同意,第一受益人的同意不可执行",意味着转让行有义务审查修改内容,而当修改内容将损害第二受益人的利益时,即便第一受益人同意修改,也不得将该同意转达开证行从而使修改生效,除非通知该修改给第二受益人,第二受益人也同意修改。

但随之而来的问题是:如果第一受益人向开证行表示了同意接受修改而未征求第二受益人的同意,一旦第二受益人仍按已转让了的信用证交单,对开证行和第一受益人是否均具约束力,这是UCP不能解决的。按照R485所言,即使修改对第二受益人严重不利,转让行也没有权利要求第一受益人拒绝修改,或者拒绝第一受益人对修改的接受。转让可以提出这样的要求,但无权坚持这样的要求。基于此,即便修改对第二受益人严重不利,只要第一受益人保留了不将修改通知第二受益人的权利,第一受益人对修改的接受就应该是有效力的,但因此而给第二受益人造成的损失可能需由第一受益人承担。所以,在利用转让信用证出口时,第二受益人应该与第一受益人就何种修改或修改在何种条件下必须通知第二受益人等进行充分协商。

38 — 138

Article 38(g) 信用证转让时条款的转载和变动

本条b款"可转让母证与已转让子证"一节的解读中提到,信用证转让,即第一受益人转让兑用信用证的权利给第二受益人。所以,信用证转让之后的子证,必然要载明第二受益人,否则子证便无法兑用,这是母证所没有的。新增载明第二受益人,这本身就是信用证转让下条款的变动。换言之,信用证转让本身就意味着条款的变动。当然,信用证转让下,条款的变动可能不止新增载明第二受益人,出于保守秘密的考虑,还必须隐藏母证中的申请人,以切断第二受益人和申请人之间的直接联系。出于赚取差价的考虑,子证还可能变动信用证金额等等,以通过换单支取其中的差额。

准确地说,可转让母证允许转让,从而默认允许信用证条款的变动,似乎是开证行在不可撤销信用证中留下的一个可撤销的暗门。因为尽管UCP600下默认所有信用证都是不可撤销的,但是,开证行授权下的信用证转让,本身就意味着信用证条款的变动。换言之,可转让信用证不是完全不可撤销的信用证。

即便如此,为了保护申请人和开证行、第二受益人的利益,在UCP意义上信用证转让时的条款变动不应该,也不可能毫无约束。

第一，信用证转让下，UCP 仅允许部分条款可以变动，其余条款必须原样转载。

值得特别关注的是，考虑到条款过于随便的变动可能形成无法预料的风险，不利于当事人有效保护自身的利益，UCP600 并不允许所有条款均可变动，而是规定除允许变动的条款之外，其余条款均不得变动。

ICC 在 R296 及 R297 中说："一家被要求办理信用证转让的银行在办理转让时必须注明原信用证中的所有条款。除了第一受益人根据 UCP 的规定做出的改动之外，第二受益人收到的是和第一受益人条款相同的信用证。"

UCP 一直规定可以变动的条款主要集中于信用证的主体、时间与金额等。但实务中第一受益人希望变动的条款，往往不限于此。于是，UCP600 制订的过程中，不少国家委员会建议 UCP600 允许转让信用证可以做更多的改变。为此，ICC 做了下列评述，提出了限制改变更多条款的理由："尽管一些国家委员会建议扩大改变的范围，制订小组仍然坚持认为过多的变化会严重地削弱开证行针对第二受益人的责任，转让时改变越多，越会冲淡开证行的责任。这就是为什么可以改变的项目具体为金额与日期的原因。"

第二，有人问：信用证转让时，UCP 允许变动条款以外的条款变动，可以吗？

比如：可转让母证开立为 360 天迟期付款，不计利息。而第一受益人要求转让行在已转让子证中规定免除前 60 天利息，其余利息由第一受益人承担。此条款在 UCP 下可以接受吗？ICC 在 R488 中的结论指出，本条规定了可以减少或缩短的细节，任何其他的更改或变动在 UCP 中都没有具体的授权。如果第一受益人要求在转让信用证中加入如此语句，应征询转让行的同意。UCP 不授权其他条款的改变。如果转让人要求转让行加入其他修改，那就是 UCP 范围之外的事情了。

显然，除非开证行在可转让母证中有明确另行授权，在经过转让的子证中变动其余条款，是转让行与第一受益人之间的事，二者均应对该变动的后果负责。这种情况下，建议转让行与第一受益人采取措施对单据的替换与审核加以控制，以规避不可预料的风险。

还比如：母证规定提单的被通知人为申请人。照转这类条款便达不到切断第二受益人与申请人联系的目的，所以第一受益人申请转让时往往要求转让行对此加以删除。然而，这是不被允许的。ICC 在 R374 中指出，如果第一受益人不希望第二受益人和申请人之间发生联系，就需要申请人通过开证行对原始信用证中可能泄露相关信息的所有地方加以修改。

换句话说，在这种情况下，可行的办法是转让行说服第一受益人在源头——可转让母证的条款上——作足文章，如此，转让行满足第一受益人变动其余条款的请求便顺理成章了，而无须承担额外的风险。

Article 38　信用证转让

信用证转让时哪些条款可以变动

UCP600允许信用证转让时可以变动的条款,主要体现在本条g款之中,经过概括,这些条款涉及主体、金额、发运期限和交单期限三个方面。准确地说,可以变动的条款,还应该包括本条j款中的有效地点和有效期限可以转移至被转让地,这一点留待在本条j款"信用证有效地点和有效期限的转移"一节中解读。

Article 38(g):

The transferred credit must accurately reflect the terms and conditions of the credit, including confirmation, if any, with the exception of 已转让信用证须准确转载原证条款,包括保兑(如有),但下列项目除外:

——the amount of the credit 信用证金额,

——any unit price stated therein 规定的任何单价,

——the expiry date 截止日,

——the period for presentation, or 交单期限,或

——the latest shipment date or given period for shipment,最迟发运日或发运期间。

any or all of which may be reduced or curtailed. 以上任何一项或全部均可减少或缩短。

The percentage for which insurance cover must be effected may be increased to provide the amount of cover stipulated in the credit or these articles. 必须投保的保险比例可以提高,以达到原信用证或本惯例规定的保险金额。

The name of the first beneficiary may be substituted for that of the applicant in the credit. 可以用第一受益人的名称替换原证中的开证申请人的名称。

If the name of the applicant is specifically required by the credit to appear in any document other than the invoice, such requirement must be reflected in the transferred credit. 如果原证特别要求开证申请人名称应在除发票以外的任何单据中出现时,则已转让信用证必须反映该项要求。

本款的规定表明了,可以变动的条款包括:

第一,涉及信用证主体:申请人、第一受益人和第二受益人。

——已转让子证必须载明第二受益人名称。

前面提到,既然已转让子证为供第二受益人兑用的信用证,所以子证上非载明第二受益人名称不可。

有时,为了控制交单风险,开证行会应申请人要求在可转让母证中直接明确第二受益人名称。如此要求,转让行应第一受益人要求只能向该第二受益人实际转让。

——默认已转让子证可以用第一受益人名称替换申请人名称。

显然,这是第一受益人为了阻断申请人与第二受益人之间的联系。

信用证转让时,这一情形将体现为,已转让子证中不显示申请人字段和名称,而只显示第

一受益人和第二受益人的字段和名称。如此,第二受益人制单时,需要显示申请人名称时,将以第一受益人名称替换,并为 UCP 所认可。比如:已转让子证中没有规定申请人字段和名称,第二受益人提交的发票未以申请人为抬头,而以第一受益人为抬头可以接受,无论第一受益人是否换单。

当然,子证也可以在显示第一受益人和第二受益人的字段和名称的同时,也显示申请人字段和名称,这未尝不可。

——可转让母证特别要求申请人的名称出现在发票以外的单据上时,子证必须照办。

值得注意的是,前面提到的默认可以用第一受益人名称替换申请人名称的规则,不适用于可转让母证和已转让子证中的特别要求。

比如:可转让母证中规定"bills of lading made out to order notifying applicant". 通知人做成申请人,是为了货到港后便于通知申请人提货。此时,已转让子证中不能将其改变为第一受益人的名称,而第二受益人缮制提单也应按信用证规定照办。如果这样满足不了第一受益人阻断信息的目的,应当要求改证,比如改成"bill of lading made out to XXX BANK(issuing bank)".

第二,涉及金额:信用证金额、单价及保险比例。

——信用证金额与单价可以减少。

显然,这是第一受益人为了日后通过换单而支取差额。

比如:母证规定单价为 USD 10.00/件,货物数量为 10 000 件,总金额为 100 000 美元,转让行可以应第一受益人要求将单价减为 USD 9.00/件,总金额为 90 000 美元。这样,第一受益人便可以用自己的单价为 USD 10.00/件,总金额为 100 000 美元的发票及汇票替换掉第二受益人单价为 USD 9.00/件,总金额为 90 000 美元的发票及汇票,向开证行索偿,从而赚取 10 000 美元的差价。

——保险比例可以提高。

显然,这是为了配合信用证金额与单价的变动。

比如:前面提到的案例中母证金额为 100 000 美元,全部发货,货物 CIF 价值也应为 100 000 美元,按照本惯例的规定,最低保险比例应该为货物 CIF 价值的 110%,则其最低保险金额应为 110 000 美元。如果转让时不提高保险比例,仍规定为发票金额的 110%,因为转让后信用证的金额为 90 000 美元,第二受益人发票上的货物价值也应为 90 000 美元,投保金额则为 99 000 美元。由于第一受益人只能替换发票,货物 CIF 价值将替换为 100 000 美元,此时投保金额仍为 99 000 美元的保险单据便达不到母证规定的替换发票后的货物 CIF 价值 110%的要求。因此,转让信用证时应将保险比例提高,比如规定最低为发票金额的 122%,即 90 000×122%,这样保险金额才会达到 110 000 美元,恰好为第一受益人所替换发票金额的 110%.

还比如:前面提到的案例中,母证本身直接规定保险比例为货物 CIF 价值的 130%. 此时,经过转让的子证上,保险比例则应提高为发票金额的 144%,如此经过换单才会满足母证本身的规定。

第三,涉及发运时间和交单时间:信用证截止日、交单期限、最迟发运日或发运期间可以缩短。

信用证截止日、交单期限、最迟装运日或发运期间可以缩短,主要是因为信用证的兑用地点在转让行,在已转让信用证中将这几个日期提前,促使第二受益人提前装运、提前交单,以便单据尽早到达转让行和开证行,从而可以早点收汇。

有人认为,如此操作本意在于给第一受益人的替换单据留出足够的时间。

比如,原信用证的最晚装期为5月10日,装运日后的最晚交单期限为5天。如果这两个日期不提前,第二受益人于5月10日装船,单据由第二受益人银行到达转让行时可能已经晚于5月15日,第一受益人替换单据必然会在5月15日之后,如此似乎便发生了晚交单的不符点。如果转让信用证时将最晚装期提前到5月5日,最晚交单期限缩短为3天,则会保证第二受益人的单据在5月15日之前或更早到达转让行,如此,第一受益人便有充分的替换单据时间,不至于发生前面提到的似乎晚交单或信用证过期的不符点。如果原信用证规定货物在5月1日至5月10日之间装运,转让信用证中可以将这一装运期间缩短为5月1日至5月5日,以便第二受益人早装运早交单。

其实不然。

正如本条 i 款"第一受益人换单时,转让行的权利"一节的解读中提到的,由于转让行本身就是有效银行,第二受益人向其提交单据,已经构成了 UCP 意义上的交单,而转让行的是否换单、是否不符点换单,以及转让行向开证行转递单据只是银行之间的事,与第二受益人无关,只要第二受益人向转让行交单之时在5月15日或之前,就已经构成正点交单,就不存在第一受益人在5月15日之后的换单构成了晚交单或过效期的不符点。

38—1382

信用证转让下商业发票的抬头、出具人

本款前面"信用证转让时哪些条款可以变动"一节的解读中提到,考虑到贸易中间商的利益,信用证转让可以变动信用证主体:申请人、第一受益人和第二受益人。相应地,信用证转让下的交单,也包括已转让子证的交单和可转让母证下的交单。这两种交单有一定的连续性,但由于中间商(第一受益人)出于自身利益考虑的换单行为,常常会被阻断。

以商业发票的抬头和出具人为例:

在最新的 SWIFT MT720 的规则中,可转让母证下的申请人和受益人,已经转变为已转让子证下的第一受益人和第二受益人。就已转让信用证而言,第二受益人比较清楚。第一受益人呢?根据本条 g 款的规定——转让时,"可以用第一受益人的名称替换原证中的开证申请人的名称。"这样,已转让信用证的第一受益人名称,便可以有以下几种不同:

第一,如果转让时未替换,已转让子证中的第一受益人名称,即为可转让母证中的申请人名称。这种情况实务中几乎没有看到。

——在已转让子证下,发票应由第二受益人出具,以可转让母证中的申请人为抬头。

——在可转让母证下,如果第一受益人未换单,发票为第二受益人出具,申请人为抬头。从而与本惯例第18条(a)(i)款的规定——"商业发票必须看似由受益人出具(第38条规定的情形除外)"中的除外情况相吻合。

如果第一受益人换单，发票为第一受益人出具，申请人为抬头。这种情况无可厚非。

第二，如果转让时经替换，已转让子证中的第一受益人名称，即为真正的第一受益人名称，与可转让母证中的申请人名称不同。

——在已转让子证下，发票应由第二受益人出具，以第一受益人为抬头。

——在可转让母证下，如果第一受益人未换单，发票为第二受益人出具，第一受益人为抬头。从而与本惯例第18条(a)款的规定——"商业发票：i. 必须看似由受益人出具（第38条规定的情形除外）；ii. 必须出具成以申请人为抬头（第38条(g)款规定的情形除外）"中的除外情况相吻合。

如果第一受益人换单，发票以第一受益人出具，申请人为抬头。这种情况，也无可厚非。

值得注意的是，实务中的信用证转让，并不完全按照 SWIFT MT720 的规则进行。常常见到，经转让后，在已转让子证上不仅有申请人栏位，还有第一受益人和第二受益人。此时，发票的抬头和出具人应该是谁呢？

——在已转让子证下，发票应由第二受益人出具，这一点无可厚非。

发票的抬头，是作成申请人，还是和第一受益人一样？这似乎需要根据已转让子证的寄单指示来判断。发票是受益人用以全面表明履行基础合同下交货行为的凭证，而其抬头即是发票出具的对象。按道理，单寄给转让行，即意味着向第一受益人表明交货行为，发票的抬头即应作成第一受益人抬头；单寄给开证行，即意味着向申请人表明交货行为，发票的抬头即应作成申请人抬头。当然，UCP并没有明确禁止，或者单寄转让行时发票抬头作成申请人，或者单寄开证行时发票抬头作成第一受益人，只是从发票的功能来看，这两种做法不太适合。

在 UCP600 框架内，原则上都寄单转让行，此时发票须作成第一受益人抬头。当信用证特别规定寄单开证行时，此时发票则须作成申请人抬头。

——在可转让母证下，原则上单寄转让行，如果第一受益人又不换单，那么，发票以第一受益人为抬头，由第二受益人出具。

如果第一受益人换单，发票以申请人为抬头，第一受益人出具。这种情况，无可厚非。从而，与本惯例第18条(a)(i/ii)两款中的除外情况相吻合。

如果信用证特别规定单寄开证行，则发票以申请人为抬头，由第二受益人出具。这种情况，与本惯例第18条(a)(i)款的规定——"商业发票必须看似由受益人出具（第38条规定的情形除外）"中的除外情况相吻合。

总体而言，既然 UCP600 允许信用证转让，允许第一受益人在转让时以第一受益人名称替换申请人名称，也允许第一受益人在第二受益人交单时换单，便自然也允许信用证未发生实际转让，或者第一受益人在转让时不替换名称，或者第二受益人交单时不换单。这些情况，在可转让信用证下是无法事先确定的。如果泛泛而言，以上种种情况下的发票抬头和出具人组合都可能出现，从而在 UCP600 的框架内也都是可以接受的。但是，就一个特定的信用证来说，则只可能出现其中一种，或少数几种组合，这些组合是可能接受的，其他组合则不能接受。至于在一个特定的信用证下，可能出现哪些组合，则需依转让行转让时的信息提示和交单时汇票、发票显示的出具人，以及交单行在交单面函中的信息批注，作出综合判断。

Article 38　信用证转让

38—1383

信用证转让时必须转载保兑行及转让行的责任

实务中,转让行一般都是出口方的往来银行,它通常是指定银行,还常常扮演可转让母证下保兑行的角色。为业内所关心的是,可转让母证下担当保兑行的转让行是否需要对已转让子证下的第二受益人承担保兑责任呢？可转让母证下担当指定银行的转让行是否还是已转让子证下的指定银行呢？

第一,可转让母证下担当保兑行的转让行,同时也是已转让子证下的保兑行。

这是 UCP600 的新增规定。其实,在 UCP500 实施期间,转让行的保兑也是应该延展到第二受益人的。只是 UCP500 并未直接明确,从而常常导致保兑行认识上的混乱。

有人问：转让行在已转让子证中加列"Payment will be effected in accordance with your instructions after receipt of funds from the L/C issuing bank.（只有从开证行收到款项后才向第二受益人付款）。"的条款,可以接受吗？

ICC 在 Case 286 中回答："这是未加保兑的转让行加列到信用证中的典型条款。一个转让行如果未对信用证加保,它就没有义务议付,因此它当然可以规定只有收到原证项下款项后才能议付,这与 UCP 的规定并无抵触。然而,如果转让行对该证加具了保兑,情况就不一样了,因为保兑行与开证行一样,必须对相符单据付款。"

本条 g 款的规定,显然强调了信用证转让下保兑行在可转让母证和已转让子证下的相同责任。信用证转让时,必须转载可转让母证中的保兑条款,显然,这表示其保兑从可转让母证延展到了已转让子证。换句话说,保兑可转让母证即意味着同时保兑了已转让子证,可转让母证下的保兑行同时也是已转让子证下的保兑行。

第二,可转让母证下担当指定银行的转让行,同时也是已转让子证下的指定银行。

从本条 a 款"谁是转让行"一节的解读可以知道,转让行必是指定银行。而根据本条 g 款的规定,指定银行作为可转让母证中的一个条款在 UCP 框架内是不允许变动的。这样,包括转让行在内的指定银行,就都顺理成章地成为已转让子证下的指定银行。根据本惯例第 12 条 c 款的规定——"非保兑行的指定银行收到或审核并转递单据的行为并不使其承担承付或议付的责任,也不构成其承付或议付的行为",转让行如果不是保兑行,在已转让子证下除了其作为转让行而必须承担转让行本分范围内的职责以外,它只需承担指定银行的责任即可,包括：转递单据,作为出口方的银行为第二受益人提供审单服务向其通知不符点,代其与开证行交涉,向开证行催收等。

那么,在已转让信用证下,转让行的责任是什么呢？

比如：开证行向申请人放单,但仅仅向转让行支付了部分款项。转让行将该部分款项转给第二受益人银行。第二受益人咨询转让行,转让行认为自己没有义务向开证行追索。

ICC 在 470/TA. 602 rev 中的结论指出："根据惯例,作为转让行,其有谨慎的责任,通过收到款项后质疑开证行的行为,确保开证行没有影响第二及第一受益人应得的结算款项,而不能仅仅充当向寄单行转递资金而不加评价或不寻求进一步指示的中间银行。"

38－139

Article 38(h) 第一受益人换单的权利

在前面的解读中多次提到,对于第一受益人来说,信用证转让的很重要的目的在于"支取差价"和"保守秘密"。要达到上述目的,一方面需要根据本条 g 款的规定进行条款的变动,另一方面需要根据本条 h 款进行换单。

Article 38(h):
The first beneficiary has the right to substitute its own invoice and draft, if any, for those of a second beneficiary for an amount not in excess of that stipulated in the credit, and upon such substitution the first beneficiary can draw under the credit for the difference, if any, between its invoice and the invoice of a second beneficiary. 第一受益人有权以自己的发票和汇票(如有),替换第二受益人的发票和汇票(如有),其金额不得超过原信用证的金额。经过替换后,第一受益人可在原信用证项下支取自己发票与第二受益人发票间产生的差价(如有)。

本款的规定表明:

第一,UCP 框架内,第一受益人有权替换两种特定的单据:汇票和发票。

换单是 UCP 赋予第一受益人的权利。换句话说,第一受益人可以根据需要选择换单,也可以选择不换单,这都是他的权利。

所以,第一受益人要求转让时往往会提示换单,而转让行在信用证转让时,往往也会在已转让子证上相应提示:All documents must be presented to us through your banker for substitution and onward transmission to issuing bank for payment.

值得注意的是,第一受益人的转让要求或者已转让子证上,并未就换单事宜作出提示,这并不意味着第一受益人不会换单;而如果第一受益人的转让如此提示,也不意味着第一受益人一定会换单。归根结底,换单是 UCP 赋予第一受益人的权利。

ICC 在 Case 157 中说:尽管第一受益人有权以自身发票和汇票替换第二受益人的发票和汇票,但他可以利用这一权利,也可以不利用这一权利。更何况第二受益人的银行还有可能将第二受益人的单据越过转让行误寄开证行。如此,开证行收到的将是第三方小金额的单据。此时,诚信与遵守惯例的开证行,则根据 R475 所言,必须考虑到转让可能或已经发生,在付款前可能需要联系实际转让行。

而对于转让行来说,在寄单时,则应主动将第一受益人未更换单据的情况在面函上如实向开证行说明,以减少开证行咨询的麻烦,并加快收汇。

第二，UCP 框架内，第一受益人有权以自己的发票和汇票替换第二受益人的发票和汇票，其金额不得超过可转让母证金额。

第一受益人要求申请人开立可转让信用证，大多是为了赚取用低价从第二受益人处购货并高价卖给申请人之间的差额。在信用证项下，差额往往体现在发票及汇票上。第一受益人只有将第二受益人提交的小额发票和汇票替换成符合可转让母证的大额发票或汇票，并据以作为可转让母证下的交单要求开证行付款，第一受益人才能支取大、小金额之间的差价。

而且，经替换之后，发票抬头由第一受益人变成了原信用证中的申请人，发票和汇票出具人由第二受益人变成了第一受益人，由此便可以隐藏第二受益人的信息，从而在单据上有效切断申请人与第二受益人的直接联系。

值得注意的是，这里仅仅规定了第一受益人换单的权利，即第一受益人可以选择换单，也可以选择不换单，取决于第一受益人的需要。但是，这种权利是不完全的，在本条 i 款规定的未及时换单及不符点换单的情况下，它可能将被转让行剥夺。所以，本款进一步规定，UCP 所支持的换单，仅限于替换后的发票和汇票金额不得超过可转让母证金额。至于超过金额的换单，必然构成可转让母证下不符交单，责任自负。

第三，UCP 框架内，第一受益人无权替换除汇票和发票外的其他单据。

有人问：除发票及汇票外，第一受益人常常向转让行提出替换更多单据的要求。那么，这样的要求转让行可以接受吗？

对此，ICC 在 R375 的结论中指出："UCP500 第 48 条 i 款只涉及发票及汇票的替换，然而银行可以根据自身内部政策决定是否允许进一步替换其他单据，且风险自负，但 UCP 不支持这一做法。"

这不仅是转让行内部政策的问题，似乎还要考虑替换后与其他单据及信用证是否相符。比如，由于惯例仅允许替换发票与汇票，显然信用证转让下可转让母证要求的受益人证明应该由第二受益人出具。如果应第一受益人要求转让行替换了该受益人证明，似乎也就必然意味着不符点，而由于该替换未按 UCP 行事，转让行必须就如此替换可能遭开证行拒付而对第二受益人承担责任。

此时，如果第一受益人仍然希望替换由第二受益人出具的受益人证明，则可以通过申请人要求开证行在母证中规定受益人证明可以由第一受益人出具并替换。

值得注意的是，在信用证转让下，第二受益人的其他单据也可能显示货物价值，如出口许可证、货物收据等，它可能与换单后的第一受益人的发票显示的价值不同，还比如由于替换发票，其他单据中显示的信息也许与发票不一致（例如，第一受益人的发票号码可能与出现在产地证上的第二受益人的发票号码不同）。这不应该成为不符点。转让行本身就是指定银行，只要在已转让子证下第二受益人向转让行的交单没有这个不符点，那么，在可转让母证下就不应该成为不符点。因为，既然开证行默认可转让母证下在转让时允许变动一些相关条款和允许交单时换单，就应该允许这些方面在经过换单后与新的汇票和发票不同，否则就不成其为可转让信用证了。

第四，替换单据后，第一受益人可以在可转让母证下支取自己发票与第二受益人发票间产生的差价。

这里只是规定,支取差额必须在替换单据之后。至于到底何时支取,既要取决于转让行是否同意承付或议付,还要看信用证是即期还是远期。如果转让行不接受承付或议付的指定,或信用证为远期信用证,则只有当开证行偿付款项到达或远期到期之时才能支取差价。

有时即便是替换单据,也不一定必然有差价支取。比如,第一受益人从其子公司采购货物,而子公司没有进出口权,必须以总公司名义出口,则第一受益人可以原额转让,原额替换后寄开证行。这样,就没有差价可支取了。

38 — 140

Article 38(i) 第一受益人换单时,转让行的权利

本条 h 款的规定中提到,第一受益人有权换单,而这种权利并不完全。不完全性便表现在,第一受益人在换单时还需承担相应地及时换单和相符换单的责任。如果第一受益人未尽到责任,其换单的权利可能会被转让行剥夺。

显然,第一受益人的换单责任,也意味着转让行的权利。

Article 38(i):

If the first beneficiary is to present its own invoice and draft, if any, but fails to do so on first demand, or if the invoices presented by the first beneficiary create discrepancies that did not exist in the presentation made by the second beneficiary and the first beneficiary fails to correct them on first demand, the transferring bank has the right to present the documents as received from the second beneficiary to the issuing bank, without further responsibility to the first beneficiary. 如果第一受益人应提交其自己的发票和汇票(如有),但未能在收到第一次要求时照办;或第一受益人提交的发票导致了第二受益人的交单中本不存在的不符点,而其未能在收到第一次要求时予以修正,转让行有权将其从第二受益人处收到的单据照交开证行,并不再对第一受益人承担责任。

本款表明:

第一,未及时换单和不符点换单这两种情形下,转让行有权将第二受益人单据直接提交开证行。

本款赋予转让行将第二受益人单据直接提交开证行的权利的前提包括两种情形:或者未及时换单,或者不符点换单。

有人问:转让行是否必须在"首次要求"而未获换单的情况下提交第二受益人的单据?

本款只是说开证行有此权利。既然是有权,似乎包括有权行使此权利和有权不行使此权利。这就意味着转让行并非不可以在第二次或第三次要求之后再直接向开证行提交第二受益人的单据。然而,尽管第二受益人不得强求转让行必须在第一次要求之后直接提交其单据,如果转让行对"首次要求"的分寸未能适当地把握而使第二受益人受到意外的损失,可能会受到第二受益人的追索。

还有人问：第二受益人提交的单据相符，第一受益人更换的单据导致不符，转让行有权将从第二受益人处收到的单据照交开证行。转让行是否也有权将第一受益人的不符单据提交给开证行？

同样的道理，本款只是说，在"第一受益人提交的发票导致了第二受益人的交单中本不存在的不符点"这个前提之下，转让行才有这种权利。既然是权利，转让行可以行使此权利，也可以不行使。行使时，仅限于第二受益人提交的相符单据，而与第一受益人的不符单据如何处置无关。从条款本身的措辞分析，起码不禁止转让行在此种情况下仍将第一受益人的不符单据提交给开证行。

值得一提的是，本款中转让行径寄单据所基于的两种情形的措辞，再一次印证了本惯例第6条c款"汇票是信用证的'要求单据'吗"一节的解读中提到的一个观点——"信用证下的不符点仅与规定的单据有关，而与汇票无关"。因为在未及时换单下包括发票和可能的汇票，而在不符点换单下仅包括发票，两相对照，显然，交单不符点仅与换发票有关，而与可能的所换汇票无关。换言之，换汇票即使有瑕疵，也不足以构成不符点。

第二，第一受益人未及时换单，转让行有权将第二受益人单据直接提交开证行。

本条h款的规定赋予了第一受益人以换单支取差价并阻断信息的权利。但是，设想一下，如果第二受益人的单据到达转让行之后，第一受益人由于某种原因（比如倒闭）不能及时替换单据，转让行又没有直接向开证行提交第二受益人单据的权利，而不得不一直等待下去，开证行因收不到单据而不能凭单付款，急需货物的进口方不能凭单提取货物，尤其是付出了人力、物力、财力、时间代价的第二受益人得不到资金补偿，如此，对第二受益人不仅不公平，也会影响转让信用证的价值及进出口贸易的进程。

为了保护第二受益人的利益，不致因第一受益人怠于或不能换单对各方造成影响，本款作出了与UCP500几乎相似的规定，赋予转让行在第一受益人未及时换单下将第二受益人单据直接提交开证行的权利。如此，不仅保护了第二受益人，且使得向其融资的银行获得信心。

值得注意的是，这里涉及的第二受益人单据，不考虑其是否在已转让子证下构成相符交单。

有人问：如果第二受益人提交的单据有不符点，而不符点又不是第一受益人替换单据所能消除的，转让行应如何处理？

如果转让行不是开证行，也不是保兑行，根据R484的分析，转让行负有注意义务，即转让行有责任在将单据寄给开证行之前征求第二受益人的同意，提醒第二受益人单据存在不符点，如果开证行因此拒付，将危及付款。"因为单据在获付款之前，所有权属于第二受益人。"

第三，第一受益人不符点换单下，转让行也有权将第二受益人单据直接转递开证行。

这是UCP600新增的规定。

其实，UCP500时期业内人士早有将此种情况下的第二受益人相符交单直接转递开证行的做法，只是因为UCP500无此直接规定，使得转让行操作时顾虑重重，常常需要在寄单之前征求第二受益人意见，并按其意见行事。显然，UCP600时期此种情况下已经没有征求第二受益人意见的必要了。值得注意的是,转让行本身要么是指定银行,要么是开证行,第二受益人只要向其提交单据就已经构成 UCP 意义上的交单了,至于转让行仅仅起到的是转递交单的作用,只要第二受益人的交单构成了相符交单,就已经构成了开证行不可撤销的承付责任,而无须理会第一受益人是否换单,是否不符点换单。换言之,即便在转让行把经第一受益人换单后的不符点单据转递开证行,而遭开证行拒付后,仍可把换单前的第二受益人的相符交单再次转递开证行,而开证行仍负有不可撤销的承付责任。

有人问:转让行如此操作,已转让子证下第二受益人的相符交单,会不会因为未换单而构成在可转让母证下的不符交单呢?回答是否定的。因为,既然允许直接提交,就不能允许开证行将此视为不符点。

比如:信用证转让下,只要是未换单常常会带来以下问题:

——单价和发票总额有可能低于原信用证规定;

——发票未以申请人为抬头,未由可转让母证下的第一受益人出具等。

这些对开证行来说是不是不符点?

ICC 在 R374 的结论中说:"如果第一受益人选择替换第二受益人的发票和汇票,而在第一次要求时没能照办,指定银行可以将单据提交开证行——包括第二受益人出具的以第一受益人为抬头的发票——开证行必须将其视为信用证项下有效单据而接受。"

ICC 在 R489 分析和结论中还认为,当开证行同意开立可转让信用证时,它必须了解,由于发票的替换,某些单据上显示的信息可能与第一受益人发票上的信息不一致。除金额不同外,还可能存在其他不一致。例如,第一受益人的发票号码可能与第二受益人提交的产地证上显示的第二受益人的发票号码不一致。在发票以外的单据上显示金额,更多的是让第一受益人觉得不妥,因为第一受益人可能不希望让申请人知道其最初的采购价格。所以,结论是只要单据在其他方面与信用证条款相符,开证行仍须履行付款责任。不符点不存在。

还有人问:转让行,有审核单据的义务吗?上述的做法,是否意味着转让行一定要审核单据呢?从本款的措辞来看,准确地说,审核不是一种责任,因为不审核并没有被禁止。只是如果审核,出现了本款规定中的不符点换单情形时,转让行则有权按规定处理,当然也可以有权不处理。换言之,本款赋予不符点换单情形下的转让行径寄单据给开证行的权利(而不是义务),本身就意味着转让行可以不审核单据。

第四,第一受益人的责任,在于及时换单和及时修正不符点换单。

本款赋予转让行将第二受益人单据直交开证行的权利的前提是第一受益人未能及时换单或及时修正不符点换单。换句话说,信用证转让下,第一受益人有及时换单和及时修正不符点换单的义务。

那么,怎样算及时呢?即怎样算本款所规定的转让行向第一受益人"首次要求时"(on first demand)呢?

ICC 在 R297 中表示,"首次要求"必须是被指定银行首次提出的要求,但 UCP 并没有对天数加以界定。在许多国家,允许第一受益人在 7 个工作日内替换单据并不能被定义为"首次要求",在洽第一受益人换单时必须表明预计收到单据的日期。

也就是说,为了减少争议,转让行通知第一受益人换单时,应该告诉第一受益人如果其在几天之内不替换单据,转让行将有权直接寄第二受益人的单据,使第一受益人知道"首次要求"是多长时间。至于通知的形式,是书面的、电讯的,还是仅仅以电话通知,这里并没有提及,似乎这是 UCP 规定之外的事情，要取决于转让行与第一受益人之间的协议或法律的规定。转让行与第一受益人均应保存好通知的留底，以便出现纠纷时作为证据。

第五，第一受益人未及时换单及未及时修正不符点换单下转让行直接转递单据，并不对第一受益人承担责任。

转让行不对直递单据承担的责任，显然应该包括第一受益人可能无法支取差额、将第二受益人的信息泄露给申请人等。

有人问：由于未更换单据，开证行须支付的是第二受益人的发票金额还是可转让母证金额？第一受益人是否仍可以支取差价？

ICC 在 R270 中说："如果第一受益人未能替换单据的话，转让行有权直接将信用证项下受让人的单据径寄开证行而无须再对第一受益人承担任何责任。显然，第一受益人并没有被剥夺任何权利，他因自己未能履行责任而丧失了权利。然而，就 UCP500 而言，这并不能阻止第一受益人在信用证条款之外直接从申请人处获得属于他的差额，这已经是 UCP 之外的事了。"

尽管 ICC 没有直接回答开证行支付的是可转让母证金额还是支付第二受益人的发票金额，但通过上述回答中的"因为他提交的是第二受益人的发票，看来他没有差价可以支付"，以及"这并不能阻止第一受益人在信用证条款之外直接从申请人处获得属于他的差额"的措辞，可以看出，开证行只能支付第二受益人的发票金额。

38 — 141

Article 38(j)　信用证有效地点和有效期限的转移

本条 g 款"信用证转让时哪些条款可以变动"一节的解读中提到了，可以变动的条款包括了本款所规定的信用证有效地点和有效期限的转移。

Article 38(j)：

The first beneficiary may, in its request for transfer, indicate that honour or negotiation is to be effected to a second beneficiary at the place to which the credit has been transferred, up to and including the expiry date of the credit. This is without prejudice to the right of the first beneficiary in accordance with sub-article 38(h). 在要求转让时，第一受益人可以要求在信用证转让后的可兑用地点，在原信用证的截止日之前（包括截止日），对第二受益人承付或议付。本规定并不损害第一受益人在第 38 条(h)款下的权利。

本款的规定表明：

第一，信用证转让时，可以转移有效地点，有效期限同步转移，但有效银行不能变。

信用证有效地点的转移，准确地说，是有效地点的增加，主要是为了便利第二受益人的交单、收汇和融资。这其中包括有效地点从一个国家转移至另一个国家。ICC 在 R488 中说,第二受益人不必与第一受益人属于同一国家。也就是说,信用证可以转让给第一受益人所在国家之外的第二受益人,而有效地点可以相应转移至另外一个国家。

有人问:可转让母证中规定"payable at your counter",有效地点还可以转移吗?

瑞士一银行咨询,一可转让信用证经转让行通知并转让,信用证中规定"This credit is valid until May 10 at your counters."这样的信用证还可以应第一受益人的要求,将付款或议付的使用地点转让到第二受益人银行吗?"at your counters"是否应视为信用证另有规定,所以禁止将付款或议付有效地转让到第二受益人银行?

ICC 在 R172、R139 及 Case 159 中几次表达了下列观点:

"除非可转让信用证另有规定,转让一个在自己柜台有效的可转让信用证的转让行,可以应第一受益人的要求,将信用证的有效地转移到第二受益人国家。

"除非另有规定,原信用证中的'payable at your counter'或类似表明在转让行付款或议付有效的词语,并不能禁止将付款或议付有效地点转移至第二受益人银行。"

值得一提的是,随着信用证有效地点的转移,有效期限也相应转移。但是,这并不意味着信用证有效银行也可以转移。换言之,即便信用证转让时转移了有效地点,有效银行仍没变,只是位于新的有效地点的有效银行的另一家分支机构因此有了指定银行的资格,而在转移之前这是没有的。比如:可转让母证下规定有效地为中国,有效银行为花旗银行,此时信用证只限于在中国区的花旗银行分支机构兑用;如果转让时已转让子证中有效地点转移至新加坡,即增加了新加坡,那么,信用证便可在新加坡和中国区的花旗银行兑用。

第二,信用证转让时,有效地点转移并不影响第一受益人换单支取差额的权利。

所谓"第一受益人在本条 h 款项下的权利",指替换单据并支取差额的权利,即:第二受益人的银行对第二受益人承付或议付并向转让行交单后,转让行如果已经保兑或愿意按指定行事,则向第二受益人银行付款,并支付第一受益人差价;如果转让行没有付款,则经开证行偿付后,转让行在支付第二受益人的同时将差价付给第一受益人。显然,如此规定,既方便了第二受益人,又保护了第一受益人的利益。

值得注意的是,本款的措辞并没有表明,没有换单转让下,信用证的有效地点就不能转移,而只是说一旦转移,则不影响第一受益人换单支取差额的权利。

有人问:信用证转让下第二受益人在新的有效地点相符交单,而第一受益人在转让行的换单往往在可转让母证规定的有效期限之后,是否会因此构成可转让母证下过效期或迟交单不符呢?

ICC 在 Case 287 中说,如果信用证的有效地点转到了受让地点,转让信用证与原信用证的效期相同,即便单据在效期最后一天于受让地提交,也不妨碍第一受益人换单并索取差额。但是很明显,这种替换单据肯定会发生在原证效期之后,"这样的单据将不会过期"。

换言之,正如本条 i 款"第一受益人换单时,转让行的权利"一节的解读中提到的,只要第二受益人在有效地点的有效期限内向有效银行交单,就已经构成了 UCP 意义上的相符交单,即便第一受益人在转让行的换单在有效期限或交单期限之后,也不会因此构成不符点。值得一提的是,尽管这里的案例是在转移了有效地点的情况之下发生的,然而,这一观点同样适用于没有转移有效地点的情况,即第一受益人的换单本身不足以导致可转让母证下过效期或迟交单不符点。

但问题是,开证行并不知道有效地的转移。因此,转让行交单时有必要向开证行申明:"The availability of the credit was transferred to the second beneficiary's place. Honour or negotiation was effected to the second beneficiary at the place to which the credit has been transferred within the presentation period and prior to the expiry date of the credit."

开证行若想避免这种交单到期日以受让地为准致单到转让行信用证已失效的情况,有必要在信用证中明确规定:"This credit may not be made available for honour or negotiation at a place other than that stipulated in the credit."或"Honour or negotiation is available only at your counters."

38 — 142

Article 38(k)　已转让信用证下单据必须交转让行

UCP500 时期,第二受益人常常会或由于疏忽,或出于故意,绕过第一受益人和转让行向开证行直接交单。ICC 在 R488 中说:信用证转让时,存在着第二受益人可能会选择"绕过"第一受益人而将单据直接提交给开证行的风险。大多数银行在转让信用证时,会加入一条通知,要求将单据寄至转让行自己的具体地址。

那么,如今 UCP600 下是否还允许单据"绕过"第一受益人直交开证行的情况?

Article 38(k):

Presentation of documents by or on behalf of a second beneficiary must be made to the transferring bank. 由第二受益人或代表第二受益人提交的单据必须交给转让行。

本款是 UCP600 的新规定。本款的规定作了否定的回答,即默认第二受益人的所有交单必须交给转让行,而不得"绕过"第一受益人和转让行。

从本款的规定似乎可以看出,第二受益人有意或错误寄单,将有可能需要对第一受益人承担责任,包括赔偿第一受益人未能获得的差价等。

然而,实务中在全额转让第一受益人不换单的情况下,由第二受益人或其银行直接向开证行交单应该是最便捷合理的。此时,转让行可以根据情况在子证中通知第二受益人向开证行直接交单。

有人问:第二受益人越过转让行向开证行直接交单,是不符点吗?开证行应该如何处理?

其实,实务中仍不可避免地存在第二受益人或其银行误将单据直接交开证行的情况。显然,这种情况下的转让行应该是指定银行而不会是开证行。

那么,开证行可以将如此交单视为不符点而拒付吗?

本惯例第 7 条的解读中曾经提到,一份规定在指定银行兑用的"间接"信用证下,只要其他方面单证相符,受益人如此交单并不构成不符点,此时仍然构成了开证行的"承付"责任。而在信用证转让下,转让行如果不是开证行,那它必是指定银行。同样的道理,第二受益人绕过第一受益人和转让行这一指定银行,向开证行直接相符交单,开证行仍应承付,尽管 UCP600 规定"已转让信用证项下单据必须交转让行"。设想一种极端的情况,如果第二受益人准备交单时,转让行已经倒闭,而不得不改向开证行直接交单,难道开证行可以根据本款规定"已转让信用证项下单据必须交转让行",而推卸承付责任吗?显然,这不合常理。

至于实务中,由于如此交单可能造成第二受益人的信息泄露给申请人、第一受益人无法换单从而支取差额等,理应由接受第二受益人直接交单的开证行担当起责任。具体而言,在如此交单下,开证行应该从单据表面,通过发票上单价、金额及数量之间的关系判断出是否需要替换单据而酌情处理。

——如果需要替换单据而误寄开证行,会妨碍第一受益人支取差价。此时,开证行与申请人一是不得将误寄视为不符点,二是不应投机取巧支付小金额。开证行似乎应该首先寻求保护第一受益人的利益,就替换单据的任何可能性与转让行联系。比如,将单据退给第二受益人使其重新向转让行提交,或者直接将单据转寄转让行,也可能经过协商由开证行接受单据,但支付款项中包括第一受益人的差价。

——对于无须替换单据而误寄,也应慎重处理。鉴于本款的规定,开证行尽管不一定要将单据退回,但仍应将直接从第二受益人或其银行收到单据的情况告知转让行,以防止重复交单。

Article 39

款项让渡

The fact that a credit is not stated to be transferable shall not affect the right of the beneficiary to assign any proceeds to which it may be or may become entitled under the credit, in accordance with the provisions of applicable law. This article relates only to the assignment of proceeds and not to the assignment of the right to perform under the credit. 信用证未注明可转让,并不影响受益人根据所适用的法律规定,将该信用证项下其可能有权或可能将成为有权获得的款项让渡给他人的权利。本条只涉及款项的让渡,而不涉及在信用证项下进行履行行为的权利让渡。

【本条导读】

本条规定了款项让渡的审核标准。

39-143
款项让渡的特点

实务中,中间商为了解决与实际供货商之间的货款结算问题,除了开立背对背信用证、信用证转让外,还常常采用信用证下款项让渡的方式。按照 ICC511 中的说法,这是一种很传统、普通和有希望的交易。

那么,什么是款项让渡呢?

Article 39:
The fact that a credit is not stated to be transferable shall not affect the right of the beneficiary to assign any proceeds to which it may be or may become entitled under the credit, in accordance with the provisions of applicable law. This article relates only to the assignment of proceeds and not to the assignment of the right to perform under the credit. 信用证未注明可转让,并不影响受益人根据所适用的法律规定,将该信用证项下其可能有权或可能将成为有权获得的款项让渡给他人的权利。本条只涉及款项的让渡,而不涉及在信用证项下进行履约行为的权利让渡。

本条的规定表明,信用证下款项让渡,就是受益人把该信用证项下其可能有权或可能将成为有权获得的款项让渡给他人。

与信用证转让相比,信用证下款项让渡,同样可以赚取差价、保守秘密。

与信用证转让相比,信用证下款项让渡,有以下两个特点:

第一,信用证下款项让渡让渡的是款项,而不是兑用信用证的权利。

本惯例第 38 条 b 款"可转让母证与已转让子证"一节的解读中提到,信用证转让,归根结底,转让的是兑用信用证的权利,即把兑用信用证的权利由第一受益人转移到第二受益人。或者说,信用证转让下,第一受益人把兑用信用证的权利让渡给了第二受益人。

然而,款项让渡与此不同。款项让渡仅为信用证项下可能获得的款项的让渡,而不是兑用信用证的权利的让渡。款项让渡时,兑用信用证的权利包括发运货物、提交单据、请求支款,仍由受益人执行并向开证行负责。而开证行对该款项的拒付或迟付,后果仍由受益人负担。换言之,如果受益人未兑用信用证,或未获付款,就收不到款项,从而也就不存在信用证下款项的实际让渡。所以,准确地说,信用证下款项让渡,是建立在信用证交易基础之上的。

这样,也就形成了受让人的风险:

——拒付风险:信用证项下的付款、议付是以单证相符为前提的。所以,受益人能否按信用证规定提供相符单据,是受让人能否得到让渡款项的决定因素。因此,接受款项的让渡,尤其是以提供信用证项下货物为交换的让渡,必须选择有履约能力、有信用证项下单据制作经验的受益人,确保单单、单证相符。

有时,受益人会与申请人相互勾结,合谋欺骗受让人。比如,在信用证中加列 1/3 提单由受益人径寄申请人条款,使申请人凭以提货,然后申请人寻找借口要求开证行拒付,使受让人钱货两空。因此,受让人应事先审核信用证,确保无不利条款,以杜绝隐患。

——不通过让渡行寄单或重复让渡风险:受益人不通过让渡行寄单,而是自寄单据或通过另一银行寄单收款,或是到另一银行进行重复让渡。这就需要采取将正本信用证保存在让渡银行等有效措施加以防范。

——让渡书的撤销风险:受益人可以在银行议付或付款前出具款项让渡书,但也可以在银行议付或付款前将该款项让渡书撤销。受让人为保障自身利益,应要求受益人开具不可撤销的款项让渡书,必要时可要求信誉卓著的银行或公司提供担保。

第二,适用相关法律,不适用于 UCP.

尽管早在 1974 年的 UCP290 就已经开始涉及信用证项下的款项让渡,然而,款项让渡本身并不受 UCP 约束,不能按 UCP 处理。换言之,让渡人、受让人、担保人以及被授权执行让渡的银行之间如就让渡交易发生纠纷,只能由适用法律解决。因此,本条规定了,信用证下款项让渡必须根据所适用的法律进行,受让人首先要保证该款项让渡的合法性,才能使让渡交易得以进行,而只要适用法律允许款项让渡,不管信用证本身是否可以转让,信用证下款项均可以转让。

约束信用证下款项让渡的最早成文法律是《美国统一商法典》。目前我国尚未有针对信用证项下款项让渡的专门法律条文,不过可以援引民法通则之关于债权转让的规定。

根据相关的适用法律,信用证下款项让渡只涉及让渡人(assignor)、受让人(assignee)和被要求执行让渡的银行。一般银行的做法是,信用证的受益人即让渡人向寄单银行出具款项让渡书(letter of assignment of proceeds),列明开证行名称、信用证号码、信用证金额,授权该银行将信用证项下应得款项的全部或部分让渡给受让人,银行同意后款项让渡书一份给让渡人,即受益人,一份给受让人,一份存底。

根据相关的适用法律,信用证项下款项让渡的受让人,可以为任何人。而实务中,受让人常常分为以下三种:

——实际供货商。本节前面的解读中提到,信用证下款项让渡产生的一个非常重要的原因是为了解决与实际供货商之间的货款结算。

——信用证项下提供出口融资的银行。比如,银行提供打包放款或其他用途的借款,采取款项让渡的方式可能更合适,因为若该银行并不是信用证项下的指定银行,而只是寄单行,除非另有约定,如果直接扣收开证行对受益人的付款,严格来讲可能是不适当的,因为出口项下款项的支配权非归银行所有,直接扣收可能带来法律问题。

——受益人的其他债权人。信用证项下出口款项,可以作为一种潜在的资金来源,用于清偿受益人的各种债务,这在交易频繁的经济生活中为债权人提供了另一种保障,从而也丰富了人们对信用证功能的认识。

值得一提的是,几乎所有的相关适用法律,都规定了欺诈情形下,受让银行或其他得益方的权利并不优于前手,包括作为最前手让渡人的受益人,从而可能得不到本惯例第 1 条"信用证的'独立抽象性'、'欺诈例外'及'欺诈例外的例外'原则"一节的解读中提到的"欺诈例外的'例外'原则"的保护。

图书在版编目(CIP)数据

品读 UCP600/林建煌著. —厦门：厦门大学出版社，2008.7(2020.9 重印)
ISBN 978-7-5615-3042-9

Ⅰ.①品… Ⅱ.①林… Ⅲ.①信用证-国际惯例-基本知识 Ⅳ.①F831.6

中国版本图书馆 CIP 数据核字(2008)第 098386 号

官方合作网络销售商：

厦门大学出版社出版发行

(地址：厦门市软件园二期望海路 39 号　邮编：361008)
总编办电话：0592-2182177　传真：0592-2181406
营销中心电话：0592-2184458　传真：0592-2181365
网址：http://www.xmupress.com
邮箱：xmup @ xmupress.com
厦门集大印刷厂印刷
2008 年 7 月第 1 版　2020 年 9 月第 6 次印刷
开本：787×1092　1/16　印张：37.25　插页：2
字数：953 千字　印数：11 151～13 150 册
定价：108.00 元
本书如有印装质量问题请直接寄承印厂调换